中国社会科学院学部委员专题文集

ZHONGGUOSHEHUIKEXUEYUAN XUEBUWEIYUAN ZHUANTI WENJI

中美经济竞合论

陈宝森◎著

中国社会科学出版社

图书在版编目(CIP)数据

中美经济竞合论/陈宝森著. —北京:中国社会科学出版社,2014.3
(中国社会科学院学部委员专题文集)
ISBN 978 - 7 - 5161 - 4406 - 0

Ⅰ.①中… Ⅱ.①陈… Ⅲ.①中美关系—国际经济关系—文集
Ⅳ.①F125.571.2 - 53

中国版本图书馆 CIP 数据核字(2014)第 135249 号

出 版 人	赵剑英	
责任编辑	张 林	
责任校对	邓 秦	
责任印制	戴 宽	

出 版	中国社会科学出版社	
社 址	北京鼓楼西大街甲 158 号(邮编100720)	
网 址	http://www.csspw.cn	
	中文域名:中国社科网 010 - 64070619	
发 行 部	010 - 84083685	
门 市 部	010 - 84029450	
经 销	新华书店及其他书店	

印刷装订	环球印刷(北京)有限公司	
版 次	2014 年 3 月第 1 版	
印 次	2014 年 3 月第 1 次印刷	

开 本	710×1000 1/16	
印 张	42	
插 页	2	
字 数	669 千字	
定 价	108.00 元	

凡购买中国社会科学出版社图书,如有质量问题请与本社联系调换
电话:010 - 64009791

前　　言

　　哲学社会科学是人们认识世界、改造世界的重要工具，是推动历史发展和社会进步的重要力量。哲学社会科学的研究能力和成果是综合国力的重要组成部分。在全面建设小康社会、开创中国特色社会主义事业新局面、实现中华民族伟大复兴的历史进程中，哲学社会科学具有不可替代的作用。繁荣发展哲学社会科学事关党和国家事业发展的全局，对建设和形成有中国特色、中国风格、中国气派的哲学社会科学事业，具有重大的现实意义和深远的历史意义。

　　中国社会科学院在贯彻落实党中央《关于进一步繁荣发展哲学社会科学的意见》的进程中，根据党中央关于把中国社会科学院建设成为马克思主义的坚强阵地、中国哲学社会科学最高殿堂、党中央和国务院重要的思想库和智囊团的职能定位，努力推进学术研究制度、科研管理体制的改革和创新，2006 年建立的中国社会科学院学部即是践行"三个定位"、改革创新的产物。

　　中国社会科学院学部是一项学术制度，是在中国社会科学院党组领导下依据《中国社会科学院学部章程》运行的高端学术组织，常设领导机构为学部主席团，设立文哲、历史、经济、国际研究、社会政法、马克思主义研究学部。学部委员是中国社会科学院的最高学术称号，为终生荣誉。2010 年中国社会科学院学部主席团主持进行了学部委员增选、荣誉学部委员增补，现有学部委员 57 名（含已故）、荣誉学部委员 133 名（含已故），均为中国社会科学院学养深厚、贡献突出、成就卓著的学者。编辑出版《中国社会科学院学部委员专题文集》，即是从一个侧面展示这些学者治学之道的重要举措。

　　《中国社会科学院学部委员专题文集》（下称《专题文集》），是中国社会科学院学部主席团主持编辑的学术论著汇集，作者均为中国社会科学院学部委员、荣誉学部委员，内容集中反映学部委员、荣誉学部委员在相关学科、专业方向中的专题性研究成果。《专题文集》体现了著作者在科学研究实践中长期关注的某一专业方向或研究主题，历时动态地展现了著作者在这一专题中不断深化的研究路径和学术心得，从中不难体味治学道路之铢积寸累、循序渐进、与时俱进、未有穷期的孜孜以求，感知学问有道之修养理论、注重实证、坚持真理、服务社会的学者责任。

2011 年，中国社会科学院启动了哲学社会科学创新工程，中国社会科学院学部作为实施创新工程的重要学术平台，需要在聚集高端人才、发挥精英才智、推出优质成果、引领学术风尚等方面起到强化创新意识、激发创新动力、推进创新实践的作用。因此，中国社会科学院学部主席团编辑出版这套《专题文集》，不仅在于展示"过去"，更重要的是面对现实和展望未来。

这套《专题文集》列为中国社会科学院创新工程学术出版资助项目，体现了中国社会科学院对学部工作的高度重视和对这套《专题文集》给予的学术评价。在这套《专题文集》付梓之际，我们感谢各位学部委员、荣誉学部委员对《专题文集》征集给予的支持，感谢学部工作局及相关同志为此所做的组织协调工作，特别要感谢中国社会科学出版社为这套《专题文集》的面世做出的努力。

《中国社会科学院学部委员专题文集》编辑委员会

2012 年 8 月

目　　录

序言 ……………………………………………………………… （1）

中美科技创新的竞争与合作 …………………………………… （1）

美国银行见闻 …………………………………………………… （12）

论美国经济的宏观调节 ………………………………………… （19）

美国经济实力下降的根子
　　——制造业竞争力的削弱 ………………………………… （34）

发展马克思主义是国际学科的重大任务 ……………………… （39）

中国沿海地区经济发展战略和美国对华投资 ………………… （43）

美国金融的宏观管理 …………………………………………… （58）

评里根时代的美国经济 ………………………………………… （77）

从金融业的困境看美国的市场经济 …………………………… （91）

美国借债兼并面面观 …………………………………………… （107）

美国经济现状和 90 年代展望 ………………………………… （121）

评布什的亚太之行 ……………………………………………… （127）

全面发展中美经贸关系　巩固中美关系的经济基础
　　——纪念《上海公报》发表 20 周年 …………………… （135）

美国经济周期运行机制研究 …………………………………… （143）

关于借鉴西方经验深化财政改革的若干思考 ………………… （157）

发展中美经贸关系的正确所向 ………………………………… （163）

美国现代企业的灵魂
　　——经理阶层 ……………………………………………… （177）

经济全球化与中国面临的机遇和挑战 ………………………… （183）

评克林顿政府国内外经济政策 ………………………………… （198）

论战后国际货币制度和美国的国际金融政策 ················· （210）

1995 年美国经济的特点 ································· （224）

美国两种经济哲学的新较量

　　——兼论两党预算战 ·························· （227）

美国跨国公司投资中国互补互利 ····················· （242）

美国经济的增长与隐患 ····························· （248）

美国跨国公司对华投资战略和我们的对策 ················· （251）

美国：经济周期的棺材钉死了吗？ ····················· （259）

百年沧桑话美资 ································· （262）

浅议美国股份制的有益经验 ························· （270）

从预算赤字到预算平衡

　　——评美国财政政策的历史变革 ················· （277）

美国"新经济"及其世界影响 ························· （284）

美国经济目前不会陷入衰退 ························· （299）

经济全球化进程刚刚开始 ··························· （302）

国际金融资本运动中的汇率杠杆效应 ··················· （305）

克林顿经济政策六年回眸

　　——1999 年美国总统经济报告解析 ··············· （310）

是"与狼共舞"还是"比翼齐飞" ····················· （339）

美国经济的现状、问题及其世界影响 ··················· （343）

新世纪跨国公司的走势及其全球影响 ··················· （355）

"软着陆"？"硬着陆"？ ····························· （367）

心碎 2000

　　——美国网络公司大盘整 ····················· （372）

美国经济的走向及其对中国的影响 ····················· （375）

对美国"新经济"的再认识 ··························· （383）

美国面临新的能源危机吗？ ························· （386）

"9·11"事件对美国和世界经济的影响 ················· （390）

漏洞、黑洞

　　——安然公司破产与监督机制失灵 ··············· （402）

《上海公报》30 年与中美经贸关系 ……………………………… （407）

东亚：走向区域经济金融合作 …………………………………… （412）

美国经济：年终盘点和前景展望 ………………………………… （417）

电信业萧条：拖累美国经济复苏 ………………………………… （423）

从新型国际分工看美国贸易逆差 ………………………………… （427）

布什主义、战争与美国经济 ……………………………………… （432）

美国"强势美元政策"变了吗 ……………………………………… （443）

中美贸易逆差的原因及中国企业的对策 ………………………… （447）

《证券法》和《证券交易法》是美国证券市场的两尊"守护神" ……… （450）

中美关系的稳定器 ………………………………………………… （456）

变革中的美国制造业 ……………………………………………… （462）

让朗讯跌倒的反腐败"坑" ………………………………………… （473）

石油安全是这样构筑起来的 ……………………………………… （477）

当前美国经济形势及走向 ………………………………………… （483）

美国经济沿周期扩张轨迹前进 …………………………………… （492）

布什的经济政策和财政困境 ……………………………………… （495）

美元贬值还要走多远 ……………………………………………… （502）

以邻为壑的美元汇率政策 ………………………………………… （505）

油价暴涨对美国经济影响有多大？ ……………………………… （510）

储蓄多，制造麻烦？ ……………………………………………… （513）

中美不会打贸易战 ………………………………………………… （517）

美国经济中长期前景与中美经贸关系展望 ……………………… （521）

美国纺织服装业浴火新生
　　——兼论中美经贸关系的互利双赢 ………………………… （529）

源自"世代"的考虑
　　——中美启动战略经济对话机制 …………………………… （534）

美国的消费信贷和金融工具创新
　　——简介美国的支付卡行业 ………………………………… （539）

美元波动影响内外有别 …………………………………………… （551）

不可能人人当房主 ………………………………………………… （553）

美国的债务经济和全球经济失衡 ……………………………………（558）

美国竞争力领先的秘密

　　——读《2007年美国总统经济报告》有感 ………………（572）

财政学基础理论应该以马克思主义为指导 …………………………（578）

美国住房贷款危机殃及全球 …………………………………………（588）

次贷危机阴云下的美国经济 …………………………………………（593）

美国经济中的中国因素

　　——兼评中美经贸关系的问题和前景 ……………………（599）

美国政府的农业政策与"多哈回合"谈判 ……………………………（608）

美国次贷危机的深化和中国的对策 …………………………………（623）

两种理念、两种结果的历史探究

　　——兼论正确处理市场和政府的关系 ……………………（629）

前景广阔的中美经贸关系 ……………………………………………（635）

美力压人民币升值是缘木求鱼 ………………………………………（639）

美国新自由主义发展模式及其未来走势 ……………………………（641）

为什么后金融危机时期仍然危机不断 ………………………………（649）

美国经济实力仍然超强 ………………………………………………（655）

序　言

　　新兴大国和守成大国是不是必定要由一个压倒另一个，必定要兵戎相见，还是可以在尊重彼此主权和领土完整、互不侵犯、互不干涉内政，平等互利、和平共处的政治基础上，在经济上既有竞争又有合作，互相学习，合作共赢，这是关系到两国人民福祉和世界和平的大问题，也是当前中、美两个大国正在用行动回答的大问题：创建新型大国关系的问题。

　　我们相信中美两个伟大国家和伟大人民是有足够的智慧始终走后一条道路的。同时作为一个美国经济的观察者、研究者，本书作者也是后一个答案的坚定拥护者。我们的所作所为都有一个目标，就是要有助于后一条道路的持续发展，对此，本文集可以作为见证。

　　本书中的文章跨越近30年，大致可以分为两类，一类着重介绍美国经济的有益经验和美国经济形势，另一类是对中美经贸关系的评论，它们大致反映了两国经济的竞合关系和作者认为两国的经济竞争所应当遵循的正确路径。这是本书题名为"中美经济竞合论"的原因。

　　竞争是市场经济的灵魂，在全球市场上大国之间的竞争促进科技进步和生产力发展，因而是有益的，合乎规律的。竞争中出现摩擦也是应有之义。但是经济竞争应当符合达成共识的国际规则，避免经济问题政治化和冷战思维。

　　合作是解决全球经济问题的有效途径，也有益于各自国家经济的进步。在此次全球金融危机和经济衰退中，更加彰显了国际合作的重要贡献。

　　中美建交三十余年，中美经贸关系是在竞争与合作中走过来的。中美经贸关系已经成为整个中美关系大船的压舱石。我们希望，也相信中美两国的决策者和两国人民会使中美经济的竞合关系发展得更加成熟，使中美关系的巨大航船继续朝着合作双赢方向前进，造福于两国人民和世界人民。

作　者

2013 年 5 月 20 日

中美科技创新的竞争与合作

　　世界各国的科技创新具有竞争与合作的两重性，要求决策者处理好两者的关系。一方面良性竞争给科技创新带来动力，还会增强优胜者的实力地位和综合国力，提高大众福祉，因而是有益的。另一方面，重大科技创新需要集中全球智慧和物质资源，国际间的真诚合作可以实现责任共担、成果共享的目的并惠及全人类。中美两国社会制度不同，文化背景迥异，但已发展了建设性合作关系，人们期盼两国政府在科技创新领域进一步搞好竞争与合作的关系，更好地造福于两国人民和全人类。

美国处于科技创新的最前沿

　　当前，人类的科技创新已经描绘出另一次产业革命①的新轮廓。以欧美为代表的发达国家，特别是美国，仍然处于这次产业革命的领先地位。例如，在能源方面，美国取得了开发页岩气的突破。实现了所谓的"页岩气革命"，对可再生能源的研发也取得一定进展；在通信方面，无线网络加上云计算把 IT 革命引向新高峰；在制造业方面，智能化生产样板已经出现，有望在将来取代大规模集中化生产的福特模式，综合各方提供的资料，对这三方面的科技创新可做如下简单描述。

　　第一，关于页岩气革命。②

　　页岩气也是天然气，它是在史前时代由河流湖泊中的浮游生物和藻类

---

　　①　在欧洲被称为第三次工业革命，其定义是再生能源和无线网络革命的结合。也有人称之为第四次产业革命，排在 20 世纪 IT 革命之后。

　　②　《发端于美国的"页岩气革命"》，日本《读卖新闻》2012 年 1 月 4 日，转引自《参考资料》2012 年 1 月 13 日。

尸体沉积产生的。经过亿万年的演化和复杂的化学反应，形成了气态的碳氢化合物。人们把那些形成油气的岩层称为"烃源岩"，这些烃源岩一般都是致密的，不可能储存大量的油气。在地块的静压力和毛管压力作用下，烃源岩中的天然气会沿着微细的裂缝孔道逐渐向上运动，有些上升到地表，有些聚焦在有孔隙的岩层中形成储气层。页岩气就是那些因为缺乏裂缝孔道而没有离开烃源岩的天然气。页岩的孔隙率和可渗透性都很低，如果不把页岩压碎，所能获得的气流是很少的。美国早在 19 世纪就已企图开发页岩气，但直到 170 多年后，随着水力压裂技术的应用，页岩气的产量才开始显著增加。1997 年，米歇尔能源公司在巴涅特（Barnett）页岩带作业中首次使用清水压裂。进入 21 世纪，水平钻井和水力压裂技术开始成熟并得到推广应用，这使得包括页岩气在内的非常规天然气得到了更为迅速的发展。改变了美国国内常规天然气产量逐渐下降的趋势。美国页岩气产量从 2006 年的 311 亿立方米迅速提升到 2011 年的 1800 亿立方米，平均年增长率达到 45%，改变了美国的能源供应格局，提高了美国的天然气自给率。

在美国"页岩气革命"现在被炒得很热。美国人认为它给美国带来多方面的好处：首先，美国决策者所梦想的"能源独立"有可能变为现实。专家们认为即便美国不能完全靠自己满足对石油的需求，但确有可能摆脱对中东和其他不稳定来源的渴求，依靠其近邻（如加拿大和墨西哥）的能源供应满足国内需求。其次，它还可能由天然气进口国转变为出口国。数据说明：美国在 2010 年已经取代俄罗斯成为天然气第一生产大国。长期以来天然气的供应是由少数几个能源大国垄断的，今后这种局面会被打破。同时，美国出口天然气的定价方式会立即对全球市场产生影响。天然气价格的下降还可以降低生产成本，提高消费水平，对美国经济有利。不过，最近有报道说：2012 年页岩气大幅减产，这与过度竞争，价格猛降，产能过剩而需求不足有关，这一新变化值得关注①。

---

① 日本《富士产经商报》2012 年 10 月 18 日报道，参见《参考消息》2012 年 10 月 19 日第四版。

　　第二，关于信息技术革命①的新进展。

　　这包括大规模数据处理和云计算以及无线网络的普及。云计算是指一个由数以千计的数据中心组成的网络，每一个数据中心的计算能力都比老式超级计算机大得多。云计算管理系统规模庞大，谷歌云计算拥有多达100多万台服务器，亚马逊、微软、雅虎和IBM等的"云"也拥有几十万台服务器。用户只要一台笔记本或手机，就可以通过网络服务来实现所需要的一切，甚至包括超级计算这样的任务。它是一个巨大的信息资源池，用户按需购买，就像自来水、电、煤气一样计费。"云"的自动化集中式管理使大公司无须负担日益高昂的数据中心管理成本。"云"的通用性使资源的利用率较之传统系统大幅提升，因此用户可以充分享受"云"的低成本优势，只要花费几百美元，几天时间就能完成以前需要数万美元，数月时间才能完成的任务。

　　信息技术的新进展还将把互联网带入物联网时代。物联网是通过射频识别（RFID）、红外感应器、全球定位系统、激光扫描器等信息传感设备，按约定的协议，把任何物体与互联网相连接，进行信息交换和通信，以实现对物体的智能化识别、定位、跟踪、监控和管理的一种网络。它分三个层次，感知层、网络层和应用层。感知层就是把传感器部署在各种各样的基础设施上，收集信息。然后通过移动互联网把信息送到"云"端进行计算和处理，经过计算和处理的信息最后传输到应用层，由后者来支撑不同领域的各种服务。这样就可以把生产效率大大提高。

　　移动互联网已经把世界上的10亿人口连接在一起，不久之后还会有几十亿人加入。使人们能够实时地沟通、交往和交易，改变了人类的社交模式，加速了人类的智慧交流。大规模的合作工作也变为可能，当物理学家发现自己无法理解"比光速还快"的中微子时，他们可以在互联网上公布所有数据，通过一场大规模合作行动，集思广益使之得到解决②。

----

　　①　马克·米尔斯、胡里奥·奥蒂诺：《科技引领的繁荣即将到来》，美国《华尔街日报》网站，2012年1月30日。

　　②　《信息数字化改变人类思考方式》，法国《费加罗报》2012年4月1日，参见《参考消息》2012年5月2日。

第三，关于智能化生产模式的创新。

智能化生产是同第二次产业革命中由汽车大王福特创始的集中化大规模生产完全不同的生产模式，是信息化、自动化和新材料有机结合的产物。具体表现为利用计算机、激光打印和最基础的粉状金属和塑料"打印"零部件和设备，也被称为三维打印。

3D打印制作的新设备和产品正在出现，而它们使用的原料都是基于一些计算机设计出来几年前根本不存在的材料，如新合金、取代硅晶体管的石墨烯晶体管（石墨烯和碳能够生成一类全新的电子材料和结构材料）和一些自然界不具备此种特性（如使物体隐形）的超材料。

三维打印又被称为"添加制造法"，美国材料测试公会把它定义为"根据三维模型数据用材料加层的方法制作物体，通常是在一层材料上再加一层材料"，这与传统的机械制造，靠车床、钻床、铣床等进行切削和雕凿的"削减法"大相径庭。因此三维打印可以大大减少浪费、降低成本。

三维打印技术正在将科幻变为现实①。2012年7月，英国《每日邮报》报道称，美国宾夕法尼亚大学宣布用改进的三维打印技术打印出了鲜肉，这种利用糖、蛋白、脂肪、肌肉细胞等原材料打印出的肉具有和真正的肉类相似的口感和纹理，就连肉里的微细血管都能打印出来。

世界上第一台3D打印机诞生于1986年，美国人Charles Hull发明，他成立的3DSystem是世界上第一家生产三维打印设备的公司，所采用的技术被称为"立体光刻技术"，利用紫外线可将树脂凝固成形，制造物体。1992年，该公司卖出第一台商业化产品。

到现在，3DSystem已经和Stratasys公司一起，成为全球最知名的三维打印机两巨头，它们2011年的年营业收入分别为2.9亿美元和1.7亿美元，产品覆盖汽车、航空航天、消费电子、娱乐、医疗等多个领域。过去一年，从器官到鱼肉，到房子、飞机，从某种意义上说，只要三维打印使用的耗材足够广泛，它就能创造无限可能。

美国《福布斯》杂志报道称，欧洲飞机制造公司空客的设计师正计划

---

① 资料来源见《第一财经日报》2012年9月8日C1版报道。

从飞机零部件开始，在 2050 年前达成三维打印飞机的计划。这一计划耗资不菲，但相较于传统飞机三维技术造就的飞机重量轻了 65%，大幅缩减操作成本。该公司还称 2012 年年底，空客会在 A380 客舱里先使用三维打印的行李架，而其生产的军用飞机"台风"式战斗机，此前已经使用了三维打印的空调系统。

中国正在急起直追

美国人在为自己科技创新成就感到自豪的同时，最关切的问题之一就是中美两国在这个领域的竞争态势。对此他们的看法是有分歧的。认为在这一竞争中美国必胜者有之，认为中国将能胜出者也不乏其人。

例如，《华尔街日报》的一篇由两位重量级科学家写的文章就认为有三个因素使美国技术变革定能胜出，即"年轻的人口结构、富有活力的文化和多元的教育体制"[①]。另一篇由哈佛大学和麻省理工学院两教授合写的文章其标题就是《为什么美国会在技术方面继续领先中国?》[②]，其论点是："创新不仅是人均收入水平增长的关键性要素，也是最终决定军事和外交领导能力的主要因素。""现在要问的问题不是谁能成为下一个世纪的军事领袖，而是谁能成为技术领袖。答案肯定是：美国可能性最大。""美国的几率大是因为创新最终取决于一个国家的机制。一个'普惠制'的政治机制能把政治权力平均地分配到社会上，对权力的使用有一定的制约。他们巩固的'普惠型'经济体制能鼓励创新与投资，并提供一个有品质的平台。因此，各行各业的天才都能得到最好的部署。"他们不看好中国的理由在于"尽管中国当前在科技领域倾注大量资源，但其体制是'掠夺性'的，创新障碍重重"。他们还用苏联的垮台证明其看法的正确性。他们也承认"美国的'普惠制'正在走下坡路，必须整顿"，但是他们相信"美国'普惠制'的回弹力"。

---

① 美国数字电力集团创始人、物理学家马克·米尔斯和西北大学麦考密克工程及应用科学学院院长胡里奥·奥蒂诺：《科技引领的繁荣即将到来》，《华尔街日报》网站 2012 年 1 月 30 日文章。

② 美国麻省理工学院经济学家达尤·阿杰姆奥卢、哈佛大学政治学家詹姆斯·鲁宾逊：《为什么美国会在技术方面继续领先中国?》，参见《参考资料》2012 年 4 月 26 日。

　　然而，也有不少美国企业家与学者们持有与之相反的看法。毕马威管理咨询公司最近对全球企业高管进行的一项调查发现，45%的受访者认为中国将成为下一个全球技术创新中心。中国最新提出的五年规划包括从世界工厂向世界革新者转变的任务。①

　　在欧洲，有人撰文驳斥关于中国没有创新精神的指责。他们认为这种批评"往往文不对题"。认为《纽约时报》2011年11月的一篇嘲笑中国企业在世界前100家具有创新精神的企业名单中榜上无名的文章没有道理。文章认为："在目前的发展阶段，中国在这些部门没有几家领先厂商也并不奇怪。韩国和日本也曾遭受过同样的指责，然而在过去20年里，韩日两国在这些部门都取得了很多技术成果。"文章认为："获取必需的基本技能，以便按《纽约时报》认为重要的方式变得具有创新精神是需要时间的。在这些方面中国学习起来很快。中国已经在航天计划方面大获成功，而且正在发展航空部门。中国拥有世界第二大电信和互联网设备制造商（不再是个简单的'敲铜打铁'行业）和世界第二大个人电脑生产商。百度为全球最大的全国性在线社区提供搜索技术，该公司同时也是谷歌公司在世界范围内的一个主要竞争对手；而腾讯QQ则是'脸谱'网站的最大竞争对手之一。香港和台湾也有非常成功的创新企业。在做生意的方式上，中国企业往往极富创新。为了满足当地市场的需求而设计产品的往往更加出色。这些产品推向市场的速度通常要快于西方的竞争对手，而且中国的商业模式不那么依赖于华尔街所要求的高利润率。这些都是结构创新的优势。"② 显然这是看好中国的观点。

　　其实，现在就来预测两国在科技创新的竞争中最终谁胜谁负并不必要。中美两个大国在科学技术上的合作与竞争将是一个长期的过程，现实的情况是：在这个领域由于历史的原因，美国处于遥遥领先地位，中国虽可算是后起之秀，进步很快，但要赶超美国还有很长的路要走。重要的是弄清各国从事科技创新的战略目标和发展路径，增加相互理解，减少误

　　① 美国家用电器工业协会主席加里·夏皮罗：《中国能在创新方面超越美国吗？》，美国《福布斯》双周刊网站2012年7月11日文章。
　　② 欧洲汽车业独立分析师格雷姆·马克斯顿：《发展停滞，现代经济是如何辜负我们的期望的》，香港《南华早报》2012年2月6日。

判，争取在竞争中合作共赢。

从这个视角出发，值得关注的第一个点是：中国确定到 2020 年建成创新型国家是为实现现代化和建成小康社会服务的，着眼点是提高国际竞争力和人民生活水平而不是为了争夺全球霸权、地区霸权。中国人头脑也没有热到要成为世界科技创新领跑者。中国对"自主创新"的重要性有一个从认识不足到清醒认识的过程。早在 20 世纪 50 年代中国就曾提出过"向科学进军"的口号，但是除了"两弹一星"结出硕果，巩固了国防以外，全民向科学进军受到政治运动的严重冲击。改革开放以后中国尝到了加工贸易的甜头，也吃足了缺乏核心竞争力的苦头。中国是在 2006 年才宣布建立创新型国家的。这时中国已充分认识到真正的高科技是"买"不来的，不能靠模仿，靠压低要素成本发展经济，这样做的结果是经济发展不可持续，会陷入中等收入陷阱，必须转变发展模式，自主创新，把中国变为科技强国，才能不受制于人，做到可持续发展，保证中国能稳步地进入小康社会。中国人有个愿景，大体上是在建党一百周年时进入创新型国家行列，到新中国成立一百周年时进入科技强国的行列。

中国领导人在界定创新型国家时也是有分寸的。到 2020 年要达到的目标是：基本建成适应社会主义市场经济体制、符合科技发展规律的中国特色国家创新体系，原始创新能力明显提高，集成创新、引进消化吸收再创新能力大幅增强，关键领域科学研究实现原创性重大突破，战略性高技术领域技术研发实现跨越式发展，若干领域创新成果进入世界前列；创新环境更加优化，创新效益大幅提高，创新人才竞相涌现，全民科学素质普遍提高，科技支撑引领经济社会发展能力大幅提升，进入创新型国家行列。由此可见，中国的战略目标是改变几百年科技落后的状态，成为世界创新型国家中的一员，并没有取代美国充当世界的技术领袖的遐想，美国大可不必为此而神经紧张。

中国人懂得，过高估计自己的成就并不是好事。中国在科技创新上确有令人瞩目的成绩，这是事实。比如，世界知识产权组织 2012 年 3 月 5 日发布的 2011 年国际专利申请情况显示，2011 年中国提交的全球《专利合作条约》申请量增加了 33.4%，增速最高，并且与日本和美国占据了总增量的 82%。其中中兴通信提交了 2826 件申请，超过 2011 年世界排名第一的松下电器。排名前十的中国企业申请人还包括华为，名列第四。华为和中兴都将每年收入的10%投入研发。但这种进步在中国企业中并不多见。根据世界知识产权组织近五年来的国际专利数据，虽然华为和中兴两家企业相对领先，但前50名企业申请人中2007年只有华为一家，2008年开始变为华为和中兴两家，一直到2011年变为3家，但第三家还是华为的子公司。中国公司在农业、医疗保健等领域的研发投入也极为有限。

我们也不赞成看空中国科技创新能力的悲观论调。从科技强国的发展史可以了解到科技创新的成功取决于主客观条件的良好结合。这些条件并不是天赋的，而是可以努力创造的。

从历史上看，第一次工业革命起源于18世纪的新兴资本主义英国。英国的资产阶级革命和工业资本家的兴起，促使手工作坊向手工业工场和机械化大工厂过渡。瓦特的蒸汽机是在这种需求下出现的。第一次工业革命促使英国生产力大发展和科学技术大繁荣。他是这次科技创新当之无愧的引领者。19世纪的第二次工业革命以发电机和内燃机的出现为标志，它在德国和美国扎根是因为德国实现了民族统一，美国实现了民族独立，他们都迫切要求发展民族经济。19世纪的德国在科学技术上比美国领先。从19世纪20年代到20世纪初，世界的科学中心在德国，1840年以后，德国重大科学发现超过了世界同期重大科学发现总数的25%。一个重要原因是德国进行了教育改革，建立了教学与研究统一的体系以及导师制和实验室。世界最好的化学实验室——李比希实验室是在德吉森大学建立的，李比希精心设计了化学课和实验活动，使学生受到系统、正规的科学训练，使之达到进行独立研究的水平。李比希的学生后来都成为著名的化学家，形成了科学史上的李比希学派。从1824年到1851年，李比希培养的学生遍及整个德国，他们又以李比希为榜样在德国各个大学建立了新型的实验室，进行教学和科研工作。然而，经过两次世界大战，美国又在学习德国经验的基础上大大提高了科技创新能力，建立了产、学、研相结合的国家创新体系，发展了硅谷等科技园区，加大了国家对科研活动的支撑，在金融领域发展了二板市场，创业资本和选股权等激励机制，终于成为全球科技创新的新引领者。

世界科技创新史是一幅长江后浪推前浪的壮阔场面。说明科技创新不可能由某个国家垄断，而是在一定的经济体制下，由人民大众发展经济，改善生活的需要所促进的。当一个国家的决策者适应人民大众的要求，致力于为科技创新打造好一切必需的主客观条件，如人才、资金和体制机制时，这个国家就有可能走进科技创新国家的行列。

为中美两国科技创新营造合作双赢的新局面

中国的科技创新以"自力更生"为主，但从来都没有忘记把国际合作放在应有的重要地位。1979年元旦，中美两国建立正式外交关系，邓小平同志随即与卡特总统签订了《中美科技合作协定》，开启了两国交往最重要和最富有活力的一个领域。33年来，中美两国政府有关部门在上述框架下已经签署了五十多个议定书，覆盖了能源、环境、农业、教育、基础研究、医药卫生、计量和标准、海洋、地震等领域。通过这些领域的合作，双方建立了一种稳定、深入、持久的科技合作机制。通过双方科技合作，已经建设了遥感卫星地面站，北京正负电子对撞机及其升级工程等一批重大项目，并且共同参与了国际热核聚变试验反应堆计划等一批国际科学工程，在抗击SARS、癌症、艾滋病等重大疾病防控等方面开展了合作，承担起共同的国际责任。同时，在两国政府的支持下还以不同方式资助两国科技界进行合作，开展了数千个科技项目，数万名科学家参与双边交流，数十万中国留学生赴美求学。这些交流与合作扩大了中美双方的战略利益基础，增进了政治互信和共识，发展了两国人民的友谊。

到2012年，中美科技合作联委会已经举行了14次。两国领导人对中美科技协定和联委会的成就给予了高度评价。奥巴马总统说：30年前签署的《中美科技合作协定》经受了时间考验，成为两国现行双边协定中最"长寿"的一个，他"对此十分骄傲"。他指出，科技合作帮助两国共同提高了人民福祉，两国科学家30年来在很多领域互通经验、互相激励，"这证明科技可以在两国间架起桥梁"。奥巴马表示，在两国共同面对能源、气候、农业、健康及教育挑战的今天，这一合作基础尤为重要。他希望双方能够继续向世人证明，两国可以通过科技合作创造一个更加美好、强大和繁荣的未来①。胡锦涛主席也说：科技合作已成为中美关系发展的重要推动力量，成为两国人文交流的重要组成部分。中美两国本着平等、互利、双赢的精神开展科技合作，这不仅有利于加快两国科技事业发展，而且有利于促进世界科技进步，造福于全人类②。

充分肯定两国科技合作的成绩是完全必要的。但就两国科技合作的潜力说，仍然有广阔的合作空间可以开发。这将进一步巩固中美两国的互惠关系，为两国人民带来更多福祉。为此双方都需要做出更大的努力。

在美国方面需要消除某些决策者尚存的冷战思维，克服他们对中美科技合作的阻挠。比如，美国众议院拨款委员会就在 2011 年 4 月中旬通过的预算案中，加入了一项条款，规定"NASA 和白宫科技政策办公室不得动用联邦资金，制定、设计、规划、颁布、实施或者执行任何与中国合作的政策计划命令或合同，不得涉及与中国或者是中资公司的双边协调合作"③。条款的提议人众议院拨款委员会主席共和党众议员弗兰克·沃尔夫还大放厥词说：我们不想给中国任何利用我们技术的机会，跟他们打交道我们什么都得不到。中国针对我们搞间谍活动，所有美国机构都受到网络攻击，他们从各大美国公司窃取技术，他们偷了 NASA 的技术，还攻击美国国家科学基金的电脑，中国人想从所有美国公司摄取机密。因此他担心，美中联合科研活动可能会导致美国知识产权和敏感的军事技术失窃。这种并无事实根据的不实之词和奇思怪想无疑会给中美科技合作带来伤害。

另一个问题是几十年来美国对高科技产品对华出口的限制。小布什时期在中国政府和美国企业的大力推动下曾经采取过一个叫做"合格终端用户"的办法，给经过审查，确保不会将产品转为军用的企业以不受限制进口某些高技术产品的权利。然而，实施不久国会中的保守派议员就给这一政策扣上了影响国家安全的大帽子而受阻。奥巴马上台后美国国家科学院向他建议放松管制。理由是"美国正在失去科学与技术的垄断地位"，买

---

① 参见奥巴马祝贺中美第十三次科技联委会召开的贺信。
② 参见胡锦涛祝贺中美第十四次科技联委会召开的贺信。
③ 资料来源：《环球时报》2011 年 5 月 9 日。

家可以从其他发达国家买到美国不卖的东西，使美国公司吃亏。于是拟议出台一个在经济利益和国家安全之间求得平衡的"开放接触"政策。不过这一措施依然是"只见楼梯响，不见人下来"。反映出美国政府内部在认识上的分歧和冷战思维的顽固不化。

　　除去冷战思维还有一个对中国保护知识产权不力的指控，也影响高技术产品的对华出口。应当承认，由于中国建立市场经济体系时间较晚，在知识产权保护制度上有一个逐步完善的过程，但中国对实施知识产权保护制度是认真的，因为这不仅涉及保护外国公司的知识产权问题，也涉及保护中国自己公司的知识产权问题，不解决这个问题，就会影响中国建立创新型国家的目标。现在的问题是有了完善的立法还需要在执法上取得实效，这对于一个有着965万平方公里国土和13亿人口的大国来说很难一蹴而就。因此，一方面中国仍然需要做出更大的努力在立法和执法上都要进一步完善，另一方面也期望美方看到中国在此领域的努力和进展，不把知识产权保护问题当成阻碍中美科技合作的挡箭牌。必须看到科学技术的溢出效应是人为手段阻挡不住的，18—19世纪大英帝国曾经用法律手段阻止英国技术向美国输出，但并没有能阻止美国的工业化和科技创新。现在美国对空间技术和定位卫星技术的封锁也未能阻止中国在这方面的自主创新和长足进步。奥巴马是看到了这一点的。针对一些美国议员质疑中美科技合作加强了中国军力，奥巴马总统科技顾问约翰·豪尔登（John Holdren）称，这些合作对美国大有益处，并反驳应减少中美技术交流的观点。希望美国对中国怀有偏见的决策者能够摒弃冷战思维，理性地对待两国的科技合作，促成而不是干扰中美两国的科技合作，给中美两国人民带来更大的福祉。

2012 年 9 月

美国银行见闻

我在美国旧金山逗留期间和联邦储备银行、美国银行等金融界人士有过一些接触，查找了一些历史资料，对美国金融市场、美国商业银行和投资银行，美国国家银行和财政，美国银行界对中国金融业的看法，有了一些了解，现汇报如下。

美国的金融市场

美国信用文化十分发达，有一个庞大的金融市场。据 1979 年底的统计资料，金融市场历年累计贷款余额为 42460 亿美元，接近 1979 年国民总产品的两倍。当年增加的贷款额为 4758 亿美元，约占国民总产品的 20%。

在美国，金融市场和银行不是一个概念。美国银行不像我国银行那样可以垄断金融市场。在上述 42460 亿美元的资金来源中，由商业银行集中的只占 27%，由保险公司集中的保险金、退休金占 17%，由储蓄机构和其他金融机构集中的占 22%，不经过金融机构的直接商业信贷占 17%，由政府机构和外国金融机构集中的也占 17%。近年来的趋势是某些大工商企业也想开展金融业务，竞争因而加剧。例如美国最大的商业零售公司——西尔斯公司连续收买了几家大的金融机构，并想利用自己庞大的销售网争取存款，引起银行界的惊恐。

美国金融市场上相当大的一部分资金不是用于支持生产建设的，在 42460 亿美元的贷款总额中由联邦和地方政府借支的约占 29%，消费信贷占 9%，房地产和商业抵押贷款占 31%，公司和外国债券占 10%，银行借款占 9.5%，其他占 11.5%。

美国工商企业把金融市场当作重要的资金来源但并不是主要来源。据1979 年的资料，美国公司（不包括金融企业）的资金总额为 3413 亿美元。其中自有资金（包括未分配利润、资本折旧和国外分支机构利润）占46.3%，股票和抵押贷款占 15.3%，银行长短期贷款占 18.1%，其他（包括预提所得税、应付款等）占 20%。数字表明工商企业自有资金占了资金来源的将近一半，银行贷款以及向社会募集的股本不过占三分之一。许多大垄断财团实际上是工业资本和金融资本的融合。它们对金融市场的依赖不像中小企业那么大。

但是总的来说，美国金融市场对国民经济的影响要比社会主义国家大。当金融市场的游资充斥、利息疲软时，资本家愿意借钱搞投资，在相反的情况下资本家对借钱扩大生产就犹疑观望。长期以来，美国联邦储备银行正是利用金融市场的这一规律用公开市场业务（买卖政府债券）、调整再贴现率等办法影响经济缓和危机的。

美国的商业银行和投资银行

美国活动于金融市场从事存贷业务的金融机构共有四类。它们是（1）商业银行；（2）储蓄银行；（3）储蓄和贷款协会；（4）信用合作社。这样的金融机构现在全国有大小四万多家，资本最多的达 1000 亿美元，最少的只有 10 万美元，彼此之间进行着激烈的竞争。这些金融机构开展业务活动被限定在一个州的范围，不准跨越州界设立分支机构。

商业银行是金融机构的主力，它们对工商企业的商业贷款有三类：（1）购买原材料和支付工资的流动资本贷款；（2）增添设备或购买其他企业的定期贷款；（3）用途和定期贷款相同但要有抵押并分期偿还的资本贷款。在商业贷款以外还有以房地产买卖、股票经营者、消费者和农民为对象的各种贷款。

美国的商业银行不准向工商企业投资。这是 1933 年《银行法》规定的，当时的历史背景正是总结 1929—1933 年大危机经验教训的时刻。为了弄清 20 年代信用膨胀对大危机所起的作用，国会要求参议院的银行和通货委员会进行调查，该委员会在给国会的报告中说，自 1922 年以来，商业信用的增长超过了正常经济周转的需要，这种信用膨胀助长了股票和不动产的投机并把大量的短期贷款转化为扩大资本设备投资的长期贷款，这是导致资金周转不灵和经济大崩溃的重要原因。为此委员会向国会提出禁止商业银行向工商企业投资的建议，后来被列入了 1933 年的《银行法》。这一禁令至今仍然有效。

现在美国新企业的集资以及老企业扩大股本都由投资银行操持。它们是企业和投资者之间的中介人。它们要对每一项创新事业是否有利可图做可行性研究，并向有积蓄、愿投资的个人提供调查统计资料以及各种建议，充当私人投资者的向导。美国政府在金融市场发行债券时也利用投资银行做中介。

从 18 世纪到 20 世纪 30 年代，美国商业银行的立法是建立在"实物保证原则"（Real-Bill Doctrine）上的。这就是说商业银行放款只限于替商品的生产、运输以及销售前的储藏这一再生产过程提供资金，过程完了贷款自动偿清，所以又叫"自动清偿贷款"。确立这一原则为的是保证银行资金的流动性，以防商业银行因资金周转不灵而倒闭。在 30 年代以前反对把短期贷款资金用作长期贷款的主张也占主导地位，但是商业银行为了谋利往往用短期贷款一再转期的办法实行长期贷放，最后周转不灵，宣告破产，所以几次经济危机几乎都以银行倒闭为先声。

联邦储备银行看到"实物保证"、"长短分家"等原则在美国实际上很难推行，在 30 年代转而采取放宽对商业银行贷款以防止银行倒闭的政策。在此之前联邦储备银行对商业银行票据的重贴现只限于有商品作后盾的票据，以后商业银行可以用任何资产作抵押，从联邦储备银行获得贷款。这就大大缩小了商业银行在周转不灵时无法应付客户提存的危险性。商业银行因有国家银行敞口贷款作后盾，倒闭的事情就很少发生了。这种不惜用扩张信用的办法放宽对商业银行贷款限制的做法和 30 年代开始兴盛的凯恩斯学说即主张用财政银行等手段刺激经济的理论是合拍的。

商业银行以外的美国金融机构大多有特定的贷款方向。储蓄银行的存款多数用于购买政府债券以及不带投机性的长期投资，储蓄和贷款协定的资金主要投资于政府的和工业的债券以及城市住房贷款，信用合作社主要向社员提供低息的消费性贷款。

美国的国家银行和财政

美国经济是典型的资本主义市场经济，工农商业都由私人资本经营。但是发展到垄断阶段，生产的竞争和无政府状态不断把美国抛入危机的深渊。客观上提出了由国家从宏观范围调节经济的要求。凯恩斯主义是在这一背景下应运而生的。

美国政府干预经济主要靠两手：一是财政政策，二是金融政策。执行者就是联邦财政部和联邦储备局。

财政成为调节美国国民经济的重要杠杆是因为通过收税每年集中很大一块国民收入。以 1979 年为例当年联邦和地方财政收入总额为 7652 亿美元（其中联邦收入为 4944 亿美元），占当年国民总产品的 31.7%。财政可以通过增加税收、减少税收，增加支出、减少支出，预算结余或预算赤字对私人工商业给以刺激或限制，影响整个国民经济的供应和需求。

联邦储备系统成为调节美国国民经济的重要杠杆是因为国家赋予它以货币发行权和信贷控制权。美国的国家银行虽然自己不经营存贷业务，但它可以通过买卖国家债券的公开市场业务，提高或降低各种票据的再贴现率以及提高或降低会员银行的存款法定储备金这三个主要手段在金融市场上放松或抽紧银根影响资本家的投资和储蓄。

美国政府有意识地运用银行杠杆调节国民经济是从 1913 年建立联邦储备系统开始的，20 年代中期曾被认为很有成效，但后来发生了 1929—1933 年的大危机，联邦储备系统虽然使尽了浑身解数却并不见效。到罗斯福时代就转而侧重运用赤字财政刺激社会总需求这一更直接的办法，此后相当长的一段时间银行的货币政策紧跟财政政策，这就是尽可能放松银根，使财政得以在金融市场上用较低的利息销售债券。这种情况一直持续到 1951 年，当时财政部与联邦储备局在是否应当抽紧银根的问题上发生了争执。3 月 4 日双方达成协议：自此以后联邦储备系统的金融政策只对稳定国民经济负责，对财政不再承担义务。

里根政府上台以后，在经济政策上主要是执行供应学派的减税政策，把振兴美国经济的希望寄托于减税对资本家引起的投资兴趣。在金融政策方面，里根赞成货币学派的主张，就是坚决抽紧银根，不因财政有赤字而增加货币发行，加剧通货膨胀。现在联邦储备局在公开市场业务、再贴现率和存款法定储备金这三样法宝之外又增添了一项"货币增长率目标"，这个目标就是使货币增长率不超过国民总产品的增长率，以此作为控制通货发行的尺度。里根政策的内在矛盾是减税和扩军的财政政策马上带来的不是投资的增加而是赤字的扩大，致使政府不得不向金融市场大量借债。这和紧缩通货的金融政策碰到一起就造成商业贷款利率的猛涨。现在金融市场的优惠利率虽有下降，但只要仍在 12% 以上资本家就不肯借款用于长期投资，这是美国经济目前进入衰退的主要原因，也是财政政策和金融政策相互矛盾的反映。

美国银行界对中国金融业的看法

1981 年美国联邦储备系统曾派了一个高级代表团访问我国。回去以后以代表团一成员的名义写了一篇《中国的货币与信贷》的考察报告，提出了三条意见。

（一）认为中国用 MV = PQ（M = 货币数量；V = 货币流通次数；P = 商品单位价格；Q = 商品数量）公式计算货币流通数量不科学。它不反映通货膨胀的真实情况，可能导致错误决策。作者举例说"在计划经济下商品价格和商品数量都按计划规定，是一个常数。如果当局一面猛提工资，一面执行雄心勃勃的投资计划，并都靠银行提供资金。结果居民手里现金多了但买不到消费品，同样企业在账面上钱多了但买不到生产资料，很明显这是压抑性的通货膨胀。但居民在买不到东西时可以把钱存入银行使货币回流，在这种情况下当局会认为并没有信用膨胀。或者居民持币待购，货币流通量虽然有所增加，当局却认为这是人们持有货币欲望增加的结果并不是信用膨胀"。因此，他认为在计划经济下上述货币流通量公式加上对货币所下的狭窄定义，不能为实际存在的信用膨胀提供任何信息。

（二）认为"实物保证原则"已经过时，而且有副作用。作者认为使贷款随着商品走，似乎不会造成信用膨胀。这只是考虑了生产者一方面，忽视了在生产增长后会增加居民收入，引起对消费品追加需求的另一面。

尽管在社会主义计划经济制度下劳动和物资的价格不变，但每一次信用的扩大将使居民的收入增加，从而增加对消费品的需求。因此他认为控制货币增长率以及保持居民储蓄和投资的平衡是宏观经济平衡的要素，而"实物保证原则"并不是反信用膨胀的有效金融政策，坚持这一原则可能使当局自满自足而对信用膨胀熟视无睹。

（三）认为长期贷款和短期贷款"分口管理"的原则助长资金浪费。作者主张把信贷平衡放在第一位，只要有这个前提分口不分口无关宏旨。他认为中国长短期贷款分口管理的原则使70%的企业投资通过财政无偿拨给企业使用造成了资金使用上的低效和浪费。

在和作者交谈中，他认为在中国利息不起作用是金融业的一大弊病。在美国只要控制住货币增长率，如果金融市场需求过大，利率就会上升，资本家就不肯借钱搞基本建设了。在中国谁都愿意搞基本建设，借钱给谁不看效益，领导点头算数（作者在上海访问时亲自体会到）。利息再高，无关痛痒。他认为这是中国的特点，从这方面看，在制度上强调"分口管理"也许还是有道理的。

几点感想

（1）由于社会制度不同，美国企业积累的一部分以税收形式纳入财政，还有很大一部分变为自留收益或流入金融市场，因此美国的金融市场比我国大，在国民经济中的作用也比我国大，这是很自然的。美国中央银行通过货币投放和信用控制影响金融市场对调节国民经济有相当作用，但不是决定性作用，起决定作用的还是美国各行各业的垄断资本家。美国国家财政不像我国财政集中企业纯收入的绝大部分，在国民经济各个领域执行自己的分配和再分配职能，但它组织的收入还是占国民总产品的一个很大部分，因而对整个国民经济的影响也是举足轻重的。美国历届政府在干预经济时都是财政政策、金融政策双管齐下。现任总统里根的经济政策尤以财政税收为支柱。在美国并没有听到过财政和银行谁大谁小的争论。

（2）美国中央银行接受经济危机的多次教训，重视信贷平衡，反对信用膨胀，这一点对我们很有借鉴意义。美国中央银行现在强调按国民总产品增长率规定货币发行和信用投放的目标是一个进步。他们现在每年都做投资和储蓄资金流量平衡表，虽然是一种预测而不是计划，但也颇有参考价值。我国银行现在用贷款搞各种渠道的建设如不注意资金和物资的平衡是很危险的。美国银行界对我国银行制度提出的看法虽限于听闻未必都很中肯，但他们强调综合平衡是很有见地的。认为基本建设应由拨款改为贷款，我们也正在试验。

（3）美国联邦储备系统不管存贷业务，集中精力于观察研究金融市场动态，组织资金流量平衡贯彻执行信贷政策和货币政策，站得较高，比较超脱，这是一个优点，看来我国酝酿已久的把人民银行改为中央银行，另外成立工商信贷银行的设想有加紧付诸实现的必要。

（4）根据中国的特点，历来是基本建设挤流动资金，即使用利息调节也未必能改变现状，因此从制度上强调"分口管理"仍有必要。工商信贷银行成立以后应集中精力管好流动资金，最好由国家拨给它可以自求平衡的资金来源，管得好资金有多余可以贷放给长期投资银行，长期投资银行则应集中精力搞好固定资产再生产的投资。一切固定资产再生产的安排除小革小改都应被纳入计划轨道。

（原载《中央财政金融学院学报》1982 年第 2 期）

论美国经济的宏观调节

宏观调节对现代资本主义的必要性

宏观调节是现代资本主义国家对经济实行干预的一个重要方面。它以实现社会总供应与总需求的平衡稳定经济，防止和克服经济危机为目的。

在垄断资本出现以前，自由资本主义不需要宏观调节。宏观经济状况是资本主义各个独立资本运动的总和与结果。的确，经济周期和危机从 19 世纪中期即已开始，萨伊鼓吹"供应创造自己的需求"的理论早已为现实所推翻。不过那时的经济危机还没有严重到威胁资本主义生存的程度，它本身就是以强制力量恢复供求平衡的一种机制，复苏会跟着危机自行到来。

在垄断资本取得支配地位之后，情况就起了变化。这是因为垄断资本的统治激化了生产的社会性和私人占有的矛盾。垄断资本突破了经济的地区性和局部范围，使生产成为真正社会化的大生产，它要求在社会范围进行生产、流通、交换和消费。因此它也就要求在社会范围进行分工、合作、计划与协调，否则社会再生产就难以按比例、均衡地运行。但是在垄断资本主义阶段，由于以下的原因，均衡的社会再生产很容易遭到破坏，而且很难自己走向复苏。第一，各个垄断资本集团是建立在私有制基础上的，它的生产目的是为少数人谋取最大限度的利润。因此，它不会为社会再生产的顺利进行自发地走向社会范围的分工、协作、计划与协调；第二，在垄断部门形成了一种不同于自由竞争状态下的价格机制。价格运动可以在很大程度上与供求关系脱节，因此垄断资本越是发展，资本主义经济的内在调节功能就越被削弱；第三，由于以上原因，垄断资本就会在社会范围造成比自由资本主义时代更为严重的生产过剩，流通阻滞和分配不均，加剧社会总供给与总需求的不平衡，使经济危机更加深刻，更加持久，更具有破坏性。要想依靠资本主义的自我调节机制渡过危机，已很难不带来政治上的严重后果。在此情况下垄断资本要维持其生存，使自己的经济基础不致崩溃，就不得不求助于它的上层建筑——国家，要它在资本主义经济的自发经济机制之外，增加宏观调节的功能。

从历史上看，美国从 20 世纪初即已进入垄断资本主义阶段，但是对社会再生产进行宏观调节，只是在第一次世界大战中才开始实行。30 年代大危机以后的新政时期，加紧了对宏观调节的各种试验。因此，可以说是战争和危机对建立美国垄断资本主义宏观调节机制，起了触媒作用。

垄断资本就其总体说要求宏观调节，但对垄断资本的个别部分说，它们常常会同政府的宏观调节政策发生利害冲突。这里存在着资本家阶级局部利益和总体利益、眼前利益和长远利益，以及不同利益集团之间的矛盾问题。因此在不同的历史背景下，不同的垄断资本家集团及其代言人对待宏观调节也有不同的态度。一般说，资产阶级改良主义者赞成宏观调节。资产阶级保守派反对宏观调节。当权者在顺境中不太重视宏观调节，在困难和危机中又不得不求助于宏观调节。历届政府，从罗斯福到里根，五位民主党总统在不同程度上都倡导、支持和实行宏观调节政策，四位共和党总统在意识形态上则为自由放任唱赞歌，但在实践上又都自觉不自觉地在实行国家干预和宏观调节。这种两面性以里根政府表现得最为突出。里根是靠标榜新保守主义而入主白宫的。他对政府干预深恶痛绝，公开声称"在当前的危机中，政府不解决问题，问题就在政府自己"。直到 1986 年的总统经济报告中还在告诫人们说："金融和财政政策对宏观经济短期微调的功效，很少为事实所证明。在原理上，自主决定的，对正在露头的经济情况进行短期微调，对决策者似乎是一种合理的方法。然而在实践上，经济政策的时间滞后以及对经济动态缺乏可靠的信息，常常意味着应时的经济政策，反而使经济不稳定。有时对经济实行微调的行动可能很不适当；这种政策要取得成功在很大程度上要靠运气，通常并不减少经济成就的风险。"然而正是里根政府从 1985 年下半年开始，在实践上就一反原来对大赤字、高利率、高汇率的自由放任政策。先是与盟国协调行动干预外汇市场使美元贬值。又在 1986 年四次降低联邦储备的贴现率，迫使利率下降。其目的显然都是为了扭转巨额贸易逆差，为前景不妙的美国经济输血。这就说明不管美国当权者的主观愿望如何，宏观现实已迫使他们无法放弃宏观调节这个对垄断资本必不可少的武器。

宏观调节的美国模式

现代资本主义经济需要宏观调节，然而如何进行宏观调节则由于各国情况不同而颇有差异。战后西欧不少国家和日本，倾向于在指导性计划的基础上运用经济杠杆进行宏观调节，美国则倾向于单纯运用财政金融杠杆进行宏观调节。宏观调节的美国模式是在罗斯福新政后期奠定下来的。它已经有了半个世纪的实践。

早期新政曾经做过某些计划化的实验。第一次百日新政时期的"智囊"人物都是实行计划经济的倡导者。罗斯福也曾经认为计划化是"未来的道路"，"使计划化成为这个国家全国政策的一部分可能已为时不远"。这些言论并不是罗斯福的个人偏好，它反映了在大危机严重局势下，许多人包括某些企业家想从计划化中找到摆脱危机出路的愿望。

罗斯福在他的总统任期，确曾为实行计划化做过多方面的努力。在工农业生产方面是实行《全国产业复兴法》和《农业调整法》，建立田纳西河谷管理局；在自然资源开发利用方面是建立全国计划局，后来改为全国资源计划局；在强化计划领导方面是超越内阁建立全国应变委员会，在它下面设立了中央统计局，负责政府统计资料的标准化。上述各项措施中最重要的实验是《全国产业复兴法》的实行。

实行《全国产业复兴法》是希望通过政府企业主和工会的合作，提高职工的购买力，使工业生产和价格计划化，以防止生产过剩，促进经济复苏。但是由于企业主掌握了制订公平竞争法典的领导权，加上摊子铺得太大，企图同时在包括扫帚和假发等生产在内的 500 种产业中实行计划化，因而并没有取得理想的结果。职工和消费者埋怨工资增长跟不上物价的上涨，企业主埋怨政府办事拖拉，偏袒雇员，因而彼此都不满意。正好最高法院宣布《全国产业复兴法》违宪，这一计划的试验也就不了了之。

经过产业复兴法的挫折之后，罗斯福在第二次百日新政中不得不实行策略上的退却，把矛头转而指向垄断资本，试图用税收调节解决财富过于集中的问题，以争取政治上的主动权。

从 1935 年到 1937 年，罗斯福曾使用过从信贷刺激到税收调节等多种措施，但对促进经济复苏都没有取得显著效果。

罗斯福的"智囊"中还有主张实行财政刺激的公共开支派。凯恩斯也曾多次写信给罗斯福，并亲自到白宫向罗斯福宣传他的赤字财政主张。但是这位总统并不相信赤字财政的效能，并力求扭转 1933 年至 1937 年由于经济萧条而不可避免的财政亏空。1937 年初，政府急剧削减开支，企图平衡预算，使初见复苏的经济又突然转向衰退。经过半年的犹疑，罗斯福决心做一次增加开支刺激经济的试验，有意识地打了一个预算赤字，果然不久经济又重新回升。不管这里是否有其他因素的巧合，这件事的确留给人们以深刻的印象。罗斯福"智囊"中的公共开支派因而扩大了影响。这是美国政府自觉运用财政杠杆进行宏观调节的开端。

和实行计划化相比，运用财政杠杆调节经济的阻力要小得多。计划化为达到某战略目标必须对国民经济统筹安排，调整生产，分配结构，还要对经济发展区别轻重缓急、先后主次，这必然会触及某些权势集团的眼前利益。可是当政府用借款办法增加开支、刺激经济时，它并不使任何人感到遭受损失，因此它只会获得朋友而不会树立敌人。企业主支持它，纳税人也不会反对它。改良主义者可以奉行这种政策，保守派也不一定和它势不两立。这是单纯运用经济杠杆进行宏观调节，容易在美国扎根的一个原因。

但是没有计划指导的杠杆调节的优点和缺点是并存的。它的根本缺陷是不仅不能从根本上消灭经济周期，而且不能满足垄断资本高度发展以后需要解决的各种结构性问题，如人力资源、人口控制、城乡发展、交通运输、环境保护、资源利用，等等。这些社会再生产的基本条件本来都是互相联系、互相制约的，需要在统一的计划下加以协调，使之得到系统的解决。没有计划指导，处理这些问题就只能零敲碎打，为各种权势集团的狭隘利益所左右。

肯尼迪对这种现状是不满的，因而企图在计划化方面有所前进。他赞赏西欧政府，认为他们对"技术问题没有意识形态偏见"，并且能"协调国民经济的各种成分，带来经济的增长和繁荣"。他要他的经济顾问委员会主席赫勒（Walter Heller）报告欧洲的计划方法，通过赫勒和其他人，他学到了法国的"指导性"计划。那里的政府把经济目标向重点企业提出，但是没有东欧流行的那种严密的中央控制。据施莱辛格回忆，肯尼迪发现所有这些都是管理现代经济十分合理的方法，他在理性上事先就倾向于把分权制的决策和全国经济目标结合起来的观点。但是肯尼迪短促的政治生涯使他的愿望没有能结出果实。

约翰逊总统受他的国防部长麦克纳马拉的影响，曾经把麦克纳马拉治理国防部的成功经验，计划—程序编制—预算制度（Planning—Programming—Budgeting System）在 21 家重要政府机构中加以推行。这种制度的特点是从整体出发提出战略目标，计算成本和效益，提出各种可供选择的用于实现目标的计划，扩大执行计划的选择性。约翰逊认为这种计划化办法能够加强中央权力，改进官僚机构，1965 年 8 月宣布把这种计划制度在整个政府中推行。但是约翰逊好大喜功的作风和急于求成的心理，使这种努力没有真正扎下根来并随着他的去职而流产。

尼克松是一位具有矛盾性格的总统，他的保守主义哲学思想和他要有所作为的雄心壮志，使他更趋向于实用主义。因而在他的首届任期也曾有过实行计划化的冲动。在这方面给他以重要影响的是莫伊尼汉。莫伊尼汉认为社会政策必须采取系统论的方法去解决。"每件事都和每件事相联系"，他把这一点列为决策者要考虑的"最重要的事情"，他总结出"伟大社会"的基本错误，是使 400 个影响都市区域的、互不相关的计划分散开来，而没有彼此协调和远景展望。他的系统论观点影响了尼克松。1969 年 1 月尼克松发布的第一号命令，就是建立城市事务委员会由莫伊尼汉领导，任务是"设计一种全国城市政策"。命令说："我们至今没有一种和谐的、前后一贯的积极政策，表达联邦政府希望看到什么，鼓励什么，不鼓励什么。"尼克松认为美国需要一个全国发展政策。莫伊尼汉在对这一意图做解释时说，尼克松政府的主要任务是把自由派时代分散的、多头的社会计划，引向统一的政策，按系统论加以设计和应用。他在 1970 年谈论政策与系统论的关系时说："政策的观念是从承认社会制度是一个系统的认识产生的……在一个系统中，每一件事都和另一些事相关联，如果一个部分改变了，其他部分都受到影响。因此有必要考虑总体效果而不是局部效果。"在和莫伊尼汉几次谈话之后尼克松就决心创立一个全国目标研究参谋部（National Goals Research Staff）。1970年7月该组织提出了"走向平衡发展的报告"。报告认为，"某些地区向特大城市发展和其他地区人口不足的趋势是可以扭转的"，"一种协调的全国战略必须设想出来以达到这一目的"。报告回避了计划的名词，实际上是要把美国经济向计划化的方向推进一步。不过尼克松的实用主义注定他在向计划化迈进中的摇摆，随着在他第二任期中政治上的坎坷和莫伊尼汉的去职，为了得到共和党保守派政治上的支持，尼克松在计划化的问题上退却了。推动计划化的主动权转到了国会方面。1972年5月参议员汉弗莱起草了一项立法，要求国家承担起全国发展计划的责任并建立机构加以执行，但这一主张没有得到足够的支持。

美国宏观调节的计划化倾向虽然在实践中并没有取得主导地位，却在暗中悄悄发展，它反映了美国经济基础的变化及其对计划化的客观要求。事实上美国的大公司和政府部门，在战后几十年中已经朝着计划化的方向前进了一大步。麦克劳希尔公司在20世纪40年代调查时，只有20%的公司能提出四年的投资计划，到60年代再作调查时，已经有90%的公司能这样做。在经济基础进行的这场静悄悄的变革不能不对领导者产生影响。肯尼迪、约翰逊、尼克松不仅从"智囊"机构中吸取了计划化的思想，而且也从大公司转入政界的经理阶层如麦克纳马拉、阿什、康纳利等人那里，获得了许多计划化的新观念。这些现代的经理人员以及为他们服务的律师、经济学家、统计学家和工程师，在60年代后期已经浸润了计划化的精神气质。他们一旦参政，必然企图运用系统论、运筹学等方法把宏观调节向计划化的方向推进。这不仅是合乎逻辑的，而且也是符合巩固垄断资本经济基础的客观要求的。

但美国的现实是存在许多强大的垄断资本集团，其中虽然不乏开明人士，但大多孜孜为利，目光短浅，因而形成了一股反计划、反干预的强大保守力量。在不存在战争或重大危机的和平环境，很难把这些权势集团纳入计划轨道。罗斯福建立计划局的努力曾被《纽约时报》批评为对计划的偶像崇拜。《美国新闻》曾断言建立计划局将使国家破产。在罗斯福之后，这种观点往往通过共和党总统的纲领反映出来。70 年代许多保守主义者的代言人如怀尔达夫斯基、威尔逊、克利斯托尔也都从事反计划、反干预的宣传，他们提醒人们说，人类是无知的和容易感情冲动的，政府是无能的，社会对人类头脑和管理能力来说过于复杂，未来是没有尽头的泥泞道路，从而否定人类对客观世界的能动作用。这些论调在资本主义计划化的实验遭到挫折时就显得特别耸人听闻。在这种保守力量的牵制下，像西欧、日本那样的计划化则为美国统治阶级所不能容忍。在美国除去战争时代，始终没有由中央政府做过全面计划，只有为某些利益集团或部门为控制其自身活动领域而制订的局部计划。它只为保护局部利益服务，却没有同更大的全国目标结合起来。这是当前激烈的世界经济角逐中美国的一大弱点。

所以在一定的意义上说，运用财政金融杠杆对经济进行宏观调节是两种力量互相抵消的结果。一方面在美国有一种向计划化迈进的冲动；另一方面又有一种从宏观调节向自由放任后退的力量。两者都为美国的现实所不许可，斗争的结果达到了暂时的平衡，使宏观调节的美国模式得以持续下来。

财政杠杆与宏观调节

宏观调节的美国模式以财政杠杆为主要调节手段。美国在 20 世纪 30 年代尤其重视财政杠杆在反周期波动中的调节作用。

通常人们认为凯恩斯是美国赤字财政政策的鼻祖，其实早在 20 年代美国即已产生赤字财政理论。它的倡导者是福斯特（Forster）。他在一本反衰退的书中提出一个简单的原理："当企业情况不妙的时候要政府多开支。"罗斯福当选总统后，福斯特以一种更容易让人接受的表达方法重复了他的主张。他认为，"在政府领导下，使一次大萧条进入复苏……在困难的时候公债应当增加，好转时公债应当偿还"。这是补偿财政理论的雏形。它受到罗斯福手下以埃克尔斯为首的公共开支派的赞赏。

凯恩斯的"通论"以就业和收入取决于有效需求，以及用公共开支弥补有效需求不足的说法，把赤字财政政策理论化了，为冲破传统的平衡预算论奠定了基础。然而凯恩斯主义在美国真正流行是在战后，特别是60年代。这时受凯恩斯理论培育的一代青年已经走上掌握实权的岗位。肯尼迪就是在这一代经济学家的熏陶下成为美国第一位信奉凯恩斯主义的总统的。

凯恩斯学派认为财政杠杆反经济周期的机制有两类：一类是自动稳定器；另一类是斟酌情况而实行的自主调节政策。

自动稳定器是指美国税收制度和社会保障，与社会福利制度在经济周期波动中所发生的反周期效应。美国的个人所得税、公司所得税是随经济的兴衰而起落的。在经济繁荣期此类税收增加，赤字缩小，所起的是反膨胀的效应。在经济停滞期，税收减少，赤字扩大，所起的是刺激需求的反衰退效应。美国的失业保险制度和社会福利制度也有相似的作用。在繁荣期失业救济和社会救济开支减少，社会需求压缩，有利于防止经济过热。在衰退时此类开支增加，社会需求扩大，有利于促进经济复苏。还有许多开支虽然不会随经济周期而变化，但其不变性也成了在衰退出现时的稳定因素，所有社会保障项目，如老年保险、医疗照顾、医疗补助、对抚养未成年子女家庭的援助都有这种功能。人们认为这种自动稳定器是随政府干预的扩大而逐步形成的。在大危机以前这种稳定器还不存在，而它的形成对缓和危机的振幅是有作用的。

自主调节政策试图创造的是一种外在机制，它的功能是在垄断资本主义条件下，总供给与总需求不能自行平衡时，使它恢复平衡。它以凯恩斯的宏观经济理论为指南，研究在私人投资不足和私人投资过度两种情况下，为了达到充分就业所应实行的补偿财政政策。这种政策的高级形式就是编制所谓充分就业预算。它采取如下的方法：在私人投资不足时，要依据充分就业的失业率水平（一种说法是4%）与实际失业水平之差，计算出达到充分就业收入水平所需要的补投资，这也就是必须增加的财政开支。这个开支的大小取决于投资乘数，而投资乘数又是根据边际消费倾向计算出来的。相反，在私人投资过度时，则必须使用相同的方法减少财政开支，以克服求过于供所造成的通货膨胀。

除使用扩大或紧缩财政支出的方法促进供求平衡之外，凯恩斯主义者认为还可以把税收政策和开支政策结合起来运用，以达到同样目的。这是因为根据投资乘数、消费倾向等参数计算，如果按同等金额在增税的同时增加财政支出，那么增税所造成的居民消费支出的下降，以及由此导致的收入水平的下降，将小于增加开支所导致的收入的增长。因此在实行补偿财政政策确定应增加或应减少的收入金额之后，就可以根据不同时间、不同的政治经济需要，采取增税和增加开支并举；多增税少增开支；只增税不增开支；减税增支；减税减支或增税减支的不同自主调节政策。

不仅如此，凯恩斯主义还认为可以把这种自主调节政策扩大到同金融政策相互配合。比如财政方面必须实行紧缩政策，维持高税率和低开支，可以实现充分就业，使宽松的金融政策与紧缩的财政政策相配合；增加货币供应量，降低利率以吸引私人投资，弥补私人和政府开支的不足。在另外的历史背景下，如果金融方面必须实行紧缩政策，就减少货币供应量、提高利率；这时，为了实现充分就业，还可以使宽松的财政政策与紧缩的货币政策相配合，降低财政收入，增加开支，以消除紧缩货币信贷对投资的消极影响。

财政杠杆所创造的两类外在调节机制在实践中的效果，是一个颇具争论的问题。

就自动稳定器说，一般认为它对缓和战后经济危机的振幅有一定作用。但是它正逐渐走向自己的反面。最大的问题是随着自动稳定器中社会福利方面的开支日益增长，政府背上了一个日趋沉重的支出包袱，约束了政府在运用自主调节政策时的自由。

至于自主调节政策对稳定经济、促进增长方面的作用，则可以举出成功与失败的不同例证。

1938 年罗斯福的预算赤字曾经对促进复苏起过作用；第二次世界大战期间的巨额预算赤字曾经使不景气的经济达到充分就业；1964 年的减税曾经带来了经济的有力扩张，这些都是比较成功的例子。

但是，1948 年的减税并没有导致经济扩张而是带来了衰退。朝鲜战争时期的通货膨胀是与预算结余同时发生的，可是当预算结余变为赤字时通货膨胀反而减弱了势头。伴随着较大预算结余而发生的 1954 年衰退，比伴随着较小预算结余而发生的 1957—1958 年衰退要来得温和。这些事实又说明经济的发展并不符合财政调节的预期效果。

由此可见，运用财政杠杆对经济进行宏观调节其效果是极不稳定的。其所以如此，原因是多方面的。首先是财政杠杆本身作用的有限性。在肯定联邦财政收支在国民经济中的作用日益增大的同时，必须看到垄断资本的经济运转还受到其他许多难以预见因素的影响。其次，宏观经济的无政府状态，使杠杆调节必须依靠经济预测，而在不准确的预测基础上进行的杠杆调节，不仅不起积极作用还可能帮倒忙。在这一点上，里根政府对宏观调节的批判并不是没有根据的。最后也是最根本的问题在于，美国垄断资本主义的内在矛盾及其运行规律，会促使政府执行的积极干预政策走向自己的反面。凯恩斯主义理论本来以解决有效需求不足的问题为目的，但是垄断资本对内为了缓和阶级矛盾而不断扩大"安全网"，对外为了维护其全球利益而实行军事扩张，却使其总需求大大超过了总供给，这是导致70 年代滞胀和凯恩斯主义政策失灵的重要内在根源。改变这种局面不仅凯恩斯主义无能为力，就是里根经济学也并没有找到有效办法。

金融杠杆与宏观调节

对美国经济进行宏观调节的另一重要渠道，是通过货币信贷活动影响国民经济，这是联邦储备系统的职责。联邦储备掌握发行货币的大权，同时还握有三种可以直接影响货币总供应量，间接影响银行信贷活动的手段。它们是法定准备率、贴现率和公开市场业务。联邦储备通过上述金融杠杆对宏观经济进行调节。

法定准备率是指银行对存款型负债所必须持有的资产比率。根据1980年立法，所有金融机构都必须设置法定准备金。它可以采取两种形式，一种是金融机构所持有的货币，另一种是存在联邦储备系统的存款。规定这两种资产具有准备金资格是为了对货币总量便于控制。联邦储备所投放的准备金，经过若干次信贷活动可以创造出比原来大许多倍的货币供应量。投入流通的准备金和它所创造的最大限度的货币供应量两者的比率，称为货币乘数。它受法定准备率的制约，等于法定准备率的倒数。这就是说，如果法定准备率为10%，货币乘数就是10。联邦储备投放1 万美元的准备金，它的最大限度是可以增加 10 万美元的货币供应量。因此法定准备率的提高或降低就会扩大或紧缩货币供应量。

贴现率是联邦储备对商业银行贷款所收取的利率。任何金融机构如果准备率达不到法定标准，都可以向联邦储备申请短期贷款。这一准备金的来源通常被称为"贴现窗口"。借款单位可把顾客给它的票据或联邦储备银行可以接受的其他抵押品进行重贴现。

当联邦储备想抽紧银根时它可以提高法定准备率。在此情况下银行之间短期拆借的所谓联邦基金的供应会紧缩，金融机构将被迫转向联邦储备的"贴现窗口"。如果贴现率同时提高就会使金融机构觉得这样做无利可图，它们将被迫紧缩贷款和投资。在企业活动疲软的时候，联邦储备可以用低贴现率向金融机构提供准备金，使它们感到扩大贷款和投资有利可图，从而扩大信贷活动。

联邦储备有权改变法定准备率和贴现率，这对货币供应量和信贷活动确有调节作用。不过这些杠杆的运用必须具有相对稳定性，不能过于灵活，而金融和经济情况是瞬息万变的。因此必须有一种与此相适应的手段。购买和销售美国政府债券就是联邦储备能经常作用于金融市场的手段。这就是公开市场业务。

联邦储备用公开市场业务影响准备金的机制是这样的：当联邦储备购买政府债券时，银行发现自己的准备金增加了，在法定准备金之外出现了超额准备金。为了把超额准备金变为谋利资产，它们就急于把超额准备金贷放出去，这样就增加了贷款或投资的供应。当联邦储备出售证券给金融机构时，相反的事情就会发生。一般说当联邦储备需要增加货币供应时，它就购买政府债券；当它要减少货币供应时，就出售政府债券。因此联邦公开市场委员会就成了联邦储备中一个最有权威的决策机构。

在金融领域可以对经济进行宏观调节的杠杆有上述几种。如何运用这几种杠杆去调节国民经济，在第二次世界大战后是有争论的。这种争论和理论上的指导有关。总的说可以分为三种战略。

第一种是严格控制准备金总供应量的战略。货币主义者主张实行这种战略，即把准备金总供应量定死而把利率放活。按照这种战略，当经济情况变化对贷款需求超过或不足计划规定的准备金供应量时，就要发挥利率的调节作用。假定经济高涨，对贷款的需求增加，银行为了取得更多利润愿意扩大贷款，为此就要追加准备金。有些银行将转向联邦基金市场告贷，从而加剧市场资金需求的竞争，把联邦基金利率提高。其他短期利率受到影响也将上升。有些银行将转向联邦储备的贴现窗口贷款。这种贷款增加之后，联邦储备必须在公开市场上销售债券，从银行系统吸收一个相当数量的准备金，这就将使联邦基金市场更加紧张，并把利率推进到一个更高的水平，最后利率将高到足以减少贷款量和对准备金需求的程度，直到抵消最初贷款需求的增长。银行系统总的准备金供应量则始终维持原来水平。

第二种是严格控制利率的战略。凯恩斯主义者在 70 年代中期以前采用的基本上是这种战略。其论据是稳定的低利率有利于刺激经济的增长。在这种战略下，重点不是控制准备金供应量而是稳定联邦基金利率，并且通过这个关键的利率保持其他短期利率的稳定。这就是把利率定死，把货币供应量放活的战略。这样做，联邦储备在经济高涨、信贷需求增加、联邦基金利率上涨时，必须在公开市场上购买债券增加货币供应量。在相反的情况下，它必须在公开市场上销售债券以紧缩市场上的货币供应量。执行这种战略的结果，将是利率的稳定和准备金供应量的不稳定。

第三种是控制准备金增长目标区的战略。这是 1979 年 10 月以后，联邦储备所实际执行的一种战略。在联储每周每月的操作中，力求稳定准备金供应量，同时允许它有一个变动幅度。这种战略的含义是介于上述两种战略之间的中间道路。

当贷款需求增加时，正如控制货币总供应量的战略那样，将使寻求准备金的银行争着向联邦基金市场告贷，这将抬高联邦基金利率。随着这种利率的上升有些银行将转向贴现窗口。然而和第一种战略的做法相反，联邦储备将不利用公开市场业务去抵消贷款，结果将是货币供应量的增长。

在控制货币增长目标区的战略下，利率和货币供应量都将随着贷款需求的增加而增加。然而这种利率的增加将比在第一种战略下所增加的少，而货币供应的增加则比第二种战略下上升的幅度低。在贷款需求下降时，利率和货币供应量都将下降，但是利率的下降将比第一种战略少，而货币供应量的下降则将比第二种战略低。

几种战略比较，联邦储备认为目标区战略比控制利率战略优越，因为它允许对货币供应量进行比较严密的控制。在控制利率的战略下货币供应量趋于加强周期波动。这就是说在商业周期的高涨阶段，贷款需求膨胀时利率有上升趋势，要维持低平利率就要增加货币供应，货币供应的增长将促进经济的进一步膨胀。同样，在商业周期的危机阶段，当贷款需求下降时利率有下降趋势，为了维持稳定的利率就要紧缩货币供应。货币供应量的紧缩将促进经济的进一步收缩，这样的战略显然不能对经济起调节作用，促进宏观经济的稳定，而是增加它的不稳定性。

同时，联邦储备认为目标区战略比总量控制战略优越，因为它可以避免不适当的短期利率波动。

然而从 3 至 6 个月的较长时期着眼，联邦储备认为，总量控制战略和目标区战略的精神是一致的。在目标区战略下，如果观察到一种货币供应量向高于它的指定区域持续移动的趋势时，就必须通过公开市场业务逐步向下调整，使之进入原定的目标区。如果观察到货币供应量向低于它指定区域持续移动的趋势时，就必须通过公开市场业务逐步向上调整，把它推到指定的轨道中去。

然而联邦储备的经济学家们坦率承认，在现实世界里要精确地对金融活动进行控制和调节，使它像在火车轨道上那样运行是不可能的。联邦储备控制货币供应量的能力要受到技术上的限制，也要受到许多变化不定因素的限制。

自 1979 年 10 月联邦储备宣布实行目标区战略以来，经过七年的实践，控制通货膨胀取得了较为显著的效果。说明在货币流通的条件下，货币供应量所形成的购买力与生产的增长必须保持适当比率，否则就会发生通货膨胀，这是与马克思的货币规律理论相一致的。但是把美国宏观经济作为一个整体看，当前的根本问题是财政政策与金融政策的极端不协调。财政的超级赤字造成了国民收入的严重超分配，它目前是靠外资的流入勉强支撑的。如果失去这个条件，其结果将不是物价高涨就是利率飞升。所以财政的超级赤字将始终是对金融稳定的一大威胁。目前通货膨胀率受到控制，除外资支撑的条件以外，还从石油价格暴跌和初级产品价格疲软得到很大好处。这些条件一旦发生变化，必将使美国宏观经济失去平衡，陷于混乱。这也是为什么里根政府决心对赤字实行紧缩政策的原因。它的困难仍然在于美国对外争夺军事霸权和对内求得人心安定所形成的过度需求与财力不足的矛盾。

几点评论

第一，宏观调节的美国模式是生产力发展到高度社会化之后，实行计划化的客观要求和反计划化的趋势相互妥协的折中产物。诚然在现代资本主义生产关系的基础上，即使是西欧、日本的计划模式对熨平经济周期也是无能为力的，但是就促进经济发展来说，后者比前者还是略胜一筹。这可以从一个侧面为我们揭示战后西欧、日本经济发展速度快于美国的原因。肯尼迪是最早注意到这一事实的美国总统。但是美国垄断资本集团特别强大，使美国经济的宏观调节模式不仅不能有所前进，反而时刻面临着倒退的威胁。另外，国际上日趋激烈的经济角逐，又促使美国的有识之士在为推进计划化而奔走呼吁。两种思想的较量长期以来持续不断。尼克松第二任经济顾问委员会主席赫伯特·斯坦（Herbert Stein）曾经说过，计划思想有自己的周期正是这种反复较量的反映。

第二，我国在社会主义公有制基础上建立的有计划的商品经济模式，在促进社会再生产均衡发展上，比资本主义的所谓计划经济和杠杆调节有更大的优越性。因为在我国不存在只追求各自利润，而否定整体利益、独霸一方的利益集团。国家、企业和工农知识分子在整体利益上是一致的。因此，我们能够遵循使全体人民共同富裕起来的方针，合理安排积累和消费、生产和生活以及各个经济部门的比例关系，使整个国民经济协调发展。在计划商品经济中，财政金融杠杆在调节经济方面有重要位置。它的任务是，根据国民经济计划所确定的战略目标、战略重点以及各项社会、经济、技术政策，在把微观经济搞活的同时，使各种经济成分和各个经济部门的局部利益、眼前利益，与国家的整体利益和长远利益协调起来，通过财政、信贷的平衡，实现总供给与总需求的平衡，促进经济的发展。30多年来，由于我们对计划商品经济认识有偏差，使它的优越性没有充分显示出来。在党的十一届三中全会以后，我们在认识经济规律、实行计划经济方面已经取得很大的进步。实行经济改革的任务之一，就是要更好地发挥计划商品经济的优越性。这是一种新的探索，在此过程我们需要研究西方宏观调节的经验，借鉴其可取之处。

第三，凯恩斯主义的赤字财政政策不是为了制造不平衡，而是用财政上的不平衡求得经济上的平衡。这在资本主义供过于求、资本闲置的条件下，是可以起一定作用的。但是赤字要有限度，借债超过了一定限度就会造成另一种不平衡。美国实行赤字财政政策的教训就在于忽视了，或者说无法控制这种量的界限。我国的情况与资本主义国家不同，我们的家底薄，加上公有制的分配制度，一般不存在资金过剩的问题，所以美国式的赤字财政政策不适合我国的国情。但这并不是说我国不可以在必要的时候适当举债，这里的前提还是要保持总供给与总需求的平衡。至于把财政亏空货币化的做法则应避免，因为它的结果只能是国民收入的超分配和通货膨胀。有一种说法似乎认为通货膨胀是经济起飞和加速经济发展的条件，这是把西方发展经济的教训当作经验的错误理解。认真研究一下美国的通货膨胀史就知道，这种道路是不可取的，蕴藏着极大风险的。

第四，要实现总供给与总需求的平衡，财政杠杆和金融杠杆的配合极端重要。在美国，有财政政策与金融政策谁在宏观调节中更为重要的争论。这种争论的命题本身就是错误的。凯恩斯主义在 70 年代所受的挫折，在很大程度上是由货币政策上的失误造成的，就是过分强调维持低平利率而不重视控制货币发行量。80 年代里根经济学深陷泥潭是由财政政策的失误造成的，即片面强调减税能带动收入的自行增长，低估了赤字失控的危险。这两种失误都与理论指导的片面性有关。两种失误所造成的后果其共性是总供给与总需求失去平衡和经济的停滞。不同之处，一个表现为通货膨胀，另一个表现为由高赤字的连锁反应所带来的高贸易逆差。这就说明宏观调节不可能单靠一种经济杠杆的作用取得成功。这一点无论在美国或在中国道理是相同的。我国的历史经验表明，实现总供给与总需求的平衡不仅要求财政收支和信贷收支的各自平衡，而且要求财政信贷的统一平衡。而这一点在美国则还是一个众说纷纭、没有解决的问题。这恰好说明掌握马克思主义再生产理论的极端重要性。

（原载《美国研究》1987 年第 1 期）

美国经济实力下降的根子

——制造业竞争力的削弱

美国经济实力下降的根子，突出表现在巨额贸易逆差上。它是怎么造成的？是由于美元高汇率还是财政预算高赤字？这两者都只是短期因素。根本的、长期起作用的还是美国制造业竞争能力大大削弱。这种状况已引起美国朝野的忧虑。

最近，在世界经济界出现了一个热门话题：美国经济实力相对下降，日本经济实力日益增强。人们认为这个新动向的影响非同小可，它将引起国际政治和战略格局发生变化。

对于美国经济实力的衰落，人们主要是从这几个方面来判断的：贸易账户和经常账户全面出现逆差；对外投资下降，由净债权国变为净债务国；外资涌入，国内经济靠外资支撑。那么，美国衰落的根源在哪里？美国经济的趋势如何？经济界对此议论纷纷。笔者以为，里根经济政策的某些失误是近因，美国制造业竞争能力的长期削弱则是其经济实力下降的根子。

制造业能力的下降

近几十年来，美国国际经济地位经历了由盛而衰的三个时期，每个时期大致上都是 15 年，即 1944 年的布雷顿森林会议到 1958 年的全盛时期，1959—1973 年的发生动摇时期和 1973 年直到现在的走下坡路时期。可以说三个时期下了三个台阶，其特点是贸易条件不断恶化，对外投资出现萎缩，美元地位日益下降。其详细过程，姑且不赘。这里，我谨就美国国际经济地位下降的原因，略陈己见。

　　美国国际经济地位下降的突出表现是巨额贸易逆差。至于为什么会产生持续的巨额贸易逆差，各方见解就很不一致了。一种观点认为，美元定值过高是原因所在。他们认为，1985年以来美元虽然对日元、马克大幅度贬值，但是对韩国、加拿大、中国香港和中国台湾的货币仍然维持高汇率，因而贸易逆差至今居高不下。另一种观点认为，高财政赤字是原因所在。美国的高贸易逆差是财政赤字的转化形态，因而消除高赤字是解决高贸易逆差的关键。中曾根首相在七国首脑会议上就是用这个观点来回敬美国的。

　　笔者认为，美元的高汇率和财政预算的高赤字对美国的巨额贸易逆差无疑有着重要的影响，但是它们只是短期因素而不是长期起作用的根本原因。战后40多年来，美国的贸易情况不仅在美元汇率上升时走下坡路，就是在美元贬值的70年代也并无好转，这就是明证。至于预算高赤字，它与贸易逆差固有关联，但是高赤字形成的需求应当成为刺激国内生产能力的动力，而美国的现状是旺盛的需求多由大量涌入的外国商品来满足，国内的生产能力却被闲置，企业倒闭，工人失业。这说明一部分美国产品敌不过舶来品。

　　因此，我的看法是，贸易条件恶化的根本原因是美国制造业竞争能力下降。即使美国的预算赤字消失，汇率降低，未必能扭转贸易高逆差。只要美国的商品竞争能力继续下降，那么不仅贸易高逆差会维持和扩大，而且赤字的消失和需求的下降很可能导致生产的进一步萎缩。

　　看看美国市场状况吧。目前，从东北部的缅因到西部的加利福尼亚，进口货在销售上已凌驾于美国产品之上。美国市场上外国商品所占比例逐年上升，其中电视机、收音机、鞋类的比例已超过50%，机床近50%，小汽车和电脑也直线上升（外国货充斥美国市场）。日本从汽车、机床到冰淇淋等以创新的形式和质量不断打入美国市场。美国高技术产品的零配件已经大大依靠输入。如美国国际商业机器公司制造的每一部个人电脑零配件的70%以上来自日本和新加坡。美国"国防科学委员会"警告说，美国半导体工业已无法再以目前的形势竞争。再比如，工业用机器人原为美国人所发明，现在它远远落后于日本，美国一半以上的机器人靠从日本进口。美国使用的机器人只占日本使用的几十分之一。美国商品的质量也是令人沮丧的。例如，美国车一年要修理 3.5 次，而日本车只需修理 1.1 次。此外，美国货由于工人的高工资而导致高成本。而且，美国工人的生产能力大大低于外国工人。1985 年，日本只需 80—100 个工时就能生产一辆汽车，而美国需要 100—160 个工时。1979—1985 年，美国每小时制造业产量的增长率为 3.1%，而日本为 5.3%，美国甚至大大低于英国的 4.2%，法国的 3.8%，西德的 3.2%。以上种种，大致描绘出美国制造业的衰弱情景了。

原因所在和美日情况比较

那么，制造业下降的原因在哪里呢？

第一，它无疑是资本主义各国经济发展不平衡的产物。美国作为一个超级大国，它的垄断资本的积累产生了一种内在冲动，那就是要向全球扩张，要输出商品和资本。这样一来，它输出的新技术、新产品和新设备把日本、西欧和亚洲一些国家装备起来了，为它们的经济起飞提供了动力。而这些国家的劳动成本廉价，这就大大有助于它们的产品进入美国。它们的高储蓄率和积累率也有利于它们赶超美国。

第二，美国为建立军事优势，军事工业过度膨胀，这就对民用工业起了削弱作用。日本和西德却在军备受限制中得到了好处，它们集中精力发展民用工业，生产物美价廉的产品去占领美国市场。

第三，美国资本的输出虽然给跨国公司带来超额利润，但却影响了国内工业的改造，致使传统工业日趋衰微。

第四，美国产品竞争能力的下降还和它奉行的宏观决策以及企业管理的模式有关。美国以凯恩斯主义的财政、信贷为杠杆，调节总供给与总需求的平衡，刺激经济发展。日本人认为，美国的这种调节只能对短期的商品周期波动起作用，对长期的经济增长则无能为力。日本实行的是指导性计划，通过这种指导性计划，日本在战后建立了钢铁、重化工业和汽车工业，接着向高技术进军，发挥了在微电子和光电子等行业的优势，在高技术方面正在赶上和超过美国。这样的情况也必然反映到制造业和产品上，使得日本在贸易上突飞猛进，于是与美国发生了摩擦，先在纺织品方面，接着是汽车，然后是民用电子产品方面，现在转到大规模集成电路。

第五，美国的企业管理模式也有弊端。过去美国管理曾经以泰勒制、福特制等注重于操作的科学化，因而使企业的竞争能力居于世界前列。但是，这种管理制度不注重人际关系，近来美国所强调的行为科学也并未全面推广，因而劳资冲突日益突出，对提高劳动生产率产生了不利影响。日本企业则注重工人参加管理，它实行的终身雇佣制对培养工人建立"主人翁"观念，促进工人拼命为企业卖力起了很大的作用，劳动生产率因而大大提高。

此外不能忽视的一点是，日本以贸易立国，为夺取国外市场，政府与企业家精诚合作，千方百计把产品打出去。相比之下，美国受制于自己庞大的国内市场需求和国防订货，因而对国际市场需求和消费心理的研究远逊于日本。

经过以上对比，人们不难看出美国遇上了一个极为精明的对手，美国在国际贸易竞争中日益丧失优势就不难理解了。

并非愿景，但短期内难挽颓势

美国朝野已认识到提高产品竞争力的紧迫性，但要想在短期内扭转颓势是不容易的。

首先，在意识形态上，美国有反对实行指导性计划和制订产业政策的传统偏见。1985 年休利特—帕卡德公司总经理曾代表工业竞争力总统特别委员会向白宫提出了战略计划，主张建立一个贸易和工业部，以便把联邦资源集中起来，增强在国际上的竞争能力。但是里根政府公开表示反对，这就使集中力量迅速改变现状的设想落空。里根在总统经济报告中所建议的提高竞争能力的措施，如提高教育水平，实行职工培训等，都是基础工作，远水难解近渴。

其次，美国大公司普遍注重短期效果。董事会评估经理人员的成绩侧重于股票市场的行情，而股票行情又取决于利润率。因此利大大干，利小小干，无利不干就成为管理人员的座右铭。这种经营哲学面对日本企业的老谋深算便显得大为逊色。

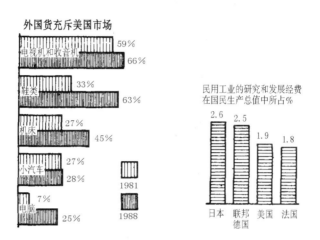

外国货充斥美国市场

电视机和收音机　59%　66%

鞋类　33%　63%

机床　27%　45%

小汽车　27%　28%　1981

电脑　7%　25%　1988

民用工业的研究和发展经费在国民生产总值中所占%

日本 2.6　联邦德国 2.5　美国 1.9　法国 1.8

　　最后，美国在科技上虽有创新力，但运用新技术生产出具有竞争力的新产品的能力不如日本。美国"星球大战"计划除了与苏联争夺军事优势外，还想在科技上取得重大突破，从而创造一系列新产业、新产品。但这个计划受制于美国将科技成果应用于民用生产的能力，成效如何，尚难料定。即使有成，恐非短期所能奏效。

　　尽管如此，纵观美国经济，笔者并不认为美国已处于日暮途穷的晚景。美国经济地位的相对下降与大英帝国当年的衰落不可同日而语。美国目前依然是物质基础最雄厚的发达国家。它的国际经济地位虽然在走下坡路，但仍是世界第一贸易大国，拥有最大的国外投资，美元仍保持着国际上主要储备货币的地位。尽管它已成为净债务国，但其负债额与国民生产总值相比，还是很有限的。因此美国经济实力下降还没有构成国家衰落的现实危险。这也许正是许多美国人还没有危机感的原因，或许这对扭转美国经济颓势又是一种不利因素。

　　　　　　　　　　　　　　　（原载《世界知识》1987 年第 16 期）

发展马克思主义是国际学科的重大任务

在国际学科方面，的确有许多重要理论问题需要被重新认识和发展。第一个层次的问题当然是如何认识我们所处的时代问题。十三大报告中提出要"围绕和平与发展两大主题调整外交格局和党的对外关系"，这是一个重要启示。有人说我们现在已经处在和平与发展的时代。我看这样说早了一些。的确，全世界人民渴求和平与发展，它已成为势不可挡的潮流。但和平必须保卫，发展要经过激烈竞争。

第二个层次的问题是重新认识两种社会制度的问题。我是研究美国经济的，我们常常议论的是如何正确理解经典作家在几十年、上百年前对自由资本主义和垄断资本主义的论断。帝国主义论是列宁在第一次世界大战和十月革命前写的。在此以后资本主义世界经历了 1929—1933 年的大危机，打了第二次世界大战。战后科学技术有了飞跃发展，社会主义和民族主义两股力量空前壮大。这些都是经典作家没有看到的。因而我们不应当拘泥于经典作家的片言只字。资本主义经过 1930 年代大危机，最大的一个变化是普遍强化了国家对经济的干预，实行了许多改良主义政策，它们对缓和阶级矛盾、促进生产力发展是起了作用的，否则就无法解释战后 20 多年西方的持续繁荣和发展。过去对资本主义的各种政策总是说换汤不换药，对其作用一笔抹煞，这种观点不是实事求是的。当然改良主义不能解决资本主义制度的根本矛盾，所以走一段上坡路又要滑坡，还得进行政策调整。这正说明资本主义上层建筑不是消极的东西，在一定条件下它还可以为延续资本主义的寿命效劳。

我们现在实行对外开放政策，资本主义经济形势的好坏对我国有越来越大的影响。因此预测西方经济趋势变成了我们的重要课题。这就要研究西方的经济周期和经济机制。关于资本主义经济周期的内在根源和内在机制，经典作家已经讲得很透。但是战后资本主义经济周期表现出和以前许多不同的特点。如危机的深度、广度要比过去小些；危机的预率变得更不规则；危机、萧条、复苏、繁荣的阶段性不那么明显。所有这些新的特点和资本主义经济结构的变化有关，如第三产业的兴起和国家干预有关，如财政、金融杠杆的调节作用以及某些所谓社会安全网的作用也和国际经济一体化有关，如美国的财政、贸易赤字可以从日本、西德的贸易顺差中得到弥补，等等。这就是说影响周期波动的经济变量比自由资本主义时代多多了。

列宁在 20 世纪初把资本输出视为帝国主义五大特征之一，认为它是帝国主义压迫和剥削世界上大多数民族和国家的坚实基础，并认为它将加深资本主义在全世界的进一步发展。第二次世界大战后跨国公司在全世界迅猛扩张。但是在民族独立运动高涨的新形势下，资本输出对发展中国家显然具有不同于列宁时代的意义。对资本输入国，它可以起剥削压迫作用，也可以起促进经济发展的作用。其关键就在于主权国家是否善于利用跨国公司输出的资本。目前国际游资充斥，到处寻找出路。根据比较成本学说许多资本主义国家正在调整经济结构，把某些劳动密集产业转移到第三世界。我国劳动资源和自然资源丰富，在这方面有特殊的优势，我们必须善于利用这个机会，研究改善我国吸引外资的硬环境和软环境，发挥特区和开放城市向国内外两方面的辐射作用，利用外资，引进技术，参与国际竞争，这无疑会加速我国现代化的步伐。总之研究在新的历史条件下发达国家的资本输出及其在世界经济中的作用，也是国际学科的一项任务。

除了克服僵化思想，重新认识资本主义以外，还有借鉴发达国家发展生产力和管理经济的某些经验的问题。我们当然不能照搬西方经验，然而在某些方面，如经济结构和生产力布局的合理化问题、发展统一市场、鼓励竞争反对垄断问题、宏观控制与提高微观经济效益问题是发展生产力和发展商品经济的共同规律等，发达国家走过的道路及其经验教训对我们也有教益。这里我只讲一个平衡问题和一个产业政策问题。

现在看，运用财政金融政策在宏观经济领域促进总供给与总需求的平衡是一切存在商品经济的国家都不能忽视的。西方是在 1930 年代大危机以后才逐渐懂得这个道理的。凯恩斯主义主张高赤字财政不是追求不平衡,而是用财政的不平衡求得经济的平衡。这是因为在资本主义社会往往发生私人投资不足,劳力和资本闲置的问题需要用财政赤字填平补齐。但是财政赤字搞过了头加上过于宽松的金融政策又会造成新的不平衡,导致通货膨胀。这是西方经济 1970 年代所得到的教训。到了 1980 年代西方普遍认识到通货膨胀的危害,实行了紧缩的金融政策。美国也是在实行这种政策以后控制了通货膨胀势头的。但是里根政府在紧缩金融的同时却放松了财政,其结果是造成了空前庞大的预算赤字。

这种不平衡虽然暂时没有表现为通货膨胀,却导致巨额的贸易赤字和经常账户逆差。这种国际收支的巨大失衡,使美国变为净债务国。到 1987 年年底净债务已达 4000 亿美元。到 1988 年可能达到 7000 亿美元。单是支付净利息(利息收入与支出相抵后的净额)就将达 380 亿美元,成为沉重包袱。美国经济近来险象丛生,都是和这种结构性的经济不平衡密切联系的。宏观经济的稳定是微观经济取得良好效益的前提条件。我国现在实行改革,扩大企业自主权,实行两权分离是为了建立和发展充满活力的社会主义经济,而在宏观方面通过财政、金融政策努力保持社会总需求与总供给的平衡则是保证我国经济走上良性循环必不可少的大气候,国际经验也证明了这一点。

关于产业政策。后进国家要赶上经济发达、科学技术先进的发达国家必须选定正确的产业政策,这也是资本主义国家的一条经验。美国虽然自 20 世纪 30 年代以后建立了国家干预经济的一套体制,却不主张搞什么产业政策,并认为这样做是由政府选定优胜者,会约束企业的主动精神和创造力。但是第二次世界大战中一败涂地的日本在经济复兴的道路上却十分重视制订产业政策。据日本的经济学家回顾,战后按照李嘉图的比较成本学说,有些人主张日本应当发展劳力密集型产业。因为当时日本一无资金,二无技术设备,只有大量的失业人口。可是日本政府和企业家没有这样做,在经过 10 年恢复时期以后,从 1956 年起选择了极其艰难地发展重化工业的道路,到 1973 年这个目标实现了。然后转而选择了发展知识密集型产业的道路,又取得辉煌成绩。现在则进一步提出以科学技术立国的口号。由于日本在战后每个时期都制订了科学的产业政策,找到了能够发挥自己最大优势的主攻方向,并且认真实行,循序前进,因而能在短短的

30 年中把西欧甩在后面，并且形成赶超美国，争夺第一经济大国的骄人气势。而美国人则还在争论如何挽回颓势，要不要制订产业政策等问题。总之，国际经济领域各个国家的实践是丰富多彩的。只要我们认真领会十三大精神，掌握好马克思主义的思想武器，就能博览众长，发展和丰富马克思主义，为我国实现现代化发挥作用。

（原载《世界知识》1988 年第 3 期）

中国沿海地区经济发展战略和美国对华投资

当前世界各国在经济方面的合作正在增强。发达国家与发展中国家在经济上的互补作用为这种合作提供了重要基础。中国政府最近制定的沿海地区经济发展战略将使这种互补作用得到最好的发挥。它的目标是利用沿海地区的资源、地理优势，加快发展沿海地区外向型经济，参与国际交换与竞争，以沿海经济的繁荣带动整个国民经济的发展。在执行这一发展战略中，中国将与一切友好国家密切合作，以优惠政策鼓励它们在沿海地区投资。鉴于中美经济关系近年的发展，我们有理由相信美国企业家将在这一地区的经济发展中发挥重要作用。

中国沿海地区发展战略是在九年的实践中成熟起来的。1979 年中国政府把广东省的深圳、珠海、汕头和福建省的厦门开辟为四个经济特区。1984 年对外开放大连、秦皇岛、天津、烟台、青岛、连云港、南通、上海、宁波、温州、福州、广州、湛江、北海 14 个沿海港口城市及海南岛，并在开放城市中建立经济技术开发区。1985 年把长江三角洲、珠江三角洲和闽南三角地带划为三个对外开放区。1988 年初中国政府又宣布在珠江三角洲和闽南三角地带进行全面开放和改革的试点。同时宣布把海南岛改制为海南省，并把它确定为中国最大的经济特区。这样中国东部沿海的特区、开放城市和开放地区就构成了一条弓形的同时向海外和内地辐射的开放带。对这一新事物的出现及其意义，有些美国朋友是理解的，但对更多的人说则是陌生的。因此讨论和研究这个问题无疑会对增进相互了解，促进中美经济技术合作的发展起积极作用。

中国的沿海地带有近两亿人口，工农业基础较好，商品经济比较发达，科学、文化、教育水平较高，交通方便，信息比较灵通，历史上与国外有广泛联系。但是这些优势长期以来没有得到充分发挥。这是同过去外国对我国沿海的封锁以及中国政府对战争与和平的估量相关联的。1979 年以后，中国政府根据国内外战略格局的新发展提出了改革、开放政策。这样，特区和沿海开放城市就被历史推到了现代化建设的最前列。它将突出地发挥以下作用：

1. 引进外资的窗口。中国现代化建设需要引进外国资金和先进技术。但就总体来说内地的投资环境不如沿海；小城市不如大城市；在沿海地区则北方逊于南方。在南方，广东、福建两省由于在海外有大量侨胞，对于吸引外资又具备特别有利的条件。中国政府意识到要在较短的时期内在全国范围搞好投资环境是国力所不及的。开辟四个特区，同时开放 14 个沿海城市和珠江、闽江、长江三个三角洲，集中力量为利用外资创造良好环境则是可能的。中国在 12 个开放城市中建立起 13 个经济技术开发区，在开发区中又分别在几十平方公里或十几平方公里的范围内建设起一个基础设施较完善的起步区也是以给外资的发展创造一种良好的小气候为着眼点的。这样，特区和沿海城市依靠着它在地理上的和传统上的优势以及政府的特殊政策，自然会在引进外资和先进技术方面走在全国的最前列，并成为向外国展示中国开放政策的窗口和向内地传授引进外资经验的桥梁。

2. 体制改革的先锋。我国经济体制改革是要把过去僵硬的以产品经济为主的计划经济改变为有计划的商品经济，让市场调节发挥更大作用。但是中国的改革是一种伟大的开拓事业，没有可以遵循的现成模式，在总体上它必须谨慎从事。而在特区和沿海开放城市则可以迈出较大的步伐。这样，它的成功经验可以在全国迅速传播，它所遇到的某些挫折，对内地则可以引以为戒。我们的经济体制改革和对外开放将通过经济特区—沿海开放城市—沿海经济开放地区—内地这样的层次，由外向内，由沿海到内地逐步推进。这是改革的要求，也是引进外资和先进技术的要求。因此特区、开放城市与地区将不仅是开放的先驱而且是中国经济体制改革的试验区，走在全国改革的最前列。

3. 中国最先富裕起来的地区。作为开放的窗口和改革的先驱，特区和沿海开放城市与地区的经济发展速度将大大超过内地。我们在深圳特区所属的宝安县考察，看到该县布吉镇经济迅速腾飞的画面。该镇本来有人口 14700 人，近年来因香港地区来料加工的大发展从外地吸收劳动力 47000

人。每人平均净收入由 1979 年的人民币 139.7 元，提高到 1987 年的 3004
元，每年平均递增 46.7%；另一个沙井镇人口 24000 人，主要从事来料加
工和来料种养，1979 年人均净收入为人民币 146 元，1987 年上升到 1244
元，每年平均递增 30.7%。这种迅速富裕起来的现象在珠江三角洲并不罕
见。正是根据这种情况广东省现已提出提前五年，即在 1995 年实现人均
国民生产总值翻两番的目标。特区和开放城市率先富裕起来正在对内地起
辐射作用。例如，宝安县因来料加工任务过重导致劳力不足，已在本县 23
万人口之外吸收了来自全国 21 个省区市的 22 万名劳动力。这些外地人大
多是合同工，在开放地区工作几年又将返回本乡本土。他们来到开放地区
不仅学习了技术而且积蓄了钱财。按 22 万人每人每年积蓄人民币 3000 元
计算，一年就是 6.6 亿元。据该县邮政部门一个月的统计，汇出的钱就达
1.2 亿元。特区和开放地区的富裕正在对内地的繁荣起带动作用。此外，
特区与内地企业实行联合经营也将对促进内地经济的发展起重要作用。

中国特区与沿海开放城市的建立向一切友好国家包括美国提供了良好
的直接投资机会。我们认为利用这个机会对美国是有重要意义的。自从 20
世纪 70 年代以来，由于美国经济重点西移和亚太地区国家经济的迅速发
展，使美国同亚太地区国家的经济纽带日趋紧密。亚太地区已经成为美国
最大的进出口市场和原料供应基地。亚太地区对美国的重要性早为美国政
府领导人所深刻理解。1975 年福特总统发表了关于"新太平洋主义"的
演说，宣称美国是太平洋国家，明确提出在亚洲"建立经济合作组织的必
要性"。1984 年里根总统也断言"美国是一个地道的太平洋盆地国家"，
并宣称"我相信整个太平洋盆地将是世界的未来"。近年来美国对亚洲直
接投资的增长速度远远超过对欧洲、加拿大和拉美的投资，说明美国企业
界正在把重点转向亚洲。

但是亚太地区又是一个充满激烈竞争的市场。美国在亚洲的竞争地
位，正在受到来自日本、韩国等国家的挑战。为此美国需要在亚洲为自己
选择能够增强自己竞争地位的投资场所。在中国实行开放政策以后，中国
特区和沿海开放城市与地区无疑是这种较理想的地区之一。这是因为：

第一，中国的政局稳定，政策具有一贯性。特区和开放城市与地区的
开辟不是中国政府的权宜之计，而是作为实现四个现代化的战略部署和既

定国策。有些外国朋友担心中国的开放政策将随领导人的更迭而发生变化。然而自 1979 年中国政府宣布对外开放政策以来，八年过去了，政策不但没有由放而收，开放的地区反而在不断扩大，对外资的优惠条件也在不断放宽。这就证明中国政府对贯彻执行开放政策是认真的。特别由于实践证明开放政策是成功的，人民群众拥护这一政策，因此不存在政策逆转的问题。加之中国的政局和社会秩序稳定，因此到中国投资是稳妥可靠的。

第二，中国大陆的劳动力充裕，费用低廉，在降低劳动成本方面有特殊的优势。以广州为例，中国香港和新加坡工人的月工资为广州的 3.75—5 倍；中国台湾为广州的 2.9—3.8 倍，韩国为广州的 2—2.6 倍。据日本来广东洽谈投资的商人反映，同样加工一件产品如果在日本需要人民币 6 元，在中国台湾则要 3 元，韩国 2.5 元，泰国 2.5 元，在中国大陆则只要 1.5 元。中国劳动费用低廉，在韩国货币升值以后显得更为突出。当前由于美国的劳动成本高，许多产品缺乏竞争能力，而建设能降低劳动成本的全自动化无人工厂尚需时日，因此把某些传统产业转移到发展中国家特别是转移到中国，对美国进行产业结构调整是有利的。利用中国劳动成本便宜的优势在华投资，无疑可以有效地提高美国在亚洲市场，乃至世界市场的竞争能力。

在中国兴办企业还具有资源优势。中国的特区和开放城市与地区从北纬 40°到 18°绵延万余公里，跨越温带、亚热带和热带边缘，土地辽阔、物产丰富、资源充沛，可以发展多种合资合作及独资企业。在农业方面种植业和养殖业都有很大发展潜力；在矿业方面海南岛的钛、内地的稀土金属都为发展高技术所不可或缺；开发能源也有广阔的前景。沿海开放地区以内地为依托发展冶炼业和加工工业都是大有可为的。

第三，中国有 10 亿人口的广阔市场，随着沿海地区经济的发展，它将逐步由潜在的市场变为有实在购买力的市场。外国资本在沿海地区的直接投资将成为创造这种具有实在购买力市场的重要触媒，并且首先使这一地区成为能够容纳外国进口商品的市场。从战后美国的经验看，要扩大美国的商品和资本的输出，首先要使伙伴国家的经济得到发展。战后西德和日本如果没有美国的经济支援，它们的工农业是不可能迅速振兴的。而没有日本、西德的复兴，也就不会出现 20 世纪五六十年代美国对日本、西德商品输出的繁荣年代。美国资本和技术的输出使西德、日本的经济获得了好处，反过来也使美国得到好处。不过日本和西德的国内市场都比较狭小，它们的经济发展起来必然要同美国争夺国内外市场，这正是目前西方经济发展不平衡和美国巨额贸易逆差的根源。中国的情况则不同，它有巨大的国内需求，因此就整个国民经济来说中国不可能成为以出口为导向的国家，对美国市场造成威胁。目前，中国政府要求沿海地区和城市发展外向型经济，一是为了求得外汇的平衡；二是为了使产品在国际市场上经受检验以利于提高质量，增加效益，降低成本，并带动内地生产技术水平的提高，使中国产品真正达到世界先进水平以加速四个现代化的实现。美国向中国输出资本和技术将能更好地发挥两国的互补作用和比较成本效益，因而将使中美双方都得到好处。

美国对华投资的情况如何？

中国宣布实行对外开放政策以后迅速得到美国政府和企业界的响应。在开放初期近海石油曾是美国对华投资的热点。随着中国开放地区的不断扩大和政策的逐步完善，其他领域的直接投资正在逐步增加，投入地区也在不断扩大。中国对外开放虽较其他亚洲发展中国家与地区为晚，但许多国家包括美国对华投资的势头相当有力。下面谨就美国对华直接投资的基本情况略加分析：

1. 和亚洲其他发展中国家与地区比，美国对华投资已达到一定规模并有较快的增长速度。

到1986 年底为止美国对亚太发展中国家和地区的直接投资可以按累计额排列次序如下：印尼第一，43.05 亿美元；中国香港第二，35.8 亿美元；新加坡第三，22.91 亿美元；马来西亚第四，10.74 亿美元；泰国第五，10.48 亿美元；中国台湾第六，8.6 亿美元；韩国第七，7.92 亿美元。美国对中国大陆投资到 1986 年底累计约为 12.45 亿美元。和上述国家与地区比较低于新加坡而高于马来西亚，应居第四位。就中国幅员广大，自然和人力资源丰富等优势而言，应当说美国对华投资仍然是大有潜力可挖的。

和亚洲其他国家比较，美国对华投资的一个引人注目的特点是这几年的增长速度特别快，见表1。

表1　　美国对亚太地区各国与地区直接投资额及其增长速度（单位：亿美元）

国别与地区	1984	1985		1986	
	投资额	累计投资额	增长速度%	累计投资额	增长速度%
印尼	40.93	40.87	−0.15	43.05	+5.3
中国香港	32.53	31.24	−4	35.80	+14.5
新加坡	19.32	18.97	−1.8	22.91	+20.8
马来西亚	11.01	12.17	+10.5	10.74	−11.8
泰国	10.81	10.22	−5.5	10.48	+2.5
中国台湾	7.36	7.57	+2.8	8.60	+13.6
韩国	7.16	7.57	+5.7	7.92	+4.6
中国大陆	5.65	9.22	65.1	12.45	35.4

资料来源：1985、1986、1987年《商情概览》。

美国对华投资增长速度超过对其他国家与地区的速度是投资初始阶段的标志，说明美国对华投资方兴未艾。如果中国政府的政策和措施得当，它的发展前景是十分光明的。

就各国和地区对华投资的情况看，截至1987年5月，中国批准建立的外商投资企业达8332个（包括海洋开发合同），外商协议投资额191.4亿美元。到1986年底，外商投资企业的投资额（不包括海洋开发合同）港澳地区占第一位，约达45.88亿美元；美国占第二位，约达12.48亿美元；日本占第三位，约达11.4亿美元。港澳地区直接投资居于首位是因为港澳企业家与祖国有着民族感情，愿为祖国四化大业作出自己的贡献。但就经济实力而言，美国显然具有港澳所不可比拟的优势。它对中国的投资潜力显然可以超过其他国家和地区。

2. 美国对华投资就地区来说开始于大城市，逐渐遍及全国，对特区和沿海开放城市的投资刚刚开始。

美国对华直接投资始于首都北京。1980年4月中国政府批准美国伊沈建设发展有限公司与中国旅行社北京分社合资兴建北京长城饭店，打响了中美合营兴办企业的第一炮。自此以后从 1980 年到 1986 年底美国在中国共兴办各种企业 234 家（不包括合作开发石油和补偿贸易项目）。这些企业分布在中国沿海和内地的 57 个市和 14 个县。

可能由于历史原因和投资环境，初期美国对华直接投资差不多都集中在大城市，包括北京、广州、武汉、上海、天津等地。迄今为止，美国在中国大城市的投资仍然占较大比重。在这些城市中，截至 1986 年底，上海签订美商投资企业协议 34 个，投资额达 60030 万美元，占第一位；北京签订协议 36 个，投资额达 24593 万美元，占第二位：天津签订协议 22 个，投资额达 5342 万美元，占第三位。不过就单个项目说朔县安太堡露天煤矿的投资额最大，达 3.4 亿美元，而这个合作项目则并不在大城市，这是采矿业的特点。

中国政府于 1984 年宣布开放沿海 14 个城市和 3 个开放区以后，美国对华投资也随之扩大到沿海城市。不过美国投资自 1984 年以来，不仅在沿海中小城市有很快进展，而且也延伸到了特区和开放城市以外的许多中小城市，截至 1986 年底，就沿海特区、开放城市、开放地区与内地比较，前者共有美商投资企业 130 家，投资额 76228 万美元，后者共有 104 家，投资额 77961 万美元，两者金额所差有限，基本上是平分秋色。说明美国企业家对中国优势各异的地区具有广泛的投资兴趣。

美国政府和企业界对中国开辟的新开发区也做出了积极的响应。例如美国政府通过国际开发总署曾拨给在美国注册的美国咨询公司近 50 万美元，对天津经济技术开发区的销售战略和土地利用问题进行研究。中标单位美国联合规划公司已经在调查研究的基础上对发展天津经济技术开发区提出了许多重要建议。这无疑对促进两国的经济技术合作是极其有益的，这一行动也说明美国对在中国开放区扩大直接投资是抱有希望的。

美国在华直接投资目前采取合资、合作、独资、合作开发、补偿贸易五种形式。在这些形式中合作开发主要以近海石油勘探为对象，其发展前景如何取决于实际蕴藏量，现在尚难定论。中美补偿贸易数量有限，不占重要地位。合资、合作与独资企业则有广阔的发展前途。自 1980 年至 1986 年底，合股经营的企业已达 206 家，按合同规定美方投资额达 5.72

亿美元，每户合 277 万美元；合作企业 22 家，美方按合同应投资 9.6 亿美元，每户合 4380 万美元。数量表明合资企业在数量上占有优势，但企业规模较小。合作企业数量虽少，但每户平均投资额很大，属于大型企业。独资企业则无论在数量上和投资额方面都是较小的。

3. 美国对华投资，就行业说，初期重点在能源和服务行业，逐渐扩大到其他领域，这一趋势尚在发展之中。美国在近海勘探石油属于合作开发项目，本文不拟详述。下面谨就合营、合作和独资企业在各行业的分布略加分析，见表 2。

表 2　　　　　　　　　1980—1986 年美国对华直接投资的行业分布

行业	项目数	协议投资额（万美元）
（1）服务行业	45	63651.00
宾馆饭店	24	61650.00
（2）能源（不包括近海石油合作开发）	15	37566.00
煤炭	1	34401.00
石油勘探服务	13	2864.00
（3）电子、电信、生物工程	42	5406.00
（4）化工	5	794.00
（5）种植、养殖、捕捞	9	1727.00
（6）机电制造	21	6079.00
（7）建筑建材	14	2445.00
（8）轻纺、食品	74	18292.00
（9）其他	9	18229.0
总计	272	154189.00

从表列数字可以看到就行业说美国在服务业的投资占第一位，能源占第二位（不包括近海石油勘探），轻纺、食品占第三位，机电制造占第四位，电子、电信、生物工程占第五位（其中某些项目属于高技术）。

在服务业中，实际上重点是在宾馆和饭店。这方面共签订协议 24 项，总投资额约 6.2 亿美元。其中，中美合营企业 14 家投资 2.07 亿美元，中美合作企业 10 家投资 4.09 亿美元。平均每个项目投资 2570 万美元，最大项目投资额达 1 亿美元。

美国企业把投资重点放在宾馆方面说明美国商人认为中国旅游资源丰富，对国际旅游业具有吸引力，是一个收益较高，风险较小的行业，而且旅游业有直接的外汇收入，容易解决外汇平衡问题。美国向中国旅游业大量投资有助于发展中国的旅游事业。但是由于各国资本对宾馆饭店普遍感到兴趣，在某些城市宾馆建筑已趋饱和，估计今后各国在这方面的投资可能进入低潮。

美国对能源特别是石油资源深感兴趣，其理由是众所周知的，但是在 1985 年石油价格暴跌以后，美国对这方面的投资兴趣减弱，加之中国近海石油勘探尚未取得重大突破，估计今后在这方面的投资可能不会有大的发展。

美国对轻纺、食品投资达 1.8 亿美元，但户数达 74 家，每个项目投资额仅为 243 万美元，多属中小型企业。

美国对电子、电信、生物工程等的投资共 42 项，投资额 5406 万美元，每个项目平均为 129 万美元，规模也不很大。

在中国政府于 1986 年 10 月公布了鼓励外商投资的规定（简称 22 条），宣布对产品出口企业和先进技术企业给以更多优惠之后，这项政策正在引导外资向这两个方向发展。

由于产品出口企业和技术先进企业并不一定都是大型企业，而投资额巨大的能源和宾馆短期内未必有更大发展，所以今后几年美国对华投资就金额论增长速度可能会有所下降，但投资项目的增长速度未必很慢，美国对华投资的总势头仍将是强劲的。

4. 美国在华投资有较好的经济效益，并有若干比较成功的范例。

根据中国政府的调查，外商在中国的投资，总的说效益较好。国家经委一位负责人在 1987 年 5 月，根据政府调查和国外评论对外资在中国经营情况作了如下评估，"到去年底（注：指 1986 年底）已投产的外商投资企业达到 3120 家，而且大多数取得了较好的经营成果；天津、上海、大连、深圳等市已投产的生产型企业大部分已经赢利和出口创汇，从总体上，做到了外汇平衡有余，有的赢利率达到 25%，投资回收率达到 32.4%，投资结构也有所改善。国家鼓励发展的先进技术企业和产品出口企业明显增多了"。美国科学国际管理咨询公司对我国 70 多家外商投资生产性企业进行了调查，达到或超过外国投资者既定收益目标的占 94%，外汇收支可以平衡或有结余的占三分之二。他们认为，外商来华投资正在从试探性阶段进入建立长期立足点的阶段。联合国跨国公司主席汉森先生最近也指出："从任何角度看，在对外开放与吸收外资方面，中国在世界发展中国家里都是最成功的，也是走得很快的，目前还没有一个像中国这样重要的大国能够在短期内取得如此的成功。"①

上述评价对中美合资、合作企业也是适用的。前不久我去天津、上海、广州、蛇口、珠海等地作了一点调查，得到了类似的印象。

例如广州开发区兴建的广州美特容器有限公司就是一个迅速建成投产，迅速取得经济效益的合资企业典型。该厂 1985 年 3 月签约，外资占 35%，由中国香港和美国参股，总投资额 2680 万美元，项目于 1985 年 9 月破土动工，1986 年 5 月投产，1986 年 11 月全部完工。主要工程部分的建设实际只花了八个月。1987 年是试生产时期，同年 5 月不但达到设计能力而且超过设计能力，完成产值 1.8 亿元人民币，其中出口价值 1.5 亿元人民币，创汇 3000 万美元，外汇不但平衡而且已略有结余。这个厂生产的易拉罐罐体和罐盖已出口到中国港澳台、中东和远东。质量、物耗都达到先进水平，产品质量得到可口可乐公司的认可书，允许全世界可口可乐厂使用该厂产品。外方对这个厂建成的速度是满意的，认为在香港建成同等企业要花 3—4 年时间，在美国也要 14—16 个月，同时必须用五年时间才能达到生产能力。外方对这个厂的经济效益也是满意的，原估计该厂建成后至少要亏本二至三年，而实际却赢利 1837 万元人民币。美方勃尔公司总裁说：中国人的工作是第一流的，广州美特给我们树立了信心。

我们还参观了一个在蛇口工业区兴建的浮法玻璃厂。该厂是由中、美、泰三国合营的，总投资 1 亿美元。这个厂于 1985 年动工，花了两年时间即已建成投产，一次试车成功。产品一半外销，一半内销，外汇平衡不成问题。头一年试生产虽然还没有赢利，但以后肯定可以赚钱。美方经理对该厂充满信心。当问到在蛇口工业区投资有什么好处时，他强调指出：

---

① 《朱镕基在全国外商投资企业经营管理研究会上的讲话》，《经济工作通信》1987 年第 7 期。

第一是工作效率高，官僚主义少；第二是劳动成本低廉；第三是毗邻港澳，进口原材料设备都很方便。这位来自匹兹堡 PPG 公司的美方经理对中方的合作是满意的。

上海中美合营的福克斯波罗有限公司则是引进先进技术和提高经济效益比较成功的范例。该公司主要业务是根据美方的技术生产自动化仪表和过程控制计算机及其系统。1982 年 4 月签订合资合同，1983 年 4 月正式开业。开业的第二年就转亏为盈，营业额利润在开始后三年持续成倍增长，1986 年再增长 60%，1987 年增长 40%。1987 年营业额可达 4000 万元。经过美方技术转让使该厂代表性产品与世界先进水平差距缩小到 2—4 年，并且学习西方经验建立了以销定产的市场调节经营体制。美方对该公司的工作表示满意，承认合作是成功的。

类似的成功例子还可举出若干，说明美国在华直接投资完全可以给中美双方都带来成功和利益，即使暂时不太成功的企业经过努力也是可以逐步取得进步的。

迄今为止美国对华投资的势头是很好的。但必须承认目前美国企业界还有许多人并未感到中国特区和开放城市是最有吸引力的投资场所。许多美国大公司对于向中国投资仍持观望态度。某些大公司来到中国并略有投资，但不过是投石问路。怎样才能扫除障碍，促进美国对华投资的大发展呢？解决这个问题中国当然是主导方面，因为美国是在中国兴办企业，很多生产经营条件是由中国提供的，很多问题的发生中方负有更大的责任。从根本上说中国投资环境未臻理想，一在于生产力不发达，二在于市场机制不完善，经济体制不适应国际交换的要求。由于生产力落后，所以外商投资的硬环境不理想，许多地方水、电、煤气供应不足，通信、交通运行不畅，不能保证生产经营的正常运行；由于经济体制僵化，以致外商投资的软环境不理想，官僚主义，互相扯皮，缺乏效率，法制松弛，使外商感到诸多不便。中国政府充分意识到这些问题，确信要吸引更多美国投资必须扫除我方造成的这些障碍，并有信心解决这些问题。但这只是事情的一方面。另外，既然中国实行的是全方位的开放政策，欢迎一切友好国家来中国投资，那么在投资者之间就存在着竞争。我们当然希望美国企业家能以强有力竞争者的姿态，在中国特区和开放城市发挥作用。到目前为止，我所接触到的与外资有关的中方人员对美国朋友都有良好印象，认为大多数美国企业家具有战略眼光，顾全大局，不计较小利，通情达理，而且给中国企业带来了严谨的工作作风和先进的管理经验。现在的问题是为了中美双方的共同利益必须把美国对华投资推上一个新的台阶。因此必须认真总结正反两方面经验，更快地扫除中方的障碍，更有效地提高美方的竞争力，找到双方共同的着力点，把这一事业推向前进。我认为以下诸端是问题的关键：

1. 要按国际惯例管理企业必须减少行政干预，完善市场机制。

要吸引更多的美国资本必须给美国企业家创造按国际惯例管理企业的环境，而按国际惯例管理企业的关键则在于减少行政干预，完善市场机制，形成较健全的劳务市场、资金市场和商品市场。近年来，特区和开放城市在简化外国投资企业的批准手续方面有明显进步。许多地方建立了外资服务中心，把海关商检、税务、银行等部门以及律师事务所、运输公司、物资供应公司集中在一座大楼办公，外商只要在大楼里走一圈就能把事情办完。基本建设的速度也比过去加快，一座厂房半年建成投产的例子并不鲜见。但是在日常生产经营中许多外国投资企业仍为过多的行政干预以及不健全的市场机制所苦。许多外国投资企业感到不满的是，他们虽然在供产销，人财物等方面拥有自主权，但是没有充分实现这种权利的市场环境。一个办得很好的中美合资企业的中方经理说，他虽然有用人权，但是开除了工人，找不到出路，这是一难。另外，他想提拔的人上面不同意，他不想提拔的人上面要塞给他，这又是一难，这些都是劳务市场不健全和行政干预的结果。资金市场不健全也使外国投资企业很伤脑筋。一个合资企业反映说现在缺乏短期资金借贷渠道。国际上通行的透支账户和抵押贷款都行不通，即使你想用资产抵押也没有估产单位进行评估。外资银行虽然有透支办法，但外国投资企业只准在中国银行开户，又束缚了合资企业的手脚。这些都说明资金市场的不完善。还有一些外国投资企业在购买原材料方面遇到困难。有些国产原材料质次价高，难以利用，而向国外进口又受到外汇管理的限制，这是商品市场不完善的结果。当然要在全国范围完善市场机制，不是短期能实现的，但是在特区和开放城市则是应当做到也可以做到的。走在开放前列的深圳市和蛇口工业区在这些方面遇到的困难就少些。而北方一些经济技术开发区则还有较多困难。他们反映由于经济技术开发区必须以老城市为依托，他们正面临新老体制谁战胜谁的危机。目前，在有些开发区中外合资企业往往要组织一个熟悉旧体制，专门应付官僚机构和寻找关系网的小班子，否则就不能正常生产和经营。这是必须引起严重注意并切实加以解决的问题。

2. 要办好外国投资企业必须提高中方人员特别是领导骨干的素质。

合资合作企业由外商负责管理是一种好办法，它有利于引进先进的管理经验。但是合资合作企业要能取得成功，中方领导骨干的素质是一个重要因素。现有合资合作企业凡是中方所派干部懂得政策，熟悉生产，善于经营者都取得了明显的成绩就是一个证明。美国跨国公司在国外的子公司常常雇用当地人员当经理，它的好处在于熟悉本地情况，理解职工心理，便于沟通思想，这些无疑都是办好一个企业的必要条件。美国跨国公司的这种做法当然也适用于中国。因此中美双方的经济合作不仅是生产经营上的合作，而且应当扩大到人员培训。中方领导骨干不仅应当学习现代化企业的经营管理，而且应当学习到国际市场上竞争的本领。现在有些外商投资企业"合资不合营"。中方人员只管生产。采购和销售由外方负责。这样中方人员就无从学会生产经营的全过程。而办一个合营或合作企业，如果不了解生产全过程是不会成功的。

3. 争取外汇收支平衡并有结余应当是外商投资企业争取实现的目标。

中国还是一个发展中国家，外汇短缺是长期存在的困难。引进外资，借用外债固然都是发展本国经济从而增加外汇储备的有效办法，但用之不当也可能走向反面。东欧和拉美的许多国家都有过这种教训，那就是只能引进而不能创汇，其结果就使外汇储备枯竭，负债累累，陷入债务危机。在这一点上我国也已经有过若干教训。这就是盲目引进生产线但产品在国际上无竞争力，只能在国内销售，而原器件仍然要用外汇进口。一旦外汇短缺，生产就无法进行下去。有些外商对我国政府强调发展外向型企业不理解，他们要求迅速扩大外国投资企业所产商品在中国的市场，这是操之过急的主张。殊不知目前中国的购买力是有限的，外汇平衡是紧张的，外国投资企业如果只图近利，那么他们在中国的生存就不会持久，中国外汇购买力枯竭之日也就是外国投资企业停产之时，这个道理是显而易见的。

为解决外国投资企业的外汇收支平衡，中国政府已经采取了许多措施。如在特区开办外汇调剂中心，在外汇有余和外汇不足单位之间互通有无是一种办法。对外国投资企业制造的国内尚须进口的产品可以由国家付给外汇，以产顶进是一种办法。赵紫阳总书记在视察北京吉普车厂时提出用中国能生产的汽车零部件作为补偿以进口中国不能生产的汽车零部件也是一种办法。此外还必须抓紧原材料部件的国产化。国产化不是保护落后，而是要求本国产品定期达到国际先进水平，使之在国际市场上能站住脚跟。只有这样才有可能实现合资企业的外汇收支平衡，并降低产品成本，提高经济效益。外商也才有可能将所得利润以外汇形式汇还本国。

4. 引进先进技术是中国开放政策的目标之一。为此中美双方需要在这方面加强合作。

发达国家的技术输出总是和资本输出相伴随的。它既可以使输出国提高竞争力，又可以促进输入国经济的发展。这已为第二次世界大战后的实践所证明。西欧、日本和一些新兴工业国都曾以美国为技术转让的主要来源以加速自己的现代化。中国实现四个现代化的目标，主要依靠自力更生，同时也要从一切发达国家引进技术以缩短现代化的进程。友好国家都愿与中国合作，美国当然也可以在这方面作出自己的贡献。

目前在引进先进技术方面存在两方面的问题。在中国方面是提高消化能力问题。由于先进技术的发展速度极快，中国的技术基础薄弱，一种新技术尚在消化之中，另一种新技术又已问世，因而可能产生消化不良症。另外，掌握一种新技术不是一个工厂能解决的，需要原材料工业和元器件厂的配合，它涉及国家基础工业的技术水平，需要国家统筹安排，制定出能协调各方的产业政策、价格政策和分配政策。这些都是中国自己必须解决的问题。

另一方面则是美国的技术转让政策。美国近年来对中国的技术转让虽然有所放宽，比较合作。但在"V"组国家中是唯一要受"巴统"检查和美国国家安全检查的国家，并没有真正享受到"V"组国家的待遇，这是不公平的。美方的这种态度反映美方对中国仍然存在信任问题，它使美国在技术输出的竞争中处于不利地位。这种状况希望美方继续努力加以改变。

　　尽管美国对华直接投资尚存在上述种种问题和障碍，但这些都是前进中的问题，是有可能逐步解决的。它的基础就在于扩大美国对华直接投资符合中美两国的根本利益，而中国的改革开放政策是坚定不移的国策，中国政府有决心使投资环境不断改善。赵紫阳总书记在1988年年初曾要求"沿海地区和有关省市要立即对现已投产的4000多个外商投资企业所遇到的问题进行普查，尽快帮助他们解决生产经营中遇到的问题。要少说空话。一个一个企业地落实有关政策。通过实实在在的工作给外国投资者传递一个新的信息，即中国的投资环境将在1988年有新的改善"。① 这一宣布表明了中国政府的决心。在我去考察的各省市已经看到他们正在以22条为依据采取行动，以福建省为例，1986年合资企业开业227家，有202家亏损，亏损额达到9000万元人民币，盈利额只达2000万元，净亏损6000多万元。1987年采取了措施，一个一个企业地落实政策，解决问题，结果一个厦门市就在1987年盈利人民币6000万元，盈亏相抵净盈利1亿元人民币。这种形势是令人鼓舞的，相信美国政府和企业界是会对中国政府的决心作出积极响应的。

（原载《美国研究》1988年第3期）

---

① 《赵紫阳在接见外国投资工作座谈会代表时的讲话》，《人民日报》1988年1月15日。

美国金融的宏观管理

在华盛顿 20 街与宪法大街交界处的一片草坪上矗立着一座建筑物，它不很高，但显得庄严肃穆，古朴典雅。它就是控制着美国全国金融活动的中心——联邦储备委员会（Federalreserve Commission）的所在地。联储（简称）这个名字在美国是很响亮的。1980 年代以来，由于美国的通货膨胀受到控制，委员会前主席保罗·沃尔克赢得了美国第二号权势人物的称号。1987 年 10 月黑色星期一股市暴跌，委员会现主席艾伦·格林斯潘下令印钞机开足马力为现金吃紧的金融机构加急输血，使局势稳定下来。这不过是两个例子，说明联储在美国经济生活中举足轻重的地位。

联储建于 1917 年，它是美国从自由资本主义时代过渡到国家垄断资本主义道路上的一个里程碑。如果说资本主义的发展离不开以货币与信用活动为内容的金融业，那么联储的诞生就意味着美国企业界在经济痉挛的痛苦经历中懂得了它们不仅需要金融业的放任自由，而且需要金融业的宏观管理，以尽可能趋利避害，并发挥其调节国民经济的重要功能。联储在其存在的 70 多年中并不是一帆风顺的；但是正如它的诞生是总结 20 世纪初期历次经济危机教训的产物一样，以后的每一次危机特别是严重危机又都促进了它的变革，使它获得宏观管理的新经验。中美两国经济制度不同。不过我国实行有计划的商品经济也存在金融领域微观搞活和宏观管理的制约问题，以及运用金融杠杆调节宏观经济的问题。因而研究美国的经验对我们也会具有启发性。

一　加强金融业的宏观管理是美国经济高度集中和社会化的客观要求

美国金融的宏观管理包括两个侧面，一是金融业自身的宏观管理，其作用在于稳定金融，防止金融危机以及金融垄断的危害作用；二是运用金融杠杆对经济进行宏观调节以平衡社会总供应与总需求，防止或缓和经济危机，这两个侧面，又是相互联系的。没有健全的金融业自身的宏观管理，它就不可能在宏观调节中成为有效的工具，而且它本身就可以成为宏观经济不稳定的根源。

美国金融的宏观管理以建立联邦储备委员会为重要标志，这是美国发展到垄断阶段的客观要求。

在联储于1913年建立之前，美国曾两度建立过国家银行。第一次是在1791年，当时的财政部长亚历山大·汉弥尔顿说服国会给美国银行发了特许证。这家银行履行了国家银行的许多职能。它以持有黄金为保证发行了自己的货币。它向公众发放贷款并掌管政府铸币、出纳和金库业务。这家银行经营了20年，成绩出色。然而由于存在政治上的反对派，使它在20年之后未能重新获得特许权，因而停业。第二个国家银行于1816年获得特许权。当时由于发生了1812年的战争加上金融波动，反对力量受到抑制，因而能再次建立美国银行，这家银行的结构和业务与第一个美国银行相似，然而也同样由于政治上遭到反对而于1836年夭折。自此以后，直至南北战争为止，州立银行在美国遍地开花，掌握了美国的金融命脉。它们发行了令人眼花缭绕的各种钞票而很少建立管理制度。后来为了资助南北战争，国会通过了《1863年国家银行法》，根据该法由国会授予建立国民银行的特许权。这种银行可用其持有的美国政府债券作保证，发行新的联邦货币。然而只有少数州立银行自愿接受新的国家特许权。后来，国会建议对州立银行所发行的钞票收税而且逐步提高，终于把州立银行所发钞票挤出了流通领域。直到19世纪与20世纪之交，全国金融决策虽由国会制定，但各州在政治角逐中各取所需，政治权术和地方利益统治着金融活动。

尽管如此，美国在19世纪末已经进入垄断资本主义时期，生产的高度集中和社会化使经济危机一旦爆发就迅速波及全国，加剧了危机的深度和广度。1907年尼科波克信贷公司的倒台触发了一次全国范围的金融恐慌，它已是近20年中发生的第三次。在几天之内，流通领域中的现金几乎消失殆尽。全国各家银行都发觉自己处于极端脆弱的地位。它们手中已经没有现金去满足人们的需求，与此同时，它们也无法把放款收回以应付现金的短缺。1907年的金融恐慌极其严重，它促使国会着手寻找防止更多麻烦的办法。经过一系列刨根问底的调查，他们建议成立一个与欧洲相似，但又具有美国特色的中央银行以避免反对派提出的中央银行权力过大、过于集中的政治争论。

这个具有美国特色的中央银行将不像欧洲那样集权，它与下面许多较小的机构融合为一个整体。这些下面的机构——十二个地区联邦储备银行——要有地区的相对独立性，但要受设在华盛顿总行的监督。这个中央银行向国会负责并受宪法制衡原则的约束。比如由总统任命的联邦委员会主席要取得国会的认可，等等。

建立联邦储备系统所需资金是通过要求所有会员银行认购股票而取得的。要求每个会员银行都向联邦储备银行支付相当于其自有资本和结余3%的股金。联邦储备银行的所有权属于所有的会员银行，但并不受这些会员银行的控制。会员银行所持有的股票相当于公司企业的无投票权股份。实际上投票权是通过联邦政府对理事会的控制而掌握在政府手中。

所有在联邦控制下取得许可证的商业银行都必须加入联储系统；州银行是否参加允许自由选择。所有会员银行都必须按一定的百分比把自己的存款放到储备银行中作为准备金。在此以前，小银行往往把自己吸收的存款存储在较大的城市银行中以赚取利息，而大银行又把这些钱贷放了出去。一旦小银行需要提取现款应付猛涨的需求时，大银行又不能及时把贷款收回，这样就会促成金融恐慌。现在凡参加联储系统的成员银行都可以在急需现钞时向储备银行借款并以客户的票据作抵押。这样联邦储备银行就成了放款者的最后靠山，它可以维护在1907年金融恐慌中所极端缺乏的流通性能。

联邦储备银行还承担了票据交换所的职能。在此以前，大城市银行曾经是各个往来银行之间的清算中心，但效率很低。比如寄往相隔几十英里地方的一张支票，往往要旅行一千多英里，经过十几家银行，才使收款人拿到钞票。现在由于有了十二个联邦储备银行，在它们那里又设有所有会员银行的现金储备账户，这样就可以大大缩短支票的旅程，显著提高清算的效率。

显然建立联储的最初动机侧重于对付金融恐慌时的货币供应问题。至于在日常生活中如何通过对金融活动的宏观调节促进经济的稳定与发展还没有被提到议事日程，而且各种可以使用的金融手段也还不齐全，联储对如何使用这些工具也若明若暗。

例如公开市场业务现在是联储控制信用最有力的工具。它可以通过出售政府债券，银行承兑票据以及其他信用工具抽紧银根，迫使商业银行减少信贷，又可以通过购买债券和票据放松银根，使商业银行扩大信贷，从而调节社会总需求。但是在联储建立之初它对公开市场业务所具有的从宏观上控制信贷的功能并不理解。例如在1920—1921年，联储并没有通过公开市场业务活动来减轻通货膨胀压力。除了不理解它的作用之外，联储手中只有很少政府债券也是缺乏行动的明显理由，当时，它手中只有7.5亿美元政府债券。1922年联储在公开市场上收购7亿美元政府债券，这一行动有助于放松当时偏紧的银根，但是它并不是采取这一行动的最初动机。它的原意是为了盈利。这是因为当时会员银行向联储的借款从1920年的27.5亿美元下降到4亿美元，使联储的盈利资产下降。购买政府债券则是盈利资产的补充。但是，它在实践中很快发现如果各个联邦储备银行采取协调一致的公开市场行动，就可以取得改变市场金融形势的出乎意料的效果。公开市场业务作为稳定经济的手段，其效能在1932年经受了一次较大考验。联储在1931年为了防止美国的黄金外流提高了贴现率。这一行动在大萧条中对经济复苏是不利的，为了抵消这一不利影响，联储采取了大规模公开市场活动，在1932年春夏之间购买了10亿美元以上的联邦债券，1933年又买了5亿美元，使联储持有的政府债券达到25亿美元的高峰。这对缓解危机是有一定作用的。不过一般而论，这时联储对运用公开市场业务还是不熟，原因之一是在联邦储备系统中还没有建立统一的进行公开市场业务的机构。对证券的买进卖出是由各地区联邦储备银行分别进行的，而纽约联邦储备银行则处于决定政策的关键地位。

法定准备标准的规定权是联储可以左右金融市场的另一重要工具，因为一般认为提高法定准备标准会减少会员银行的放款能力，降低法定准备标准会扩大会员银行的放款能力，从而影响社会总需求。联邦储备系统早在1916年即已要求授予它这种权力，但是直到1935年才得到批准而且对这一权力还有所限制，因此，它在联储早期也没有对金融活动的宏观细节起明显作用。

在建立联邦储备系统之初，一般认为由联储控制再贴现率是政府对信用进行宏观调节的有效手段。联邦储备银行被认为是银行家的银行。再贴现率是会员银行用自己的信用换取联储信用时所支付的利率。通常认为提高再贴现率将减少信用的扩张，紧缩货币供应量，降低再贴现率将加剧信用膨胀和扩大货币供应量从而影响社会总需求。在国会把变更再贴现率的权力授予联储系统时，曾认为它是极其重要的手段。然而这一宝贵武器在美国的应用并不像英格兰银行那样得心应手。

在 20 世纪 20 年代美国经历了 1921 年和 1924 年两次急剧衰退和 1927 年一次小的经济下降。在这三个时期再贴现率都降低了，经济很快恢复繁荣，然而降低再贴现率起了多大作用是很难证明的。在 1927 年发生一次轻微衰退之后，再贴现率从 3.5% 逐渐上升，但并没有阻止投资的高涨。到 1929 年 10 月再贴现率提高到 6% 时股票市场的大崩溃发生了。在此以后随着大萧条的进展联储先是把再贴现率降低了 1%，不久又降低 0.5%，直到 1931 年夏下降到 0.15% 的最低点。然而这一切并没有使经济复苏。人们逐渐看到繁荣并非近在咫尺，调节再贴现率对促进经济复苏并不总是成功的。

二　20 世纪 30 年代大危机和金融业宏观管理的第一次改革

在 20 世纪 30 年代的大危机中，金融业所呈现的严重混乱状态，导致了美国对金融业宏观管理的改革。这次改革力求通过限制银行竞争，强化政府对金融机构与股票市场的监督管理，建立起一种稳定的金融体系，与此同时还大大加强了联邦储备委员会的权力，以利于它更好地发挥在宏观经济中的调节作用。

金融垄断资本的形成，财富的高度集中，贫富的两极分化，金融投机的猖獗，曾经是 30 年代大危机的重要根源。施行新政的罗斯福总统曾对金融寡头进行过猛烈抨击。

1930 年在众议员斯蒂高尔的领导下对各类银行的不端行为进行了调查。接着 1931 年又以参议员格拉斯为首调查了联邦储备系统的缺陷及其在大危机中的作用。在国会的听证会上最引人注目的证言出自摩根和他的合伙人之口，揭发出来的金融丑闻有以下诸端：

（一）合法的金融丑闻。在法律上虽然允许但在道义上必须受到谴责的金融活动，如：拿巨额财富变戏法，逃避所得税，通过销售后来变得一文不值的有价证券获得巨额利润，对有权势的人给好处而剥穷人的皮。调查表明包括摩根在内的 20 个合伙人从 1931 年到 1932 年根本不缴所得税，1930 年只缴了很少的一点。

（二）银行为证券投机效劳。参议院银行和货币委员会的调查详尽地揭露了银行怎样被卷入投机狂热。他们把联储信贷转移到证券市场，让投机者坐收渔利。

毫无疑问信贷机构和证券交易所是交织在一起的。过度的无节制的投机已经扰乱了信贷的流通，使工商业脱节，阻碍州际贸易并带来一系列对公众利益有害的后果。

委员会在揭露付保证金买股票的做法时指出，付少量保证金（10%）就能借大量的现钞买股票进行证券投机。全国各地这种信贷优惠是不均衡的，它是银行营业上的自主行为。1929 年，29 个交易所的顾客总数为 155 万人，付保证金的交易近 60 万笔，超过 38%。纽约证券交易所保证金交易的比例还要高些。付保证金的顾客不加控制的投机对国民经济的损害比表面数字要大许多倍。他们的活动导致证券价格的大幅度波动。危害了真诚投资者所拥有的财产。

（三）放款过度导致崩溃。向经纪人的贷款提供过多资金，不仅导致证券投机，而且使工业企业过于乐观，发行不必要的证券。在金融业发展不利时，经纪人的贷款被收回，借款人被迫大规模出售证券，导致市场价格下降。银行又由于账户上准备金不足，迫使借款人进一步清偿，这一过程损害银行所作抵押贷款的安全以及银行自己掌握的有价证券的价值。最危险的经纪人贷款来自非银行的公司；个人以及投资信托公司，或者经过银行或者不经过银行直接贷放。在同行短期拆借利息高达 10%—15% 的时候，非银行是向经纪人倾注资金。1929 年城市服务公司不经过银行中介向纽约同行短期拆借市场投入累计达 2.8 亿美元的资金，最高一天是 4190 万美元。可是到年底这个公司收回了全部贷款，这就迫使银行介入这个空档，使银行准备金下降到安全线以下。

（四）合伙经营与投资银行的弊端。调查中还揭露"合伙经营者有时通过短期抛售，有时通过散布不利谣言，事先压低股票价格，然后按照低价大量买进"。在调查开始后这种做法还在进行。当这种行为被揭发之后，纽约证券交易所制订了一些反合伙经营弊端的表面规则，但他们的措辞还是给这种行为留下了漏洞。

附属于商业银行的投资银行公司也干了许多坏事。通过这种附属机构，商业银行热衷于法律禁止的造成最肮脏后果的各种活动。例如花旗银行的一个投资附属单位花旗公司鼓励它的推销员把顾客"转"向购买花旗银行的股票。有一段时间，大通银行和大通股票公司按固定价格将本公司股票售与公司雇员，而这个股票公司的管理人员则利用这笔钞票通过合伙经营进行股票投机。这些投资附属机构打着多功能公司的幌子，而银行官员和经理们则把自己伪装起来参与这些搞两面派勾当的活动。

（五）通过"优待名单"建立关系网。投资银行家把略高于成本，但大大低于市场价格的股票卖给官员、银行经理、铁路经理人员、报纸编辑、律师、政客和公职人员以及公用事业、工业公司、信托公司、保险公司和其他金融机构。"一方给优待，另一方接受优待造成各种社团利益的欣欣向荣和公众利益的遭受损害。"

为了克服上述种种弊端，防止金融业混乱给宏观经济带来干扰的《1933 年银行法》作了一些重要规定。

首先，把商业银行和投机银行严格分开。银行法第 16 节特别限制在全国注册的银行只能根据顾客的指令购买或代销投资证券，而不能为他们自己进行买卖。但对于经营联邦、州和地方政府的债券则没有限制。

为了消除任何怀疑，第 20 节进一步规定任何会员银行都不得附设任何公司、社团、商业信托部或类似组织去为股票、债券、凭单、票据或其他证券从事发行、集资、担保、销售或通过批发零售进行分配活动。

其次，银行法在第 11 节中禁止会员银行充当任何非银行实体的代理人向股票、债券或其他投资证券的经纪人或中间商放款。

　　另外，为了加强银行体系的安全可靠性，银行法第 11 节规定任何成员银行都不得直接或间接用任何手段对任何活期存款支付利息（国会后来在《1935 年银行法》中把这一限制扩大到非会员银行）。

　　银行法还规定对储蓄存款和定期存款利率的最高限额，通称 Q 条例。

　　最后，《1933 年银行法》还对《1927 年麦克法登法》作了修正，允许联储的成员银行享有同各州注册非会员银行一样的权利，在一个州的范围内的任何地方设立支行。实际上，这是不允许会员银行超过一州的边界设立分支机构。

　　1933 年，在通过银行法的同时还通过了《联邦存款保险法》。根据该法建立了联邦存款保险公司，由货币审计官和总统任命的另外两名成员管理。由财政部认购 15 亿美元股票，成员银行则拿出相当他们存款的0.5%，联邦储备银行也拿出相当于他们 1933 年 1 月 1 日结余的一半用于认购股票。存款保险公司可以偿付的最高款项为资本的三倍。该公司有一个临时计划，其内容是对存款额为 10000 美元者保险 100%，10000—50000 美元者保险 75%，超过 50000 美元保险 50%。所有会员银行必须是联邦存款保险公司的成员，州银行要保险必须在两年内成为联邦储备系统的成员。

　　参加保险的银行一旦歇业，联邦存款保险公司将是它的接收者。然后，建立一个没有新股东的银行，但以停业银行负债中保了险的部分作股本。这笔存款可以由所有者提走，但如果所有者仍存在新银行，这笔钱应以现金或美国证券形式保存。老行将被清理。如果新行能成功地吸收新股东，他将选举新董事，这个机构将独立活动。如果新行找不到新股东，联邦存款保险公司将把它转给愿意接收它的另一个银行。如果这一点也做不到，新行的业务就将结束。

　　20 世纪 30 年代的另一个重要金融立法是《1935 年银行法》。加强联邦政府对金融体系的控制和联邦储备委员会的权力是这一立法的核心。对这一立法起重大影响的人物是后来成为联邦储备委员会主席的埃克尔斯。按照埃克尔斯的看法，联邦储备系统是把私人的和公众的利益结合起来的一种设计。然而从它建立以来，20 年中联邦储备委员会都大权旁落，在20 年代是纽约联邦储备银行而不是联邦储备委员会近乎行使中央银行的权力。埃克尔斯认为，其结果是使这一系统更多地为银行家，特别是纽约银行家的利益服务。

埃克尔斯主张通过扩大联储的权力以加强联邦政府运用金融杠杆调节宏观经济的能力。当时联邦储备系统已经有了两个必需的金融管理手段，即改变贴现率的权威以及自1933年以后开始拥有的改变会员银行法定准备标准的权威。然而它仍然缺少另一个重要手段，即控制信贷流量和成本的权威，即对公开市场业务的营运。

在1913年成立联储时，由于政府债券微不足道，没有人重视买卖政府债券的潜在重要性。但是在第一次世界大战以后，联邦债务增长了27倍，买卖政府证券就能对金融市场产生重大影响。因此1922年联邦储备系统任命了一个非正式的代表委员会处理公开市场业务。这个委员会在1933年的银行法中得到了立法的承认。埃克尔斯认为这个办法不可取，因为它把调节市场的权力交到私人银行家集团的手中。埃克尔斯的理论是，无论增加或减少货币供应都是具有主权性质的权力，行使这种权力的主体不应当是有自己金融利益的私人团体，而应当是一个公共机构。这个机构必须是联邦储备委员会本身。如果管理公开市场业务的权力和贴现率以及法定准备标准一样集中在联邦储备委员会手里，那么金融政策就将成为稳定经济的有效工具。埃克尔斯的这些观点后来全部体现在1935年8月24日为罗斯福所签署的银行法中。

根据《1935年银行法》的精神现存联邦金融管理机构的权力被扩大，并建立了几个新的管理机构以管理和监督金融机构和金融市场，这些机构所实行的政策具有限制竞争的明显倾向。此外联邦储备系统被改组，理事会在决策上被授予更大的权力，它对货币和信贷的管理权也加强了。

30年代金融管理体制的改革反映了当时流行的观点即在大危机中银行体系的瓦解是由于许多银行采取了冒险性的放款和投资战略，致使金融体系在经济发生逆转时处于脆弱状态，不堪一击。此外银行对资金的争夺被看做提高其存款成本的根源。由此得出的论点是不应当把构成这个国家货币供应主要来源的银行存款过分拖入证券、债券和房地产的买卖中。30年代的改革还建立在这样一种观点的基础之上即银行在国民经济中的作用太重要了，不能让它不受约束，竞争力量的自发作用只能鼓励银行过于冒险，最终造成金融体系和整个国民经济的不稳定。30 年代的改革也加强了联邦政府运用金融杠杆调节宏观经济的能力。

三　战时和战后联储和财政在宏观金融政策上的争端及其解决

在美国联储和财政部是政府的不同职能部门，但在业务上的联系却是极为密切的。特别是在国债的营运上两家必须密切配合。然而就在这里却又蕴藏着双方的矛盾。财政代表政府的利益要尽量降低债务成本，因此它希望维持低利率。联储虽然也对债务成本表示关切，但它还承担着稳定金融物价的直接责任。因此联储必须有根据形势需要既能放松银根降低利率，又能抽紧银根提高利率这样两种自由，它不能被财政部门的要求永远束缚住自己的手脚。由此就产生了联储和财政部两家金融机构宏观管理政策观点上的差别。这一矛盾在第二次世界大战后日益尖锐。

在美国进入第二次世界大战前不久，三个月国库券的利率为 2.5%，长期债券的利率为 2.5%。在战争进入炽热阶段之后，尽管长期债券利率和短期债券利率的差距过大的事实已经十分明显，财政部仍然主张维持这种利率模式。他们的理由是只有把短期利率定在这个水平上，长期利率才能维持下去。而且低的短期债券利率将不会对通货膨胀有很大影响，因为在战时可以依靠税收和直接管制约束通货膨胀。

联邦政府在战时所握有的金融权是很大的，它足以保证按照任何利率获得任何数量的资金。但是在各种类型债券利率之间人为地保持过大的差距就不那么容易了。因此，战时的这种做法就导致许多不能令人满意的结果。这些现象是：（1）长期债券的销售价格高于票面价；（2）对政府证券的投机活动上升，这种活动被称为"利率模式的游戏"；（3）商业银行持有的政府债券日益增多，通货膨胀的势头在发展。

在战时，联储认为尽管通货膨胀的压力在增长，但奉行放松的信贷政策依然是适宜的。在战争的特殊环境中，从国家利益出发，联储的政策情愿受财政部的需求和愿望的支配。它认为在这种时机反对或严厉批评财政部的战时筹款措施是不实际的。

在战后伊始，联储依然奉行放松银根政策，它这样做有如下理由：（1）使财政部能继续以低利率偿还联邦债务；（2）防止长期政府债券价格的下跌；（3）鼓励投资，特别是对住房建筑的投资。

但是联储在通货膨胀日益增长的压力下已不可能把放松银根政策无限期地持续下去。

提高短期利率的争论最早发生于1945年年中。当时联邦储备系统的官员们告诉财政部长，他们正在考虑取消用一年到期的政府债券作担保的贷款优惠贴现率。这种战时措施战后应予废止。财政部认为这一行动可能被理解为结束低利率政策的信号，因而要求联储推迟采取行动。联储同意了这一要求，优惠贴现率推迟到1946年春才取消。

接着在1947年又发生了关于取消挂牌0.375%国库券利率的争论。联储要求取消，财政部提出一个条件，即除非制订出某种计划，使财政部所承受的利息成本增大的部分能从联储增加的收入中取回，否则不同意取消。财政部反对提高短期利率的主要原因是低利率政策可以减少联邦政府战时积累起来的沉重债务负担。此外，它还担心紧缩的货币政策会使政府债券的价格下跌，削弱美国政府债券在公众中的信仰，使持有大量政府债券的金融机构遭受经济损失。许多人特别担心重演第一次世界大战后公债的贬值，使持有者吃亏，引起社会的不满。还有人担心通货紧缩会导致经济衰退，而抽紧银根对制止通货膨胀又未必有效。

1948—1949年的经济衰退使联储相信低利政策虽然对财政是一种支持，但用于对付经济衰退以及通货膨胀则是一种障碍。1950年爆发的朝鲜战争终于导致了这一争论的解决。

由朝鲜战争引起的通货膨胀威胁使联储与财政部之间的分歧激化了。联储看到通货膨胀压力大部分是由私人信贷膨胀所造成的，感到抑制通货膨胀是自己的主要责任。杜鲁门在1950年的总统经济报告中所说的抑制通货膨胀主要靠信贷和财政政策的话更加强了这种责任感。在这种情况下，除非运用联储手中的各种权力去战斗已别无选择。联储相信，维持一种僵化的利率模式绝不能实行有效控制。他们要求财政部接受联储的建议用提高短期利率，增加法定准备金，发放长期债券，吸引资金等办法反通货膨胀。

财政部不同意这些建议，坚持认为提高短期利率不起作用，也不愿用长期债券吸引资金，因为他们经过研究认为不可能有大量的资金为财政部所利用。他们仍然把希望寄托在联储对公债的货币化上。面对日趋上升的财政需求，财政部强烈反对任何可能使政府债券市场动荡使他们的困难更难解决的行动，认为维持稳定应当比任何其他考虑都应置于优先地位。

只是在长期努力失败之后，联储官员才相信财政部将不会同意一项紧缩信贷的计划，他们决定不受财政部的批准而采取行动。

杜鲁门总统原是支持财政部立场的，1951 年他的干预没有取得成功，争论在 2 月继续发展。于是他下令要求双方立即解决他们的分歧。3 月 4 日财政部长斯奈德和联邦储备委员会主席宣布：财政部和联邦储备系统对债务经营和金融政策达到充分一致的看法，即必须以保证有效地为政府需要提供资金同时又把公债的货币化减少到最低限度为目标。

公布的唯一具体细节是财政部决定发行一系列新的不上市的利率为 2.75% 的长期债券，与价值 190 亿美元，利率 2.5% 的未偿还到期债券相交换。没有谈联储把债券价格"钉死"的义务。3 月 6 日众议员道格拉斯和其他五位参议员提出一项提案，授予联邦储备系统在金融政策上压倒一切的权力。事实上，尽管联储在开始时很少利用它的独立性，3 月 4 日的协议则标志着联储继续支持债券价格义务的终止和联储在宏观经济中调节作用的加强。

四　20 世纪 70 年代的"滞胀"和金融业宏观管理的第二次改革

截至 20 世纪 60 年代中期，美国金融体系的运转大体上是令人满意的。但在凯恩斯主义盛行的年代，金融界占统治地位的思想是低利率有利于经济增长。联储因而选择了维持低平利率的政策目标。这一政策与赤字财政政策相结合就为通货膨胀敞开了大门。因为在财政赤字庞大时，公私债务在金融市场上互相争夺，形成使利率上升的压力。这时，要维持低平利率就必须增加货币投放，放松银根，结果就使债务货币化了，使社会总需求超过总供应。这是 70 年代"停滞膨胀"现象的早期根源。

　　70 年代随着通货膨胀的发展，市场上不受联邦主法限制的贷款利率上升，这种情况经《1933 年银行法》规定的 Q 条例带来了冲击。Q 条例的实施范围于 1966 年扩大到储蓄与放款协会和储蓄银行，当市场利率上涨到超过 Q 条例的上限时就使银行、储蓄与放款协会和储蓄银行丧失了许多存款。存款者把他们的资本转到不受 Q 条例限制的金融领域。这种现象被称为"脱媒"，意思是说银行等金融中介，失去了媒介作用。由于存款机构是消费者抵押贷款的主要来源，"脱媒"现象使居民可以使用的贷款减少了。

　　储蓄与放款协会下储蓄银行等被称为"节俭"机构的金融组织，还受它们业务性质的很大约束。由于政府规章、税收刺激和传统观念，"节俭"机构主要是把资金用于长期固定利率的抵押贷款。然而它们的资金来源却越来越成为短期的高利率的。这种状况把它放置于十分困难的地位。

　　1979 年末和 1980 年初的经济形势使上述各种问题进一步激化，从而对后来的金融体制改革起了促进作用。通货膨胀率几乎达到 20%，黄金、白银价格在投机市场上猛涨，美元在外汇市场上的比价降低，许多银行风险增大，处于十分脆弱的地位。这种形势造成了一种悲观情绪，它具有讽刺意味地与 50 年前的大萧条以及第一次金融改革相巧合。金融业现在要做的是总结经验，去除 30 年代银行立法的消极因素，在加强宏观管理的同时让市场竞争机制更好地发挥作用。

　　这次金融改革是从改变宏观调节政策，抑制恼人的通货膨胀为开端的。1979 年 8 月 6 日，尼克松时代的财政部长、纽约联邦储备银行总裁保罗·沃尔克被卡特总统任命为联邦储备委员会主席。沃尔克一上台就提出了一项引人注目的新方针。他主张联储改变维持联邦基金利率的目标。按照新方针，联储将集中精力于放慢货币增长速度，更严密地控制住 M1 的增长。联储将力求把货币供应量控制在一个一般的目标范围之内，而不考虑经济发展对货币的需求量以及可能出现利率急剧上升的后果。沃尔克认为，确定货币增长目标是一个信号，表明联储反通货膨胀的决心，同时也可以对联储的决策者施加内部的纪律约束。

　　沃尔克新方针的实施并不是一帆风顺的。卡特政府开始时并不支持这一方针，但美元在国际市场上的迅速贬值和各国的舆论压力给沃尔克实行新方针创造了条件。1979 年 10 月，纽约联邦储备银行开始按照公开市场委员会的指示买卖政府债券，使 M1 不超过确定的目标范围。优惠利率在 6 个月中上升了 6 个百分点。不过通货膨胀并没有立即被遏制。接着这一方针又经受了 1980 年和 1981—1982 年两次经济衰退的考验。在第一次衰退发生时，联储曾表现过动摇和退却，但它很快接受了舆论界的批评并且不顾卡特为竞选而对它施加的放松银根的压力，继续坚持既定的货币供应增长目标。这样就把利率不断地推向高峰。纽约联邦储备银行的贴现率由 1980 年 7 月的 10% 逐步提高到 1981 年 5 月的 14%。优惠利率则由 1980 年的 15.26% 逐步上升到 1981 年的 18.87%。高利率是触发 1981—1982 年严重经济危机的重要因素。当时舆论界对高利率的批评是激烈的。里根政府虽然支持联储的新方针，但它认为实现物价稳定可以不必支付任何代价，因而也曾指责过联储，认为它运筹失误。尽管经过了这些曲折，消费品物价指数的增长率终于由 1980 年的 13.5%，下降到 1981 年的 10.4%，1982 年的 6.1% 和 1983 年的 3.2%。通货膨胀终于受到了控制。它说明通货膨胀是一种货币现象，是通货发行过量的结果，在认真控制货币供应量之后，它是可以受到控制的。另外 80 年代石油和粮食价格的下跌也从客观上为抑制通货膨胀创造了有利条件。

80 年代金融改革的内容主要体现在《1980 年存款机构放松管制和金融控制法》之中。这一立法包括放松管制和改善宏观管理两个侧面。

在放松管制方面，法案批准在全国实行可转让提款单，为所有储蓄机构扩大了资金来源，它还批准储蓄与放款协会将其资金扩大到发放消费信贷（以资产的 20% 为限），并允许储蓄与放款协会发放信用卡，开办信托业务，它放松或取消了各州实行的对抵押贷款以及其他类型信贷收取高利率的限制。最重要的是，这一法案规定，到 1986 年分阶段取消 Q 条例对储蓄和定期存款的利率上限。

这些改革的目的是：（1）加强竞争，提高借贷双方资金转移的效率；（2）使小的储蓄户处于较过去平等的地位，他们现在能按一般市场利率取得收益；（3）增加对储蓄的刺激，支持经济的发展；（4）解决脱媒现象，并增强储蓄机构的活力，稳定金融体系。

联邦政府放松对银行管制的程序到 1986 年 3 月底业已完成，从 4 月 1

日起对储蓄存款的利率上限已经完全取消。14000 家商业银行和 3500 家储蓄机构可以自己决定对存款付多高的利率，唯一的限制是对工商企业支票存款户禁止支付利息。

1980 年立法不仅限于放松管制而且也要改善宏观调控。后者主要是针对过去宏观控制基础不完善而来的。

过去在宏观控制中存在的主要问题是：第一，非会员银行不按联储规定设置法定准备金，不向联储报送资产负债表，联储调节货币流通要依靠存款机构资产负债表所提供的信息，没有这种信息或信息不完全就不利于宏观调节。第二，非会员银行接受州政府的管理，它们对开业资本额法定准备标准要求较低，银行的不动产放款权力、承兑银行汇票的能力以及从事受托业务的权力较大。因此，非会员银行比会员银行在信贷活动方面处于更加有利的竞争地位。第三，由于以上原因越来越多的商业银行不愿参加联邦储备系统，已参加的又不断退出，这样联储会员基础就被削弱了，使它不能有效地进行管理。

1980 年立法规定，美国所有接受联邦储蓄保险或符合联邦保险条件的商业银行，互助储蓄银行、储蓄银行、储蓄与放款协会和信用社都要履行统一的法定准备标准制度。这使联储控制了美国全部金融活动的货币基数和信用基数。为联储控制社会货币流通和利率创造了有利条件。与此同时，它允许所有可以为存款设置准备金的机构使用贴现窗口。

1980 年立法执行至今，各方面的反应是不同的。大商业银行认为，政府实行的放松管制还远远不够。他们要求国会取消对商业银行进入保险、房地产以及其他证券担保业务的限制，以扩大其活动范围。

另外，由于农业、能源、房地产的不景气和发展中国家的债务危机以及取消利率管制之后利率战的加剧，银行倒闭的数字不断上升（1981 年为 10 家，为战后正常水平，1984 年为 79 家，1985 年为 120 家，1986 年为 150 家，与大危机时 1933 年的 4000 多家相比还是很低的）。这种情形正在引起管理部门的关注，有重新加强管制的趋势，被人们称为重新加强管制。已经采取的措施如下：

联邦储备局、货币监理官和联邦存款保险公司于 1986 年初宣布，有风险性贷款按银行资产的 9% 设置法定准备金，而原来是 6%。

联储作出决定，限制把投机性高收益证券用于兼并其他企业。

货币监理官和联邦存款保险公司正在研究对陷入困境的银行以取得部分所有权为条件，进行资金供应，以支持其继续营业的途径。大体与1984年挽救大陆伊利诺斯国民银行和信托公司免于崩溃的做法相似。

监理官对联邦注册的银行加强了检查。对银行发布停业命令，对银行首脑罚款和撤销银行官员职务的事件自1980年以来增加了5倍。

联邦存款保险公司和货币监理局大大加强了他们的检查和法律人员队伍。1985年一年增加了300名检察员，在清算班子中增加了1200名雇员。货币监理局还向每家由其管辖的大银行派去一名全日制的银行检察员。

负责管理3500家储蓄与放款协会的联邦住房贷款银行实行了对储蓄机构存款增长的严格限制，并且限制了这些机构的投资种类。这与储蓄机构大量倒闭有关。

上述情况说明80年代美国金融宏观管理的改革不是简单地回到大危机以前的自由时代，而是在促进市场竞争机制的同时，使宏观管理更加完善。金融业的实践与里根政府保守派理论家鼓吹的不要政府干预返回自由放任时代是不同的。

五　几点启示

在考察了美国金融宏观管理走过的历程以后，给我们的深刻印象是美国统治者对金融业在国民经济中的地位极为重视，他们一方面加强金融业本身的宏观管理兴利除弊；另一方面则充分运用金融杠杆在宏观经济中的调节作用。尽管资本主义制度决定经济波动不能靠金融的宏观管理而避免，由于他们能在遭遇挫折之后立即深入调查研究，总结正反经验，形成立法并付诸实施，这也是美国人求实精神的一种体现。

就我国金融体制改革来说有以下诸端是可以从研究美国经验中得到启发的。

（一）目前美国金融业的宏观管理对国民经济所发挥的调控作用要比我国有效得多。这和我国市场机制发育不成熟是相关联的。美国金融业宏观管理抓住了牛鼻子，即利率对消费者和投资者所起的约束和亢进作用。

不仅变更贴现率的意义是如此，就是公开市场业务和法定准备标准也无一不是通过银根松紧对利率的影响来间接作用于国民经济的。但是在我国，利率变化对企业行为的影响则不像美国那样敏感。例如我国早在 1979 年即已试行基本建设的拨改贷。目的是通过有偿占用资金控制盲目投资，然而几年的实践证明它对控制我国基本建设的过度膨胀并没有起多大作用。规模过大、重复建设、重复引进、无效工程至今仍然是令人烦恼的问题。其原因当然是多方面的，企业缺乏自我约束机制是其一，长官意志盛行是其二。解决这个问题首先必须使经营者对企业行为的后果感到切肤之痛。目前我国对国营企业实行两权分离，推广经营承包责任制是朝这个方向迈出的第一步。但就基本建设投资来说单有企业的经营承包责任制是不够的，还要有银行的经营责任制。在美国不仅企业经营者对投资的后果要自己负责，银行的经营者对收不回放款的失败投资也要自食苦果，所以银行对每一项投资的可行性研究是十分认真的，决不盲目放款。有了这两方面的自我约束机制，利率的调高或降低才能对调节基本建设规模起作用。而完善这种自我约束机制则有待于改革的不断深化。当然就基本建设本身说要使之科学、合理，有经济效益，政府的宏观指导作用也是十分重要的。为此政府必须转变职能，由具体抓投资转变到抓企业改革。要提高企业自我扩张能力，政府则在指导产业结构调整上下工夫。特别是必须消除凭长官意志，盲目决定项目的错误做法。

（二）美国在 80 年代反通货膨胀的决心和勇气很大，这是吃了 70 年代"停滞膨胀"苦头以后觉悟过来的。在此以前，凯恩斯主义把政策重点放在反失业上而不太重视通货膨胀。70 年代通货膨胀对美国经济的破坏作用充分暴露出来，统治阶级才下决心把通货膨胀视为头号敌人，这个付出了沉重代价所取得的教训是具有普遍意义的，值得我们重视。

通货膨胀和物价上涨不是一个概念，它主要是货币问题，是由有支付能力的总需求超过总供给而产生的。通常它的根源有两个。一个是银行的过度发行或信用膨胀，另一个是财政赤字。但财政赤字只有通过银行的货币化才会变为通货膨胀。物价上涨往往是由于个别产品成本推进而产生的，它是生产问题而不是货币流通问题，但物价上涨与通货膨胀在形式上常常很难区别。

美国 70 年代的通货膨胀既有赤字财政的因素，又有信用膨胀的因素，还有石油和粮食价格上涨的因素，是一种并发症。80 年代美国的通货膨胀受到抑制，一是银行坚决不为维持低利率而多发票子；二是银行决不搞财政赤字的货币化；三是石油和粮食价格的下跌。第三条是客观原因，不属金融政策范围。我国物价上涨基本上也是这三个原因。比如 1981 年的物价上涨主要是连续两年巨额财政赤字造成的，中央决定实施"两平一稳"方针以后有所好转。1985 年的物价上涨，信用膨胀是主要原因，在抽紧银根后有所收敛。现在的物价上涨既有财政信贷不平衡的因素，又有农产品价格因素。因此要抑制物价上涨也必须综合治理。

20 世纪 50 年代美国财政银行两家发生争论，最后以银行不再承担支持政府债券价格的义务而告终。这件事也是有启发性的。银行要支持政府债券价格就必须维持低平利率放松银根。其结果必然导致通货膨胀，对稳定经济不利。在我国虽然不存在由银行支持政府债券的价格问题，但银行在弥补财政赤字上承担什么义务也是一个问题。我国财政赤字的概念与美国不同。美国是把发公债视为赤字的，而我国则把公债视为收入，不算赤字。所以我国的财政赤字与银行透支是一个概念，在银行存贷平衡已很紧张，甚至有差额时，向银行透支等于要银行搞赤字发行。在这一点上我们的做法应当改一改。财政收支不平衡，收入有缺口谓之赤字，发行公债是为了弥补赤字，所以不应把公债视为收入而掩盖收支的不平衡。在有赤字时，允许财政向银行透支就等于允许搞通货膨胀。所以虽是概念问题也应正本清源。

（三）金融业宏观管理的任务之一是反周期波动。在经济过热时抽紧银根以防总需求超过总供给，在经济衰退时放松银根以刺激总需求促进经济复苏。但是金融杠杆只是宏观调节的手段之一，单靠它往往不能扭转全局。比如在 30 年代大危机时，尽管联储一再降低贴现率仍不能促使经济好转，这时运用财政杠杆，由政府直接投资对促进经济复苏的作用就比降低贴现率的作用大些。反之，在 80 年代初关键是解决通货膨胀问题，金融杠杆的作用就比财政显著。所以财政金融杠杆各有所长，在宏观调节中是应当互相配合而不应当彼此相左的。总的目的是通过两者的互动促进社会总供给与总需求的平衡而不是相反。里根政府宏观政策的一大缺陷是一方面实行了紧缩的金融政策，成功地控制了通货膨胀；另一方面在第一任期中容忍了巨额的财政赤字，使美国的社会总需求大大超过总供给，造成美国乃至西方世界的结构性失衡。美国是靠外资、外债勉强维持繁荣局面的。但其结果是在短短的四五年中就由净债权国变为净债务国，而且债务包袱还在加重，成为里根政府留给后人的一份难堪的遗产。我国在宏观经济上历来强调财政信贷物资外汇综合平衡，问题在于理论与实践常常脱节，而且缺乏制度上的保证。只有真正做到这一点国民经济的持续稳定发展才有保证。

（原载《社会科学战线》1988 年第 3 期）

评里根时代的美国经济

一　里根经济政策的实践

美国第 40 位总统罗纳德·里根再过几个月即将任期届满，告别白宫。

迄今为止，里根为自己树立的形象是一位有坚定信念、强硬手段和某种灵活性的保守主义总统。他在国内所推行的经济政策与罗斯福以来的改良主义大相径庭，他在国外所推行的政策则以恢复美国的军事政治优势为目标。在这两方面，他遇到了一些挫折，但也获得不少成功，因而受到许多选民的赞赏，使他得以连选连任并为共和党在大选中卫冕白宫打下了较好的基础。对此，里根引以自豪。他在 1988 年的国情咨文中一方面含蓄地说："我所领导的政府部门取得的成就要留待历史去叙述"，另一方面又十分自信地宣称"我们的记录……是充满希望的经济社会革命"以及"全球性的民主革命"。一篇咨文提到"革命"有 6 处之多，说明他确信自己已给美国的经济和政治带来根本性的变革，

的确，里根是在美国以及全世界都处于急剧变革的历史时刻，适应变革的潮流而登上历史舞台的。正因如此，对里根的经济成就绝不能以一时一地的成败论英雄，而要看其政策的长远影响，要看他所走的道路是否符合世界的潮流，是否能把美国经济在未来的岁月中引向康庄大道。

里根上台时美国经济正在走下坡路，当时，美国经济形势的确令人沮丧。20 世纪 70 年代国民生产总值年增长率由 50 年代的 3.3% 和 60 年代的 3.8% 下降到 2.8%；私人投资的年增长率从 60 年代的 3.9% 下降到 2.9%；劳动生产率的年增长率由五六十年代的 2.7% 下降到 1.2%；年失业率由 50 年代的 4.4% 和 60 年代的 4.6% 上升到 6.3%；消费物价指数年

增长率则由 50 年代的 2.1%、60 年代的 2.8% 上升到 7.8%，1980 年更上升到 13.6%。这就是 70 年代发生的所谓"停滞膨胀"。这种生产停滞与通货膨胀并存的反常现象使当时居于统治地位的凯恩斯主义理论因无法对之解释而黯然失色。

"滞涨"动摇了凯恩斯主义的统治，供应学派、货币主义乘机崛起，供应学派把"滞胀"的原因归之于（1）高额累进税；（2）高社会福利；（3）政府干预；（4）通货膨胀。他们批评说："累进税……严重地限制了那些经营最成功者的所得而使穷人的妒忌得到满足"，而"所得转移——福利、社会保险，失业补助等等——对个人进取心的消极影响和高额累进税相同"；他们认为，"政府机构的急剧膨胀以及随之而来的政府规章的大量增多挫伤了储蓄和投资以及在研究和开发上花钱的积极性"，他们指责"通货膨胀最为有害的影响之二是它使税法变得畸形，导致平均税率和累进税率两者的上升"。"因为随着通货膨胀，人们被列入更高的课税等级，付税额也就增长了。"[①] 供应学派认为这些错误集中到一点，就是伤害了"最有能力，且最有责任帮助实现我们民族目标"的企业家的积极性。

里根标榜的"革命"是与供应学派医治"滞胀"病的处方一致的。他在就任总统时为政府树立的四大经济目标即（1）减税；（2）减少政府开支；（3）放松管制；（4）反通货膨胀。这些正是针对供应学派批评的美国经济四大弊端的。

里根的四大经济政策以实现美国经济长期的没有通货膨胀的稳定增长为目标。因此对里根经济政策得失的评估就不能不考虑：（1）四大经济政策有没有实现；（2）有没有达到长期稳定增长的总目标。

减税，这是里根最有号召力和最打动人心之作。1981 年的税制改革把最高累进税率从 70% 降到 28%（对一部分高收入者最高税率为 33%，大大削弱了税收的累进性，使上中层纳税人在几年中累计得到 7490 亿美元的好处，比联邦政府 1982 年的总开支还要多，形成了对美国经济的较大刺激。此外里根在他的第一任期中还实行了加速折旧法和对投资的课税扣

---

① 布鲁斯·巴特利特：《里根经济学——行动中的供应学派经济学》，《财政研究资料》1982 年第 11—16 期。

除，这对 1983—1984 年资本投资的急剧增长也起了很大作用。1985 年的税制改革能够在各种利益集团的强烈抵制下获得通过，出乎许多人的意料。它将堵塞住许多税收漏洞而有利于行业之间的公平竞争，它还把累进所得税率降到低于大多数发达国家的水平，为美国创造了吸收外国资本的良好环境。里根于 1987 年 7 月提出的《美国经济权利法案》中建议列入"征税以前需要经国会绝大多数通过"的条款，显然意在巩固他在减税方面已经夺取的阵地。里根减税虽然因为没有达到预期的增收目的，但他确实给上中收入阶层带来了很大好处而受到这些人的拥护。

减少政府开支。这是里根最少成就的领域，里根的初衷是用削减政府开支的手段，实现小政府的目的，但是他的这一打算完全落空了。原因在于，第一，里根过分热衷于重建美国在世界范围的军事优势，把军事开支从卡特时期占国民生产总值的 5.2% 提高到了接近占 7% 的比例。第二，他为解决社会保障基金入不敷出的困境，曾企图削减社会保障支出，但未成功。1981 年 5 月里根要求从 7 月 1 日起取消社会保障受益者每月领取不少于 122 美元的最低限，他还要求降低 65 岁以前退休职工领取的津贴。从 1982 年起把发给社会保障受益者的物价指数补贴推迟 3 个月。这个试探气球刚放出，立即受到国会内外的猛烈抨击。里根迅即收回成命，建议成立两党委员会研究解决基金不足的长期办法。从此社会保障变为里根不敢触动的禁区。第三，里根对于一般社会福利的削减如食物券、住房补助、教育津贴、医疗救济等是并不手软的。但是这些项目金额有限，不足以抵消其他方面开支的增长。结果是整个政府开支由卡特时期占国民生产总值的 22.5% 上升到 24%。

放松管制。里根就职之后，立即宣布所有新颁布的联邦规章制度暂缓执行，并建立了一个由副总统布什牵头的工作班子研究放松管制问题。但是连里根最坚定的支持者都对他在这个领域的成绩感到灰心丧气。里根第一任经济顾问委员会主席韦登鲍姆说："客观地讲在里根任职期间，联邦政府比卡特总统离任时更多地插手了美国经济。"人们认为里根在放松管制方面的成绩还不如卡特和福特时期。平心而论，里根主观上未尝不想减少政府干预。可是里根的愿望与美国的现实并不相符。里根主张自由贸易，但是巨额贸易逆差以及由此在国会中酝酿的各种保护主义立法迫使他在国际贸易方面不得不实行许多严厉限制，其程度比 10 年前有过之而无不及。另一个例子是在美国开始发生巨额财政赤字的 1983—1984 年实际利率居高不下，美元汇率直线上升，里根对盟国的抱怨置若罔闻，并强调必须尊重市场规律的自发作用。等到 1984 年下半年之后美国经济增长速度显著放慢，贸易逆差大幅度上升时，里根政府却一反原来的超然姿态，赶忙在国内通过了强制性的平衡预算法，还在国际上与盟国协调进行联合干预以降低美元汇率。所有这些都说明，在新的历史时代完全的自由放任不仅在一个国家内部行不通，就是在国际范围也行不通。

反通货膨胀。这是里根政府另一值得夸耀的成绩。消费物价指数上涨率从 1980 年的 13.5%，逐步下降到 1986 年的 1.1%。人们认为里根政府赢得选民的好感，在稳定物价方面的得分大于解决就业方面的得分，因为物价稳定是大多数人能受益的，而就业的受益者则只限于一部分公民。但是能不能把稳定物价的功劳都记在里根的账上？显然不能。第一，起用沃尔克担任联储主席的是卡特总统，改变金融政策开始于 1979 年 10 月。里根的贡献主要在于他支持了这一政策，即使在发生严重经济衰退时也没有动摇。第二，70 年代通货膨胀之所以桀骜不驯不仅因金融政策存在失误，还有工资上涨，石油、粮食价格上扬等因素在火上浇油。那么这些条件为什么在 80 年代没有继续肆虐呢？首先，工资之受到控制是和工人运动处于低潮以及里根对工运的强硬政策有关的。里根上台不久就发生了机场塔台指挥员为增加工资而罢工的斗争。结果被里根以强硬手段镇压下去，这给资方在工资谈判中实行强硬政策树立了榜样。其次，石油价格在 1985 年暴跌给里根政府稳定物价帮了大忙，这是发达国家在两次石油危机之后厉行节能取得成效使石油市场供过于求的结果。而美国 80 年代的农业萧条也为稳定物价提供了一个有利条件。再一个问题是在 1984 年下半年美国经济增长放慢之后，联储曾大大放松了银根。M1 货币供应量在 1985—1986 年两年中增长了 31%，增速比前 4 年快了一倍。但是何以没有发生通货膨胀问题呢？重要原因之一是进口了大量廉价商品，因而对消费品物价的上扬起了抑制作用，而这件事的反面则是美国贸易逆差上升到惊人的高度。以上的分析表明当前存在的对稳定物价有利的各种条件并不都是受里根政府左右的，而有些有利因素又包含着不利的方面。此外还必须看到庞大预算赤字的存在始终是一种潜在威胁，为调整这种不平衡所采取的措施随时都有导致通货膨胀加剧的危险。1987 年 12 月与上年同期相比的消费物价指数上涨率已由前一年的 1.1% 上升到 4.4%，就是一个令人不安的预兆。

　　上面是对里根实施的四大经济政策得失的评估。那么执行这些政策的综合效率是否超越了前几届总统或至少是优于 70 年代呢？里根自己在 1988 年的总统经济报告中说："这届政府的政策已经促成创纪录持久的经济扩张——美国在和平时期最长的一次。在经济扩张中创造了 1500 万个就业机会。丰厚的收益遍及各个行业和各种人口组合。实际国民生产总值在 5 年中上升了近 23%。"又说："在当前经济的扩张中，就业的有力增长与低通货膨胀率、高生产率增长相结合，意味着美国人民生活水准的上升。""过去 5 年已经记载下美国经济增长的一个极为出色的时期。"

　　确实，美国自 1982 年底开始的经济扩张是战后和平时期最长的一次。但这里有两个不可忽视的因素。第一，这次周期发生于里根称之为"多年以来第二个（严重的）经济衰退之后"。这就是说它使美国经济进行了一次比较大的调整，因而为下一个周期的增长带来较多的有利因素；第二，它是在外国资本大量流入的条件下出现的，因此它的后期增长速度具有软弱无力、时起时伏的特点。根据 1988 年总统经济报告第 250 页统计数据，5 年中国民生产总值不是增长了近 23%，而是 20.3%，平均每年递增 3.8%，低于 70 年代第六次危机之后的 1975—1979 年每年递增 4.3% 的速度。关于 5 年中创造了 1500 万个就业机会，这相对于美国的欧洲盟国来说的确是值得自豪的，但是并不比"滞胀"的 70 年代好。创造了 1500 万个就业机会似乎是把流动因素包括进去了，如果计算实际就业人数，那么 1987 年只比 1982 年增长 1291.4 万人，低于 70 年代第六次危机后 5 年增加就业 1345.7 万的人数[①]。

　　对人民生活水平提高的问题应作具体分析，上层阶级在里根时期是更富裕了，而大多数人则相反。根据国会联合经济委员会 1985 年公布的资料，0.5% 的超级富户所拥有的资产由 1963 年占总净资产的 25.5% 上升到

---

① 参见 1988 年《美国总统经济报告》，第 286、300 页。

1983 年的 28.4%，而 90% 的普通户所拥有的资产则从 1963 年占总净资产的 34.1% 下降到 31.2%。而工人每小时所得实际报酬指数在 1978 年达到 100.8（以 1977 年为 100）的高峰之后一直在下降，1981 年降到 95.7 的最低点，1982 年以后有所回升，但直到 1987 年还不过是 100.3，仍低于 1978 年的水平①。

由此可见，除通货膨胀率以外，从国民生产总值的增长速度、就业人数以及人民生活水平等方面看，在里根经济政策起主导作用的周期上升阶段，其成绩即使与"滞胀"的 70 年代的周期上升阶段相比也并不出色。

但是我们也必须承认，里根坚定的保守主义立场以及他对资本的各种优惠政策对恢复美国资本家的信心，改善美国的投资环境是卓有成效的。它使美国成为一个对世界资本具有吸引力的安全港。美国之所以能在双赤字的情况下维持今天的局面是和这种吸引力分不开的。

二 里根的经济"遗产"

在 1988 年总统经济报告中，里根以乐观的心情展望未来，他说："所有的成就并不都属于过去，我们的政策将继续对未来岁月生活水准的提高作出贡献。通过增加私人在工作、投资与创业精神方面的积极性和机会，我们已经为未来的经济增长奠定了基础。"在乐观的同时，他也为实现这种前景设定了若干前提条件，包括限制开支、减少联邦预算赤字、抵制贸易保护主义，等等。事情是清楚的，要实现未来的乐观前景就必须保证必要的前提条件。于是人们自然就要想到实现这些前提条件的难度，仔细分析一下里根给后人留下的究竟是一笔什么样的经济"遗产"。里根执政 8 年累积财政赤字 16673 亿美元，为里根以前历届总统在 204 年中累积的预算赤字总和的 1.8 倍，创造了远远超过凯恩斯主义盛行时的赤字纪录。说里根是赤字财政主义，并不公平，但巨大赤字是客观存在的，赤字财政带来的一切好的和坏的作用都在里根任内并将在他卸任之后继续表现出来，也是不可否认的。

---

① 参见 1988 年《美国总统经济报告》，第 286、300 页。

一方面，里根执政之初预计实行他的减税方案可以刺激生产增长，从而使财政收入增加；另一方面，他又想通过厉行节约、削减社会项目减少财政支出。通过增收减支预计到 1984 年就可以平衡预算。但是实践说明里根对减税刺激生产的作用估计过高了，而对医治通货膨胀要付出衰退的代价则缺乏预见。结果 7 年中国民生产总值的增长平均每年不过 2.6%，低于"滞胀"的 70 年代每年平均递增 2.8% 的速度，这是收入不理想的原因之一；其次在通货膨胀速度下降之后，原来依靠通货膨胀造成的税收等级爬升消失了，因而增加的财政收入也不复存在，这是收入上不去的原因之二。再加上减税本身酌减收因素，致使 1981—1987 年的财政收入只以每年 5.7% 的速度递增，远低于 70 年代 10.4% 的速度。另外里根政府在削减支出时则遇到三重难以逾越的障碍。第一是里根竭力维护的军事开支；第二是随着国债的增长而形成的沉重利息负担；第三是社会保障支出继续增长。结果从 1980 年到 1987 年财政支出不仅没有减少反而以每年 7.6% 的速度递增，超过了财政收入增长的速度，这样就不能不出现巨大的预算赤字。

在导致巨额财政赤字的各种原因中，美国许多有识之士对里根热衷于军备竞赛特别持批评态度，认为在权力中心多元化的热核时代要想在世界范围建立在美国统治下的和平是不自量力的，违背历史潮流的。美国现在海外驻军 51 万，占其武装部队的三分之一以上，在每年近 3000 亿美元的军事预算中约有三分之二花在国外防务上。美国如果不是充当世界宪兵，它的军费是可以大大削减的，果真如此财政赤字问题也就不难解决。美国的巨额贸易逆差是和财政赤字密切相关的。美国的商品进出口战后 25 年一直有顺差，1971 年出现逆差，1973 年和 1975 年又有顺差，以后则年年发生逆差。这是美国商品在世界市场上竞争力下降的信号。但是直至 1980 年逆差不过在 250 亿美元上下。从 1982 年以后逆差急剧上升，1987 年达到 1700 余亿美元。形成巨额贸易逆差不单是由于商品竞争力下降的问题，还由于 1980—1985 年美元的高汇率，高汇率是在巨额财政赤字下美国实际利率居高不下，外国投资者纷纷向美国转移资金，美元求过于供的结果。美元高汇率进一步削弱了美国商品的价格竞争力，导致外国商品的大量进口。于是在美国出现了一种畸形繁荣，在廉价舶来品充斥市场，物价平稳，购销两旺的繁荣景象后面则潜藏着本国制造业不景气这一消极因素，这是为什么 1984 年下半年以后美国经济进入缓慢增长阶段和贸易保护主义甚嚣尘上的原因。里根反对贸易保护主义是对的，但贸易保护主义的抬头又是里根种下的苦果。

由于连年的贸易逆差和经常账户逆差，美国的国际收支地位发生剧烈变化。1981 年美国还是债权国，持有净资产为 1407 亿美元，达到历史的最高峰。然而只不过 4 年的时间里根政府就使美国变为净债务国。1985 年美国负债 1119 亿美元，1986 年外债上升到 2636 亿美元，1987 年再上升到 4210 亿美元。

净债务国的处境是否一定给国家带来麻烦呢？不能一概而论。如果外债用于发展本国经济，有偿还能力，那是好事；反之，如果用于消费，或虽用于生产而无效益、无偿还能力，就会变成坏事。那么里根对美国当前的债务负担是怎样看的呢？他在克利夫兰城市俱乐部发表的演说中认为："贸易逆差和外国资本的流入并不一定是经济羸弱的表现。在我们国家头 100 年中我们从农业殖民地发展为世界工业领袖，美国发生了贸易逆差。现在我们正在领导一个从工业时代走向信息时代的全球性运动，我们继续从全世界吸引投资"，"现在有些人称此为债务。按照这种思想方法，当一个公司卖股票时就是这家公司情况不佳的标志。这样，一个谁也不愿意去投资的公司反而比一个谁都愿意去投资的公司好得多"，里根辩解的片面之处在于他回避了美国巨额财政赤字与外资流入的关系。

今天美国的外资流入与美国头 100 年的外资流入有很大差别，那时美国没有联邦赤字（内战时除外），那时外资的流入无疑对美国的工业化作出了贡献，而今天的外资流入，则是因为消费大于生产，"储蓄已经不能满足私人投资和公债两方面的需求。在美国公私储蓄、外资流入与私人投资、政府赤字之间存在着某种平衡关系，即公私储蓄＋外资流入＝私人投资＋联邦赤字。例如 1986 年私人储蓄占国民生产总值的 5.7%，州和地方财政结余占 1.4%，两者合计占 7.1%；同年私人投资占国民生产总值的 5.7%，联邦赤字占 4.9%，两者合计占 10.6%。两相平衡的结果，差额为 3.5 个百分点，这个差额是靠外资流入来弥补的，公私储蓄和流入的外资在使用中哪一部分用于弥补联邦赤字，哪一部分用于私人投资是很难算清的，但是占国民生产总值4.9%的联邦赤字中有很大一部分用于个人消费和武器生产则是事实。所以说美国80年代的高消费是靠借债维持的并不是没有道理的。

其次，美国现在对外资有吸引力是事实，但除政治环境对外资有吸引力外，实际利率较高是一个重要原因，而这一点又和巨额财政赤字相联系，因此不能说是一种健康现象。有人寄希望于外国资本在生产领域的介入可以刺激美国经济，不过就外国直接投资的规模而言，它的作用是有限度的。以1986年为例，外国私人资本在美国的投资总额为2093亿美元，其中直接投资和股票不过占其投资总额的三分之一左右，其余三分之二则用于购买国库券、债券或作为银行存款，而美国的许多企业并没有把借入资金用在发展生产上，而是致力于企业兼并、证券投机等非生产性的所谓"证券创业"活动，这也不能说是一种健康的经济现象。

总之，建立在外债基础上的繁荣是脆弱的，它潜藏着两种可能的危险。

第一，当东道国的经济出现麻烦而对外资的收益不利时，他们可以随时抽走资金。截至1986年底私人外国资本流入美国用于购买国库券的达960亿美元（外国政府持有的美国政府债券为1774亿美元），用于购买公司债券为1421美元，银行存款为4492亿美元，它们在金融市场上极易脱手，在经济气候逆转的时候会很快从美国转移出去，使美国金融市场发生恐慌。

第二，在美国财政赤字和贸易逆差一时难以消除的情况下，外国投资者也可能仍然愿意继续向美国输出资本，购买美国公私债券、股票、房地产和工厂企业。它们虽然可以起继续支撑美国经济的作用，但是将以利息、利润、租金等形式吃掉美国生产中的一个日益增大的部分。这对克服美国现在的经济不平衡状况是不利因素。

因此不难看出，里根给后人留下的经济"遗产"主要是两项：

首先是一个脆弱的难以驾驭的美国经济。现在美国政府为克服经济上的不平衡所采取的方针是对内削减财政赤字，对外增加出口，并迫使德国、日本扩大内需，增加进口。但实现这几项目标都有很大难度。

在削减财政赤字方面，据美国国会预算局的预测，1988年财政年度的

联邦赤字将比 1987 年增加 90 亿美元，反弹到 1570 亿美元，1989 年财政
年度赤字将进一步上升到 1760 亿美元。三分之二的赤字增长将来源于通
货膨胀。

关于增加出口，《华尔街日报》1988 年 2 月 11 日发表小克拉克的文章
说：出口势头肯定不错，问题在于能好到什么程度。他认为过去几年美国
制造业者已经改造了企业，增强了竞争能力，但资本开支主要用于改进机
器设备，降低成本而不是增加生产能力。企业家们似乎并不相信经济学家
们所发表的美国经济将持续繁荣的宣言。

至于迫使日本、德国扩大内需方面虽有一些进展，日本、德国都将在
国内采取减税措施，但内需扩大到什么程度才能够大量增加进口则又是一
个未知数。

由此可见，美国解决双赤字问题绝非短期所能奏效，而里根政府留给
接班人用于调节经济的回旋余地则越来越受到限制。里根政府已经把财政
刺激用到极限，财政杠杆已难以发挥调节功能，金融杠杆也陷于两难处
境。如果贸易逆差不能显著缩小，则在贸易保护主义的压力下政府必然要
实行美元进一步贬值的政策，而美元贬值幅度过大又会导致通货膨胀和资
本外流。利率调节也有同样的困难。里根的后继者要想在不触发危机的条
件下把不平衡的经济结构调整过来，实现软着陆，实在需要比走钢丝更高
超的技艺。

里根经济给后人留下的另一笔遗产则是下一代美国人生活水准的下
降。美国到 1987 年底净负债已达 4210 亿美元，1985、1986 年两年每年的
净负债均以 1500 亿美元的速度上升；即使作较乐观的估计，今后通过增
加出口减少进口，每年减少贸易逆差和经常账户逆差，使净债务每年少增
加 250 亿美元，也要花 6 年时间，才能使净债务不再增长。但是届时美国
的净债务将达 8000 亿美元，假定平均每年的利率和分红维持在 7%，那么
对外国债主支付的净利息每年将达到 560 亿美元。美国必须实现贸易顺
差，而且其数额必须大于净利息支出才能使净债务不再上升并转而趋于
下降。

三　未来对美国的挑战

里根在 1988 年的总统经济报告中谈到了未来对美国的挑战。他说："过去 7 年的成就应当给我们以鼓舞，而不是对尚存的重要挑战视而不见。"接着他就谈到了削减预算赤字和反对贸易保护主义等问题。要求授予总统对支出的逐项否决权，以保证联邦预算的平衡。

里根所谈到的挑战确实是今天美国面临的难题，但是他只抓住了现象，没有触及本质，原因在于他没有把美国国内问题放在世界范围去考察。如果放眼世界就不难发现美国本身的经济难题还有更深层次的根源，即世界市场的相对狭小和美国在世界市场上竞争力的削弱。

关于世界市场相对狭小及解决问题的出路已经有许多经济学家进行了探讨，并且提出了颇有见地的主张。例如日本经济学家藤井升在日本《经济往来》月刊发表的文章就指出前几年由美国的"以赤字为主导型"带动世界增长的发展模式已不能继续下去，现在世界经济的根本问题之一是市场狭小，"发达国家中存在的真正有效的投资机会越来越少"，"具备真正有效投资机会的不发达国家由于社会不稳定而不能接受投资"，在此情况下出路只有一条，就是"必须实现第三世界的现代化，提高人们的生活水平，开辟崭新的巨大的消费市场，否则世界经济是无法摆脱危机的"。美国海外发展委员会主席约翰·休厄尔在题为《美国在第三世界的自我利益》一文中也认为，"只有恢复发展中国家经济的强劲增长，才能为美国创造充分的出口机会，从而在不导致美国衰退或使这个国家进一步欠债的情况下大大改善它在世界经济中的地位，并处理好它本国的问题"。他经过计算认为，"如果发展中国家能恢复 70 年代的增长率，美国就有机会到 1992 年使它目前的贸易逆差减少一半"。

如果回顾第二次世界大战后美国通过"马歇尔计划"等援外政策帮助西欧、日本重建经济带来了六七十年代的繁荣的历史经验，就可以肯定上面一些经济学家的看法是有远见的。

里根也谈到发展中国家，但他的眼界局限于债务问题，他在 1988 年的总统经济报告中提到"发展中国家的债务负担不仅是他们的问题，我们在寻找促进发展和保护国际金融市场开放上都有重要利益"。不过他为债务国设想的出路只是"鼓励投资和私人企业"。他所说的没有比1985年提出的贝克计划前进一步。而日本政府已在开始执行1987—1989年第三世界开发投资计划。在帮助第三世界发展的问题上日本之所以能采取积极姿态自然与其巨大的贸易顺差有关。但美国如不着眼于长远利益,而抛弃其对第三世界国家的某些意识形态偏见,是难以应付这一挑战的。

美国面临的第二个挑战是能否提高美国商品在世界市场上的竞争能力。这是解决美国贸易逆差的根本出路。

美国经济学家罗斯托在他所著《即将到来的时代:美国对世界的竞争》一文中指出:"目前先进工业国的命运不取决于保守派政治家和开明派政治家的力量对比,而是取决于这个政治进程如何对经济竞争的新问题作出反应。""如果我们想加速提高我们的生产率(生产率是我们的国际地位的唯一可靠基础),工商界和劳工必须在一些新方面进行合作和调整以便把新技术迅速推广到各个有关的经济部门。"

遗憾的是美国的政治家和企业家并没有齐心协力地以极大的紧迫感对经济竞争这个新问题作出反应。里根政府也还不太愿意承认美国竞争能力正在削弱的事实。

里根政府在过去7年中曾三次提起过这个问题。第一次是1983年,当时因出现贸易账户和经常账户的双逆差而引起朝野对美国竞争能力的关注。但是在总统经济报告中却认为贸易逆差是美元汇率太高造成的,美国不存在长期性的竞争能力问题。然而5个月后贸易逆差涨势不已,里根决定成立一个总统工业竞争能力委员会,任命休利特—帕卡德公司总裁扬先生担任主席,要他提出研究报告和建议。扬的结论是"我国在世界市场上的竞争能力正在受到侵蚀"。但是他的关于提高竞争能力的建议没有被里根采纳。1986年底,美国贸易逆差跃增到1443亿美元,舆论哗然。次年初里根才开始号召美国人努力工作以恢复美国的竞争力,并且提出了加强美国竞争力的"一揽子建议"。尽管美国多数人承认美国的竞争力确已下降,但在原因的分析和前景的估计上则有许多分歧。

在宏观方面，里根政府仍然强调过去美元汇率过高是削弱美国竞争力的原因，随着汇率的下跌，竞争力就可恢复。

其他人则指出还有更根本的一些导致竞争力削弱的原因，如：第一，美国热衷于军备竞赛，把大量人力物力用于研制武器而不注重民用品的开发。第二，科技教育落后。现在美国每1000名研究生中只有7名工程师，而日本则有40名。现在美国的大学每年只授予2500名左右工程博士学位，而在10年前是3000名，而且如今获得博士学位的约有一半是外国学生。第三，建设投资不足。1986年美国私人部门投资占国民生产总值的比重是16.3%，低于日本的23.3%、加拿大的18.2%、意大利的17.8%和西德的17.1%。

除去宏观方面的原因，微观方面也存在不少问题，如：第一，企业追求近利，美国不像日本那样有产业规划，公司只求近利，大公司花在兼并和打官司上的精力要比花在科研和开发新产品上的多，从而削弱了美国企业的技术基础。第二，劳资关系不协调，劳动力素质不高。第三，质量管理松弛。美国公司常常不把质量问题放在第一位。专家们估计80%的质量问题是因为制造商不能在生产过程防患于未然而发生的。美国产品成本有15%—40%花在废品上。

对美国竞争能力削弱将导致什么后果也存在不同看法。

耶鲁大学历史系教授保罗·肯尼迪在他发表的《强权的兴衰》一书中总结了1500年以来的5个世纪中英国、法国、西班牙等帝国如何因担负了庞大的军事义务，超过了国内经济基础的承担能力，造成国内经济收缩，国势日衰的教训，认为如果美国坚持不削减其海外的军事力量，总有一天要把自己拖垮。这本书在美国成了畅销书，引起轰动。赞成者有之，反对者亦有之。

我们认为，总的说来，美国现在的科技水平与其他发达国家相比仍占有一定的优势，它的经济规模仍是日本的将近两倍。但是不能否认其他发达国家特别是日本与美国在经济和技术上的差距正在缩小，在某些制造业和高技术领域已经领先于美国。

今后美国的竞争能力是否会续继下降取决于它能否以正确的政策来阻止滑坡，而美国是否会重蹈英国、法国、西班牙等帝国走过的道路又取决于它能否保持并提高其在制造业和高技术领域中尚存的优势地位，给解决当前经济结构不平衡创造前提。美国能否成功地应付这一挑战，1988 年总统选举的结果和白宫新主人的经济纲领将使人窥其端倪。

（原载《世界经济》1988 年第 8 期）

从金融业的困境看美国的市场经济

一个无休止的争论

　　资本主义市场经济是不是发展经济的永恒最佳模式这个问题即使在西方也已经争论了几十年。

　　20 世纪以前资本主义还处于自由竞争阶段，人们相信市场经济为一只看不见的手所调节，即通过价格对供求的影响和相互制约使资本主义经济本身具有自我调节功能。萨伊的名言"供给创造自己的需求"被人们奉为信条，19 世纪末 20 世纪初西方踏入垄断资本主义阶段，接着在 20 世纪 30 年代发生了世界性的大萧条。这就促使资本主义经济从理论到实践发生了重大变革。

　　在此过程，实践走到了理论的前面。由国家出面大规模干预经济挽救危机首先发生在美国。这就是罗斯福倡导的"新政"。罗斯福激烈地抨击垄断资本，他说："垄断限制了各种机会。个人的主动精神被一部庞大机器的轮牙所压碎。自由经营的领域日益受到限制，私有企业确实变得过分私有，它们已经变成了特权企业，不再是什么自由企业。"他认为"面对着这样一个经济专制，美国的公民只能求助于有组织的政府权力"。①

　　在经济理论方面则由英国经济学家凯恩斯用有效需求不足的理论向古典经济学家发难。他指责："这个学说可以把社会上许多不公道处与残酷处，解释为进步过程中无可避免的意外事件，这使它受统治者欢迎；这个学说可以为资本家自由企业辩护，因此又得统治者背后社会有力分子之垂

———————

　　① 富兰克林·德·罗斯福：《罗斯福选集》，商务印书馆 1982 年版，第 126—127 页。

青。"他认为"如果采取 19 世纪下半期之正统办法，对内自由放任，对外实行金本位，则除了互相争夺市场以外，政府实在别无良策可以减轻国内之经济痛苦"，而他为解救市场经济沉疴大病所开的药方则是扩大政府机能，"使消费倾向与投资引诱二者互相适应"。他认为"这是唯一切实的办法，可以避免现行经济形态之全部毁灭"。①

从 60 年代初肯尼迪上台，凯恩斯主义的经济政策断断续续地实行了 10 多年。事实证明，在资本主义经济基础上国家干预并不能解决资本主义根本矛盾。而且"按下葫芦，起了瓢"。失业问题虽然一度得到缓解，通货膨胀却被放虎出山。70 年代发生的"停滞膨胀"宣告了凯恩斯主义极盛时代的终结。

于是，在理论上出现了新保守主义发动的古典经济学的复辟，在实践上发生了 80 年代初的"里根革命"。

在新保守主义的各个分支中影响最大的是供应学派和货币学派。他们的共同点是在经济哲学上都提倡自由放任，发挥市场机制，反对国家干预。相信私营经济的内在活力。相信政府能做到的最大好事是彻底让路。相信"经济秩序能够作为追求个人利益的许多人的无意行动的结果而出现"。② 迄今为止，这股经济思潮在西方仍然居于优势地位，并且在世界范围产生了很大影响。

这股思潮在西方出现是完全可以理解的。它是对国家干预不能解决资本主义经济根本矛盾的一种反动。但这种思潮经不起历史的检验也是明显的。它首先对资本主义已由自由竞争阶段演变到垄断阶段视而不见，对 30 年代大危机视而不见，因而对垄断资本需要与国家融合的必要性也视而不见。其次，这种思潮的奉行者在言行上并不是一致的。里根尽管高唱"政府不解决问题，问题就在政府自己"，③ 可是在双赤字的难题面前，在他执政的后期却不得不借助政府的力量甚至依靠各国政府的协调一致对美国经济进行调整，同时里根时代的"放任自由"给美国经济带来的若干不利影

---

① 凯恩斯：《就业利息与货币通论》，商务印书馆 1983 年版，第 32、328 页。

② Milton Friedman：*Free to choose*，Mariner Books，1990，p. 5.

③ 玛利·麦克尼尔：《里根的第一年》，国会季刊出版公司 1982 年版，第 109 页。

响也已开始露头。本文要介绍的美国金融业的困境正是这种"放任自由"所必然要引出的后果之一。对这一问题进行剖析有助于我们对资本主义的自由市场经济进行正确评价，为市场经济万能论者提供一服清凉剂。

储蓄与放款协会及其危机

美国金融业困境的焦点在储蓄与放款协会（以下简称储蓄协会），但又不仅在此范围，商业银行也存在隐蔽的危险，但尚未引起人们的足够注意。

要弄清储蓄协会所发生的危机，首先要讲一讲储蓄协会的来龙去脉。储蓄协会的先行者应当追溯到 1837 年在费城成立的牛津节俭建房协会，它的 37 位会员把储蓄金存在一起以便互相帮助购买自己的住房。每个会员付出一笔创办费，然后每月存一点钱。当钱凑到足够数额时，举行一次投标会，谁出的使用费最高就把这笔存款贷放给谁。借款人每月支付一笔不大的利息，再加上他的经常性存款，协会的业务费在投标人所出的使用费中支付。在以后的 20 年中，成立了永久性的协会，借款人也不再限于最初存款人的封闭团体，协会独立营业。只要有了资金就发放贷款。储蓄者的动机已不是为了得到买房的贷款，而是为了获得利息。由于这个行业所具有的特殊专业知识，它的大多数客户都是借钱购买房屋的人，其中多数购买独户住宅。到 1983 年 12 月 31 日为止，全美国共有 3500 家储蓄协会。它们当中，大的有几十亿美元资产和许多分支机构。小的只有几百万美元资产和一处办公机构。它们的共同目的除了追求利润以外，是促进资金持有者的储蓄和帮助债务人拥有住房。为实现这一目标，储蓄协会向大众提供各种储蓄账户并把这些储蓄的最大部分投入抵押放款，主要是住宅抵押放款。

储蓄协会业务最辉煌的发展是在第二次世界大战以后。它与美国历史上买房和建房的高潮并驾齐驱。现在它在美国金融业中很有分量。1985 年美国金融业的全部金融资产为 7702 亿美元，储蓄协会占 1071 亿美元，比重为 13.9%。仅次于美国商业银行（资产 2202 亿美元，占 28.6%），却大大领先于其他金融机构。如排在第三位的人寿保险业资产为 773 亿美元，第四位私人养老金基金为 738 亿美元。

接受 30 年代大危机时期许多房主由于付不起利息和本金被提前取消抵押房产赎回权，储蓄协会大批倒闭，建筑业大萧条的教训，美国政府建立了联邦住房管理局和退伍军人管理局为抵押贷款保险；开设联邦全国抵押贷款协会，以及政府全国抵押贷款协会开展二级市场活动以拓宽抵押贷款资金来源；成立"联邦储蓄与放款保险公司"为储蓄协会存款的安全保险；特别是通过设置联邦住房放款银行系统以加强对储蓄协会的监督管理。因此储蓄协会是在州和联邦法律规章的框架内营运的。这些法律给新成立的协会规定发放执照的一般标准，并管辖其营业活动。控制协会能放款和做其他投资的种类，并对一个机构能向其存款人提供的储蓄和投资服务确定广泛的准则。联邦住房放款银行系统由国会在 1932 年建立，为的是给全国住房金融机构提供一个中央信用体系。它由三部分组成：联邦住房放款银行局（管理机构）、12 个地区联邦住房放款银行和会员机构。这个系统制订详细的规章以管辖储蓄协会的营运。它要求每年要提交一个年度金融状况的报告，并派检察人员验证下属协会的业务活动是否与法律规章相符。

法律要求所有由联邦保险的储蓄协会都属于联邦住房放款银行体系。由州发放执照的储蓄协会、互助储蓄银行和人寿保险公司如果合格也可以成为会员。

联邦住房放款银行局管辖联邦储蓄与放款保险公司。后者是 1934 年建立的政府机构，目的是保障资金所有者在储蓄协会存款的安全以便吸引更多的存款。保险公司保证所有会员谨慎地营运以保持金融稳定。为存款人设置的最高保险金额为 10 万美元。到 1983 年 11 月，由联邦储蓄与放款保险公司保了险的储蓄协会有 3057 家。这家保险公司的会员所持有的资产超过该行业资产总额的 98%。

购买住房放款（抵押放款）是储蓄协会的主要金融活动。到 1981 年底它们占储蓄协会资产的 80%，以及所有住房抵押放款的 40% 以上。它说明储蓄协会在解决美国人的住房问题和发展美国支柱产业——建筑业中都占有举足轻重的地位。

进入 80 年代，政府实行了几项新政策，它们对储蓄协会的营业发生

了重要影响。一个是《1980 年存款机构放松管制和金融控制法》，它规定
到 1986 年分阶段取消规定存款利率上限的 Q 条例，以解决存款利率过低
存款流失的"脱媒"现象。另一个是政府允许储蓄协会开展多种经营，在
房屋抵押贷款之外还可以从事商业放款，投资修建办公楼，在某些州甚至
可以经营快餐业，以解决抵押贷款收益不多的问题。这种放宽管制的做法
无疑是为了帮助储蓄协会摆脱困境。然而它却给贪图高利润的冒险家敞开
了放手投机的大门，加上 1985 年以后南方几个石油州受石油价格暴跌的
影响陷入萧条，这样就导致了储蓄协会的危机。

混乱的十年

　　储蓄协会一团糟的现象已经持续了将近十年。利率的急剧波动，贪欲
和政治交易使这个行业一蹶不振。尽管 1980 年取消了存款利率上限，
1981 年获准开展多种经营，使储蓄协会的困难有所缓解，但仍有 75% 的
协会无利可图。

　　于是许多储蓄协会开始利用取消利率上限和多种经营的条件铤而走
险。他们拼命吸收存款，然后投资于高风险高收益的资产之中。对于那些
不顾一切的冒险家说这是不难做到的，他们只消做一个诱人的高利率广
告，设置一个免费的电话号码就可以坐等存款送上门来。同时经纪人商号
也从全国各地源源不绝地把资金送给那些敢于孤注一掷的冒险家。用高利
率吸收存款之所以如此容易，是因为人们相信，只要把存款限制在
99999.99 美元，那么即使把钱存到最漫不经心的储蓄协会，即使联邦储蓄
与放款保险公司准备金不足，在发生危机时财政部也不会不伸出援救
之手。

　　有些储蓄协会在取得大量现款之后就投入不熟悉的投资和放款领域。
坐落在加州桑塔安那的巴塔飞储蓄协会在 1985 年把资产增加了 5 倍，达
到 4.92 亿美元。它买了两家快餐店的专利权，可是都赔了本。佛罗里达
州波恩通海滨储蓄协会从 1980 年到 1985 年使其资产从 500 万美元膨胀到
15 亿美元，并经常涉足于投机性的房地产贷款。这个行业的许多老手和较
保守的经理人员被野心勃勃的冒险家所取代。根据众议院政府活动委员会

的报告在 80 年代中期几乎 80% 无支付能力的储蓄协会都与行为不端或粗心大意有关。

储蓄协会在已深陷泥泞之后，还想拼命挣扎，它们利用自己的政治影响保持一种仍然有支付能力的假象。他们说服国会和管理官员让他们玩一些会计花招以掩饰他们金融状况的惊人恶化。在放宽簿记标准之后，储蓄协会就能使亏损推迟出现并隐蔽其资本的不足。许多储蓄协会仅仅因为管理官员发给他们被视为资本的特别凭证，才勉强算作有支付能力。

联邦住房放款银行局在 80 年代中期已经对隐约可见的灾难有所警觉，并设法纠正各种弊病。但它为里根政府、国会和储蓄协会所挫败。政府热衷于放松管制，不批准银行局要求增加检察人员所需的费用。国会里与这个行业交往密切的议员埋怨银行局对储蓄协会的经理们施加压力。前众议院议长吉姆·赖特自己就曾代表得克萨斯州储蓄协会的老板托玛斯·古阿伯特进行干预（后来古阿伯特被起诉并因依阿华储蓄协会已证实的欺诈行为而受审）。同时，这个行业的院外集团又破坏了银行局限制某些最有投机性行为的努力。联邦住房放款银行局前主席艾德曼·J. 格雷认为这种混乱局面是"该行业与国会"之间纽带关系的产物。

终于，在 1986 年，联邦储蓄与放款保险公司的保险基金告罄。财政部和某些国会立法者主张大量注入资本，但是该行业担心这笔现金会使许多储蓄协会被清理，压国会批准远比需要为少的资金，1987 年 8 月国会授权银行局发行 108 亿美元债券用于关闭无支付能力的储蓄协会。

但是这点钱太少了，也来得太晚了。在保险基金有 137 亿美元赤字的情况下，银行局很难对付这一灾难。于是它试图进行若干改革，诸如提高对注入资本的要求，等等。但是在几百家无支付能力的储蓄协会仍然继续营业的情况下，新规则不过是一纸空文，毫无作用。

在此以后银行局力求加强监督，但人力不足，作用有限。联邦储蓄与放款保险公司用 210 亿美元担保不可靠的借据以挽救 136 家协会。但是保险公司自己的钱柜已经空空如也，它的救援并没有坚强的后盾。同时这些暂时得救的储蓄协会是否会旧病复发也没有人敢打保票。保险公司另一个解决资本不足的办法是把一些陷入麻烦的储蓄协会移交给开发公司或其他非银行机构。

储蓄协会的困难还有一种连锁反应。病魔缠身的储蓄协会又会拖垮仍然健康的储蓄协会。联邦储蓄与放款保险公司正在用很高的"特别估价法"打击赚钱的储蓄协会。1988 年全年，所有储蓄协会将支付 12 亿美元额外的保险费，等于预期赢利的一半。此外，由于病入膏肓的储蓄协会必须用高收益来吸引存款，它们把赢利的储蓄协会所必须付给客户的利率也大大提高了。众议院银行委员会的委员斯坦派利斯说："我们正在看着那些健康的储蓄协会为挽救病人而流血。"①

危机有多严重

美国布鲁金斯学会最近发表了小布隆保夫、卡隆和里坦的一篇文章，题目是《清理一团糟的储蓄机构》。根据该文提供的资料，在 1980 年和 1986 年间美国 4000 家储蓄协会中差不多有 600 家倒闭。在 1986 年底拥有 1260 亿美元资产的 468 家储蓄协会按照"普遍接受的会计准则"（GAAP）应当算作无支付能力的。但是由于联邦储蓄和放款保险公司没有足够的资金去关闭它们，只好继续营业。另外 515 家持有 2550 亿美元资产的储蓄协会资本不足，其资本对资产的比例不足 3%。总之，美国储蓄协会中有三分之一周转不灵或者处于极端软弱状态，但仍在继续营业。由于存款有联邦保险作后盾，这些极其软弱的储蓄机构是在天天做不蚀本的赌博。因为损失绝对由存款保险机构承担，但是如果投机成功，一笔异乎寻常的收益却可以使濒临崩溃的企业起死回生。

解决的办法是简单明了的。周转不灵的机构必须火速清理或者与殷实的伙伴合并。按照 1986 年通行的进行清理的费用与资产比率，把没有支付能力但仍在营业的储蓄协会加以处理可能只需花费 220 亿美元。对该行业的其他机构则必须比照商业银行必须拥有相当于资产 6% 的资本的要求实行严格的资本管理。有支付能力但力量很弱，达不到标准的机构不应任

---

① 凯塞林·扬等：《储蓄与放款协会的困境》，《商业周刊》1988 年 10 月 31 日国际版，第 50 页。

其发展，以牺牲保险公司为代价进行赌博。可是这些听起来十分合理的事情却一件也没有做。储蓄协会的境况无疑是在更加恶化，而为恢复其健康所必须支付的费用则急剧上升。

表1提供1988年12月储蓄业金融状况的某些重要尺度。全国2949家正在营业的储蓄协会有364家无支付能力，按"普遍接受的会计准则"，资本与资产的平均比率是－11.6%。单是1988年这部分储蓄机构的亏损即为148亿美元，而其资产则为1135亿美元。这个亏损额低估了1988年所有无支付能力储蓄机构的亏损，因为在表1中显示的无支付能力一类并不包括由联邦住房放款银行局在1988年已从该系统清除的205家储蓄机构。根据银行局的说法，联邦储蓄与放款保险公司按现值给以支援的386亿美元是提供给这些储蓄机构，以及已经倒闭但联邦储蓄与放款保险公司仍然允许其继续营业的17家储蓄机构。

表1　　　　　　1988年12月储蓄机构按"普遍接受的会计准则"的
资本率分类所反映的金融状况

单位：10亿美元，有脚注者除外

项目	按"普遍接受的会计准则"资本占资产的百分比				
	少于零	0—3	3—6	超过6	总计
机构的数目（家）	364	390	969	1226	2949
净收入1988日历年度	－14.8	－1.0	1.7	2.0	－12.1
赢利机构的百分比	12	56	74	87	70
总资产	113.5	314.8	639.4	283.8	1351.5
按"普遍接受的会计准则"之资本额	－13.2	5.3	28.9	25.2	46.2
信誉（资本）	2.7	4.8	11.1	4.7	23.2
有形资本	－15.9	0.5	17.8	20.5	23.0
按"普遍接受的会计准则"资本对资产之比率（%）	－11.6	1.7	4.5	8.9	314
有形资本对资产之比率（%）	－14.0	0.2	2.8	7.2	1.7

资料来源：联邦住房放款银行局。

　　表1也表明1200家以上按照"普遍接受的会计准则"视为有支付能力的储蓄机构，它们的金融状况是十分脆弱的。其资本对资产的比率在0—6%。事实上这些机构中的许多单位其资本是由信誉构成的。主要是由那些买进资产的机构或其他机构支付的超过账面价值的贴水。原则上说信誉可以代表以其收益能力和前景为基础的价值而不是清算时的资产价值，或者代表"特许权价值'。然而从保险公司的角度看，一家把信誉作资本的储蓄机构是危险的。因为信誉是无形的，如果有一天这家储蓄机构被清算，信誉是卖不出钱的。此外在取消对设置分支机构和跨州银行的限制之后，再加上进入储蓄行业已比较自由，一家银行或储蓄机构本身只有很小的"特许权价值"。由于承认这些道理，修改后的银行资本标准并不把信誉算作资本。

　　对储蓄机构应用这一标准意味着按"普遍接受的会计准则"资本对资产的比率在0—3%的390家储蓄机构1988年末实际拥有的"有形"资本，平均不过占它们3148亿美元资产的0.2%。另外969家具有"普遍接受的会计准则"资本对资产比率在3%—6%的储蓄机构，其有形资本平均只占它们拥有的6394亿美元资产的2.8%。这就是说美国储蓄机构1988年拥有资产中的80%（即13500亿美元中的10700亿美元）是由有形资本不足3%，或者说其资本水平比银行6%的标准少一半的储蓄机构经营的。

　　在美国，人们对储蓄机构处境的日益恶化是没有争议的。但对清理有问题机构所需的费用在专家中是有不同看法的。原则上，从金融系统中清除所有无支付能力的储蓄机构所需的费用可以用资产与负债市场价值的差额来衡量。然而实际上在无法得到每个储蓄机构详细的金融信息之前，它们的市场价值是难以准确估计的。即使如此，分析家们仍然必须对那些不存在发达的二级市场的许多个别贷款和财产（通常是通过提前取消抵押房产赎回权而获得的财产）的市场价值做出以事实的某些认识为依据的猜想。

　　布鲁金斯学会的分析家们指出：用"亏损率"乘由已倒闭或正在倒闭的储蓄机构所持有的资产是一种简单的费用估计法。然而按"普遍接受的会计准则"衡量的"负资本率"（即亏损率）本身并不能提供这些机构

"负市场价值"的可靠指标。因为无支付能力的储蓄机构还没有冲销许多烂账以反映真实的市场情况。从表2可以看出这种市场价值的调整可能有多大。在1986年和1988年间，清理倒闭储蓄机构所需费用的估计值从占资产的25%到35%不等，大大高于按"普遍接受的会计准则"衡量的资本对资产比率-6%到-19%的数额。

表2　　　　　　　　　1986—1988年为倒闭储蓄机构支付的清理费用

项目	1986年清理的机构	1987年清理的机构	1988年清理的机构	到1988年12月11日为止尚未清理的按"普遍接受的会计准则"属于无支付能力的机构
储蓄机构数（家）	47	47	205	351
全部资产（亿美元）	125	105	1006	1070
按"普遍接受的会计准则"资本对资产的比率（%）	-6.4	-19.0	-9.4	-10.8
有形资本对资产之比率（%）	-8.8	-21.9	-12.6	-13.6
清理费用现价（亿美元）	31	37	312	无资料
占资产（%）	24.8	35.2	31.0	无资料

资料来源：国会预算局。

　　解决无支付能力储蓄机构问题通常可以采取清算和兼并两种办法。联邦储蓄与放款保险公司的经验是：用清算的办法比用兼并的办法要花更多的钱。因此近年来保险公司情愿用兼并而不愿用清算的办法以保存日趋枯竭的储蓄保险基金。这是因为清算要花一笔钱作为给存款者的预付款，而在储蓄协会的资产售出以前却没有现金收入，兼并则可以安排各种长期担保和税收优惠，保险公司不需要或很少需要立即付出现金。然而无论在清算或兼并两种中的哪一种场合有一点十分重要，即在1986年和1988年间亏损率以极高的速度在上升。保险公司能降低其总的亏损率的唯一办法是增加用兼并的办法清理储蓄机构。在表3中清楚地说明了这一点。

表3　　　　　　　　　1988 年通过兼并和清算清理倒闭储蓄协会的费用

项目	兼并			清算		
	1986	1987	1988	1986	1987	1988
储蓄协会数（家）	26	30	179	21	17	26
总资产（亿美元）	64	76	977	59	29	30
总清理费现值（亿美元）	5	14	283	25	23	28
占资产（%）	7.8	18.4	29.0	42.4	79.3	93.3

资料来源：国会预算局。

布鲁金斯学会的分析家们认为市场价值有很大的不确定性，对清理有问题的储蓄机构所需费用必须做低、中、高三种估计。低数为 856 亿美元，中数为 1076 亿美元，高数为 1364 亿美元（见表 4）。

表4　　　　　　　　　清理储蓄协会所需费用的现值估计　　　　　　单位：亿美元

项目	低数	中数	高数
联邦储蓄与放款保险公司在 1988 年采取行动的 222 家储蓄协会[1]	386	386	463
到 1988 年 12 月 31 日其他按 "普遍接受的会计准则" 属于无支付能力的 351 家储蓄学会[2]	321	375	428
资本对资产比率低于 3% 按 "普遍接受的会计准则" 属于无支付能力的 390 家储蓄协会[3]	158	315	473
总计	865	1076	1364

①用于 222 家储蓄协会。低数和中数是保险公司的估计，高数则在此基础上加 20% 。

②应用于有 1070 亿美元资产的 351 家储蓄协会。低数的亏损率估计为 30% ，中数为 35% ，高数为 40% 。

③应用于有 3150 亿美元资产的 390 家储蓄协会。低数的亏损率估计为 5% ，中数为 10% ，高数为 15% 。

资料来源：根据小布隆保夫等计算。

以上对清理费用的估计还没有计算 1988 年以前已清理的部分。如果加上这一部分则所需费用要增加 140 亿美元。因此政府需要拿出的钱总计

1000 亿—1500 亿美元之间。美国《商业周刊》评论说：第二次世界大战后美国为重建西欧花了大约 500 亿美元（按现价计算），它是历史上最大的一笔援救支出。现在美国纳税人所要花的钱将使"马歇尔计划"相形见绌。

美国金融业的困难在商业银行中也有所表现。

从表面上看人们很容易认为美国的银行业是很巩固的。1988 年银行申报的利润为 253 亿美元，是创纪录的；股本利润率达 13.6%，是 1979 年创 14.1% 纪录以来最高的一年。同时，联邦存款保险公司报告说在 1988 年银行倒闭数达到大萧条后最高的 201 家之后，已经到了顶，保险业最糟的时刻已经过去。

但是这些报告的导向是极其错误的，它模糊了存款保险系统继续面临亏损威胁以及随之而来的纳税人将要承担的义务。考虑到实力薄弱的银行的数量和规模之巨大，"普遍接受的会计准则"在掩盖市场价值损失方面技术之高明以及银行资产被迅速侵蚀的可能，商业银行的亏损很可能超过储蓄协会，特别是如果经济衰退在资本不足的银行情况改善以前即已来临的话。

尽管过去 10 年，股东的股金在银行业资产中的比重有所改善，从 1980 年的 5.9% 上升到 1988 年的 6.3%，它仍然大大低于联邦存款保险公司才建立时通行的 10% 的幅度。更重要的是全行业水平这个指标把无支付能力和实力虚弱的银行正在日益增长这个现象掩盖了起来。

表 5 说明按照风险调整后资本对资产比率分类，1986 年到 1988 年第三季度，资产在 5000 万美元以上的银行数量以及它们持有的累积资产。

风险调整通常是按美国、欧洲和日本银行条例和监察惯例巴斯尔委员会协议所规定的新银行资本标准程序进行。新标准依风险调整后的资产水平计算法定银行资本比率，给不同类型风险的资产规定不同的权数。到 1992 年银行必须拥有相等于风险调整后资产 4% 的一级资本或股金资本；二级资本包括一级资本加下属单位债务和贷款准备金以及其他次要项目，它必须相当于风险调整后资本的 8%。

尽管在 1987 年和 1988 年有将近 400 家银行倒闭，拥有 225 亿美元资产的 28 家大银行在 1988 年 9 月仍在营业却无支付能力。另外 48 家机构拥有 430 亿美元资产，其资本率低于 3％。鉴于储蓄业危机的教训，许多美国经济学家认为资本率在市场价值 6％ 以下的银行是资本不足的。照此标准表 5 反映出美国银行系统的很大部分是根基脆弱的。因为还有另外 150 家银行在 1988 年 9 月持有资产总额达 9260 亿美元，其风险调整后的资本率也不过在 3％—6％。这就是说将近三分之一的银行资产在 1988 年三季度末是由资本率在 6％ 以下的商业银行经营的。

表5　　　　　　　风险调整后资本①在 5000 万美元以上商业银行的
资产比率（选定时期为 1986 年到 1988 年）

单位：亿美元，有脚注者除外

风险调整后资本对资产的比率（％）	1988 年 9 月		1988 年 6 月		1988 年 3 月		1987 年 12 月		1986 年 12 月	
	银行数	资产数	银行数	资产数	银行数	资产数	银行数	资产数	银行数	资产数
小于零	28	225	18	267	24	331	15	51	2	2
0—3	48	434	47	225	44	314	42	894	20	88
3—6	150	9260	168	9592	154	9594	166	9140	116	8969
大于 6	5094	18945	5139	18390	5144	17840	5229	17718	52391	7623
总计	5320	28864	5372	28474	5366	28079	5452	27803	52529	16682

①风险调整后的资本 = 股金资本 + 永久性优先股票 + 下属单位债务与有限制的优先股票—松散的下属单位的投资。

资料来源：小布隆保夫等根据德雷克塞尔·兰伯特公司以及 MBS 社会事业数据银行的数据并在其协助下计算出来。

表 6 说明将近 7000 亿美元的这类资产被集中于美国 15 家最大银行中的 13 家。

联邦存款保险公司公报中公布的"有问题银行一览表"把注意力集中于银行业中的多事区或银行监督者给予低标准评价的银行。正如表 7 所示在 1987 年和 1988 年间有问题银行的数字从 1575 家下降到 1394 家。然而在美国经过 6 年和平时期最长的经济扩张之后，1988 年有问题银行的水平仍然是战后 1976 年 385 家最高纪录的 3 倍以上，并且是 1981 年水平的 6 倍以上。估计要关闭或兼并表 5 中所示的无支付能力的银行需要花 35 亿—70 亿美元。而这个数目可能还不够，因为资产在 5000 万美元以下的

9000 家银行中有问题的部分还没有包括在内。

表6   15 家最大的美国商业银行风险调整后

一级资本对风险调整后资产的比率①

银行	总资产（亿美元）	资本对资产比率（%）	在欠发达国家债务准备金相当于欠发达国家有问题债务的50%的情况下资本对资产的比率（%）	假定冲销50%的欠发达国家债务后资本对资产的比率②
花旗银行	1538	3.98	2.82	3.21
美洲银行	825	3.71	1.48	2.16
大通银行	773	5.41	3.08	3.61
摩根保证信托公司	714	6.89	无资料	无资料
制造商汉诺威信托公司	618	5.31	1.44	2.34
银行家信托公司	567	4.64	2.63	3.23
化学银行	543	4.06	1.90	2.45
太平洋安全银行	510	3.85	3.85	3.85
威尔士·法戈银行	421	6.10	6.10	6.10
纽约银行③	417	4.13	3.57	无资料
芝加哥第一国民银行	350	3.46	3.46	3.46
大陆伊利诺伊银行	320	4.75	4.06	4.11
波士顿第一国民银行	253	3.89	3.89	3.89
得克萨斯 NCNB 银行	256	1.49	无资料	无资料
梅隆银行	222	3.40	3.01	3.10
总资产	8327	…	…	…
平均资本率	…	4.34	3.17	3.46

①所提供资料是最新的。1987 年底和 1988 年底在银行之间的情况是不同的。

②假定 35% 公司税率。

③反映 1988 年兼并厄尔文信托银行。

资料来源：同表5。

美国商业银行空前脆弱的处境也是同放松管制以后在吸收存款与放款

业务方面的激烈竞争和追求最大利润动机的驱使相关的。

表7　　由联邦存款保险公司保过险的银行因金融困境而倒闭的，以及有问题的银行

年份	倒闭银行数（家）	比上年增长的百分比（％）	有问题的银行数（家）[①]	比上年增长的百分数（％）	倒闭的和有问题的银行数（家）
1980	10	0	无资料	无资料	无资料
1981	10	0	223[②]	无资料	233
1982	42	320	369	65	411
1983	48	14	642	74	690
1984	80	67	848	32	928
1985	120	50	1140	34	1260
1986	145	21	14484	30	1629
1987	203	40	1575	6	1778
1988	221	89	1394	－ 11	1615

①在统一金融机构评估制度下，一个被评为"4"或"5"的银行即被认为有问题。

②1981年以前，有问题的银行在1976年为385家，达到顶峰，后来直到1980年是逐年下降的。见联邦存款保险公司（1982年，第12页）。①

资料来源：1980—1981年，联邦存款保险公司（1982，第70页）；1982—1987年，联邦存款保险公司（1988a，第3、61页）；1988年联邦存款保险公司（1988b，第5页）。

　　储蓄协会危机是布什总统入主白宫以后首先碰到的难题。在财政赤字空前沉重的情况下，又要给储蓄业输血，真是屋漏又逢连夜雨，日子更加难过。布什最终与国会达成的协议是财政部下增设清理财务公司（Resolution Finance Corp.），在1989—1991年将发行500亿美元30年债券。发行债券的收入拨给一个新建的清理信托公司（Resolud on Trust Corp.），它在今后3年将清算或出售近500家无支付能力的储蓄机构。国会还决定允许银行收购储蓄机构以解决资金来源问题。清理信托公司将监督救援计划。它的一项重要任务是结束过去无支付能力的储蓄机构向存款人提供的过高利率。政府还建议实行一系列管理方面的改革。最重要的是要求所有储蓄

---

　　①　小布隆保夫等：《清理一团糟的储蓄机构》，《布鲁金斯关于经济活动的论文》1989年第1期，第243—283页。

协会到 1991 年 6 月都能达到新的与商业银行一样的资本标准。在计算资本时要求储蓄机构把信誉（资本）在 10 年中摊提完毕而不是按"普遍接受的会计准则"所规定的 40 年。政府还要求为管理官员提供斟酌情况的处置权以便他们能把那些资本不足但仍有支付能力的储蓄机构置于受监护的地位，等待他们现在的老板重新注入资本，或卖给新主人直到进行清算。此外对违反储蓄协会规章的单位要加重处罚，为此政府将增加给司法部的拨款用于对违反刑法的储蓄协会老板或行政人员进行诉讼。

80 年代美国金融的困境说明了什么？

它说明在现代资本主义社会中已不存在市场经济可以自我调节避免危机的神话，当然危机也是一种自我调节，但是这种自我调节所付代价太大。它会激化人民大众同垄断资本的矛盾，威胁资本主义制度的生存。所以现代垄断资本需要与国家融合，借助政府干预来缓和阶级冲突减弱危机的振幅。但是在这里资本主义经济却陷入了两难处境。

一方面政府干预并不能解决根本矛盾而且还会带来副作用。以金融业为例，在总结金融业在 30 年代大危机中所起作用后，导致了政府对金融业包括商业银行和储蓄协会的管理和监督。可是这种管制到 1970 年代就把金融业弄得奄奄一息了。这是为什么又要对金融业放松管制的原因。

然而资本的本性总是要追求最大利润，为达到这一目的它是不择手段的。储蓄与放款协会危机说明，一旦金融资本家有了充分自由，他们就会以牺牲纳税人上千亿美元为代价来谋取自己的发财致富的机会。他们的行为给金融业造成混乱，如果政府不干预，在生产和流通高度社会化的现代资本主义条件下，这个行业的危机就有可能引发连锁反应，给整个美国经济带来灾难。所以政府不得不用纳税人的钱来挽救储蓄业并重新对它加强管制。管制—放松管制—再管制这种循环变成了现代资本主义运行机制存在下去，它是难以摆脱这个魔圈的。

（原载《美国研究》1989 年第 4 期）

美国借债兼并面面观

　　1989 年岁首在美国报端上和总统换届同样引人注目的消息大概要算与借债兼并相关的两大新闻了。

　　一个是由华尔街兼并大王考尔伯特·克拉维兹·罗伯特公司（以下简称 KKR）用 248.8 亿美元收购了位于亚特兰大从事烟草和食品制造的 RJR 纳比斯科公司（以下简称 RJR）的超巨型借债兼并。

　　另一个是华尔街投资公司中的暴发户德莱克塞尔·伯恩海姆·兰伯特公司（以下简称 D 公司）被证券交易委员会起诉后承认触犯刑律，自愿受罚 6.5 亿美元。该公司负责借债兼并部门主管，高风险、高利息债券发明者米尔肯（Milken）继鲍茨基（Boesky）之后正在受到起诉和审查。

　　愈演愈烈的借债兼并对美国究竟是吉是凶？导致这股风的原因是什么？政府应如何对待借债兼并？这些都是从上述事件中引起的热烈争论。

贪婪的借债兼并

　　RJR 公司的兼并战最初是由该公司经理约翰逊（Ross Johnson）发动的。约翰逊曾向董事会宣布，他和其他经理愿意用借债兼并的方式把这家公司买下来。新闻媒介立即报道说：约翰逊和另外七位经理仅用 2000 万美元就可以获得新公司 8.5% 的股份，而当他们完成这一交易时约翰逊等人的资本价值将上升到 2 亿美元。报道还指出：约翰逊的策略是在买进该公司后，卖掉一批食品厂和商标，把其余部门私有化。在此情况下，如果经营得法，五年内他们的股份将上升到 18.5%，资本将达到 26 亿美元。这一来自公司内部经理阶层为少数人谋利益的做法惹恼了该公司的董事会。董事们议决采取招标的办法挫败约翰逊的企图。于是引起了在约翰逊、KKR 公司以及第一波士顿集团之间为占有 RJR 而进行的激烈的角逐。KKR 公司终于在 1988 年终在投标中获胜。

KKR 公司有三位老板，它以兼并企业为目标。创始人考尔伯特早在 1965 年就发明了借债兼并的新方法，以 1400 万美元的代价对一家公司实行了兼并，是为借债兼并之滥觞。1976 年考尔伯特和克拉维兹以及罗伯特合伙兴办了 KKR 公司，但是考尔伯特与克拉维兹等意见不合，1988 年退出了 KKR 公司。现在的 KKR 公司实际上只剩下两位老板。

KKR 公司对兼并企业十分贪婪，借债兼并的规模越来越大。在兼并 RJR 公司以前，自 1984 年起至 1987 年止先后借款 267 亿美元以 291 亿美元的代价购买了 11 家大企业，其中如安全路（Safeway）超级市场、毕垂斯（Beatrice）食品公司都曾是各自领域中的巨擘。

KKR 公司在借债兼并中通过三条渠道谋取厚利。首先是从它借得的资金中收取 1.5％ 的管理费，例如它在筹集的一笔用于兼并的 56 亿美元中每年可以获利 8400 万美元。它还收取成交费，例如，从安全路的借款兼并中得到 6000 万美元的成交费。此外，在每一次兼并中照例要创利 20％。克拉维兹和罗伯特两人每年拿回家的报酬估计为 7000 万美元。

在 KKR 公司公开的成就后面是为控制更多公司而进行的争夺。克拉维兹和罗伯特两人精力充沛、雄心勃勃。他们有控制更多企业的强烈欲望。这两个人现在经营着历史上最大的属于私人的公司帝国。不过他们个人和公司的巨额财富却是建立在向其他大公司和金融机构借债的基础之上。

在这一场场贪婪的兼并战中究竟谁受益谁吃亏呢？商业周刊以 RJR 公司的兼并为例作了以下分析。

赢家。

第一是原 RJR 公司的股票持有者。他们可以获利 80 亿美元到 140 亿美元。在兼并的消息开始传播时，这家食品—烟草公司的 2.25 亿股股票每股卖 56 美元，而兼并者一下子把股票抬高到 94 美元至 118 美元一股。

第二，兼并者可以获利 20 亿美元，假定他们在兼并之后能卖掉一部分财产，裁减人员，则可能赚得更多些。

第三，向兼并者放款的投资者可以得到每年高达 40％ 的收益。由

KKR 公司经管的用于兼并的资金比其他投资收益要高得多，因而能把可口可乐公司的养老基金、哈特佛特保险公司的资金都吸引过来。

第四，投资银行家可以获利 3 亿到 3.5 亿美元。一些投资公司如希尔森·雷曼·胡通公司和 D 公司为帮助投标者报价并给他们筹集资金而收取一大笔费用。每个参与者可以得到 100 万至 200 万美元的酬金。

第五，商业银行可得 1.7 亿美元或更多些的好处。凡不能用高风险高利息债券筹集的资金必须向商业银行告贷。对这种风险极大的放款，商业银行照例要在已经很高的利息上加收 1.4% 的费用。

第六，律师可得 1 亿至 2 亿美元。他们为兼并出谋划策，拟订合同，审查交易是否违法。

第七，高风险、高利息债券的持有人，每年可得高达 14.5% 的利息。这是因为他们担的风险极大，如果新兼并的公司破产，他们拥有的债券要轮到最后被偿付。

输家。

第一是被兼并公司原来所发行债券的持有人。RJR 公司原来发行的 50 亿美元信誉很高的债券在兼并消息传开后，价格下跌 20%。这是在听说 RJR 公司的经理们将用高息大量借债，把 RJR 公司买下来时，原来的债券持有者感到不安全的结果。

第二是政府，而归根到底是纳税人。估计他们将损失 20 亿—25 亿美元。在开始阶段，政府将从 RJR 股票持有人出售股票所得暴利中征收一笔利得税。然而就长期说，由于为公司债务所付的利息可以享受课税扣除，所以政府将遭受巨额损失。

KKR 对 RJR 的借债兼并在上层社会造成了如此巨额的财富集中和再分配，无怪乎它在社会上会引起如此强烈的反应。

违法的公司和经理人员。

D 公司本来是一家并不起眼的小投资公司。自从起用米尔肯主持高风险债券的营业以来，立即平步青云，跃升为美国第五家最大的投资公司。高风险债券市场也因此而迅速繁荣起来，资产规模达到 1700 亿美元。D 公司与兼并大王 KKR 是并肩作战的。米尔肯用发行高风险债券的方法筹集资金已成为 KKR 实行借债兼并最好的资金来源。高风险债券是以兼并而成的新公司资产为抵押所发行的债券，它的利率远远高于其他证券，因而对养老金经营者以及保险公司等有组织的大投资机构极具吸引力。1985年 KKR 在兼并毕垂斯食品公司时花了 62 亿美元购买其股票。D 公司用发行高风险债券的办法给 KKR 筹集到 25 亿美元。而毕垂斯的股票价值不过4.17 亿美元，因而风险很大。但是在 KKR 拍卖毕垂斯一部分资产之后，投资者仍然获得四倍的收益。

　　高风险债券这种新发明是特定条件的产物。条件之一是美国资本市场有大量游资在寻求高额收益。通常是养老金基金之类的经营者，他们愿意购买高风险债券以取得高利息，从而成为兼并者的资金供应人。条件之二是存在实际财产价值远远高于股票市场价值的企业，因而在兼并之后通过处理部分财产就有可能偿还债款。在这一经营过程投资公司是可以大显神通的。一方面它们与资本市场有密切联系，掌握资本市场信息；另一方面，它们与企业界有密切联系掌握企业资产和经营情况，所以它们就成为兼并者最好的伙伴，而投资公司通过与兼并者的联合对某个企业将成为兼并对象，其股票的市场价格将大幅度上涨的信息是了如指掌的。这就给投资公司在股票市场上赚钱创造了最好的机会。然而，美国法律视投资公司通过内部信息买卖股票为非法。因此它们要违法赚钱就不得不匿名委托第三者为之经营。

　　D 案件就是这种依靠内部信息非法经营的典型案例。D 公司与鲍茨基所经营的公司相互勾结，以该公司的名义进行各种非法的股票买卖。鲍茨基按照 D 公司的指示为 D 公司经营股票，但不透露股票的真实买主，这就触犯了美国的法律。在这些交易中 D 公司承担鲍茨基在经营中的风险并偿付其损失。此外还对鲍茨基用于买卖股票的资金支付利息。D 公司还通过经营高利息债券的米尔肯非法利用鲍茨基公司操纵股票价格，从事各种非法的兼并活动，并利用内部信息进行股票的买进卖出从中牟取暴利。

　　米尔肯继鲍茨基之后被联邦检察官提出控诉。在长达 110 页的起诉书中列举了 98 件犯罪行为。如果这些罪行全部成立，被告将依法被判处监禁 20 年，罚款 3600 万美元，他的 12 亿美元资产将被全部没收。接着报纸大量报道了米尔肯从经营高风险债券中所获得的经营报酬和他积聚的巨额财富。1987 年 D 公司给他的酬金为 5.5 亿美元。这笔钱比圭亚那共和

国 77.9 万公民一年创造的国民总产值还多 9000 万美元。《华尔街日报》
更绘声绘色地描述说，在米尔肯刷牙的瞬间就赚得了他一年应付的社会保
障税。在他上班路上的一点时间，他已挣得普通美国人一年的收入。他一
天的收入相当 150 万美元，每小时的收入相当 10.7 万美元。联邦政府在
诉讼中要求扣押他收益总额达 18.5 亿美元，其中付给米尔肯的薪金为 11
亿美元。

新兼并风的来龙去脉

在美国工业发展史上兼并风于 20 世纪 80 年代以前已有三次高潮，但
借债兼并则是 80 年代的新创造。

第一次兼并风以 1901 年为顶峰，它的特点是以水平方向的兼并为主，
把许多原来的竞争者联合起来，达到垄断某种产品市场的目的。20 年代是
另一次兼并高潮，除公用事业之间的相互兼并以外，在工业界主要是进行
垂直方向的兼并。依产品生产过程把前后环节的各个企业联合起来。到 60
年代，由于《反垄断法》对水平兼并的限制，新的混合型兼并有了长足发
展。这种兼并把从事不同行业，互不相关的公司企业捆在一起。80 年代由
于放松了对《反垄断法》的执行，大型兼并迅速发展，金融媒介对这种兼
并的支持更是不遗余力，使借债兼并获得了前进的动力。

借债兼并的特点在于其资金主要来自债务筹措。它以被收买公司的固
定资产和流动资金为保证发行债券，这就与主要以兼并者的资产为后盾的
典型兼并活动有所不同。

借债兼并之风之所以能风行一时还因为有若干经济的和政治的事件为
它创造了肥沃的土壤。

首先是 70 年代持续的高通货膨胀使企业资产的账面价值与更新价值
发生很大差异，这就产生了所谓的"潜在资产价值"，以这种资产作抵押
发行债券对放款人具有很大的吸引力。其次是资本收益税率的降低导致风
险资本的急剧增加，这种风险资本一部分专门从事兼并活动，为兼并者提
供了重要资金来源。与此同时，随着政府对银行的放松管理，利率上限逐
步取消，导致金融机构为拉拢存款而进行的激烈争夺，使存款利率上升，

它反过来又迫使金融机构寻求更高收益的贷款机会。于是形成许多新的贷款集团，它们很快就把为兼并企业而进行的财务活动当作放款牟利的捷径。

随着资本渠道的大大增加，可以兼并的公司也在增加，这当中本来并没有必然联系，但这种巧合却可以说是恰到好处。在 60 年代末和 70 年代初的兼并风中，许多大公司遭受"消化不良症"之苦。这些大公司吸取教训，改弦更张，对不适合母公司战略计划的子公司和分支机构进行了大规模的肢解，把它们卖掉。这种"消除混合兼并"的时代持续到 80 年代，被肢解的单位则成为借债兼并中的主要收买目标。与此同时，许多由大众持股的公司股票，特别是"大烟囱"型的工业企业，在技术上已经成熟，很少有发展余地，它们生意萧条，公司股票的销售价格往往低于账面价值。长期吃苦的股票持有人在兼并者超过市场价值提供大量贴水的情况下就变为热情的股票抛售者。

除此以外，华尔街的大投资公司在 1987 年的黑色星期一之后，面临的是一个不景气的股票市场。股票收益因之大为下降，于是兼并就成为它们谋取利润的一个出路。大投资公司把自己的活动更多地转向为借债兼并穿针引线，于是就使这种新型兼并日益走向高潮。据统计 1970 年借债兼并只有 10 起，1980 年达到 94 起，1987 年共发生 3565 起，总值 2195 亿美元，1988 年进一步达到 3637 起，总值 3114 亿美元，比 1987 年增长 41.6%。在兼并中大投资公司收取巨额费用，1988 年达到 12.8 亿美元，比 1987 年的 8 亿美元增长 39%。在投资公司的利润中由兼并而得到的利润 1978 年只占 5%，1988 年估计要占到 50%。

在兼并中利用发行高风险债券筹集资金最初是米尔肯的创造。现在则已成为进行企业兼并的主要集资形式。用这种办法转眼间可以从资本市场——主要是养老基金、保险基金、风险资本——获取几十亿乃至上百亿美元资金，使兼并者可以鲸吞股票市场价格低于财产实际价格的大公司，并用兼并后出售部分财产的办法使债券得到偿还从而使兼并者由此获得极大利益。无怪乎人们称米尔肯的这一发明为炼丹术士的点石成金术。

借债兼并合理与否之争

借债兼并发展到如此规模，引起如此巨额的财富再分配，自然在社会上要引起强烈反响。首先关于这种兼并是否合理，有无积极的经济意义就存在两种截然相反的观点。

赞成借债兼并的人有两条理由。第一，它是撤换无能经理人员，提高生产效率的最佳方式；第二，这给寻求高利息的巨额养老金找到了投资场所。关于第一点，他们争论说，在美国，许多公司经理不过是平庸之辈，但人们却对他们无可奈何。一方面，评论一个经理人员的成绩往往不看他们的盈利，而是看有多少人向他们汇报工作。总经理的报酬主要取决于公司的规模而不看他们为公司赚得多少收益。另一方面，美国的经理人员有一种生存的本能，他们所选择的二把手通常都不比自己更干练，因而当他们在位时不会给自己造成威胁。一旦总经理退休，二把手接班仍然是无能之辈。这就形成一种违反达尔文进化论的恶性循环。尽管"公司民主"的呼声很高，实际上靠民主程序改变公司领导的事实并不存在。这是美国公司在国际竞争中日益处于劣势的原因。大凡这种经营不善的公司，它们的股票市场价格都低于实际价格。一旦把这些公司的经理人员赶走，股票的实际价值就得到恢复。因此，以高于市场价格购买一家公司的股票，表面上是为控制该公司而交纳酬金，实际上不过是恢复公司股票的本来面目。因此，他们认为借债兼并是医治破坏美国劳动生产率的无能经理的最佳药方。而兼并企业则是赶走公司官僚的一种市场机制，它可以控制成本的猛增使美国公司重新获得竞争力。

反对借债兼并的人认为借债兼并的盛行标志着美国金融资本正在把生产资本当作自己的玩物。在兼并活动中，它们是真正的导演。由于做这种生意特别有利可图，使票据企业家们大发横财，因而他们不仅作掮客而且是由他们向自己的客户——公司董事、主管经理人员和养老金经理们建议何时、何处以及如何进行兼并。通过这些活动产品和票据的历史关系被完全颠倒过来。投资银行家们不再认为他们是在为公司服务。相反，公司似乎反而为投资银行而存在。投资银行有专门的部门随时监视美国几百家大公司，看有哪些果实已成熟到可以采摘。就像医生和汽车修理工挨家挨户指示人们应如何避免死亡和汽车趴窝，同时摧残他们，毁坏它们以便按照他们的药方去治疗，用他们的方法去修理。事实上美国的投资银行正在取代由大众占有的工业公司而成为美国最有权力的经济机构。25 年以前大多数投资公司还是小的合伙公司。现在许多已成为巨人。1987 年 D 公司赚得 5 亿美元净利润，超过施乐、孟山都和克拉夫特等大公司。在 25 年前，美国各界最有权势的人是大工业公司的总经理。现在和 19 世纪末相似，他们是投资银行家。例如 KKR 公司的两位老板克拉维兹和罗伯特，他们已经是近 20 家公司的主要所有者。在美国历史上很少有几个人能作到贡献如此之少，而报酬却如此之高，很少有几个人在切美国经济馅饼时能行使如此大的权力。反对借债兼并的人并不认为公司财产的重新配置都是浪费性的。如果资本转移到能发挥最好效益的地方，它可以提高生产，使经济得到改善，但他们认为就近年来在借债兼并中表现出来的猖狂投机和欺诈行为看，人们有理由质疑这些好处与付出的代价相比是否值得。

短期行为和长远利益问题

　　反对借债兼并的人还认为这种经济活动多数是以马上赚钱为目标的短期行为。这与股票持有者的变化有关。他们说在不久以前股票大部分为个人所持有，许多股票在个人手里存放许多年。这种股票持有人对于公司现在做些什么将来做些什么并不进行干预，他们对财产收益的要求也比较温和。现在 70% 的股票买卖是由有组织的机构，主要是互助基金、养老基金和保险公司进行的，而这些组织都受到顾客的压力要求很快盈利。这种股票持有者模式的变化是鼓励以短期利益为目标的兼并行为的重要原因。

　　对公司说，或者是惧怕兼并，或者是为了偿还兼并所引起的巨额债务，经理们必须集中精力考虑眼前利益，因此往往要削减长期投资。以通用电气公司兼并 RCA 为例，其结果是同时减少两家的科研经费。在 1987 年通用电气削减 3 亿美元的研究支出；RCA 在新经理的领导下把几十年来电视技术的孵化器，著名的大卫、萨尔诺夫研究中心的工作人员减少了 25%。

拍立得公司原来是靠基础研究起家的，现在也把它的研究与发展重点转移到短期需要方面。部分原因是来自罗伊·迪斯尼家族拥有的沙母罗克控股公司进行兼并的威胁。现在拍立得公司正集中力量于它的核心业务——图像研究而把需要更多费用与时间实现商业化的课题放弃。其结果是研究部门原有的 200 名职员已提前退休。就全国看不重视研究和发展的苗头可以从科研经费增长率的变化得到信号。尽管 1988 年各公司花在研究与发展方面的经费达到 620 亿美元，比 1987 年的 580 亿美元有所提高，但据国家科学基金的材料，增长率只有 2.6%，而在 1980—1985 年它的增长率为 5.5%。国家科学基金认为兼并活动刮起的旋风至少要部分地对研究与发展预算所受到的消极影响负责，并且预计这种倾向仍在发展。

有些人则不承认借债兼并促进短期行为并影响基础研究的说法，他们认为一些企业削弱基础研究是经营管理问题与借债兼并并不相干。他们的另一个论据是兼并狂并没有发生在基础研究很强的部门如医药、航天和高技术等方面。

反对借债兼并的人还从浪费人才的方面批评借债兼并对企业的长期消极影响。理由是它使美国最有才能的人把自己的精力用到兼并的经济战略方面，其结果是人的才华从改进产品转向研究票据。他们认为现在美国公司的经理人员要花费越来越多的时间和精力考虑如何防止别人兼并，或者寻找可以兼并的公司，或者应付法律诉讼而不是关心他们产品的质量以及如何把产品进行更有效率的分配。许多美国高级公司经理人员在法律和金融方面所受的训练要比在任何其他领域受到的训练为多，这与 30 年前相比是全然不同的，那时经理人员在市场、工程、销售等方面的知识要更为丰富。

同时，美国最有头脑的人现在正越来越被拉到法律、金融等分配馅饼的职业中去，而不是到工程与科学等扩大馅饼的职业中去。哈佛教授罗伯特·里奇的抱怨是：他最有才能的学生正在向华尔街进军，在那里薪金和奖金一开始就是 10 万美元，甚至更多。结果法律和金融的研究院日趋昌盛，而工程和科学的研究院则逐渐萧条。这种状况与其他工业化国家恰成鲜明对比。其他工业化国家 1 万公民中仅有 1 人是律师，3 人是会计师；在美国 20 人是律师，40 人是会计师。在日本每 1 万公民中有 400 个工程师，而在美国只有 70 人。

债务负担的经济后果问题

借债兼并的典型做法是借债。为了保卫自己防止兼并所需要的钱，为了把一个公司从大众拥有股票变为私人占有所需要的钱都是借来的。这种大规模的借债活动为赢利创造了特别的机遇。但是一旦经济停滞，利息支付发生拖欠也会造成巨大风险。这就是 20 世纪 20 年代美国利用借款从事投机所得到的教训。80 年代公司债务达到惊人比例。25 年以前美国公司税前利润中每 1 美元所支付的利息为 16 美分，20 年代是 33 美分，然而自 1980 年以来它已超过 50 美分。据估计，1988 年公司利息负担相当公司现金流量的近 24%。如此沉重的债务负担通常只有在经济衰退时才会发生。在过去 6 年中美国非金融公司的债务已达到 18000 亿美元，而股票资产则减少近 4000 亿美元。

美国工业企业抽回资本代之以债务的过程是在较好的经济环境中进行的。许多公司财务结构的削弱还没有经过经济紧缩的考验。到了那种环境中企业销售不畅，将没有收入可以用来立即偿还日益膨胀的大笔债务。届时以大量借入资本为依托的企业所遭受的损失将超过正常周期性经济收缩时所遭受的损失。对许多公司来说，到了这种时候必须重新安排还款计划以避免破产诉讼。

届时，这类问题将被提到一定的政治环境中去考虑。国家是否准备接受市场纪律消除这些过度的债务，是否就让这些借了大量债务的公司倒闭，即使加重经济衰退也在所不惜？或者政府将设立一个安全网，由政府充当最终的放款人帮助将要破产的公司摆脱困境？但有一点似乎是清楚的，许多在借债兼并狂潮中出了力的放款人——主要是承担着信托责任的银行、养老基金、保险公司将遭受极大痛苦。到了这种时候联邦储备系统将处于进退两难的艰难处境。中央银行将实行放松银根政策以避免立即发生金融灾难呢？还是考虑到保证日后无通货膨胀的经济复苏而坚持紧缩政策呢？在这里很难找到两全的良策。

由公司债务的爆炸性发展所引起的国际后果也令人担忧。正当美国力争提高自己的国际竞争能力以改善贸易地位时，日益增长的债务将对许多公司发生消极影响。欧洲或日本的大公司的金融地位在强化，而美国的公司却因金融紧缩而被迫放弃提高生产率的长期计划。

沉重的债务负担已使许多美国公司的信用下降。连续 7 年来美国信誉下降的公司要比信誉上升的公司多。只有少数大公司仍然达到 AAA 等级。A 级和 AA 级公司的数量也在迅速收缩。

反对借债兼并风的批评者还指出，尽管美国公司债务负担日趋沉重，但它的发展势头却方兴未艾。这是因为卷入借债兼并的各方面都从兼并中得到巨大的利益。就在职的经理人员来说通常他们拥有股票的购置权，可以从中得到很多的酬金。在经理人员自己实行兼并时他们可以得到新实体的大部分股权并将依靠它而得到极高的利润；就大多数个体股票持有者来说，他们是被动的，但他们可以从投标者对股票的报价中得到很高的酬金，并把这笔钱拿到随便什么地方去用。就商业银行来说，他们可以从组织与参加贷款辛迪加中收取高额费用，他们还可以得到比优惠利率高出许多的巨额利息，随着争取存款的激烈竞争，银行不管有多大风险也要做这种生意，这一趋势几乎是无法抗拒的；就投资银行家和律师来说，他们作为顾问可以收取如此丰厚的高额费用，致使他们很难对自己承揽来的生意从其消极方面提出反对意见。此外，在许多情况下投资银行家还可以从做担保人或做债券销售者而得到双重利益。在借债兼并中唯一遭受损失的是公司现有债券的持有人。但他们不可能联合成一个强大的力量把自己从困境中摆脱出来，或者在法庭前争取补偿自己的损失。因此，他们反对借债兼并的呼声也难以变为阻止其发展的物质力量。

当然，也并不是所有的人都对借债兼并所引起的债务负担及其后果表示担心。有些人认为在欧洲和日本，很久以来就存在很高的债务—股金比率，而并没有不良后果。他们还认为当公司经理不需要屈服于股票市场的短浅眼光时，他们将更容易奉行有远见的长期战略。

政府对借债兼并应采取什么立场

借债兼并的发展及其所引发的种种社会问题提出了政府应不应该加以

干预的问题。

许多经济学家认为政府应当干预。因为借债兼并使一些公司的财务状况削弱到经不起衰退的冲击，一旦经济收缩政府要用大量纳税人的公款帮助他们摆脱困境。即使不发生衰退，政府对高风险债券所付利息的课税扣除，将达数百亿美元之多，这实际上是政府对美国企业的非资本化所进行的不合理补贴。

至于干预的措施许多人建议：

（1）用税收政策引导资本流向。议论最多的是现行所得税制度的不合理。它对股本所得实行双重课税，即对利润先课征一次公司所得税，分红后再课征一次个人所得税，而对借入资本利息则给以课税扣除优惠。据认为这种税收政策是企业借入资本大增而股本则逐步缩减的原因。逻辑的结论是修改税制取消对股本所得的双重课税，以引导企业增加股本减少借入资本。

此外，为了抑制投机鼓励促进经济增长的长期投资，有人主张对短期资本收益提高税率，而对各种长期投资收益则取消课税或降低税率。

（2）加强对借债兼并的管理。这需要从几方面入手。首先是对那些由经理班子投标购买本企业的借债兼并，要弄清他们是否在利用未向股票持有人透露的内部信息，还应当要求他们书面解释为什么他们准备在借债兼并成功之后实行的业务计划，不能在该公司仍由公众持有时推行。对由在职经理班子提议搞借债兼并者应当至少有 90 天时间让外界投标者参与竞争。

其次，对向举债兼并者提供资本的金融机构要严格审查，它们是否达到法定的资本标准。对借款给那些靠卖掉一部分附属单位作保证而举债的兼并者的金融机构要特别严格对其风险资本的要求。

与此同时，对为兼并者发行债券担保的投资公司必须不许他们有自己的利益介入其中，如获得一部分股权或发放临时贷款，等等。

最后一点是不应当允许把由政府保险的存款贷放于举债兼并或者购买用于还债而发行的高息债券。如果一些银行和储蓄所愿意参与举债兼并的金融活动，他们只能用不属于由政府保险的存款。

对向举债兼并放款的外国金融机构和放款人也要有所约束。美国和外国的管理机构在银行投资问题上应有一致的标准，对兼并放款也应有明白而协调的原则。

（3）对在举债兼并中受到伤害的一方给以保护。这主要是指被兼并企业原有债券的持有者。如果他们的利益因借债兼并使公司的信誉降低，使债券贬值而遭到伤害，他们有权向法庭控告借债兼并的组织者。

公众对举债兼并的抨击，在民主共和两党的政治角逐中也必然有所反应。民主党领袖把举债兼并与预算赤字放在一起，列为最重要的议程，主张采取立法措施加强管理。共和党政府的财政部长布莱迪在国会听证会上说他和布什总统对公司兼并的日趋高涨感到"忧心如焚"，布莱迪表示赞成改变对股本所得进行双重课税的现行制度。但是事隔一周布莱迪又表示目前没有必要对借债兼并进行控制。他说："当我们这样多的年轻人才和国家的财源都导向金融操纵而其余世界却正在为未来奠定基础的时候，我越来越感到我们是在奔赴一个错误的方向"，"在这一点上我们是处在借债兼并何去何从的十字路口上"，但是他接着又说，"我们应当再观察一段时间，我们这个国家有一种习惯，即在水到渠成的时候去纠正事物"。

布莱迪的摇摆反映出布什政府对举债兼并这个问题上的两难处境。一方面对社会舆论的抨击不能置之不理；另一方面又受到利益集团的压力。华尔街金融资本目前在很大程度上要靠借债兼并维持其繁荣，而布什政府则显然不愿丧失他们的支持。此外对经济放松管理是 70 年代后期以来的主导思潮，里根政府把它推进到新高峰。加强政府干预仍然是一种不合时宜的举措。至于修改税法取消对股本所得的双重课税显然有利于高收入阶层，使富者愈富，因而也遭到广大群众的非议，这也许是布什政府举棋不定的原因。

综上所述，美国盛极一时的借债兼并是有其存在根据的。它的积极意义在于改组落后企业，改善经营管理，提高规模效益，因而增强美国企业的竞争能力。但是这种资本集中的新形式也可以成为金融资本谋取高额利润的手段，因而置企业的长远利益于不顾，使之变为对企业的摧残，资源的浪费和社会不安定的根源。目前借债兼并的消极方面已经有很大发展，如果不加约束它是不会自动停止的，因为它对卷入借债兼并的各方具有极大的诱惑力。发展下去前途只能有两个，其一是导致社会经济危机，然后改弦易辙；其二是强化管理从而把其消极方面限制到最小程度。从目前的政治潮流看，还没有给第二种前途准备好条件。

参考资料

[1] Milton L. Rock, *The Mergers and Acquisition Handbook*.

[2] David J. Ravenscraft and F. M. Scherer, *Mergers, Sell—Offs, and Economic Efficiency*.

[3] "Bondholders are Mad as Hell—and No Wonder", *Business Week*, Dec. 5, 1988.

[4] "King Henry", *Business Week*, Nov. 14, 1988.

[5] "Drexel's Deal with the Feds: How Much will it Hurt", *Business Week*, Jan. 6, 1989.

[6] "What does Equity Financing Really Cost", *Business Week*, Nov. 7, 1988.

[7] "Learning to Live with Leverage", *Business Week*, Nov. 7, 1988.

[8] "How Megadeft Shakes up Banks and Bonds", *Business Week*, Nov. 14, 1988.

[9] "American Pays the Price", *New York Times Magazine*, Jan. 29, 1989.

[10] "Where's the Limit", *Time*, Dec. 5, 1988.

[11] "Impact on R&D is Newest Worry about LBOs", *The Washington Post*, Dec. 18, 1988.

[12] "The Milken Indictment", *Wall Street Journal*, Mar. 30, 1989.

[13] "Why Mike Milken Stands to Quality for Guinness Book", *Wall Street Journal*, Mar. 31, 1989.

[14] "Details from the Drexel Charges", *The New York Times*, Jan. 25, 1989.

[15] "Bush's First Priority: Stopping the Buyout Mania", *The Washington Post*, Jan. 1, 1989.

（原载《美国研究》1990 年第 1 期
《世界经济与中国（英文版）》1995 年第 4 期）

美国经济现状和 90 年代展望

经济放慢前途未卜

当前的美国经济已进入扩张段的晚期，险象丛生，能否"软着陆"抑或发生衰退为人们所关注。

美国的两大支柱产业，建筑业和汽车业的形势都很严峻。

在建筑领域，1990 年 2 月的新建项目下降到四年来的最低点。合同价值比上月下降 5%，其中企业建筑下降 7%；住宅建筑下降 1%；公用事业建筑下降 8%；住房销售情况也不好。

汽车工业陷入泥潭。尽管 2 月的新订货比 1 月上升，3 月再度疲软。3 月的销量明显低于 2 月的 680 万辆和 1 月的 750 万辆。

制造业的利润普遍下降。1989 年 4 季度的税前利润减少 15 亿美元，税后利润略有上升，但折旧和库存调整之后，营业利润仍减少 95 亿美元。这是连续第四季度的下降。与 1958 年第四季度比降低 16%，为 1982 年以来最大的降幅。

利润下降的原因是：（1）债务费用迅速上升。1989 年 4 季度非金融公司偿还的利息比税后利润要多 402 亿美元，利息开支从现金流量中吸走了创纪录的 25.7%。（2）劳工成本增长，非农业的劳工成本 1989 年上升 4.9% 而价格只上升 3.5%。

经济的放慢和利润的受挤迫使公司削减投资。资本货物的订单在 1 月下降 13.7% 之后，2 月又下降 5.7%。制造业者对投资于新装备小心翼翼。2 月对机器设备的订货比一年以前下降 31%。

由于制造业的需求疲软，利润下降，信贷紧缩，对 1990 年经济的预测除布什总统在年初的经济报告中预计"1990 年经济将以比 1989 年稍快一些的速度发展"以外，多数经济学家认为 1990 年的增长速度要大大放慢。

在芝加哥联邦储备银行分析过的 25 份预测报告中，对 1990 年经济增长的预测从 0.6% 到 2.4% 不等，中位数为 1.7%。不过，多数人认为经济疲软将集中在上半年，增长率大体为 1.5%，下半年则上升到 2.5% 左右。只有两份预测认为美国 1990 年将发生衰退（即 GNP 连续两季为负数）。

联储主席格林斯潘在他的国会证词（1 月 25 日）中说，未来 6 个月发生衰退的概率，1989 年春接近 30%，而根据最新估计已下降至 20%。

经济学家拉扎尔根据他对 M4 变化的观察（狭义货币加国库券、商业票据、银行承兑汇票、储蓄债券）发现，在消除通货膨胀因素之后 M4 比上年下降，从历史经验看这是衰退来临的预兆。

在前述 25 份预测报告中，人们对工业生产的表现是悲观的。1/3 的预测认为在 1989 年第 4 季度至 1990 年第 2 季度之间至少有两个季度将发生工业生产的负增长。这种看法意味着美国经济结构所发生的变化已有可能在工业部门生产衰退时不致把整个经济推到衰退之中。

经济的光明面是通货膨胀的势头趋缓，预计 1990 年的通货膨胀率在 3.9% 左右，低于 1989 年的 4.2%。这将给联储的宏观调节以较多余地。

美元反弹　日元疲软

在国际金融市场上，日元跌破 150 日元对 1 美元大关，美元转趋坚挺是引人注目的变化。对这一事件的简单解释是日本在通货膨胀的压力下未能及时调低利率，但仍有更根本的原因在起作用。

一是贸易态势的变化。尽管日本对美国的贸易顺差仍居高不下，但其商品贸易顺差总额却从 1989 年初的每月 100 亿美元降到年底的 38 亿美元。这是因为日本的进口额特别是消费品的进口额自 1986 年以来已经翻了三番。如果看一下日本的经常账户状况，事情就更加清楚，由于日本人到国外旅游开支巨大，它的经常账户顺差已从 1987 年的 870 亿美元降到 1989 年的 570 亿美元。美国 1989 年的经常账户逆差下降 210 亿美元，日本的经常账户顺差下降 220 亿美元。人们认为这两个数字重合说明美国对日本资本需求的下降与日本供应资本能力的下降相适应，因而美元对日元将继续保持坚挺。二是投资态势的发展。日本资本继续大量外流。原因在于日本的土地和股票价格过高。按照日本土地现行价格，日本土地价值为比其大 25 倍的美国的 4 倍。日本股票的价格—收益比（Priee Earning Ratio）按照国际标准也高到荒谬的程度。这就促使日本投资者转向国外。近几个月日本在国外购买的证券、土地以及厂矿的资本为其出口的商品劳务价值的 5 倍以上。

日本现在处于两难之中。如果提高利率会给疲软的股市造成更大混乱。如果不采取坚决行动则可能触发通货膨胀并更难减少其对美国的贸易顺差。

美国财政部与联邦储备委员会对日元下跌所持的态度也很不一致。财政部要求联储抛售美元以拯救日元。联储则不愿扩大货币供给量给自己增加通货膨胀压力，宁愿维持美元的坚挺以缓解本国的通货膨胀。因此短期内日元下跌的趋势难以逆转。

90 年代看法分歧

对 90 年代美国经济前景需要回答两个问题：一是能否胜过 80 年代；二是在与日本、西欧的角逐中能否领先。对此美国人的看法是分歧的。一派认为美国对外国的净债务已超过 6000 亿美元的贸易逆差和经常项目逆差没有显著改善，债务包袱将越背越大。另外，由于投资不足，劳动生产率继续落后于它的盟国，经济的增长也因而受到阻碍，人民生活水平停滞不前。与此同时这个国家正在受一系列问题的困扰：如吸毒的蔓延、基础设施的老朽、教育制度的不完善。要改变这种状况需要资金，目前联邦预算受《格拉姆—拉德曼法》的约束又不能为此而提供足够的财源。在这种情况下 90 年代的前景只能是慢速增长，最好也只能是中等年景，很可能从 80 年代的 2.6％ 的增长率下降到 2.3％，而且在国际竞争中美国的相对优势会继续下降。

然而也有另一种乐观估计，认为到 2000 年美国的外债虽然将远远超过 1 万亿美元，然而在一个 12 万亿美元的经济中还债负担将少于国民生产总值的 1%。预算赤字 1986 年占国民生产总值的 5.2%，现在降到 2.6%，到 90 年代后期将下降到 1% 以下。美国 90 年代劳动力增长将放慢，然而它将促进对新技术的开发与投资。同时与苏联关系的缓和将使美国的军事预算得到紧缩，这一点在近期虽然会起减少需求的不利作用，从长远看则有可能为增加投资、提高劳动生产率创造有利条件。同时世界许多国家日益强调市场经济，这将对美国出口起促进作用。有些经济学家认为到 20 世纪末的这十年可能是最繁荣的 10 年。

在这里一个值得注意的动向是美国的新金融政策将对 90 年代整个美国经济发生什么影响。现在美国众议院在联邦储备委员会的推动下正在酝酿通过一项 409 号联合决议。这项决议要求在 5 年内使通货膨胀率下降为零，实现完全的物价稳定。

联储推行新金融政策大体基于以下的考虑：

（1）堵塞通货膨胀复燃的一切通道。格林斯潘 2 月 20 日在众议院小组委员会作证时强调："我们正处在一个通货膨胀极易死灰复燃的领域。一旦通货膨胀加快就将难以控制"，即使是里根任命的、强调经济速度的联储理事威恩·安基尔也认为："对现在的通货膨胀率自满自足将冒金融混乱的实际风险"，现在多数美国经济学家已经不相信可以用通货膨胀减少失业，联储今天的座右铭是"通货膨胀导致衰退"，他们认为 80 年代平均 3.6% 的通货膨胀率是不能容忍的。而 1955—1965 年 1.6% 的通货膨胀率是可以奉为楷模的第一个奋斗目标。

（2）保持美元作为世界储备货币的地位。在这方面美国正面临日本和西德的激烈角逐。现在世界的金融标兵是日本、西德等低通货膨胀率的经济。如果美国的通货膨胀率高于日本、西德，美元就会丧失其作为世界储备货币的地位。假定美国有一天必须用日元而不是美元来偿付其贸易逆差，那么它将深切体验到拉美债务国的痛苦。

（3）放弃充当同时发挥多种功能的角色。12 年前汉弗莱—霍金斯法案要求联储同时发挥减少失业、降低利率、保持美元稳定同时还要制止通货膨胀的多重功能。联储从多年的实践中懂得金融政策在一个时期内只能达到一个主要目标，这就是通货膨胀率，它反过来又影响其他方面的经济

表现，包括产量、就业和利率。最大限度的生产就业和低利率只能在物价
稳定的前提下获得。众议院 409 号联合决议将要求联储把稳定物价水平作
为唯一目标，这就可以避免在多种目标之间搞平衡所带来的混乱。

新金融政策的操作程序是在 5 年时间内把 M2 的增长目标降到与实际
国民生产总值相协调的水平即每年增长 2.5%—3%；另一点是把现在每年
确定一次增长目标的做法改为确定连续几年的总增长目标。前一种做法是
以上年基数为准，这个基数可能已包含了膨胀因素，因此尽管下一年的增
长目标是非膨胀性的，但把几年累计起来仍然是膨胀性的。连续几年的总
增长目标可以对年度的通货膨胀起约束作用。

实行新金融政策在短期内需要付出一定代价。据旧金山联邦储备银行
的估算把通货膨胀率从现在的 4.3% 降到 1994 年的零并不一定会发生衰
退，但失业率可能在 5%—6% 之上再增加十三四个百分点。与此同时，实
际国民生产总值每年可能会放慢 1 至 2 个百分点。

要实现零度通货膨胀率的目标，困难来自两个方面。一方面是目前国
民经济失衡的制约作用。通货膨胀固然是一种货币现象，但却与其他经济
因素息息相关。例如美国现在的消费超过生产，储蓄不足，这就导致外资
的流入，利率的上扬和国内投资的不振。反过来又造成生产率的低速增
长。1988—1989 年美国劳动生产率只增长 1%，而劳工成本却上升 4.3%。
在此情况下如果不减少利润就只有涨价之一法。因此能不能在 5 年内实现
零度通货膨胀，要看国民经济的失衡能否同步解决。

实现零度膨胀率的另一方面困难来自国会和总统政策目标的分歧。尽
管布什总统在年初经济报告中表示"坚决支持联邦储备系统提出的没有通
货膨胀的增长的目标"，但白宫与国会对经济前景的估量却暴露了他们的
分歧。布什要求今年经济增长 2.6%，联储则认为不会超过 2%。联储的
目标是在 5 年内使通货膨胀率降到零，白宫则预计到 1994 年通货膨胀率
高于 3%。政府预计到 1993 年实现预算平衡并有结余，联储的预测则认为
届时仍将有巨额赤字与预测的分歧反映政策重点的差异。总统似乎更重视
经济的增长，按布什的说法是在控制和减轻通货膨胀的同时支持能够经受
住最大限度的经济增长的可信的系统的货币政策计划。这同联储不惜以更
高失业率和低增长率为代价使通货膨胀降低到零是有差别的。布什在 1993

年消灭财政赤字是以经济的高增长率为依托的，照联储的路子走则显然要落空。

总地看，消除美国经济结构性的不平衡（消灭两个赤字，降低利率；增加投资，提高生产率）加上执行稳定物价的金融政策，将使美国经济在1994年以后进入良性循环，使美国经济在90年代后半期出现好势头，从而有可能保持它对日本、西德的领先地位：这两个条件缺少一个，美国经济仍将是跛足的，在90年代将难有出色的表现。

（原载《国际金融研究》1990年第6期）

评布什的亚太之行

布什总统自除夕前夜开始的亚太之行已于 1 月 10 日结束。这次历时 12 天的四国巡回访问是在苏联解体、美苏冷战告终，美国经济陷入困境的特殊条件下进行的，有不同于一般国事访问的意义。现谨就这次出访的背景、进程、成果作一点初步剖析。

竞争的背景

在苏东剧变的同时，亚洲也在发生变化。不同的是当欧洲和北美正在同经济困难作斗争时，亚洲则在准备它的另一轮经济跃进。亚洲，特别是东亚各国，相互间在贸易、融资、直接投资、技术转让等方面的纽带正在日益加强。第二次世界大战后几十年中，主要依靠美、欧市场和技术的亚洲正在迎接自己的光辉世纪。同时在超级大国军事对抗消失的真空中，日本作为经济大国正在迅速崛起，美国同日本正在争夺在亚太地区的经济主导地位，而在亚洲地区明显地已被日本占了上风。1991 年日本对中国、中国台湾、朝鲜和东盟的出口已达 1070 亿美元，美国则只有 600 亿美元，日本在本地区的直接投资估计为 87 亿美元，美国仅有 44 亿美元。在援助方面，日本是最大的援助国，1990 年它给亚洲输送了 43 亿美元，而美国只有 14 亿美元。美国在经济领域的处境如此，在军事领域的情形也正在发生变化。原来美国同日、韩、澳、新等国的军事结盟是建立在遏制苏联的基础之上的，现在苏联解体，这种军事结盟也已失去原来的意义。然而美国并不甘心退出亚洲，它已意识到自己保持世界超级大国的地位在很大程度上将取决于它能留在亚洲的能力。因此它一再声称自己是两洋国家拥有全球利益。为此它必须实施一种新的亚洲战略以适应冷战后的新格局，巩固它在亚太地区的经济存在和军事存在。同时，近来布什经常受到两种批评。一种是重视欧洲、轻视亚洲。布什上次访问亚洲主要是为参加日本天皇的葬礼，以后就穷于应付欧共体、东欧和苏联等的新事态，很少关注亚洲事务。另一种批评是重视国外，轻视国内，对国内经济衰退、失业、贸易逆差等拿不出解决办法。布什原来打算于 1991 年 11 月 27 日开始亚洲之行，到 12 月 7 日纪念日军偷袭珍珠港 50 周年时使访问达到高潮。借此向世界宣布旧的战后亚洲时代的结束和新的太平洋世纪的开始，表明美国决心在亚洲继续依靠其军事力量发挥重要政治作用，美日双方将显示在新的世界格局下的伙伴关系。但是这个访问日程却因国内的政治风云而发生了变化。11 月初共和党人、原布什的司法部长迪克索恩伯勒在宾州争夺参议员的补缺选举中败给了原处劣势的民主党人哈里斯·沃福德。这一事件给布什传递的信息是美国国内经济问题已伤害了美国人的生活，民主党利用经济困难成功地把布什描绘为不关心国内事务的总统。为了改变自己在公众中的形象，布什决定推迟亚洲之行，集中力量先对付国内问题以转变公众的视听。这一变化不仅改变了访问日程，而且改变了后来出访的基调。如果说原来的主旨是致力于建立冷战后的亚洲新秩序，维护美国在亚洲的经济存在和军事存在以及争取美国在这一地区的主导地位，那么现在则把打开亚洲市场，解决美国经济衰退和失业问题摆在了第一位，使这次本来具有全局战略意义的总统外交变为从属于国内竞争的贸易之行。相比之下建立新秩序和军事战略的调整反倒变成了陪衬。对布什说来，这次旅行等于是总统竞选的前哨战，是对他能否运用拿手的外交手腕解决国内经济问题的考验。为了造成先声夺人的气势，布什别开生面地组织了一个包括 21 位大公司高级领导人在内的"超级经济使节团"。摆出了一副不达目的誓不罢休的架子。临行前布什发表了强硬的声明，表示："无论什么地方发现不妥协现象，我们都要打破它，我要非常有力地传达这个信息。"

艰苦的旅程

短短 12 天，对布什是一场心力交瘁的苦斗，在各国等待他的是一个又一个棘手难题。

　　布什选择澳大利亚作为第一站似乎较多地着眼于安全问题。因为美澳之间有《澳新美防务条约》的密切关系，美国要维持它在亚太地区的军事存在就要继续这种军事结盟关系，打消盟友们对美国军事力量退出这一地区的担忧。布什在结束对澳的访问时特地郑重向澳方保证"美国将保持适当的军事力量以保护盟国并抵抗对和平的威协"。在贸易问题上美澳的状况与美、日相反，美方是大幅度出超。美国为保护国内农业强制澳大利亚自动限制牛肉出口并对进口澳白糖实行限额，所以澳方对美国的农业政策一直强烈不满，美国是处于被告地位。在会谈中基廷总理要求美国改变农业政策，而布什则冷淡地表示理解澳大利亚农民的困境，但不打算改变美国的做法，同时把责任推到欧共体对农产品的补贴上。澳大利亚舆论哗然，有1000多农民在议会外面举行示威，在记者招待会上布什受到实行双重标准的责难，即一方面继续保持对美国农民的补贴，另一方面又要求别国实行"自由和公正的贸易"。

　　新加坡是布什亚洲之行较为轻松的一站。美国同新加坡之间进出口基本平衡，不存在贸易摩擦，贸易量持续上升，美国把新加坡看做美国商品和商业服务接近理想的市场。在安全方面美国和新加坡早在1990年11月就签署了谅解备忘录，允许美国海空军更多地使用新加坡的修理和补给设施，所以美国非常重视在新战略格局下新加坡的作用。通过这次美新谈判，美国在亚太地区的军事战略调整已见端倪。这就是改变冷战时代的前方部署战略。平时让美军只发挥象征性的作用，把兵力压缩到最低限度，有事时则以新加坡等东盟国家的机场、港湾为支点，自美国本土夏威夷和关岛等地调遣大规模兵力。在布什与吴作栋总理的会谈中，双方把菲律宾苏比克湾美海军基地的一部分驻军转到新加坡一事达成了协议，这样美国就为建立冷战后时代的亚洲安全体系打下了新的基础。不过美新谈判也给新加坡和周边国家的关系带来一点小冲击。它们担心这一进展与东盟建立非武装中立地区，排除大国干涉的立场相冲突。直至明确美方不是在新加坡建立基地，驻军数量没有超过1990年达成的谅解，这种担心才平息下来。

　　布什的韩国之行恰逢与朝鲜就朝鲜半岛无核化共同宣言达成一致意见的时机。朝鲜民主主义人民共和国同意接受国际原子能机构对其核设施的检查，作为回报韩国宣布停止美韩"协作精神"联合军事演习，朝鲜半岛形势出现了进一步缓和的良好前景。布什趁机表示了对这一和解进程的支持，同时重申"只要需要和受欢迎"美国军队将继续驻扎在韩国，明确表示美国不打算放弃它在东北亚的军事存在。

　　扩大美国进入韩国市场的渠道是布什来访的主要目标之一，韩国对美贸易在 5 年前顺差 97 亿美元，1991 年降到了逆差 7 亿美元，贸易摩擦已大大降温。但美国认为进入韩国市场仍有麻烦，韩国的大米市场仍属封闭式。经过谈判双方达成一项"经济行动计划"，为解决双边经贸关系问题提供了一个框架。韩国强调对美贸易出现赤字，布什则强调不是赤字不赤字的问题而是公平不公平的问题，只要美国认为不公平就要努力解决，从而显示了美方的强硬立场。

　　日本是布什出访的最后一站，就贸易和建立亚洲新秩序来说是布什此次亚太之行的焦点所在。日美谈判各有所求。美国要求日本开放市场给美国人创造就业机会，使美国经济得到增长，并想借助日本的经济力量建立世界新秩序。日本则希望通过布什来访正式确认两国的"全球"性伙伴关系以利于推行"大国外交"，跻身于"政治大国"行列。日本对美国国内竞争的态势是清楚的，他们认为布什在美国政治家中较少贸易保护色彩，倘若换一位民主党人当总统可能对日本更加不利，所以宫泽首相亲自对企业界做工作，要求对美做较大让步，不要让布什空手而归。鉴于在 410 亿美元的美日贸易逆差中汽车和汽车配件占了四分之三，三大汽车公司的高级领导人又亲临督战，日本决定把让步重点放在汽车及配件方面，答应每年进口美国汽车 2 万辆，并扩大进口零部件，到 1994 年度把进口美汽车配件的数额从 1990 年度的 90 亿美元提高到 190 亿美元。此外还把在美国的日本汽车制造厂自美国当地采购的配件比例提高到 70%。但是在开放大米市场的问题上则采取了回避和拖延战术。经过三次首脑会议，1 月 8 日发表了世界增长战略的联合声明，日本答应振兴内需，增加开发援助、降低贴现率，美国则作出了在中长期阶段实现大幅度削减财政赤字的许诺。2003 年 1 月 9 日发表了"东京宣言"和规定今后两国关系方针的"行动计划"。"东京宣言"强调：面向 21 世纪，日美两国对世界的稳定繁荣负有责任，要积极推行两国"全球性的合作关系"，即改变过去日本对美国的从属性同盟关系为共同对世界承担责任的对等的伙伴关系。在送别布什的午餐会上宫泽为了抚慰美国，提出要美国担任建立世界新秩序的领袖而日本则予以合作的主张，以减轻美国今不如昔的失落感。

有争议的成果

对布什此次巡回访问成果的评价在美国国内官方与民间不同，白宫和国会不同。在美国以外日本的舆论界和企业界同美国的角度也不一样。

布什和各东道国政府普遍赞扬访问的成功。澳大利亚政府对美国继续在亚太地区承担安全保障责任，维持其军事存在表示满意，他们不希望美国的这种地位完全为其他国家所替代，新加坡政府首脑认为布什此行非常有益、非常成功。布什则赞扬新加坡对美军后勤部队的转移给以支持是"对一个新时代的安全需要采取具有远见卓识的方针"。美日政府对日美高级会晤也都高度评价。布什认为这次出访是成功的，"它重新肯定了美日至关重要的政治、安全和经济关系，促进了美日实现平等竞争和使日本市场进一步向美国的出口品开放的目标"。布什特别突出经济方面的成就，认为扩大就业的目的已经实现，在扩大对日出口计算机、汽车和汽车零部件方面都取得进展。而宫泽则突出政治方面的收获，强调日本将全力以赴推进全球伙伴关系。

但是美国国会民主党议员、汽车业、农场主却持不同看法。有的舆论甚至说这次访问是一次惨败。众议院多数派领袖理查德·格普哈特说："只有行动才算数，许诺是不够的"，他说他本人对布什的日本之行没有什么印象。密执安州民主党议员大卫·尼尔认为布什的旅行是令人失望的。其他民主党强硬派相继发表声明说"会谈成果不充分，不得不提出对日本限制法案"。据称国会将于1月下旬就日美贸易关系展开辩论。对日美谈判批评最为尖锐的是汽车业。克莱斯勒公司董事长艾柯克指责日本的贸易行为是掠夺性的。福特汽车公司总裁哈罗德·波林说日本人答应在日销售19700辆汽车，这个数字低得叫人难堪。汽车工人联合会主席欧文·比伯认为日美协议不屑一顾。他预言日本的汽车制造商将从它们的美国分公司处购买汽车零件，结果是"美国传统的汽车零件厂的工人失业，社会陷入混乱"。美国生产大米的农场主显然对布什未能使日本、韩国做出在大米进口方面的特别让步而不快。

随同布什访问的另一些企业领导人乐观一些。汤普森·拉莫·伍尔德·里奇公司的董事长约瑟夫·戈尔曼说：我确实认为这是一个极好的开端。谁要期望在两天内就达成一项圆满的协议，那是不切实际的。我们已经发出了一条强烈的信号，采取后续行动是至关重要的。全国制造商协会主席德克斯特·贝克说：现在"抓住已经创造出来的机会非常重要，总统访日的一个结果是我们已被邀请在日本开店，我们必须具有竞争力"。

日本舆论界则对口惠而实不至的所谓全球伙伴关系不满。《产经新闻》说"《东京宣言》的一些部分听来很响亮，信誓旦旦，但实际上却是一堆空话。宣言称日本将与美国一道'发挥作用和承担责任以保证世界的和平和稳定'，但连联合国维持和平行动都不能参加的日本除了像过去那样出钱还能实实在在干些什么呢?"《读卖新闻》则说"推进全球"伙伴关系的色彩很淡，唯有美国方面在经济上的对日强硬姿态引人注目，日美两国为建立世界新秩序而进行合作的前景现在仍然不明朗。

日本企业界则对《行动计划》不满。一位汽车厂商表示"难以保证实现"。经济界认为"让步太大"，"明显地看出政治决断优先"，同时指出日本方面的承诺将来有可能难以兑现，甚至有人批评美国无视自由贸易主义原则，实行管理贸易。

对布什访问成果的不同评价自然是反映了不同集团的利益分歧。但许多批评的确揭示了官方赞扬声后面的深层次问题，值得注意。

不容乐观的前景

从以下几方面看，布什亚太之行的中长期影响是不容乐观的。

第一，受经济困难牵制的重建亚太新秩序。

按美国的价值观重建亚太新秩序是冷战后时代美国的炽热追求。为此国务卿贝克曾构筑了一个太平洋共同体的蓝图，它有三大支柱。第一是太平洋经济一体化；第二是太平洋地区"民主化"；第三是确立亚太地区新防务结构。这个融政治、经济、军事为一体的设想在美国经济实力相对削弱的条件下其关键是美、日同盟，要让日本分担美国在亚洲以及世界的责任，扩大日本在国际社会中的作用。布什这次亚太之行本来是同日本探索建立亚太新秩序之行，然而由于美国的经济衰退和竞争，建立新秩序之行被打开亚洲市场的贸易之行所取代，总统成了"超级汽车推销员"。如何实现经济一体化、政治"民主化"都被挤到一边，反而突出了日美的贸易摩擦。这说明尽管在苏联解体后突出了美国唯一超级大国的地位，但是经济的虚弱已经使它按自己的面貌改造世界的愿望受到极大牵制。

第二，同床异梦的全球伙伴关系。

冷战结束后美国认为美日已失去了共同的敌人，今后要维持两国的繁荣，实现世界的稳定没有良好的日美关系是不行的，因为美国在80年代已沦为债务国，要坚持由自己主宰构筑世界新政局已力不从心。从日本方面说，推进"政治大国"外交，加强日本在国际政治舞台上的发言权也不能没有美国的合作，所以日美之间建立全球伙伴关系是双方的需要。但是通过日美首脑会谈日本发现美国对日本仍存有戒心，不想放手让日本扩大影响力以致动摇美国在世界的主宰地位。布什在访日期间反复强调日美安全条约的重要性，在会谈中美国表示要在亚太地区继续保持军队并要求日本分担更多的驻日美军的费用。显然在冷战后的日美安全条约已不再是为了保护日本而是为了牵制日本并发挥美国在亚太地区的平衡作用，这是使日本感到不快的。另外日本还发现布什对反映日本谋求向海外派兵的《联合国维持和平行动合作法案》的态度异常冷淡。他们认为这表明美国虽热心于要日本共同承担责任，但对发挥日本的军事作用则持慎重态度。

此外，美国实行太平洋经济一体化的设想，旨在防止亚太地区分裂为两大对抗的经济集团。美国反对马来西亚倡导的东亚经济集团并压日本对该倡议保持距离，而美国自己则致力于建立美、加、墨自由贸易区，这种双重标准暴露了美国极力提防日本在经济上主宰东亚的意图。这自然也使日本不快，在日本看来美国在名义上要与日本建立全球伙伴关系，实际则仍然置日本于小伙计的地位。这一矛盾必将随日美今后经济实力的消长而激化。

第三，治标不治本的消除贸易摩擦。

由于日本在这次谈判中作了若干让步，日美贸易摩擦有所缓和，但这是压出来的，即使达成的协议能百分之百得到执行也不能保证今后美国的贸易逆差不再扩大、工人不再失业并能扩大美国占领市场的份额。美国的问题从根本上说是高消费低积累，高赤字低储蓄，所以寅吃卯粮，要靠外国输血，这是贸易逆差和债务膨胀的根子。现在衰退期间贸易逆差虽有下降，一旦经济复苏进口增加，逆差还会扩大。另一个问题是美国产品的竞争能力，这又和资本投入、科技进步、工人素质、劳资关系以及由这些因素所决定的劳动生产率有关。80 年代债务膨胀的明显恶果是固定资本投资不足。在研究开发上美国虽然投资不少，但在民用产品方面的研究开发方面却落后于日本，所以竞争能力难以有效提高。不从解决这些根本问题入手，单凭挥舞贸易制裁的大棒是难以长期奏效的。

（原载《亚太研究》1992 年第 1 期）

全面发展中美经贸关系
巩固中美关系的经济基础

——纪念《上海公报》发表 20 周年

1972 年 2 月 21 日尼克松总统访华，28 日发表了上海公报，从此中美之间由对抗转为对话，1978 年两国建交以后更开创了相互友好的新时代。现在 20 年过去了，近两年东欧剧变、苏联解体，世界格局发生了巨大变化。当时两国超越意识形态分歧而形成的友好关系的政治基础变化了。现在美国以世界唯一超级大国自居要按它自己的价值观建立世界新秩序，对中国妄图以压促变使中美关系出现了困难。于是人们自然提出这样的问题：中美关系会不会大倒退，在新的世界格局下中美关系还有没有共同利益作基础？这是一个微妙的问题，有其复杂性，但又是必须冷静、客观予以估量和慎重处理的问题，它对增进中美两国人民的福祉和维护世界和平关系极大。

我们认为大三角不存在了，意识形态矛盾突出了，这些都是客观现实。但是中美两国没有根本利益的冲突，中国对美国不构成威胁。而中国现在政治稳定、经济发展，美国也不要想改变中国的历史进程。而美国现在要在世界事务中发挥领导作用又不能忽视中国的综合国力、政治影响和经济潜力，这就迫使美国不能不对彻底搞坏中美关系的后果有所戒惧。此外中美经贸关系在过去 20 年中已有了长足发展，正在为中美关系奠定新的基础。尽管这个基础还不够牢固但它有广阔的发展前途。我们应当维护它、巩固它、发展它，这对中美两国人民乃至美国工商界、大公司都是有好处的。中美两国有共同利益，经济上的优势互补是在新格局下最重要的共同利益，我们应当下大力量把它继续推向前进。

上海公报是政治宣言，但它也表示了发展两国经贸关系的强烈愿望。公报中有一段话说："双方把双边贸易看作是另一个可以带来互利的领域并一致认为平等互利的经济关系是符合两国人民利益的"，这是极富远见的。正是在这一原则的指引下，20 年来中美经贸关系才有了现在的好势头。

在贸易方面，1972 年双方进出口贸易总额不过 1288 万美元，1973 年上升到 26 亿美元，1991 年增加到 120 亿—130 亿美元。美国成为中国第三大贸易伙伴，中国在美国的贸易伙伴中排列第 13 位。

在直接投资领域，以 1984 年 4 月中美合资共建北京长城饭店为开端，从一无所有发展到现在美方在中国有各种投资项目 1856 项，协议金额 40 多亿美元。美国投资在中国的名次仅次于港澳而居第 2 位。此外中国在美国开厂设店也有了进展。在金融领域自 1980 年 10 月芝加哥第一国民银行在北京设立代表处以来，美国其他大银行如花旗、美洲、大通、汉华实业、化学、芝加哥第一、欧美等都在中国设立了代表处。近年来更在深圳、上海等地设立了分支机构，金融业务有了很大发展。

中美经贸关系之所以能得到如此迅速的实质性进展就是因为双方在经济上有很强的互补性，经贸关系的发展的确给两国人民带来好处。暂时看，中国方面得益多些，从长远看对美国的好处会日益增长。从事中美经贸往来的美国公司企业也已经尝到了甜头。

但是又必须清醒地看到，在"六·四"风波以后中美经贸关系的确遇到了重重困难。美国对中国的制裁除政治上停止高级互访，在经济上一个是停止了美国海外投资保险公司对美国商人到中国的投资保险，这一条在中美之间尚未签订投资保护协定的情况下给美国公司来华投资造成了阻力。另外，美国还抽紧了高技术产品对中国的出口。在贸易方面美国国会在一年一度的最惠国待遇的审议上不断制造麻烦；而 1991 年美国在贸易方面对我们更是横生枝节，展开了咄咄逼人的攻势。

2005 年 4 月 26 日美国政府第一次把中国列入"特别 301"重点国家名单，7 月 24 日参议院通过了给中国最惠国待遇必须附加条件的议案，9 月 5 日、6 日美国海关查抄了纽约、洛杉矶的 23 家中国公司，10 月 10 日美国贸易代表希尔斯宣布根据一般 301 条款对中国市场进入问题进行调查，10 月 29 日美国宣布扩大所谓中国的劳改产品进口的限制范围，等等。

为什么会出现这些曲折，国际上有各种评论，例如日本的《选择》周刊就说：在苏联发生剧变后美国毫不留情，再三敲打中国，目标是使中国解体，从而除去最后一枚眼中钉。另外，一般都认为 1992 年是选举年，布什在对中国的政策问题上要争取主动不给民主党抓辫子，因此要特别表现得强硬些。

这些看法无疑都有一定道理，但又都有过于简单化的缺陷。美国占统治地位的意识形态把社会主义视为眼中钉，在苏联解体后尤其如此，这是事实。但是美国政治从来是有两重性的：一面是意识形态标准，另一面是国家利益标准。这两方面在一定条件下是一致的，在另一种条件下又是有矛盾的。在有矛盾时国家利益的考虑就会占上风。1972 年以后中美关系的显著改善是国家利益占上风的结果。现在，如果中国政局不稳定，美国以压促变的策略能迅速得逞，那它就会一直压下去直到中国发生符合美国主观愿望的变化为止。但是当中国在美国的压力下依旧岿然不动时，美国就不能不考虑同中国关系大倒退对美国国家利益的损害。所以认为美国对中国会一压到底未必符合美国所有政治家的想法。有打有拉，在一定的情况下压得多一些，在另一种情况下拉得多一些是完全可能的。主张一压到底的和主张拉拉打打的可能表现为稳健派和强硬派的矛盾，哪种主张占上风也要看力量对比。我们必须准备中美关系有更坏一些的可能，更不要抱有回到"六·四"以前那种热度的希望，但也不宜做中美关系注定会一坏到底不能有所改善的悲观估计。

对 1991 年美国在贸易方面对中国的种种挑战也必须做两方面的分析。一方面是在苏东剧变的新格局下美国的尾巴的确翘得更高了。在贸易方面有借题发挥给人以颜色看的动机。另一方面也是布什政府在冷战对手苏联垮台之后所实施的新国家安全战略的具体体现。这就是由军事安全第一转到经济安全优先，在全球范围要用公平贸易取代自由贸易，用政治压力挽回经济颓势。所以美国不仅对中国施压，也对亚洲的其他贸易伙伴施压。布什这次亚洲之行压日本减少贸易顺差，开放汽车和大米市场，要日本减少对美国的汽车出口，同时要求韩国继续开放市场都是从美国这一战略需要出发的。美国的这一战略也在关贸总协定的乌拉圭回合谈判中体现出来，这就是在美国的优势领域发动攻势，要求在谈判中解决保护知识产权、开放金融服务市场、减少农产品补贴等问题。在中美贸易方面美国认为1991年中国对美贸易顺差已仅次于日本而居第2位，在知识产权保护和市场进入问题上也存在各种问题。这在贸易保护主义甚嚣尘上的美国国会中，自然又是火上浇油。经济问题和意识形态问题交织在一起，火药味自然就更加浓烈了。但必须看到美国各种利益集团的侧重点也是不一致的。并不是所有卷入贸易摩擦的代表人物都对意识形态的争论感兴趣，他们之间也是有差别的。所以我们应当分析他们之间的差别和矛盾，团结一切可以团结的力量，实事求是地解决贸易争端，以争取中美关系的改善。在这里以下几方面的差别很值得特别注意。

第一，白宫和国会的差别。布什主张给中国最惠国待遇不附带任何附加条件。参众两院的多数议员持相反立场。布什的主张显然不是出于对中国的特殊感情而是考虑美国的国家利益。在贝克访华前，对恢复高层接触讲了四条理由：第一，中国是人口众多的大国；第二，中国有核武器；第三，中国在亚洲有巨大影响；第四，中国有巨大的潜在经济力量。这是美国对华稳健派对形势的客观估计。布什不主张中美关系大倒退，认为关系搞僵不利于在世界事务中同中国协同动作，也断绝了美国对中国施加影响的渠道。布什的立场同时反映了美国大公司的利益，他们显然不希望丧失中国这个大市场。黑格、舒尔茨抢在贝克之前访华，他们都是代表美国大公司要同中国做生意的。国会的多数议员对中国不友好，一方面是党派利益之争，拥有多数席位的民主党想在中国问题上做文章，使布什难堪，并为自己争取选民；另一方面民主党还是中小资本家和工会组织的代言人，这批人贸易保护主义色彩特别浓厚，在发生贸易摩擦时特别主张采取强硬立场。白宫和国会对华立场上的差别形成双方围绕最惠国待遇的一场政治较量。布什在参议院争取到参议员鲍卡斯为首的7名民主党参议员的支持，使民主党在参院得不到2/3的多数票以反对布什的否决，其交换条件是布什在对华谈判中持强硬立场。这是布什在1991年4月宣布把中国列入特别301条款重点名单的由来。在贝克访华以后，鲍卡斯表示他仍支持给予中国最惠国待遇，因为同以前相比，在寻求同中国对话与谈判中增强其立场方面"政府更加积极了"。

不过他又说"如果我们看到他们有所放松，我将改变立场"。从这种微妙的形势看，布什为争取鲍卡斯等人的支持以保持住无条件的最惠国待遇是可能的。在另一些问题上，如知识产权问题上搞点动作，但即使如此并不意味着白宫立场的全面倒退。

第二，跨国公司和政府的差别。跨国公司掌握美国的经济命脉，说美国有全球利益其含意就是说跨国公司已经把它们的触角扩张到全世界。美国的外交政策从孤立主义转向扩张主义也是为跨国公司的利益服务的。因此做好跨国公司的工作很重要，他们会影响政府。跨国公司的行为是以利润为导向的，只要有钱可赚他们较少纠缠于意识形态。我们曾有一种担心怕跨国公司在苏联东欧剧变之后会迅速往那边投入资本，对我国引进外资产生不利影响，现在看来在苏联东欧政治不稳定，不能保证有利润可得时，他们是不会轻易去投资的。50 年代西欧的复兴也是这样，先要政府搞"马歇尔计划"，打头阵，等到投资环境好了私人资本才会源源而来。我国经过 10 年改革开放，为引进外资创造了较好的条件，现在美国跨国公司对中国开始表现出兴趣。"六·四"以前 1988 年美国对华直接投资 6 亿多美元，1990 年下降到 3.5 亿美元，1991 年则有可能超过此数，是回升的势头。美国的一些大公司如波音、麦道、国际商用机器、通用电气、杜邦化学、阿莫科石油都同中国建立了良好关系，他们在最惠国待遇问题上是为中国说话的，因为这件事同他们利害相关，这也是一种院外集团，它与民间外交相辅相成。在压政府放宽高科技出口限制方面他们也起了作用。这次美国宣布放宽限制第一条理由，就是企业界要求缩减受巴统限制的技术出口清单。

第三，不同行业和利益集团的差别。在贸易方面劳动密集型产业如纺织、制鞋、玩具等的资本家对华态度同电子、航空、石油、机械等这些有竞争优势产业的资本家是不一样的。反映在国会中，主张采取贸易保护主义和孤立主义的议员大多是代表衰落行业和衰落地区的议员。那些拥有竞争优势的行业则不主张保护主义，因为保护主义对他们向全球扩张是一种约束。在对华贸易投资问题上美国的优势产业是不赞成中美关系大倒退的，像波音公司这样的同中国成交几十亿美元生意的跨国公司当然不愿意拱手把这个市场让给欧洲的空中客车。看清这种差别，有目的地开展统一战线工作，有利于维护中美关系。

在今后的斗争策略上我们应当：

第一，以三个公报为武器，进行有理、有利、有节的斗争。

三个公报中有一条重要原则就是互相尊重、互不干涉内政。这就是我们的理，中美两国历史、文化、社会制度和价值观念都不一致，两国关系不应建立在意识形态基础上而应建立在国家利益的基础上，平等互利，求同存异以解决一切争端。在美国人蛮不讲理，以势压人的时候，我们不应当无原则地退让而要据理力争。不能像有些外国朋友建议的那样忍气吞声，一味退让。比如美国人在市场进入上要求我们完全放开市场，这对发展中国家显然是不合理的。关贸总协定中对发展中国家保护幼稚工业也允许有例外。但是在另一些问题上，属于我国做法不符合国际惯例的，就应当承担义务进行修改。因为我们本来是要争取恢复关贸总协定缔约国地位的，为了参加关贸总协定本来也要修改，迟改不如早改。

我国外交战线，在应付中美关系的困难局面中运用有理有利有节的斗争策略已经取得较好的成效。贝克访华，双方在一些问题上取得了积极成果，这对美国对华关系稳健派是一种支持，有利于加强布什的对华立场。不过在前进的道路上仍然存在不少障碍，斗争将是艰巨而复杂的。

第二，全面发展中美经贸关系，巩固中美关系的经济基础。

在新的世界格局下发展中美关系最有希望的领域是贸易和投资。贸易和直接投资的大发展将为中美关系奠定坚实的物质基础，它反过来会促进中美政治外交关系的改善。中美经贸关系进一步发展的可能性在于双方的互补关系。中国的劳力资源、自然资源和庞大的市场对美国有吸引力，美国的市场、资金和技术也为中国所需求。目前双方贸易和投资的发展虽然相当迅速，但仍大有潜力可挖。在贸易方面中美贸易总额不过占美国对外贸易总额的1%，美国在中国的私人直接投资还不到美国在世界投资总额的1%。美国的跨国公司虽然来了一些，并表现出对中国投资的兴趣，但试探性的居多，有长期打算的较少。因此我们在发展中美贸易着力解决双方贸易争端的同时，应当大力开展争取美国跨国公司来华投资的工作。目前美国经济衰退，国内投资前景不佳，大公司力求在国外寻找适宜的投资机会，在中国投资办厂只要政治上安定、经济上有利润可得，他们是愿意来的。我们应当把争取美国对华直接投资扩大到三个领域，一是发挥劳动成本低廉的优势，吸引美国公司在沿海兴办外向型企业；二是发挥自然资源优势，吸引美国公司在内地兴办工矿企业；三是为满足我国建设基础产业的庞大需要吸引美国公司投资办厂，为我们生产一部分材料设备以取代进口。现在的问题是要把工作做细，使美国公司了解在中国投资的机会，使中国方面了解美国公司的投资意图。再就是要进一步改善投资环境，特别是软环境，提高办事效率，克服官僚主义。从过去 10 年美国在华办厂的情况看，他们一般规模较大、技术较先进、管理较科学，对我国工业现代化是很有好处的。同时美方在中国直接投资多了，彼此之间经济纽带更加紧密，也就壮大了维护中美关系的力量，所以是有多方面好处的。除去贸易、投资之外，我们还应当发展同美国在金融领域的合作，有控制地开放我国金融市场并学会在美国金融市场上融通资本的本领。

第三，大力发展同日、欧发达国家以及周边国家的经贸关系，使我国的对外贸易和引进资本的活动多元化。

多元化是今后我国对外贸易继续向全世界扩展的必由之路，也是在贸易摩擦中加强我国对美谈判立场的有效办法。必须看到美国市场虽然庞大，但它的吸收能力总是有一定限度的。同时由于美国的经济地位同日、欧比是继续相对削弱的趋势，今后美国国内贸易保护主义会进一步抬头，我国外贸过分向美国倾斜是会吃亏的。必须在保持和发展对美贸易的同时及早拓宽同周边国家、日欧等国家的贸易，只有如此才能既为我国外贸的更大发展找到出路，又能在同美国的讨价还价中立于不败之地，反而有利于促进中美贸易。

在直接投资和融资方面，日本和西欧来华投资者越多，就会更加促进美国公司来华的兴趣。这是因为：第一，它提高了中国的信誉，使美国公司来华投资有安全感；第二，它使美国公司担心如果动作太慢就会坐视中国这个大市场被别人抢占。目前美国在亚洲的经济地位在同日本竞争中已处于下风。1990 年日本在亚洲投资约达 87 亿美元，美国仅为 44 亿美元，美国对此心存不甘，美国政府一再声明美国是两洋国家，对日本垄断亚洲市场乃至形成东亚经济集团倍加防范，而亚洲的最大市场又在中国。所以我们做好引进日欧资本的工作，反过来将促进吸引美国资本来华的工作。现在我国同周边国家，同美国以外的发达国家的关系都处于空前良好的状态，实现多元化是大有希望的。

（原载《世界经济与政治》1992 年第 3 期）

美国经济周期运行机制研究

　　机器大工业在资本主义经济中取得主导地位之后，周期性经济波动随之而来。这种周期性经济波动，尽管每次的严重程度和时间跨度很少有相似之处，但一般都走过几个必不可少的阶段。对此马克思做过这样的概括："资本主义的生产要经过一定的周期性的循环。它要经过消沉、逐渐活跃、繁荣、生产过剩、危机和停滞等阶段。"① 美国资产阶级经济学家也根据实证材料对这种周期性循环所经历的阶段做了类似的概括。例如阿瑟·伯恩斯在他所著《变动世界中的经济周期》一书中就把周期性循环描述为：繁荣（衰退集中力量期）—收缩（衰退）—复苏等阶段。奥托·艾克斯坦与艾伦·赛奈在《战后经济周期机制》一书中更把周期性循环描述为：复苏—扩张—繁荣—金融紧缩（周转不灵）—收缩—重新流通等阶段。在这里金融因素被明显地突出出来。同时他们还提出"资金流量周期"或"信贷周期"的新命题，即与"实标经济周期"各阶段相对应的资金运动周期，它包括积累期—紧缩前期（金融不稳定有所发展）—紧缩时期—恢复流通性时期。

　　周期性经济波动中最令人不安的是危机阶段或者按照资产阶级经济学家的说法是在衰退或萧条阶段。繁荣当然是人们所欢迎的，但与繁荣相伴随的往往还有物价上涨。它不仅是经济过热的标志，也是步入经济危机的前兆。为求经济的持续稳定发展，资产阶级政府往往不仅要实行反危机政策，也常实行反膨胀政策。

　　这种循环往复的周期性经济波动为什么会发生？在周期性波动中继起的各阶段是在什么因素的主导下循序前进的？影响周期性经济波动的是哪

---

① 《马克思恩格斯全集》第 16 卷，人民出版社 1972 年版，第 162 页。

些因素，用哪些经济指标反映这些因素？它们之间的相互关系是怎样的，它们之间的传导机制又是怎样的？所有这些问题属于研究资本主义周期波动经济机制的范围。

关于经济周期波动的原因

在资产阶级经济学中对经济周期波动，特别是危机爆发的原因是聚讼纷纭、莫衷一是的。近期以来，外因论或冲击机制的说法渐占上风。这是同经济学界复古主义的兴起有关的。在资产阶级古典经济学看来，资本主义经济制度是具备自我调节功能的，它本身不会发生危机，如果真的发生了危机必定是受外因的影响。较这种简单的外因论有说服力的是用计量经济模型，以实证材料为依据对战后历次危机内因外因的分析。他们在排除了各种外因之后，发现周期波动并没有消失，不过它的严重程度、长度和所发生的急剧变化减轻了，因此他们承认经济的周期波动确实还受内在机制的制约，至于这种机制是什么则没有作进一步说明。

与资产阶级经济学家不同，马克思主义经济学是用辩证的观点看待资本主义经济周期波动的原因的。这就是说内因和外因都对经济周期波动发生影响，但内因是根据，外因是条件，外因是通过内因起作用的。另外马克思主义经济学是从社会再生产四个环节——生产、流通、分配、消费的相互联系和相互制约看待经济周期波动的。在这四个环节中生产是主导的。经济周期波动首先发生在生产领域，但流通、分配、消费也对生产起制约作用。马克思、恩格斯、列宁都反对用"消费不足"解释经济危机，他们认为消费不足在各种不同的经济制度都存在，而危机则只是资本主义制度的显著特征。他们认为危机的真正根源是生产的社会性和占有的私人性，这一基本矛盾又表现为资本主义生产能力的巨大增长和千百万劳动群众有支付能力的需求相对缩小的矛盾。这些经典论述对现代资本主义仍然是有效的。时至今日，美欧日等国所发生的经济危机仍然是生产过剩危机。债务经济可以推迟危机的爆发，但无法解决资本主义的基本矛盾。

关于周期性经济波动的主导因素

在周期性经济波动中继起的各阶段是在什么力量的引导下循序前进的呢？

为弄清这个问题，首先必须回答在资本主义经济中对经济运行起决策作用的主体是谁。参与资本主义生产过程的经济主体有企业家（资本家、独立生产者、合作生产者，其中资本家又占主要地位），有普通劳动者（工人、店员、职员），有各级政府。有人说普通劳动者代表消费者大众而其消费又占国民生产总值的最大部分，因此，经济的上升和下降受普通劳动者消费信心的影响极大。也有人认为各级政府集中国民生产总值的三分之一以上，它可以通过宏观调节刺激经济或紧缩经济，它所发挥的作用是分散的单个企业家乃至大财团所望尘莫及的。这些看法忘记了一个基本点，即社会财富是从哪里创造出来的？是谁掌握着资本主义企业运作的决策权。在美国，物质财富是由跨国公司占统治地位的 580 万个大中小企业（1986 年统计数）和 217 万个农场（1989 年统计数）创造的，虽然财富的真正制作者是参加生产过程的千百万普通劳动者，但紧缩还是扩大生产的决策权却掌握在大资本家手里。

那么又是什么因素决定资本家的行动呢？在资本主义社会无疑是利润。这一点倒也是某些资产阶级经济学家所坦率承认的。例如美国经济学家范伯伦和密契尔就把经济周期波动解释为利润的刺激力量。密契尔说："利润是一个商业经济里经济活动的焦点。"他又说，归根到底周期是建筑在"这一决定因素之上的，那就是：利润的远景"。

凯恩斯有相似看法，不过他把利润改个名词而称为"资本边际效率"。在"通论"的"略论商业循环"一章中他说："繁荣后期之特征及一般人对资本品之未来收益作乐观的预测，故即使资本品逐渐增多，其生产成本逐渐加大或利率上涨，俱不是阻遏投资增加"，"资本之边际效率宣告崩溃时，人们对于未来的看法和随之而变为黯淡，不放心，于是灵活偏好大增，利率乃上涨。资本之边际效率溃崩时，常连带着利率上涨，这一点可以使得投资量减退得非常厉害；但是事态之重心，仍在资本之边际效率之崩溃——尤其是以前被人非常垂青的资本品"①。

马克思则认为，在资本主义制度下生产的扩大或缩小不取决于社会的需要，而取决于剩余价值的增值或者说取决于利润和利润率。他在阐明这一观点时说："因此当生产的扩大程度在另一个前提下还远不足的时候，对资本主义生产的限制已经出现了。资本主义生产不是在需要满足要求停顿时停顿，而是在利润的生产和实现要求停顿时停顿。"

在美国，当代资产阶级经济学家对利润在经济周期波动中的运动规律及其影响做过许多实证研究，阿瑟·伯恩斯在这方面是很有成绩的。他在《变化世界中的经济周期》一书中探讨了这个问题，他说："我们商业经济的运转在很大程度上依赖于单位成本、单位价格和销售实物量之间互相影响的关系。这三个因素总起来表现为利润——商业企业的推动力量"，又说："在扩张的早期阶段，单位成本常常随着工业设施的改善或更充分的利用而下降，但是随繁荣的累积，单位成本对公司一般说来趋于上升；但是由于在许多情况下销售价不能提高，利润幅度在这里或那里将缩小，因而抵消掉销售额对利润的影响，或者加强销售额偶然减少的影响，这种对利润的'挤压'随经济扩张持续愈久就越扩大。首先所有公司并不都有提高价格的同样力量；有些是受习惯、商标或政府规章的阻止或限制。其次随着日益上升的乐观情绪使越来越多的商人对他们能以赢利价格卖出的销售额所作的判断受到扭曲，错误积累起来。因此，在经济扩张一段时间之后，体验到利润上升的那部分公司的比例在缩小，尽管企业利润持续上升，这种发展给那些利润上升的公司增添了疑虑或者施加了财务压力。在一定时间使他们的投资放慢，因为他们对日益增加的运气不好的公司抱有同感。当然，从这种来源对投资的阻碍加强了正在出现的推迟投资的势头，一直要到建筑成本和财务费用下降到被繁荣所推进到的不正常水平以下。"②

这段话对利润为什么波动，它又如何影响资本投入，从而使经济由增

---

① ［英］凯恩斯：《就业、利息和货币通论》，商务印书馆1983年版，第273页。
② ［美］阿瑟·伯恩斯：《变化世界中的经济周期》，1969年英文版，NBER Books 69-1，第79、25—42页。

长到收缩的描述相当中肯。他用的不是马克思主义的语言，但是我们可以从他的描述中给马克思主义的周期危机理论找到贴切的解释。例如他说在扩张早期阶段成本常常随着工业设施的改善而下降，这是对马克思关于"危机总是大规模新投资的起点"以及"机器设备更新的平均时间是说明大工业巩固以来工业发展所经过的多年周期的重要因素之一"的很好脚注。它说明在危机行将结束的时候，企业家大量更新设备，改善工业设施，劳动生产率提高了，成本降低了，所以利润和利润水平都会上升。由此再引申一步，随着时间的推移，到扩张晚期，原来的新技术装备老旧了，效率下降了，成本随之上升，因而成为挤压利润的一个不利因素。在讲到乐观情绪使商人的判断受到扭曲时，伯恩斯实际上讲的是为什么会出现生产过剩，是利润使资本家头脑发昏，经济过热，劳工、原材料、资金都求大于供，它们的价格上升并使成本上升。但是产成品却因为生产过剩而找不到出路，使其价格无法提高，甚至反而更降低，其结果又使利润受到挤压。在这里我们找到了资本家投资意愿下降的多方面根源。这些因素在周期的这个阶段一旦重合在一起，就使生产的下降和危机的发生由潜在的可能变为现实的可能。

在美国激进派经济学家对经济周期波动同利润波动的关系也进行过细微研究。例如维克托·佩洛在《不稳定的经济》一书中就以利润率下降趋势的规律来论证周期波动。他认为在周期高涨阶段有几方面的原因迫使利润和利润率下降。一是高涨时期积累资本的冲劲导致资本有机构成的提高；二是当失业处于最低点时工人们能争取到工资的较大增长；三是高涨的利息率降低了留给工业资本家的剩余价值份额，削减了利润率。他引用杰弗里·穆尔的数据说明利润率波动在周期过程所起的重大转折作用。穆尔说："在商业活动或总利润达到最高点以前的六个月至十二个月左右，利润有所增长的公司数目开始减少……利润扩散中的转折点通常出现在其他扩散指数的转折点之前，并且同投资货物新定货的转折点密切相关。因此，利润的扩散是一项最重要的主要指标。"这就是说"在周期高涨时期的某一点上许多公司的利润开始下降。这些公司至少要停止或减少它们对新厂房设备的定货。这又大大促进了商业活动的普遍衰落。这样即使所有公司的利润总额还能保持。若干公司的利润下降也是一次危机即将到来的危险信号"。①

佩洛根据统计资料发现在直到第二次世界大战末的时期内，利润的转变大约有一半时间发生在总的活动转变之前，而其余时间则和它同时。自从第二次世界大战以来，九次中有八次是利润的转变对总活动的转变领先，而且在每一次最高点均是如此。在战后的历次最高点上利润对一般活动领先的时间特别长，其中头一次是由于朝鲜战争的特殊情况。第二次，从 1955 年第四季到 1956 年第三季是由于钢铁工人罢工和 1956 年苏伊士运河封闭所造成的一次人为延长的高涨。

所以，无论是伯恩斯还是佩洛都用实证材料论证了在周期性经济波动中利润机制的主导作用。

关于周期性经济波动的传导机制

阿瑟·伯恩斯依据美国的实证材料对经济周期如何由一个阶段发展到另一个阶段作了颇为详尽的描述。它给我们研究周期波动的各种因素所形成的传导机制提供了素材。下面是对其论述有关段落的摘要。

1. 为衰退聚集力量的过程（繁荣·后期）

经济扩张有时只持续一年，最多长达三四年。为什么扩张不能无限期地持续下去？对此不能用外部干扰去解释。经验有力地说明，即使在没有严重干扰时，总体经济活动的进程在某个时候，也会因扩张进程内部逐渐但持续发生作用的限制性力量所扭转。这些力量是：

第一，瓶颈现象制约生产的扩张。随着扩张的继续，闲置的或多余的生产能力（但可能是落后的）被投入生产；劳动力、原材料、货币增长都供不应求，因此导致价格的普遍上升，包括劳工、信贷、原材料、中间产品和制成品。短缺是实实在在的。尽管一个特定的公司或行业销售额的增长仍然到处释放出扩张的力量，但是它们的影响变得迟钝了，因为越来越多的企业家必须与瓶颈现象作斗争，所以在某些点上扩张的规模停止发展

---

① ［美］维克托·佩洛：《不稳定的经济：1945 年以来美国经济的高涨和衰退》，商务印书馆1975 年版，第 58 页。

并开始缩小。尽管总体活动仍在增长，它们已不能更长久地维持其初期的速度。

第二，繁荣的进展使生产的单位成本提高，因而威胁到利润率。成本中的最大项目是劳动，更准确地说是单位产品的劳动成本。这一成本第一取决于劳动者的小时工资，第二取决于人—时产量。两者随着扩张的进展都对成本起不利的影响。前者是由于工会力量的加强，加班加点和超额工资日益增加以及工人的更快升级推动工资的上涨。后者是由于新雇佣的劳动者的平均质量下降，工人和经理人员过度疲劳以及老设备的重新启用使生产率下降。

第三，建筑成本，设备价格和利率上升。住房建筑商对利率的上升特别敏感，一方面是因为他们的活动大部分是靠借钱支持的，另一方面是因为利息在兴建一所住房的成本中占很大一部分，经验表明住房建筑合同在利率上升时会转为下降。企业机器设备的订单以及新工厂、商业建筑、公用事业的合同在利率提高时，在一段时间中仍然会上升。这些类型的投资对预期的需求比对供应情况更容易作出反应，但当经济活动出现瓶颈现象时，他们也开始感到成本上升的压力。于是他们对投资采取了观望态度，推迟了上马的项目，希望在不久的将来成本会下降，这样资本货物的订单就减少下来。在扩张中，利率的上升对投资者的妨碍如此严重，以致即使繁荣仍在继续也会终于阻止投资热的升温。

为了保护利润率，售价必须上升到足以抵消生产的高单位成本。许多公司由于生意兴隆，能够大大提高价格。但是总有一些公司在提高售价方面发生困难，这类公司的数目在繁荣时期趋于上升。有些公司产品的过剩，按照原价都卖不出去，另一些公司由于库存过量而统统降价处理。随着单位生产成本的持续上升，越来越多的公司发现他们的利润幅度在缩小。因此，在扩张的晚期尽管企业利润总额还在继续上升，享有利润上升好处的公司所占的比例却越来越小。这些发展逐渐损害了投资的扩张。第一批减少投资的那些亏了本的公司，他们的行为会在利润仍在上升的商人中散布怀疑情绪，这种态度和反应可能表现为股票交易价格的疲软，它反过来又引起新的怀疑。当私人投资下降时，公共开支可能仍在上升，但它将不能抵消私人投资下降的规模。随着事态的进展，经济的扩张与收缩之间的平衡将向收缩的方向倾斜，一个衰退终于开始。

2. 收缩过程（衰退期）

典型的衰退过程是生产的下降，随之而来的是工作周数的减少和就业的萎缩。个人收入也趋于下降，而由于耐用和非耐用品仍然昂贵，消费者必然减少购买。面对这种形势，零售商和批发商纷纷在销售额以下订货，制造业者也试图减少库存。把经济作为一个总体看，这些努力的广泛结果是生产比销售下降得更多，库存不仅下降而且实行大清理。许多商品的价格特别是原材料价格趋于疲软，折扣和优惠变得越来越多。然而工资率通常维持原状即使多少有些下降，单位成本仍然趋于上升，甚至很急剧，因为非生产工人可能很快削减到使业务费大幅度降低的程度。许多已经感到利润下降的公司发现他们必须忍受低利润率的折磨。随着销售额比平常下降，日益增多的企业感到利润受挤压，破产经常发生，企业的利润总量进一步下降，股票交易价格下降的幅度也增大了。在这种形势下，许多商人和消费者即使实际上还没有变得很穷，但花钱已很谨慎，新的投资和耐用消费品的购买都推迟了。于是整个经济将开始盘旋下降。

衰退持续的时间和严重程度取决于许多因素。如繁荣阶段的投资规模、信贷扩张的程度，呆账和拖欠范围，主要市场是否已暂时饱和，衰退开始以前制造出多少过剩生产能力，国际支付平衡状况，金融系统对冲击的承受能力，政治局势，政府财政金融政策对衰退所起的作用，等等。如果收缩伴随以金融危机或者后来发展成为金融危机，总体活动的下降会更严重更持久。

3. 复苏过程（复苏期）

衰退期间总体经济活动跌落到繁荣顶峰所达到的水平之下，但销售的下降总比生产小，而销售水平很快就比生产更高。在一段时间存货的清理以加速度前进。把经济作为一个总体看，一旦库存的下降比销售的下降更快，生产必须开始回升。自然生产的复苏必须以订单的增长为先导，而一种早期订单的上升恰好发生在商人和制造业者打算放慢库存下降速度的时候。

当公司力求使库存同销售相适应的时候，其他从衰退中生产出来的条件也有利于早期复苏。这些条件是：商业银行自由储备金的增长；利率的下降；信贷供应量扩大，借钱变得容易起来。银根放松可能很快被零售商和住房建筑商所利用。在复苏初期贷款需求不足，银行努力寻求客户，增加对债券和股票市场的投资，给金融市场增加了活力。

同时全国许多工厂的调整也使生产成本下降。由于在衰退中对劳工的需求减少，工资停止上升，有时还下降一点，加班变得不很经常，不少效率低的企业垮了台，生产日益集中在大多数现代化的工厂中，使用的是最好的设备，许多效率低的工人被解雇，属于固定费用开支的非生产工人到处都已减少，这些变化提高了劳动生产率。自然个别企业生产成本的有利变化常常被销售价格的下降所抵消或消除。然而一旦库存调整已经开始，商品价格就会趋于稳定。因此，越来越多的公司会发现他们的利润率开始改善。随着利润前景大放光明，利率的下降，资本货物成本的下降，许多投资项目中的某些被推迟的部分现在恢复了，它们成为新的一批项目的补充。这种趋势的强化使投资合同停止下降，新公司大量建立，资本货物的订单与合同上升，生产和就业的恢复很快走上了轨道。

因此衰退所释放的自我约束力量与增长的力量相结合，使总体经济活动的收缩停止。在典型的环境中衰退的进程很快，最多一年半左右已成过去。然而有时衰退也会很严重而发展为盘旋式的萧条。当发生这种情况时，固定资本投资的下降取代了库存的消耗成为经济的主要拖累。

4. 扩张的积累过程（扩张期和繁荣前期）

一旦复苏的力量站住脚跟，它们就将积蓄力量。换句话说扩张将扩散到整个经济体系并取得势头，在一段时间中成为一种自我强化的过程。

新投资项目的上升使经济从衰退中摆脱出来，一连串熟悉的连锁反应将会发生。如承包商将雇用追加劳动，支付更多工资，对资本品提出更多订单，用银行贷款支持扩张。建筑工地上劳动就业开始增加不多，但几周或几个月后就越来越快。随着工人收入的增长，零售商店和服务业兴隆起来。有些人受到形势鼓舞，愿意用分期付款的办法买东西，企业将扩大库存以适应销售的上升。

随着工程开支的扩大，原来收缩企业与扩张企业之间的大体平衡将向扩张方面倾斜。建筑工程的增多使各种机器设备的生产也增长上来。企业整个说来仍然在生产能力以下开工，但有些企业将满负荷操作。此外随着生产的上升，这些公司的利润也将得到改善。这是因为人—时产量的上升典型地发生于经济周期扩张的初期阶段。然后它通常会超过工资率的增长。其结果是单位劳工成本急剧下降，其时间可以持续数月之久，单位产品折旧费也是如此。同时，其他成本的上升相当温和并常被销售价格的增长所抵消。因此越来越多的公司将发现他们的利润幅度上升得很可观。由于他们的业务量也在增长，所以他们的总利润增长得更多。随着企业利润和消费者个人收入的提高，需求增加，生产能力开始显得不定，交货时间拖长。由于利率，资本品价格和建筑成本还不很高，资本品的订单和投资支出将很快上升。

此外随扩张的发展，它产生一种使人们对经济繁荣前景的信任感，因而由乐观转为兴奋。于是更多的公司刷新了他们为扩张和现代化而制订的长期计划。更多的企业家推动新项目以利用新产品和新技术。更多的新公司被组建起来以分享扩大了的市场。更多的家庭决定买一辆新车，重新装饰他们的家庭，或者购买新房屋。因此扩张范围的伸展和前景的日益看好，促使投资和消费以一种累积的进程彼此加强并阔步前进。

即使出现某种逆转，如主要产业的罢工，或有意削减主要产品库存都能比较容易地安全渡过。在扩张的早期任何一种坏运气都足以使它停顿，现在由于生意兴隆，消费者乐观，资本品有大量未交货订单，一种短期的库存调整，仅会对总体经济活动的进展带来短暂的问题，一旦调整完成经济将继续向前发展。①

从上述四阶段的描述我们看到：

第一，在周期波动中，最重要的是受资本主义利润机制影响的两个转折点和两种累积趋势。头一个转折点和累积趋势是繁荣后期由于生产的瓶颈现象、利率、工资和其他成本上升幅度超过价格上升幅度使利润受到挤压，它对生产、投资、分配、消费产生的消极影响逐渐积累起来，使经济终于进入衰退。第二个转折点和累积趋势是在衰退后期由于需求疲软所造成的利率、工资和其他成本的下降使资本家对利润看好，它对生产、投

① ［美］阿瑟·伯恩斯：《变化世界中的经济周期》，1969 年英文版，NBER Books 69 - 1，第79、25—42 页。

资、分配、消费产生的积极影响逐渐积累起来，使经济终于进入复苏。

第二，在繁荣后期出现的利润挤压现象开始只是少数企业感觉到，逐渐地更多企业感觉到，要到大多数企业都感受到时，整个经济的扩张趋势和收缩趋势的平衡才被打破而向收缩方向倾斜。反过来，在衰退后期对资本收益的乐观估计，也是由少数企业逐渐扩大到多数企业，从而使经济向扩张方向倾斜的。所以，周斯波动由一个阶段进入另一个阶段，有一个由量变到质变的过程。

80 年代经济周期和利润机制及其传导过程

上面描述的利润机制及其传导过程可以从 80 年代经济周期的各发展阶段得到进一步验证。

经过 1981—1982 年经济衰退，各种经济变量发生了以下有利于利润增长的变化。第一，利率下降，贴现率从 1981 年的 13.42% 下降到 1982 年的 10.2% 和 1983 年的 8.5%。优惠利率从 1981 年的 18.57% 下降到 1982 年的 14.56% 和 1983 年的 10.7%。工人每小时实际工资从一年前的 7.75 美元下降到 1981 年的 7.69 美元和 1982 年的 7.68 美元，再加上物价指数不仅没有下降（这是衰退的一般现象）反而有所上升（这是因为 70 年代的通货膨胀尚未完全被抑制），为利润的回升创造了条件。公司利润 1981 年为 1880 亿美元，1982 年下降 20%，1983 年回升 42%。在此情况下企业家对未来收益的预期看好，加上政府对投资的税收优惠，所以 1982—1983 年的固定投资比 1981 年上升 8%，1983—1984 年再上升 17.2%，从而为整个周期的扩大再生产奠定了基础。住房建筑的抵押贷款利率从 1982 年 8 月的 15.68% 开始下降，年底跌至 13.69%，受到利率下降的刺激，住房建筑投资在 1983 年猛增至 1493 亿美元（1982 年为 1051 亿美元），1984 年再增至 1709 亿美元。

这一周期从 1981 年 11 月到 1983 年 9 月为复苏期，也就是说到 1983 年 9 月工业生产已恢复到衰退前的高点。从 1983 年 9 月到 1988 年 3 月为扩张期，在此期间发生过 1985 年的库存调整（库存由 1984 年的增长 623 亿美元下降到 1985 年的增长 91 亿美元）、1985 年的贸易逆差激增和 1987

年的股市暴跌等风风雨雨，但因扩张的内在力量已经站住脚跟，所以只发生了经济的增长衰退和投资的放慢速度并未导致危机。

1986 年公司利润有所下降（由 2823 亿美元下降至 2821 亿美元），这是一个经济有可能滑坡的信号，但是有两大因素给美国经济注入了活力，一是 1985 年开始的美元贬值，在 J 曲线效应的作用下，到 1986 年使出口出现了转机；另一个因素是从 1985 年 11 月开始的石油价格暴跌（从每桶 30.9 美元降至 13.75 美元），这对企业成本的降低起了极为明显的作用。同时利率继续下降，贴现率由 1985 年的 7.69% 下降到 1986 年的 6.33% 和 1987 年的 5.66%。因此企业家对资本收益的预期趋于乐观。企业固定资本投资 1987 年只比 1986 年增长 2.6%，1988 年则比上年猛增 10.7%，形成 1984 年以来的另一个投资高潮。

从 1985 年 3 月到 1990 年 7 月是本周期的繁荣期。1988 年初设备利用率已达 83.4%，同年 12 月上升到 84.2%，第二年 1 月再上升到 85.1%，达到本周期的峰值。采购经理的工业品采购清单上短缺的物资在迅速增长，1957 年 5 月只缺 3 个品种，1988 年 5 月已上升到 23 个品种，瓶颈现象开始出现。

劳工市场也紧张起来。失业率有些地区已少于 4%。服务业、商业和耐用消费品制造业最为紧缺，由于劳工市场紧张工资加快上升。私营非农业工人的小时工资指数 1988 年 4 月和 5 月都上升 0.5%。工资上升压力最大的是服务业，5 月该指数上升 1.2%，医疗保健业尤为突出。

在原材料市场上，价格也在上涨，1988 年中间产品（不算石油和食品）上升 7.2%。

联邦储备委员会的金融政策转移到以反通货膨胀为重点。从 1988 年 3 月起联储实行了紧缩银根提高利率的方针，联邦基金利率从 1988 年 3 月的 6.58% 逐步提高到年底的 8.76%，贴现率从 7 月的 6% 提高到 6.5%，优惠利率则在 10.5%—11.5% 摆动。联储这时的紧缩政策显然是以货币需求紧张为背景的。

一方面，利率的上涨大大抬高了公司的债务成本，并使现金流量（利润和折旧之和）枯竭。1988 年第 4 季度非金融公司的利率付款上升到占现金流量的 21.3%，已经接近 1973—1974 年衰退时占 22.7% 的纪录。

现金流量的紧缩影响了固定资本投资。原来商务部预期全年的新工厂设备投资增长率全年能达到9.1%，实际只达到3.9%。

另一方面，利率的上升也影响消费，特别是利率的提高发生在消费者债务积累已经相当沉重，对利率敏感的耐用消费品已经饱和的时候。1989年对耐用消费品购买放慢，订单下降4.5%，于是制造业开始滑坡，汽车制造业在6月因汽车存货堆积开始带头裁减75000人，电气设备行业也减少3万人。

不过在制造业开始滑坡的时候，出口和服务业仍然坚挺。1989年6月出口再一次创造纪录，使贸易逆差缩小到四年半以来的最低水平。另外，服务业增长并未放慢，服务部门的劳工市场依然紧张，工资增长不能靠劳动生产率提高得到补偿，结果单位劳工成本上涨，利润受挤，服务业被迫抬高价格。

1989年4月主要由于制造业大量裁员，失业率已经由5%的低点回升。制造业就业急剧放慢，从一季度增长3.3%下降到二季度的2.5%和三季度的2.1%。9月就业下降了103000人，主要是汽车、电器设备、金属品和服装业不景气。

服务部门自1989年9月开始，就业增长也放慢了。三季度服务业只增长2.8%，而二季度是3.1%，一季度是3.5%。

在1987年消费需求和投资需要的增长以及出口的激增为制造业的扩张提供了动力，两年后的1989年这些需求都放慢了速度。由此而来的一个最大问题是公司利润的下降，它给负债累累的企业造成很大压力，高度借债的公司而利润却不增长，日子就感到难过。

经济滑坡的迹象逐渐扩散。1989年贸易逆差大增。9月住房开工率下降到年均126万栋，是7年来的最低点。10月的最后报表说明制造业的就业已连续7个月下降。不过服务业就业仍有增长。

即使是消费者开支，虽然它的增长仍对经济有所支持，但已没有扩张早期那种推动力。消费者似乎不愿增加分期付款债务。9月他们比偿还的债务只多借了6.06亿美元，而在此以前两个季度增加97亿美元，三季度增加28亿美元。11月7日联储已将联邦基金利率从8.75%降到8.5%，优惠利率从10.5%降到10%，但对刺激消费并没有起作用。

　　进入 1990 年制造业处于劳工成本上升和需求呆滞的夹攻之中，结果只能是解雇工人。1 月工厂裁减工人 11.2 万人，使自 1989 年开始削减的人数上升到 30.3 万人，制造业失业率自 1989 年 12 月的 5.6% 上升到 5.9%。新的麻烦是长期利率在上升，它抑制了对住房、汽车和其他耐用消费品的需求，利率上升主要是因为美国必须与外国利率竞争，以吸收外国资金。

　　最大的问题是利润，1989 年经济增长 2.4%，公司利润则急剧下降，原因是单位劳工成本在 1989 年第一次比价格上升更快，1990 年也是如此。由于需求疲软能提价的公司自然会抬价，而不能涨价的公司则必须解雇工人。被高利率打击最沉重的商品生产者感到了抬高价格的困难。

　　消费者收入仍在上升，个人收入 1 月上升 0.8%，社会保障生活指数调整以及其他转拨款项对这个上升起了作用。年度收入增长继续超过通胀率。但消费者对花钱已经小心谨慎，他们开始考虑增加储蓄。1990 年初可支配收入中的储蓄率由 1989 年的 5.5% 上升到 5.9%，消费者对借债更加犹豫。

　　自 1989 年开始的经济放慢，在 1990 年春夏之间更为明显。使经济停滞不前的是对公司利润的挤压。劳工市场继续紧张，对工资和其他劳工成本保持上浮压力。劳动生产率增长太小不足以抵消成本的上升，而物价的上涨又达不到足以弥补成本增长的程度。

　　多数企业发现摆脱利润挤压的唯一出路是通过裁员降低成本，提高劳动生产率。服务业 4 月就业减少 1.1 万人。生产部门的停滞终于蔓延到了服务业。就这样，80 年代的美国经济周期，经过 92 个月的扩张，终于在 1990 年 7 月进入衰退。从这一过程的转折点和累积过程我们可以看到资本主义经济周期波动所具有的本质上的共性。这对于理解资本主义经济周期的运行机制是一把入门的钥匙。

（原载《经济评论》1992 年第 2 期）

关于借鉴西方经验深化财政
改革的若干思考

大胆吸收和借鉴人类社会创造的一切文明成果，是振兴中华，建设有中国特色社会主义的必由之路。所谓文明成果，应当既包括自然科学也包括社会科学，以及其中的经济科学。过去，我们对西方创造的文明成果在认识上有片面性，强调经济学科的阶级性，忽视在商品经济条件下经济运行机制所具有的许多共性。在加速改革、扩大开放的新形势下，重新认识这个问题，解放思想，研究和借鉴西方市场经济中一切对我们有用的好经验是十分必要的。这对于完善我国有计划商品经济的运行机制将发挥有益的作用。这也是当前深化财政改革中需要着力探索的一个重要领域。

财政作为国家掌握的分配工具从来都是为巩固和发展自己的经济基础服务的。西方财政在资本主义由萌发到成熟的各个阶段都根据经济基础的要求，不断转换其职能，逐渐形成适应当代资本主义需要的财政制度和体制。当代西方财政的一个明显特点是，它在国民经济中的地位和作用大为加强了。

以美国为例，1929—1933 年大危机前后财政收支占总产值的比重是大不相同的。1929 年联邦、州和地方财政总支出占国民总产值的比重为 10.4%，1987 年达到 35%，提高了 2.5 倍；1927 年各级政府总收入占国民生产总值的比重为 10.1%，1986 年达到 30.3%，也提高了 2 倍。财政的社会职能明显加大，社会福利开支，包括公共福利、社会保障、医疗保健等 1932 年占总预算支出的 3%，1985 年上升到 44%。美国财政支出占总产值的比重在西方还不是最高的，1982 年美国财政支出占国内生产总值的 47.4%，意大利占 53.7%，法国 56.7%，瑞典高达 67.3%。

财政在社会总产品中分配的比重加大和社会职能的增强，是现代资本主义社会所需要的。因为随着生产的日益社会化和垄断化，单靠市场经济的自我调节功能已不能避免激烈的社会震荡，需要国家出面调节经济，而政府手中最有力的调节手段首推财政分配杠杆。所以罗斯福在实施新政时期的一项重要机构改革，就是把预算局一把抓到了白宫，使之受总统直接控制。这样预算局就成了真正的枢纽，可以密切追随总统的意旨，对政府各部门的支出进行协调，保证总统政策的贯彻执行。在美国，经济决策的首脑部门被称为"三驾马车"，它由总统经济顾问委员会主席、财政部长和预算局长组成。经济决策的首脑部门直接对总统负责，每隔几天都要碰头一次，研究经济形势，向总统提出政策建议。

西方财政在国民经济中的地位和作用虽已大大加强，但它只参与国民收入的再分配，并不干预企业的初次分配，这个特点不能完全用私有制来解释。因为即使在许多实行部分企业国有化的国家中，政府也只是作为股份持有人的身份与企业发生分配关系，并不干预企业的具体经营活动和财务活动。它们企业的经营权和所有权是分开的，所以在西方就不存在对国营企业统得过多和管得太死的毛病。

我国财政体制过去的弊端是集中过多、管得过死。在国家与企业的关系上妨碍企业发挥自主权，所以在经营权和所有权分开的原则下重新塑造国家与企业的分配关系是完全必要的，在各级政府的财政关系上也须加大各级地方政府的财权。但是这决不意味着要削弱财政在国民经济中的地位和作用。特别是像我们这样的发展中大国，要建立赶超型的经济结构必须强化中央对整个国民经济的宏观调控和战略指导。没有强大的财力作后盾，调控和指导必然软弱无力，这是不利于生产力发展的。

西方在处理各级政府财政的集中和分权问题上也有比较成熟的经验。例如，分税制在美国是实行得比较成功的。真正做到了有一级政府就有一级财权，财权与事权相结合。在美国，联邦预算同地方预算是分开的。州预算要经州议会批准。税源基术上也是分开的。联邦一级的税源82%以上来自个人所得税和工资税；州一级税源近50%来自销售税，近四分之一来自州一级的个人所得税。地方（村、镇）的收入来源，1970年以前主要是财产税，比重占80%—90%，近年来销售税和消费税的比重上升到近四分之一。美国的乡镇财政还保留了一点早期殖民者民主自治的传统，乡镇财政支出主要用于中小学教育、乡镇建设、社会安全等方面。乡镇政府在提出增加预算支出以后，增加多少财产税要由居民公决，然后才能付诸实施。

西方财政体制还有一个共同特点是，中央政府对财力有很大的支配权。这是实行统一政策克服地区不平衡，进行有效的宏观调控所需要的。在美国，1987 年联邦支出要占整个财政支出的 64.5%，州和地方则只占 35.5%。这同大危机以前恰成鲜明对比。1929 年联邦支出只占财政总支出的 31.5%，而州和地方则占 68.5%，出现这种变化显然是为了加强联邦政府宏观调控的能力。

日本实行的分税制借鉴于美国但又有新的发展。日本财政分中央、都道府县和市盯村三级。在日本政府的收入结构中，中央占三分之二，地方占三分之一，这同美国相似，然而政府的支出结构则相反，地方支出占总支出的三分之二，中央则只占三分之一。中央政府通过地方交付税与国库支出金等形式进行财源再分配，把创造良好投资环境，提供社会化生活条件，以及修建基础设施等任务都交给地方去办，并保证他们所需要的财源。因此日本的交通、港口、道路、桥梁的建设是快速的，为实现产业结构的均衡发展创造了良好条件。上述日本财政体制的建立，得益于 50 年代美国财政专家的建议。在此以前，日本财政体制失之于中央集权过多，"夏普劝告"提出了中央与地方实行科学的职能分工，加强地方财政职能的新原则，这个"劝告"取得了良好的效果。

日本中央政府为给地方补助而实行的地方交付税制度，是一套有定量分析的比较科学的方法。在实行这一制度以前，中央对地方的拨款是根据各地的标准财政需要额与标准财政收入额之间的差数确定的，然后由中央汇总计算出该年度中央应向地方拨出的平衡金总额。但各地在计算标准财政需要额时往往都以上年财政的实际支出数为基准，造成中央与地方为拨款而扯皮。1955 年日本政府开始实行交付税制度，交付税总额占国税总额的 75%，其中包括所得税、法人税和 32% 的酒税。这样，中央对地方下拨的平衡金就有了总额控制，然后按全国统一公式计算应拨各地的交付金，这个公式考虑到自然、地理、社会各种客观条件所造成的差别，由中央确定校正系数予以校正。交付金一般能满足地方的需要，确有缺口时，中央政府按一定的法律制度进行调整，由大藏省动用"财政投资计划"的资金予以补充。地方交付税是作为一般财源拨给地方的，不限制用途，不附加条件，但对其使用则要监督检查。

这种按全国统一公式计算给地方拨款的办法其他许多西方国家也已这样做，它对减少中央与地方之间的扯皮，避免地区之间发展不平衡起了良好作用。这是值得我们借鉴的。

西方国家由于有发达的金融市场，财政也可以利用市场机制为财政活动服务，方式很灵活。例如，日本大藏省的"财政投资贷款"，就是运用财政信用进行的有偿服务。它首先向民间筹集资金，把它转化为政府资金，然后再由政府按自己的政策目标贷给使用单位，这样就有效地拓宽了财源。在美国，当联邦政府支持一种事业时它自己可以不出钱，由受益者向金融市场借钱，而由政府成立的专门机构担保，财政作后盾。在受益者无力偿还贷款时，国家出面赔偿。对房屋抵押贷款就是这样做的。由于有政府机构担保，购买房屋的人就可以得到期限较长（一般25—30年），利息较低，第一次付现较少的优惠贷款。同时，这种抵押贷款契约还可以在二级市场上流通，使初始贷款人的资金周转变得十分灵活。这套办法的运用在美国是比较成功的，使60%以上的美国家庭拥有了自己的住房，而政府实际上并没有很大的财政负担。

西方在宏观调控中运用的一个重要杠杆是税收。按照凯恩斯原理，增税是在经济过热时起抑制作用的手段，而减税则是刺激经济增长的手段。在美国历史上20年代的梅隆减税，60年代的肯尼迪减税，80年代的里根减税都曾对美国的经济增长起过明显作用。不过增税这个手段运用起来就要困难得多。60年代中期美国经济明显过热，约翰逊总统的经济智囊们想用增加附加税的办法刹车，但国会阻力甚大，约翰逊担心越战升级受攻击，也不敢要求国会为增税立法，这样一直拖到1968年才采取了增收附加税的措施，但通货膨胀的势头已难于遏止。这说明增减税的做法虽然对经济有调节作用，但因要通过国会立法，所以运用起来并不灵活。但是课税减免和课税扣除一类的做法则具有较大的灵活性，体现政策倾斜也十分有效。课税扣除是把纳税人某些支出从应税收入中扣除，然后计税。例如美国政府为鼓励人们拥有住房，允许对房屋抵押贷款的利息支出从税前收入中扣除然后计税。于是购买房产就成了投资热门，存钱人为了避税常常不是购买一栋住房而是购买许多栋。里根时期在税法上作了变更，限定课税扣除的优惠只适用于第一栋房屋，房产热因而有所减退。课税减免比课税扣除的刺激作用更大，例如投资课税减免，规定对机器设备的投资可以享受 8% 的课税减免。这个办法美国的肯尼迪总统和里根总统都用过，对刺激投资都起过明显作用。不过这种办法，不同行业受益不同，传统产业、资金密集型产业得的好处多，高科技产业、知识密集型产业得益少，这又引起利益集团之间的矛盾，所以里根政府实行了一段又终止了。加速折旧也是运用税收杠杆实行倾斜政策的一个例子，其目的在于加速设备更新技术改造。加速折旧可以在一段时间减少纳税，增加企业留利，有利于企业加大投资力度，这是艾森豪威尔、肯尼迪、里根都做过的。西方还把课税扣除用于体现许多其他政策。例如，为节约能源，对在住房中装置保温绝缘设施给以课税扣除，为儿童保健对保姆工资给以课税扣除，等等。这些例子都说明，他们在实行政策倾斜时对税收杠杆是十分倚重的。当然我国税收结构不同，他们的办法我们不能照抄，但其精神是可以对我们有所启示的。

西方运用财政分配这个杠杆进行宏观调节、稳定经济、促进生产力发展，有成功的经验也有失败的教训。所以，我们借鉴西方经验首先必须弄清情况，加强分析，区别精华与糟粕，切忌囫囵吞枣。拿国债这个手段来说，运用得好运用不好效果大不相同。美国在 1919 年以前一直是净债务国，外债很多，内债也有一定数量，但是使用效果较好。美国铁路大发展在很大程度上是利用英国的资本，这是成功的经验，说明负债并不可怕，关键是要把债务用之于建设并有偿还能力。美国 70 年代 80 年代的财政赤字和经常账户逆差对美国就弊大于利。这里有一个宏观经济的平衡问题和债款如何使用的问题。这就是说 70 年代和 80 年代美国的债务导致总需求与总供给的不平衡，债款主要不是用于建设而是用于消费，没有创造出偿债能力，这是一种寅吃卯粮的政策。在美国对高赤字是好事是坏事依然争论不休。现在逐渐在一点上达成共识，即政府赤字过大挤掉了私人投资，所以近年来固定资产存量很少增长，从长远看将削弱美国的国际竞争能力。布什和艾伦·格林斯潘都承认美国总储蓄率和私人储蓄率都太低，而联邦政府开支又控制不住，这样发展下去前景是不乐观的。美国这次经济复苏乏力，出现战后首次的经济萧条，溯本求源，大赤字是不能脱离干系的。

过去我国运用财政信用是很谨慎的，现在这方面还大有潜力可挖。在综合平衡的条件下，考虑到效益和还款能力之后，适当多发点公债以支持基础设施建设是有益无害的。但是，向银行透支的赤字则应尽量避免。现在我国赤字的概念与国际通用的定义不一致，债务算收入而不算赤字，只有向银行透支才算赤字。如果银行的存贷不平衡，这种透支就是通货膨胀的根子，当然是有害的。此外我国现在发行的公债，中期（3—5 年）的多，短期（3—6 个月）、长期（10—20 年）的少。这种结构不利于资金调度，也不利于充分利用社会闲散资金，应加以改进。

总之，借鉴西方经验深化财政改革是早已提到日程上的议题，现在需要更加深入地探索。上面的一些思考很不成熟，抛砖引玉，希望引起更多讨论。

（原载《财政研究》1992 年第 10 期）

发展中美经贸关系的正确所向

一　改善中美经贸关系有利于两国经济的振兴

在冷战后的世界格局中，美国和中国都面临振兴本国经济的历史性任务。克林顿总统在 1992 年的总统竞选中获胜，说明他所提出的用积极行动振兴美国经济的主张得到多数美国选民的认同，愿意给他一试身手的机会。

克林顿经济纲领的许多内容如削减财政赤字，控制政府开支，压缩军事费用，改善基础设施，改革教育制度，促进科技发展，革新医疗保健等无疑都是必要的。但是要振兴美国经济还有一个必不可少的条件，就是处理好同外部世界的关系，特别是处理好它同对它有重要影响的大国相互之间的经贸关系。否则，他仍将难于实现振兴美国经济的宏伟目标。为此他需要制定高明的经济外交战略，而正确的决策则出于对当今国际竞争态势的正确判断。

麻省理工学院的莱斯特·瑟罗教授不久前出版了《二十一世纪的角逐》（*Head to Head*）。这本书论述了冷战后由军事竞争转变为经济竞争的历史特点。他认为，1992 年美国是世界上唯一的军事超级大国，没有对手，但是经济超强却有三家即美国、日本和以德国为中心的欧洲，它们正在进行一场争夺世界经济霸权的角斗，未得喘息，旧时的军事争夺战已经转为一场经济争夺战。这一估量是符合客观实际的，并已成为当前很多人的共识。

在这场经济争夺战中，三方除了要发挥各自的内在优势之外，都在策划外部联合的战略。

瑟罗对欧洲的外联战略是这样描述的："利他主义加上对边界上迫在眉睫的动乱的担心将导致（西欧——作者注）对中欧和东欧提供援助"①，如果"在扩大了的共同市场上把很大一部分中欧和东欧与西欧结合起来，那么就可以建立起别人不能建起的大市场……拥有 8.5 亿到 9 亿人口……即使欧洲获得部分成功，迄今他们仍是世界上规模最大的经济体"。②

瑟罗也对日本的对外联合战略作了估量，他说："日本通产省在谈论东亚地区秩序，把日本的大部分潜在利益寄希望于中国和俄罗斯东部。这样做并不是想要建立一个具有平等制造格局的共同市场，而是要一个能为日本制造业产品提供原料供应（俄罗斯）和潜在巨大市场（中国）的共同市场。"③

瑟罗没有谈美国的外联战略，实际上美国也有自己的战略并正在执行。这就是自美加自由贸易区出发，演变到建立美加墨自由贸易区，并为囊括中南美洲的"美洲经济圈"奠定基础。

这种依靠地缘优势实行经济联合的战略有其在经济上存在的理由，但绝不是联合的唯一途径。正如瑟罗所说："经济地理可能要比自然地理更为重要。新加坡、韩国以及中国台湾与美国一体化的程度远胜过它们与日本一体化的程度，在现代技术条件下，没有理由认为贸易集团非要由地理上相连的国家组成。组成富有创造性的和令人感到意外的联盟的潜在机会是相当多的。"④

除去经济地理比自然地理重要的理由以外，还应当看到以自然地理为依托的联合完全不能适应大企业生产力日益膨胀对世界市场的需求。大企业的兴旺取决于在全球获得生存空间，这就是区域经济集团化不能取消经济全球化的原因。而 21 世纪国际经济谁主沉浮的问题，又取决于三强所属的跨国公司在全球竞争中的成功与失败。

可见美国要想在未来竞争中取胜，仅靠北美自由贸易区乃至"美国经济圈"是远远不够的。它必须在全球范围物色更多可以合作的伙伴。"组

---

①　莱斯特·瑟罗：《二十一世纪的角逐》，社会科学文献出版社 1992 年版，第 92 页。

②　同上书，第 91 页。

③　同上书，第 66 页。

④　同上书，第 67 页。

成富有创造性的和令人感到意外的联盟"。在这个问题上，美国如果不考虑同中国建立良好的经贸合作关系将是不明智的。

中国这个市场早已为世界所垂涎。1898 年美国国务卿海约翰提出"门户开放、机会均等"时，面对的是一个经济落后，政府无能，处于被列强瓜分危险之中的旧中国，当时它在世界经济中的影响是微不足道的。今天的中国是一个政治稳定，经济高速发展，政府空前开明，愿意同一切友好国家进行全面经贸合作的国家，它已经开始对世界经济产生相当的影响。中国的魅力在于它已经是一个具有相当购买力的大市场，它有日益改善的投资环境，在这片土地上兴办实业资本回报率相当高，它的政府正在执行比相同发展阶段的其他国家更为开放的政策。正因如此，眼光敏锐的各国企业家正在纷至沓来同中国洽谈经贸业务。连过去只愿贷款不愿办企业的日本大公司也已改变初衷，以空前的热情来华投资。欧洲也不例外，他们的企业家所采取的主动行动还得到了各自政府不同程度的支持。可见，同中国建立良好的经贸合作关系，已成为许多国家在争夺世界市场时的重要考虑。他们已意识到同中国建立良好的合作关系，将为他们的竞争地位增加分量。

美国的许多企业家也是聪明的、目光敏锐的。美国实业界、金融界的许多人都看好中国这个市场，纷纷来华洽谈业务，开店办厂。现在到上海投资的美国跨国公司已达 80 多家。美国公司在中国的直接投资自 1992 年以来突飞猛进。据美国商会对 1069 家大公司的调查，现在还没有来华投资者有 63% 准备在今后五年中有所行动，已在中国投资者有 89% 准备在今后五年中扩大生产，实行再投资。

一个发人深思的例子是美国电报电话公司（AT&T）。几年前该公司不重视中国市场。在程控电话线路的报价中输给了日本和欧洲的公司。现在该公司调整了对华战略。1993 年 2 月与中国国家计划委员会签订了内容广泛的谅解备忘录，准备把中国变为该公司业务全球化的基石。为此它提出了一个到 1997 年向中国投资 100 亿美元的计划。现在中国方面与 AT&T 的合作是大门敞开的。障碍来自美国政府的对华政策。一个是限制向中国出口技术的问题，另一个是每年一度美国国会对给中国最惠国待遇问题上的争吵。这些障碍都有可能使 AT&T 在中国的雄图大略受到挫折。

从上面这个例子可以看到，美国政府和国会对建立良好的中美经贸关系对美国的意义在认识上还远远落后于美国的企业界。美国相当多的企业界人士已经看到中美两国在经济上的互补关系，看到美国的资金技术和管理经验一旦与中国潜力巨大的市场，便宜而优秀的劳动力以及尚待开发的自然资源相结合，就能给两国的经济带来巨大的好处，并将有利于中美两国经济的振兴。

现在中国的开放政策是全方位的，建立与美国更密切的经贸关系不存在任何障碍。关键是看美国。看克林顿政府能否从振兴美国经济、提高美国国际竞争能力着眼，超越意识形态的分歧，像尼克松总统在 1972 年那样采取勇敢的，创造性的，令人感到意外的行动，为中美经贸关系的发展谱写出新的篇章。这是历史向克林顿提出的新机遇和新挑战。

二　大陆、香港、台湾经贸关系的加强和美国的对华政策

海峡两岸、香港三地的经贸关系本来是一个国家内部的经贸关系。但是由于历史的原因，香港尚在英国的管辖之下，海峡两岸仍处于人为的分割状态。因此内部关系扭曲为外部关系。但是随着香港的即将回归和两岸关系的互动，港、台与大陆之间的经贸关系正在出现空前良好的势头。为了应付 21 世纪国际上的激烈竞争，三地以民族大义为重加强合作，发挥相互之间的互补作用是使中华民族繁荣昌盛，屹立于世界民族之林的重要保证。

美国与中国港、台之间有着密切的经贸关系，相互在对方都有重要的经济利益。作为贸易伙伴美国在香港的进口中仅次于中国大陆、日、中国台湾居第四位，美国市场在香港的出口中则占第一位（见附表）。早在 1989 年美国在香港的总投资已达 60 亿美元，1992 年达 70 亿美元，仅次于英国而居第二位。有 800 多家美国公司在港注册，其中包括 18 家银行和 14 家律师事务所。美国同台湾的经贸关系也非比一般，1992 年美国在台湾的进口中仅次于日本而居第二位。美国市场在台湾的出口中则占第一位。长期以来美国还是台湾最大的投资者，在台湾外资中的比重为

38.9%。有鉴于此，美国关心港、台的前途和发展是理所当然的。美国和港、台之间也有程度不等的贸易摩擦，处理好这些关系使美、港、台之间的经贸关系得到顺利发展也是彼此关心的问题。就美国方面说需要有对港、台的正确政策。这有两方面，一是对香港回归祖国和两岸的统一采取什么政策；二是对贸易摩擦采取什么政策。对第一个问题美国有三种政策选择即：（1）采取有利于顺利回归和和平统一的政策；（2）采取无害于回归和统一的政策；（3）采取不利于回归与统一的政策。对第二个问题美国也可以采取两种政策，一种是施加高压和单方面制裁的办法；另一种是采取理智的、平等谈判的办法。

在考虑美国对回归与统一问题的对策时，美国应当理解两岸、香港经济贸易关系日趋紧密是不可逆转的，三地经贸合作越紧密就越能增强国际竞争能力，并使各自的经济更加繁荣。香港的回归和两岸的统一将从政治上促进这一进程，因此美国采取有利于回归和统一的政策将是明智的。

三地加强经贸合作为什么会增强国际竞争力呢？这是因为三地在经济上各有优势和劣势。紧密合作，优势互补就可以产生 $1+1>2$ 的力量。

首先让我们观察一下香港与内地的关系。香港的优势在于它已经成为东亚地区的经济中心之一，这表现在：（1）香港有相当发达的轻工业，以纺织、成衣、电子、塑料产品、电器、钟表为主，它的产品近90%出口外销，在国际上富有竞争能力并拥有在全世界行销的网络；（2）它是亚太金融及财务中心，在世界居于前列的100家大银行中，有四分之三以上在香港设有分行。香港有成熟的股票市场、期货市场、黄金交易所。香港股市与纽约、东京的股票市场处于昼夜衔接的地位；（3）它是地区性运输及航运中心，拥有世界最大的集装箱码头，联结世界各地的运输线，新建的港口和装卸设施，香港的机场是世界上最繁忙的机场；（4）它是地区性专业服务中心，世界上知名的律师事务所、会计师事务所、咨询公司、建筑公司、工程公司多数在香港设有分支机构；（5）它是地区性旅游中心，拥有许多世界级的酒店餐馆和购物中心，不少大型会议和博览会都在这里举行。此外香港还是跨国公司总部的集中地，在香港设立地区总部的跨国公司由1980年的174家增长至1990年的602家。

　　但是尽管香港拥有许多优势，它却也有自己的弱点。第一，劳工技术结构失调。某些行业劳工过剩，主要是低技术工人过剩，另一些行业劳工短缺，主要是技术工人短缺；第二，土地和劳工成本上升。香港办公室租金比台湾高 55%，比新加坡高 31%，香港的职工薪金比台湾和新加坡高 3%—20%；第三，经济效益下降。由于土地和劳工价格上升，营业成本增加并超过劳动生产率的增幅，所以产值赶不上成本使效益降低。

　　香港同内地的互补关系在于内地可以为香港提供它所短缺的生产要素：廉价的土地和劳动力。以电器电子业为例，由于香港的技术工人不足，在香港企业中熟练工人占雇员的比率，1990—1991 年为 22%，在把生产厂房转到内地之后上升到 60%。香港企业在把生产厂房转移到内地之后，它的生产成本下降了。仍以电器和电子业为例，1980 年在其成本的结构中物质消耗占 77.6%，职工工资占 14.8%，年利只有 7.6%。到 1989 年由于许多企业把生产厂房转移到了内地，其成本结构发生了变化，物质消耗下降到 77.2%，职工工资下降到 11.6%，毛利相应上升到 11.2%。正因如此，许多香港企业都采取"前店后厂"的方式把生产厂房搬往内地。目前在华南地区有 300 万以上的工人受雇于港资公司，在全国范围受雇者多达 500 万人，香港厂家约有 75% 在中国设厂。单以广东省一地计算，就有 23000 家与港商合资经营的企业和 80000 家加工工厂。香港为了提高自己的竞争能力正在进行经济转型，发展附加价值高的高科技产业。但是香港的科研基础和科技力量相对薄弱，而大陆则有实力相当雄厚的科技队伍，两者结合起来将有利于香港的产业升级。

　　香港反过来也可以发挥自己的优势，有力地促进内地经济的发展。第一，成为大陆吸引建设资金的媒介。大陆的基础设施如铁路、公路、港口及电信都需要外来投资，香港可以成为内地的资本市场。与此同时，香港也可以为内地上市股票提供方便，安排政府债券和商业债券在国际上的发行；第二，香港可以成为内地企业走向国际的媒介，协助内地公司扩展国际贸易和投资。作为一个地区性的服务中心，它可以协助内地产品出口，提供货物转口、仓储、贸易信贷和商品交易等服务；第三，香港可以成为跨国公司向内地投资的媒介，充当跨国公司的顾问或合作人，沟通双方的文化和语言。特别由于地缘上的优势，香港对于广东省提出的在 20 年内赶上"四小龙"的宏伟目标可以作出特殊的贡献。事实上，香港与内地已经形成了唇齿相依，荣辱与共的关系，彼此都已经并正在从经济上的一体化得到好处。从贸易上看，香港从内地的进口 1992 年达到 454 亿美元，为 1980 年的 16 倍，每年平均递增 26.1%；向内地的出口 1992 年达到 79.3 亿美元，为 1980 年的 38.6 倍，每年平均递增 35.6%；转口 1992 年达到 272 亿美元，为 1980 年的 45.6 倍，每年平均递增 37.5%。贸易量如此迅速的增长自然给香港带来巨大的利益和繁荣，而香港与内地的相互投资也是巨大的。从 1979 年到 1984 年香港对内地投资 81 亿美元，1985 年到 1990 年翻了一番，达到 185 亿美元；内地对香港的投资也超过了 100 亿美元。

香港与内地在经济上的日趋一体化给香港带来了繁荣，在香港有重大经济利益的美国当然也从中受益。因此，美国只有对香港的顺利回归祖国采取热情支持的态度才是合乎逻辑的。

现在再来考察一下两岸的经贸关系。

台湾是新兴工业化地区，同香港处于相似的发展阶段，它也与香港相似，拥有资金、技术方面的优势，而这些恰好是大陆的短处。台湾的短处在于缺乏资源、市场和廉价劳力，而这些恰好是大陆的长处。据调查大陆工农业原料如棉花、铝锭、煤、花岗石等价格比国际价格低 15%—30%，劳动力价格只及台湾的 1/10。大陆出口台湾的燃料煤价格为每公吨 40 美元，比台湾从南非进口每公吨便宜 5 美元，如果从大陆进口石油和煤炭，台湾每年可节省外汇 10 亿美元，但是由于两岸迄今仍未实现通航，这种地缘优势远没有发挥出来，这是令人遗憾的。

但是严峻的国际竞争形势正推动双方朝着加强经贸关系的方向发展。由于国际上贸易保护主义抬头，出口占国民生产总值 90% 以上的台湾正面临贸易增长势头放慢，产品缺乏竞争力，经济转型困难重重的局面。据台湾"经济研究院"的调查，1991 年上半年台湾有近 7 成的产品，因出口下降而使整个产业陷于不景气之中。另据调查，在 2714 家制造出口产品的厂家中有 61% 的公司对今后出口前景感到灰心，纺织、成衣、鞋业、玩具业更为悲观。

影响台湾竞争力的因素是成本上升。在生产要素中首先是地皮价格猛涨，1987—1990 年台湾地皮价格上涨了 3.1 倍，而同期日本上涨 1/3，韩国上涨 1 倍，美国上涨 1/10；其次是工资上涨过猛，1987—1990 年涨幅达 87%，是东南亚各国的 3.7 倍。此外，进口能源路途遥远，运输费用过高也是一个原因。台湾为了加强竞争力已致力于产业升级和经济转轨。但至今仍有 2/3 的企业未能实现由劳动密集型向资本技术密集型产业转变。原因之一是找不到合适的转产基地。台湾所面临的这些困难恰好是通过与大陆的经贸合作可以顺利解决的。大陆的地价便宜，工人的素质好但工资低，能源储藏量和生产量都很可观。大陆的产业是多层次的，从劳动密集型的初级产业到资本密集型和高技术产业无所不包。对于不同层次的台湾产业都可以容纳。此外，大陆日益繁荣的市场也为调整台湾出口商品的地区结构提供了可能性。

目前两岸经贸往来虽然还不畅通，但自 70 年代末大陆主动采取各种促进政策以来，两岸经贸往来已有长足发展。两岸的贸易额已从 1979 年的 2100 万美元跃增至 1992 年的 74 亿美元，增加了 351 倍。1992 年以来受到大陆景气的影响，台商对大陆投资快速增长。台湾"经济研究院"新出版的一份报告指出，从 1983 年至 1993 年第一季度台商对大陆投资金额累计已突破 100 亿美元，投资厂商超过 1.2 万家。同时，台商的投资项目也由过去以劳动密集的制造业为主，开始转向高科技产业和金融服务业。投资地区则由闽粤扩散到了内地。

尤其值得注意的是台商的投资模式正在促进台、港、大陆三方面经济的结合。目前台商普遍的操作方式是由香港下订单，台湾提供资金与技术，大陆提供劳力与厂房，形成一种"两岸三地合作"，并以加工出口行业为投资重心；因此台商在大陆的企业平均出口占产值的 80% 以上，与大陆一般外资工厂出口平均占产值 27% 相比，在创汇方面的成绩是很突出的。台商企业还为大陆新增劳力提供了就业机会。台商每年大约可以吸收大陆 8% 的新增劳动力，同时台商企业雇用的多为中低级技术工人，他们大多来自农村，有利于缓解农村劳动力过剩的问题。

可见两岸经贸互补关系，即使在双方往来仍处于初始时期的现阶段，也已经显示出巨大的活力。这种势头足以说明，只要不断促进两岸经济向更加密切的方向发展，就可以使双方大大加强自己的竞争能力，这是振兴中华的必由之路。

从美国在台湾的利益说，它是与台湾的经济繁荣联系在一起的。台湾经济要靠两岸经贸的密切合作而兴发，因此美国采取有利于两岸政治统一，经济紧密协作的政策将是明智的。

美国同台湾、香港存在不同程度的贸易摩擦，用什么姿态解决这些矛盾会影响美国在亚洲的形象。用保护主义的大棒敲打贸易伙伴乃至发展到贸易战是不明智的。美国现在的许多做法正在促使东亚地区产生对美国的反感。瑟罗在他那本书中提到的美国与亚洲国家的经济地理关系正在日渐削弱。目前还不存在什么亚洲经济共同体，亚洲国家深知同美国发展经贸关系的重要性。美国不应用不适当的政策驱使亚洲国家选择建立对美贸易壁垒的道路。

三　不遗余力推进中美两国经贸关系

发展中美两国经贸关系符合两国根本利益，但是良好的合作关系需要双方共同精心培育。当前中美经贸关系的主要障碍如对最惠国待遇附加条件的问题、贸易逆差问题、纺织品贸易问题本来都不应成为障碍，如果美国政府从两国根本利益出发，执行改善两国经贸关系的总方针，这些问题应当是不难解决的。

最惠国待遇本来是互惠的。把最惠国待遇作为政治筹码是不明智的。它是一把双刃剑，可以伤害别人，也会伤害自己，这本来是很浅显的道理。在布什政府时期国会民主党多数议员对最惠国待遇要附加条件，其矛头是指向布什总统。现在克林顿当政，国会把附加条件与否的决定权转给了总统，对克林顿说这是一个绝好的机会。他已经处于一个能够使中美经贸关系摆脱政治干扰，把它安放在一个稳定基础上的地位。

贸易逆差问题，双方的统计并不一致。即使按美方的统计数字，如果稍加分析就可以看出导致逆差如此之大有原来港台出口商品转移大陆生产的因素。如果把港台、大陆对美出口加在一起，美国的贸易逆差并没有增加很多，而中国对这些产品主要是加工，只收很少的加工费。对这一点美国学者也早有公论。另外中国本来愿意从美国进口更多商品，并为此做出了努力，但是美方对高技术出口加以限制，这就约束了本来可以抵消美国贸易逆差的商品出口。前不久克林顿政府宣布对盟国放宽高技术出口的限制，但对中国的出口仍然要巴黎统筹委员会审定。美国商人对此十分担心，如果不能取消限制，中国有可能从不受巴统管辖的国家进口同类产品，这将使美国商人失去机会。克林顿政府能否作出明智的决策，人们正拭目以待。

关于纺织品和服装向美国非法转口的指控，连美国《商业日报》都认为美方的指责缺乏实据。美国海关宣称中方的非法转口高达 20 亿美元。但是据华盛顿一家跟踪进口配额的公司——国际开发系统公司估计，受指责非法转口的商品价值只有 1.679 亿美元，即只占 1990 年至 1993 年 6 月 28 日这个时期中国向美方出口纺织品及服装总值 150 亿美元中的 1% 多一点。但是美国海关拒绝讨论它的估计是如何得出的，美方的这种态度显然是不公正的。

中方主张通过谈判解决一切争端，使分歧得到解决，并尽最大努力继续推进中美经贸关系。作为学者，我们赞赏中国政府的下列做法。

在中美贸易方面，中方将信守 1992 年同美方达成的三项协议，即关于知识产权、劳改产品、市场准入三个谅解备忘录并在落实协议方面下功夫。此外，中国在申请恢复关贸总协定缔约国地位的过程中将不断改革自己的进出口制度，使之向国际惯例靠拢。

在引进外资方面，中国将进一步改善自己的投资环境。首先是改善引进外资的硬环境，加强基础设施的建设。在铁路、公路、电力建设等方面加大投资力度。

（1）在铁路方面。1996—2000 年将建设十大项目，其中新建铁路大动脉三条。第一是京九铁路，它将纵贯 9 省市，缓解南北运输的瓶颈。第二是南昆铁路，从广西南宁到云南昆明，联结西南五省（自治区）使四川、云南、贵州获得面向东南亚的出海口（钦州港）。第三条是西安—安康铁路，保证将山西、陕西、内蒙古的原煤输送到大西南以促进四川的繁荣和陕西的开发。十大项目中有四项是使现有四条铁路电气化，有三项是使三条铁路由单轨变为双轨。在进行大规模铁路建设中，中国政府将欢迎外国投资，采取合资与独资两种形式都可以。已有的例子是深圳—平南铁

路，它是由 6 家香港和内地的股东合作兴办的，1993 年 3 月动工，总投资
3. 28 亿元人民币，它是第一家由中国和外国股东管理的铁路运输企业，为
今后铁路建设吸引外资开辟了通路。

（2）在公路方面。交通部计划在今后 8 年建设纵贯南北、横贯东西的
四条国家级高速公路。纵贯南北的干线公路一条起自黑龙江省的同江，终
点在海南省的三亚；另一条起点为北京，终点为珠海。两条横贯东西的干
线公路一条起自连云港，终点在新疆；另一条起点在上海，终点在成都。
这四条干线将是国家高速公路网络的主体部分，为各省区市提供迅速、安
全、经济、舒适的客运和货运服务。它们全长 14500 公里，联结 100 个大
中城市和 20 多个省、自治区，它们将占全国高速公路网络全程的 41.4%。
在修筑高速公路中政府也将多渠道筹集资金，包括鼓励兴办合资独资公司
经营高速公路、桥梁和隧道建设，以便引进先进技术设备以及科学的管理
方法。

（3）在电力方面。今后 8 年中国预计将引进 250 亿美元的外国资本
兴建电站。已有 9 个外资项目获得批准，另外 5 个正由中央政府审批。
这 14 个大电站将具有 2000 万千瓦的发电能力，85% 的发电设备将通过
进口解决。中国到 2000 年还将建设 1.3 亿千瓦的发电厂，也需要利用
外资。

改善投资环境的第二个方面是改善软环境。这方面的首要措施是加
强宏观调控，稳定经济，治理通货膨胀。1993 年 7 月以前由于放松了金
融管理，银行盲目贷款，支持了不健康的股票热、房地产热和开发区
热，导致通货膨胀和外汇调剂价的大波动。这种局面加大了来华投资外
商的外汇风险，对引进外资是不利的。7 月以后政府从整顿金融财税秩
序入手，加强宏观调控力度，现已取得积极成效。首先是固定资产超高
速增长势头有所控制；其次是金融财税秩序好转，乱拆借，乱集资，乱
设金融机构等混乱现象得到制止。居民储蓄存款逐月回升；最后是生产
资料市场，股票市场，期货市场，外汇市场，房地产市场及开发区秩序
好转。生产资料供应由紧转松，价格回落。各地已撤并一些不合要求的
开发区。外汇调剂市场，美元对人民币的比价已稳定在 1∶8.8 左右较合
理的价位。在开始实施强化宏观调控时，外商担心中国经济将因金融紧缩

而陷于萧条。实际上这次加强宏观调控并不是全面紧缩而是局部调整。所以第三季度经济继续稳定增长，足以消除人们的疑虑。事实证明，中国政府有能力引导国民经济持续、稳定、高速增长。这就为引进外资创造了最好的宏观环境。

在改善软环境的第二方面是狠抓反腐败斗争，为外商创造一个公正廉明，可以公平竞争的投资环境。

为了更多地引进外资，有关部门还决定进一步扩大外商投资领域，扩大地方政府批准外资的权限和进出口决定权。政府将根据产业政策积极引导外资投向基础设施、基础工业和高技术产业。政府还将鼓励外资投向资本和技术密集型产业。在服务业中，银行、商业和房地产业也将逐步向外国投资者开放。在吸引外资的形式方面，中国将采用一种新的被称为 BOT 的做法，即让外国投资者直接建设一个项目，由外国投资者负责经营管理，几年后转给中方。在外商管理期间中方只收税款。BOT 方式将被应用于基础设施项目，如从浙江温州到金华的铁路，以及在湖北省的港口。为了克服沿海与内地经济发展的不平衡，预期中国将把内地的自然资源向外商开放。外国公司将可以参与云南、贵州、广西以及新疆塔里木地区的石油勘探和开发。

在引进外资方面的另一项重要举措是将对外资企业逐步实行"国民待遇"，即把外资企业同国内企业放在同一条起跑线上，在税收、销售、运输、采购和营运等方面对中外企业一视同仁。

为改善投资环境所采取的上述种种措施，将不仅使美国公司在中国获得更适宜的生存空间，而且将使美国公司获得更多的投资机会。

由于中国将坚定不移地继续执行对外开放政策，中国的投资环境将渐臻理想，中国的市场将日趋繁荣，同中国做生意，来中国投资将使美国商人和投资家得到比其他地方更多的好处，因此中美经贸关系不管还要经历什么风险，它的前景将是光明的。中美经贸关系的健康发展既然能给中美双方带来实实在在的好处，志在振兴美国经济的克林顿政府无疑应当摆脱偏见，扫除一切障碍，作出正确决策，把中美经贸关系引向健康和稳定的发展道路。我们对此寄予希望。

表 1　　　　　　　　　　1992 年香港进口、出口、转口的地区构成

	进　口	
	金额（百万港元）	比重（%）
中国	354348	37.1
日本	166191	17.4
中国台湾	87019	9.1
美国	70594	7.4
韩国	44155	4.6
新加坡	39087	4.1
西德	21911	2.3
英国	19221	2.3
意大利	14825	1.6
马来西亚	12825	1.3
其他国家	125118	13.1
总额	955294	100.0
	出　口	
	金额（百万港元）	比重（%）
美国	64600	27.6
中国	61959	26.5
西德	15956	6.8
英国	12541	5.4
日本	10997	4.7
新加坡	10360	4.4
中国台湾	6500	2.8
加拿大	5018	2.1
荷兰	4878	2.1
法国	3164	1.4
其他国家	38151	16.3
总额	234124	100.0

续表

	转　　口	
	金额（百万港元）	比重（%）
中国	212105	30.7
美国	148500	21.5
日本	37465	5.4
西德	33103	4.8
中国台湾	26156	3.8
英国	20591	3.0
新加坡	13866	2.0
韩国	13588	2.0
加拿大	11101	1.6
法国	11039	1.6
其他国家	163315	23.6
总额	690829	100.0

资料来源：《香港经济年鉴》。

（原载《美国研究》1994 年第 1 期）

美国现代企业的灵魂

——经 理 阶 层

一　美国经理阶层中的新一代

20 世纪 90 年代以来，美国公司在经济复苏中进行了大改组，经理阶层中新一代超级明星脱颖而出，给美国经济带来了虎虎生气。

举几个大公司的例子。

例一，1992 年通用汽车公司前总经理罗伯特·C. 斯坦佩尔因市场占有率下降，公司处境困难被董事会炒了鱿鱼。原通用公司欧洲总部负责人杰克·史密斯被提升为公司总经理。史密斯 80 年代表现不凡，把通用欧洲总部经营成该公司皇冠上的一颗明珠，因而受到重用。登上了总经理宝座后，他又大刀阔斧整顿机构，削减雇员，紧缩过度膨胀的零件业务，效果明显，股票价格由 31 美元跃升到 45 美元，成为明星人物。

例二，1993 年国际商用机器公司（IBM）前总经理约翰·F. 阿克尔斯因经营战略失误使该公司连连亏损，股票价格下跌 75%，被迫辞职。经过遴选，路易斯·V. 戈斯特纳尔被任命为总经理。戈氏不懂计算机技术，他的背景是当过美国快捷公司总裁，RJR 纳比斯科公司总经理，在管理上他成绩斐然。戈氏认定 IBM 的问题不在技术而在管理，所以对扭转危局颇具信心。为找到症结对症下药，上任以来他已同数千名客户、近两万名职工对过话，提出了改善经营的新战略，令人刮目相看。

例三，再早一些时候，现任美国电报电话公司（AT&T）总经理鲍勃·艾伦也是临危受命，面对 AT&T 与贝尔系统拆伙后的困难局面，冲破了公司传统文化的束缚，破除陈规旧矩，吸收新鲜血液，给这个庞大而散漫的"帝国"注入了一种对未来充满信心的动力。他大胆决定用126亿美元的巨资兼并美国最大的麦考蜂窝通信公司，又准备用75亿美元购买NCR公司（计算机业），如能获准将为日后AT&T在美国信息高速公路中的优势地位奠定坚实基础。

史密斯·戈斯特纳尔和艾伦无疑都是美国大公司的超级明星。但他们只不过是冰山上的尖顶。在他们底部还有一个庞大的经理阶层。是这些人在"公司美国"这个没有硝烟的战场上担当主帅，统率三军冲锋陷阵赢得辉煌战果。在美国战后第9次经济衰退之后，是靠他们整顿美国企业，使之登上了一个新台阶，并大大提高了美国企业的劳动生产率和国际竞争能力。

二　经理阶层的职业化与市场化

美国现代企业制度的蓬勃发展已使公司经理成为一种令人欣羡的职业。经理阶层通常不是企业的所有者而受聘于董事会。他们不同于普通职工的地方在于他们是"高级打工仔"。此外他们同股东之间有着不断的交流，彼此之间没有不可逾越的障碍，这是普通职工难以企及的。尽管如此，他们仍然必须服从劳动市场优胜劣汰的规律。像上面讲的通用汽车公司的斯坦佩尔和IBM的阿克尔斯，就是因为跟不上形势而在激烈的竞争中被刷了下来。

人们有时会问：实质上是雇员的经理阶层，为什么会对公司如此效忠呢？为什么要为财产的增值如此呕心沥血呢？答案首先在于这是他们的职业，而且是很体面的职业。他们能在这个职业中崭露头角，将使他们享有荣誉和社会地位。在美国像为克莱斯勒公司扭转乾坤的艾科卡就被视为英雄，在社会上是有很高地位的。

目前，在美国很时兴经理市场和经理介绍所。后者在美国也叫"猎头公司"（Headhunter）。它是专为大公司猎取称职的公司头头而服务的，这种公司通过信息网络，掌握经理们的背景材料，对经理们的表现进行评估，同时又掌握市场需求情况，充当供求双方的媒介。现在大公司物色的人才多数并不是总经理这个级别的人物，而是年薪在15万—20万美元的分部经理。这是因为这类骨干在前阶段企业改组时削减得很厉害，现在营业扩大了，又需重新补充力量。或者从本公司找不到合适人选的公司也要求助于猎头公司。

黑德利克·斯特拉戈尔公司（Heiderick & Struggles）是生意最好的一家猎头公司。这家公司指导并介入了IBM、柯达、西屋、迅捷、PPG、通用工具等公司物色总经理的工作。1993年它的业务收入上升了36%达到1.1亿美元。它的董事长杰拉德·R.洛基由于为公司创造了最佳收入纪录，其个人的年收入高达600万美元。

斯潘塞·斯图亚特公司（Spencer – Stuart）也是一家著名的猎头公司。其总裁汤姆·奈夫声称，该公司已经介入了物色7名总经理和3名业务部经理的牵线工作。

从美国的实践经验来看，经理市场和经理介绍所对发掘人才，评估人才，促进经理阶层职业队伍的新陈代谢起到了积极作用。它已成为实现高级人力资源优化配置的重要媒介。

三　对经理阶层的激励机制

在美国，经理阶层的效忠是靠职业荣誉感和物质刺激双重机制来保证的。

美国企业对经理阶层实行的是强大的物质刺激机制。这种做法虽已引起争议，但它目前无疑是调动经理阶层积极性的一种有效办法。

据美国《商业周刊》的统计，1992年美国大公司总经理的年平均收入是3842247美元。这个数目是工程师的65倍，教师的112倍，工人的156倍。同12年前的1980年相比，总经理的收入大大提高了。那一年他们的收入只相当于工程师的21倍，教师的38倍，工人的41倍。

差距拉大的原因据说不在年薪和奖金而在长期性报酬，也就是所谓的期权奖（Stock Option Grant）。期权奖是由公司授予经理人员，按现货价格购买若干年后本公司多少股期货的权利。这种激励机制的作用在于，使经理阶层的利益与股东们相一致。企业经营得好，股票价格上升，经理们就可以从将来高价抛售股票中赚取巨额收益。实际上经理们由此得到的好处，要比从年薪和奖金中多得多。例如 1992 年收入列第 1 名的美国医院公司总经理托玛斯·小弗里斯特，他所得的年薪和奖金不过 107 万美元，远远低于排名第 16 名的拜耳·思特恩斯公司总经理艾伦 C. 哥林伯格的 1683 万美元。但是他从期权奖中得到 1. 26 亿美元的收益，使其年度总收入高达 1. 27 亿美元。

对美国大公司总经理该不该拿这么多报酬有各种不同看法。反对者把美国同日本比较。他们说日本大公司的总经理们平均收入比普通雇员大约高 32 倍，很难说日本的经理阶层的贡献不如他们美国同行来得大。

另一种反对意见认为，美国经理阶层得到的报酬常常同他们的实际成绩不相称。比如美国亨氏公司的总经理安逊尼·奥雷里所得的报酬高达 1. 1 亿美元，而这家公司的股票只增值 35%；相反，诺威尔公司的总经理雷蒙·J. 奴尔达的报酬只有 27. 5 万美元，但这家公司的股票却增值了 635%。人们还认为期权奖受市场股价波动影响很大，并不是反映企业经营成绩的公平尺度。

此外，还有从社会学角度提出的对收入不公的看法。

站在经理阶层立场的人则认为，把期权奖同年薪、奖金加在一起计算的做法不合理。因为这样会给人以收入过高的错误印象。他们说，期权奖是对若干年辛勤努力的报偿，不应当列入年度考绩之内。

对于弗里斯特获得的巨额收益也有同情者。他们说弗里斯特获得这个报偿是冒了很大风险的。这家公司在 80 年代过度膨胀，发展成为一家庞大的混合型公司，在全球有 486 家医院，还在一些保险公司和保健组织中有投资。当时弗里斯特担心这家财务状况不佳的公司有被别人兼并的危险，就联合一些同伙用融资购并的办法把公司的股票买下来。然后对公司进行了整顿，把业务集中到 74 家外科医院和 54 家心理治疗所。然后让股票重新上市，股价随之猛涨。弗里斯特搞融资购并花了 3 亿美元，重新上市后市场价格是 28. 3 亿美元，其报酬是 1 与 9 之比。他本人只占 11% 的股份，得到 1.26 亿美元的好处，合伙人则比他拿得多，应当把他的巨额收益看做对他勇于承担风险的补偿。目前对于这个问题的是非，在美国社会中显然很难取得一致看法。

四　对经理阶层的监督机制

美国公司经理受聘于董事会，享有高度的经营自主权，这是他们得以发挥创新精神的前提条件。但他们的工作必须在董事会的监督下进行。它们之间存在着一种制衡关系。过去一个时期大多数美国公司是总经理权力很大，董事会无所事事，被称为"舒适的俱乐部"。这就有可能导致总经理独断专行，损害了他们的利益。1992 年通用汽车公司调整行政领导之后，又任命前宝洁公司退休总经理约翰·G. 斯梅尔为不兼任行政职务的董事长。斯梅尔矢志改革要把董事会变为有棱角的制衡机构。他在征得外部董事同意之后起草了一份有 28 项内容的文件，被称做"董事会大宪章"。其基本点是：（1）要在事实上而不是程序上由董事会选择自己的新成员，以保证他们对董事会的忠诚；（2）在董事长和总经理职务集于一身时，外部董事要选择一位"首席董事"，由他每年至少举行 3 次外部董事的"行政会议"。每次会议之后要同总经理会晤，交换意见。外部董事每年要对总经理进行一次正式评估；（3）董事会设立一个"董事事务委员会"，其责任包括任命工作委员会的成员，以便对董事们不太内行的问题进行评估，并在年度报告中对董事会的成绩做出评介，向全体董事报告；（4）董事会成员对通用汽车公司的经营管理完全有权进行调查；（5）每次董事会召开之前行政当局不仅必须向董事会提供标准的业务信息，还要对指定的题目提出报告，以便在讨论时能把重点集中到董事会掌握了材料的问题上。同时总经理每年必须向董事会报告接班人计划，以及改善经营管理的方案；（6）通用汽车公司的外部董事将就公司管理方式做出一切决定。

斯梅尔在担任董事长后改变了过去董事会开会时那种呆板的、照本宣科的作风为公开讨论，使董事会充满活力。在董事会会议厅每个人都可以坦诚地发表意见。他们有权审查生产线上产品的质量。人们认为,这个"董事会大宪章"给美国公司吹来了一股新鲜空气,给美国企业带来了新的希望。

(原载《中外企业家》1994 年第 4 期)

经济全球化与中国面临的机遇和挑战

经济活动全球化是第二次世界大战以后，特别是近 30 年来在全世界日益增强的趋势。这种趋势方兴未艾进展很快，并已给国际经济、政治、文化生活带来重大影响。它正在超越民族国家的藩篱把世界经济的各个角落越来越多地纳入一个统一的生产体系和劳动分工之中。它促进了世界经济的发展，同时也带来了社会生活的震荡。

中国是全球的一员。振兴中华的大业要在一定的时代背景和国际环境中去完成。认识全球化的来龙去脉，审视全球化对发展中国家提供的机遇和挑战，弄清全球化对我国的有利和不利影响是制定我国发展战略的重要前提。似乎可以这样理解，邓小平同志建设有中国特色的社会主义理论和党的基本路线是充分考虑了全球化这一国际大背景的。如果这样说是对的，那么加深对全球化的理解就将有助于提高我们贯彻执行党的基本路线的自觉性。本文准备探讨四个问题。

一　经济活动全球化是国际分工的新阶段

16 世纪至今，资本主义世界的国际分工已经走过三个阶段。我们现在所处的是第三阶段。前两个阶段主要是通过世界贸易体现国际分工，现阶段则是通过生产的国际分工进一步推进了世界贸易。国际分工的这三个阶段对前殖民地和现在的发展中国家的意义是完全不同的。

第一阶段：以农业、手工业为基础的殖民地分工体系。资本主义的发生发展离不开世界贸易。真正意义上的世界贸易起始于 15—16 世纪新大陆的发现。随后，欧洲各国建立了殖民制度。欧洲商人为了从事奢侈品贸易开辟了围绕全球的欧亚、欧美、美亚三条海上航线。他们把自己的手工业品卖给非洲，从那里买进奴隶，运往美洲从事印第安人所不胜任的采掘劳动以获取美洲的黄金和白银，然后用金银换取亚洲的胡椒、丝绸、瓷器、丁香、茶叶、肉桂、珍珠、宝石和鸦片，运回欧洲谋取厚利。由此可见，早期殖民体系的国际分工是欧洲商人资本在奢侈品贸易的推动下进行的。它的基础是欧洲具有资本主义萌芽性质的手工业工场，与欧洲以外各种前资本主义生产方式之间的劳动交换。这种交换劳动是由获得特许权的垄断性组织如东印度公司、西印度公司进行的，带有强制性和明目张胆的掠夺性，它为欧洲资本主义的发展提供了原始积累。在此阶段殖民地得到的只是被掠夺与被奴役并维持着落后的生产方式。他们不可能积累资金，因而也没有发展生产力的可能。

第二阶段：以资本主义工业化为基础的殖民地分工体系。18世纪60年代以后英国加速了工业化进程，世界经济开始进入工业资本主义阶段，工业品在世界生产中占有越来越大的比重，这一变化为世界经济带来一系列影响。

首先，它导致欧洲进一步的地理扩张，把更多地方囊括在这个世界体系之中。这个时期的科技进步大大方便了海上运输，使世界贸易成本显著下降。同时工业化生产需要的原料无论在品种和数量上都大为增长，原来的地理疆界已不能满足这种需求。于是在宗主国与殖民地之间形成了一种由殖民地供应原料，由宗主国生产工业品，原料经加工再输送到殖民地销售的国际分工体系。

实现了工业化的国家在内部产业结构上发生了根本变化，它们逐渐把农业活动分离出去。到了1900年英国从事农业生产的人口已不足10%。

在第二次世界大战以前工业国家生产力的发展已使它们的大公司着手在海外建立生产据点，但大量的是为了取得原料。以争夺市场和优化资源配置为目标在海外建立生产据点的仍然是少数。在此阶段，国际资本与殖民地的关系基本上是前者通过工农产品的不等价交换剥削后者。殖民地本身难于积累资金，因而也没有发展生产力和实现工业化的可能。

第三阶段：殖民体系瓦解后，垄断资本向全球扩张所形成的国际分工体系。第二次世界大战以后，特别是最近30年左右的时间，国际分工进展到一个新阶段。如果我们把前者称为经济活动的国际化，那么后者就是经济活动的全球化。国际化可以通过商品资本在国与国之间的运动来实现。全球化则以生产资本扩张为突出特点并与贸易、金融相结合实行全球扩张。在生产方面，它把原来一个企业生产过程的内部分工，扩大为在全球范围的分工。因此，它可以实现生产要素在全球范围的优化组合和资源的优化配置，在这个意义上说，全球化同国际化有本质上的不同。

经济活动的全球化打破了由工业化国家向殖民地购买原料、输出制成品的垂直分工旧模式。在此阶段，国际资本与获得民族独立的发展中国家之间的关系是它们在经济上可以进行水平分工，彼此优势互补的关系。这就向发展中国家提供了积累资金、发展生产力、实现工业化的机遇。但是全球化的发展是不平衡的，它不可能自发地把全球每一个角落都席卷进去，只有实行正确政策的发展中国家才有可能抓住这个机遇。

二　全球化改变了各国的经济面貌和力量对比

经济活动全球化已使世界经济格局发生很大变化。新的国际分工为新兴工业化国家和地区的勃兴创造了条件，并促使国际贸易、国际投资和国际金融活动以更快的速度和更大的规模在全球发展。美国学者狄肯（Peter Dicken）在《全球大变动》一书中把当代世界诸国分为三组，即发达国家、发展中国家和计划经济国家。他对这三组国家在世界工业生产中所占的比重作了动态比较。如以 1953 年为基期，发达国家当时所占的比重为72%，发展中国家为 4%，到 1985 年前者下降到 63%，后者上升到11.3%，计划经济国家在此期间变化不大，始终徘徊在 1/4 左右。在发达国家中，美国在 1963 年仍生产世界工业品的 40%，1987 年下降到 24%。英、法、意、加拿大工业品所占份额在此期间也是下降的，总计由 19.2%下降到 12.7%。而上升的则有两个国家，一个是西德，由 9.7% 上升到10.1%；另一个是日本，由 5.5% 上升到 19.4%。在发展中国家里，各国情况很不相同。份额增长最大的是新兴工业化国家和地区。

狄肯按发展中国家工业化的程度把 13 个国家和地区界定为新兴工业化国家和地区，它们是东亚和东南亚的韩国、中国香港、新加坡、中国台湾、马来西亚、泰国，南亚的印度，拉美的巴西、阿根廷、墨西哥，南欧的西班牙、葡萄牙和希腊。这 13 个国家和地区在世界工业品中占有的份额增长最快的是韩国和中国台湾。在 1963 年至 1987 年，前者由 0.1% 上升到 1.2%；后者由 0.1% 上升到 1.1%，都增长了 10 倍或更多些。香港由 0.1% 上升到 0.3%，新加坡由 0.1% 上升到 0.2%。其他国家的增长均低于一倍。泰国、印度和阿根廷因资料不全难以比较。就工业品增长速度的趋势而言，这些国家呈现出不同的曲线，东亚和东南亚地区 60 年代和 70 年代都保持两位数的增长率，最高的如韩国曾达 17.6%，80 年代有所下降，不过 1980、1987 年韩国经济的年增长率仍达到 10.6%，中国台湾、马来西亚、泰国在 6%—7%，中国香港为 3.3%。印度的增长率不算很高但它是节节上升的，60 年代为 4.7%，70 年代为 5%，80 年代为 8.3%。拉美和南欧几个国家 60 年代和 70 年代增长较快，60 年代大体都在 6%—10%，70 年代在 5%—8%，而 80 年代则陷入停滞。

这些变化都可以从全球化中找到原因。在发达国家中美国向海外扩散的制造业最多，这是美国工业品在世界份额中相对下降的根源之一。在发展中国家里面，东亚新兴工业化国家和地区之所以能扩大其工业品在世界中的份额，是因为他们抓住了战后全球化以及朝战、越战的历史机遇，参与了国际分工和国际竞争，实现了工业化。在全球化中美国曾起到了火车头的作用，但它也为世界多极化的格局打下了经济基础。

新的国际分工是由生产资本的全球扩张带动的，它主要表现为私人对外直接投资的全球扩张。国际投资又分直接投资和证券投资，前者可以说是后者的物质基础，所以它的意义更为重要。1992 年全世界私人对外直接投资存量为 1.93 万亿美元，几乎为 1980 年存量的 4 倍。

对外直接投资的主角是跨国公司。跨国公司实际上是使经济活动全球化的主要驱动力量。跨国公司的特点是它控制着许多国家的经济活动，它可以灵活地在全球范围调配资源；因此，它能把不同国家和地区禀赋各异的生产要素加以优化组合，取得最佳效益。

跨国公司的组织形式日趋复杂。由母公司和分布在全球的子公司组成一个金字塔型的跨国集团是它的基本形式。此外，还有总公司与各地承包商签订分包合同进行加工定货的形式；在外国建立合资企业的形式；大公司之间建立战略联盟对高科技进行联合攻关以及建立所谓"虚拟公司"型的临时网络联盟，共同推出新产品的形式，等等。所以美国学者考林和苏格登（Cowling & Sugden）对跨国公司的界定是"一种由一个战略决策中心协调生产的工具，它可以使一家公司跨越国界进行协调"。这种说法对跨国公司的多种形式具有较大的兼容性。

第二次世界大战以后跨国公司大发展。1946—1952 年平均每年增长 50%。1952 年以后发展速度进一步加快，1965—1967 年每年增加的子公司比 1920—1929 年高 10 倍，比战后高 6 倍。1974—1983 年发展速度有些放慢，但仍快于国内投资增长速度，80 年代发展再次加速。根据联合国贸发会议跨国公司与投资司的资料，到 1992 年为止，全球外国直接投资达到近 2 万亿美元，外国子公司的销售额达到 5.5 万亿美元，超过了总值 4 万亿美元的世界商品和服务贸易。1991 年和 1992 年由于经济衰退，增长速度有所放慢，但只是暂时现象。90 年代初世界各国的母公司近 3.7 万家，控制着 17 万家附属公司。

90% 的跨国公司起源于发达国家。以中欧东欧为基地的跨国公司只占 1%，其余则属于发展中国家。这种态势说明长年的资本积累以及经济的增长和技术的进步强化了发达国家的竞争优势。五个主要的跨国公司母国是法国、德国、日本、英国和美国，它们的跨国公司在发达国家中占 50%。在发展中国家里，跨国公司的母国主要是新兴工业化国家和其他较大的经济实体。根据日本和美国的资料计算，近 60% 的跨国公司属于制造业，37% 属于服务业，3% 属于农矿业。跨国公司的集中程度很高。在 3.7 万家公司中按资产排列的最大 100 家（不包括银行和其他金融机构）在 1990 年拥有 3.2 万亿美元资产，其中 1.2 万亿是对外国的投资，约占全世界对外直接投资的 1/3。

外国直接投资在地理布局方面不同时期有不同特点。第二次世界大战前，以 1938 年为例，66% 的外国直接投资以发展中国家为对象，到 1985 年这个份额下降到 25%。第二次世界大战以后，发达国家不仅是跨国投资的主体而且也变成主要的投资对象国。1985 年美国吸收了外国直接投资的 29%，西欧吸收了 28.9%，日本则只有 1%，其他发达国家 17.1%。在发展中国家，1985 年拉美加勒比海地区吸收了世界对外直接投资的 12.6%，亚洲 7.8%，非洲 3.5%，其他 1%。在拉美重点是巴西和墨西哥。在亚洲重点是马来西亚、新加坡、中国香港和泰国。这种形势进入 90 年代以后又有变化，就地区说亚太成为外国直接投资的重点。就国家而论中国对外资的吸引力大增，1993 年中国引进的外国直接投资在发展中国家中已跃居首位。

跨国公司在全球的扩张促进了国际贸易格局的变化，首先是工业品出口在国家与地区之间的变化。在 1963 年至 1985 年发达国家的工业品出口占世界的份额由 82.3% 下降到 78.8%。其中美国由 17% 下降到 12%（1989 年数字，下同），德国由 15% 下降到 11%，英国由 11% 下降到 5%，日本则由不足 6% 上升到 9%。在 1963 年至 1985 年发展中国家在世界工业出口中的比重由 4.3% 上升到 12.4%。它们的年增长率是 19.7%，超过了发达国家的 13.3%。发展中国家工业品出口在出口总额中的比重，由 2.5% 上升到 5.5%。进一步分析，在发展中国家里，东亚和东南亚诸国和地区工业品出口增长速度最快，达到了 22% 的年增长率，高于其他发展中国家，它们出口的工业品在出口产品总额中的比重则达到 70%，也高于平均数。"四小龙"的表现尤为突出，1963 年它们出口的工业品占世界份额的 1.41%，1988 年上升到了 7.8%。

一个最引人注目的变化是，新兴工业化国家和地区使自己的工业品越来越多地打进了发达国家的市场。截至 80 年代初，发达国家作为一个整体对新兴工业化国家和地区是有贸易顺差的，自 1982 年以后却出现了逆差。主要原因就在于，后者的工业品大举进入前者的市场。在此期间，发展中国家对经济合作与发展组织（OECD）24 国出口的工业品在世界出口总额中所占比重从 4.4% 上升到 13.4%，其中亚洲新兴工业化国家和地区 1985 年的份额上升到 9.5%，加上巴西和墨西哥则占到 11.5%。

新兴工业化国家和地区出口工业品的部门结构也有很大变化，1964 年它们出口的工业品集中在服装、轻工和纺织品三个部门，其份额占出口总量的 65%。到 1985 年服装已由占 32% 下降到 19%，纺织品由占 18% 下降到 4%，而机电、通信、音响、数据加工、办公设备和机动车辆则变为出口的重要组成部分，这充分说明新兴工业化国家和地区的产品出口已经升级，因而能够不再过于依赖低工艺、低技术的工业部门。

国际贸易格局的第二个变化是，国际工业品贸易的增长速度超过了工业品生产的增长速度。

　　国际贸易格局的第三个变化是跨国公司内部的跨国贸易在国际贸易中占了一个很大的份额。

　　这两个变化都与跨国公司的全球扩张有关。由于跨国公司是在全球组织生产、配置资源的，所以中间产品在国际间的流通量就比过去大大增加了。国际贸易在量上已与过去大部分是最终产品在国际之间的流通有很大不同。跨国公司内部贸易量的急剧增长也是同一道理。

　　跨国公司的全球扩张也促进了金融服务业的全球化，它反过来对生产的全球化又起了推动作用。对于许多服务业，特别是那些联结生产链条的中介环节和流通环节来说，使它们走向全球化的启动力量仍然是制造业跨国公司向全球的扩张。随着制造业跨国公司向全球进军，大银行、广告公司、律师事务所、保险公司、运输公司、旅行社和连锁饭店、汽车租赁公司以及信用卡业务也跟着走向海外。从许多方面说，制造业和服务业两者的全球化有着相互加强的作用。大型服务公司总是跟随制造业公司打进国外市场，反过来服务业大公司遍及全球的网络又引导着制造业跨国公司的活动。在这方面日本综合商社所起的作用是最典型的。

　　金融业是在以下几种因素的影响下走向全球的。首先，国际贸易的大量增加造成了对国际金融服务日益增长的需求。其次，跨国公司在全球的分布也创造了对国际金融服务的需求。此外，养老基金、保险基金等机构性储蓄规模越来越大，这些等待投资机会的资金要在国际金融市场寻求最佳回报率，也需要国际金融服务。对这些金融服务的需求又是互相关联的，它们为金融机构创造了一种新的竞争环境。卫星通信系统的开发对国际金融市场的发展至关重要。80 年代中期，国际金融交易的 50% 是通过卫星联结的电话通信成交的。从技术的观点看，现在金融服务公司又有可能对证券、外汇、金融、商品期货乃至其他金融工具进行 24 小时全天候交易。国际金融的业务量随之急剧增长。如果说全球商品和服务贸易每年不过 2.5 万亿至 3 万亿美元，那么在世界金融机构相互借贷的伦敦欧洲美元市场上，每个工作日的交易量就是 3000 亿美元，一年的交易量达到惊人的 75 万亿美元，至少为世界贸易量的 25 倍。

　　新型国际分工和全球化促进了世界经济面貌和各国实力对比的变化。

这只是事情的一个方面，是它的主导方面。另一方面在资本主义的框架内，全球化也给世界经济带来新的不稳定因素。瞬息万变的国际金融市场增加了国际金融业的敏感性和脆弱性，一方的股市暴跌可以马上产生全球效应给世界经济造成频繁的冲击。困扰西方的失业问题因全球化而加剧。全球化也没有解决贫困化的问题，世界上只有一小部分人生活在高收入国家，年平均收入超过 2 万美元的仅有 8.22 亿人，还有 10 亿人每天的收入不到 1 美元。贫富两极分化不仅在发达国家，而其在全球都成为一个老大难问题。

三　推动经济活动全球化的动力和条件

全球化出现在 20 世纪下半叶并不是偶然的。它是世界进入信息化时代生产力高度发展的结果。它表明以民族国家为界的社会化大生产，已跨入需要突破国界组织社会化大生产的新阶段。

在全球化过程中跨国公司是主要推动力量和活动的主体。

生产力的无限扩大和市场的相对狭小是资本主义制度的根本矛盾。在这个矛盾的作用下，资本主义活动的主体——大小公司之间，展开了激烈的竞争。其手段要么是在国内市场中把别人挤掉，要么是到国外开辟新市场。但是国内市场终归是有限的，因此，在全球寻找市场就成为资本家的必修课。正如马克思所说："由于需要不断扩大产品的销路，资产阶级就不得不奔走全球各地，它不得不到处钻营，到处落户，到处建立联系。"

开辟国外市场完全可以通过国际贸易来进行。历史上资本主义生产的国际分工在 20 世纪 50 年代以前主要是通过国际贸易实现的。那么为什么又会出现大公司把自己的生产基地扩散到全球的新阶段呢？这是因为第二次世界大战以后各国大公司的生产能力更强大了，各国大公司之间争夺市场的竞争更激烈了。在此情况下，大公司就要考虑把生产进行全球布局。这样既可以减少用贸易手段所遇到的阻力，又可以实现生产要素在全球范围的优化组合，从而降低成本，增加竞争能力。

从发达国家私人对外直接投资的增长变化，可以看到经济实力增长同大公司全球扩张之间的关系。1960 年美国的对外直接投资为 327 亿美元，西德为 7.5 亿美元，日本为 2.8 亿美元，到了 1990 年相应的数字变为 4231 亿美元、1551 亿美元和 3180 亿美元。这就是说，1960 年西德对外直接投资仅为美国的 2.3%，日本仅为美国的 0.85%。到 1990 年德国已达到美国的 36%，而日本则已达到美国的 73.4%。30 年中美国的对外直接投资增长了 11 倍，德国增长了 205 倍，日本则增长了 1109 倍。可见，生产资本向外扩张的趋势是同这三个国家经济实力的变化完全一致的。

第二次世界大战以后，发达国家争夺市场的竞争也更激烈了。大公司进行跨国经营的目标之一是，为了绕过国家之间的关税和非关税壁垒，以及其他各种销售障碍以牢固地占领市场。例如，五六十年代美国跨国公司大举进军西欧就是为了克服关税壁垒，同时也是为了应付欧洲国家政府采购，以及本地消费者对美国产品的歧视，并获得更好的专利保护和地方性服务。在欧洲统一大市场建成之前，美国、日本以及其他国家的大公司纷纷去欧洲建立子公司道理也是一样。北美自由贸易区的建立产生了同样的效应。一般说，跨国公司在发达国家设立子公司是以市场为目的的。可见，争夺市场是大公司去外国建立生产据点的重要考虑。

除此之外，利用廉价劳力、降低运输费用等也是跨国经营的重要目标。有人认为在高科技迅速发展的今天，劳动力成本的重要性已经大大下降，这是事实。但对大公司来说在许多产业中包括在高科技产业中，寻求低成本、高质量的劳动力仍然是他们的重要追求。近年来发展中国家之所以成为跨国公司投资的热点概缘于此，跨国公司的一切考虑归根到底还是要使利润最大化。所以随着客观形势的发展变化，他们会从这个根本目的出发对全球化的目标突出不同重点。

著名学者、跨国公司专家邓宁（John Dunning）在解释跨国公司去外国建立子公司的动机时，还提出"交易内部化"的理论。照他的看法，大公司进行跨国经营很重要的考虑之一是，要把独立的原料供应商或批发、零售商的功能都变为公司自己的内部功能。其目的第一是为了减少市场的"不稳定性"，保证原料来源和产品销售；第二是为了保护知识产权不被侵犯；第三是为了"价格转移"，即利用设在外国子公司相互之间高报进价、少报销价的办法减少账面利润以达到少纳税款的目的。他的这个论点是符合实际情况的。

先进的运输、通信手段是经济活动全球化的重要条件。

前面已经谈到资本主义时代国际分工的三阶段。可以说每一个阶段都是同当时运输、通信手段的发展水平相适应的。现阶段全球化的国际分工则是同运输方面喷气机、大型远洋超级货轮、运输的集装箱化之出现，以及通信方面的卫星、光缆和传真技术之进步相适应的。在运输方面，喷气机的影响最为广泛。跨国公司的起飞和商用喷气机的起飞都发生在 20 世纪 50 年代，这绝不是一种偶合。这就使跨国公司总部到各地现场指挥生产、协调运作、监督经营有了可能。在通信方面，卫星、光缆通信技术以及传真机的使用已消除了地理上对信息传递的障碍。它对于跨国公司由一个战略决策中心去协调生产是绝对不可缺少的手段。这些先进的通信手段也只有政府或大公司才有足够的财力加以利用。而现在恰好是跨国公司在充分享受这种最进步的人类文明成果。

民族国家的政策是促进全球化的另一个重要条件。跨国公司实行全球化生产，要受到母国和东道国两方面政策的影响。它们的政策对全球化可能是促进的也可能是促退的。因此，民族国家的政策对全球化的影响是巨大的。

上层建筑要为经济基础服务这个基本原理对政府与大公司的关系也是绝对适用的。发达国家政府为了给大公司创造向全球扩张的条件，他们首先致力于创立各种国际组织。例如，第二次世界大战后期在美英策划下建立的布雷顿森林会议体系以及国际货币基金组织、世界银行、关贸总协定，等等。尽管后来它们为发展中国家做了不少有益的工作，但是在开始时它们是为了有利于美国向全世界输出资本服务的。1984 年美国通过"马歇尔计划"为西欧的经济复兴大量输血，本质上也是为大公司输出商品和资本鸣锣开道的。跨国公司为了达到利润最大化的目的要求稳定的政治经济环境，所以美国大公司大举进军西欧只是在实施"马歇尔计划"已见成效之后。在乌拉圭回合谈判中，美国政府坚持把与贸易有关的投资措施列入议定书同此道理。

欧美政府还都致力于推进区域经济集团化，看起来它和经济活动全球化似乎有矛盾，其实二者的后台都是跨国公司，二者都符合跨国公司的利益。区域集团化扩大了跨国公司在区域内的活动空间，扫除了区域间商品和资本流通的障碍。政府则反过来又把区域集团作为武器在国际谈判中讨价还价，为大公司在全球的顺利扩张创造更为有利的条件。

但是，以利润最大化为目标的跨国公司有时也会对政府的现行政策不满。例如60年代后期美国政府为了克服美元危机，限制资本外流，使美国公司对西欧的投资锐减，大公司对此自然是不满意的。一般地说，跨国公司更关心的是赚钱而不大理会自己的行为是否会触动国家利益和其他集团的利益。他们对不影响获取利润的意识形态斗争也不感兴趣。因此，他们对政府常要发发牢骚，发表一些淡化民族意识的言论。但双方利益的一致性仍然是主要的。美国学者巴乃德（Richard J. Barnet）在《全球梦》一书中说"大公司梦想逃避任何国家限制其商品、信息和利润自由流通的法律"，"但是与此同时跨国公司在任何地方都希望本国政府保护他们现有的市场，为他们打开新市场出力，减少劳工和环保开支，并用各种办法补贴他们的活动"。

东道国政府对跨国公司所实行的政策对全球化的进展有更重要的意义。第二次世界大战以后民族独立运动的狂飙已把过去绝大多数殖民地变为主权国家。跨国公司已很少可能再在东道国的土地上建立"国中之国"。所以，欢迎或不欢迎跨国公司前来做客就变为跨国公司能否在外国立足的前提条件。

综观战后历史，发展中国家对外国投资无非是三种政策：一是开放；二是限制；三是封闭。从发展阶段看，70年代以前随着民族独立运动的高涨，实行限制和封闭政策的国家占多数，把跨国公司看做帝国主义帮凶的是多数。对国有化的担心曾是跨国公司不敢涉足发展中国家的原因之一。80年代以来有鉴于实行开放政策的国家和地区在经济上取得明显成功，越来越多的国家开始由限制、封闭转为实行开放政策，并用各种优惠条件欢迎跨国公司的光临。这是发展中国家在认识上的一个重大突破，也是跨国公司现在能够在发展中国家大发展，全球化得以加快进行的重要原因。跨国公司之所以能由"帝国主义的危险代理人"变为能够给东道国带来礼品的客人，并不是跨国公司的本性有什么变化，而在于发展中国家已获得政治上的独立。主权国家只要有正确的政策并善于引导就可以把跨国公司的消极影响限制到最低限度，而把它们的积极作用发挥到最佳程度，做到先予后取，互补互利，从而使跨国公司与东道国之间实现良性互动。

　　综观亚洲新兴工业化国家和地区经济起飞的经验，根本的一条就是对外开放，与国际接轨，参与国际竞争，利用两个市场，两种资源，发展民族经济。至于具体政策则因地因时制宜，并不需要拘泥于统一的模式。比如，有人把"四小龙"的成功简单化为实行"出口导向"政策。不错，韩国和中国台湾确实 60 年代起由"进口替代"转向"出口导向"，摆脱了困境。但它们在 70 年代初又花了很大力气利用日本的产业结构调整处理设备的机会，建立起自己的重化工业的基础。这在美国人看来就是"进口替代"，完全违背国际分工原则，因而曾予以反对。可是，韩国和中国台湾只是从这样做之后才为自己的"出口导向"方针增加了后劲。又比如有人认为引进外国直接投资最有利于经济发展。确实，韩国和中国台湾都搞了出口加工区，在引进外国直接投资方面做了很大努力。但是从总体上看，外国直接投资在它们的国民经济中比重并不大，韩国则在利用国际贷款方面远比利用直接投资更为突出。再比如，有人担心引进外资过多国民经济有被外国操纵的危险，但新加坡的经验则证明这种危险是能够避免的。1981 年新加坡的外资企业（独资和外资拥有多数股权的企业）在制造业中就业人数占 58.5%，产量占 76%，他们的经济并未因此而受外国操纵。由此可见，只要主权在握，善于运筹，具体政策是可以因地因时制宜，灵活运用的。

四　中国面临的机遇和挑战

　　经济活动的全球化对我国既是机遇也是挑战。应当说 80 年代以前，这种机遇在我国已经出现，不过受当时主客观条件的限制，使这个机遇失之交臂。直到党的十一届三中全会，邓小平同志提出建设有中国特色社会主义的伟大构想，制定了一个中心和两个基本点的基本路线才使我们有了抓住机遇的可能和赢得挑战的信心。之所以有了抓住机遇的可能是因为建设有中国特色的社会主义实行循序渐进的改革开放政策，这就使我们可以搭上全球化这条顺风船，利用两个市场、两种资源，较好地解决积累与消费的矛盾，加快步伐发展生产力，改善人民生活，显示社会主义优越性，为实现现代化找到一条走得通的道路。

之所以能赢得挑战，是因为建设有中国特色的社会主义，坚持四项基本原则，用强大的上层建筑保护改革开放路线，保护市场经济的社会主义基础。没有这种保证即使生产力获得暂时的发展，仍然难免发生历史的曲折。

国际共产主义运动的经验证明，在穷国革命，打破坛坛罐罐比较容易，建设、改变落后面貌则相当困难。因为发展生产力需要资金积累、科学技术，而这正是穷国所缺乏的。毛泽东同志在全国解放前曾告诫人们："夺取全国胜利，这只是万里长征走完了第一步"，这句话是非常深刻的。因此，在激烈的国际竞争中，就有一个如何显示社会主义优越性的问题。

优越性有两种比法。一种是同发达国家在生产力水平和人民生活方面进行绝对数量的比较。这样比好比龙王与乞丐比宝，我们比不过。人民也理解这样比是不公道的。另一种比法是比速度，显示我们赶上发达国家的能力。这种比法是能比出吸引力和凝聚力的。当然这里所说的速度是指有效益的速度，能长期持续的速度。问题在于我们能不能始终保持经济发展的较高速度。应当承认在这一点上我们是受许多条件制约的。比如资金不足就是一种制约。我们可以向高积累要速度，而高积累同改善生活是有矛盾的。因为国民收入每年的增长有限。科学技术落后也是一种制约。我们可以向科学技术要速度，但发展高科技要高投入，而且要有良好的教育基础。这并不是我们目前能完满解决的。怎么办？中国也必须实行经济活动的全球化，我们管它叫作全方位开放政策。这一政策既使我们可以利用外国市场和外国资源，同时也使外国可以利用我国的市场和资源。这叫做主权国家之间的优势互补、平等互利。这样才能充分发挥国际分工促进生产力发展的作用。

应当看到冷战后的国际格局为我国奉行全方位开放政策创造了比以往更为有利的条件。首先，冷战后全球化的进程加快了。国际竞争的主战场已由美苏军事争霸转移到了美、日、欧大三角的经济争夺。这是一场综合国力的较量。竞争的主角是各国跨国公司，各国政府则为跨国公司的扩张在国际国内创造必要的宏观环境。跨国公司在竞争中制胜的法宝之一是使自己的经济活动全球化。而恰在这个时候又出现了加速全球化的三股力量。第一是区域经济集团化的推动力。继欧洲经济联盟和北美自由贸易区的建立之后又出现了许多次区域经济集团，跨国公司更积极打进这些市场。第二是产业结构调整的扩散力。国际经济竞争在金融领域表现为汇率战的加剧。它使汇率升值的国家的工资和地价猛涨，削弱它们的国际竞争能力，为了摆脱这种困境，这些国家正着手调整产业结构。一方面在向高附加值的知识密集型产业升级，另一方面则把劳动密集型产业或传统产业向要素成本低廉的地区转移。日本、欧洲以及新兴工业化国家和地区都在这样做。第三是改革开放方针的吸引力。这是因为计划经济国家以及搞进口替代的国家几乎都在不同程度上实行改革开放政策并努力用各种优惠条件吸引外国投资，对跨国公司来说市场进入比过去更容易了。

全球化进程的加快极其有利于我国吸引跨国公司的直接投资和间接投资。跨国公司为了成功地在全球扩张，对在海外建立生产据点要求是十分严格的。必要的条件是：一、稳定的政局；二、增长的经济；三、低廉的要素成本；四、优厚的资本回报率；五、良好的软硬投资环境；六、大容量的市场。在发展中国家里同时具备这些条件的并不多见。我国的特点是不仅在不同程度上已能基本满足前五个条件，而且是一个有12亿人口的大市场。这是我国吸引外资的极大优势。摩托罗拉公司战略研究部一位先生曾经说过："摩托罗拉公司调查了130个国家的投资环境，得出的结论是中国名列榜首。"这个结论绝不是信口雌黄。当前世界跨国公司掀起的中国热概缘于此。

冷战后的世界格局也极其有利于我国走出去进行跨国经营。目前我国同周边国家的关系处于新中国成立以来的最佳时期，我国已同全世界158个国家建交，我国组建的企业集团逐步提高了跨国经营的本领和实力。这就为我国走上国际舞台参与国际竞争创造了必要条件。近年来我国奉行对外开放政策的收获是巨大的。实践证明它有利于增加积累，有利于科技进步，有利于改善管理，有利于提高效益，有利于扩大出口，有利于获得资源，归根到底有利于提高我国的竞争能力，加快经济发展，改善人民生活，体现社会主义优越性。

但是，在全球化的大潮中与国际接轨参与国际竞争对我国又是一场严峻的挑战。这是因为：

第一，在吸引外资和跨国经营方面，我们都面临着激烈的国际竞争。目前世界上尚待开发的大市场除中国外，在西半球有拉美国家和墨西哥，在南亚有印度，在东南亚有东盟，在欧亚大陆有俄罗斯。这些国家都在实行开放政策，都在努力改善投资环境，而且多数都已有市场经济基础。我们现在虽然走到了前列，但对现状没有任何自满的理由。

第二，当前的全球化是以发达国家跨国公司为主导的。跨国公司的全球扩张固然以利润最大化为目的，但是支持它们对外扩张的某些政治势力则力求通过经贸关系输出其意识形态和价值观，以求改变发展中国家与他们不同的社会制度。

第三，革命队伍内部有一部分人在改革开放和与国际接轨中会受腐朽思想的侵蚀，蜕化变质，贪污腐化。这些败类会扭曲党的形象，破坏党和人民群众的血肉关系，削弱党的战斗力；不消除这种腐蚀剂，社会主义的阵地就会不攻自破，这比外部的和平演变是更大的威胁。

为了应付这些挑战，党的领导是决定性的。只有一个精通唯物辩证法、善于把马克思主义的普遍真理同中国实际相结合的、用建设有中国特色社会主义理论武装起来的、全心全意为人民服务的、思想上政治上组织上完全过硬的党才能在改革开放中经受住各种风险的考验，使改革开放的大船乘风破浪，永不迷航。

新中国成立 45 年的历史已经证明，中国共产党有能力领导中国人民完成实现四个现代化的伟大历史任务。目前她正致力于搞好自身的建设，力求运用好国家政权这个强大的武器，消除腐败现象，推进生产力和人民生活的迅速提高。因此，我们相信中国人民一定能把经济活动全球化所带来的好处发挥到最大限度，而又能抵挡住由此产生的各种副作用，使全球化完全为我所用。

（原载《太平洋学报》1994 年第 2 期）

评克林顿政府国内外经济政策

从里根经济学到克林顿经济学是美国总统经济学的一大变革。在1994年的总统经济报告中克林顿说："美国是靠变革而繁荣的……但是我们这个国家在太长的时间中用太多的方法放任自流。""12年来，利益逐层渗透的经济理论在堆积如山的联邦债务上造成一种虚假繁荣。全国放任自流的结果使如此众多的美国家庭，甚至连双亲工作的家庭都不再为他们的孩子做提高生活的美国梦了。"这是克林顿对里根经济学的批判，也是他矢志变革"放任自流"为"行动主义"的主要依据。转眼两年快过去了，克林顿实行变革的国内外经济政策进展如何，成绩怎样呢？这是人们颇感兴趣的问题。下面试作一点粗浅剖析。

初见成效的财政政策

为解决困扰美国经济的大赤字问题，克林顿把削减联邦赤字摆在优先地位。为此，他决心在布什1990年与国会达成削减赤字5000亿美元的基础上再削减赤字4930亿美元。其中在未来五年中总共压缩支出2470亿美元，增加税收2460亿美元。增税本来是逆水行舟，但克林顿提出合理负担政策把90%的增税压在收入最高的6.5%的纳税人的肩上。所得税率的提高更只限于1.2%的高收入者。这样他就取得了大多数纳税人的支持，赢得了策略上的胜利。尽管如此，这项预算法案的通过仍然是艰难的，特别是在参议院，如果没有戈尔的最后一票几乎变成了僵局。为了表示削减赤字的决心和诚意，1994年预算法案把1994—1998财年的支出冻结在5480亿美元的水平上（按现价未扣除通货膨胀因素），即比1993年的名义支出还要低25亿美元。这个名义支出是按年通货膨胀率2.8%估算出来的，如果通货膨胀率低于预计，还要对支出作进一步削减。此项预算紧缩包括白宫以身示范的减少联邦工作人员 10 万人，以及推迟对联邦雇员工资的生活指数调整。在权利项目方面，医疗照顾到 1998 年将削减 180 亿美元。经过这样的努力，预计到 1998 年财政支出将由削减前的 18255 亿美元减少到 17382 亿美元，财政收入将由 14922 亿美元上升到 15508 亿美元。财政赤字将相应地由 3332 亿美元降到 1874 亿美元，减少 1458 亿美元，占 GDP 的比重将由 4% 降到 2.2% 左右。克林顿政府把 1993 年所采取的财政政策称之为真实的、可信的赤字削减政策，并认为这是得到华尔街的响应使他们改变了对通货膨胀的预期，长期利率因而得以下降的原因。以 10 年期政府债券为例，克林顿上台前的 1992 年利率是 7.01%，与 3 个月国库券利率相比要高出 103%；到了 1993 年前者下降为 5.87%，与后者比利差下降到 92%。1994 年联储为了进行宏观调控，连续提高短期利率，长期利率自然也受到影响。但长期利率上升的速度远远慢于短期利率，到 1994 年 7 月为止，10 年长期政府债券仅比 3 个月国库券高 66%。长期利率的下降有利于企业投资和消费者购买房产和耐用消费品。克林顿政府认为在其财政政策中军费的削减和税收的增加都对经济增长有负面效应，但长期利率的下降对经济的刺激却产生了抵消作用。这是美国经济能在 1993—1994 年有良好表现的重要原因。

着眼未来的投资政策

克林顿政府与里根、布什政府在经济政策上的重要区别不在于削减赤字的财政政策，而在于面对未来的投资政策。奉行行动主义的克林顿政府向人们宣告："把联邦开支重点从消费转向投资是本届政府经济政策的标志，我们不仅致力于控制政府开支，而且把它导向更有生产性的用途上。"

克林顿首先强调的是对人力资源的投资。其目的在于提高美国劳动队伍的素质，以应付国际上日益激烈的经济竞争。在 1994 年联邦预算中提出一项 378 亿美元的四年"终身学习计划"。其中包括对弱智儿童的启蒙计划；提高美国教师和学生成绩的"2000 年目标计划"；教育部和劳工部合作对高中学生进行职业训练的"由学校向工作过渡"计划；帮助学生进大学并使学生有机会为社会服务而获得职业技巧的国家服务计划；降低贷款利息，帮助更多美国青年上大学的贷款改革计划，以及对失业工人的再培训计划。

在这些计划中饶有新意的是国家服务计划。第一，这项计划由国家为参加者提供低于市场价格的工资，和每年高达 4725 美元的教育补助，以帮助参加者在接受有价值的职业训练的同时接受大学或大专教育。这件事由政府花钱是因为雇主不愿意支付学习费用，他们担心一旦雇员辞职，这笔钱就白费了。第二，此项计划由州和地方政府因地制宜执行，解决了地方政府需要社会服务而又资金无着的困难。第三，国家服务计划为所有美国人提供了既能获得工资报酬又能得到多种职业培训的双重机会，而过去他们是难以做到两全的。这项计划在 1994 年将有 2 万人参加，以后每年10 万人。

投资计划的第二方面是基础设施。克林顿政府制订了四年投资 480 亿美元的重建美国计划。克林顿认为，长期以来美国对公共基础设施严重欠账。据交通部估计几乎有 20% 的高速公路处于极糟或勉强的状态，有20% 的桥梁有结构性缺陷，许多机场过度拥挤，污水处理设施负担过重。因此，必须进行投资以改变现状。克林顿政府认为，对公共基础设施进行计划完善的投资，将给国民经济带来可观的效益。在重建美国的计划中还包括 4 年 80 亿美元的对提高水质、保护环境、保护自然资源、森林科研、住房和社区开发，以及农村发展的投资。

投资计划的第三方面是科学技术。在重建美国计划中技术投资占了不小的比重。克林顿政府认为有形资本不是提高生产力的决定因素甚至不是最重要的因素，从长期看生产率的提高和生活水平的改善主要取决于技术进步。从工业国进步的历史看，要紧的是工作得更巧妙而不是工作得更辛苦。

但是技术变革和技术进步要靠科学家、工程师在实验室和工厂车间的新发现。他们为此进行的科学研究在资本和智力上的投资是非常巨大的。在美国大量的科研与开发要靠私人企业去做，但支持性和基础性的研究长期以来被认为是政府的法定职能，因为信息有外溢效应，意思是说一家公司通过科研获得的技能会很快传播给别的公司，使别的公司得到便宜而创新者获得的回报却很有限。据估计，科研与开发的资本收益率要高达50%—100%，而实际上创新的企业所获得的不足一半。

因此，克林顿政府要求国会延长研究与实验的课税减免，同时增加同产业界合作研究的投入。增设几十个新的制造技术推广站以加速新技术的发明和推广，等到技术成熟后再发挥市场机制的作用。

如何使国防科研与开发转轨是克林顿政府的一项重要政策考虑。随着国防费的大量削减，政府应当减少对国防领域的科研支出呢，还是把这项支出转向民用技术呢？克林顿认为后者是明智的选择。因此，政府已决定把国防部的科研力量和国家实验室转向与产业界合作进行科研与开发。

在全球引起广泛关注的美国信息高速公路计划是克林顿政府技术政策的光环。这项计划主要是由政府倡议但不是由政府出钱。以商务部长罗恩·布朗为首，有副总统戈尔和总统经济顾问委员会主席泰森以及一批经济、技术、法律专家和电信工业界代表参加的"信息基础设施特别小组"正在紧锣密鼓地工作。其计划是由联邦政府负责总体设计，由工业界投资并负责建造和运行。当前联邦政府正致力于修改1934年的《通信法》，要求在维护消费者利益的前提下彻底消除对电视、有线电视、电话和卫星等各种电信手段所施加的不必要限制，鼓励工业界的相互合作和竞争。现在特别小组已向国会提交三项法律草案。新法律还有待国会的讨论和批准。

克林顿着眼于未来的投资计划表现了新政府的新姿态。但他所采取的这些措施都难有立竿见影的功效。因此并不会给总统的支持率增加多少分量。

阻力重重的社会福利政策

改革美国的现行健康保险制度是克林顿政府社会福利政策的重心。在1994年的总统经济报告中克林顿说："今天美国花在保健上的费用与它的经济规模相比要高于任何先进的工业国。然而我们只为人口的较小一部分保险，我们在重要的总体健康指标方面如平均寿命、婴儿死亡率等都落后了。超过15%的美国人——接近3900万人——直到1992年没有保险，还有数千万人保险不足或者在失去工作后也将丧失保险。同时，保健费用继续攀升，给美国家庭增加了医药开支和保险费，加剧了各级政府的预算危机。"这是美国目前健康保险状况的真实写照。

克林顿向国会提交的保健改革计划着眼于解决四方面的问题。第一，还有数千万美国人没有享受健康保险；第二，私人保险业对健康状况欠佳者收费太高；第三，现行健康保险缺乏有效竞争，致使医院和病家不关心成本；第四，保险支出已成为政府预算难以承担的重负。为此，克林顿在他的改革计划中提出：（1）从1998年1月1日起为所有美国人提供健康保险，使每个美国人都能享受常规门诊、住院、急救、预防、处方配药、康复、家庭保健和护理、化验和诊断。精神病和各种恶习的治疗也将有限度地被纳入保健计划；（2）要求各州为大型消费者群体建立"保健联盟"，由它们收取保险费并按竞争原则同医院和保险公司谈判保健计划，同时负责管理费用开支。所有少于5000名雇员的公司都必须通过保健联盟购买保险；（3）要求雇主至少负担未婚工人平均健康保险费用的80%，负担工人家庭平均保险费用的55%。但5000人以下的公司在健康保险方面的开支不得超过工资总额的7.9%。企业雇员少于75人，平均工资在24000美元或以下的企业有资格得到政府补贴；（4）增税。香烟税每包从现在的24美分提高到99美分，对不参加"保健联盟"有5000人或更多工人的公司课征1%的工资税并允许保健联盟在保险金上追加2.5%的摊派用于行政开支；（5）2000年以后限制健康保险费每年提高的幅度不得超过通货膨胀率，并为政府的保健开支规定上限。

这项计划是在1993年10月27日提出的。围绕着这个计划，民主、共和两党展开了激烈的攻防战。少数党领袖共和党议员多尔，众议院多数党领袖民主党议员格普哈特，参议院多数党领袖民主党议员米契尔都提出了自己的修正案。格普哈特的方案与克林顿方案的差别在于把实行全民保健的时间表推迟一年。政府征税主要是提高香烟税45%，此外在所有保险金上加征2%的销售税；不足百人的企业可以参加政府命名为"医疗照顾第三部分"的保险计划；不要求组织"保健联盟"。对私营医药业的医疗费用在2000年以前不控制。显然他的立场比克林顿的计划已经后退了一步。但仍坚持了全民保健的原则。即使做了这样的让步，据测算要使方案获得通过还少70票的支持。

8月3日，与格普哈特同一天，米契尔也提出了自己的方案。它比格普哈特的方案更加温和。它只要求到2000年使95%的美国人享受健康保险；不强制各州建立"保健联盟"；资金来源主要靠削减医疗照顾和医疗救济开支，不再要求雇主负担80%的保险费；在2002年以后如果达不到把95%的美国人纳入全民保险时才要求雇主在某些州帮助工人缴纳保险费；雇员在25名以下的企业，由雇主承担保险费的50%，少于25人的雇主不承担保险费；在增税方面最大的一笔是在健康保险金上加征1.75%的附加税和对枪支弹药征收消费税。此外，对享受医疗照顾的富裕老人提高其保险金。这一方案能否通过，取决于至今仍持骑墙态度的10名民主党参议员。

共和党议员多尔的方案明显是同克林顿唱对台戏的。他的方案口头上以美国全体人民都能享受健康保险为目标，实际上是将把很大一部分穷人置于健康保险之外，只对最贫困的没有享受保险的工人提供补贴，允许但不要求企业和个人组织保险同盟一类的组织；不要求雇主或个人购买保险；有2—50名工人的企业将能购买联邦雇员健康福利保险。不增加任何税收；对自营人员支付保险费享受25%课税扣除的原规定改为提高到100%；对医疗费用不进行价格控制。

如果把上述四个方案加以比较就可以看出：民主党和共和党的根本分歧就在于要不要全民健康保险；由谁负担费用以及要不要控制日益增长的健康保险开支。这些问题涉及数千万名至今未享受到健康保险者的利益，企业主的利益以及医疗保健业和保险者的既得利益。克林顿显然是要抓住维护前者利益的旗帜，多尔则站在维护后者利益的立场。格普哈特和米契尔方案试图在保持克林顿方案基本精神的基础上作出某些让步。

米契尔目前表示，他有信心能在有限度的改革方案上争取与温和派达成协议。但国会休会在即，这种前景已日趋暗淡。有消息说克林顿已经发出悲观信号，他将不再把健康保险改革当作今年国会会议的工作重点，同时表示他将否决任何不把全民保健作为内容的议案。看来曾经作为克林顿改革旗帜而大肆宣传的保健制度至少1994年在各方面的阻力下已经搁浅。结果如何要到1995年再见分晓。

咄咄逼人的贸易政策

　　克林顿的对外贸易政策既有继承性又有新特点。继承的是里根、布什政府的两大变革：一是由自由贸易转向公平贸易，用公平贸易之名行保护主义之实；二是由多边主义转向双边主义，以双边促多边。克林顿政府外贸政策的新特点：一是强调提高本国的竞争力，把扩大出口视为提高工人工资，振兴美国经济的必由之路；二是把"行动主义"国际化，为打开国际市场不惜用"制裁"的大棒咄咄逼人。

　　在贸易领域克林顿视为自己的业绩引以自豪的有两件事：一是北美自由贸易区的成立；二是旷日持久的乌拉圭回合谈判在最后一刻终于完成。

　　北美自由贸易区协定的签署既是双边谈判的成功，也加强了克林顿在亚太经济合作会议以及乌拉圭回合谈判的地位。所以当这一协定在国会获得通过时，克林顿是得意非凡的。

　　建立北美自由贸易区的意义不能只看美、加、墨三国地缘经济的优势互补，更重要的还在于它是美国全球战略的一部分，是美国在经济大三角的争夺战中为对抗日、欧而为自己建立的坚强桥头堡。这一步迈出之后，下一步就是建立自北向南包括整个西半球的"美洲经济圈"和"太平洋共同体"。这个总体战略意图的实现自然不可能一蹴而就，但只要美国在此过程始终掌握主动，紧紧抓住领导权，它就能保证自己在夺取美亚市场的斗争中对日、欧获得优势地位。

　　克林顿对北美自由贸易区所起的作用在于排除多数民主党人、工会和环境保护主义者的干扰促成了协议的签订，这是通过签署三项附属协议而达成的。

　　在劳工保护方面，签署了"北美劳工合作协定"，该协定要求禁止使用童工，规定保健和安全标准以及最低工资。此外，墨西哥政府还保证把最低工资的提高同劳动生产率的增长挂起钩来。在劳工问题上美国还保留了使用1974年美国贸易法"301条款"的权利。

　　在环境保护方面，成立了"北美环境保护委员会"以及办事机构。制订了一个十年"边境环境计划"，全面解决空气、土壤和水源质量以及有害垃圾的处理问题。建立了两个机构，为美加边境兴办环境保护基础设施提供资金。

北美自由贸易区协定经过这番曲折，终于在 1993 年 11 月 17 日签订。它给美国带来的近期利益是可以扩大出口。据统计，1991 年美国共出口商品 4220 亿美元，创造了 720 万个就业机会，其中对加拿大和墨西哥的出口为 1180 亿美元，创造了 210 万个就业机会。到 1995 年由于美国的资本货物对墨西哥出口增长，可增加 17.5 万个就业机会。届时，美国将有 100 万人在美国对墨西哥的出口行业中就业。在增加就业的同时，工资水平也将有所提高。据统计，现在美国出口行业的人均工资比其他行业平均高 17% 。

乌拉圭回合谈判的成功也被克林顿看做自己的成就，因为美国的谈判策略具有举足轻重的分量。

这一谈判之所以旷日持久，既反映了美国与日、欧之间的矛盾，也反映出以美国为首的发达国家与发展中国家的利害冲突。达成协议固然对世界各国都有好处，但美国显然是最大的得主。

对美国最利害相关的除关税减免以外，第一是把农产品贸易在 6 年内逐步纳入关贸总协定原则的管辖下。欧洲国家承诺把非关税壁垒的配额转化为关税并降低 36% ，同时把农产品价格补贴减少 20% 。这一成果虽然还达不到美国提出的在 10 年内完全取消农业补贴的要求，总算前进了一大步；第二是服务性贸易的基本原则首次纳入新的服务贸易协定之中；第三是知识产权问题也被首次纳入关贸总协定之中，各国一致承诺保护与贸易有关的专利、商标和版权，惩治假冒；第四是在协定中列入与贸易有关的投资措施，要求逐步取消对外国投资的限制。这四个问题涉及美国对外经贸活动的重大利益。但在历次关贸总协定谈判中都未涉及。美国在美加自由贸易区谈判和美加墨自由贸易区谈判中对这几个问题都极为强调，并取得重大进展。所谓以双边促多边就是要用这些谈判成果加强美国在关贸总协定谈判中的地位，这一目的在乌拉圭回合谈判最终成果中得到了体现。不过在美国人看来这还只是开端，还没有完全达到美国的愿望。

对于建立世界贸易组织，美国开始是反对的，最终作了让步。美国担心的是，在该组织生效后，美国在贸易摩擦中将必须遵守该组织的仲裁，而不能再靠美国国内法挥舞"301 条款"的大棒。美国副贸易代表在国会作证时声称新的世界贸易组织生效后，美国仍然能够对所谓"不公平贸易国家"采取单方面行动。他说"新的贸易体制不会削弱美国贸易法的有效实行，特别是'301 条款'和反倾销法的执行"。充分显现出强权政治的面孔。

尽管美国在乌拉圭回合谈判中收获很大，但并没有能完全满足国内各个利益集团的胃口。例如影片、音像产品一类的服务业就在一些国家的坚决抵制下未能列入关贸总协定的规则之中。又如，金融行业、电信业也被排除在协议之外。航运则是由于美国航运业自己的保护主义而未被列入协定的范围。在纺织品方面，《多种纤维协定》的配额制度将在 2005 年以前分三步取消，这对发展中国家是有利的，但是在降低高关税方面美国并没有走向发展中国家所希望达到的地步。

美国在法国的支持下曾要求在协定中列入"社会条款"，内容是把劳工利益同国际贸易标准联系起来。东盟国家一眼识破西方是想利用社会条款迫使发展中国家要么把它们的劳动力成本提高到商定的最低水平，要么因生产成本大大低于西方而被征收惩罚性特别关税的图谋，进行了联合抵制。最后达成协议把这个问题转给未来的世界贸易组织去讨论，从而打破了僵局。

颇有争议的金融政策

上面谈到的四大政策是克林顿总统在 1994 年总统经济报告中作为克林顿政府总体经济战略提出的，金融政策不在其中，这是因为在美国的经济体制下联邦储备系统是由国会领导的。然而实际上总统对金融政策仍然有很大影响。

在克林顿执政的两年，金融政策经历了由降低利率刺激经济复苏到提高利率防止通货膨胀的转折。继 1992 年 2 月 4 日联储公开市场委员会作出决定把联邦基金利率从 3%提高到 3.25%之后，接着于当年 3 月 22 日进一步提高到 3.5%，4 月 18 日再提高到 3.75%，5 月 17 日迈出更大步伐把联邦基金利率提高到 4.5%，贴现率则从 3%提高到 3.5%。连续四次提高利率对美国经济的冲击很大，引起了激烈争论。

联储这一决策主要是以所谓"自然失业率"为依据的。早年通过的《联邦储备法》中把"促进最大限度就业"定为联储的政策目标之一，1978 年通过的《汉弗莱—霍金斯法》又把最大限度就业规定为失业率不超过 4% 。但是货币学派认为存在一种货币政策对之不起作用的自然失业率。在他们看来，由于近年来经济条件的变化，自然失业率应当是 6%—6.5% 而不是 4% 。如果决策者对自然失业率置于不顾，硬要实现 4% 的目标，必然会把经济推进到超过其潜在能力的水平之上，结果只能引起通货膨胀，最终导致经济增长的放慢和失业率的剧增。他们认为 1994 年 2 月美国失业率已由 1992 年的 7.4% 下降到 6.5% ，5 月更降到 6.0% 。加上设备利用率和经济增长率也都接近了警戒线，因此抽紧银根是必要的。联储称这种紧缩政策为中性货币政策，即既不刺激也不阻碍经济增长的政策。

联储第四次提高利率在社会上引起极大争论。美国商会责怪华尔街的金融界不应当为自己的利益而牺牲大马路的工商界。劳联—产联也发表声明说，在美国仍然有 840 万失业人口和 660 万人打零工的时候联储却在提高利率给经济泼冷水，其结果只能使失业者找不到工作。参议院银行委员会在 5 月 27 日举行了听证会，要求格林斯潘对提高利率的理由作出解释。争论的焦点就在于美国经济刚刚才好转而又没有任何通货膨胀的迹象，联储为什么要对经济刹车。议员们在听证会上则要求格林斯潘对今后不再提高利率作出保证。

这次提高利率一个月以后，由于对日贸易逆差扩大，外汇市场美元对日元的比价在 6 月 21 日跌破了 1∶100 的大关。这就把联储置于提高利率以挽救美元颓势和维持利率以防经济滑坡的两难选择之间。在经过两个月的观察和思考之后联储消除了对后者的顾虑，在 8 月 16 日作出把联邦基金利率提高到了 4.75% ，贴现率提高到 4% 的决定。联储官员声称这个利率水平是与美国潜在的经济增长能力相适应的。

克林顿政府对联储连续提高短期利率致使长期利率猛增的情况开始是不满的，但在经过研究之后认为联储的做法可以把美国经济保持在 2.5%—3% 的持续温和增长的水平上，有利于克林顿在 1996 年的竞选，因而对联储的决策给予了支持。

但是这种暂时的一致并不能完全消除双方在金融政策上的分歧。这种分歧的第一个迹象是在 1993 年的总统经济报告中经济顾问们否认自然失业率自 70 年代初期以来有什么大的变化，强调目前的失业率远远超过了自然失业率。同时宣称用通货膨胀的加速来说明刺激经济的措施超过了自然失业率是不科学的，因为影响通货膨胀的加速还有许多其他因素。另一个迹象是新任联储副主席、具有凯恩斯观点的布林德同格林斯潘在联储召开的年会上对联储政策目标的不同提法。布林德主张西方中央银行在确定利率水平时既要考虑到通货膨胀，又要考虑就业问题。而格林斯潘则主张修改《联邦储备法》，把控制通货膨胀作为利率政策的唯一目标。

克林顿内外经济政策的内在矛盾

对执行已近两年的克林顿国内外经济政策应当给以什么样的客观评价呢？第一，克林顿采取"行动主义"的政府干预方针对美国经济的振兴有积极意义。资本主义经济发展到今天，单靠市场调节这只看不见的手已不能实现经济的良性循环和均衡发展。新保守主义执政 12 年实行"自由放任"政策的结果是由大赤字所造成的国民经济结构性失衡，它的恶果已在美国第九次经济衰退中暴露无遗。克林顿反其道而行之是时代的要求。第二，克林顿振兴美国经济的战略以消除结构性失衡，增加积累，扩大投资，改善生活，加强国际竞争能力为目标，对美国经济是能起积极作用的。就政策本身说是美国当前的较好选择。第三，美国经济目前正处于高涨时期，但这同经济运行的周期性有关，不能完全归功于克林顿的政策，但政策显然也在起一定作用。

客观的评价如是说，那么为什么美国老百姓对克林顿的支持率只有40%，而不支持他的反而占55%呢？（8 月 20 日美国《时代周刊》和 CNN 公布的联合民意调查结果）这个问题看来有多方面的原因。首先，在政治和外交方面克林顿所受的挫折是比较多的。其中有决策失误也有两党斗争的复杂因素。其次，在经济方面应当说也是有许多内在矛盾的。

第一，雄心壮志有余而国力不足的矛盾

历届美国总统为了争得选票总是许愿多而兑现少，这是通病，克林顿也跳不出这个窠臼。"行动主义"是要以国力为后盾的，遗憾的是克林顿继承的是里根和布什政府留下来的大赤字烂摊子，因而使他的行动不能不受到许多约束。在这一点上他的处境同肯尼迪和约翰逊时代已不可同日而语。克林顿的健康保险改革之所以阻力重重，联邦政府财力不足是重要原因之一。

第二，多极化的现实与强权政治言行的矛盾

冷战后的全球格局已呈多极化趋势，美国尽管仍然是超级经济大国，但实力对比今不如昔，已经很难我行我素。但是观念落后于现实，克林顿政府在对外经济政策上仍动不动就要挥舞 301 大棒。然而现实是无情的，美国与其贸易伙伴已经不再是美国单方面施舍或援助的关系，而是相互依赖、互有所求的关系。实行单方面制裁只能两败俱伤，美国并得不到好处。这是克林顿政府在国际谈判中常常碰壁，因而威信受损的原因之一。

第三，多样化的现实与意识形态偏狭症的矛盾

克林顿政府在国际经济合作中强调促进民主与人权。要以美国式的民主和美国的人权定义一统天下，这是和世界多样化的意识形态相矛盾的。多样化的意识形态来源于多样化的经济基础和社会制度，它们百花齐放，争奇斗艳，和平竞赛，这本来是好事，而美国则动辄指责这个国家是极权政治，那个国家是权威主义，还为所谓的"持不同政见者"张目。这就超出了不干涉别国内政的国际准则，因而常常引起它同许多国家的摩擦以及由此而来的碰壁，这也使克林顿的威信遭受损失。

看来克林顿要想提高选民的支持率，蝉联白宫宝座，不仅要搞好国内的政治和经济，也要搞好同世界各国的共处关系，在这里抛弃大国主义心态是十分重要的。

（原载《美国研究》1994 年第 4 期）

论战后国际货币制度和美国的
国际金融政策

在纪念联合国成立 50 周年之际，人们自然会想到《联合国宪章》中有关维护和平和发展经济的重要目标，想到为发展世界经济在联合国下建立的国际金融机构和国际货币制度，以及它与美国国际金融政策的关联。本文拟就这一题目进行一点历史回顾和评论。

良好的国际货币制度是发展世界经济的重要条件

国际贸易和国际投资是促进世界经济发展的重要条件，但是发展国际贸易和国际投资没有一个好的国际货币制度为之服务是无法顺利进行的。因此要促进世界经济的发展，就要求建立良好的国际货币制度和金融秩序。

在资本主义的发展史上，早期的国际金融制度是建立在贵金属充当世界货币的基础之上的。当时在世界市场上，占统治地位的是双重价值尺度，即金和银。世界货币执行一般支付手段的职能、一般购买手段的职能和储藏手段的职能。而它的最主要的职能，则是作为支付手段平衡国际贸易差额。

以金和银为世界货币的复本位制，自 19 世纪 70 年代以后迅速向金本位制过渡。到 20 世纪初，除中国以外，各国之间的巨额汇兑以及许多小额汇兑都已奠定在黄金的基础之上了。典型的金本位制其特征是：金币可以自由兑换，黄金可以自由输出入，货币储备全部是黄金，并以黄金进行国际结算。在典型的模式以外还有金块本位制（国内不流通金币，银行券在一定条件下只能兑换金块的一种金本位制）和金汇兑本位制（又称虚金本位制，即国内不流通金币，对外无限制供应外汇以维持本国货币稳定的一种金本位制）。

英国早于 1816 年即已建立金本位制。它是为英国发展世界贸易服务的。由于英国的世界工厂地位，英镑成为国际清算中的硬通货，与黄金一起发挥着世界货币的作用，因而也为整个资本主义经济的发展立下了汗马功劳。时至今日许多学者仍然缅怀金本位制，因而主张恢复金本位。这种观点同当时金本位制的积极作用是分不开的。

以英国为中心的金本位制在 1929—1933 年的资本主义大危机中受到严重打击。1931 年 7 月，德国为了对付金融危机冻结了外国在德国境内的资产。英国的流动资产被德国冻结后，英镑发生动摇，其他国家也纷纷从伦敦提取存款以保持自己的流通手段。1931 年 9 月英国被迫放弃金本位，允许英镑汇率自由浮动。其他国家也被迫放弃金本位，因而进入了浮动汇率时期。30 年代的浮动汇率分为几个货币集团——英镑集团、法郎集团、美元集团，等等。集团内部各个成员国的货币与主导货币如英镑、法郎和美元保持固定汇率，而英镑、法郎和美元之间的汇率则是浮动的。英镑、法郎和美元在各自的货币集团内部是储备货币。

由于汇率的不稳定给国际贸易和国际投资带来许多困难，各国力求重建金本位制。1932 年 6 月召开了洛桑会议。接着又在 1933 年召开了伦敦会议。在伦敦会议上许多国家特别是法国、意大利极力要求恢复金本位。然而罗斯福总统为维护美国自身利益，明确反对恢复金本位的主张。他宣称，美国在金融问题上拒绝接受对美国自由行动的任何限制。

罗斯福之所以反对恢复金本位，是想采取一种通过降低美元对黄金的比价的办法提高国内工农产品价格，以帮助美国经济早日复苏。为此美国于 1932 年 10 月 22 日宣布每盎司黄金价格由同年 3 月的 20.67 美元，上升到 10 月 21 日的 29.01 美元。10 月 25 日复兴金融公司按照每盎司 31.36 美元的价格收购新开采出来的国内黄金，10 月 29 日又按此价格收购国外黄金。到 12 月 18 日，金价上升到每盎司 34.06 美元。为了把美元比价保持在这种人为的低水平上，必须把上市的黄金全部买下来。12 月 28 日，联邦储备委员会接到命令，把他们从 3 月银行危机以来得到的全部黄金储备交给财政部，按照 20.67 美元的老价格换取钞票。这样，财政部就可以用所得到的利润抵消按照新价格购买国内外黄金所增加的成本。

这种把美元强制贬值到只相当于以前含金量60%的做法，使国际金融贸易市场动荡不安。投机家买进黄金卖给复兴金融公司牟取暴利。外国认为美国犯了对他们的通货和贸易实行经济侵略的罪过。法国尤其不满，认为复兴金融公司的做法将使世界黄金枯竭并迫使法国退出金本位。欧洲的制造商认为美国商品在国外市场的降价使美国出口获得有利条件，这种做法是不公正的。

在美国政府看来，美元贬值有利于美国经济复苏，因而是正当的。美国无疑在外贸方面取得了很大利益，从而防止了在维持美元与黄金比价的情况下可能发生的挤兑黄金风潮。然而，关于国内商品价格将自动随美元的黄金价格而上涨的设想并没有实现。尽管工业品价格维持稳定或略有上升，商品总价格则略有下降。而最需要刺激的农产品价格反而下降许多。

30 年代，在各国政府调控下的浮动汇率成为各自摆脱危机的手段。为了转嫁困难，各国争着把本国汇率加以贬低，以便扩大出口。西方各国之间进行的这种汇率战和贸易战加深了大危机。和此前的金本位制比较，它被认为是十分糟糕的、给各国带来极大混乱和伤害的国际金融制度，也是美国在其国力已经强大的条件下拒绝承担其国际义务的结果。

布雷顿会议体系的建立和建成

第二次世界大战结束时，美国经济实力空前强大。美国这时最担心的是：战时经济转向和平轨道以后军队复员，军工停产，工人失业，重演 30 年代的大危机。为了避免这种风险，美国急于建立一种新的国际经济秩序，使之有利于维持美国现有的生产水平和充分就业。布雷顿森林会议体系就是为这个目的服务的。

1944 年 1 月，美国众议院建立了一个以众议员科尔默为首的委员会，研究战后的对外经济政策。该委员会认为，要维持美国的充分就业必须把美国的出口维持在战时水平，为此进口必须比战时增加几倍，或者对外投资能够发展到空前规模。为了扩大美国的对外贸易，委员会建议在贸易、金融、交通运输等领域采取行动。其核心思想是保持一个开放型的或多边型的世界经济，要一切国家都对来自世界各地的贸易和投资开放。在许多美国人看来，30 年代由德国、日本以及英国所创造的体现帝国主义特权的双边支付贸易体制必须拆除，而建立一种多边经济体制。在新的体制下，贸易和资本的流动将按供求规律运行，不受政治干扰而自由跨越国境。价格低廉的生产者将在贸易中取胜而不管商品来自哪个国家。多边主义也将消除两国国际收支账户必须平衡的要求，对原料生产国的贸易逆差可以用对工业国的贸易顺差来抵消。按照这种设想组织起来的世界经济体系将既能保证庞大的出口顺差，又能保证美国大银行大公司在国外投资的不断扩展。而要形成这样一种格局，必须建立一个类似大危机前的金本位制的、币值稳定的，可以自由兑换的国际金融制度。这就是英美协商建立布雷顿森林体系的由来。

布雷顿森林协议，以及据此建立的国际货币基金组织和世界银行在其有关条款中，都体现了科尔默委员会的基本设想。

协议中最重要的一条规则是宣布歧视性汇率和限制汇兑自由为非法。美国方面特别渴望取消对现行国际贸易往来支付的限制，因为它妨碍了国际贸易特别是美国出口的增长。不过由于自由汇兑的条件尚不成熟，协议允许经过一个"过渡时期"。

协议中的第二条重要规则是力求稳定汇率，防止竞争性的外汇贬值。为此协议确认美国 1934 年 1 月所规定的 1 美元含金 0.888671 克，35 美元等于 1 盎司黄金，并要求其他成员国货币的比值都用一定数量的黄金或美元来表示。市场汇率波动幅度超过比值上下 1%，各国政府有义务进行干预。比值变动幅度超过 10% 必须得到基金组织的同意。在各种补救措施都不解决问题时，协议允许改变汇率以消除该国国际收支的不平衡。美国则承担为各国政府或其中央银行用美元向美国兑换黄金的义务。

为了解决短期外汇平衡问题，协议规定建立一种常设的官方短期信贷基金——中央基金。帮助处于困难中的政府能够有条不紊地弥补逆差。这个常设机构于 1945 年 12 月 27 日正式成立。协议规定每一个成员国都必须向中央基金贡献黄金和自己的货币。每一成员国又都有正常的提款权，最高额度为会员国所缴份额的 125%。在会议上基金组织的资本定为 88 亿美元，美国认缴 31.75 亿美元。这和英方的建议相差甚远，凯恩斯曾希望由美国承担 250 亿—1000 亿美元应急款，建立起一座为美元短缺国家排忧解难的慷慨金库。

在布雷顿森林会议上花费精力最多的是，讨论各国在基金组织中各自应持有多少份额。份额之所以成为问题，是因为它将决定一个国家有多少投票权。协议规定理事会是基金组织的最高权力机构。每一成员国都有250 票基本投票权，然后再按各国在基金组织中认缴基金的份额，每 10 万美元增加 1 票，两者相加为该成员国投票权的总额。因此，成员国投票权的多少基本上取决于该国认缴基金份额的多少。由于美国所占基金份额最大，它一国就拥有全部表决权的 20% 以上。国际货币基金组织规定理事会和董事会在讨论一般问题时有过半数的赞成票即可通过，而对于重大问题必须有 4/5 甚至 85% 的赞成票才能通过。正因为美国拥有最大的表决权，所以它也拥有对重大问题的否决权。这就保证了它在国际基金组织中的支配地位。

布雷顿森林体系的灵魂是各国货币的自由兑换，但是要实现这一点并不容易。前提条件是一个国家的进出口必须大体平衡，它用出口所换回的外汇必须足够支付进口的商品和服务。这样它的外汇储备就不会枯竭，它就有能力保持本国货币的自由兑换。而要做到这一点，一个国家的经济必须是健康的，它的产品在国际上必须是有竞争力的，因为只有这样，它才能够用自己的产品和劳务换回足够多的外汇。而这个条件西方各国除美国之外在 1945 年是不具备的。它们要从战争破坏中复兴需要相当长的时间。在此情况下，尽管布雷顿森林协议已经达成，它的条款却很难立即付诸实行。如果硬性执行，外汇短缺的会员国会纷纷向中央金库告贷，金库的美元储备会迅速枯竭。但是，如果完全封存中央金库，直到各国的国际收支大体平衡，美国以外的会员国必然反对，还有可能引起各国退股。这也是美国所不愿意看到的。这是一个两难的选择。美国后来的策略是走一条中间道路。一方面严格贷款条件，尽量少贷款；另一方面是想尽办法加速各国实现自由兑换的条件，为此美国曾经先后采取了三大措施。

第一项措施是通过美英贷款协议，力图使英镑成为可兑换货币。美国选择英国作为目标有两种考虑。首先，英镑集团是实行布雷顿森林协议的最大障碍，美国要把拆毁这种双边体系作为突破口；其次，英镑如能实现自由兑换有助于缓解欧洲的美元荒，带动西欧各国加速走上自由汇兑的道路。

1945 年开始的美英谈判达成了由美国向英国贷款 37.5 亿美元的协议。英国在三方面作了承诺：（1）一年后取消对英镑交易的限制，恢复经常账户的英镑自由兑换；（2）妥善处理英联邦各国持有的英镑结余问题，通过协商争取使债权国如印度、埃及等同意冲销它们持有英镑结余的大约 1/3，其余部分的 90% 转为长期贷款，这样就能防止这部分结余变为冲垮英镑自由汇兑的力量；（3）通过关税削减，取消原来在英镑集团各国之间存在的关税方面的帝国特惠。

美英贷款协议就实现自由汇兑这一点说是不成功的。根据协议英国于 1947 年 7 月 15 日放松了对非居民英镑汇兑的限制，实现了往来账户的英镑自由兑换。但是到 1947 年 6 月底，37.5 亿美元贷款中的 20 亿美元已经用罄。在 7 月和 8 月又有 13 亿美元被提走。到了 1947 年 8 月只剩下 4 亿美元贷款，英国被迫停止了由英镑持有国对美元的自由兑换。虽然这一停顿是对美英协议的破坏，但属不得已而为之，连美国也认为这样做是必要的。经过谈判，1947 年 12 月英国再一次允许自由兑换英镑，可是到了 1948 年 3 月 1 日全部贷款用光。事实说明，英国经济还没有恢复到可以使英镑自由兑换的程度，揠苗助长是无济于事的。美国只好承认这个现实。

第二个措施是实施"马歇尔计划"。1947 年初美国国务院—海军—陆军协调委员会的研究报告预言：美国"在 12—18 个月以后将不能再以 1946—1947 年的速度继续出口商品"，"美国出口顺差的大幅度下降将对美国的企业活动和就业产生抑制效果"。报告的结论是建议实行一种重大的美援计划，为美国持续高水平的出口提供资金。这就是马歇尔国务卿在 1947 年 6 月 5 日有名的哈佛大学演讲中提出的美援计划的历史背景。最终通过的计划是头 5 个月授权拨款 68 亿美元，以后四年授权拨款 170 亿美元。杜鲁门用夸大红色威胁的办法使国会通过了这一法案。

"马歇尔计划"使美国有可能取得多方面的好处。它为资助一个庞大的贸易顺差提供了手段，并且影响着欧洲经济的进程，实际的经济援助可以使西欧各国向多边主义的方向迈进一步；它可以维持西欧人民的生活水平，有助于缓和来自左面的威胁；它对来自东欧的贸易拉力也形成一种抵消的力量；同时它也为美国对外政策赢得宣传上的胜利。

"马歇尔计划"存在的内在矛盾是：它以保持美国的贸易顺差为目的，但是它采取的手段是帮助西欧振兴经济，提高西欧产品的竞争能力，这就为日后西欧产品入侵美国市场，削弱美国的实力地位埋下了伏笔。

"马歇尔计划"的成就是显著的，但是欧洲经济的恢复单靠"马歇尔计划"还不够。人们估计在1952年以前西欧仍然没有办法赚得足够的美元去弥补它的贸易逆差，美国仍然面临丧失出口顺差的可能，欧洲经济也依然存在受孤立的危险。合乎逻辑的结论是把"马歇尔计划"再延长三至四年，然而这一选择在国会已很难通过。必须另作打算。于是又采取了一个新的措施。

第三个措施就是美欧重整军备。这个主意是由国务卿艾奇逊和保罗·尼采提出的。他们认为国内重整军备将为支持需求提供新手段，那将减轻要求高额出口顺差的压力，对欧洲的军援将在"马歇尔计划"到期之后继续向欧洲输血，而欧洲和美国军事力量的一体化就可以防止使欧洲变为把美国排除在外的经济区。增加三倍的国防开支帮助欧洲重整军备可以一箭数雕。但困难在于国会的批准，这个问题在朝鲜战争爆发后迎刃而解。

可是，尽管美国政府采取了上述重大步骤，在50年代初，多边世界秩序的进展仍然不如人意。欧洲许多国家对美国仍然是逆差，大部分欧洲贸易仍然沿着双边方式继续下去。然而随着欧洲经济的复兴，到50年代末情景就大不相同了。美元短缺被美元过多所取代，主要的欧洲货币都已经可以自由兑换，双边主义和数量限制大部分都已解体，布雷顿森林体系的目标终于实现了。

布雷顿森林体系的瓦解

布雷顿森林体系的建成也是它走向瓦解的开始，在这里事物就是这样按照辩证规律运行的。从1958年到1973年可以说是美国力求挽救美元危机，防止布雷顿森林体系瓦解的阶段。

1958 年欧洲各国货币都已恢复自由兑换，同时它也是美国黄金储备大量流失的第一年。它曾被认为是临时性和周期性的现象。经过一段时间以后，人们开始意识到问题并非如此简单。

美国黄金枯竭导致美元危机的背后有两个主要原因。一个是美元外流过多，经常账户逆差过大；另一个是美国贸易收支恶化。

在 50 年代的大部分时间，美国经常账户每年有 10 亿美元逆差。外国赚得这些美元以后就用它建立自己的货币储备，使之达到必要的水平。然而到 50 年代后期，有些国家的美元储备已经大到使他们感到担心的程度。西欧国家于是开始把他们赚得的美元兑换成黄金，改变其外汇储备的构成。其结果是使美国的黄金储备迅速减少。美国经常账户逆差扩大是驻军开支和资本输出同时膨胀所造成的。50 年代早期美国曾致力于鼓励私人向国外投资，然而私人资本的外流对缓和欧洲各国美元短缺的作用还嫌太小，欧洲各国的美元缺口是靠美国对国外的军事援助，以及维持美国在全世界的驻军和军事基地所注入的美元来填补的。总之，50 年代前期，美国向全球伸展政治军事力量对欧洲是有好处的，这就是由美国通过经常账户逆差为欧洲提供急需的流通手段以维持欧洲各国的国际收支平衡。然而到了 50 年代后半期，欧洲稳定的投资环境刺激了美国私人对外投资的高涨。美国的资本输出和军事支出双管齐下，其数量之大已使美元在欧洲泛滥。但是，美国政府这时已既不能阻止大公司对欧洲的投资，也无法简单地把它在世界范围的军事机器加以拆除，因而它要想使经常账户逆差缩小已经相当困难。

美国贸易收支的恶化是美元危机的第二个根源，它是由美国商品在国际上竞争能力削弱所造成的。战后美国在国际贸易上的优势，在西欧和日本从战争中复兴之后是注定要凋谢的。美国公司面对这种新的挑战不是使它们在国内的工厂现代化，增强自己的竞争力，而是致力于到国外建立分厂。这样做的好处是使美国公司能够绕过欧洲的关税壁垒并利用欧洲各国之间的关税优惠。但是它的坏处则是使本国的机器设备得不到及时更新和改造，导致美国产品在国际上竞争力的下降，这样必然使美国原来拥有的贸易顺差日趋缩小，直到后来贸易收支变为逆差。

美国决策者对美元危机内在根源的认识有一个逐步深化的过程。他们开始是不承认美国经济力量相对下降的事实，积极维护美元的国际地位，力求布雷顿森林体系不垮台。经过几个回合的努力希望落空，转而实行放任自流的消极政策，直到布雷顿森林体系瓦解为止。这个过程长达 15 年之久，大体上可以分为三个阶段。

从 1958 年到 1963 年是第一个阶段，人们称之为天真的大西洋主义阶段。这时美国对解救美元危机比较乐观，政界一般认为经过较小的政策调整，加强同欧洲盟国的合作，增强美国应付外国向它兑换黄金的能力，就能解决问题。为此美国在金融领域采取了几项措施。一是在主要盟国的中央银行之间达成互惠信贷安排的协议，建立备用信贷，作为维护现行汇率彼此都可以提取的基金；二是在 1961 年下半年创建伦敦黄金总库。在英国、瑞士和共同市场六国的同意下，由它们提供稳定美元价格所需的一半黄金。这个措施可以减轻外国向美国兑现美元时给美国黄金储备所造成的压力。三是扩大国际货币基金组织的股份，以增强该组织的贷款能力。对基金组织的扩股，欧洲各国愿意拿钱，条件是要相应增加他们对基金组织信贷资金在使用上的控制权。

但是，所有这些措施对阻止美国的黄金外流并没有起很大作用。根本原因是，美国没有能遏制美国国际收支逆差的扩大。1962 年美国又做了一次新的努力，试图说服欧洲人开发自己的资本市场，减少他们在纽约金融市场上的借款。这显然是为了避免对美国资本的外流实行直接限制，但是这种劝说甚少成效，美国资本继续外流。不得已，1963 年 7 月，肯尼迪又提出一种利息均等税的办法，对外国在美国发行的债券课征与利息相等的税收以增加债务人的负担，用这种办法阻挠外国在美国发行债券。

从 1964 年到 1968 年是第二个阶段。对资本输出的控制成为美国国际收支政策的基调。这一阶段是约翰逊总统在国内推行伟大社会计划，在国外使越南战争升级，被人们称之为大炮和牛油并举的时期。美国联邦财政赤字急剧扩大，通货膨胀压力增强，美元危机进一步深化。约翰逊在利息均等税之外又采取了一项新措施，对银行和公司向外国输出资本实行自愿约束。1966 年以后更把"自愿"改为"强制"。这个办法也没有起多大效果。

从 1968 年到 1971 年是第三阶段，即美国执行消极国际收支政策的时期。1968—1969 年以劳伦斯·克劳斯（Lawrence Krause）为首的一种意见受到尼克松的重视。克劳斯认为美国已经没有力量去直接管理国际金融体系。但是，美国尽管相对软弱还可能通过采取一种消极的国际收支政策继续实现它的目标。这就是说美国应当致力于把国内的事情办好，对控制国际收支逆差则不必花太大的力气。这样外国就必须调整他们的汇率以避免不必要的美元流入。1971 年春，对美元的大规模投机使巨额美元流入德国，因为这个国家的货币最为坚挺。美国官方表示这是德国的问题，美国不想采取缩小收支逆差的行动，美国的意图是迫使德国提高马克的币值以改善美国的外贸地位。德国人在开始的时候是想尽可能延长抵抗的时间，但是后来发现它很难吸收市场上的全部美元，终于被迫提高马克的币值。欧洲其他国家的货币也同马克一起上浮。这段故事说明消极的国际收支政策是可行的。但这种做法也只是暂时保存了美国人的面子，使美元在表面上不贬值，并未解决实质性问题。

1971 年 8 月，尼克松宣布新经济政策。美国又玩弄了一个新手法，即迫使其他国家接受新的、固定的由美国做主的汇率。美国宣布关闭黄金窗口，这样它就把世界各国的货币置于美元本位之上。美国还对进口商品征收 10% 的附加税，并把取消附加税作为谈判为美国所满意的新汇率的条件。美国的意思是要迫使它的贸易伙伴把他们的币值上调，同时美元仍保留在 35 美元换 1 盎司黄金的固定比率之上。这年 8 月至 12 月之间各国展开了紧张的外交活动。欧洲和日本有三点优先考虑即：第一限制他们自己货币的升值幅度；第二迫使美国对黄金实行贬值；第三要美国同意经过一段时间以后重新开放黄金窗口。他们的前两项要求取得了某种进展，美国终于同意美元贬值，改为 38 美元兑 1 盎司黄金。但是在美国作了这种让步之后，就再不肯前进了，它拒绝了要它重新开放黄金窗口的要求。新汇率在 1971 年 12 月华盛顿的史密斯国际会议上确定下来。尼克松宣布这件事是"世界历史上最重大的金融成就"。

然而不管尼克松如何夸大其词，新汇率并未能稳定国际金融体系。不到半年，一次对英镑的投机性进攻迫使英国当局让英镑下浮，而在 1973 年初对美元的一次新冲击又开始了。对美元失去信心是因为美国通货膨胀又在上升，贸易平衡继续恶化。几十亿投机美元再一次涌进西德，在七天中德意志银行不得不买进差不多 60 亿美元以抵制马克的升值。美国对这次美元危机的反应是重新谈判各种汇率的组合，包括新的美元贬值 10%，多数欧洲货币的汇率保持不变。日本则同意日元对美元作更高的浮动。第二次美元贬值对美国说来是更丢脸的事，不过它与消极战略是一致的。它没有对逆差进行直接干预就使其他国家接受了改善美国外贸竞争地位的让步。可是第二次贬值也未能阻止对美元的投机。德国人再一次被迫吸收了大量并不需要的美元。最后德国人得到欧洲其他经济共同体成员国的同意试行对美元的联合浮动，欧共体国家相互之间保持固定汇率而对美元则实行相对浮动。至此布雷顿森林体系终于瓦解，国际货币体系进入浮动汇率时期。

浮动汇率制和世界货币的多元化

黄金—美元本位制的解体是在战后美国经济实力地位相对下降，美国国际收支平衡恶化的背景下发生的。在此以后，由于美国国内高赤字、低储蓄，高消费、低积累的格局，国际收支逆差更加扩大，终于使美国由净债权国沦为净债务国，美元的国际地位继续疲软。

同美国相比，日本、德国经济实力相对上升，贸易顺差不断增长，因此这两个国家的币种也成为国际上最坚挺的货币。作为国际储备货币，日元、马克和美元已经逐渐形成三足鼎立的局面。在各国外汇储备中，70 年代中期美元占到 80%，到 1990 年底只占 51%。同期，德国马克在国际储备中所占的比重从 7% 上升到 19%，埃居占 12%，其他欧共体国家的货币占 6%，总计欧共体货币在国际储备中已占到 37%。日元占 12%。在 70 年代中有 50 多种外国货币钉住美元，目前只有 20 多种。

在欧洲人倡导实行浮动汇率的时候，美国政府依然致力于维护固定汇率制度。然而实际上浮动汇率与克劳斯所倡导的国际收支被动战略更为协调。在自由浮动汇率制度之下，其他国家在美国逆差扩大时别无选择，只好眼看他们的货币对美元升值。换句话说，用外交压力迫使汇率改变阶段过去了，因为汇率变动实际上是自动发生的。美国的立场很快也改变了，到 1975 年，保卫浮动汇率反对迫使欧洲回到固定的汇率上去已经成为财

政部的官方政策。浮动汇率促成的一大进步是在 1974 年 1 月取消了美国
对资本输出的控制。

实行浮动汇率 20 年，它的优缺点以及它对国际经济所起的作用已经
展现得比较清楚。

它的一个弱点是汇率的波动十分剧烈。美元的实际有效汇率（即对主
要贸易伙伴国家的加权平均汇率）在 20 年内大上大下。美元自 1979 年开
始上升，到 1985 年达到最高点上涨了 30% 以上。以后是大幅度下跌，5
年内下降了 50% 左右。英镑的有效汇率在 1977 年开始上升，到 1981 年达
到最高点，上升了将近 50%，随后又大幅度下降。到 1987 年跌了近
30%，以后又出现缓和上升的趋势。总的形势是，美元和英镑汇率的变动
最为剧烈。其他几种货币的有效汇率的变动比较缓和一些。马克和日元是
在波动中逐步上升，法郎则在波动中逐步下跌。

主要货币之间双边汇率的波动比有效汇率的波动更加剧烈。例如，美
元对日元的汇率在最初定值时是 360 日元兑 1 美元，以后日元不断升值，
1994 年更进一步打破 100 日元兑 1 美元的心理大关。

在浮动汇率条件下，汇率的剧烈波动是因为各国的货币都成了商品，
它要受它所代表的价值量和供求规律的影响。第一，它与外国货币的比价
关系要由各国货币的购买力平价（它所代表的金量或对其他商品的购买
力）决定，因此各国的物价水平和通货膨胀率对外汇汇率的变化会产生影
响；第二，各国之间的贸易往来有顺差有逆差，逆差国的货币通常要贬
值，顺差国则通常要升值；第三，由各国利率的差别所造成的各国货币在
国际上的独立运动，利率高的国家会吸引国外的投资，使外国对本国货币
的需求增长，导致其汇率的提高。再加上投机家的兴风作浪，就使汇率的
变化令人眼花缭乱，难以捉摸。因此对于它的运动规律必须全面地综合地
进行考察，而不能孤立地用某一种因素去解释。美元目前的疲软受投机资
本的影响特别大，这是因为 10 多年来美国为了弥补财政赤字而向国外发
行了大量债券，形成了巨额的美元外债积累，债权人并不关心美国经济的
增长而只关心债券价值的上落，当他们发现美国贸易逆差扩大或经济过热
有引发通货膨胀危险时，为了保值，就急于抛售美元债券，换取日元或马
克等强势货币。美元汇率大上大下，增加了外汇风险，造成金融市场的不

稳定，这是它往往使人沮丧的一个重要原因。

但是浮动汇率也有它的好处，有管理的浮动汇率对转变贸易失衡，调整经济结构都能起到积极作用。80 年代中期，美国贸易逆差激增，1985年西方五国外长在纽约广场饭店召开了五国财长会议，决定联合干预外汇市场，促进了美元的贬值和日元的升值。在此之后，美国贸易逆差从 1987年的 1596 亿美元逐年下降，就是一个明显的例子。日元在 1985 年和 1994年的两次升值都对推动日本实行产业结构调整，把劳动密集型产业和传统产业转移到亚洲其他国家起到了推动作用。这对日本和亚洲各国都有好处。而这种调节作用在固定汇率的条件下是不容易做到的。对发展中国家说利用汇率高估来促进设备和技术进口，利用汇率低估来扩大对外贸易增加出口，也不失为一种有效的手段。

同 19 世纪的金本位和战后黄金—美元本位的固定汇率制比浮动汇率制不能算是一种十分理想的世界货币制度，而只能说是适应目前国际经济实力对比，利大于弊的办法。因此，国际金融界正在不断探讨各种新的改革方案。

一种方案是恢复金本位制。在美国，里根当政时期，以蒙代尔为代表的货币学派是这种主张。他们的着眼点是金本位可以实行严格的货币纪律，对防止通货膨胀有特殊的功效。但是这种怀旧的感情很难在新的历史条件下变为现实。首先是，今天生产力的大发展已使有限的黄金储备很难满足世界上如此大量的商品流通所需要的国际清偿手段。以 1991 年为例，全世界的国际储备是 7004 亿特别提款权，其中黄金是 329 亿，只占总额的 4.7%，大量的是外汇，它的数额是 6209 亿，占总量的 88.6%。这就说明，要靠黄金独立承担国际清偿手段的职能是力所难及的。还有一个问题，要实行金本位制必须排除黄金的商品属性，使它的价值固定不变。在通货膨胀不能完全避免的情况下，其他商品价格都上涨，唯独不许黄金涨价，禁止黄金在市场上的贴水交易，黄金的生产就会萎缩，而且存放在国家金库中的黄金货币储备的价值也要蒙受损失。反之，如果放松管制，允许贴水交易，又将直接间接地破坏法定的换汇率，这是在实行黄金—美元本位制的 60—70 年代已经遇到过的困难。

另一种方案是实行美元本位制。它的难处是美元本身是弱势货币，美国目前已是净债务国，它的经济还存在结构性的不平衡。尽管美元在国际储备中仍占大头，但趋势是它在国际储备中的地位还可能进一步下降。此外尽管日元和马克币值坚挺，它们也还远不足以取代美元的地位。还有一个根本性问题，就是用任何一种单一的货币充当世界货币都存在一个内在矛盾，即这个国家必须保持国际支付逆差才能为其他国家提供国际清偿手段，而这种态势必然会使这种货币的汇价下跌，影响国际金融体系的稳定；反之，如果它经常处于顺差地位，又不能满足其他国家对国际清偿手段的需要，造成周转不灵。这是个不易解决的矛盾。

再有一种方案是设立汇率目标区的主张。欧洲货币体系就是按这种设想建立的。它以欧洲货币单位埃居为中心，建立了围绕这个中心的目标区和相应的干预机制。这一试验开始颇为成功，稳定了欧共体各国货币的过度动荡。但是在两德统一中德国经济出现困难，而整个欧洲又陷于经济衰退之后，由于德国不肯降低利率，迫使英、意退出了汇率机制，导致欧洲货币一体化的一次严重倒退。这个挫折说明，在各国经济发展不平衡的条件下目标区的体系也是不易巩固的。但应当说它是一种有意义的尝试，为世界走向一个有秩序的货币制度找到一个可能的出路。但是，在全世界真正实现这个目标，仍很遥远。

此外，为了对付短期资本的投机活动，还有征收外汇交易税的主张。但反对者则强调这种做法会阻碍资本的自由流动，实行起来也并不容易。

总体来看，当前的浮动汇率制虽然利弊参半，但是它与当前世界多极化的现实是相适应的。因此，在可预见的未来它仍然是有生命力的。

（原载《美国研究》1995 年第 2 期）

1995 年美国经济的特点

一 有惊无险,基本上实现了软着陆

1995 年有两件事一度引起人们的心理恐慌。一是经济增长率连续两个季度滑坡。先是从 1994 年 4 季度的 5.1% 降到 1995 年 1 季度的 2.7%,接着又在 2 季度降到 1.3%,人们不免担心出现经济衰退的可能。但是 3 季度已经回升到 4.2%,4 季度虽有疲软迹象仍有达到 3% 左右的可能,经济衰退可以避免。另一件事是美元汇率的狂泻,它也曾引起人们的心理恐慌。1995 年 4 月 19 日美元对日元的比价跌至 1:79.8 的最低点。但自此以后,美元逐步回升,目前在 1:100 的水平上下小幅波动,使美元汇率取得了暂时的稳定。之所以有惊无险,说明目前美国经济的基本条件是健康的。

二 经过调整,具备了较好的微观和宏观环境

实现软着陆是联储的宏观调控目标。在这方面联储实行渐进的金融紧缩政策是功不可没的。宏观调控较为成功这是主观条件。如果不存在经济本身的有利因素,实现软着陆也是不可能的。这就要第一归功于在微观领域企业的改组与改造,第二归功于经济活动全球化对美国经济的支持。这两个客观条件是使美国通货膨胀保持低水平,以及使企业利润保持高水平的重要保障。没有这两个条件,在美国经济进入高涨期而不涨价,在经济明显滑坡时企业仍然对设备投资热情不减是难以想象的。

三　经济看好，分配不公则有所发展

由于 1995 年经济实现软着陆，经济过热受到抑制，这将为美国经济在今后一段时间的继续温和增长创造有利条件。

但是分配不公的状况则明显扩大。根据《商业周刊》对 900 家公司季度资本收益计分牌的统计，这 900 家公司 1994 年的销售额只增长了 9%，但资本收益却比上年增长了 41%，是自 1973 年以来的最高纪录。1994 年 4 季度销售额只增长了 11%，但利润则上升了 72%，是自 1988 年以来的最高纪录。1995 年预计公司利润将继续增长。由斯坦达普尔编制的 500 种股票指数中有关公司的利润将上升 19%，虽比 1994 年差些，但仍然是很好的成绩。

四　结构性失衡可能缓解，平衡预算却引发了两党争夺政治资本的闹剧

4.9 万亿美元的国债是美国长期积累下来的包袱，是美国成为净债务国并导致美元汇率不稳定的重要根源，也是经济结构性不平衡的主要标志。民主、共和两党虽对削减联邦赤字的重要性具有某种共识，但他们却把平衡预算和削减赤字变成了两党为 1996 年竞选争夺优势的政治资本。

共和党控制的国会于 1995 年 6 月 29 日通过了在 7 年内平衡联邦预算的决议。该计划要求在 7 年中对联邦医疗照顾和医疗补助的增长压缩 4520 亿美元。对穷人援助的增长减少 1000 亿美元，包括对单亲家庭的补助、食物券和其他营养计划的削减。同时要求对个人和公司所得税进行减免，它的主要受益者将是高收入公民。

削减联邦赤字曾是克林顿 1992 年总统竞选时的口号，5 年赤字削减计划是他在 1993 年的立法日程表中的重点。但是，在他 1995 年 2 月发表的 1996 年财政年度预算中却没有进一步削减赤字的建议。这使他在共和党的进攻之下处于被动地位。他原来是不主张规定平衡预算时间表的，这也是多数民主党人的主张。但是考虑到社会思潮和共和党的攻势，他也在 6 月

提出了一个在 10 年中削减 1.1 万亿美元支出，到 2005 财政年度平衡预算
的计划。他的计划将减少对医疗照顾、教育和其他社会服务项目的开支，
但是将设法保护这些项目不被共和党过分削减。克林顿承认平衡预算的极
大重要性，但是坚持要采取措施保护儿童、家庭，同时强调联邦对教育的
补助是唯一不能容忍削减的领域。他也表示赞成削减福利开支，但是坚持
要采取措施保护儿童并帮助有劳动能力的人由吃福利转到自食其力。此
外，克林顿要求通过他在 1994 年末提出的减税计划，包括对中等阶级家
庭每个子女的课税减免，以及对大学学费和职业培训的课税扣除。由于双
方达不成协议，通过 1996 年的联邦预算变为僵局，使联邦各部门工作停
顿，上演了一出两党为 1996 年竞选争夺旗帜的闹剧。预计两党经过激烈
的讨价还价最后仍然必须妥协，但人们担心在缓解美国经济结构不平衡的
同时，由于社会福利和医疗保健的削减有可能激化社会矛盾。

（原载《世界经济》1996 年第 1 期）

美国两种经济哲学的新较量

——兼论两党预算战

在美国，两党——民主党与共和党；两种思潮——自由主义与保守主义；两种经济哲学——国家干预与自由放任之间通常可以看做互相对立的两种政治经济哲学体系。自 20 世纪 30 年代以来，说民主党信奉自由主义，经济上主张国家干预；共和党信奉保守主义，经济上主张放任自由是大体上符合实际的。然而自由主义和保守主义这两个概念的内涵在不同的历史时期是有变化的①。斗争的需要又使自由主义与保守主义阵营内部出现了"新""旧"之分。

必须看到两种经济哲学在维护资本主义制度这个根本问题上是没有差别的。区别只在治病的方法。资本主义的痼疾是财富的集中和两极分化，以及由此产生的种种危机。保守派的药方是调动大企业、大资本家的积极性，使经济大发展，然后"利益逐层渗透"；自由派的药方则是国家干预，通过再分配建立"安全网"缓和社会矛盾，促进经济发展。因此保守派容易得到上层阶级的支持，自由派容易获得中下层阶级的支持，虽然自由派并不想铲除贫困化的真正根源。

---

① 在 20 世纪 20 年代以前，自由主义在美国代表一种反对任何集体主义的思潮，自由主义者赞成小政府和分权主义，主张把市场作为组织经济的唯一公平和有效的工具，强调把政府的功能尽量限制在少数目标如保持国防和发行货币等方面，杰斐逊是被公认的代表。与此相反的思潮早年被称为进步主义，进步主义者主张强化政府的作用，因而也被称为政府行动主义者，汉密尔顿是被公认的代表。在南北战争中，美国现代两党制基本确立，民主党大体代表前一种思潮，共和党则代表后一种思潮。然而这种界限自威尔逊开始已经变得模糊，到 30 年代罗斯福入主白宫以后则完全翻了个儿。罗斯福在他早期竞选的演说中公开提出民主党必须是"自由主义的旗帜"，而他所实施的"新政"则以加强联邦政府对经济的干预，为社会福利以及资源开发承担责任，通过公司和个人所得税实行收入再分配等为基本内容。与此同时，共和党则成了反对这种政策的保守主义旗手。

　　建立"安全网"可以缓和社会矛盾，有利于经济的发展。但它绝不是"免费午餐"，而必须付出代价。对上、中层说这就是要多纳税。这一点在经济繁荣，蛋糕增大的时候较易做到，而在经济萧条，蛋糕变小的时候就会挫伤资本家乃至中产阶级的积极性，从另一方面抑制经济的发展。同时"安全网"容易助长依赖思想和管理上的弊端，因而也会引起纳税人的不满。因此在两种经济哲学的较量中，社会福利政策和财政税收政策往往就会成为争论的焦点。

　　当前，克林顿政府与共和党国会以预算问题为焦点展开的攻防战，是美国两种经济哲学思想在新的条件下的新较量。它不是以往斗争的简单重复，但是要对它们作较深入的观察又不能割断历史。本文的目的是想从半个世纪以来两种经济哲学的反复较量，探索其发展的脉络和未来的走向。

国家干预和"安全网"

　　罗斯福"新政"的历史贡献之一是把美国从大危机中拯救出来，为缓和日益尖锐的社会矛盾建立起"安全网"的初步框架。但是美国的"安全网"以后的发展与欧洲相比是颇有差距的，而且在罗斯福以后的半个世纪中经历了上升和下降两个阶段。

　　以1935年通过的《社会保障法》为嚆矢，到70年代中期是美国社会"安全网"在历届民主党总统的积极推动下不断扩大的阶段。根据《社会保障法》在美国历史上第一次建立了以工人和雇主共同缴款为资金来源的，由联邦政府统一管理但各州标准不同的社会保险制度。包括老年保险、失业保险、盲人补助、赈济性老年补助和儿童补助五项内容。但是罗斯福实行强制性全国健康保险的设想并没有具体化，而杜鲁门对此虽表示出极大的热忱，他的提案在国会却碰了钉子。肯尼迪的社会保障政策具有浓厚的凯恩斯主义色彩，即着眼于扩大社会总需求以促进经济的增长。1961年肯尼迪提出了一项在八个实验区试点搞食物券的建议，并在后来使之变为永久性计划。1962年在肯尼迪的推动下，通过了对抚养未成年子女家庭补助的社会福利修正案。要求不仅在父母死亡、出走或失去劳动能力时给儿童以援助，而且当其父母失业时也有资格取得这种援助。到了约翰逊时代由他所提出的"伟大社会"和"向贫穷开战"的口号，则把美国社会"安全网"的建设推向了最高潮。约翰逊在社会保障上取得的最大突破是，使老年医疗保险在国会获得通过。1965 年 4 月又首先通过了《初等和中等教育法》，接着在国会的一致支持下通过了《高等教育法》，第一次批准了对大学生的联邦奖学金。此外，联邦政府还对大学生的借款保险给以贴息。《高等教育法》中有五条是对大学和学院给以补助的。由联邦拨款给大学购买图书资料在美国历史上也是第一次。同年 8 月又通过了《混合房屋法》，提出了新的租金计划，给低收入家庭租用私人住宅。住房与城市开发部也是约翰逊时期成立的。

民主党总统积极从事"安全网"的建设，共和党总统在经济哲学思想上是持对立立场的。然而有趣的是在美国经济的上升阶段，两届共和党总统艾森豪威尔和尼克松在理论和实践上却是矛盾的。

艾森豪威尔在进入白宫之前曾经说过，如果美国人所要求的一切就是保险，他们可以到监狱里去，他们将有足够的东西吃，还有一张床和头上的屋顶。然而当艾森豪威尔登上总统宝座之后，他对社会保险的做法却比人们的预料要慷慨。老年保险救济付款的范围扩大了，保险的类别增加了，不过他坚持这一切负担要加在工资之上。此外他对健康保险的立场也是保守的，他反对由联邦政府支持并补贴付不起医药账单的穷人。艾森豪威尔曾决心通过地区重新发展计划对付地方失业问题。但政府计划只提供了 5000 万美元的贷款，根本解决不了一两百万失业工人的问题。在资助穷人住房建筑方面，他反对为追加的房屋抵押贷款提供政府担保，理由是这种贷款的利息低于平均水平，他认为这是不公平的。在 1950—1957 年美国国民生产总值增长了 1240 亿美元，但社会福利开支仅增加 70 亿美元，占 6%，这同健康、教育、房屋需求的增长是不成比例的。但是也应当承认艾森豪威尔对"安全网"没有做有害的事情。

尼克松对"安全网"问题上理论和实践的矛盾更为明显。他在竞选中对社会福利没有给予很多注意，只是提到他主张把穷人"从福利名册转到工资名册"，在选举前约一个月，他声称不能接受有保证的年收入或付所得税的主张（即由经济学家弗里德曼提出的，由联邦政府直接对那些收入少的人支付现金的主张），认为这样做不能结束贫困，并且会对美国人民的生产能力产生有害影响。但是在尼克松当选之后，许多州长要求联邦政府采取行动解决他们日益增长的福利开支问题，特别是抚养未成年子女家庭补贴的问题。这是因为工业各州吸引了越来越多的乡村和南部人口，由此使他们在这方面感受到的压力特别大。1971 年尼克松在他的国情咨文中说他要进行一场新的"美国革命"，并宣称：我将要求国会对 35 个立法建议采取行动，最重要的是福利政策。不久，一个命名为家庭援助计划的初步方案出台了。为了争取自由派的支持，政府建议为四口之家的收入保证从 1600 美元提高到 2400 美元。条件是使福利领取者不再领取食物券。这个方案虽然没有形成立法，但它显然同尼克松新联邦主义的倡议是格格不入的。后者的目的是与州政府实行收入分成，带有明显的分权主义色彩，而在全国实行统一标准的家庭援助计划则必须加强联邦政府的干预。

社会"安全网"走下坡路在时序上是从 70 年代发生经济"停滞膨胀"时开始的，成为讽刺的是最初在削减社会福利上做文章的并不是共和党而是民主党总统——卡特。卡特上台后面临的经济难题是高通货膨胀与高失业并存。而他所面对的政治难题却是冷战的加剧。面对这种挑战，他在联邦预算上所选择的道路就是增加军事开支，削减社会福利。摆在总统管理预算局手术台上的福利项目，包括把低收入失业者放到政府服务工作中的综合就业法案、联邦主持的青年夏季职业计划、联邦保健计划等。社会保险和残废保险也要削减，并减少给穷人住房建设的补贴。此外对城市快速运输系统、环境保护、废水处理、新城市公园计划等的支出也要加以压缩。他的这些做法被民主党中的激进分子视为自 60 年代以来在"安全网"方面所取得的一切进步的倒退，是以国防和控制通货膨胀为伪装向穷人既得利益的进攻。

国家干预与预算税收

"安全网"的实质是以联邦预算为杠杆，通过国民收入的再分配而建立起来的。不过，在美国社会保障和社会福利的资金来源是不同的，社会保障至少有一半来自工资税，另一半来自雇主，它由联邦预算统一管理，却不完全是经过联邦预算转移支付的机制形成的。社会福利则完全是一种经过联邦预算的转移支付而建立的，它的资金只能来自美国纳税人的钱袋。由此可见，"安全网"的建立同财政税收有着密不可分的关系。

美国在五六十年代"安全网"建设的红火时代，是同当时的财政状况和财政思想有着密切关系的。在财政状况方面，当时是经济繁荣时代，工人工资增长速度超过物价的上涨。1950—1972年，工资每年平均增长4.7%，物价上涨2.5%。工薪税水涨船高，为社会保险金积累了一笔不小的准备金。在这种形势下，国会议员自然愿意继续扩大社会保险项目的各种津贴，以强化争取选票的手段。艾森豪威尔对社会保险和社会福利的容忍态度，也是同当时联邦预算年年结余的形势有关的。60年代"安全网"建设进入高潮，则同凯恩斯主义理论有关。在财政思想上，凯恩斯主义者对财政预算提出"周期平衡理论"和"充分就业预算理论"，认为联邦赤字不仅无害反而可以刺激经济增长，实现充分就业的目的。这就为建立"安全网"，发展社会福利和建设福利国家找到了一条"免费午餐"的捷径。这是凯恩斯主义在60年代之所以风靡美国乃至全世界的重要原因。应当说凯恩斯主义刺激社会总需求的理论在30年代大危机以后一段时间是包含局部真理的，这就是说在资本家投资意愿不足的条件下，赤字财政可以成为用财政的不平衡实现经济平衡的手段。然而不加限制的赤字货币化必然导致通货膨胀，这也是一个客观经济规律，这个规律在约翰逊执政的后期已经开始发生作用，不过还没有被充分认识。因此在70年代初期尼克松还曾以自己也是凯恩斯主义者而自诩，他曾抛弃保守主义的传统立场，实行了许多以刺激经济为目的的福利措施，如把食物券的施行范围急剧扩大，由1969年的2.48亿美元增加到1970年的5.77亿美元和1971年的16亿美元，以达到争取选民蝉联白宫宝座之目的。

美国政府60年代的赤字货币化政策与石油危机相重合导致70年代的经济停滞和通货膨胀，因而动摇了凯恩斯主义在官方的统治地位。与此同时，以社会保障和社会福利为主体的社会"安全网"也出现危机。在社会保障方面主要问题是物价的上涨幅度超过了工资增长的幅度，以致工资税收入的增长慢于保险津贴支出的增长，发生了当年入不敷出的财务困难。在社会福利方面，各阶层纳税人在经济停滞收入滑坡的情况下对税收负担感到沉重，加剧了对由纳税人掏钱资助的社会福利制度所产生的各种弊端的不满。这就给以减税为基石的供应学派经济学的崛起创造了必要条件。

对供应学派说，弘扬减税作用和批判现行福利制度是一枚硬币的正反两面。里根的保守主义立场同供应学派的理论是一拍即合的。里根对社会保障持批判态度，认为它并没有使真正的穷人受益，反而哺育了大批懒汉。他还认为由政府办社会福利是包办代替，他在 1981 年 9 月 24 日的电视演说中抨击说："我们已经让政府包办了许多我们一度认为应当由大家出于良心，以及社会自豪感和邻里互助意识去做的事情。"因此，里根在社会保险方面主张减少政府干预，调动私营保险业的积极性。办法是给私人养老金计划以更多的税收优惠，并使更多的人参加个人退休储蓄账户。在健康保险方面，里根主张给各州以更大的权力去探求节省健康保险费的途径。里根不赞成政府卷入救济穷人的各种福利事业。认为联邦政府涉足社会福利、社区开发、医疗保健以及教育和艺术事业是对地方主动性和创新精神的压抑，并且破坏了社会各界人士一起合作从事福利事业的意愿，结果是把社区和个人的命运交给了高高在上的官僚主义者手中。

根据里根的主张，在他的任期内，对社会福利进行了较大的改革。例如对抚养未成年子女家庭补助这个项目作出规定：如家长有职业即取消其资格；减少在医疗补助项目上联邦政府对州政府的补贴。食物券方面，取消了因通货膨胀而进行的向上调整，凡收入在贫困线收入水平 130% 以上者，取消领受资格，但家中有老人或残疾成员者除外。对分配食物券中差错率过大的给以惩罚。对日间看护、抚育照顾、计划生育等社会服务，大约削减了 22%。取消了社区服务管理局。给社区低收入者提供的服务项目与其他整笔补助项目合并，经费大约削减 39%。据国会预算局估计，经过这样的变革，收入在 10000 美元以下的家庭在 1982—1985 年大约少得联邦津贴 470 美元，收入在 10000—20000 美元的损失 360 美元；而收入超过 80000 美元的家庭则只损失 170 美元。约 70% 的削减影响年收入低于 20000 美元的 48% 的人口。从这些数字可以看到，里根的改革的确有"劫贫济富"的色彩。

尽管如此，里根并没有能摧毁社会"安全网"的基本框架。而只是对各项开支进行了削减。这是因为，在里根的领导班子中对社会福利有鹰派和鸽派两股力量。以贝克、米斯和迪弗等人为首的鸽派深知触动大众的既得利益会给里根带来政治风险，建议里根必须同鹰派保持距离，明确表示对社会保障的支持。而以斯托克曼为首的鹰派则认为社会保障是"空谈社会主义"，主张砍掉嫁接在社会保障这棵大树上的各种福利计划，并急剧减少付给提前退休者的津贴。他还认为"里根革命"应当有三条腿，只讲减税和平衡预算而不大幅度削减社会福利，犹如少掉一条腿的板凳，它是永远站不起来的。这样，对里根"革命"不彻底的抱怨就成为后来斯托克曼挂冠而去的口实。其实，如果不考虑政治后果只算经济账，斯托克曼的说法不能说是没有道理的，正是因为里根一面大量减税，一面急剧增加军事开支，而对社会保障和社会福利却不敢大动手术，所以供应学派关于减税会自动平衡预算的幻想就变成了泡影，同凯恩斯主义者鼓吹赤字无害那种"免费午餐"达到了异曲同工之妙。而里根时期由于"革命"不彻底所造成的史无前例的巨额联邦财政赤字，及其在经济上所导致的一切恶果终于使红极一时的里根经济学黯然失色，为民主党的复出和国家干预主义的再度抬头扫清了道路。

新民主党人的中间路线

由克林顿的智囊团"进步政策研究所"主编的《克林顿变革方略》一书为民主党重新定位。它说："在总统政治中，重新定向的选举是罕见的——1992年的不同寻常的竞选正是产生了这样的一次选举。选民们强烈地拒绝了常规的左翼和右翼的政治方略，要求赋予美国一个新的方向。他们摈弃了自从富兰克林·罗斯福新政以来民主党赖以运转达60年之久的传统自由主义；他们也以压倒多数否定了'里根革命'所代表的保守派的反击。选民们采取这样的态度，从实质上说，是因为我们的两大政治哲学和意识形态方针，即自由主义和保守主义，都未能适应新的现实。公众从这两个方面都看不到有什么可行的答案。"[①]

那么新民主党人，或新进步派的方针和老自由主义和保守主义的区别

---

① 威尔·马歇尔、马丁·施拉姆主编：《克林顿变革方略》，达洲等译，新华出版社1993年版，第6页。

在哪里呢？照他们自己的说法，第一，他们不同意现今自由派强调再分配的观点，主张平等在于机会平等而不在于结果平等。为此，他们赞成采取促进经济增长的政策以造成广泛的繁荣。另一方面，他们也拒绝保守派认为经济是靠富有的投资者驱动的观点。而相信政府的作用在于为人人规定公平的市场竞争规则，不在于优待特权者。他们首先关心的是在工作的普通美国人。第二，他们既反对右翼的对社会漠不关心的政治，又反对左翼的津贴政治。主张政府和公民之间遵守一种新的契约，由政府负责刺激经济增长，促进机会平等，促使公民地位上升，而公民则必须做到愿意工作，支持他们的家庭，遵纪守法，作出回报。第三，在联邦政府的作用问题上他们既批判了里根和布什政府的无所作为，主张要有一个生气勃勃、强大和十分活跃的中央政府，又不同意自由主义所维护的老政府模式。主张富有革新精神，不带官僚气息的政府。主张由联邦政府确定政策和提供资金，但由州和地方政府从事微观管理，因此联邦政府要向州和地方政府大规模移交权力。进步派给联邦政府规定的职责范围是：解决州际问题；统一全国标准；防止破坏性竞争；财政再分配。对于再分配，他们认为某些与全国切身利害攸关的问题必须在联邦一级来解决，因为许多州政府和地方政府干脆没有财政能力来解决这些问题。这一点特别适应于与贫困有关的问题；需要做得最多的州恰恰是财力最差的州，如果一个问题是与全国切身攸关的，例如，涉及劳动力的技能程度的问题，采取由联邦筹集基金或者由联邦授权重新分配州的基金。在这里新民主党人为国家（中央政府）干预找到了正当理由。

进步派对联邦政府作用的诠释对克林顿在竞选中取得胜利是颇有帮助的，因为它从两方面迎合了选民的心理，一方面选民们隐约地看到了与那位在经济衰退面前无所作为的布什有所不同的新领袖；另一方面又减少了对这个人在当选后可能又会搞大政府，大手大脚花钱的担心。

由于克林顿对选民作了许诺，一旦当选他就要以政府的行动为振兴美国经济而斗争，所以克林顿一上台就把刺激经济增长和削减财政赤字摆上了议事日程。这是互相矛盾的两项任务。因为刺激经济就要增加支出，扩大财政赤字，这就给实行财政紧缩增大了难度。所以克林顿刺激经济的一揽子提案始终未获国会批准，最后胎死腹中，事实上美国经济是按照经济周期的规律自发地走出谷底的。

在克林顿执政的第一个 100 天中，使他真正得分的是在 1994 年预算法中所体现的长期投资计划和对赤字的削减。克林顿的长期投资计划是对支出结构的重要调整，它的目的是实现财政支出对基础部门的倾斜以补偿过去对公共部门和人力资源的投资不足和欠账。其中包括一个重建美国计划，一个开发人力资源的终身学习计划，一个工作奖励计划和一个保健计划。这些计划虽然在讨论中遭到了削减，却已给预算法打上了新民主党行动主义的烙印。

预算法中另一个体现新民主党特色同时也是老民主党传统的是为削减赤字而大量增税，它冲破了 12 年来供应学派的反对增税强调减税效应的理论禁区，改变了分配格局，把税收增加额的 90% 压到了富人的肩上。根据新税法，个人所得税的级差增加为 4 级，这与里根政府 1985 年税制改革要使美国个人所得税由累进税率向单一固定税率的方向过渡是完全相反的。新税法还规定提高对较高收入的退休者所得社会保障津贴的纳税比重，凡个人年收入在 3.4 万美元以上，夫妻收入在 4.4 万美元以上的退休者，其社会保障津贴应纳税部分由原来的 50% 提高到 85%。还改变了工资税封顶的规定，原来工资收入在 13.5 万美元以上的部分不再缴税，现在全部要缴税。原来企业高级官员所交俱乐部会费和请客吃饭的花销都可以从应税收入中扣除，现在则取消了这一优惠，此外还在遗产税方面进行了改革。在公司所得税方面新税法增加为 4 个等级，应税收入在 1000 万美元以上的企业最高税率由 34% 提高为 35%，追溯到 1993 年 1 月 1 日起计算，使公司所得税也增加了累进性。进步派声称他们拒绝自由派强调再分配的观点，然而为了削减赤字他们还是回到了通过税收实现再分配的老路。

作为新民主党人，克林顿最雄心勃勃的企图是改革美国的保健制度，同时在美国实行全民保健，把 3700 万迄今仍然享受不到医疗保健的人纳入全民保健体系。美国的保健制度弊端甚多，它在世界上花钱最多，开支增长最快。1960 年美国的保健支出占国内生产总值的 5.3%，1993 年上升到 14.6%，如果不进行改革，到 2000 年将上升到 18.9%，这就是说全国一年创造的财富有将近 1/5 为医疗保健所吞噬。尤其令人担忧的是这个问题若不解决，财政赤字到2000年又将上升到2500亿美元以上。造成这种局面的原因固然同新医术、新药品提高了医疗成本有关，更根本的原因在于存在机制性的缺陷，即患者、医生和保险公司都不关心开支多少，出钱的是政府和企业。由于解决这个问题涉及多方面的既得利益，历届总统都不愿捅这个马蜂窝，拖下来使之成为美国的老大难问题。至于建立全民保健体系，保守派当然是不会做的，即使是老民主党人在赤字的重压下也是不愿冒险的。克林顿可能是出于建功立业的迫切心情却决心为此而一赌输赢。其结果尽管由总统夫人挂帅制订方案还是难以出台。这个失算对克林顿是一个不祥的兆头，紧接着就出现了民主党在中期选举中的大挫败，共和党在国会两院取得多数席位，形成与总统分庭抗礼的局面。

人们难以理解的是为什么在美国经济表现良好的情况下，美国的政治天平却出现了向右的倾斜。这是一个比较复杂的问题，要从多方面作综合分析。从经济方面看以下的一些原因是能说明一些问题的。

第一，美国经济虽然持续上升，但老百姓并没有得到多少实惠。据美国竞争力政策委员会调查：与20年前相比，美国工人每周的实际平均工资差不多减少了50美元。如果扣除通货膨胀因素，美国人现在每小时收入为7.43美元，比1975年的8.26美元下降了10%。从1991年到1995年，有250万人在企业结构调整中失去了原来收入较高的工作，虽然其中的多数人找到了其他工作，但收入却大为下降。据《美国新闻与世界报道》调查，只有22%的人感到经济在发展，而68%的人感到经济停滞甚至仍处于衰退之中。与此相反，企业利润增长迅速，企业家对经济前景的预期表示乐观，根据《商业周刊》对900家大公司收益的统计，它们在1994年的销售额只增长了9%，但资本收益却比上年增长了41%，是自1973年以来的最高纪录。两种相反的趋势导致美国贫富差距的扩大，引起劳工大众的不满。这个事实说明保守派的"利益逐层渗透"理论的虚伪，同时也说明新民主党人拒绝财富再分配的理论，在初次分配权掌握在私人手中的条件下是多么软弱无力。

第二，过去历届总统都有靠扩大"安全网"争取选民的纪录。如上所说，即使是保守派总统如尼克松都曾用提高食物券补贴标准的办法争取选票。然而70年代以后的形势变了，美国经济的发展放慢，财政赤字不堪负担，原有的"安全网"都将难以维持，遑论扩大。克林顿要搞全民保健，实在是对这种变化缺乏清醒的认识。克林顿全民保健倡议的流产一方面是这件事本身的失败，而且还使原来抱有希望的几千万享受不到保健的美国人对克林顿的领导能力丧失信心；另一方面却又得罪了中小企业主、保险公司和医生团体，从而削弱了民主党的选民基础。

第三，"安全网"对缓和美国社会矛盾既有成效又有弊端。面对保守派对"安全网"弊端的充分揭露，新民主党人只能以退为进，以守为攻。在《克林顿变革方略》一书中，新民主党人对福利制度的提法是低调的。它说"各种政治派别的人们普遍认为，福利制度未能解决我国致命的社会弊病，它充其量所提供的是镇静剂而不是治病的良药；往坏里说，它造成的是依赖而不是自给自足，仅仅是设法缓冲贫困的打击而不是帮助人们避免贫困。福利制度在社会各个阶层都非常不得人心，它既使原本要帮助的穷人感到失望，也使为福利制度出钱的有工作的人感到失望"。① 克林顿的对策是许诺对福利制度进行改革，提出"以工作代替福利"的方针，把穷人享受福利的时间缩短为两年。但是这项改革需要配套措施，如全民保健和儿童社会保险等。然而，配套措施在国会中很难通过，因此，克林顿的改革计划也落了空。这就进一步削弱了民主党的选民基础。此外克林顿致力于区域经济集团化，引起了工会对丧失就业机会的担心，也使民主党失去一部分传统选民的支持。

保守主义卷土重来

共和党在 1994 年中期选举中大获全胜，取得对众参两院的控制权，使两种经济哲学的斗争在美国决策层中进入了新高潮。1995 年 1 月，美国第 104 届国会正式开幕，共和党议员们着手把他们在竞选中揭橥的《美利坚契约》这一纲领付诸立法，掌握了向新民主党发动进攻的主动权。

斗争环绕平衡预算、福利制度改革展开，税制改革也将成为热点。

---

① 威尔·马歇尔、马丁·施拉姆主编：《克林顿变革方略》，帕特南·伯克利出版公司 1993 年版，第 291—292 页。

关于平衡预算。1995 年 6 月 29 日，国会参众两院投票批准了一个具有历史意义的财政政策蓝图，要求在未来 7 年中削减 8940 亿美元联邦支出，于 2002 财政年度平衡联邦预算。该决议同时号召进行税制改革，在 7 年中削减个人和公司所得税 2450 亿美元。这个决议只是联邦开支和税收政策的一个广泛纲领，为了达到节省开支的目的还要通过一系列议案以决定具体计划。

共和党节约计划中的最大部分是"权利项目"（立法后，凡符合条件者即自动享受政府拨款，不需要再经过每年一度的预算审批程序）中的联邦医疗照顾和医疗补助。在 7 年中前者的增长将减少 2700 亿美元，后者的增长将减少 1820 亿美元。节省的另外 1000 亿美元将来自对穷人援助增长的限制，包括对单亲家庭的补助、食物券、其他营养计划以及对勤劳所得的课税减免。

联邦"斟酌决定项目"（要经过每年预算批准程序）的开支将在 7 年中紧缩 1900 亿美元。在通过立法后，这类削减将使教育、基础设施、社会服务以及职业培训等十几个项目的支出年复一年下降。

削减赤字曾经是克林顿 1992 年总统竞选时的口号，5 年赤字削减计划是他在 1993 年立法日程表中的重点。然而，在 1996 财政年度预算中却没有进一步削减赤字的建议。这使他在共和党的进攻下处于被动地位。他原来是不主张规定平衡预算时间表的，这也是民主党人的一贯主张。但是考虑到选民们的思潮和共和党的攻势，他也起草了一个自己的平衡预算计划。这样做一方面是怕失去一个数量很大的主张平衡预算的选民们的信任，另一方面则是为了给今后同共和党讨价还价奠定基础。克林顿的预算计划是在 10 年中削减 1.1 万亿美元支出，到 2005 财政年度实现预算平衡。他的计划将首先减少对医疗照顾、教育和其他社会服务项目的开支，但是将设法保障这些项目不被共和党过分削减。他强调了平衡预算对这个国家长期经济健康的重要性，但是他认为达到这个目标必须符合美国人的价值观：对儿童、家庭以及给后代留传什么的极大关心。因此他强调联邦对教育的补助是唯一不能容忍削减的领域。其次，环境保护、对技术的投资和对乳腺癌、艾滋病等医学研究的开支必须保证。其他领域则应当大大削减。克林顿表示赞成削减福利开支，但是坚持要采取措施保护儿童，同时使有劳动能力的人们从吃福利转到自食其力。克林顿在他的计划与共和党的计划之间划了一条明确的界线。他争辩说：共和党的目标虽然是可以达到的，但是它使老年人、学生和美国经济所遭受的痛苦很不值得。他说明他的渐进计划将避免急剧的削减，并且给那些原来的受益者以适应变革的时间。克林顿要求通过他在 1994 年末提出的减税计划，包括对中等阶级家庭每个子女的课税减免，以及对大学学费和职业培训的课税扣除。该计划将通过对个人和公司所得税的削减，在 7 年中减税 3500 亿美元。克林顿把共和党这个计划叫做"为实际所不需要它的人的一种减税"，认为它的结果将导致对保健和教育的粗暴削减。

白宫与国会的预算战到 1995 年 11 月中旬进入了高潮。因为国债的最高限额即将超过，政府开支无着。共和党乘机要挟，在国会通过的临时增加借债限额的议案中附加条款，不仅要求在新的国债到期后要使国债限额再降回到 4.9 亿美元，而且财政部还不得动用政府其他基金来解决债务问题。附加条款还规定，除非总统在 7 年内实现平衡预算案上签字，否则，国会下次将拒绝提高国债限额。这个要挟导致政府一部分机构第一次关门。只是在克林顿同意共和党提出的 7 年实现平衡预算的时间表后才使关门的机构重新工作。然而到 12 月 16 日临时借款又已用尽，造成美国史无前例的一年内连续第二次部分政府机构关门的闹剧。这次是在众议院议长金里奇作出让步，同意在两党达不成预算协议的情况下，让政府工作人员上班以后才使政府工作恢复正常的。现在看，两党预算协议在大选前恐怕很难达成，政府开支只好靠临时借款维持。

关于福利制度改革。美国参议院在 1995 年 9 月 19 日通过了全面改革福利制度的议案。这项议案将结束 60 年来联邦政府对贫困、单亲等家庭提供社会福利的保障。在取消联邦政府的福利计划后，福利经费将拨给州政府，由当地政府负责处理。议案规定贫困家庭享受福利待遇的期限最多不得超过 5 年，享受福利待遇者必须逐步参加工作。计划到 1996 年将节省费用 650 亿—700 亿美元。美国众议院在 1995 年 3 月已经通过了福利改革议案，但比参议院的规定更为苛刻。尤其是主张取消对 18 岁以下的未婚母亲的资助，对已享受福利待遇，但仍继续生养孩子的母亲不再提供资助。参议院则主张由各州政府自行决定。

　　福利制度改革本来是克林顿在 1992 年竞选中所倡导的。他曾发誓要"结束我们所了解的那种福利制度"，从而激化了社会上反对现行福利制度的情绪。克林顿这样做有他的政治动机：他试图以此证明自己作为新民主党人的资格，并同那些无条件支持福利国家的老民主党人保持适当距离。他试图显示他不仅要把一些人从福利名册上除去，而且要让他们从事工作的决心。当选后克林顿本来有机会为福利制度改革打上自己的印记，但是他把主要精力用在保健制度的整顿上，从而在两年中没有着力推进福利制度的改革。当 1994 年他的福利计划终于出台时，其内容比他引导大多数人在竞选时所期望的要温和和渐进，国会始终没有就此通过法律。但是，克林顿在竞选时放的这把火却产生了很大影响。在 1994 年中期选举中各方面的人物都跑出来在这个问题上做文章，并争相提出对福利制度受益者更为苛刻的要求。这些主张受到中产阶级纳税人的欢迎，他们早已为福利改革的停滞不前而感到沮丧，他们认为美国的福利制度是花了钱却毫无所获的典型事例。这种局面使共和党有可乘之机，夺取了福利改革的主动权，使克林顿陷于被动地位。现在他只有使用否决权之一法。他的理由是：调查发现国会的福利改革法案将使 120 万儿童陷入贫困。

　　关于税制改革。鉴于《平衡预算法》陷于僵局，共和党正在税制改革上酝酿新攻势。参议院多数党领袖多尔已决定支持前住房部长肯普提出新的税制改革方案。其基本精神是要彻底摧垮民主党所珍视的累进所得税制，使之变为固定单一税制。其内容：一是对各阶层的所得课税时只使用一个相同的税率；二是取消现行双重课税制度，即对公司利润征一次税，然后对个人分红再征一次税的做法；三是今后在需要提高税率时，国会两院必须有超过 60% 的多数票赞成时才能生效。这个改革方案目前在共和党内尚未取得一致。众议院筹款委员会主席共和党人阿彻尔正在倡导他所主张的全国销售税。也有一些共和党人担心提出这个方案将遭到克林顿的攻击，说它是共和党送给富人的又一件礼物。

前景展望

　　以消灭联邦赤字为引子的预算战的实质是两种经济哲学的斗争。现代资本主义由两极分化而导致的社会矛盾激化要求国家干预，用社会"安全网"保证社会的稳定和经济的持续发展。这种改良主义的道路虽然不能从根本上解决问题，但由于它能促进经济继续发展，所以在资本主义框架内，它仍然不失为一种进步。30 年代的大危机之所以未再重演，新政以来社会"安全网"的建立是起了作用的。然而建立"安全网"要有代价，各种利益集团在不同的经济形势下会出于对自身利益的考虑而重新排列组合，并决定这两种经济哲学在统治集团中的地位。但是美国不可能真正回到保守主义主张的"放任自由"和"利益逐层渗透"的老路上去。因为它会激化社会矛盾，使经济的发展难以为继，届时政治天平又会向左倾斜。共和党 12 年的统治为克林顿所取代已经说明了这一点。当前美国保守主义的回潮虽然声势不小，但他们用向州政府转移社会福利以求消灭赤字的做法已使人们担心"安全网"有散架的危险，从而提高了警惕。这是民意测验显示人们对保守派支持率下降的原因。今后斗争的前景无非是三种可能：

第一，一方面保守派做过了头，给克林顿帮了忙，使克林顿在竞选中取胜。新自由主义继续处于主导地位。

第二，由于各种原因，保守派在竞选中取胜。但出于稳定社会和争取选民的需要，并不实行极端保守主义的政策，而走一种中间路线，近乎艾森豪威尔之所为。这样，"安全网"的基本框架仍然会保留下来。

第三，保守派在竞选中获胜，并实行极端保守主义的政策，彻底拆毁了社会"安全网"，激化了社会矛盾，影响了经济的持续稳定发展，引起选民的不满，再次回到某种自由主义的道路。最后一种可能也许是最小的，结果如何，人们将拭目以待。

（原载《美国研究》1996 年第 2 期）

美国跨国公司投资中国互补互利

走出试探阶段

美国跨国公司对华投资大体走过了三个阶段。从 1979 年到 1986 年为第一阶段。这一时期来华投资的跨国公司很少，石油和旅游业是重点。1987 年到 1991 年为第二阶段。此阶段来华投资的美国大公司增加，范围扩大到各个行业，但仍属探测性，以摸清市场情况和政策走向为目的。1992 年至今为第三阶段。大项目明显增多，从 1979 年到 1993 年投资的 100 个大项目中，这个时期占了 42%，表现出它们已有同中国长期合作的打算。从地区分布看，美国跨国公司目前的投资重点是在京、津、沪以及其他沿海大城市如青岛、大连和广州等地。不过随着沿海投资成本的逐步上升，美国大公司已考虑向内地转移的问题。

投资规模较大

在天津，8 家美国跨国公司投资的企业规模都在 1000 万美元以上。我们调查过的中国天津奥德赛电梯有限公司的协议投资额为 4200 万美元，天津津美饮料有限公司的协议投资额为 2270 万美元，中美天津史克制药有限公司的协议投资额为 1172.18 万美元。摩托罗拉中国电子有限公司初始投资即达 1.2 亿美元。上海市工业项目外商投资的平均规模在 1992 年为 166 万美元，但美商投资企业的规模往往是这一平均值的数倍。如杜邦农药，美方注册投资 880 万美元；上海施乐，美方注册资本在 1500 万美元以上；3M 公司在中国初始投资 500 万美元，1992 年增资 1250 万美元；

强生在中国注册资本为 1350 万美元。美国在北京的生产性投资项目也具有相似特点。

技术比较先进

美国跨国公司的技术水平比较先进，而且在转让技术方面比较开明。例如，美国奥的斯公司是世界第一家电梯公司，也是目前世界最大的电梯公司，技术水平在世界电梯行业居于领先地位。它不断向中国天津奥的斯电梯公司输出先进技术。中国天津奥的斯电梯公司成立后 7 年，已完成了第一期新产品技术引进，实现了电梯产品全系列的微机化控制和产品结构的更新换代。其中，全电脑控制的 TOEC－3 型交流双速电梯、全电脑控制 TOEN－40 型交流调速电梯和全电脑控制 TOEC－100 型无齿轮高速电梯采用了 8 位或 16 位微机控制，功能齐全，结构性能好，处于国内同类产品的领先地位，并且达到了国际上 80 年代中期的水平。为了进一步提高天津奥的斯电梯的技术水平，美国奥的斯公司又转让了当代国际上最先进的产品，包括 E4ll 型无齿轮高速电梯、SPEC－90 型交流双频变压调速（VVVF）电梯、510 型重型自动扶梯。其中，前两种电梯采用了目前世界最先进的模块技术，并采用了光导纤维通信，使电梯在性能、效率、可靠性等方面上了一个新台阶；510 型重型自动扶梯是奥的斯的独家产品，适用于大型购物中心、地铁、车站和机场，以及交通枢纽等客流量大的场合。天津奥的斯在完成以上 3 项产品的技术引进后，产品达到世界先进水平。

劳动生产率较高，经济效益较好

如中国天津奥的斯有限公司，在 1985 年到 1991 年的 7 年中，销售额累计为 14 亿元，利润额累计为 1.2 亿元，向国家上缴的各种税款累计为 1 亿元。又如中美天津史克制药有限公司，从 1987 年正式投产到 1991 年底，生产总值累计为 7.5 亿元，利润额累计为 2.49 亿元，向国家上缴的各种税款为 9988 万元。在 1992 年前 8 个月，其人均产值高达

88.24 万元。又如天津津美饮料有限公司，在 1990 年至 1992 年 8 月底，其生产总值累计为 6.8 亿元，利润额累计为 7555 万元，向国家上缴的各种税款累计为 5534 万元。在 1990 年、1991 年和 1992 年前 8 个月，其人均产值分别高达 26 万元、58 万元和 44 万元。以上 3 家加上另一家天美食品有限公司，它们的总产值每年约占天津市外商投资企业生产总值的 1/4，利润额约占天津市外商投资企业利润总额的 50%。

管理水平较高，有比较先进的营销手段

以天津津美饮料有限公司为例。该公司对产品质量的管理非常严格。同时，美国可口可乐公司亚洲控股公司经常不定期地对产品质量进行检测。其检测样品并非由天津津美饮料有限公司提供，而是由其直接到市场上购买，然后将买到的产品直接送到设在香港的可口可乐产品测试中心进行产品质量的检验。该公司重视产品销售工作。销售人员约占公司职工总数的 40%。它还有一套独特的营销方法，向产品销售商提供各种便利，如送货上门，无偿提供冰柜、饮料现调机、保温箱、太阳伞、三轮车、手推车和桌椅等营销工具。在这些工具上，"可口可乐"和"津美乐"等商标赫然在目，无偿提供市场工具对于促进产品销售起了很大的作用。一方面，它方便了零售商，促使零售商愿意销售本公司的产品；另一方面，营销工具上的醒目商标又为本公司产品向消费者直接做了广告。

注重劳工保护和环境保护

美国大跨国公司往往在多年的经营中形成自己的独特的企业文化，注意把对公司有益的原则转化为职工的自觉行为。譬如强生公司的信条是"四个负责"，即"对消费者负责，对雇员负责，对社区负责和对股东负责"。其中对雇员负责，就是要保证安全生产。按照公司的内部规定，上海强生的任何一例工伤事故发生，它的美方经理要飞回美国去做报告和检查。杜邦公司的信条之一是"任何事故都是可避免的，为避免事故花多少

钱都是值得的"，而且任何事故的发生都一定是公司领导负主要责任。这些信条原则在合资厂中得到体现。在环境保护方面，美国公司也很重视。上海卡伯特化工生产的是像墨一样黑的产品，厂区却完全无污染，因为是全封闭式生产。上海杜邦农化在投产前已对厂区附近的水质做过多达186个数据的生化检测，投产后所有气体排放和使用水的排放都必须在处理之后才进行，以保证对周围环境无污染。目前，杜邦农化每年付给复旦大学生物系 27 万美元，用于对厂区的生态和树木的生物生化检测。杜邦公司总投资的1/4用于环保。这对原本是重污染行业的中国农药业，形成巨大的反差。

注重投资所在国的法律环境

美国大公司在投资签约时在法律条文上做过细致的工作，目的是保证合同的执行切实有法可依。它们比较习惯于在法律限定的范围内活动，同时把健全的法律体系看做一个稳定良好的投资环境的重要体现和保证。它们把法律的齐备看得远比税收优惠要重，因为它们认为经济上的优惠有限度，而且可能形成不公平竞争的条件。它们对自己的竞争力很自信，但需要法律作监督和保证，以形成公平竞争的环境和正常的市场机制。

在同各地税务部门接触中，共同的评价是跨国公司比较守法，它们的财务制度比较健全，照会计准则办事，不搞邪门歪道。当然合法避税，搞价格转移等是跨国公司的通常做法，但它们一般不超过法律范围去做违法的事情。

以占领中国市场为投资的主要目的

美国跨国公司对世界其他主要市场均已基本占领，但是，广阔的中国市场对它们来说仍是一块尚未开发的处女地，所以它们对中国市场极有兴趣。它们来华投资也正是主要为了开发中国市场，占领中国市场。其生产的产品向国外出口极少，有的产品甚至根本没有出口，主要面向我国市场。如中国天津奥的斯电梯有限公司，在 1985—1988 年，其产品出口额为零。在 1989、1990 年和 1991 年，其产品出口额占销售总额的比率分别为 0.8%、44% 和 7.1%，从 1985 年到 1991 年的产品返销率还不到 1%。几年来，其产品返销率从来没有超过 5%。从 1988 年到 1991 年，中美天津史克制药有限公司仅出口 446 万美元产品，而且其中大部分的出口额是该公司收购国内其他产品后出口换来的，该公司本身产品的出口极为有限。再如，天津津美饮料有限公司，在 1987 年至 1992 年 8 月，其生产总值累计为 6.87 亿元，销售总值累计 4.7 亿元，几乎没有出口。

这也存在一些问题，如价格转移问题，技术转让问题，市场垄断问题，这些有的可以通过加强管理，有的可以通过强化合同执行，有的则可以通过宏观安排而得到解决或减少其消极作用。

互利互惠明显

美国对华投资具有互惠互利作用。

首先美国大公司的直接投资对中方有以下好处：（一）有利于企业转变经营机制。（二）有利于迅速与国际市场接轨。（三）有利于我国产品上台阶。在同跨国公司合作发展我国基础工业的必要性上人们的看法较易取得一致。但是对我国为什么要引进可口可乐或肯德基等餐饮业，乃至其他消费性产业就有不同看法。经过调查，课题组认为有限度地引进这类大公司对推进我国相关产业有触媒作用。可口可乐、肯德基一类企业之所以能在世界立足，从生产流程、质量管理到营销方式都有独到之处，引进它们对我国餐饮业是一个冲击，又是一个促进，正是这种竞争态势，使我国的餐饮业感到奋起直追的迫切性并带动了相关产业。（四）有利于加速培养人才。（五）有利于在国际上融通资金，也有利于企业的设备更新和技术改造。

与中国合作对美国跨国公司的好处也是明显的：（一）中国为它们提供了一个前景广阔的市场。（二）美商来华投资，不只瞩目于中国市场，更着重于亚太地区大市场。（三）在中国投资可以获得丰厚的利润。

（四）获得劳动费用低廉的好处。（五）通过中方合作者在中国市场销售美国公司的产品并提供售后服务，不仅是美国公司进入中国市场的重要途径，而且也是提高效益减少摩擦的好办法。

（原载《中国外资》1996 年 8 月 5 日）

美国经济的增长与隐患

　　1996 年上半年美国经济发展态势良好。按经济合作与发展组织的说法是已经实现了"软着陆",即在通货膨胀得到控制的基础上实现了经济的持续增长。一季度国内生产总值增长率为 2.3%,二季度为 4.2%。联邦储备委员会预测,1996 年全年增长率将为 2.5%—2.75%,高于上年,通货膨胀率将达 3%—3.25%。出现这样良好的态势有以下原因:

　　一、宏观调控取得成效。美国自走出经济衰退以来,1994 年进入经济增长高峰,联储开始实行紧缩银根政策。到去年年中经济出现疲软,联储又着手放松银根,从 1995 年 7 月至 1996 年 1 月底连续 3 次降低利率,刺激了消费需求和股票市场的繁荣,为美国经济增加了活力。

　　从 1995 年下半年开始白宫与国会打预算仗,曾使部分政府机关开不了门,对经济产生了消极影响,长期利率上升了一个百分点。不过,到今年 4 月白宫同国会终于妥协,达成了预算协议。这不仅使数十个政府机构能在本财政年度剩余的 5 个月中得到 1600 亿美元拨款而转入正常运行,而且双方所达成的在今后 7 年消灭赤字的协议也就此敲定,消除了金融界和企业界的疑虑,改善了宏观环境。

　　二、生产、就业转趋活跃。制造业正处在存货周期波动的上升阶段。1995 年以来,差不多一年的时间各部门的库存增长超过了销售额的增长,导致产品积压。1995 年库存增长率高达 6.3%,1996 年下降到 2.5%,而企业销售额则以 4.9% 的年率上升。在这个库存周期波动中汽车和卡车充当了主要角色。经过 1996 年第一季度的库存压缩,汽车制造商提高了第二季度的产量,以便让经销商补足存货。由于五、六两个月汽车旺销,三大汽车公司正在调高第三季度的生产计划,这将为下半年的汽车增产创造一个良好势头。库存压缩不仅发生在汽车业,其他如制造业、批发业、零售业也是如此，到 1996 年 4 月，某些行业的库存已削减得过分。因此，预期订货和生产都会迅速上升。

随着生产的上升，就业也有所增长。就业人数月平均增长 22.2 万人，仅 5 月一个月就增加了 34.8 万人。而 1995 年每月平均增长 18 万人。6 月，失业率从 5 月的 5.6% 下降到 5.3%，是 1990 年以来的最低水平。

三、收入增长，消费趋旺。由于就业需求增加，1996 年工人的实际工资有所增长。平均非农业工资比一年前上升 3.4%，达到每小时 11.75 美元。在去掉通货膨胀因素之后实际工资增长 0.4%。面对制造业的坚挺以及就业和收入的增长，消费者不顾沉重的债务，微薄的储蓄以及长期利率的上升，仍保持着旺盛的消费意愿。5 月去掉通货膨胀率的消费开支上升了 0.7%，预计第二季度的消费开支将至少上升 3.6%，这就是说与一季度持平。汽车仍然是消费支出最大的项目。6 月轿车和卡车的销售依然强劲，接近 5 月 1580 万辆的年率。

劳工市场的兴旺也使住房需求保持坚挺。5 月原有住房销售量上升，新的一家一户的住宅猛增 7.5%，达到 82.8 万栋的年率，是 10 年来最高的销售水平。在中西部和南部住房销售特别强劲。由于旺销，使未售出的住房由 4 月占总数的 5.8% 下降到 5 月的 5.2%。

四、通货膨胀威胁不大。迄今为止有四个因素在阻止工资—物价的循环上升：较高的生产率，使单位劳工成本的增长慢于工资的增长；就业不稳定使职工在要求提高工资上小心谨慎；工会力量下降削弱了工人讨价还价的实力；全球竞争抑制了公司定价的主动权。由于通货膨胀仍处于受控状态，联邦储备委员会在运用金融杠杆进行宏观调控方面仍有回旋余地。

然而，这并不是说美国经济就可以高枕无忧了。

人们最担心的仍然是经济过热会触发通货膨胀。劳工成本对通货膨胀的前景关系最大，因为它要占公司平均成本的 3/4，在服务业中的比例更高。工资现在已经在增长，具有比较大的威胁性，因为它发生在劳工市场已经相当紧张的时节。看一下在工人队伍中打零工的人所占比例就能知道紧张的程度，在第二季度这一比例缩小到 3.1%，是自 70 年代以来的最低水平。按照目前的就业增长速度，失业率到年底将下降到 5%，从历史上看，这是导致通货膨胀的因素。从就业和工作时间增加的速度看，生产率的增长将呈下降趋势，至少从周期的观点看是如此。这将削弱企业对工资增长的消化能力。当然，联储委员会主席格林斯潘已经表示：一旦出现通货膨胀的苗头，联储就将毫不犹豫地提高利率。但是一个棘手的问题是提高利率对股市的影响，最近的股市暴跌原因之一就是对联储提高利率的预期。在美国拥有股票的成年人已占40%，股市崩溃会造成负面的财富效应，后果将是严重的。这对联储将是一个难题。

第二，企业投资增长率下降。据《商业周刊》报道，许多公司表示，1996年它们只打算小幅增加或不增加投资，另外一些公司实际上将削减资本预算。商用设备生产的年度增长率仅为3.6%，而1995年初则为它的3倍。这与许多企业的利润预期有关。

第三，家庭消费债务急剧增长。1995年底已达到10490亿美元，1996年3月底又上升到10540亿美元，比上年3月高出13%。1996年1—4月个人破产人数超过110万人，创历史最高纪录。原因是一部分人用于汽车、家电、游艇欠下的债务太多，而这部分人消费的增长又快于收入的增长。这种情况如得不到扭转，将成为经济增长的拖累。

综上所述，1996年美国经济形势虽然不错，却也存在一些不容忽视的问题。

（原载《瞭望》新闻周刊1996年第34期）

美国跨国公司对华投资战略和我们的对策

一　中国在争取国际投资中的战略地位

我国引进外国直接投资的总体形势很好，到 1995 年底我国已实际利用外资 1350 亿美元。1996 年 1—7 月虽然批准外资项目有所减少，但实际利用数已达 220 亿美元。比上年同期又有增长。

看国外来华投资的总趋势要从国内形势和国外形势两方面来观察。国内形势最重要的是政治稳定，经济高速发展，政府政策对头。这方面我们不断有所进步，外国人也承认这一点。国外形势主要看两种竞争，一个是资本输入国之间的竞争，另一个是资本输出国之间的竞争。这两种竞争形势目前对我们都有利。

资本输入国的竞争，如果不谈发达国家而看发展中国家的新兴市场，我们目前优势是比较大的。为发达国家瞩目的新兴市场有拉美、俄罗斯、东欧、印度、东南亚等。北美自由贸易区成立后，墨西哥一度是热点，但 1994 年底的金融危机泼了一盆冷水，投资者热情降低。1995 年外资存量由 1994 年的 515 亿美元降到 342 亿美元，而且 70% 是间接投资。俄罗斯本来是投资者抱有很大希望的地方，但直到今天俄罗斯经济还处在继续衰退之中，政治经济风险较大，所以 1995 年不过吸收了 20 亿多美元的投资。印度是一个有力的竞争者，但政策不太稳定，竞争力还没有充分发挥出来，1995 年大概吸收了不到 90 亿美元的投资。印度和俄罗斯都是剩下未被发达国家占领的大市场，可以和我们较量的重量级对手，他们现在还在跳慢四步，这就相对突出了我们的优势。但是不能期望这种形势会长久持续下去，东欧现在就已掀起外国投资热。匈牙利从 1990 年到 1995 年已吸收外资 108 亿美元，相当于国内生产总值的 25%，人均 211 美元，比我们多出一倍。所以我们还是要有紧迫感。

另一个条件是投资国之间的竞争。也就是美、日、欧大三角的竞争。他们现在对国际市场的竞争空前激烈，原因是国内市场饱和，工资成本上升，必须到全球寻找市场和配置资源。新兴大市场是他们必争之地，其中中国尤其重要。这一点近年来发达国家的投资者几乎已形成共识。这样中国的战略地位就更加突出了。

我国在争取美国直接投资方面的战略地位也在上升。

要弄清这个问题，必须首先了解一下美国对外直接投资的总态势。

到 1995 年底，美国对外直接投资总额按原值计算（三种计算方法：一是原值，即历史成本；二是现值，即全部资产按现价评估；三是市场价值，即按上市股票的当年价格汇总）为 7116 亿美元。比 1982 年末的 2078 亿美元增加了两倍多。年平均增长率是 10%，快于对外贸易 8.5% 的增长率。

从投资的地区看，有不小的变化。1982 年欧洲的份额占 44.5%，1995 年上升到 51.1%；1982 年加拿大占 20.9%，1995 年下降到 11.4%；1982 年拉美占 13.6%，1995 年上升到 17.3%；1982 年亚洲占 13.6%，1995 年上升到 17.7%；1982 年非洲占 3.1%，1995 年下降到 0.9%；1982 年中东占 1.7%，1995 年下降到 1.1%。各地区所占份额的变化反映了美国公司投资战略的变化。

欧洲显然仍旧是美国投资的重点。主要原因是欧洲已形成一个统一的大市场，在欧盟各国间已经取消关税，这对美国投资者有巨大的吸引力。在欧盟各国中英国是重中之重，1995 年末总额达到 1199 亿美元，占对整个欧洲投资的三分之一。这一方面有历史原因，两国同文、同宗、同样的文化背景，从来美国对英国的投资就占大头；另一方面，近期投资的增长速度加快是因为英国在 1986 年对证券市场放松了管理，所以自 1989 年起英国已经超过加拿大成为美国对外投资最多的国家。

美国对加拿大的投资所占比重显著缩小（绝对额还是增长的），主要是因为美国卖掉了许多在加拿大的大、中型石油公司。卖掉的原因部分地是因为加拿大对石油实行价格控制和对自然资源企业征收高额生产税；此外加拿大政府对外国投资提出了许多要求，也使美国放慢了投资速度，在美加自由贸易区和北美自由贸易区成立之后，要在 10 年中逐步取消一些规章和限制，但效果一时还看不清楚，同时两个协定所解决的只是关税问题，是否同时标志着加拿大整个投资气候的宽松还要看发展。

对拉美国家投资的增长，一方面是受金融渠道改变的影响，另一方面也是由于拉美国家实行了自由化政策，改善了投资环境。但是美国对拉美的投资在 1982—1995 年的增长速度与世界平均值比较是缓慢的。美国投资者在许多制约经济增长和不利于投资的气候影响下，感到泄气。如 80 年代的债务危机、急剧的通货膨胀、高名义利率、动荡的汇率以及限制性的投资政策，等等。

非洲和中东的份额由 1982 年占 3% 下降到 80 年代末的 1%，自此以后基本维持稳定。在非洲，份额的下降主要是由于美国在 80 年代中自南非的撤资，以及下撒哈拉地区经济的停滞。在中东份额的下降反映美国大石油公司的子公司对当地石油精炼和开发的参与减少，以及把它们的投资重点转移到北海和环太平洋地区。

在亚洲太平洋地区，美国直接投资份额由 1982 年的 14% 上升到 1995 年的 18%，并且自 1990 年以来每年都加速增长。原因主要是美国投资者被亚太地区经济的迅速增长所吸引。不过，日本在这个地区始终占有最大份额，约占 6%，而且自 1982 年以来已经翻了一番。主要反映了日元的升值，以及现有在日本子公司投资收益的再投资。

从上面美国对外直接投资在各地区份额的变化，我们可以看到美国的投资重点依然是欧洲。不过亚洲的地位在明显上升，成为美国投资者的新热点。在亚洲，中国的地位尤显重要，1995 年底实际投资额达 108 亿美元。这个数字同英国的 1200 亿美元、加拿大的 814 亿美元比当然还是微不足道的。按名次排，中国名列新加坡（125 亿美元）之后，大概是第 15 位，但是增长势头不错。1994 年底不过 70 亿美元，1995 年就增长到 108 亿，增幅达 54%，由此可见中国吸引美资地位的变化。

尽管我国吸引国际资本的竞争态势不错，重要性在上升，但我们绝不能自满自足，高枕无忧。我们现在面临的是发达国家在全球，特别是在新兴大市场对其产业结构重新布局的关键时刻。跨国公司的大项目在哪里落户，哪里就会成为那个产业或那种产品的辐射源。这对壮大东道国的生产力有很大影响，我们不应当坐失良机。

二 美国跨国公司对华投资的三阶段

美国跨国公司对华投资大体走过了三个阶段。从 1979 年到 1986 年是第一阶段。这一时期来华投资的跨国公司很少，石油和旅游业是重点。当时他们对中国海洋石油寄予很大期望，想到中国抱一个大金娃娃，甚至把中美关系的前景同找得到或找不到石油联系在一起。也就是说其投资是以资源为导向的。对中美两国经济上的互补关系还没有很深刻的认识。

1987 年到 1991 年为第二阶段，在此阶段来华投资的美国制造公司增多，餐饮业也不少，但仍属探测性，只是伸进一只脚，以摸清市场情况和政策走向为目的。有许多企业采取的是明显的投石问路的策略。例如美国的 3M 公司，这家有几百亿美元资产的美国大跨国公司只在上海投资了 500 万美元，铺个摊子，长期没有增加投资。这种情况直到 1992 年以后才改变。总地说，在第二个阶段美国跨国公司对中国这个大市场已深感兴趣，但对市场前景吃不准。美国官方和企业界、学术界在判断上存在很大分歧，有乐观派和怀疑派之别。对中国的政治走向如何？是不是坚持改革开放道路？也有不同估计。

比如美国汽车业，当时的调子就很低沉。1987 年由美国国际开发合作署提供资助，委托美国密执安大学组成研究小组对中美汽车工业合作的可能性进行了调查。对此中方是热情支持并寄予希望的，但美方在调查中所做的结论却相当消极。

研究小组最后提交的研究报告中是这样说的："美国的汽车公司的确对在中国投资有些保留。他们受到美国和世界工业方面的短期发展趋势，以及在中华人民共和国最近所获得的经验（和最近的发展）的不同方向上的牵扯。"

因为强调在中国存在许多问题。所以他们对合作基本持消极态度。他们说："美国的汽车公司考虑到上述因素就越来越觉得他们在中国投资要冒很大风险。所谓'很大风险'具体的说就是意味着美国的汽车公司对投资不太热心。"报告建议提高价格以补偿他们的风险损失，以及对他们最初的项目建议减少改变的灵活性，其总结论是："中美双方的公司仍旧不太可能获得条件对双方都很满意的项目。"

美国当时的态度可能颇受北京当时发生的，并由美国传媒炒得火热的所谓"吉普风波"的影响。

由于美国大汽车公司对中国投资的各种顾虑，所以他们抢占中国市场的步子显然是慢了。对此，看来他们后来是颇感惋惜的。

另一家对形势估计错误的是美国的电信业巨子AT&T，在争夺数字交换机线路的报价中，AT&T以老大自居，把价格报得过高。结果被日本NEC、德国的西门子和比利时贝尔挤出了中国市场，AT&T这次遭受挫折，原因之一也是对中国市场还重视不够，没有估计到以后的飞速发展，以致后来不得不做弥补工作。

但是并不是所有的美国跨国公司都落到了后头。美国摩托罗拉公司、宝洁公司（P&G）等就都是在对中国市场作过深入调查之后，下决心到中国市场扎根的。摩托罗拉的战略部主任就曾说过：他们"调查过130个国家，结论是中国市场最有希望"。因而作出了在天津上大项目的重大决策，并且确实得到了满意的回报。

其实，在第二阶段美国跨国公司出现乐观派和怀疑派是可以理解的。美国制造业跨国公司的实力是很强的，第二阶段它们在中国大地登场了，而制造业到中国来就不像石油业以自然资源为目标而是以市场为目标，随之而来的问题就在于如何判断中国市场的走势和潜力。某些跨国公司受偏见和误导的影响对形势做出错误判断是在所难免的。

进入第三阶段，转折点是1992年邓小平同志南巡讲话和党的十四大决议以及接踵而来的中国经济的高速发展。一方面中国走改革开放道路坚定不移，实行社会主义市场经济大局已定；另一方面中国政局稳定，经济高速发展，日、欧积极向中国投资。第一批来中国投资的美国大公司也已经尝到了甜头，曾经怀疑观望的公司坐不住了，他们的高级官员走马灯似地忙着来中国抢占山头。

美国福特汽车公司的董事长特罗特曼不断地来中国亲自指挥，公开发表谈话承认落后一步，承认要占领亚洲市场就不能不占领中国市场。他还说：福特公司来华虽然比别人迟了一步，但会迎头赶上的。考虑到中国政府在近年将不会再批准建立整车厂，该公司决定从零部件厂搞起，同时又收购了江铃汽车公司 20% 的股权。通用汽车也不甘落后，决定与上海汽车工业总公司合资建设年产 10 万台中型汽车项目，作为对获得这个项目的回报，通用公司愿意新设立 5 个发展中心，对技术人员进行培训，全面支持中国产业的现代化。目的是要削弱德国大众等企业在中国的优势。

电信电子领域的争夺也极为激烈。AT&T 加大了投资力度抢占山头。摩托罗拉已在中国投资好几个亿，现在还在加码，到 1988 年天津的半导体工厂落成，投资总额即将达到 12 亿美元，它还决定在北京建立中华区总部，花 3 亿美元在北京朝阳区买一幢大楼，声称北京不仅是摩托罗拉在中国的总部，同时也将是其在东亚地区的业务总部。此外 IBM、INIEL、惠普、得克萨斯仪器、康柏等几乎所有美国著名的电脑公司都寄希望于中国市场的开拓。

石油化工领域的情况也大致相同。

这些情况说明美国跨国公司有头脑的领导人已经看到了中美经济关系的互补性，意识到中国市场对振兴美国经济的重要作用。他们用行动把同中国的经济合作提高到了战略地位。他们比许多美国政治家要讲求实际得多。但这也还不过是一个开始，108 亿美元直接投资在美国对外直接投资中不过是一个零头，是一台精彩戏曲的序幕，第三阶段的重头戏还在后头。

三　我们的对策

美国大跨国公司来了，对我们说是好事还是坏事？为了回答这个问题，我们对天津、北京、上海、广州四个城市的几十家合资企业进行了调查。得出的结论认为这是一件好事。好就好在美国投资与我们的生产要素相结合可以形成我们所需要的先进的生产力。这是用贸易手段所不能完全解决的，也不是引进港台中小资本所能解决的。美国直接投资的确带来了技术、资金和管理，而且它们比较着眼于长远，所来的都是较大的项目。此外多数比较遵纪守法，注意维护自己的国际形象，对劳动保护和环境保护也比较注意。在所调查的中美合资企业中我们发现，双方合作的确是互利的。当然任何事物都是一分为二的，有利必然有弊，关键看利大还是弊大。

在问题方面，比较突出的一个是多数以占领中国市场为目标，因此出口很少。但这一点我们本来是有思想准备的。如果我们在批准项目时就引进那些我们还不能生产的东西，我们的做法就等于进口替代，把本来要花外汇去进口的东西改为引进生产力，学会自己生产，这样就很划得来。所以，针对美资以市场为导向的特点，我们的对策就应当是以市场换技术。当然这里所说的技术必须是我们没有或者不过关的技术。同时也不是以市场换资金，如果是后者就滥了，就把目标降低了。现在有人说：一些事例证明市场是让了，但技术没有拿到手。我认为第一要问一下外资引进以后，中方有没有在消化吸收上下功夫，还是只满足于引进资金，以后就报功请赏，完事大吉；第二，在引进项目时通常对技术转让都在合同中有协议，外方有没有遵守协议，中方有没有据理力争；第三，根据我们的调查，许多企业在技术转让上执行得很好，的确使我们大大缩小了差距；第四，外方给我们的技术不可能是最尖端的而是所谓的成熟技术，所以要想赶超必须自力更生，自己创新；第五，即使是成熟技术对我们也是极为需要的，是有利于缩小差距的。

第二是垄断问题。大凡大型跨国公司都有垄断倾向，解决这个问题一是要制定反垄断法；二是要多方引进，避免形成垄断局面，这一点我们是有主动权的。而且在许多行业已经在这样做；三是现在的国际环境，跨国公司之间的竞争极其激烈，垄断本身并不容易形成。所以并不需要过分担心这个问题。

第三是挤垮我们的品牌问题。这要看是什么品牌，如果是已在国内站住脚跟的品牌，卖不卖主权在我，关键是我们自己要有维护品牌的意识，过去发生问题主要还是我们自己对此认识不足。此外对我们自己在国际国内已有竞争力的产业，就应当控制引进。对此我们也是有主动权的。

第四是价格转移问题。这是跨国公司通常的做法。连美国自己也为这个问题苦恼。说是外国公司利用价格转移，一年在美国逃税达 100 亿至 300 亿美元之多。他们为防止逃税，花了不少钱用于审计，请了不少专家进行防范。后来他们采取了一种叫预先订定价格协议的办法，和一些日本、韩国的大公司事先就产品订好一个双方都能接受的合理价格。外国公司怕不这样做，万一出事要受重罚，许多公司都接受了这个办法。现在看来要完全杜绝是难的，但减少损失还是做得到的。

针对引进外资出现的问题，一方面我们要兴利除弊，另一方面也要改进我们自己的工作。比如说要加强对外资的引导。这一点自从国务院颁布指导外商投资方向的暂行规定和产业指导目录已经有了进步，在这方面还需要进一步完善。

再就是要更好地改善我们的投资环境，实行国民待遇，特别是搞好投资的软环境，消除腐败现象，使我们的投资环境更具吸引力。

我们经过调查所得到一个最深的印象是人才决定一切。在合资企业中凡是中方负责人政治业务素质高，具备同外方交流思想的语言手段，合作就比较成功，否则就会发生一系列问题，甚至导致合作的失败。因此，培养一支能打硬仗的中方企业家队伍的确是最重要的任务。

《人民日报》发表评论员文章"坚定不移，用好外资"，我看了以后深受鼓舞。这篇文章对为什么必须引进外资，道理讲得很透，我认为澄清一些在引进外资方面的混乱思想是必要的。它对引进美国直接投资也是适用的。为了加速我们的现代化进程，我们应当在不断总结经验克服弊端的基础上，坚定不移，继续前进。

（原载《国外社会科学情况》1996 年第 6 期）

美国:经济周期的棺材钉死了吗?

到 1997 年 3 月, 美国经济的复苏和扩张已经走过了 6 个年头, 而且, 在可预见的未来还看不出有发生衰退的可能性。美国经济的运行问题于是成了时下国际问题研究界关注的焦点之一。美国各方人士在讨论经济周期运行规律是否已经发生变化。这的确是一个值得研究的问题。

经济周期波动并且出现负增长是资本主义进入机器大工业时代以后的老问题, 如果从 1825 年英国发生的工业危机算起, 它已经有了近 170 多年的历史。不过, 经济周期的表现形式是有变化的。在美国, 从 1854 年到 1938 年的 21 个周期中, 收缩期平均为 26 个月, 扩张期也是 26 个月; 战后从 1945 年到 1982 年的 8 个周期中, 收缩期平均为 11 个月, 扩张期平均为 44.6 个月, 波动幅度也趋于缓和。这与国家宏观调控的加强和产业结构的变化, 如服务业的比重上升, 是有关系的。

内外因素共同作用

美国这次经济复苏势头较好也同内外条件的变化有关。

第一, 信息革命为美国经济创造了新的增长点, 开辟了广阔的新市场, 而且, 它的作用又不限于扩大市场的一个方面, 在信息技术飞速发展的带动下, 美国公司对企业进行了大规模的改组和改造: 它们普遍应用计算机联网, 把过去金字塔型重叠式的组织简化为水平型, 大量裁减人员, 效率大大提高; 同时, 它们还进行了大规模的设备更新和技术改造, 特别是在产供销各环节之间利用计算机实行网络化, 有效地提高了劳动生产率, 加强了美国公司在全球的竞争能力, 改善了美国经济的微观基础; 第二, 政府在宏观调控方面执行了以反通货膨胀为主要目标, 保持经济持续增长的方针。联邦储备委员会以 2%—2.5% 的增长率为靶子，执行松紧搭配的货币政策，在防止经济过热上取得了效果，而联邦政府大力削减财政赤字，使长期利率有所降低，对投资和耐用消费品的需求有刺激作用。所以，当前实施的金融、财政政策也创造了一个比较好的宏观环境。这里要强调指出的是：以反通货膨胀为主的调控方针，侧重点在抑制职工工资的上涨，因为在美国工资是成本中的大头；第三，在外部，经济全球化的发展给美国提供了一个可以获得廉价商品的国际市场，它对抑制通货膨胀的作用不可小视。

多数人持谨慎看法

从经济周期的运行规律看，通货膨胀往往是经济出现麻烦的信号。每当经济扩张进入后期，公司企业对前景过分乐观，生产盲目扩大，劳动力和设备利用将出现瓶颈，工资和物价就要上涨，使利润受到挤压。当公司企业对利润预期下降时，企业投资就会降温，加上生产过剩和产品积压等因素，经济衰退将难于避免。反之，在通货膨胀受到控制的条件下，防止经济衰退的回旋余地就相对较大。这是当前美国经济能持续增长的一个有利条件。那么，这是不是说在美国经济周期就会从此消失了呢？多数美国经济学家对此持谨慎看法。他们不想重复 60 年代肯尼迪经济顾问委员会主席阿克利的教训。当时，这位主席曾过于乐观地说，凯恩斯主义的政策已经解决了经济周期问题。后来，他为此做了自我批评，说这是他一生最遗憾的事情。

不久前出版的美国《商业周刊》杂志登载了经济学家库特纳的一篇评论，题目是"经济周期的棺材还没有钉死"。他强调，要驯服经济周期必须具备两个条件：一是私人经济要更富于弹性，更有先见之明；二是财政金融大老板进行宏观调控要更加聪明。他认为这两个条件美国现在都不具备。私人经济的倾向性总是要把事情做得过头，经济的自由化会更加强这种偏向。联储掌握货币政策似乎完美无缺，但多半靠运气，因为，目前促使联储紧缩金融的通货膨胀压力极小，而联储有一种机构性的偏见，在通货膨胀和衰退之间，它总是更警惕前者。这就埋伏着一定的危险。

变数仍然很多

目前，美国经济地平线的上空的确比较晴朗，赶超里根的 92 个月的繁荣希望很大，赶超肯尼迪—约翰逊 106 个月的繁荣也不是没有可能，但美国经济在发展中变数仍然很多。最新统计数字表明 1996 年第四季度增长率高达 4.7%，大大超过联储的调控目标，此外，劳动力市场已经偏紧，老板们仍然担心工资的上升和通货膨胀的复燃，加上证券市场的非理性活动，金融衍生工具的投机，美元升值带给企业的新压力，私人债务的增长和破产户的上升以及国际经济的风云变幻等，很难说美国经济从此就会一帆风顺。

（原载《世界知识》1997 年第 5 期）

百年沧桑话美资

中美经贸往来源远流长，1784 年美轮"中国皇后号"从波士顿首航广州，是为美中经贸关系的发端。但是美国公司来华进行直接投资则要晚得多。根据中国学者的考据，1840 年美国对华的直接投资只有 300 万美元，1875 年增长到 700 万美元，到 1902 年则一跃而上升到 1750 万美元。[①]这种跳跃式的发展同 1899 年 9 月美国国务卿海约翰（John Hay）的"门户开放"咨文有密切关系。当时的历史前景是：美国在国内业已完成工业化，工业企业力量空前扩大，工业产值跃居世界第一；在国外，美西战争结束，美国在菲律宾获得了向亚洲扩张的立足点，美国公司具备了向中国市场进军的客观条件，海约翰的咨文正好为美国公司大举进入中国起到了鸣锣开道的作用。因此，可以说该咨文是美国公司对华进行直接投资的嚆矢，自那时算起至今已近一个世纪。应当说这一百年走的并不是一条平坦大道。在此期间，中国经过了清王朝、北洋军阀、国民党政府和中华人民共和国四个时代；从美国说，它由同其他列强争夺中国势力范围，到第二次世界大战期间被日本赶出大半个中国，到第二次世界大战后基本上独占了中国市场，再到对新中国实行所谓的"禁运"从而与中国市场完全脱离，到最后随着中美建交，美国公司重返中国大陆，在直接投资方面取得今天的长足进展，真可谓历尽沧桑，渐入佳境，其中的经验教训是深刻的，而正确地总结和对待历史经验将给中美两国人民带来巨大利益。

道路颠簸的前五十年

海约翰的咨文为美国公司进入中国开辟了道路。但是美国公司进入中

---

① 魏子明：《帝国主义在华投资》，人民出版社 1951 年版，第 41—51 页。

国之初，进展并不顺利。美国先是想取得清廷为对日赔款所需资金的贷款权，但因索价太高，未获成功。日俄战争后，美国以铁路大王哈里曼为代表的大财团曾陆续提出收买南满铁路，建设新法（新民到法库门）铁路，组建东三省银行，修建锦瑗铁路（锦州到瑗珲）和使满洲中立化的所谓"诺克斯计划"等，然而都在日、俄、英三国的抑制下碰了壁。但是美国在关内还是获得了湖广铁路的修筑和管理权，后因承担此项任务的美国合兴公司违约向比利时转让股权，对筑路不积极，而中国人民又反对美国通过筑路所获得的种种特权，几经周折，于 1905 年由清政府以 675 万美元赎回。美国在其他领域的投资进展也比较缓慢。以花旗银行为代表的美国金融资本是 1902 年在中国开始营业的，这家银行是第一次世界大战前美国在华的唯一一家银行。1913 年美国在华公司的直接投资排在日、英、德、法之后，占第五位。1910 年美国在华设立的工业企业只有两家。

　　北洋军阀时期，随着欧战的爆发，美国公司积极在全球搜寻资源。1915 年初，美国商务部力求激起美国企业界领袖对中国矿产的兴趣。[①] 贸易局局长普拉特向美国大公司的头头们通报，并询问他们是否想在湖南长沙投资以"取代被迫放弃给别人的德国资本"。对大多数美国企业领导人来说，中国对他们是遥远和陌生的，但是他们还是对这个建议采取了认真的态度。美国钢铁公司的法雷尔复信说：已经研究了在湖南、云南和四川省的投资机会。全国铅业公司的 R. P. 罗回答说："它离美国相当远，但如果德国和英国人能做这种事，美国人就没有理由说不能，我们将十分慎重地加以考虑。"罗和迈耶公司的安德森谈起这件事，公司就派了一位矿业专家来到中国。这家公司在长沙投了资，但他们开发矿山的事业并没能持续下去。当时中国当局对美国来华投资是积极鼓励的，目的是抵消日本人的影响。但是由于利润前景不佳，美国公司对投资没有大的行动，商务部的建议并未产生实质性的结果。

　　战争对石油的需求更甚于金属，因此，这个时期美国石油公司也积极向全球扩张，纽约标准石油公司取得了在中国直隶省（现在的河北省）的

---

　　①　米拉·威尔京：《跨国企业的成熟——从 1914 年到 1970 年美国的国外企业》（英文版），哈佛大学出版社 1974 年版，第 12 页。

石油开采权，但没有发现石油。然而，这家公司把重点转移到山西，并于1915 年同中国政府进行谈判，打算建立纽约标准石油公司——中国公司。对这个项目双方早在 1914 年 2 月业已达成意向性协定，但是当时中国的当权者袁世凯在日本人的挟持下，不想同美国人合作。他以湖广铁路的失败以及 1913 年美国政府撤回对一个美国投资集团的支持为理由向美国表示不满，特别对标准石油公司未能在纽约替中国借到一笔急需的款项而表示愤慨。1915 年 8 月双方谈判终止。一年多以后，袁世凯在内外交困下死去，纽约标准石油公司宣布它已得出结论：无论是直隶还是山西都没有足够的石油储量来保证执行其 1914 年的计划；因此，在 1917 年 2 月这家公司通知中国政府：它已不想继续这个项目。作为解决办法，中国政府支付纽约标准石油公司 543703 美元，偿还公司一部分开发费用，中美 1914 年2 月关于共同开发石油的协议作废。

北洋军阀时期，美国制造业大公司在中国的投资较矿产方面成功。它们大多首先到日本投资，然后以日本为桥梁来到中国。1914 年 8 月日本向德国宣战，导致了战时的工业繁荣。1917 年美国西方电气公司的杰勒德·斯沃普到达日本，在他的安排下，日本三井商事购买了西方电气公司在日本的制造业附属企业日本电气公司的股份。在较早的时候，日本电气公司已经利用日本的三井公司充当在中国的代理商，斯沃普打算扩大西方电气公司在中国的业务，并且感到日本电气同三井的关系相当紧密，可以利用这种关系作为进入中国的桥头堡。于是他就采取行动建立了第一个西方电气公司同日本最大的金融、商业和工业财阀三井公司的联合体。斯沃普从日本来到中国，组建了一个新的制造电话的附属企业——中国电气公司，它成立于 1918 年，在上海有一家工厂，在北京有一个总部。中国电气公司是一个合营企业，一半资本来自北京的交通部，四分之一来自西方电气公司，其余四分之一资本是西方电气公司在日本的附属企业日本电气公司的投资。因此，三井继续通过日本电气公司，参与西方电气公司在中国的贸易。

就各国在直接投资方面的竞争态势说，第一次世界大战是一个转折点，在此以前是几大列强同时争夺中国，英国在中国的投资处于领先地位。在战争中，英、法、德、意都极大地被削弱了，俄国发生了革命，只有美日两国的经济实力不仅没有削弱，反而大为增强。于是中国市场就成为美、日两国的逐鹿场。从 1914 年到 1926 年美国在华新开了 9 家银行，设立了 25 个分支机构。截至 1936 年共开设过 14 家银行，36 个分支机构，是日本之外开设银行最多的国家。银行之外，从 1913 年到 1930 年美国商家从 131 家增加到 566 家，船舶的航行吨位由 89.9 万吨增加到 649 万吨，工业企业由 1919 年的 11 家增加到 1930 年的 21 家。1930 年以后到第二次世界大战结束前，由于日本侵占了东北，接着又强占了大半个中国，美国在华的商业、航运业和工业企业的数目才减少下来。

这个阶段已经有不少美国的大跨国公司来华投资。美孚石油公司、大来公司、美国钢铁公司和美国钞票公司、福特汽车公司、西屋电气公司和德士古公司都于 1920—1929 年先后在中国开业。1929 年上海电灯公司被美国财团收买，成立了上海电力公司，到 1936 年其财产已超过 5000 万美元，因而成为当时中国最大的火力发电厂。它属于摩根财团奇异电气系统的"美国电气债券公司"。上海电话公司和它的姐妹公司中国电气公司则属于美国电话电报公司系统的"国际电报电话公司"。慎昌机器厂的后台是美国通用电气托拉斯。[①]

到 1936 年为止，美国在中国的投资（不算东北三省）共计 21080 万美元，次于英日而居第三位。其中金融业为 3680 万美元，贸易为 7030 万美元，运输为 1220 万美元，制造业为 2100 万美元，公用事业为 7050 万美元。[②]

抗日战争爆发后，中国沦陷区的美国投资遭到了沉重打击。抗战胜利，日本的经济势力在中国消失，由于美国同国民党政府的特殊关系，美国垄断了同蒋管区的经济贸易往来，其他国家在中国的投资逐渐转入美国之手。原由英国控制的粤汉铁路和计划中的滇缅铁路，原法国经营的滇越铁路和计划中的成渝铁路转由美国管理和控制。几十年来，由英国控制的海关在抗日战争时期改由美国人担任总税务司。由英国银行垄断的中国外汇市场在抗日战争期间也转入美国银行之手。战后的美蒋"美援协定"中

---

① 吴承明：《帝国主义在旧中国的投资》，人民出版社 1955 年版，第 45 页。
② 同上。

还规定这些款项必须由美国银行经手。1936 年美国只占在华外国轮船航行吨位的 3.9%，战后的 1948 年增为 27.5%，同时英国所占的比重则由 58.6% 下降为 33.7%。抗战胜利后英国在上海新设的企业有 27 家，而美国新设的企业有 32 家。战后，美国在华投资的特点是美国政府和大公司已成为外国来华投资的主力并与中国的官僚资本相结合，通过各种协议而取得了垄断地位，因而已由海约翰时期的门户开放、利益均沾变为当仁不让、独家经营了。但是好景不长，国民党政府的垮台使美国押在它身上的赌注彻底输光了。

前五十年美国对华投资走过的坎坷道路，反映了旧中国存在的种种矛盾。美国公司在中国不可避免地要被卷入这些矛盾所造成的政治不稳定之中。这些矛盾就是帝国主义之间的矛盾，帝国主义与中国人民大众的矛盾，以及中国腐败政府同广大人民之间的矛盾。美国在东北三省所受的挫折是帝国主义相互争夺的生动写照；粤汉铁路被中国赎回是中国人民抗议清朝政府给予外资不应有特权的结果；而美资在 1949 年从中国大陆的总撤退则是人民大众推翻勾结帝国主义势力、与人民为敌的反动政府之必然归宿。在前五十年中，美国对华投资也受中国由上述各种矛盾所造成的经济凋敝的影响。中国市场虽然庞大，但是在旧中国人民大众日益贫困化，这就使外资在中国的发展受到了限制。对中国人民来说，美资虽然带来了先进的生产力，但却阻碍了中国民族资本的发展，因此它对中国的负面影响大于其正面的作用。

峰回路转的后五十年

中华人民共和国的建立打破了中美关系的旧格局。在朝鲜战争爆发后，美国对中国实行了所谓的"禁运"，两国经贸关系完全断绝。直到 1972 年尼克松访华，发表"上海公报"，接着两国恢复外交关系，中国实行改革开放政策，美国公司对华的直接投资才峰回路转，同贸易一起迅速发展起来。

美国跨国公司来新中国投资大体上经过了三个阶段。这种阶段性反映了美国公司对新中国认识的深入和中美关系的磨合过程。1979 年到 1986

年为第一阶段。这个时期来华投资的大公司相对较少，石油和旅游业是重点。1984 年冬，在密执安大学的一个研讨会上，美国中央情报局的一位专家曾经断言，中美经贸关系，乃至政治关系的前途将取决于能否在中国发现巨额的石油储量。这说明美国当时对中国的投资兴趣是以获取资源为导向的，对中国市场的意义还没有充分认识。

1987 年到 1991 年为第二阶段。在此阶段来华投资的美国大公司增多，范围扩大到各个行业，但仍属探测性质，除少数大公司有长远打算外，多数只是伸进一只脚，以摸清市场情况和政策走向为目的。从在汽车领域中美合作所走的曲折道路可以看出，美方当时对中国市场潜力的估计是不足的。1987 年在美国国际开发合作署的资助下，中美双方组织了一个研究小组，探索在汽车领域合作的可能性。在美方最后提出的研究报告中，对合作的要价过高，态度消极。报告说："美国的汽车公司的确对在中国投资有些保留"，"限制美国有兴趣在中国汽车工业方面进行投资和合作生产的因素可分两大类：在中国境内的困难和在全球范围内与美国汽车市场上的竞争压力"。"美国的汽车公司考虑到上述因素就越来越觉得他们在中国投资要冒很大风险。"因此必须提高价格以补偿风险损失，"所有这些结果，显示着中美双方的公司仍旧不太可能获得条件对双方都很满意的项目"。这个报告所起的作用是，美方迫使本来有意同美国汽车公司合作的中国公司转向与西欧各国合作。在电信方面美国电话电报公司也因对中国市场上的剧烈争夺估计不足，索价过高，而把合作机会拱手让给了日本和西欧。

1992 年至今是第三阶段。由于中国政局稳定，经济高速发展，加上中国已将走社会主义市场经济道路的决心和行动昭示天下，原先动作迟缓的美国大公司既看到西欧和日本纷纷到中国抢滩的热潮，又看到美国公司的先行者在中国所尝到的甜头，他们决定调整自己的战略，向中国大举进军。在 80 年代后期持观望态度的汽车业现在坐不住了。美国福特汽车公司的董事长特罗特曼公开发表谈话承认落后一步，承认要占领亚洲市场就不能不占领中国市场。他还说：福特公司来华虽然比别人迟了一步，但会迎头赶上的。考虑到中国政府在近年将不会再批准建立整车厂，该公司决定从零部件厂搞起，并收购江铃汽车公司部分股权。通用汽车公司也不甘落后，决定与上海汽车工业总公司合资建设年产 10 万台中型汽车的项目，作为对获得这个项目的回报，通用公司愿意新设立 5 个发展中心对技术人员进行培训，全面支持中国汽车产业的现代化。目的显然是要削弱德国大众等企业在中国的优势。美国电话电报公司也改变了早先以老大自居的态度，以 10 亿美元的项目投资，获得在中国发展的入门券。其他大型美国跨国公司也纷至沓来，在中国市场抢占阵地。

下面的数字可以清楚地显示这个大趋势。1994 年底，全部美商在华投资项目为 1.6 万个，实际投资金额为 70 亿美元；到 1996 年底投资项目数上升到 2.224 万个，实际投入金额达 142 亿美元。这就是说美国对华直接投资在短短的两年中已经翻了一番，年均增长速度为 42.2% 。数据说明美国跨国公司已经比较充分地认识到中国这个新兴大市场对美国的重要性，因而加强了来华投资的势头。当然，这些数字同美国对英国的 1200 亿美元投资，对加拿大的 814 亿美元投资和对德国的 430 亿美元投资（以上均为 1995 年数字）相比仍然是小的，它说明美国对华投资仍有巨大潜力，当前状况还只是开始。

美国对华直接投资如此快速地增长，在旧中国是难以想象的。它的客观条件是：中国政局的极其稳定和经济的高速增长，以及庞大的市场需求和低廉的要素成本；政策因素是：中国坚持实行对外开放，参与国际竞争并与国际接轨，这些都极大地增加了中国市场对国际资本的吸引力。然而这些条件在不解决旧中国的各种矛盾时是不可能出现的。正是因为中国在政治上和经济上获得了完全的解放，才创造了今天的辉煌局面。

在美国对中国现状取得第一手资料并对中国市场重要性有所理解的首批来华经商和投资的美国企业家中，不少人已经成为促进中美友好的使者，并对美国决策层和舆论界发挥着重要影响。但是在美国也还有一股右翼势力抱着陈旧的观点和意识形态偏见，试图把中国的历史车轮推回到 1949 年以前的时代去，这当然只不过是痴心妄想，他们不理解正是一个彻底解放了的新中国和一个执行正确政策的中国政府才带来一个能够容纳美国富余资本和商品的日益繁荣的大市场，所以保持中美正常经贸关系实为振兴美国经济的重要条件之一。这一点在美国决策层中业已有越来越多的共识。克林顿总统 1997 年 5 月 19 日正式宣布他将把中国的贸易最惠国待遇延长一年时说："中断这一关系无疑等于关上了通往世界上发展最快的新兴市场的大门"，"中国继续以经济上开放、政治上稳定的方式出现，对于美国来说关系重大"。克林顿总统的这种认识和决策是符合实际的，也是明智的。当前，重要的是必须加强两国人民的相互理解，使美国人民知道中国的强大和繁荣不仅绝不会对美国的安全构成威胁，反而会给美国经济的全球化和美国的经济安全创造良好的外部条件，取得这种共识将为进一步改善中美关系创造良好的舆论环境。我们相信经济规律是不可抗拒的，尽管美国国内还在出现许多与中美双方根本利益不协调的噪音，并对中美经贸关系的健康发展构成威胁，但中美相互补充的经贸关系，和给美方带来丰厚回报的美国对华投资，必将像过去一样冲破重重阻力继续向前发展，并给这两个伟大的国家和人民带来重大利益。

（原载《国际经济评论》1997 年第 Z4 期）

浅议美国股份制的有益经验

美国虽不是实行股份制最早的国家，但是后来居上，在运用这种企业组织形式促进经济增长方面有许多独到的经验，这是美国企业在竞争能力上赶上和超过老牌资本主义国家英国的原因之一，很有研究的价值。

现在在美国，股份制是企业所有制的主要形式。虽然按企业的户数算，业主制占73.7%，合伙制占7.7%，股份制占18.5%，业主制占绝对优势，但按全国的销售收入算，股份制的收入要占90%，业主制占6%，合伙制占4%。由此可见，股份制的经济实力在美国已占绝对优势。

股份制在美国的大发展是19世纪60年代南北战争以后的事情，在那以前虽有一些股份制企业，但不在生产企业，而在银行和公用事业之中。

股份制所以能在一百多年的时间风靡全美国，是因为它适于组织社会大生产，并有以下的优点：（一）集资方便。大资本，小资本，普通老百姓都可以投资，因而能做到集腋成裘。（二）风险较小。经营企业的人是专家，持股人不怕自己不懂行，而且还由州政府用法律对应承担的风险加以界定。（三）进出自由。股票通常可以买进卖出，每个股东可以自愿地加入或脱离一个公司。（四）持续存在。不因股东的死亡或退休而使企业的生存受到威胁。股份公司最著名的定义是19世纪美国高等法院院长马歇尔在达摩斯学院一案的判决书中作出的。他说："一个股份公司是一个人为的实体，看不见，摸不着，只能依照法律的意旨而存在……只具有创立时营业执照所赋予它的那些特性……特性当中最重要的就是它的永久性。"此外，对社会发展来说，股份制形式有利于资产重组和企业的兼并与收购，在股份制下要比其他形式方便得多。

实行股份制的美国公司不仅具有以上的优点，还有以下一些独到之处。

一　抓住了培育经理阶层这个关键

从业主制、合伙制过渡到股份制，同时从家族统治过渡到两权分离，形成企业家和经理阶层，这是在资本主义框架内对生产关系的重大调整，对推动生产力的发展起着明显的作用。这两个转变在美国比英国、德国都做得快，做得好，这是美国在 19 世纪末能迅速赶超英、德的重要原因之一。

美国企业在实行股份制以后致力于企业内部的专业分工，建立各种职能机构，任用专门人才。领薪金的中层经理们通过按职能划分的各个部，监督下层经理的工作。最高管理层由副总裁、总裁以及董事会主席组成。依法组成的董事会所属行政委员会以及首席行政官监督下面各部门的工作，规定企业的总政策。创始人和他们的家族通常继续控股，因此他们也继续留在董事会，并且常常在最高的管理层里发挥作用。然而，大量下层和中层经理人员是经过专门培训后从学校里征聘来的，他们与家族没有关系。这类管理班子通常要超过百人，有些大公司甚至多到 300—400 人。这样就保证了管理人员的高质量。

同美国相比较，英国在培育经理阶层方面却落在了后头。在英国由国家立法确认股份制是较早的。英国历史学家克拉潘说：从 1844 年立法，1856 年已经建立了"有效的一般有限责任制"。到 1888 年登记为股份有限责任公司的企业有 11000 多家。但是在 1866—1887 年全国绝大多数的制造业企业是家庭企业。直到 20 世纪 20—30 年代，英国大多数制造有包装、有品牌产品的大公司仍然是由一个或两个家族经营的。当一个直系家族没有后代时，通常是由旁系继承。直到 20 世纪 30 年代，在经过调查的食品和化工公司中，80% 有家族成员参加董事会，并且在高级和中级管理层中占据重要岗位。这种近亲繁殖，妨碍了企业管理人员素质的提高，影响到企业的竞争力。

二　运用股份制推进资产重组，实行生产的合理化

美国和英国都搞兼并，但走的路子也完全不同。在英国，家族要维护自己的特权，因此企业合并后仍然保留家族的联合与自治。直到 20 世纪 30 年代，英国的兼并很少带来规模经济或其他行政协调和控制的好处。而在美国兼并却带来了行政权力的集中和产业的合理化。

在美国一个成功的兼并，第一步是法律上的合并，授予总部以控制成员公司活动的一切法律权力。第二步就是实施合理化，撤除重复的加工设施，而少数全新的设施则被建立起来，并把这些设施放在一个单一的生产或经营部的控制之下。第三步，实行一种垂直一体化的战略，一方面通过建立分号和营销网络发展下游销售，另一方面向上游发展，建立自己的采购部，控制原料和半成品的来源。

在美国尽管兼并的最初目的是控制竞争，但在多数场合也变成了通过合理化和集权来提高工业生产率的工具。在英国兼并的目的只是为了约束竞争，成员公司的内部组织很少变化，他们的自主权没有受到挑战，所以合理化也很少进行。利弗兄弟公司在英国的收购方式就是一个例子。在 1910 年到 1921 年，威廉·利弗为领导他所兼并的公司，以一种零敲碎打的方式实行一种简单的集中管理。他所做的所有事情就是任命自己企业的一名董事去监督每一个他所说的兼并过来的"联合公司"。结果，收购很少带来合理化。实际上在利弗兄弟公司同其他大型子公司之间，不加限制的竞争仍在继续。从 1929 年利弗公司和荷兰人造黄油制造公司合并，直到 20 世纪 30 年代初建立尤尼利弗为止，中央集权并没有实现。集权化与合理化的失败可以说明利弗在英国肥皂市场所占份额从 1920 年到 1935 年由 67% 下降到 51.5% 的原因，也说明美国巨人宝洁公司和帕尔默利夫皮特公司经过努力能够打进英国市场的道理。

美国对经理人员和技术专家的培训也远远走在英国的前头。早在 19 世纪 80 年代和 90 年代，美国就认识到这种培训的重要性，特别是在技术先进的机械、电气和化学公司中培养人才的必要性，并着手推动各州建立新的技术学校如麻省理工学院，迅速在哈佛、加利福尼亚、芝加哥、达莫

斯、宾夕法尼亚等大学设立培养专门人才的课程，还创建了商学院。在那里它们给雇员以金融、生产、销售乃至决策的职业培训。从学校选拔优秀人才加入公司，大大提高了经理阶层的素质。英国建立商学院是在第二次世界大战以后，并且完全以美国的商学院为样板。

三　对一级和二级市场严格管理，维护金融秩序

投资银行和证券交易所是股份制全部架构中最重要的中介环节。一级市场和二级市场是通过这两类中介机构形成的。

实行股份制就要募股，方式有两种：一种是公开上市（public·offering）；另一种是直接销售（private placement）。大企业筹集大量资本一定要公开上市，否则搞不到足够的钱，比如通用汽车公司20世纪初为建立生产线筹集资金，就只能公开上市，现在它有6亿3千万股股票在市场上流通。1997年市值446亿美元。

公司上市有一套复杂而严格的程序。投资银行在这里起关键作用。

投资银行是投资者和募股者之间的纽带。它的任务是：（1）帮助发证券的公司决定股票种类、数量和上市的时机；（2）准备注册说明，并向证券交易委员会呈报；（3）充当担保人，并有责任组织一个辛迪加或称担保集团负责销售证券；（4）为股票定价，并在证券交易委员会批准后组织公开上市。

证券交易所是二级市场，它的功能是给投资者一个融通资金的场所，增加了股票的流通性能。纽约的金融证券市场成立于1792年5月，地点就在现在的华尔街。1830年在巴尔的摩和俄亥俄之间兴建第一条铁路，使铁路股票行情大涨，给纽约股市注入了极大的活力。现在美国有6500万股民，有一半美国家庭拥有股票，但最大的投资者则是养老基金、互助基金、保险公司、慈善团体，被称为机构投资者，它们拥有40%以上的股票。

从19世纪到20世纪不断出现的金融危机导致了股票市场的大波动。1929年的大危机就是从股票市场的崩溃开始的。纽约证券交易所全部股票的市场价值从896亿美元狂跌到156亿美元，股票持有者的财富一下子损

失了 4/5 还要多。以后国会所进行的调查发现了银行与投机者联手操纵市场，把存款人的钱借出去搞投机，向官员行贿等种种弊端。国会决定通过立法对证券交易所加强管理，建立了一套自我约束机制，监督向公众出售证券的经纪人的活动，成立了联邦证券交易委员会，执行新的联邦证券法，严格划清投资银行和商业银行的界限，投资银行不许搞存贷业务，商业银行除信托业务外不许炒作股票，禁止商业银行向经纪人或中间商放款。同时更加严格地要求上市公司彻底公布财务状况并给局外人以更大的监督权。自此以后股票和债券交易活动增长惊人，纽约证券交易所的成交量从 1976 年到 1991 年每年增长 15%，1987 年短暂的股市暴跌中一天的股票交易量就达 6 亿多股。现在美国最大的证券交易所有三家，它们是纽约证券交易所、美国证券交易所和全国证券商协会自动行情系统（NAS-DAQ）。后者是近 20 年中崛起的新秀，成为美国第二大股票交易市场，每年交易额达 6700 亿美元，比纽约证券交易所的 15200 亿美元少，但比美国证券交易所的 410 亿美元多十几倍。

四　致力于寻求克服短期行为的途径

美国实行股份制虽然有许多好经验，但是仍然存在不少问题，为此，他们还在不断寻求完善股份制的途径。美国股份制现在的问题之一是公司和股东的短期行为问题。短期行为是从股东们只关心红利和市场价值而来的，它迫使公司经理们把注意力集中在如何获得近利上，而较少考虑公司的长远的战略利益，因而往往使他们在同日本、德国等国家的竞争中处于不利地位。

为了克服短期行为，一种"关系投资"的新模式正在股东与经理之间形成。这种模式就是要投资者在一家公司成为拥有长期利益的投资者，而不是赚了钱就走的短期谋利者，由此形成一种更紧密的利益共同体，同时鼓励投资者、董事会和经理人员定期会谈，由股东中的积极分子监督企业的表现。这种模式受到国会竞争力政策委员会以及 20 世纪基金会的支持，一些知名学者如管理学家迈克尔·波特、经济学家莱斯特·瑟罗也表示赞成。

这种做法多数从一些机构投资者如养老基金开始，由他们大量买进一些公司的股票，使他们成为关心公司的积极分子，或者在董事会中取得席位，然后，同经理人员建立定期对话关系，向经理人员提出有关企业管理或经营战略范围的大问题，对经理人员的决策施加影响。据说这种做法已经取得实质性效果。有些大公司如西尔斯·卢巴克、西屋电气和伊斯特曼·柯达等公司的改组就是靠这类投资者提意见而促成的。

提倡这种模式的人认为它解决了美国的股份制公司两方面的问题，一个是上面谈到的投资者的短期行为问题。形成一个开明的投资者群体和有耐心的投资者，这样就使经理们也可以从长远考虑问题。第二个好处是它可以克服美国公司的另一个缺点，即首席行政官狂妄骄横，独断专行，而董事会则太没有主见，不起监督作用。而股东中的积极分子则会通过他们所进行的监控，给公司经理人员带来一种极其需要的责任感。为了促进这一模式的发展，政府正在采取步骤，修改原来在公司法中所规定的对股票代理人过问公司事务时过多的限制。

五 机构投资者发动对董事会的改组和改革

如何对行政人员进行有效监督也是美国没有完全解决的一个难题。股东人数众多，居住分散，不可能对每年股东代表大会上选出的董事进行真正的控制。而许多董事会也只是橡皮图章，对行政负责人没有起到真正的监督作用。因此大公司的头头讲排场、摆阔气、滥用公款的事情常有发生。例如据《商业周刊》揭露，亨氏公司的总裁奥赖利就是这样的典型。1997 年 8 月他从美国跑到爱尔兰都柏林市郊的跑马厅举行了一场有 500 人参加的盛宴，持续达三天之久，客人是从世界各地乘飞机来的，包括华尔街的分析家、精心选择的政客、企业大亨、密友。钱自然是由公司开支，而这样挥金如土的大聚会已经举办了 15 届。同时在董事会的庇护下，尽管企业的业绩不佳，仍然付给奥赖利高额年薪，6 年累计 18290 万美元，使之成为世界少数几个年薪最高的经理。

持股人对这种现象已忍无可忍。向奥赖利发难的首先是强大的机构投资者，一个是教师保险和年金协会——高校退休股权基金（TLAA –

CREF)，另一个是加利福尼亚公务员退休系统（Calpers）。TLAA - CREF是一家有 1010 亿美元资金的养老金基金，它代表美国教师拥有 270 万亨氏股份，价值 1.13 亿美元。它正在幕后策划一场对奥赖利统治的挑战。Calpers 则打算在 1998 年初推动亨氏公司董事会的改组。理由是董事会过于庞大，由老人统治，没有及时更换新鲜血液，因而没有发挥对经理人员应有的监督作用。

亨氏公司的问题在美国公司中有普遍性。投资者现在对董事会和董事的要求越来越严格，如果投资者能迫使亨氏公司的董事会执行更严厉的规章，许多其他公司的董事会也会加以效法，这是美国公司正在进行的一场改革。在纽约律师伊拉·米尔斯坦的带动下，正在制订一个一揽子指导方针，规范董事会的行为。1997 年初，TLAA - CREF 开始审查它所投资的各公司的 25 个管理问题，从董事的年龄到投资者与经理人员可能发生的利益冲突。凡是达不到标准的董事会必须改组并提高董事的质量。Calpers也在 6 月加入了战斗，提出了严格要求的董事会指导方针。在今后几个月中它将把矛头指向那些达不到标准的公司。

在指导方针中所提出的要求是很广泛的。由于其目标是保证董事会站在股东一方，所以最重要的方针是董事的独立性。管理专家认为董事会中的内部董事（即由经理人员兼任的董事）不得超过 2—3 人。关键的职位，如审计、人事任免、工薪委员会必须完全由外部董事充任。所有董事的报酬必须来自股权，额外报酬如养老金不应由公司开支，以免影响董事的独立性。任何董事都不得从公司收取咨询、法律等费用。此外，必须禁止连环董事。

其他大公司如通用汽车公司已经制订了宪章，强化董事会的职能作用。比如董事长不兼总裁，在董事会中增加外部董事，董事会与经理人员定期会晤，听取汇报，加强会计和审计监督，等等。

总之，股份制在美国的企业中已经扎根，并且枝繁叶茂，但是它还在不断改进，注重清除病虫害，使之更健康地发展。

（原载《世界经济与政治》1997 年第 12 期）

从预算赤字到预算平衡

——评美国财政政策的历史变革

　　1998 年 2 月美国总统克林顿向国会提出了 30 年来第一个出现盈余的 1999 财政年度预算报告，这件事同 1997 年 8 月由总统签署平衡预算法一起，标志着美国财政政策从理论到实践的重大变革。

　　美国联邦政府 20 世纪 30 年代以前奉行预算平衡的原则。1929—1933 年的大萧条首次给和平时期的赤字预算打开了绿灯，第二次世界大战期间为支持战争也曾出现过庞大的预算赤字。战后早期，政府仍曾致力于平衡预算，在 1947—1960 年联邦预算有 7 年是盈余的，在此以后联邦政府就走上了赤字预算的道路。从 1961 到 1997 年，除 1969 年略有盈余外，全都是赤字。同时赤字数额越来越大，例如 1963 年的赤字是 48 亿美元，1973 年上升到 149 亿美元，1983 年更上升到 2078 亿美元，占国内生产总值的比重由 1963 年的 0.7%，1973 年的 1%，一直激增到 1983 年的 5.9%。国债的累积额在里根总统上台前的 1982 年是 11373 亿美元，其中由公众持有的国债为 9198 亿美元，里根总统执政期间，直到 1988 年国债累积的数额已上升到 26013 亿美元，其中公众持有的部分为 20508 亿美元。这就是说里根在任的 8 年所创造的赤字，超过了历届总统任期所发生赤字的总和。1998 财政年度赤字的累积额为 55436 亿美元，仅利息支出就达到 2427 亿美元。庞大的联邦赤字是美国宏观经济失衡的重要原因，同时作为世界第一超级富户的美国，却要在国际金融市场上大量占用紧缺的资本，也引起国际社会的不满。为了扭转这种局面，里根和布什政府都曾做过努力，现在看，这项任务已有望在克林顿及其继任者的手里完成。

　　在美国，赤字财政不是一个简单的预算平衡和收支差额问题，它被应用为政府进行宏观调控的手段，并有理论作指导，赤字财政在实践中的成功与挫折，始终伴随着理论上的探索和争论，并表现为不同时期不同政府的不同政策导向，由此而积累了丰富的正反经验。因此，回顾美国战后财政政策的变革，对在市场经济条件下如何正确运用财政杠杆很有启示意义。

罗斯福与预算赤字

罗斯福原来是一个主张平衡预算的总统，在大萧条中为了兴建公共工程，刺激经济，不得已安排了预算赤字。对这种显然违背传统理财方针的行为罗斯福只能用战争比喻法，以应付紧急状态为理由，而强调其合理性。同时也用经济复苏需要启动力量，犹如水泵需要加水启动的道理，来说明赤字财政对恢复经济的必要性。

新政促进了美国的经济复苏，但到1937年，一场新的经济衰退又在威胁着美国。内阁成员对如何制止经济滑坡产生分歧。财政部长摩根索主张用平衡预算来坚定企业界的信心，联储主席埃克尔斯则主张重新增加政府开支，刺激经济。1938年罗斯福终于被后者说服，在他致国会的咨文中把当时出现的衰退归因为生产超过了购买力和消费不足，他建议政府增加30亿美元的支出，用于公共工程，并获得国会批准，这一措施取得了立竿见影的效果，罗斯福自此相信赤字财政是解决经济麻烦的有效办法。1940年他这样写道："政府在经济衰退时必须有足够的智慧用信用支持经济活动，在经济繁荣时必须有足够的勇气不举债而偿还债款。"

肯尼迪与赤字财政政策

如果说罗斯福为形势所迫，不情愿地走上了赤字财政的道路，从而尝到了甜头，那么肯尼迪则是美国第一位自觉执行凯恩斯主义经济学说，奉行赤字财政政策的美国总统。

1936年凯恩斯的《就业、利息和货币通论》出版，它批判了古典经济学认为在资本主义市场经济中市场供求会自求平衡的观点。解释了市场为什么可能供求失衡，劳动的供给为什么会超过需求，造成失业。并主张政府应该使用影响支出和税收水平的财政政策来促进经济的发展。第二次世界大战期间大赤字所带来的经济繁荣，给凯恩斯主义帮了忙，在此期间新一代凯恩斯主义经济学家在美国成长起来，到60年代他们已陆续走上领导岗位，并对政府政策发生影响。肯尼迪就是在他们中的代表人物之一沃尔特·赫勒的影响下，由预算平衡论者转变为凯恩斯主义者的。

　　1962年肯尼迪在耶鲁大学的演说标志着他立场的转变，在演说中，他呼吁人们抛弃赤字财政阻碍经济增长的陈词滥调，接着就向国会递送净减税102亿美元的赤字预算提案。这个提案是肯尼迪遇刺后才由国会通过的，它的效果十分明显。1963年看上去像钉住不动的5.7%的失业率，到1964年下降到5.2%，1965年再降到4.5%。与此同时通货膨胀则保持在低水平，1963年消费者物价指数只上升了1.6%，1964年和1965年分别上升1.2%和1.9%。赤字财政政策的声誉因而鹊起。

"滞胀"对赤字财政政策的质疑

　　约翰逊继承了肯尼迪的事业，但犯了大炮与牛油并举的错误。在1964年的选举中获胜之后，他在越南从事了一场代价昂贵的军事介入。与此同时他又醉心于在美国建设伟大社会，为巨大的社会计划拨款。加上1964年对所得税和次年对消费税的削减，使社会需求大增，很快把商品和劳务的价格哄抬上去，触发了新的通货膨胀。早在1966年初的几个月中，许多经济学家，包括1964年减税的倡导者，就要求增税或削减政府开支，以求冷却经济。但约翰逊担心这个要求会影响国会支持他打越南战争，犹豫不决。直到1967年1月才向国会提出课征6%的所得税附加要求。后来又提高到10%。但是国会对总统的请求行动迟缓，直到1968年6月才通过立法，这一年预算赤字攀升到创纪录的252亿美元。消费物价从1966年的3.5%上升到1968年的4.7%和1969年的6.1%，一场顽强的通货膨胀开始了。此后，由于两次石油危机的火上浇油，使美国经济陷入了通货膨胀和失业率同时居高不下的"停滞膨胀"局面。

　　对于约翰逊时期通货膨胀失控的原因各派的观点是不同的。凯恩斯学派认为主要问题是决策者反应不及时，反对政府干预的批评家们则认为越战正好是一个极端的例子，说明政府在需要采取财政行动时，却无能为力，由此证明自主决策的刺激性财政政策是行不通的。

里根总统和赤字爆炸

"滞胀"的发生使赤字财政政策遭受重创。凯恩斯的声誉也从巅峰跌到谷底：批评者的矛头所向已经不仅是决策失误，而且指向了政府应不应该干预经济这个根本问题。供应学派、货币学派、新古典经济学派、实际经济周期学派统统回归到资本主义市场经济有自我调节功能的古老立场。自由放任再次成为70年代经济思想的主流。

以供应学派为理论旗帜的里根总统反对政府干预经济，强调减税对促进经济发展的功能。鼓吹减税可以提高企业家投资、公众储蓄和工人工作的积极性。并且实施了一个历史上最大的减税计划，在三年中共减少个人所得税25%。这个计划共使联邦收入减少7490亿美元。与此同时为了履行与苏联开展军备竞赛的竞选诺言，又制订了一个在1982—1986年共花费14600亿美元的国防开支计划，它比卡特的国防预算还多2000亿美元。

里根是传统的预算平衡论者，他并没有打算实行赤字财政政策，然而由于没有估计到在通货膨胀受到抑制以后，税收收入明显减少，这种减税和增支左右开弓的做法就不可避免地导致赤字爆炸和预算失控。1982年赤字从上年的790亿美元猛增到1280亿美元，1986年更高达2212亿美元。里根的8年任期，累积赤字14640亿美元，为以前历届总统赤字总和的128.7%。

在1979年以前由于联储奉行的是一条维持低利率的政策，国家债务被货币化，也就是说国债被货币发行吸收了，因而使赤字成为通货膨胀的根源。1979年以后联储决心抛弃维持低利率的方针，改为严格控制货币发行量以抑制通货膨胀，赤字由货币化转变为债务化，债务化的结果是联邦政府同民间争夺有限的国民储蓄，因而促使利率上升，利率高企又导致美元汇率的上扬，汇率居高不下的结果是贸易逆差不断扩大。于是在通货膨胀受抑制的条件下的大赤字就导致高赤字、高利率、高汇率、高贸易逆差四高并存的局面，这是美国宏观经济失衡的具体表现，给整个国民经济带来明显的消极后果。

面对这种宏观失衡的局面，里根和布什政府也曾采取过调整措施，1985 年里根推动国会通过了《格拉姆—拉德曼法》，要求在 1991 年消灭联邦赤字，并为每年规定了削减的具体数字，同时规定如果赤字超过规定，必须在国防和民用开支中硬性扣减，但在执行中出现了困难。于是国会又于 1987 年通过了该法的修正案，把消灭赤字的时间表宽限到 1993 年，结果再度落空。布什上台后于 1990 年 11 月同国会达成了在 5 年内削减赤字 5000 亿美元的协议。然而，墨迹未干，这个设想又因美国经济衰退和储贷协会危机而变为明日黄花。

克林顿和预算平衡

克林顿上台后继续平衡预算的努力并取得了成功。他在 1998 年的国情咨文中宣布：以 1998 年 10 月 1 日开始的 1999 财政年度 95 亿美元的盈余为起点：在"可预见的未来"预算将一直保持盈余。这是一个出人意料的消息，因为它比上年白宫与国会达成的 2002 年平衡预算提前了 3 年。

为什么里根布什没有做到的事，克林顿能够做到呢？这有主客观多方面的原因。

第一，克林顿把解决联邦赤字问题放到了重要位置，并采取了得力措施。克林顿对解决财政赤字问题决心是大的，他在竞选中就把消灭预算赤字作为任期中的重要任务、强调"只有平衡预算才能保持低利率并促进经济增长。才不会给后代留下债务负担"。在采取的措施方面也有比共和党高明之处。共和党总统由于一直把增税视为禁区，不敢把它作为削减赤字的手段，因而捆住了自己的手脚。克林顿反其道而行之，大胆提出增加税收，为其在 5 年中减少赤字 5000 亿美元的计划铺平了道路。与此同时他高举公平税负的旗帜，在 5 年 2460 亿美元的增税额中，90% 被转嫁到占人口 6.5% 的富人身上，而所得税的提高更只限于 1.2% 的高收入层，这样他就取得了大多数纳税人的支持，赢得了策略上的胜利。

第二，国际形势给克林顿创造了平衡预算的良好条件，冷战的结束为美国平衡联邦预算创造了最好的国际环境，它使大量削减国防开支成为可能，历史地比较一下美国国防费占国内生产总值的比重就可以发现这笔和平红利给美国带来多大好处。第二次世界大战后，在越南战争期间美国的国防开支最高曾占到国内生产总值的 9.4%，越南战争停止后国防开支逐步下降，但是里根时期为了同苏联展开军备竞赛，这笔支出又逐步上升，连续若干年比重都在 6% 以上，最高达到 6.2%（1985—1986 年）。此后随苏联解体，国防开支逐年削减，到 1997 年下降到 3.4%，同 1986 年的 6.2% 相比下降了 2.8 个百分点。拿 1997 年的国内生产总值计算（80834 亿美元），它意味着少开支国防费 2623 亿美元，大大减轻了平衡预算的压力。

第三，国内形势也给克林顿帮了大忙。1990 年布什政府曾与国会达成协议，在 5 年中削减赤字 5000 亿美元，但是未能如愿，这是因为从 1990 年 7 月开始，美国经济已发生衰退，出现了减收增支的不利因素。克林顿入主白宫时，美国经济已复苏两年。最近，预算赤字迅速下降，这在很大程度上得益于经济繁荣。一方面，繁荣期公司赢利状况良好，公司所得税增加，另一方面失业减少，就业上升，实际工资提高，这些既有利于增加个人所得税收入，又有利于减少给失业工人的补偿金，对平衡预算十分有利。

第四，两党都在争夺平衡预算的旗帜，相互施压，加速了消灭赤字的进程。克林顿是打着平衡预算的旗帜在竞选中获胜的。1993 年削减赤字 5000 亿美元的法案在国会获得通过是克林顿的一大胜利。接着共和党为了争夺旗帜，趁 1994 年中期选举的胜利，提出 7 年内，即在 2002 年平衡预算的主张，使克林顿陷于被动。为了摆脱困境，克林顿提出在 10 年内平衡预算的反建议，遭到共和党的拒绝。经过重新测算，克林顿同意了共和党在 2002 年平衡预算的主张，但是在如何减少开支、如何减税等问题上又与共和党进行了艰苦的讨价还价。在此期间，由于共和党的要挟，政府经费无着，部分机关曾两度关门，这是两党斗争的消极面，然而也有积极的一面，就是终于促成了平衡预算协议的达成和预算结余的出现。

综观美国财政政策的历史变革，在预算平衡问题上是走过了一条曲折的否定之否定道路。第一个否定是凯恩斯主义否定了传统的预算平衡论，第二个否定是反凯恩斯主义诸派别否定了政府干预经济和赤字财政政策。克林顿在平衡预算问题上走的是一条中间路线，他既不是传统的预算平衡论者，也没有公开鼓吹过赤字财政政策，但是他不否定政府干预经济的作用。事实上在他上台伊始，为了促进经济复苏就提出过一个 300 亿美元的刺激经济计划，只是由于国会中共和党议员的反对而没有成功。随克林顿登台而东山再起的新凯恩斯主义者如戈里格雷·曼基等人，则既反对减少国民储蓄影响投资的大预算赤字，也不赞成实行太严格的平衡预算法。他们认为在发生衰退和战争的时候有预算赤字是可以的，并认为在特殊情况下搞赤字预算是对特殊情况的适当反应。某些新凯恩斯主义者不赞成运用财政政策对经济进行微调还有一个原因，就是认为国会行动迟缓，决策滞后，等到达成共识已经时过境迁。可见反对的理由不是说凯恩斯主义用财政的不平衡实现经济平衡的理论毫无道理而言，而是认为在美国的政治环境中这种理论缺乏可行性。

　　解决大赤字这个老大难问题是美国的一大进步，但是要巩固这个成绩还要做更多的努力。人们预计，到 2008 年如果不改革医疗保健和社会保障制度，联邦预算还有失去平衡的可能。而对行将出现的预算盈余如何使用，议员们的看法也相差极大，围绕着这个问题两党势将展开新的争斗。

（原载《中国财政》1998 年 6 月）

美国"新经济"及其世界影响

在美国，持续 7 年多的经济增长以及在低失业率状态下的低通胀特点，引出人们对美国经济变形的种种说法，如"零通胀经济""知识经济""新经济"等，其中以"新经济"之说争议最多。对这个问题的理解，无论对美国还是对世界都不是无足轻重的，因此通过讨论，加深认识，很有必要。

一　信息化、全球化与"新经济"

最早宣传"新经济"思想的《商业周刊》，在界定这个名词时说：新经济"并不意味着通货膨胀已经死亡。不意味着我们将不会有另一次经济衰退，或经济周期业已消失。不意味着股票市场必将摆脱自我调整而永远上升，就像（神话中所说的）豆梗将直上云天。它也不意味着亚洲金融风波不会影响美国"，"谈'新经济'时我们的意思是指这几年已经出现的两种趋势。第一种趋势是经济的全球化"，"第二种趋势是信息技术革命"。[1] 用于证明这两大趋势给美国经济带来的新变化的依据是：进出口占国内生产总值比重已由 1984 年的 17.7% 上升为 1996 年的 23.7%；高新技术产值在国内生产总值中的比重已由 1984 年的不到 15%，增长到 1997 年的 30% 以上；在高技术领域，核心产业就业人数 380 万，加上相关产业和其他经济部门中的程序员，网络技术员总就业人数达到 910 万，而汽车、飞机、船舶、铁路、航天等制造业加在一起的就业人数不过 152 万（1995

---

[1] *Business Week*，Nov. 17 1997，pp. 48 – 50.

年)①；实际国内生产总值的增长率由 1990 年 1.3% 到 1997 年上升为 3.8%；公司利润由 1990 年约为 4000 亿美元，1997 年上升到近 7000 亿美元；与此同时失业率由 1992 年的 7.5%，下降到 1997 年 10 月的 4.7%，而通货膨胀率则由 1991 年的 4.5% 以上，下降到 1997 年的 1.5%。

90 年代中期，在经济繁荣中同时出现低失业和低通胀并存的现象无疑是可以从信息化和全球化中找到原因的。首先是 90 年代初以来，美国公司抓住信息化的良好机遇，对企业进行了大规模的改组和改造，建立了企业的内部信息网和全球的互联网，精减机构，大量裁员，有效地提高了劳动生产率。这样就使企业在不涨价的条件下，又能使利润增长而不担心工资的上升。以欧文斯·科宁公司为例，这家生产玻璃和绝缘材料的企业，由于市场销售平淡，无法提高价格。公司为了增加盈利，决定花费 1.75 亿美元重整其计算机系统，并且把它的 150 个地方机构都纳入内部信息网络之中。现在公司的生产率已经得到改善：在（1997 年）第一季度，在销售额只增长 3% 的情况下，利润跃增了 8%。② 再者信息产业与传统产业有一个很大的不同，在传统产业中当工厂生产达到它们的极限时，价格要上涨，生产率的增长要放慢，但是在高技术产业如半导体、软件等则不一样。编制一个程序或者试制一种新型微处理器要求大量投资。但是芯片或软件大量生产和销售时价格却不断降低。下降的价格可以促进新的需求。例如康柏公司把计算机价格先降到 1000 美元，现在又降到 800 美元，这样就大大增加了销售额，形成一种循环：降价促进销售—扩大生产—降低成本—进一步降低价格的良性循环。以 1990 年为基期，到 1996 年高技术产品并未涨价，反而降价 5% 以上，而其他经济部门并没有遏制住涨价的势头，只是涨价幅度小了一些，从 5% 下降到 2.5%。信息化的另一个好处是信息产业的就业倍增效应比传统产业高，甚至比其他高技术产业也高。例如，微软公司每个就业机会可以创造 6.7 个新工作，而波音公司每个就业只创造 3.8 个新工作。③ 这一方面是因为微软公司的工资高，购买

①　*Statistical Abstract of the United States*，1997，p. 743。

②　*Business Week*，May 19，1997，p. 38.

③　*Business Week*，March 31，1997，p. 52.

力强，高消费提高了就业的倍数效应；另一方面是因为其他制造业在全球化中越来越多地依靠外购件，而信息产业则较多地运用当地的熟练劳动力。

全球化也给经济增长带来新因素。一个是给跨国公司带来更加丰厚的利润。例如1990年美国的通用电气公司在《商业周刊》全球1000家最佳业绩跨国公司的排名榜上位居第5，1997年跃居榜首。重要的原因之一是因为该公司实行了全球化和生产一体化战略。这家公司8年以前的销售额中，国际销售额不足30%，而现在由于加大了对国外的直接投资，因而使它的国际销售额在总销售额中所占的比例上升到40%，预计不久将与国内销售额持平。这家公司的盈利直线上升，由1993年的43.16亿美元上升到1996年的72.80亿美元，3年增长了68.7%。再如1990年美国可口可乐公司在全球1000家的排名榜上位居第23位，1997年跃升到全球第2位。重要的原因之一也是由于实行了全球化和生产一体化战略。这家公司已把它的原浆厂扩散到全球。现在它已在世界195个国家和地区销售可口可乐，在117个国家销售减肥可乐，在164个国家销售雪碧。它的盈利也节节上升，由1993年的21.75亿美元增长到1996年的34.79亿美元，3年增加了60.5%。《商业周刊》1000家是按股票的市值排定的，而市值的增长又与利润的增长相联系。因此通用电气公司和可口可乐公司的业绩高居1000家的顶峰就是理所当然的了。全球化给经济运作带来的第二个新因素是有利于平抑物价。现在美国根据自己的比较优势，集中于生产附加价值高的高新技术产品，而从东南亚各国进口电子原器件，从中国进口玩具、鞋、箱包，从墨西哥进口纺织品，这就使上述产品的价格在美国市场上保持低廉，这对美国抑制通货膨胀是十分有利的。

1990年代中期以来美国的经济繁荣固然可以从信息化和全球化中找到令人信服的原因，但这次经济繁荣终归是由多种因素所共同促成的，除了企业抓住信息化、全球化的机遇进行改组改造之外，还有宏观政策上的原因，如联邦赤字的缩小，长期利率的下降，着眼于长远的政府投资，以及国际大环境使美国获得"和平红利"，等等。其中有一些显然是在信息化和全球化之外，也对通货膨胀和失业率产生影响的原因。

例如，在考虑通货膨胀率下降的因素时，必须看到：长期以来成为美

国通货膨胀主要威胁的服务业价格的走势已开始发生变化。近几年，保健
和教育等很难提高劳动生产率的服务业，其价格也受到了抑制，它与信息
化、全球化并无直接联系。据《商业周刊》统计，自 1986 年以来，在通
胀率的下降中大约有 70% 来自服务行业。在消费者价格方面，80 年代它
的年膨胀率为 4%，1996 年下降到 2.3%，其中非耐用品下降了 1 个百分
点，耐用品下降了 0.1 个百分点，服务业则下降了 1.8 个百分点。拿住房
开支说，它占消费者支出的 25%，在 1975—1985 年它的价格每年上涨
7.5%，而现在每年只上涨 3%。保健服务的涨价也因管理的改进受到控
制。医务人员包括医生和护士，他们的工资和薪金在 1997 年 1 季度只比
上年增长了 2.4%，低于其他行业工资的增长。在大学里，随着校方努力
抑制学费的上升，私立大学教授和员工的工资、薪金已从 1995 年上升
4.2% 下降到 1997 年的上升 3.1%。人们预计即使经济继续强劲增长，服
务行业的低通货膨胀也还会延续一段时间。这是因为"从历史上说，服务
业的价格与其说是受经济状况的驱动，不如说更多地是受长期因素如人口
和制度变革的驱动"①。

　　在考虑失业率下降的因素时，必须看到人口构成变化所带来的重要影
响。它也与信息化和全球化并无直接联系。1997 年的美国总统经济报告中
说：每一个人口组都有自己的自然失业率；青年人比成年人高，妇女比男
人高。自 80 年以来，失业率大约有 0.5 个百分点是因为人口构成变化而
下降的。"唯一最重要的人口变化是婴儿潮一代人的老化：美国现在有一
支更成熟的劳动队伍，传统上有较高失业率的年龄组现在只占较小的
比重。"②

　　由此可见，在解释当前美国本次周期特点时既要看到信息化、全球化
所起的作用，也要看到其他因素所带来的不容忽视的影响。难点在于我们
很难把每个因素作用的大小加以量化。我认为即使对美国来说，进入信息
化和全球化也只是开始，它们对周期变化的影响是否已占主导地位？传统
的支柱产业在多大程度上已不再影响周期波动？如果说没有其他因素的影

---

① *Business Week*，May 12，1997，p. 40.

② *Economic Report of the President*，1997，p. 49.

响，是否也会出现此次繁荣期的诸多特点或者说这些特点也会有如此明显的表现？凡此种种都还是需要进一步观察和深入探讨的问题。

二　"新经济"的论争对美国的意义

无论信息化和全球化对此次经济繁荣所起的作用有多大，信息化和全球化已经把美国经济带进了一个新时期则是不争的事实。我认为提出"新经济"的问题并加以研究对美国有以下的重要意义。

第一，敲响防止宏观决策僵化的警钟。

美国政府包括联邦储备系统长期以来在进行宏观调控时把"不加速通货膨胀的失业率"（Nonaccelerating - inflation rate of unemployment，简称NAIRU）当作重要依据。它被界定为与稳定的通货膨胀率相一致的失业率。它的标尺作用表现为当失业率在它以下时，通货膨胀的压力加剧，当失业率在它以上时，通货膨胀的压力减轻。对此，比较有说服力的理由是，当失业率低时，公司必须向工人提供较高工资以吸引、保留，并且推动新工人进入劳动市场。当失业率高时则情况相反。在美国由于工资要占成本的70%左右，所以工资的增长将影响通货膨胀。据美国官方统计，自1958年以来，32个季度中的28个因失业率下降到5%以下而随后引发通货膨胀的上升，32个季度中的26个因失业率上升到7%而导致通货膨胀率的下降。[1] 所以美国当局认为，不促进通货膨胀的失业率应在5%和7%之间。相当一段时间，联邦储备系统在进行宏观调控时，把6%的失业率和2.5%的经济增长率视为保持经济持续稳定增长的调控目标。

对于应不应当把它们当作宏观调控的基准，历来是有争论的。1994年前后，当联储7次提高利率以抑制经济的过热时争论尤为激烈。现在实践对这个问题给予了回答。说明按照某种硬杠杆调控经济是不适宜的。得克萨斯大学的詹姆士·加尔布雷斯教授打了一个比喻，他说：联储曾把自然失业率看做一座悬崖，认为要是允许失业率下降到很低，经济就要跌落悬崖，导致奔腾不止的通货膨胀。然而现实说明它不是绝壁悬崖而是平缓下

---

[1]　*Economic Report of the President*，1997，p. 45.

滑的海滩。决策者应当在看到通货膨胀的涨潮线时对利率进行调整,但不要冒鞋子被海水打湿再被迫后退的风险。不少美国经济学家对格林斯潘近来思想的变化表示满意,认为他正在根据实际情况而不是教条,调整联储的金融政策。他愿意让经济继续扩张,允许失业率下降到同事们认定的禁区,说他这样做是因为已看到美国经济出现的许多新条件,这样说显然是在表扬格林斯潘有求实精神。

第二,提出改善统计工作的迫切需要。

统计数字是宏观决策的依据,美国现在深为统计数字不能充分反映"新经济"而苦恼。迫切需要解决的有工业统计问题,劳动生产率问题,通货膨胀率问题。

美国政府不断受到工业统计脱离经济现实的批评。直到今天,官方的就业数据和其他经济数据都是根据"标准工业分类"(SIC)进行搜集的。这个体系创始于30年代,直至现在依然如故。从这个统计中很容易找到31种不同的服装业,可是整个软件产业却被压缩在一个类别里。从1997年开始,经济调查将按新方法进行工业分类,它被称为北美工业分类体系(NAICS)。它包括300多个新产业的信息,从卫星通信到博彩业再到美容院,而新的和现有的产业则被重新编组使之成为更合用的类别,例如信息类包括出版、软件、电影、广播、通信。专业科学技术服务类包括法律服务、会计、管理咨询、计算机系统设计、广告、市场研究、民意调查。但是进行这种修改工作量很大,正在受到预算紧缩的阻碍。它将于1999年首次出台,最早在2004年才能与联邦统计接轨。此外,老的统计体系和新体系的差别非常之大,以致许多历史比较将难于进行。但是官方认为这种断裂是值得的。这是为了较好地反映受信息业推动的新经济所必须付出的代价。

美国在劳动生产率的统计上存在着令人费解的难题。一方面美国近年来失业率和通胀率在下降,利润和实际工资在上升;另一方面在统计上1990年代劳动生产率却只有1.1%的年增长率,并不比80年代快,这是一个明显的矛盾。许多人认为这是因为统计方法未能跟上高技术部门的快速发展,公布的统计对产出是低估的。例如,统计中对各公司所使用的大部分软件没有计算产量。由于劳动生产率被界定为每小时产量,所以少算产量也就低估了劳动生产率。人们还认为，医疗保健和银行这两个重要部门的统计也低估了产量。银行的产量是按银行雇员人数计算的，当 80 年代银行雇员增加时统计上反映为产量上升，但到 90 年代当银行减员时统计上就反映为产量下降，这样银行为了提高效率实行减员、兼并，反映在统计上反而对经济的增长起了坏作用。而实际的情况是，90 年代银行在支票和信用卡方面的交易以及利润都在迅猛增长。医疗保健统计也有同样的问题。根据政府计算，90 年代以来医疗保健的产出增长率只有 2.3%，而 80 年代则接近 4%。对医疗保健的产量应以质量和美国人所得到的服务为标准，可是政府只根据医疗手续或病床的占用率统计。而这些恰好是 90 年代改革的对象。研究者发现在"私人非住房产量"这个统计栏目中，银行和医疗保健占 20%，如果把这两项按老统计方法包括在内，80 年代和 90 年代的增长率都是 2.9%，如果把这两项排除在外，80 年代是 2.8%，90 年代上升到 3.2%。由此可见过时的统计方法会产生误导，必须加以改正。[①]

在美国对通货膨胀率的计算是否正确也正在展开争论。由斯坦福大学教授迈克尔·博斯金牵头的"博斯金委员会"，在给国会的报告中断言消费者物价指数对通货膨胀率每年高估了 1.1%。[②] 这一错误如果不加以改正，到 2008 年国债将增加 1 万亿美元。这笔损失来自两方面，一是政府因社会保障实行指数化而多付款，二是政府为补偿纳税人的"等级爬升"损失（通货膨胀把纳税人的名义收入提高，从而把他们推进到更高的纳税等级中去）而支付一笔补偿费。博斯金委员会指出劳工统计局高估通货膨胀率是因为他们没有考虑消费者会随着价格的变化而改变采购模式。例如，在涨价时，他们会去买便宜品牌的泡菜，或用鸡肉取代牛肉，等等。

第三，急需加强信息产业周期的研究。

信息产业目前在美国经济中已经举足轻重，但是它的大发展并没有消除经济周期波动，与此相反，在新技术驱动下需求的大幅度摇摆，使高技术比汽车产业更易动荡。因此，研究并密切注意信息产业周期的变化实为

---

①　*Business Week*, December 1, 1997, p. 35.

②　*Business Week*, June 9, 1997, p. 60.

当务之急。这种周期已经出现过，1985 年和 1989 年新信息产品的出台曾一度放慢，导致需求急剧下降，但是互联网这门新技术的出现又突然使销售额跃上云天。英特尔公司的首席执行官安德鲁·格罗夫说："第一次当我们认为我们的行业不那么带有周期性时，下一个周期恰好比前一次的更大。"[1] 现在，信息技术已经是许多公司资本支出的最大项目，如果产品周期放慢，或者当其他经济部门由于联储提高利率而滑坡时，与信息技术相关的开支项目就会成为削减支出的首选目标。自 1989 年以来，公司库存大大减肥，350 万雇员被裁减，美国公司劳动队伍的脂肪层已经很薄。等到下一次经济衰退时，受到金融紧缩之苦的公司要想省钱，就只有推迟不是急需的信息技术项目。人们预期一旦新经济周期的衰退期来临，就会给就业、投资和增长率带来严重后果。在硅谷，在波士顿，在其他高技术温床，许多软件公司都是按照 20% 的年增长率配备人员的，雇用了大堆的程序编制员、测试员和设计师，如果高技术的销售额放慢，这些人就不再需要了。当利润急剧下降时，大多数高技术公司将必须削减新产品的开发和新工厂的建设，它还将使股票市场发生灾难。

　　当前诸多迹象表明计算机产业已经有点问题。个人计算机销售增幅由 1995 年的 26.8% 降到 1997 年的 14%，预计 1998 年还要降到 13.4%；记忆芯片销售增幅由 1995 年增长 74.4% 变为 1997 年 19.3% 的负增长，1998 年预计再降 1%；磁盘驱动器销售由 1995 年增长 24% 到 1997 年增长 13.2%；网络化服务以 1995 年为起点，1996 年增幅为 127%，1997 年增长 43.1%，预计 1998 年只增长 4.9%。[2] 由于价格战，许多公司只有微利，不少公司已无利可图，少数公司业已发生亏损。这是一个不容乐观的信号，前景值得密切关注。

三　"新经济"论争作为他山之石的意义

　　信息化、全球化的浪潮首先在美国兴起，美国领导着这个新潮流。

---

① *Business Week*, March 31, 1997, p. 48.
② *Business Week*, January 5, 1998, pp. 30－32.

在这轮竞争中欧洲落后了，日本也落后了，中国还处于起步阶段。我们当然不甘落后，为了赶上去，必须按照邓小平同志关于"大胆吸收和借鉴人类社会创造的一切文明成果"①的指示，向别人的文明成果学习。所以如果说"新经济"的争论对美国人的意义是要更好地适应信息化、全球化的新潮流，弘扬其成果，那么对我们说，除了要加紧学习技术之外，还应当研究和吸取人家更深层次的经验，在这方面值得重视的有：

第一，贯彻始终的创新精神。

美国自19世纪末实现工业化以后，在技术创新上就一路领先。20世纪初亚历山大·格雷厄姆·贝尔的电话、莱特兄弟的飞机、托马斯·爱迪生的电灯陆续登场，汽车、火车虽不是美国人的发明，但是他们开发了成批相关的生产技术。第二次世界大战以后大型电子计算机、半导体、激光、雷达、塑料、彩色照相、电视、核能的开发利用陆续出现在美国，其中不少先是军用以后转为民用。60年代的计算器，70年代的微型计算机，80年代的个人计算机到90年代的互联网则标志着信息技术的创新和阔步发展。

产品的创新如果不实行产业化是不能形成生产力的，美国的成功之处在于产品的创新因国内市场的巨大需要，以及创业资本（风险资本）的支持，很快就实现产业化，改变着美国的整个国民经济的面貌。根据美国人口普查局对制造业的调查材料，可以发现自19世纪以来，差不多每隔20年在美国就有一种新产业跃升为国民经济的龙头，成为带动整个经济前进的动力。比如按雇用职工的人数算，1880年纺织工业是龙头，1900年机械制造业取而代之，1920年后者又被铁路机车制造业超过，1940年火车则被汽车制造业击败而让出了第一位，1960年汽车虽然依旧是龙头老大，但飞机制造业已经悄然兴起取得了老二的地位，到1980年汽车、飞机的地位虽然并未动摇，但信息业却已由原来榜上无名，跃升为第三号最大的产业，直到90年代它已无可争议地在国民经济中取得了领先地位。

---

① 《邓小平文选》第三卷，人民出版社1993年版，第373页。

由此可见，在美国，产品的不断创新和产业的不断升级已经成为国民经济发展的主要动力，并使美国在国际竞争中始终处于优势地位。

第二，以竞争为动力的创新机制。

美国哈佛大学经济学家约瑟夫·熊彼特早在40年代就把美国经济描述为"创造性的毁灭"过程。他认为以市场为基础的经济所固有的激励，是解决创造新产品和新技术这一问题的最佳手段。问题是实行市场经济的国家很多，美国何以能在技术创新上经常走在别国的前头？这就需要进一步研究美国创新机制。在这方面美国有以下几个比较突出的特点：

首先，美国有极为发达的市场经济，国内竞争激烈。在这样的环境中，技术创新就成为企业和经济体生存和发展的前提。企业没有创新，等待它的就是死亡。反之，企业在竞争中就能制胜，就可以壮大，就可以有更多的资本进行研究与开发，形成技术创新的良性循环。所有大公司的成功史都说明了这条经验。此外，美国的公司制度使企业建立起独立的研究与开发部门并有充足的研究与开发经费，这也是对技术创新的重要保证。

其次，美国找到了产、学结合的创新之路，它的杰出典型是硅谷、波士顿128号公路等技术创新的孵化器。在这些地方，高等学府精英们的知识与企业家的创业精神很好地结合起来，创业资本与创新思想紧密地结合起来。世界各地向那里输送最优秀的人才。一批崇尚创新，敢于冒险，不怕失败而又有头脑的人，在重奖的气氛中以最大的热情，每周7天，不分昼夜地工作。他们把思想化为物质，又把产品化为产业，因而成为技术创新的火车头。

最后，知识产权受到保护，极大地调动了发明创造的积极性。美国国会为了鼓励发明创造，在法律中作了明文规定："为促进科学和有用技术（注：有用技术的含义是指技术知识及其有用的应用①）的进步，保障作者和发明人在一定时效内对其相应的专著和发明享有专有权。"根据宪法的规定，美国国会在1790年通过了第一个专利法，此后直到1980年历经9次修改和补充，形成了一套包括效用专利、设计专利、作物专利三个方

---

① ［美］《美国大百科全书》中文版，1991年第21卷，第529页。

面的详细立法。此外，美国在贸易法中还制定了特别301条款，用国内法对付国外侵犯知识产权案件（这一点是受到外国批评的）。西方各国都有专利法，但就立法之详尽，执行之认真来说，美国是比较突出并卓有成效的。与此同时，美国又很注意防止滥用专利法而扼杀竞争。所以在专利法之外还有"不公平竞争法"以及"反托拉斯法"与之相配套，以发挥相互制约的作用。

第三，政府对创新的引导。

在美国，发明创造的主体是企业，但是政府的作用也不容忽视。据统计，1980年美国的研究与开发支出总额为876.49亿美元（1987年不变价，下同），占国内生产总值的2.3%，其中联邦拨款占47.1%，1996年预计研究与开发支出总额为1408.93亿美元，占国内生产总值的2.5%，其中联邦拨款占33.6%。① 数字说明，政府对研究与开发的拨款比重虽有下降，但仍占有举足轻重的地位。特别是政府用于科研与开发的支出中只有约四分之一是政府直接使用的，大部分由政府拨给企业、学校和其他非营利机构使用。其中学校和非营利机构的研究与开发资金大部分来自政府。可见政府在推进美国研究与开发中的重要地位。克林顿对推进美国技术创新持积极态度，这是同新民主党奉行"行动主义"路线相联系的，也是他与共和党的不同之处。克林顿本人重视科技，他说："当我们进一步展望未来，就会清楚地看到未来经济机会的重要决定性因素之一就是掌握技术优势。这对个人和企业同等重要。这是我努力奋斗，避免减少我们在基础科学研究和发展方面投资的原因。"克林顿入主白宫以后，立即提出建立"信息高速公路"的计划。这项计划主要是由政府倡议，而不是由政府出钱。为推进这个计划，建立了由商务部长牵头，由副总统戈尔以及总统经济顾问委员会主席和一批经济、技术、法律专家，电信工业界代表参加的"信息基础设施特别小组"，制订了促进信息高速公路实施计划。该计划由联邦政府负责总体设计，由工业界负责建造和运行。这一决策无疑将进一步巩固美国在信息技术上的国际领先地位。1996年2月，克林顿又签署了新的电信法，对《1934

---

① *Statistical Abstract of the* United States，1997，p. 604.

年通信法》做了全面修改，大大放松了对该行业竞争的限制。它的通过标志着美国正在清除信息高速公路建设中的障碍，被认为是把美国"推进到下一个世纪"的法律。

克林顿政府所采取的其他促进科研与开发的措施，包括通过延长研究与实验机构的课税减免以鼓励科研；加强同产业界的合作研究，增设几十个新的制造技术推广站，以加速新技术的发明和推广；促进国防科研开发的转轨，把国防科研和国家实验室的力量与产业界的科研力量结合起来，共同进行研究与开发。

克林顿政府还加大了对人力资源的投资，强调提高美国劳动队伍的素质是应付日益激烈的国际经济竞争的重要条件。为此在继续执行布什时期所制订的"2000年目标计划"之外又制订了"终身学习计划"，"由学校向工作过渡计划"，半工半读的"国民服务计划"，帮助美国青年上大学的"贷款改革计划"以及对失业工人的"再培训计划"，等等，并为这些计划拨款以保证其实现。

凡此种种都说明美国政府有一套引导技术创新的办法，有一定的借鉴意义。

四 信息化、全球化与边缘化

信息化和全球化给世界经济带来巨大进步，与此同时也带来了一些不容忽视的问题。除去国际金融风险、国际犯罪、环境保护等问题之外，最令人关注的是两个边缘化问题。一个是美国国内知识不足者的边缘化问题；另一个是信息化和全球化所造成的一部分最不发达国家的边缘化问题。

克林顿已经意识到知识不足者的边缘化趋势。他说："技术发展，更重要的是先进技术的民主化，不仅对我们的国家利益，而且对我们的每一个国民都是至关重要的。我们不能让国家分出技术的富人和技术的穷人。"[1] 然而，在美国，这种边缘化业已发生，收入不平等问题近年来

---

[1] 克林顿：《希望与历史之间》，海南出版社1996年版，第22页。

在美国正在恶化。数据表明"中学毕业生的收入与大学毕业生收入的差距拉大了。1980年，男性大学毕业生的收入中位数比男性中学毕业生的收入中位数高三分之一，到1993年这个差距扩大到70%。1995年是能够得到资料的最后一年，大学生的优势略为受挫，但周期性改善不足以改变长期趋势，在美国受较好教育者与受较差教育者之间正在被打入一个楔子"①。美国学者对出现这种趋势的原因做了两方面的分析。哈佛大学肯尼迪学院的经济学家丹尼·罗得里克认为全球化是解释工资差距拉大更主要的原因。多数人估计贸易对工资差距拉大的影响只占10%—20%。他们认为更重要的是应从贸易竞争以外去观察全球化的广泛影响。例如在工资谈判中，经理人员有一种把国际竞争激烈作为保持低工资理由的倾向。时间长了以后，工会的权力受到侵蚀。与此同时，公司从一国迁往另一国，它们付给母国的税收就被剥夺，而这种收入本来是社会安全网的资金来源。于是，政府被迫削减社会保障，从而影响一部分人的收入。

另一种有说服力的观点是：技术要对工资差距拉大负责。哈佛大学的大卫·奥特教授以及普林斯顿的艾伦·克鲁格教授等人最近所进行的一项研究认为，过去25年对较熟练工人需求的相对增长有30%—50%可以用计算机技术的传播来解释。这种技术的扩散在每个行业中都已发生，因此对熟练工人需求的上升，以及对教育回报的增长也几乎在所有行业中都出现了。

收入差距的拉大，以及财富越来越多地集中在极少数人手中，导致一部分美国人的边缘化，这种趋势已经引起不安。坚定的反共金融家乔治·绍罗什在1997年2月的《大西洋月刊》中不无忧虑地说："不受羁绊的私人利益和自由放任政策可能从内部把资本主义搞垮。"

穷国和穷者愈穷是边缘化在世界范围的表现。联合国开发计划署在《1997年人力发展报告》中指出：虽然近年来外国直接投资激增，半数以上的发展中国家并未受益。由于发展中国家在进入国际贸易、劳务和金融市场等方面所受到的限制，它们每年损失金额高达5000亿美元，相当于

---

① *Business Week*, March 24, 1997, p. 110.

它们每年接受外援总额的 10 倍。目前占世界人口 10% 的最不发达国家的国际贸易份额已下降到 0.3% ，比 20 年前减少了一半。占世界人口 20% 的最贫穷人口占世界总收入比例已经下降到 1.1% 。联合国贸易和发展会议在《1997 年贸易和发展年度报告》中也说：世界经济一体化带来的消极影响是两极分化扩大，发达国家和发展中国家之间以及发展中国家内部之间的贫富差距都在不断扩大。以人均国民生产总值计，1965 年，处于贫富两端，各占世界人口 20% 的富人与穷人相比，前者为后者的 30 倍，1990 年扩大到 60 倍。报告还历数了造成这种现象的原因，如中产阶级的削弱；金融业正在超过工业，收租息者胜过投资者；一些发展中国家偿还债务的利息已占其国民生产总值的 15% ；资本积累的收益超过了劳动力的收入；就业及收入更无保证，而且范围不断扩大；技术工人和非技术工人之间的工资差距拉大等。

一些最不发达国家之所以并没有从信息化和全球化中得到好处，有国内外的多种原因。例如，许多非洲最不发达国家是受政治动乱和内乱的折磨，或者受自然灾害的影响。在国际上则是受不合理的国际经济秩序的损害。此外发达国家的外援不断下降，也是一个原因。更引起人们担忧的是在信息化时代科技进步一日千里，发展中国家如果不能抓住这个机遇，缩小同发达国家的差距，它们必将在无情的竞争中被甩得更远，要想翻身将更加困难。

边缘化是政治动乱的根源，这个问题得不到解决，世界就不得安宁，这是单靠技术创新不能解决的问题。

五　结论

信息化、全球化带给美国的国民经济持续景气，不仅对美国自己有重要意义，对世界也有重要意义。这要从两方面看，一是其长期影响。1980 年代美国在同日本、欧洲的经济角逐中一度处于下风，但美国不甘落后，一面注意学习别人之所长，一面发挥自己技术创新的传统优势，重新塑造自己的经济，在 1990 年代的国际竞争中终能重整旗鼓，再度辉煌，这一经验对各国都具有借鉴意义；二是美国经济景气对当今世界的影响。目前亚洲金融危机尚未消退，美国经济的持续、稳定、健康增长对亚洲经济复苏具有关键作用。对抵消日本经济衰退的消极影响也具有关键作用。这就是在经济全球化的世界格局中，各国相互之间一荣俱荣，一损俱损的客观现实，世界期盼着美国担负起自己的国际责任。

（原载《太平洋学报》1998 年第 3 期）

美国经济目前不会陷入衰退

1998 年以来，我对美国经济的看法一直是：就美国经济本身说，基本因素是健康的，实体经济近期不会出现逆转。但是我也认为，在经济全球化的今天，如果发生全球性的金融危机，则美国很难不被拖进去，至于亚洲金融危机会不会演化为全球性金融危机则拿不准，要看发展。当时最担心的是日本经济衰退及其对亚洲乃至全球的影响。这种担心现在依然存在。

俄罗斯金融危机的爆发及其对拉丁美洲的冲击，标志着金融危机的进一步深化，由此引发美国股市的暴跌，说明亚洲流感已经使美国打喷嚏，美国再不能高枕无忧了。七国集团 1998 年 9 月 16 日发表紧急声明呼吁"官民合作"阻止恐慌；克林顿提出六点方案，并强调世界正面临半个世纪以来金融方面的最大挑战，反映出他的危机感。在这种情况下应当如何判断美国经济的走势？我的基本看法是：只要美、欧能够认真对待当前的金融危机，措施得力，美国是能够避免被拖下水的。理由如下：

第一，美国经济本身目前有三大有利因素。首先，美国大公司拥有全球最强的竞争力。根据美国《财富》杂志每年评选全球跨国公司盈利最多的 50 家公司所提供的资料，1995 年美国入选 28 家，1996 年上升为 32 家，1997 年仍然是 32 家；英国居第二位，1995 年 8 家，1996 年是 9 家，1997 年 7 家；日本的情况最惨 1995 年 4 家，1996 年下降到 2 家，1997 年再下降到 1 家。从这个鲜明对比中，反映出美国跨国公司的强势竞争地位。

其次，美国有不断涌现出的新经济增长点。这是同美国致力于技术创新密切联系的。比如在计算机软件方面，视窗 95 落伍了，视窗 98 马上亮相，引起一场新的销售热；在电子消费领域，视听设备饱和了，电子书籍又已出台。最重要的是美国目前领导着信息化的潮流，信息产业的发展方兴未艾，还有广阔的发展空间，就以信息高速公路的建设而论，现在还不过是开始，技术创新还会层出不穷，这样就能保证不断创造出新产品，刺激出新的消费需求。现在全球生产过剩，包括芯片的生产在内，但是由于竞争力的缘故，产品卖不动的是技术略逊一筹的国家而不是技术领先的美国。

最后，美国现在宏观经济形势较好，调控的回旋余地较大。克林顿上台后致力于削减赤字，1998 年已经可以转赤字为结余，数目可能超过 600 亿美元，这是二十多年来没有的情况。削减赤字的直接效应是长期利率下降，这有利于通过降低抵押贷款利率而促进住房建设，也有利于通过降低分期付款利率而促进其他大件耐用消费品的销售，刺激投资需求和消费需求。再者，美国现在利率的价位较高，联储降低利率的回旋余地也比较大。在经济出现疲软时财政、金融杠杆的调控都还大有用武之地。

第二，我认为现在的美国经济还不是泡沫经济，即使在某些方面有点泡沫并不会发生日本那样的问题。美国真正出现泡沫经济是在 80 年代里根和布什总统时期，人们称之为储贷协会危机。当时美国刚刚取消 30 年代银行法所设定的利率上限，储贷协会高息揽存，并把钱投入高风险、高回报率的行业，把垃圾债券和房地产炒得火热，最后泡沫爆破，许多金融机构倒闭，国家支出 3000 多亿美元处理坏账。但自此之后美国对金融业进行了整顿，加强了监管，金融业地位比较巩固。只有衍生工具问题不太有底。

1998 年 7 月 17 日以前，股市是过热了一些，但主要是由于经济形势好，利润高，加上亚洲金融危机后有大量热钱转移到了美国，把股票炒了上去。这种情况在股票市场不算是不正常，股价定值过高，会自动调整，道·琼斯股指从 9300 多点降到 7500 点，虽说是与俄罗斯金融危机所造成的心理恐慌有关，但也是股市的一种自我调整。股价下挫对实体经济有一定影响，主要是所谓的"财富冲击"。几年来消费和投资高涨同股市好，人们的钱包膨胀起来，花钱更大胆有关，一旦股市下跌人们花钱就会变得小心谨慎。但是到目前为止，股票价格不过跌到上年年底的水平，如果不再大幅狂跌，负面影响就比较有限。

有些人认为，美国的兼并热也是泡沫经济的表现，我觉得对此要作具体分析。西方市场经济的规律，每到繁荣期就会出现兼并高潮，这种兼并收购有通过规模经济提高竞争力的正面效应，不应当笼统地看成是泡沫。当然兼并不一定都是成功的，但也不都是失败的。兼并收购是资本的重组过程，企业正是通过这种集中才壮大起来。经济规模的扩大不能都说成是泡沫。

第三，美国经济的扩张已经持续了 7 年多时间，就内部说也出现了一些弱点。如股市的大幅摆动就是一个，再就是企业利润的增长放慢，股市下跌与此有关。工资增长超过生产率的增长是重要根源，这是繁荣晚期就业到达高峰必然会出现的现象，但从这里走向衰退也还会有一个过程。因此，目前内部威胁不如外部大。

美国二季度经济增长率从一季度的 5.5% 下滑到 1.4%，除暂时因素如通用汽车大罢工和调整库存外，亚洲经济危机影响出口下降是重要原因。它虽是负面影响但好处是可以把本来过热的经济增长调整到比较适当的水平，预计 1998 年下半年仍会有 2% 以上的增长率。

要排除外部威胁就必须制止金融危机的蔓延，现在克林顿虽开始有所行动，但要通过发达国家的支援和受害国的努力完成国际货币基金组织所未能完成的任务，未必能一帆风顺。西方国家目前缺乏强有力的领导，而且对克服金融危机的途径，发达国家和发展中国家在理念上也不一致，要取得共识并不容易，这是一个比较棘手的事情。

（原载《世界经济与政治》1998 年第 10 期）

经济全球化进程刚刚开始

严格意义上的经济全球化发生在 20 世纪 80 年代末 90 年代初。

我这里讲的全球化是指经济的全球化。

经济向全球扩张是从资本主义生产方式一开始就出现的趋势。马克思说："由于需要不断扩大产品的销路，资产阶级就不得不奔走全球各地。它不得不到处钻营，到处落户，到处建立联系。"又说："资产阶级既然榨取全世界的市场，这就使一切国家的生产和消费都成为世界性的了。"可以认为，马克思这两段话指的是资本主义生产方式的全球性，还不是我们今天所说的全球化。

1995 年出版的英国《科林斯商务词典》（第二版）对全球化是这样定义的："国际化或全球化是指公司通过出口向国外经济进行扩张，但尤其专指通过对外国的投资，建立生产部件的工厂、制造车间和销售子公司。"显然，这里的定义是把全球化同国际化等同起来了。

彼得·狄肯在 1991 年出版的《全球变动——经济活动的国际化》一书中则说：当前"经济活动不仅变得越来越国际化，更重要的是变得越来越全球化。'国际化'仅仅是说跨国界经济活动在地理分布上的扩大，这并不是什么新现象。经济活动全球化有质的不同。同国际化相比，它是一种更先进更复杂的形式，它意味着国际上分散的经济活动在某种程度上运作的整合。全球化是比国际化更新的现象，在范围越来越广的经济活动中，它是一种正在兴起的模式"。狄肯的这个观点也为联合国贸发会议的世界投资报告所引用。狄肯还用一个简单的例子说明当前全球化的特征。他说，商品标签所注明的产地，实际上只不过是产品最终装配的地点，对由许多个别零件组装起来的产品，比如一部"英国"汽车、一台"美国"计算机、一台"荷兰"电视机、一架"德国"照相机来说，你既可以说它是那个地方的产品，又可以说它不是那个地方的产品，因为它们已经是全球各地生产的零件的集合。

所以，可以认为，严格意义上的经济全球化发生在80年代末90年代初，这时跨国公司已能在全世界进行资源配置，并在全球进行生产要素的优化组合。这样做的结果就能使跨国公司通过价值链在全球布局，从而达到成本最小化和利润最大化的目的。全球化之所以发生在这个时候，第一靠全球的信息网络化，第二靠全球向市场化的变革。前者为全球化提供了技术上的保障，后者为全球化提供了体制上的保障。

不过，在强调生产全球化的同时，也不能忽视贸易的全球化和金融的全球化，特别是金融的全球化。金融全球化本来是为生产、贸易全球化服务的，但是它又可以形成自己的独立运动。金融全球化是金融资本的全球扩张，它所产生的条件一是许多国家开放了自己的金融市场，二是金融交易的电子化。货币流通的符号特征使它能通过电子网络在几秒钟的时间内完成成千上万亿美元的交易，这是人流物流所无法企及的。从这个意义上讲，金融全球化比生产全球化和贸易全球化走得更快，覆盖的面更广。金融全球化加速了资本的全球流动，降低了交易成本，但短期资本的牟利行为在投机资本的带动下也会导致全球的金融灾难，这是90年代两次金融危机带来的深刻教训。

国际化—全球化—一体化，将被证明是世界经济体系发展的三大历史阶段。

经济全球化同世界经济一体化两者是不应当混同的。实现世界经济一体化，第一，要求生产要素的全面自由流动，包括劳动力、资本、商品、服务在世界范围的自由流动；第二，要求有超国家的权威性协调机构；第三，相应地要求各国之间做必要的主权让渡。这种世界经济一体化必然会给全球带来生产力的大发展，给世界人民带来莫大的利益。这个前景总有一天会实现，但它是一个遥远的未来。这样的一体化我们现在还只能在主权国家中看到，在欧洲联盟这样的区域集团中也隐约可见。政治经济制度的差异、生活水平的差异、文化的差异、信仰的差异都是实现世界经济一体化的重要障碍。克服这些障碍也许还要几百年时间。

现在，我们处在国际化逐步向全球化过渡的阶段。这种全球化进程现在才刚开始，还有很长的路要走，但它是一个不可阻挡的趋势。这个全球化主要表现在贸易、投资、金融一定程度的全球自由流动上，推动自由流动的主体是跨国公司，因而表现为跨国公司行为的有计划性、高效性和全球资本无序流动之间的矛盾。对这种矛盾，现在还没有全球性的权威机构进行协调。这种全球资本的无序流动对发展中国家特别不利，现有的国际经济组织还解决不了这个问题。通过国际协商，改革现有的国际经济组织、建立新型国际经济秩序和经济体制已刻不容缓。

全球化与主权国家之间的关系：主权国家的正确政策至关重要。

现在的全球化是以企业为主导的全球资本扩张，所以，主权国家从维护民族利益出发同跨国企业进行平等协商，在互助互利的基础上建立合作伙伴关系极其重要。

有一种说法，认为今天的跨国公司是无国籍的，是超越主权国家的，是到处为家的。这是一种经济浪漫主义，与实际情况相去甚远。发达国家的跨国公司要实行全球扩张，必须以母国为依托。它们的母国则依靠政治的、经济的乃至军事的手段为跨国公司鸣锣开道。对某些发达国家来说，它们所主张的全球化，简言之就是要求贸易、投资、金融的全部自由化，以便排除它们的企业进入别国的一切障碍，跨国公司的进入会给东道国带来技术、资金和管理经验，这是有利的一面，但如果不考虑本国的国情、竞争力、消化能力等而盲目地、无步骤地引进就会产生弊端，造成损失。在这里，主权国家的正确政策对迎接全球化并取得趋利避害的好结果是绝不可少的。总之，全球化对发展中国家既是机遇，又是挑战，以积极的态度和正确的政策抓住机遇、迎接挑战，就能立于不败之地。

（原载《世界知识》1999 年第 1 期）

国际金融资本运动中的汇率杠杆效应

一　汇率杠杆在国民经济和世界经济中的重要地位

第一，汇率是一国经济实力、竞争能力和健康程度的重要标志。历史上只是在出现一个有支配世界经济实力的国家时，才有实行固定汇率的可能。当大英帝国称霸世界时，出现过以黄金为本位的国际金融体系，英镑在当时是最硬的世界通货。第二次世界大战以后，当美国成为超级大国时，建立了布雷顿森林会议体系，形成了以黄金——美元为本位的国际金融体系。但是这两个国际金融体系都曾经因为支撑着它们的那个大国实力地位的削弱而遭到垮台的命运。现在，在浮动汇率制度下，一国汇率的变化至少受三个主要变量的制约，它们是国际收支平衡、通货膨胀和利率。而这三个要素显然又同某个国家的竞争力、国民经济的健康状况以及宏观决策是否得当密切相关。

第二，汇率引导着国际资本运动与世界资源的配置。马克思讲过国际价值规律。国际价值规律是指国际商品的价值由国际平均必要劳动决定。汇率是一国货币对另一国货币的价格，它是国际平均必要劳动的尺度，当某国货币的价格所反映的价值低于另一国的货币所反映的价值时，无论是由要素成本降低造成的，还是由人为因素造成的，都会形成一种竞争优势，这种优势将有利于该国商品的出口，有利于吸引外国的直接投资和间接投资，即汇率变化能对国际资本运动和世界资源配置产生诱导作用。历史上，各国间发生的汇率战就是为了创造这种优势而爆发的。

第三，汇率战是国际经济竞争的焦点之一，其胜负决定一国的经济命运。汇率战不仅在各个主权国家之间进行，而且也在主权国家与国际金融资本之间进行。国际金融资本是一个集合概念，它包括金融机构和各种基金的游资以及投机资本，它不受个别国家或组织的控制。当它们各自为战，各行其是时，人们看不见它们的力量。但是当它们的意志与行动汇合一起时，它就有雷霆万钧的声势和冲击力。在这个冲击中投机资本往往起先锋作用，它所造成的形势则会形成一种心理，把其他资本席卷进来，刮起12级台风。国际投机资本发动冲击的目的是为了实现所谓的"杠杆效应"，即通过在短时间内集中抛售某个国家的本币来影响本币持有人的信心，从而带动更大范围的本币抛售。这就为主权国家同国际金融资本的汇率战搭好了舞台。在这场战斗中，如果主权国家失败，其结果就是该国本币的大幅度贬值和国际炒家的大获利。对于一个主权国家来说，这种失败可能是灾难性的。

二　汇率杠杆与东南亚金融危机

旷日持久的东南亚金融危机集中反映出汇率对国际资本流动的影响，以及主权国家之间、主权国家与国际投机资本之间的激烈斗争及其灾难性后果。

第一，东南亚金融危机的前奏是1985年以后日元对美元的急剧升值，以及由此而来的引进外资高潮。里根时期由于执行了错误的财政政策导致宏观经济失衡，出现高赤字、高利率、高汇率、高贸易逆差的不利局面。为了扭转形势，在1995年的纽约广场会议上，美国施压，迫使盟国向上调整汇率。日元升值导致日本要素成本的上涨和国际竞争力的下降。为了克服困难，日本开始把低附加值的传统产业转移到东南亚国家。以泰国为例，1987年日本对其投资超过了此前20年的总和。1986年至1989年流入泰国的外资总量增长了900%，致使泰国1988年的国内生产总值猛增13.6%。由于直接投资造成泰国的经济繁荣，间接投资接踵而来，首先涌向泰国的股票市场。与此同时，泰国在1993年组建了曼谷国际银行，并允许泰国的公司和银行通过它向国外借款。由于泰国的利率高，又实行泰铢钉住美元的政策，外国金融机构向泰国公司企业放款只会赚钱，而可以不冒任何货币风险，所以外国银行把向泰国公司贷款看做发财机会。在

1993 年至 1996 年，涌入泰国的贷款高达 500 亿美元，私人部门的借款占泰国国内生产总值的比重由 39% 跃升到 123%。1996 年以后直到 90 年代初，在泰国出现的引资高潮是泰国在 80 年代末和 90 年代初国内生产总值能以平均 8% 的速度增长的重要原因。

第二，泰国在运用外资上有失误，而钉住汇率制在美元升值时对泰国出口产生了消极影响。泰国引进了令人钦羡的大量资金，然而却没有合理利用。它们流到城市中盈利最快的行业，造成了房地产泡沫。例如泰国已经有了两个会议中心，却又兴建了另外四座；开办营利性医院被认为有利可图，于是在曼谷出现了医院的过剩；许多公司热衷于兴建公寓，购买轿车和轻型货车，结果大量新房空闲无用，而由于马路狭窄，交通堵塞已到令人难以容忍的程度。尽管泰国无铁无煤，但政府仍然倡导兴建钢铁厂等重工业。另外，出口是泰国经济繁荣的另一支柱。但由于泰国实行钉住美元的汇率制，而美元于 1995 年以后不断升值，给泰国对外出口以沉重打击，使泰国出现国际收支的不平衡，并导致泰铢的疲软。汇率政策不当是泰国经济由繁荣开始走向滑坡的因素之一。

第三，泰国在实行金融自由化方面有漏洞，同投机资本作斗争中有失误，以致在汇率战中一败涂地。投机资本要想冲垮一国的汇率其先决条件是要掌握该国足够的本币，采取"以本币打本币"的战略。这在一国未实行金融自由化时是不可能做到的。投机资本在同泰国金融当局的较量中，曾充分利用了泰国在金融自由化后允许国际游资在泰国国内拆借泰铢，又允许国际游资通过泰国的海外银行拆借泰铢，还允许国际游资在泰国发行各种可转让债务工具以获取泰铢的机会。这样，投机者首先通过泰国银行在海外金融市场的分支行和曼谷国际银行业务设施，以及泰国境内的非居民账户借入大量泰铢，其中包括一些利率很低的远期合约，囤积泰铢达到一定数量后即借助现货交易和远期交易陆续抛出泰铢，而泰国中央银行则拿出美元外汇购买 3 个月、6 个月甚至更远期的泰铢。投机者算定泰国的外汇只有 300 多亿美元而外债却高达 800 多亿美元，只要耗尽中央银行的外汇储备，固定汇率的战线就守不住了，国际炒家便可以成功，而事情也就这样发生了。泰国中央银行行长比达亚曾发表一项声明说：泰国在 7 月底有储备 300 亿美元，不过 234 亿美元是政府欠下的外币合同。这些用来支持泰币的合同，都将在次年 8 月到期，届时泰国中央银行收到的都会是泰铢。这话听起来晦涩难懂，其实就是说泰国中央银行可动用的美元外汇已经枯竭。实际上在比达亚发表声明时泰铢已溃不成军，这不过是事后的交代而已。泰国中央银行曾经长期固守 1 美元兑 25 铢的战线，但形势变了，当局已经没有同国际投机资本较量的实力，中央银行却没有及时改变策略，还在那里用有限的储备打阵地战，其失败自然不可避免。

第四，泰铢被攻垮后，东南亚国家及其邻国在对付国际投机资本时缺乏协作，争相使自己的货币贬值，造成恶性循环。泰铢被攻垮后，东南亚国家一时乱了阵脚，相继放弃钉住美元的做法，使各自的货币贬值，形成一种恐慌局面和恶性循环。1997 年 10 月 17 日，在没有任何金融市场压力的情况下，台湾货币当局单方面决定让它的货币贬值了 10%，而这时它的外汇储备已达 900 亿美元。这种做法遭到国际舆论的谴责。委内瑞拉《国民报》评论说：台湾的单方面行动给香港股市带来了厄运，致使股市出现了历史上最为严重的下跌，从而传染到了从纽约到圣保罗的世界各地的股市。于是，危机波及了全世界。这不由使人联想到了 30 年代的那次危机，亚洲国家之间缺乏合作，表明国际制度的结构出现了很大的真空。事实上，从纯经济的观点来看，台湾的货币行动是一种事实上的竞争性贬值。

三　金融危机的教训

1990 年代的三次金融危机说明运用好汇率杠杆的极端重要性。金融危机主要的经验教训是：

第一，对发展中国家说既要实行开放政策与国际经济接轨，又要从自己的实际出发对金融自由化采取渐进政策。一国货币由不可兑换，到有条件的可兑换，到完全可兑换必须循序渐进，而不能急于求成。从历史经验看，西欧在第二次世界大战以后，从战争废墟中恢复过来，也没有立即实行货币的可兑换，而是在"马歇尔计划"成功之后，国民经济进入良性循环，自 1958 年以后才这样做。日本在 1972 年 5 月以前实行"外汇管理法"，原则上禁止日本国内居民从事一切对外金融交易，禁止民间企业持有外汇。日本现在的银行法对个人向海外"送金"仍有金额限制。

第二，钉住汇率制度有其优点，如有利于抑制通货膨胀，有利于稳定经济和吸引外资。但是它容易削弱主权国家在金融上的调控能力，而受被钉住货币的强弱态势所左右。此外，在一国经济状况有弱点时实行这种制度容易成为投机资本的袭击对象而受到冲击。这时面对国际投机资本的肆虐，金融当局便处于弱势地位。这是因为投机资本位于暗处而金融当局则处于明处，明暗对比有利于投机资本；从资金实力对比看，国际金融游资十分庞大，每天交易额在 1.2 万亿美元以上，分散时不成气候，一旦汇集起来就不是一个国家的外汇储备所能应付的。

第三，对付国际投机资本，需要国际协调。东南亚金融危机之所以愈陷愈深，同相邻各国在没有思想准备的情况下，乱了阵脚，争相对本币贬值有直接关系。

第四，汇率归根到底是一国经济健康的综合反映。要使一国的货币成为强势货币，从根本上说必须抓技术创新、产业升级，进行产业结构的合理调整，提高国际竞争能力，使国民经济进入良性循环。同时必须加强金融监管，杜绝腐败，创造良好的市场竞争环境。在这个前提下才能获得运用汇率杠杆的主动权。

（原载《经济学家论坛》1999 年第 2 期）

克林顿经济政策六年回眸

——1999 年美国总统经济报告解析

　　1999 年美国总统经济报告值得一读。它是克林顿政府对美国经济繁荣所作贡献的初步总结。它相当详细地阐述了在国内两党斗争中、在国际金融动荡中新民主党人的内外政策。虽然报告的着眼点在于争取美国选民，但许多资料对我们了解美国经济有用。美国作为世界上最成熟的市场经济国家所遇到的问题及其解决办法，对我们也有一定的参考价值。

　　不管两党斗争给克林顿带来多少烦恼，在经济领域他是以胜利者的姿态总结其六年业绩的。"……美国经济今天是健康的，强大的。我们国家正在享有历史上最长的和平时期经济扩张。1993 年以来新就业几乎达到 1800 万人，工资增长为通货膨胀率的两倍，住房拥有权达到前所未有的高度，吃福利者的数量是 30 年来最少的，失业率和通货膨胀率都处于 30 年来最低水平。"这就是克林顿经济报告的开场白。

　　照例，经济顾问委员会在总统简短的报告后面，附录了详细的年度报告，对克林顿六年来的内外经济政策做了阐释，并对 1998 年的成绩和 1999 年前景做了展望。

一

　　在第一章"迎接挑战，创建未来"中，委员会对战后三次最长的扩张期进行了对比，阐述了当前美国面临的国内外挑战，确立了要所有美国人都能享有繁荣的奋斗目标。

　　报告认为战后第一个最长的 106 个月扩张期是在凯恩斯主义理论的指

导下出现的，1964 年肯尼迪减税曾使失业率降到 4%，但随之而来的是通货膨胀复燃。而约翰逊的"伟大社会计划"和扩大越南战争，加上后来的石油冲击，终于导致了"停滞膨胀"，说明当时的宏观政策是不成功的。战后第二个较长的 92 个月扩张期发生在里根政府时期，是在供给学派理论的指导下出现的。该理论认为只要降低边际税率就可以刺激就业、投资和储蓄。由于在实行了大量减税之后，又扩大了军费开支，结果预算赤字攀升，造成高赤字、高利率及高汇率、高贸易逆差的恶果。通货膨胀率和失业率都停留在较高水平。可见这种宏观政策也是不成功的。成为鲜明对比的是在克林顿政府宏观政策指导下 8 年多的经济扩张，时至今日失业率和通货膨胀率仍然保持着低水平。虽然原因是多方面的，但紧缩的财政政策和适应性的货币政策相结合已产生了良好效果。不过报告认为，虽然克林顿政府致力于削减预算赤字，实行严格的财政纪律，却并不排除在必要时运用赤字刺激经济。这样，它就有条件地认同了凯恩斯主义的理论。

当前，美国已经进入财政有结余的世纪，多下来的钱怎样花，成为两党争论的焦点。克林顿认为首先应当用财政结余应付人口老龄化对社会保障制度的挑战，"把拯救社会保障放在第一位"。报告说：当社会保障制度于 1935 年通过时，65 岁的退休老人预计还可以活 13 年，而现在则上升到 18 年，与此同时，退休年龄已从 65 岁提前到 63 岁。其结果是在职工人同退休者之比已由 5:1 下降到今天的 3.5:1，30 年后更将降到 2:1。社会保障基金将由今天的有结余到 2013 年的当年入不敷出，到 2021 年的基金下降，到 2032 年的基金枯竭。届时社会保障制度就将破产。为了解救这种局面，克林顿提出：第一，把今后 15 年预计的财政结余转为社会保障基金；第二，在转为社会保障基金的财政结余中，拿出 1/5 投资于股票以获取较高回报。这两项措施将使社会保障到 2055 年仍有支付能力。此外，要拿出财政结余的 12% 创建一种"普及型储蓄账户"。它将通过课税减免和个人资金搭配建立起来，作为社会保障的补充。财政结余的其余部分将主要用于提高军事准备和其他优先领域如教育和科研等。

克林顿认为在国际上主要的挑战来自亚洲金融危机及其对全球的广泛影响，以及由此而来的贸易保护主义。为此，克林顿要求国会给他以传统的贸易谈判授权并发动一场在世贸组织框架内的新一轮全球贸易谈判，以进一步推进贸易自由化。报告强调，克林顿政府的国际经济政策是："开放的国内市场和开放的全球贸易体系从长期看比贸易保护和孤立主义是更好地提高工资和生活水平的途径。""主要的教训是促进世界经济的增长，帮助被危机困扰的国家复苏，进行国际金融体系的改革使危机在将来较少发生，而不是放弃增加国际贸易和全球投资的好处。"并强调"美国作为在此期间带动全球经济增长的引擎，将不可避免地看到自己已经十分庞大的贸易逆差有所增长。某些部门，特别是那些面临贸易风险的部门将经历一种不平衡的影响。其结果将是要求保护的声浪提高。因此，找到一种方法来对付由贸易带来的困扰将是十分重要的。美国将继续对外向的国际主义政策承担义务，而国际主义的政策也要求受危机影响的国家保持自己的市场继续开放"。

国内经济形势不断发生变化，经济政策要善于适应这种变化，并处理好效率和公平问题。对此报告谈到美国的农业和企业兼并问题。

关于农业，报告指出：1994年通过的《作物保险改革法》和1996年的《联邦农业进步和改革法》力求取消以政府管理价格和收入补贴为基础的农场收入安全网，代之以农场主种植作物多样化，期货市场交易，以及政府补贴的作物收入保险来进行风险管理。克林顿在签署法案时已经表示过他担心法案对农场主提供的安全网是不充分的。不出所料，在经过1997年以前三年的出口繁荣之后，1998年农产品价格猛降，加上与天气相关的一系列问题，农场主陷入困境。克林顿政府坚持对农场主给以60亿美元的紧急救援以保证农场主的收入。并指出现行美国的农业政策在市场导向同对农场主家庭提供安全保障之间是存在矛盾的，需要更好地加以处理。

关于企业兼并，报告指出：美国正处本世纪第五次兼并潮。1997年所有已经宣布的兼并和收购的价值近1万亿美元，1998年的兼并活动更超过了1.6万亿美元。这次兼并潮同80年代以前的兼并相比在一点上是共同的，即它是在强劲的股票市场上发生的，是以股票而不是以现金为资金来源的。但它也有同80年代以前的兼并不同之处，既不是纯粹的水平兼并也不是纯粹的混合兼并，而是为开拓市场而实行的兼并，或者是以发挥协同作用为目的的兼并。报告强调，政府对实行反托拉斯法是严肃的。联邦贸易委员会和司法部反托拉斯局正在对兼并案件进行仔细审查。大多数案件是有利于竞争或在竞争问题上是中性的，但少数案件将减少竞争并对消费者有害。报告说克林顿政府在反托拉斯问题上既不像 60 年代和 70 年代那样怀有偏见，也不像 80 年代那样松弛，而是着眼于更好地促进竞争和提高效率。

报告宣称要促进所有美国人都能享有的繁荣。它承认自 70 年代以来，收入增长的速度放慢了，收入的不平等也加剧了。1997 年中位家庭收入比 1973 年高 10%，而在最底层的 5% 家庭却没有变化。克林顿政府从一开始已经认识到生产率增长缓慢和收入不平等的加剧是它将面临的最大挑战。在过去 6 年中有一些令人鼓舞的迹象，说明事情可能向好的方面转变。

然而，民间的研究所得结论却没有克林顿政府乐观。根据密歇根大学谢尔登·丹齐格的调查，从 1969 年到 1997 年，收入不均的情况恶化了，0.5% 的最富有者的收入占总收入的 11% 左右，而最底层的 60% 的家庭所占的收入份额却不断下降。财富不均的情况也在扩展，1% 的最富有家庭支配着全部财富的将近 40%，而最底层的 40% 的家庭拥有的财富只占全部财富的 0.2%。

二

报告在第二章"宏观政策与业绩"中概述了 1998 年的经济成绩和联邦政府的宏观政策。说明 3.7%（注：调整数为 3.9%）的增长率，4.5% 的失业率，1.6% 的通货膨胀率和增加 290 万人就业的好成绩是在正确的宏观经济政策下获得的。

报告探讨了 1998 年美国经济领域的突出事件，如美国长期资本管理公司（LTCM）问题，股市的财富效应问题，以及投资繁荣问题等。

关于 LTCM 对冲基金问题。报告说"对冲基金"这个标签通常应用于一些不受管理的公司，因为它们仅限于少数非常富有的投资者。到 1998 年，投资于对冲基金中的资本总量约为 3000 亿美元。对冲基金奉行不同的投资战略，通常是经营某些特种证券如衍生工具中的期货、期权，等等。例如，如果公司预期在抵押贷款证券同美国财政部债券的利差将缩小时，它会购买前者而卖空后者，当前者涨价时，它就可以获得盈利。报告认为，对冲基金有益的经济作用在于承担企业或个人不愿承担的风险。通过证券的买卖也有益于增加资本的流动性，缩小利差，使市场参与者能够以大体一致的价格买卖证券。LTCM 在全世界都有投资，它的业务重点是利用不同金融市场的利差和动荡及其向历史常规的回归。然而 1998 年资本向避风港的逃离，同时在许多市场造成动荡，并且急剧扩大了风险，使LTCM 输掉了许多赌注。在发生危机前，LTCM 只有 40 亿美元资本，但它通过借债集中的资产总值竟达 1000 亿美元，并持有大量的期货、期权和掉期合同。如果 LTCM 拖欠，它的债主们将卖掉抵押品，从而造成市场价格的巨大波动。纽约联邦储备银行对由此产生的后果极为担心，不得不进行一场纠集债权人重新注资的抢救活动，避免了危机。报告提出了对对冲基金的管理问题。它说"目前对冲基金比其他金融机构受到少得多的管理和审查。没有任何政府机构负责对它直接监管"。不过债权人在交易前，通过评估基金的抵押品、手持头寸以及股票资本等机制也在实施某种程度的"市场规则"，而政府对债权人的放款也并未放弃监控。然而，放款者对债务的风险管理并不是完善的。市场规则并不能防止对冲基金产生的所有问题。为此，报告认为必须抓住两点，一是开诚布公，二是杠杆作用。这是以鲁宾为首的总统工作组在研究中最关注的两个问题。

关于开诚布公。报告说 LTCM 的债权人放款时缺乏足够信息或对信息缺乏足够分析是问题所在。因此市场参与者要求对冲基金有更大的公开性。关于杠杆作用，报告认为 LTCM 的过度负债经营使证券风险迅速蔓延到其他市场的参与者。现在债权人降低了放款额度，这是一种积极的进展。报告说，总统工作组正在评估政府应如何做才能阻止过度借债，以及采取何种适宜的具体步骤。

报告研究了金融市场对开支的影响。它说：统计资料说明股票市场的财富上升或下降 1 美元，消费开支将上升或下降 2—4 美分。这种财富效应通常在好几年中发生，但是多数支出的调整是在 1 年以内。调查表明 1995 年 41% 的美国家庭直接或间接拥有股票，而 1989 年只有 32%。股票价格的巨大增长为消费者支出提供了动力。其结果是 1997 年第 3 季度个人储蓄率下降到 0.2%，是历史的最低点。利率的变化对消费也产生影响。利率的下降促进股票和债券的价格提高，由此产生的财富效应促进消费。

此外，低利率也鼓励用贷款购买住房及其他耐用消费品，同时又减少对储蓄的回报。利率下降还通过减少可调节抵押贷款利率而增加房主的现金并促进抵押贷款的重新安排。然而，利率的下降也随利息收入的下降而减少居民开支。平衡下来，低利率可能刺激家庭开支，而高利率则可能减少开支，但影响的幅度尚不清楚。

报告讨论了促成此次投资繁荣的原因。固定资本投资在此次扩张中对实际国内生产总值增长的贡献要占 1/4，高于第二次世界大战以来历次扩张中平均 15% 的贡献率。主要因素：第一是销售额的快速增长。公司的资本投资取决于销售额，以及资本成本和其他因素。反过来投资的增长又促进销售额的增长。第二是坚挺的利润。虽然 1998 年的利润增长有所下降，但 1998 年前三季度的利润几乎占国民收入的 12%，高于 80 年代高峰的 9%。第三是丰富的外部资本。主要得益于联邦赤字的减少和消失，使私人企业有更多可利用的低利息资金。第四是计算机价格的下降。持续的技术进步使计算机及其外围设备的价格，继前两年下降 25% 之后，在 1998 年又下降 30%。价格的下降加上产品更新，现有技术的创造性应用，以及对计算机千年虫问题的担心，大大增加了这个领域的开支。

投资繁荣带来的好处首先是抑制了通货膨胀。通货膨胀同设备利用率有重要的相关关系。投资的迅速增长是使通货膨胀受到抑制的重要因素。没有这个条件，在失业率这样低的时候不发生通货膨胀的可能性是很小的。其次是生产率的提高。据劳工部的分析，在 1990—1996 年，私人企业的劳动生产率平均每年增长 1.1%，其中劳动力素质提高的因素占 0.4%，资本投资深化占另外的 0.4%。报告指出，某些观察家对如此大量对计算机行业的投资竟然对生产率增长没有显示出影响感到惊奇，其原因之一就是在这方面的投资总量仍然有限。计算机及其外围设备在全部净设备投资中所占比重少于 5%，在非住宅固定资本投资中少于 2%。它说明计算机的资本投资还相对较小，还要经过许多年它才可能在资本存量中占有一个可观的份额。

报告预测从长期看，国内生产总值每年大约增长 2.4%。就其构成看，首先是劳动力的增长。报告说人口、劳动力参加程度和工作周，以及劳动生产率是在供应方面决定经济增长的主要因素。其中最易于理解的是民间处于工作年龄的人口，即 16 岁以上的人口，过去 8 年他们每年约增长 1%，预计到 2008 年增长速度依然相同。劳动力参加程度近年来有所上升，妇女尤其如此。

非农业企业的生产率在过去 3 年每年增长 2%，大大高于 1973—1990 年每年增长 1.1% 的增长速度。从长期看，生产率同培训、技术创新和资本积累一起增长。但在一个经济周期中生产率的升降也有很大变化。通常在衰退中降低到平均以下，在扩张中则高于平均数，在周期高峰时再次下降。报告预测今后生产率的增长将保持在每年 1.3% 的幅度。

报告认为，此次持久的经济扩张关键在于低通货膨胀。在决定经济是否已到达生产能力的极限时，最直接的尺度是看失业率以及设备利用率。然而，说到底是通货膨胀的走势对生产能力是否已到达极限发出信号。过去两年低而稳定的通货膨胀率使商界和政府的决策者把注意力主要集中在经济增长上而不是瓶颈上。是什么原因使通货膨胀受阻呢？报告认为有三方面的原因。第一个原因是国际环境约束了通货膨胀。过去 3 年美元的汇率大大上升，石油和非石油进口价格都在下降，而美国的出口商则面临激烈竞争。在进口方面，非石油商品的价格平均每年约下降 4%。非石油进口约占消费品的 15%，它们在消费物价指数的下降中约占 0.6 个百分点。同时，美国的出口商为了应付竞争，在过去 3 年每年平均降价 3.5%。由于商品出口约占 GDP 的 8%，出口价格的下降使通货膨胀率减少 0.3 个百分点。通货膨胀受抑制的第二个原因是设备利用率的松弛。过去 3 年制造业、采矿业和公用事业的生产能力以每年 5.25% 的速度增长，超过生产每年增长 4.75% 的速度。所以，设备利用率比长期平均数 82.1% 要低 1 个百分点。这是最近以来持续高水平工业投资产生的结果。在过去，低失业率和高设备利用率常常是同时发生的，而本周期则因设备利用率的松弛而出现了不同的趋势，它对抑制通货膨胀起了积极作用。第三，统计方法的变化使消费者物价指数下降约 0.44 个百分点，1999 年和 2000 年统计上的变化则将使消费者物价指数再下降 0.24 个百分点。

关于近期预测，报告从供给和需求两方面考虑，认为过去 3 年平均每年递增 3.7% 的快速增长将有所放慢。在供应方面，过去 3 年失业率每年下降 0.4%，今后很难设想继续这样下降不会引起通货膨胀。过去两年劳动力的增长赶不上对其需求的增长，今后这种趋势未必会重演。在需求方面，预计1999年私人消费和固定投资都不会像1998年那样旺盛。拿消费说，过去3年它的增速已超过个人可支配收入的增速，以致到1997年底个人储蓄已降低至接近于零。今后除非股市继续高企，否则个人消费增速势必趋缓。

1997年上半年企业固定资本投资增长26%，这是很不平常的，是持续第五年的两位数增长。投资的大部分用于计算机。但是1998年第三季度投资增长急剧放慢，低设备利用率可能是约束增长的一个因素。住房投资在低抵押贷款利率的刺激下1998年达到162万栋，是近10年来的最高峰。由于人口因素以及迫切需求已基本满足，今后即使抵押贷款利率保持目前水平，住房需求也会放慢。制造业和商业库存1998年迅速上升，为了保持低库存，1999年这方面的投资也将减少。此外，国际经济形势也对美国经济的增长有约束作用。

综合考虑上述多种因素，报告预计今后3年经济增长率为2%，比长期趋势低0.5%。失业率将缓慢上升到5.3%。在此以后，增长率则会提高到2.4%。报告说政府并不认为2.4%是可能做到的最佳增长率，结果可能会好于这一预测。预测的重要目的是编制预算，策划收入和支出。为此目的，过于乐观的预测是危险的，但过度悲观也不必要。总而言之，唯一目标是利用一切可以利用的信息，为最终结果创造一种可靠的预测。

三

强劲的劳工市场给美国经济带来哪些好处是总统经济报告中第三章的主题。

报告根据最新数据说明就业状况良好。由解雇、工厂关门和其他类似情况而失业的人自1993—1995年以来大大下降，而在失业工人中找到新工作的人的比例在增长。虽然这些人在新工作岗位上挣得的钱比前一个工作要少，但工资的损失达到历史最低纪录。

报告着重考察了劳工市场景气对处于不利地位群体（disadvantaged groups）的影响以及其对整个社会的影响。

关于对处于不利地位群体的影响，报告认为最近几年已经看到正在前进中的经济扩张所产生的收益正在分摊到全体美国人头上，使那些以前靠边站的群体也能得到好处。经济顾问委员会认为政府实行的"工资收入课税减免"（Earning Income Tax Credit，EITC）政策，以及提高最低工资水平的政策，加上保持整体经济增长的一系列努力对取得上述成功起到了关键作用。

但是，报告承认：处于不利地位群体的成员仍然可能比其他工人更容易失业，当他们确实找到工作时，他们的工资仍然比其他群体低。报告认为竞争性劳工市场是一把双刃剑。尽管竞争是劳动资源配置最有效的途径，并使商品以较低的成本生产出来，但却使某些工人的工资所得不能保障足够的收入。竞争性的市场力量自70年代末到90年代初造成工资分配的日益不平等，致使某些人发现，即使努力工作，仍然难以养家糊口。

报告强调政府在改变这种不平等状况中的作用。它说：政府能减轻劳工市场竞争所带来的令人不快的副作用。除去强调教育，政府还通过扩大工资收入、课税减免及提高最低工资来解决不熟练工人工资过低的问题。报告表示克林顿政府将做出承诺用专门设计的政策来使工作得到相应报酬，改进教育，扩大受教育和培训的机会。此外，总统在2000财政年度的预算中建议增加8400万美元为实施公民权拨款，其中包括1400万美元用于平等就业机会委员会和劳工部的平等付酬倡议。

报告对强劲的劳工市场给整个社会带来的好处也进行了探讨。它认为好处主要表现在两方面：首先是使1996年的福利改革法的实施变得容易起来；其次是降低了犯罪率。

关于福利改革法的贯彻执行，报告说两年半以前总统签署的《个人责任和工作机会协调法案》（Personal Responsibility and Work Opportunity Reconciliation Act，PRWORA），为国家的福利体系改革带来巨大变化。福利援助现在以工作为重点而且有时间限制，只有少数例外。联邦福利援助同受援者寻找工作的努力紧密联系。成年人在一生中接受援助的时间加起来不能超过5年，在某些州时间限定更短。这个法案把更多的责任交给州和地方，它们应该立即行动起来并且重新设计和实行自己的福利计划。

自从PRWORA实行以来，福利救援的案例数急剧下降。除夏威夷和罗得岛之外，案例数的下降都达到两位数字。与1994年的高峰相比，总数下降了42%，有17个州减少了一半以上。什么原因导致案例数的下降呢？报告认为案例数通常与商业周期的波动相联系，在高失业时上升，在低失业时下降。根据测算在此次繁荣中，失业的下降对福利案例数减少的影响约为8.3%。考虑到全国案例数下降了42.3%，可见它并不是主要因素，而在其他影响因素中起重要作用的首推福利政策的改革。其中可以列举的一个是联邦政府根据PRWORA对州和地方拨款的增加，它使地方可以利用扩大了的财源投资于儿童照顾，帮助仍然吃福利者排除就业障碍，促进福利名单的缩小。另一个是克林顿倡导的从福利到工作的伙伴关系计划，它鼓励企业雇用享受福利者。1997年参加计划的3200家企业共雇用约135000名享受福利者。这个伙伴关系计划的目的是增加企业界的认识，使它们理解福利名单上的人是生产性的潜在雇员。而紧张的劳工市场正在推动更多企业雇用吃福利的人。

强劲的劳工市场还使犯罪率下降。报告认为犯罪的发生与多种因素有关，既有个人的因素也有政策环境的因素，但一个明显的决定要素是合法劳工市场的状况。当一个人有一个好工作时，他是不会去犯罪的。失业和低工资是犯罪的导因之一。统计表明自从这个扩张期开始，犯罪率同时下降。从1991年到1997年，财产犯罪和暴力犯罪分别下降了16%和19%，总犯罪率下降了17%。

最新的研究表明人口中最容易犯罪的群体——年轻人，对工资的刺激反应最灵敏。80年代到90年代初实际工资下降，犯罪率随之上升。特别是在1979年到1995年，非熟练工人工资的下降估计使财产犯罪增长10%—13%，暴力犯罪率的上升约为财产犯罪增长率的一半。这个发现是同经济刺激在推动经济犯罪上起较大作用的观点是一致的。此外，由于黑人工资平均比白人为低，种族差别对犯罪可能性的影响大约有1/4可以用工资的差距来解释。

报告讨论了一些流行的说法。如认为工人和公司的关系发生了变化，当代工作环境以经常性的公司缩编和解雇、终身雇佣制的消失以及"临时工"的迅速增长为特征，因此不能再指望高工资就业和工资的不断增长以及职业的安全。报告根据一些最新研究成果对这些看法提出了质疑。

1996 年调查的数据显示，尽管经济增长强劲，失业水平仍很高。在 1993—1995 年，虽然失业率从 1992 年的 7.5% 下降到 1994 年的 6.1%，工人中仍有 15% 被解雇，这个数字高于 1991—1993 年的 12.8%。这种状况使某些人认为雇主和雇员的关系已发生变化，失业有上升趋势。

然而，1998 年的调查说明这种解释可能是不成熟的。材料显示，失业率有很大下降，在 1995—1997 年是 12%。所有主要的工人群体，包括男人和女人，年轻和年老的工人，辍学的高中生和受过大学教育的工人，制造业以及服务业，就业情况都有改善。

从历史上看，失业工人中有 30%—42% 在丢掉工作后的 1—3 年中找不到工作。而最后的调查显示，这个百分比已下降到 24%。此外，再就业工人通常赚的钱要比以前的工作少。一个研究报告说：在 70 年代和 80 年代失业者的工资平均下降 29% 以后逐步下降到 10% 的水平。最新的资料显示，在 1995—1997 年再就业者的每周工资收入仅下降了 5.7%，这是近年来的最低纪录。

服务期（Job Tenure）指的是某人为同一雇主服务的时间长度。许多媒体的注意力集中在终身雇佣制的消失，认为工人为同一雇主服务的时间已经缩短，而离开工作时常常是不自愿的。调查表明 10 年或 10 年以上长期服务的工人所占百分比略有下降。在 1979—1996 年 35—64 岁的长期服务工人下降了 5%，但仍然保持在 35% 左右。

劳工部对临时就业的定义是指，既没有公开的也没有暗地的长期合同的就业。根据劳工部在 1995 年所做的第一个调查，发现临时就业的比例很小，1997 年进行的第二个调查证实这个比例并没有增加。1997 年 2 月，大约 24% 的劳工队伍是临时工，略小于 1995 年 2 月的数字。大约有 40% 的临时工是所谓进行选择性工作安排的，其余 60% 做的是"传统"性工作。上述各种临时工都不超过整个劳工队伍的 0.5%。临时工和非临时工在教育水平和民族上是相同的。同时，临时工的职业是多样化的，证明人们认为所有临时工都只从事低技能职业的想法是不对的。临时工人工资较低，他们每周工资的中位数只有非临时工的 53%，同时也不大可能享有健康保险和养老金待遇。

报告强调面对全球经济竞争及给高技术工人以高报酬的挑战，政府已经加强了劳动队伍的开发系统，并促进终身学习制度。1998 年 8 月总统签署了《劳动队伍投资法》（Workforce Investment Act，WIA），它使工人对接受培训有更大的控制权，使公共就业和培训服务更先进，并且使所有提供培训的组织对其服务更为负责。WIA 建立个人培训账户，由工人自己支配账户开支，使工人对自己的培训可以有更多的选择余地。

终身学习课税减免于 1997 年立法，对象是要求回学校的成年人、变更职业的人，或只听一两门课以提高自己技能的人，也包括大学生以及研究生和有专业学位的学生。一个家庭符合规定的教育开支的第一个 5000 美元可以享受 20% 的课税减免，时间直到 2002 年，以后则可以应用到第一个 10000 美元。此外，还利用互联网建立美国劳工市场信息系统。

所有这些政策为的是保证所有工人在遭受就业损失之后能找到就业机会，改进他们的受培训条件和提高技能，以便使他们能在劳工市场上找到上升的机会。

四

在这次经济繁荣中，美国政府对老年人做了哪些事情并准备做哪些事情是第四章的内容。克林顿政府之所以把老年问题提到议事日程是因为美国已经进入老年社会。老年人的福利问题及其对全美国的影响日益为全国所关注。显然这个群体为数众多，是民主党人所瞩目的今后大选中的重要支持者。

报告通过考察老年人的福利和即将退休工人给市场带来的后果得出四条结论：第一，年老的美国人参加劳工队伍的长期趋势正在发生变化。第二，雇主提供的养老金和健康保险也发生了重大变化。规定缴款（Defined Contribution，DC）的养老金计划，如 401（k）计划正在增长，而规定受益（Defined Benefit，DB）的计划则在萎缩。第三，老年人作为一个群体的经济状况在过去 30 年有了显著进步。第四，老年人是一个有差异的群体，看平均数往往发生误导。特别是尽管多数老年人在经济上有了进步，但福利状况仍有很大差别。虽然社会保障津贴对 38% 的老年人家庭约占其收入的 80%，而对另外 9% 依靠社会保障的人来说，则只占其收入的

20%。此外，对已接近于退休年龄的那些人来讲，10% 以上的人没有任何银行储蓄，30% 少于 1200 美元，而最上层的 10% 则有 20 万美元以上的金融资产。

报告说：提前退休的长期趋势最近有所减缓。自 80 年代中期以来，老年群体参加劳工队伍的比率缓缓下降。另一个现象是在男性养老金受益者中继续工作的人日益增多。领养老金的人重新工作可能是由于在经济衰退中丢掉工作，收入减少。某些老人没有足够的钱去享受全部闲暇时间。领养老金的人还可能因为健康照顾的费用上升而重新工作。继续工作的老年人增加还可能由于对劳工需求的变化。雇主可能更愿意雇用老年人。

报告讨论了老年人的经济福利问题。报告说，老年人的经济安全常被形容为三条腿的板凳。第一条是社会保障津贴；第二条是累积的资产，包括储蓄和房屋；第三条是养老金。但这三条腿的粗细是不一样的。每一种收入来源的重要性差别很大。对许多老年人家庭说，劳工市场的收入提供了板凳的第四条腿。

在 1962 年，社会保障津贴急剧增加以前，社会保障占老年人及其配偶收入的 31%，资产收入占 16%，养老金占 9%。工资收入也很重要，约占 28%。其余 16% 的收入包括福利和其他收入来源。过去 30 年，这些来源所占比重发生了变化。1996 年社会保障所占的比重平均上升到 40%，而养老金和资产收入大约各占 1/4。从劳动工资而来的收入大大下降。这是因为老年人参加劳工队伍的数字在此期间下降了。

报告说贫困的老年人数量已显著下降。老年贫困人口在过去 15 年下降了 28%，自 1993 年以来下降了 14%。但是有许多老年人处于贫困线边缘，相对较小的收入变化就能把他们推入或拉出贫困泥淖。在 1997 年有 6.4% 的老年人属于"近于贫困"，这就是说他们的税前货币收入使他们处于贫困线以上。另外 5.9% 的人其收入在贫困线以下。

看一下财富在老年人中的分配很有意义。持有财富使家庭能在收入降低时保持消费水平。财富包括金融资产，如储蓄账户、股票、债券、互助基金，以及非金融资产，如房屋、车辆和企业。

大部分老人至少有某些资产。在老人家庭中持有的金融资产中数是 2 万美元。在由 65—74 岁的老人当家的老年家庭中，有较多的中位数的非金融资产（93500 美元），由 75 岁或以上年龄老人当家的家庭中则只有 79000 美元；住宅是所有各种年龄段的群体最重要的非金融财富。金融财富通常采取退休账户的形式：由 65—74 岁老人当家的家庭中有 35% 拥有这种账户，中数余额为 28500 美元。在 1995 年，老人家庭在退休账户以外持有互助基金的少于 15%。不过，老人持有的互助基金数额都相当可观。

老年人持有的财富差别极大。1994 年在所有家庭中，10% 有 70 岁或 70 岁以上成员的家庭，其全部财富只有 162 美元甚至更少（1996 年美元值），这些家庭完全没有金融资产。另外 20% 的家庭的金融资产不多于 541 美元，其财富总额少于 30311 美元。与此同时，10% 的家庭的全部财富至少为 415622 美元，并至少有 175341 美元金融资产。

有证据表明，相当大一部分接近退休的人口没有足够的储蓄用以维持退休前的生活水平。人们发现 1992 年家庭收入为 30000 美元（中数）的 51—61 岁年龄段的人，如果想在退休后的时间中仍保持退休前的消费水平，需要把他们收入的 18% 储蓄起来，直到退休。这个 18% 应是社会保障和养老金缴款以外的部分。如果把退休年龄推迟，必要的储蓄则可降低到 7%。而通常接近退休年龄人的实际储蓄率只有 2%—5%。

为了帮助美国人有足够的储蓄享受一个更安全的退休生活，克林顿建议今后 15 年，把预算结余中的 12% 保存起来——平均每年约 350 亿美元——用于建立新的普及型储蓄账户。根据这个计划，政府将提供一种单一的课税减免率以鼓励美国人把省下来的钱存入这个账户。这个计划将对低收入工人提供更多帮助。这些账户将与现有私营部门养老金体系相结合，使工作中的美国人拥有足够的财富去满足退休时的需要。

五

报告的第五章讨论了政府管制同创新的关系。报告说："由于创新——开发和采用新技术——对美国经济的长期业绩十分重要，干预创新的政府规章，无论从其他立场看多么合理，也是要付出代价的。所以，本届政府在竞争政策、环境管理和电力改造等领域要保证做到不仅不干扰创新，而且确实做到培育有益的技术变革并使自己与这种变革相适应。"克林顿政府的基本立场是："设计适当的规章能够实现对商务活动比不加任何约束产生更满意的结果。"

报告说：在过去50年中，美国经济中用产量/工时计算的生产率增长有一半以上来自创新和技术变革。创新促进了所有经济部门；它对农业与对半导体有同样的重要性。在高技术这个大标题下的所有产业，如航天、通信、生产技术以及计算机等对创新促进增长提供了特别明显的例证。自1980年以来，它们加在一起在制造业产量中的份额已经增长了50%以上。的确，高技术产品已经成为美国消费者日常生活中日益增长的重要部分。在过去6年中互联网的普及，使其从只供少数人专门应用到变为成千上万美国人的日常工具是最引人注目的例子。报告自豪地宣称：通过政府和私人对整个经济的创新活动，美国已经成功地增强了它作为世界研究与开发领袖的地位。

然而，美国经济的快速发展也给创新带来一系列新问题。其中之一是兼并对创新的影响。1998年企业兼并的总价值估计超过了1.6万亿美元。尽管多数兼并是小型的，但也不乏若干非常大的兼并，特别是在电信、航空和生物技术领域。鉴于这些先进产业部门对未来发展的重要性，反托拉斯当局的一个迫切的问题是弄清这种市场集中的变化以及公司的规模对创新活动的影响。

长期以来，美国实施反托拉斯法的目的是保证公司和市场所发生的兼并与收购和其他结构性变化不至于使企业拥有抬高价格和限制生产的权力。不过，利用反托拉斯政策作为一种框架来保持和鼓励竞争还是最近的新发展。

一个颇有争议的问题是公司的规模同创新的关系。大公司有利于创新，这在理论上是有根据的。熊彼特就曾盛赞大企业拥有各种条件支持其研究与开发活动。然而，小公司也被说成是比它们大的、官僚的对手更有创造性，更能灵活适应各种变化和机遇。实证性研究表明，大公司比小公司更能从事某些研究与开发。最近的研究所达成的一致的看法是：一般说，首先是研究与开发同公司规模按比例增长。不过，小公司每一美元所产生的创新确实比大公司高。但是，这种结果并不意味着从创新的观点看大公司不受欢迎。这是因为专利并不等同于价值，而且并不是所有成功的创新都进行了专利注册。所以，简单地计算专利并不是衡量创新的完善尺度。其次，研究与开发存在着收益递减的趋势。大公司由于有充足的资源和多元化的能力，可能更愿意承担看上去不易成功的项目。而一旦成功就会有重大发现，那是小公司所望尘莫及的。最后，大公司从研究与开发中得到的回报可能比小公司高，因为它们能在广阔范围的产品中应用创新成果，或者利用较大产量，实现规模经济。报告认为，尽管许多数据和研究成果对大公司是最佳创新者的观点提出质疑，却没有必要支持大公司对技术进步和经济增长没有好处的相反观点。总之，公司规模与创新并不是一个泾渭分明的问题，需要具体对象具体分析。

报告摆出了克林顿政府反托拉斯行动的重要案例及其判断是非的依据。报告谈到批准波音与麦道公司合并的基本考虑时说：经过对航天产业创新的分析，政府支持这项兼并，理由不在于期望它能增加研究与开发，而是因为分析表明麦道公司的技术落后，不再能对波音或其海外的对手构成竞争威胁。波音公司这项收购不但不会减少竞争，而且将把麦道的资产用于技术更先进的企业。

与波音麦道合并相反的例子是洛克希德公司收购诺思罗普·格鲁曼公司一案。司法部1988年反对这项兼并指出它们是两家美国陆军飞机和电子系统的主要供应商。强调这项兼并将加强洛克希德公司在光纤拖曳活靶、早期预警雷达系统、光电导弹预警以及红外线反干扰上的垄断。此外，兼并将减少在高性能固定翼军用飞机、机载无线电频率反干扰以及隐形技术方面减少竞争者的数目。反托拉斯局认为这种合并将在市场上导致高价格、高成本，并减少美国军队所要求的产品和系统的创新。

尽管传统的对价格竞争的关注是这一收购的重要考虑，但对创新的担心仍然是主要的。例如，司法部指出洛克希德和诺思罗普已经在先进的机载早期预警雷达系统方面展开了研究与开发的竞争，因此它得出这两家公司的合并将有害于未来军事采购的结论。

在生物技术和医药领域，联邦贸易委员会对契巴切基（Giba‐Geigy）和三道士（Sandoz）两家公司合并为诺华公司进行了干预。这两家瑞士医药公司都在美国有大量业务。委员会担心这个兼并将减少竞争并抬高用于玉米的除草剂以及用于宠物的灭蚤剂的价格。因此命令它们把这部分业务剥离出去。另一条措施是防止两家合并后不利于基因疗法药品的创新，最后这两家公司同意为它们的技术和专利颁发许可证，使它们的对手在开发基因治疗药品上能同它们竞争。

上面这个例子涉及知识产权的保护问题。报告认为：从表面上看在知识产权保护同竞争政策之间是有矛盾的：一个是允许在有限时间授予临时垄断的绝对权力，另一个力图使垄断不起作用。但是，从更基本的层面看，这两类政策有一个共同目标：为了提高经济业绩和消费者福利。因此专利只给小说和不明显的有用发明，时间限制在 20 年，版权为作者终身所享有，并外加死后的 70 年。报告指出，美国 1998 年在执行反托拉斯法中非常注意处理好在网络行业的竞争和创新关系。

这方面的一个案例是信用卡公司。维萨（Visa）卡和马斯特（Master）卡，这两家公司同意彼此接受对方的成员加入自己的网络。于是 75% 的市场被这两家垄断。此后，它们对推出新产品和服务的积极性被严重削弱，如推出司马特（Smart）卡。司法部因此表示了对这种业务联合的反对。

另一个案例涉及经营通信网络业的 MCI 通信公司和世界通信公司。这两家公司于 1998 年合并。它们除经营其他业务外，都是处于领先地位的互联网骨干服务提供者。司法部要求 MCI 把它的互联网骨干业务剥离给一个独立的竞争者。司法部的强制行动有助于竞争，保证没有一家公司能统治涵盖互联网的"网络的网络"。再一个案例就是司法部对微软公司的起诉。

除反垄断问题以外，报告又讨论了政府对环境的管理和创新问题。报告说"环境规则是为了防止由经济活动产生污染对环境的损害。只要污染者不承担他们对别人所造成损害的全部费用，他们就没有减少排放的足够积极性。因此，不受管理的市场通常会造成过多的污染。设计良好的环境规则能够减少污染并且增加经济活动的净值，即产品和服务的价值减去包括损害环境的社会成本在内的生产成本之后的价值"。

报告认为环境政策对创新的速度和方向有重要影响，从长期看环境保护具有重要意义。报告讨论了环境规则同创新的相互作用；各种形式的环境规则对创造新技术所产生的激励机制等问题。报告强调政府实行环境规

则可以采用三种主要方法的任何一种。第一是向生产者和消费者提供经济
刺激使他们减少排放；第二是对污染的排放实行限制；第三是命令生产者
和消费者必须使用减少污染的技术。克林顿政府的环境政策是增加使用以
经济刺激为主的方法。报告认为这种方法从静态的成本效益角度看是正确
的；以刺激为主的方法能以低成本达到任何环境目标，因为它诱导排放者
用现有技术有效地减少排放。这种方法从动态的角度看也是有道理的：这
就是说人们会愿意开发新技术以更低的成本来减少污染。使用这种方法，
市场力量将保证创新能力和创造性被用于改进环境，而不是想方设法逃避
管理。

以经济刺激为主的范例包括可买卖的许可证制度、排放税、减少污染
的补贴以及责任规定。根据可买卖许可证制度，政府发放许可证，允许排
放一定量的污染物；整个排放受发放许可证的数量限制，没有许可证的排
放源被禁止。尽管整个排放有了上限，每个排放源还可以通过买卖许可证
来选择自己的排放水平。许可证准许排放源寻求比买许可证更便宜的办法
来降低成本。因此，总的排放可能在更低的成本下得到减少。例如，在
1998 年，环境保护署推出规章在 22 个州和哥伦比亚特区减少二氧化氮的
排放时就是这样做的。在排放税的办法下，对排放源所造成的环境破坏要
征税。补贴则偶尔被用于鼓励使用对环境有利的技术。最后，责任规定是
要求排放源对他们所造成的环境破坏承担财务责任，从而使他们有减少自
己活动造成不利于环境影响的积极性，例如 1990 年通过的《石油污染
法》，以及《清洁水法》都采用了这种办法。

报告还讨论了解决温室效应的政策以及对电力产业放松管制，以鼓励
竞争和创新等问题。

六

第六章的标题是"全球经济中的资本流动"。在这个主题下，克林顿
政府用美国人的观点阐述了他们对亚洲金融危机的基本看法。

报告说：1998 年国际金融市场的动荡向世界经济提出严峻挑战。1997
年夏开始发生在东南亚发展中国家的地区性货币危机在 1998 年爆发为更

广、更深的经济动乱。报告在这一章中首先分析了导致全球金融一体化日益增长的因素。其次，考虑了亚洲金融危机的原因以及它对其他经济体的传染，对全球金融混乱的政策反应以及日本的作用。

报告认为自布雷顿森林体系瓦解以来，国际资本流动的巨大增长是世界经济最重要的发展。这件事可以追溯到 1973—1974 年的石油冲击，它在全球规模上促进了金融的流动。石油输出国高涨的外汇结余无法在本国被吸收，与此同时石油进口国的逆差必须得到财源。于是"石油美元"经过欧洲市场，从结余国向逆差国的回流，产生了后布雷顿森林（Post - Bretton Woods）国际资本流动的高涨。结果，许多发展中国家得以进入国际资本市场，在那里它们能够为它们增长着的外部不平衡找到财源。这些资金大部分以银行借款形式发生，工业化国家的大银行在发展中国家的债务上承担着巨大风险。

这种外部债务的堆积终于变得过分，同时债务国松弛的货币和财政政策、迅速恶化的贸易条件以及国际上的高利率等因素加在一起，终于导致80 年代的债务危机。

80 年代债务危机的解决导致 90 年代私人资本向新兴市场的大规模流动。好几个因素鼓励这种国际融资的新高涨。许多拉丁美洲国家采取的政策强调经济自由化、私有化、开放市场以及宏观经济稳定。中东欧国家已经开始向市场经济的历史性过渡。东亚一些经济体的迅速发展吸引了世界投资家的注意。流向发展中国家的净长期投资由 1990 年的 420 亿美元增长到 1997 年的 2560 亿美元。

大部分的资本流动采取直接投资的形式——由跨国公司对在它们自己控制下的海外业务的投资。这部分资本 1997 年总额达到 1200 亿美元。债券和证券投资占同年资本流动总额的 34%，分别达到 540 亿美元和 330 亿美元。相比之下，商业银行贷款对发展中国家的净流入只占 16% 或 410 亿美元，为 70 年代的 2/3。

国际资本流动如此大量的增长无疑有几个因素在起作用。首先，不少国家随着工业化国家和发展中经济体逐步取消对金融活动的限制，减少或取消对跨国界资本交易的控制，因而开放了他们的金融市场。在许多情况下，这种金融自由化伴随着宏观经济的稳定、私有化、贸易自由化和放松管制。这些在资本稀缺国家的结构性改革创造了重要的投资机会，吸引了带着高回报率预期而来的外国资本。国际贸易的增长也增加了与贸易相关的融资量，并且随着买方和卖方回避货币和商务风险，衍生工具被用于支持贸易的发展。

其次，美国和其他工业国的金融创新使跨国界投资更容易得到机构和个人投资者的支持。信息和通信技术的进步以及运输和交易成本的大大降低，又支持着这种快速发展。互助基金、对冲基金和新型金融工具的发展，包括衍生工具，已经使投资者可以选择他们为谋求最大回报所愿意冒的风险。能使用的多种工具和资产的急剧增长已经向投资者提供了前所未有的机遇，使他们能够通过在全球实行多元化去增加回报，减少风险。

报告认为亚洲金融危机的产生虽然同投机资本的逃离有关，但更主要的原因是发生危机的国家有严重的结构性扭曲和制度性弱点。这些扭曲及弱点最终导致 1997 年夏的危机。

为关系户放款，有时还有腐败掺杂在贷款之中，使金融部门十分脆弱。此外，银行系统的规章和监管极其软弱，政府明里暗里做出保证将拯救陷入困境的金融机构，以致造成一种道德风险。这些弱点对贷款热和过度投资某些项目及部门，特别是不暴露在国际竞争中的风险大而利润低的房地产部门和某些其他部门起了作用。在某些部门还积累了过剩的生产能力，它们的产品是在国际上销售的。在危机前，资产的投机性购买在某些经济中造成资产的价格泡沫，使股票和房地产价格上升到超过基本要素所能保证的程度。糟糕的公司管理和所谓的"亲朋好友资本主义"助长了金融体系的扭曲，并促使投资热升温。国内和国际资本的自由化可能通过允许银行和公司以低利率在国际资本市场借钱而加剧了原来的扭曲。

在泰国，对进入银行的限制导致不受管制的非银行财务公司的增长，它们的过度借贷加剧了房地产热。对国际资本限制的取消，使泰国银行和公司向外国大量借债，而且是短期外汇。

在韩国，过度投资集中在财团（chaebols），大的联合企业统治着经济。财团控制着财务公司，政府的政策则把贷款投向偏爱的部门，导致对汽车、钢铁、造船和半导体的过度投资。

在印尼，银行信贷中的很大份额由直接信贷构成，被输送给政治上有特权的公司和部门。此外多数借款是以外币名义，使债务人在当地货币贬值时难以偿还。很大一部分外国银行给印尼的贷款并没有经过国内银行系统中介而是直接贷给公司。

实证研究确认，到危机前夕，由于过度投资，东亚的资本回报率已经很低。研究表明，在1992—1996年整个亚洲出现了迅速的固定资产积累，在印尼和泰国特别快速。这种发展多数是靠借债，许多公司到1996年已经负债累累，在货币危机爆发前，外币债务的负担已经增加。同时中度和低度的盈利严重阻碍了许多亚洲公司偿还利息的能力。在韩国，到1997年，2/3的财团其资本投资回报已经低于资本的成本。

尽管东亚的储蓄率高，投资热还是导致了巨额的并且是不断增长着的经常账户逆差。它主要是靠银行系统短期的、以外币名义的并且是没有避险的负债来弥补。半固定的、钉住美元的外汇制度在两个方面使情况更加恶化。第一，随着1995—1997年美元的升值，半固定的货币也跟着升值，这就使贸易逆差更加恶化。第二，相对固定汇率的承诺导致借款人对未来的货币贬值的看法打了折扣，因此低估了外国资本的真实成本。此外，尽管预算赤字在多数地区是低的，政府或明或暗保证要拯救处于危机的金融系统，意味着政府将承担增长着的没有资金来源的公共负债，一旦货币危机引发广泛的银行危机它就会浮现出来。

东亚外部的动乱使经济体更容易受危机的侵袭。一些经济体自1996年以来出口增长放慢，贸易条件恶化。这一方面是因为半导体世界价格的滑坡，同时，90年代日本经济的持续停滞也是原因之一。日元的疲软造成钉住美元的亚洲货币升值。还有一点就是中国作为地区竞争者的出现。

到1997年泡沫破裂了。股票市场猛降，大范围的亏损出现了，在某些场合是公然的拖欠，揭示出过去投资项目的低盈利。还不起的债务，在危机前已上升，现在进一步升级，许多金融机构受到破产的威胁。此外，公司、银行和投资者以前曾经严重依赖于外部贷款，现在则背负着大量短期的、以外币名义的、没有避险措施的及难以偿还的国外债务。以后的汇率危机使问题更为严重。随着本币的急剧贬值，外币债务的本币价值上升，银行和公司受到进一步的压力。本币的贬值因公司和银行突然遭受挤兑及投资者急于收回他们以前没有避险的债务而强化。因此，加速的货币贬值使原来的外币债务问题加重，形成一种恶性循环。

政府承诺进行结构性改革提高了投资者对政策的无把握性，致使大量资本外流。尽管是一些基本因素引发危机，但货币和股票市场也由于恐慌和羊群效应而反应过度，而普遍增长的避险行为使资本流向突然逆转，使危机更加恶化。

1997 年下半年资本流向的突然逆转是十分明显的。印度尼西亚、韩国、马来西亚、菲律宾和泰国在 1995—1996 年每年的净资本流入为 900 亿美元，1997 年明显转变为净流出 10 亿美元。这一逆转相当于这五个国家国内生产总值之和的 10%。1997 年商业银行抽回 260 亿美元的资本。同年股票投资也大为缩水，而国际商业银行决定不再向印度尼西亚、韩国和泰国放款使金融危机更加恶化并导致币值崩溃。据估计 1998 年净资本外流的情况甚至大于 1997 年，总量达到 280 亿美元，主要也是由于银行的大规模撤资。

资本的急剧倒流要求危机国对经常账户进行强力调整。经常账户逆差只有在获得国外贷款进行弥补时才能持续下去。撤资导致国内的高利率、货币贬值和经济的紧缩，造成进口的大量缩减和经常账户由赤字转为盈余。五个危机国家的经常账户总赤字由 1996 年的 550 亿美元，到 1997 年变为 260 亿美元，而 1998 年的顺差估计为 590 亿美元。随着私人资本急剧下降，为外部债务筹资的角色已转移到官方（IMF 以及其他多边的和双边的官方债权人）和外汇储备。1997 年和 1998 年五个国家分别接受了 300 亿和 280 亿美元的官方的资本净流入。此外，由于 1995 年和 1996 年私人资本的净流入超过经常账户的不平衡，导致五个国家外汇储备的迅速增长，1997 年资本的外流则导致 330 亿美元的外汇储备的损失。

危机国家的基本状况和它们所奉行的政策能很好地解释 1997 年资本的外流。但是这种外流的规模及其集中于 1997 年说明，除债务人过度依赖短期银行贷款之外，投资者的逃离，特别是商业银行的逃离，对危机的恶化是起了作用的。这就要求在解决危机时私营部门的更大介入，并承认私营部门需要参与防止金融危机，一旦危机发生又需要他们对抑制危机作出建设性的贡献并对债务进行有秩序的处理。韩国是一个例子。1998 年初，当商业银行同意把 200 亿美元短期贷款改为中期贷款，危机就得到了缓解。

报告还讨论了危机传染的机制。认为传染是通过汇率和股票市场的行为而在新兴市场经济中蔓延的。它包括以下的一些因素，如：（1）普遍性冲击。例如商品价格的下降损害了出口国。由此可以解释为什么加拿大、智利、俄罗斯和新西兰也受到影响。（2）贸易链条以及竞争性的货币贬值。（3）其他实在的和金融的连锁关系。（4）不完善的信息和投资者的预期。（5）市场的缺乏流通性。（6）转嫁风险和投资者的情绪。

在谈到对危机的政策反应时，报告维护了国际货币基金组织的立场。最后报告还对日本的经济衰退进行了分析。

报告在结尾中强调，克林顿政府面对全球经济的动乱所采取的基本政策是维持世界范围的经济增长。认为这是使受危机损害的国家复苏的前提条件。报告认为没有一个国家在危机中能成为沙漠中的绿洲，即使美国也是如此。除非所有工业国都做了自己应当做的事情，否则世界经济增长的前景就要受到损害。因此报告强调美国在国际贸易领域将继续对开放市场做出承诺，认为一种开放的贸易环境是国内经济增长的最好政策，它将支持受危机摧残国家的复苏。除此之外，美国还支持国际货币基金组织对受害国提供金融援助，条件是它们愿意实行改革。此外，美国还将与其他国家合作以增强国际金融体系的架构。

七

报告的第七章着重谈到国际金融制度的改革。它说亚洲金融危机暴露了新兴市场经济体和国际金融制度的弱点。美国已同国际社会一起采取步骤，做出了反应，目的不仅是为了制止危机而且是为了孕育国际金融制度的改革，使它不再容易发生危机。近年来的金融混乱是随世界产品和金融市场日益一体化的强劲发展而发生的。货币和金融危机的反复发生向决策者提出严峻挑战。

报告提出当前人们所关注的各种问题。如反复发生危机以及金融市场动荡的原因何在？金融一体化和全球化是不是应当对此承担责任？现代全球金融市场的一体化是否要求各国放弃宏观决策的自主权？在这种全球资本异常活跃的新世界，什么样的汇率制对新兴市场经济以及其他小国最适宜？为固定汇率和有限资本流动设计的布雷顿森林体系——IMF 和世界银行——在一个根本不同的环境中是否仍然能促进国际金融制度的稳定？什么样的制度框架最有利于促进国际金融制度的稳定？这些问题的答案对加强国际金融体系的稳定是至关重要的。解决得好有助于保证全球金融一体化并继续支持世界经济的繁荣和增长。

报告认为，支持全球金融结构改革来实现下面几个目标是国际上广泛一致的意见：增加透明度（这就是说，改进关于宏观经济和金融环境的信息可得性）；加强国内金融制度的改革以便阻止危机的发生；改进在危机发生后用以解决危机的机制。报告说，以美国为首的国际社会已经建议实行一套改革以加强国际金融体系。这些改革的设计目的是减少未来危机的发生，并建立一种面向 21 世纪的"新的国际金融结构"，使之既能获得全球市场和资本流动的全部好处，又能使金融混乱的风险最小化，同时又能更好地保护社会中最脆弱的群体。

报告承认尽管在强化金融体系方面有所进步，但 1997 年亚洲金融危机的爆发说明必须考虑采取进一步的措施。1997 年在温哥华召开的亚太经济合作高峰会议上，一些亚洲国家的首脑建议由新兴市场经济体参加共同讨论采取相应措施。这个建议导致 22 国集团的成立，并由 22 国财政部长和中央银行行长于 1998 年 4 月 16 日集会，共同探讨改革金融体系减少危机发生频率的途径。会议决定成立三个工作组考虑三类问题：增加透明度和责任心，加强国内金融体系改革的可能性，以及方便官方机构和私人部门在危机时期共同分担责任的机制。这三个工作组于 1998 年 10 月在 IMF 和世界银行年会上提出了他们的报告。

报告反映了对需要更大透明度的共识。亚洲金融危机再一次明确各国对其宏观环境和金融环境提供充分信息的重要性。所需信息包括外部负债的规模、期限和货币组成以及外汇储备水平的准确和全面的数目。亚洲金融危机也强调了银行和公司企业提供它们金融账户准确信息的必要性。没有这些信息，外界人士就不能充分地估计政府和公司的真实财务状况。危机也明确了国际金融机构提高自己透明度的重要性，报告要求 IMF 和其他国际金融机构对它们的活动、经济分析、政策意见和建议更加公开。

关于改革和加强国内金融体系，报告提出的建议是：发展流动性强又有深厚基础的金融市场，尤其是证券市场（债券和股票）。金融市场必须能依靠强有力的、审慎的规则以及以《巴塞尔协议》为基础的对银行和其他金融机构的监督。对关系户的放款实行适宜的限制。工作组的报告也要求各国设计一种明确有效的存款保险机制用于保护银行储户。报告还号召在金融部门和非金融部门实行良好的公司管理，使投资决策对市场信号做出反应，而不是靠个人关系。它进一步建议对无支付能力的公司设计并实行破产法和取消赎权法，在更广阔的范围实行有效的无力偿付制和债务——债权人制，也可能包括对处于金融危难中的公司采取系统性的银行和公司改组以及债务重组程序。最后，报告倡导在国际组织和国际监督实体之间的协调与合作，以加强金融系统，同时增加技术援助以及对政府官员和管理者的培训。

关于更好地解决危机问题，报告认为需要建立新的程序：第一，要求有一套政策帮助阻止危机并且限制已发生危机的严重程度。报告强调指出各国可能要限制政府担保的范围，包括那些对金融机构负债的担保，已经给予担保的要公开化，要有适宜的代价（例如通过有效的存款保险）。第二，报告同意发展创新的融资技术，允许增加还款的灵活性，在债务人和债权人之间要有更多的风险分担协议，或者规定在市场发生逆转时有新的融资来源。例如，在债务合同中明确要求按照主要商品价格还款，当价格下降时可以自动减少债务负担。第三，报告确认有效的无力偿付制和债务——债权人制（包括破产、改组和取消赎回权法），并且强调这些制度对有效地抑制和解决危机的作用。在这些领域可操作的程序对鼓励金融危机后经济活动的迅速恢复可能是有用的。无力偿付制的一个最重要的基本目标是在清算或改组时使公司资产价值最大化；同时要提供一种公平的和可预计的对债务人资产的分配制度；还要通过一种有秩序的分配债务人资产的制度来为商务交易提供不间断的信贷。

其他建议的措施是鼓励债权人在危机中的相互协调。按照1996年瑞（REY）报告中的建议，提出把债权人协调的条款包括在债务合同中。这些条款将创造一种环境，使所有各方——债权人、债务人和国际金融机构——能够一起工作，以最有利的可能态势解决危机。债务合同中的集体行动条款可能帮助克服大量债权人不可避免产生的问题。例如一种允许债权人集体代表的条款以帮助协调一大群债权人的行动。一种多数行动条款能够阻止少数债权人阻碍债务重组的协议，它允许有资格的多数债权人改变债务合同的偿还条件。目前，美国的债务合同要求在重新确定债务合同条款时要经过债权人的一致同意。报告还寻求在临时停止偿还债务的极端例子中处理危机的新方法。最近的经验（如 1998 年的俄罗斯）证明了一件事情，即这种停止偿还和单方面重组债务的行动可能具有高度的破坏性，特别当它们取代政策改革和调整时更是如此。

报告提出的最后一套建议是为了有利于迅速有秩序地重组债务，有秩序地处理危机，要求把官方融资、强有力的政策调整和适当的私营部门介入结合在一起。

22 国集团的报告在 7 国集团的财政部长和中央银行行长中进行了详细讨论。1998 年 10 月 30 日，7 国集团的财政部长和银行行长发表了一项声明，将把这些建议在适当的国际金融机构和论坛中提出。设计这些改革的目的是：增加国际金融体系的透明度和公开性；对国际原则、标准和法规进行传播；大力促进各方达到这些国际标准；加强官方援助以帮助发展中国家增强它们的经济和金融基础设施，其中也包括保证稳定和改进国际金融体系监督的政策和程序。最后是以改革国际金融机构，在工业国和发展中国家之间深化合作为目的。

7 国集团表示要对同 22 国集团认识一致的改革建议承担义务，并且确定了在许多重要领域的具体步骤以加强国际金融结构。这些步骤包括：

· 审查增强工业国审慎规则的追加范围；

· 进一步增强新兴市场的审慎规则和金融体系；

· 开发应付危机的新方法，包括官方融资的新结构以及在解决危机时私营部门参与的新程序；

· 评估进一步加强 IMF 的各种建议；

· 寻求在金融危机中人力代价的最小化并且鼓励采取更好地保护最脆弱社会群体的政策；

· 考虑在新兴市场上维持可持续汇率制度的必要条件。

在这些步骤中值得注意的是对衍生工具的管理问题。报告说衍生工具的迅速发展和在国际金融市场上的广泛应用提出了一个难于管理的问题。衍生工具是以某些资产价格的名义所签订的合同,如股票期权。股票期货是以股票价格的名义签订的。衍生工具可以用来规避风险,因此它在银行、非银行金融机构以及非金融机构的风险管理中是非常有用的工具。然而,它们也能用于投机,因而会增加风险。此外,衍生工具头寸是不记入资产负债表的,所以市场和管理者很难评估其风险。同时,由于在衍生工具交易中的有关各方的信誉并不是完美无缺的,所以公司和银行虽然相信他们已经规避了风险,实际上则未必如此。

报告认为困难的问题在于对衍生工具进行管理监督的方式。例如,对衍生工具的过度管理可能导致衍生工具业务向没有管理的海外市场转移。金融市场的总统工作组正在进行对衍生工具的长期研究,包括它们的潜在风险和效应。

另一个值得注意的问题是报告中提出的增加金融体系的弹性。报告说:尽管对资本外流进行控制不是可取的,但国际资本的流入会突然逆转,开放性可能确实使新兴市场经济在这种逆转面前更加脆弱。结果,增加金融体系弹性的政策可能是有用的,它可以使一些国家减少面对危机时的脆弱性。7国集团建议调查鼓励新兴市场经济采取国际标准和最佳做法的具体手段。此外,各国可以采取若干步骤减少它们金融系统的脆弱性。例如,它们可以鼓励外国金融机构对其市场的更大参与。它们可以更多地依赖于为造成过度债务负担的股权和其他融资方式。它们可以实行一种有秩序的和渐进的资本账户自由化。在某些情况下,它们可以在银行系统稳健和审慎管理的环境中对某些短期资本流入采取限制性措施。

同样值得注意的是,报告提出了资本流入有秩序的自由化主张。它说:多数新兴市场经济在历史上对它们的资本市场实行严格管理。最近的危机所导致的一个结果是一种日益增长的共识,即如果一些国家要从与全球经济更紧密的一体化中受益,资本市场的自由化必须以一种小心的、有秩序的和有步骤的方式进行。如果国内金融体系很弱,管理很糟,并且有制度性的扭曲,迅速的资本账户自由化可能导致过度的短期借贷,以及一种金融机构和非金融公司在资产负债的币种上和期限上的不匹配。为了减少这种随自由化而来的金融和货币危机的风险,有效的管理和监督制度必须到位，同时，金融部门必须有足够的准备来对付这种风险。

报告认为，一些原则可能对指导正在实行自由化和开放资本市场的国家有用，并有助于减少其金融体系对资本流动突然转移的脆弱性。可能的措施包括对外国直接投资更大的开放性，以及促进长期股权融资。反之，某些考虑则支持限制跨境短期银行间资本向新兴市场的流入，因为这种流入可能是动荡不定的，并且在应付金融安全网所产生的扭曲上是脆弱的。

经济顾问委员会认为，任何对国际金融危机作出反应的制度设计必须提供某些外部金融援助和国内政策变革的结合。对现行制度的改革要求考虑新程序用以协调相关的国际机构和国内权威部门，同时，在防止和化解危机中要有私营部门的更大参与。

关于官方融资的新结构，报告提出建立一种强化的 IMF 设施，它将能对认真执行 IMF 政策的国家提供一种临时的短期信贷额度。这就是说这些国家的问题是由传染而来的而不是由错误政策造成的。这笔钱在需要的时候可以提取并且按照短期贷款收取适当的利息。这一措施将与适当的私营部门介入相结合。这是一种预警措施，其理由是那些有健康经济政策的国家也可能遭受传染病的袭击。国际社会在国际金融危机中应当起一种作用，在合适的时候进行干预，以帮助抑制传染和全球的不稳定。

报告主张在解决金融危机时要有私营部门的更大参与。报告说：近来国际资本流动的规模、复杂性和特异性要求开发出创新的途径，比如让新型金融工具的持有者建设性地参与危机的抑制和解决。同时，实行创新的融资技术，如对债权人和债务人之间提出更明确的风险分担措施，采取事先谈妥临时信贷额度的办法等。

加强 IMF 作用是报告强调的另一个方面。报告认为，随着最近 IMF 财源的增强，它的成员要求保证其政策能有效地对付全球经济的挑战，并且提供必要的政策监督和引导以实现其目标。加强 IMF 提供临时贷款额度的机构将提高适应能力并加强 IMF 阻止和解决危机的政策，以反映全球经济的演变。另一个要加强的领域是协调一致的对成员经济的定期审查，以促进政策的透明度并使经济政策符合标准。

使人类对金融危机付出的代价最小化是报告提出的另外一个要点。报告认为东亚的经济衰退已经使失业率和贫困率急剧增加，并为此付出了严重的社会代价。在危机期间，对那些受经济调整影响最大在社会上最脆弱的群体要给以最多的关注。因此，在危机国家加强社会安全网也是稳定政策措施的重要目标。

报告最后对欧元的问世进行了评估。报告认为欧洲货币联盟是一种积极的发展，可能同时有利于欧洲自己和美国以及世界经济。然而某些人担心一个强劲的欧洲经济，以及欧元作为一种可供选择货币的出现是向美元提出的挑战，可能对美国造成伤害。报告认为这种担心是一种误导。美国长期以来从一个繁荣发展的欧洲获益，自从"马歇尔计划"以来，美国的政策一直是支持欧洲强有力的市场经济。美国将从一个开放的和一体化的欧洲经济区获利。美国生产者将能把商品出口到一个庞大的、一体化的、对贸易没有跨国界限制的欧洲市场。特别是美国的金融机构在商业和投资银行服务和证券产品上已经很有竞争力，能够从一体化欧洲金融市场的扩大和深化所提供的机会中获益。

综上所述，克林顿1999年的经济报告以及经济顾问委员会所作的详细解释不仅对过去六年美国政府国内外经济政策做了总结，而且也对今后的奋斗目标进行了规划。克林顿着眼于拯救社会保障的财政政策以及其他社会政策对美国弱势群体是有利的，肯定会受到这部分选民的支持。但是，共和党保守派以及一部分经济学家对他的倡议是反对的，要付诸实施难度很大。克林顿政府对1999年经济形势的估计是求实的，1999年发生衰退的可能性很小，但经济增长放慢则是完全可能的。在兼并潮中，美国政府以维护创新为准则，贯彻实施反托拉斯法，是驾驭市场经济的好经验，有借鉴意义。在应付国际金融危机上，克林顿政府的主张吸取了亚洲金融危机中许多教训，有积极因素，然而要想真正建立一个对所有国家有利的国际金融新秩序绝非易事。此外，克林顿政府口头上说为促使世界经济的复苏，美国将继续奉行开放政策，反对贸易保护主义，但在国内利益集团的压力下言行并不一致，这不能不说是美国利益集团政治和两党斗争的悲哀。

（原载《世界经济》1999年第7期）

是"与狼共舞"还是"比翼齐飞"

1999（《财富》）全球论坛在上海红红火火地开过了，世界跨国公司的老板们在中国企业界和广大公众面前亮了相，交流了经验，展望了未来，增进了理解，彼此都有收获。老板们对中国的评价相当不错，许多人都说中国是他们进行投资的首选之地，很愿意同中国保持长期的、良好的合作关系，言之凿凿，看来绝非溢美之词。但是他们对中国人有时提到的"与狼共舞"并不认同，而更喜欢用"比翼齐飞"这个比喻。他们说，跨国公司同中国合作不是我赢你输的"零和游戏"，而是我赢你也赢的"双赢游戏"。究竟哪一种提法更切合实际呢？一阵热闹之后，冷静下来对这个问题想一想还是很必要的，因为来日方长，处理好我们同跨国公司的关系，对加速我国经济发展确实至关重要。

为何被视为"狼"

把跨国公司视为虎狼，多少带有点历史痕迹。在帝国主义和殖民地时代，跨国公司是依靠母国政治的、军事的统治方案来到殖民地发财致富的。以宗主国政权为依托的公司尽管只进行商务活动，但对殖民地百姓也难免居高临下并拥有诸多特权。最典型的是那些以获得资源为目标的跨国公司，如石油业、金银铜铝开采业。一些大跨国公司，大片购买或租借东道国蕴藏丰富资源的土地，挖金采银抽走石油，却只付给东道国有限的补偿。所以，说它们进行的是超经济剥削并不为过。不仅如此，有些跨国公司还把矿区变为所在国公民不能进入的飞地，拥有治外法权，形成国中之国，颐指气使，飞扬跋扈。正是在这种背景下，第二次世界大战以后，随着民族解放运动的兴起，资源国有化的浪潮风起云涌，跨国公司在发展中国家曾一度变为不受欢迎的"客人"。翻翻 70 年代联合国发表的文件，还可以看到发展中国家将跨国公司视为虎狼的痕迹。

这种看法在战后有了变化。当然，发展中国家在这个问题上的认识也并不一致。联合国 1973 年发表的《世界发展中的多国公司》一书，在引言中开门见山就提出对跨国公司认识上的分歧："多国公司在某些人当中被描绘成为最大限度地促进世界福利的关键性工具，而另外一些人则把它看做帝国主义的危险代理人。"书中也谈到了跨国公司的消极面，如说"多国公司利用它们可以自由选用的各种手段，破坏民族国家实现其国内与国际目标的能力，因而时常要侵犯国家主权。此外，多国公司与东道国之间以及与其本国之间，在参与企业决策与公平分配经济利益方面都存在着利害冲突。这些年来，这种局面更尖锐了"。当时在联合国中，不少国家想"搞出一套制度与办法，来指导多国公司对其实力的运用，并且把它们的活动纳入对国际社会负责的某种形式中去"。1974 年，联合国跨国公司中心也确实搞了一个跨国公司行为法典草稿。这个草稿明显地是要对跨国公司的行为进行约束。但由于各国认识上的分歧，没有成为立法。上述背景说明，战后以来，对跨国公司的认识从来就有两个极端，而这两个极端都有它们一定的片面性。

变与不变

时代在变迁。第二次世界大战后，作为东道国的发展中国家同跨国公司的相互地位发生了变化。一方面，接受跨国投资的东道国由原来受奴役、任人宰割的处境，变为拥有主权，可以同跨国公司平起平坐和平等谈判的伙伴。有了国家主权这个法宝，原来的"羔羊"现在也长出了"犄角"，可以和对手讲讲价钱。另一方面，殖民统治的终止使跨国公司在东道国失去了母国的庇护，政治上不免处于弱势地位。70 年代石油输出国组织同石油跨国公司斗争所取得的胜利以及由此导致的两次石油危机，就是双方政治地位变化的结果。

然而，也有没有变的东西：一是双方的经济实力地位没有变，二是跨国公司的垄断性、趋利性和竞争手段的残酷性没有变。东道国同跨国公司在政治较量上的某些胜利，并不等于经济上的翻身。在经济上，跨国公司及其母国的优势地位仍然是牢固的。发展中国家要想发展经济，就有一个如何处理好同跨国公司关系的问题。跨国公司是市场竞争中的佼佼者，它们多数是在国内竞争中击败对手、取得寡头垄断地位以后才大举向外扩张的。所以，它们在资金、技术、管理、市场营销、科研与开发方面都拥有极大优势。跨国公司实行全球化方针，因为它要利用别国的区位优势、资源优势以及市场潜力，来实现资源在全球的优化配置，达到成本最小化、利润最大化的目的。从这一点上说，他们是受利润规律驱动的。在此情况下，发展中国家可以实行两种不同的对策。一种对策是利用跨国公司在利益驱动下的全球化方针，实行开放政策，吸收跨国公司的直接投资，同它合作，利益分享；同时又善于在合作中运用它们的营销渠道、技术创新、管理经验参与国际竞争，并且利用全球市场和全球资源加速自己的发展。另一种对策是以借债为主，搞进口替代和封闭式的经济建设。80年代，许多亚洲国家和地区大体上采取的是第一种对策，拉美国家则采取第二种对策。实践结果，第一种对策要比第二种成功。尽管金融危机似乎使亚洲经验减少了光彩，但问题并不发生在引进跨国公司的直接投资上。

政策对头是关键

既然同跨国公司建立合作关系有成功的可能，为什么还要用"狼"这种吓人的名词？的确，今天用"狼"来形容跨国公司未必恰当，但发明这个词的人大概是要提醒人们：在同跨国公司合作时不要忘记它们的垄断性、趋利性以及竞争手段的残酷性。因此，在与它们合作、向它们学习的同时必须时刻记住自己的根本利益，要用正确的政策来维护自己的利益，这样才能达到双赢的目的。

其实，这种警惕不仅对发展中国家是必需的，发达国家相互之间也是如此。70—80年代，欧共体对美国国际商用机器公司（IBM）展开了一场旷日持久的反垄断斗争，起因就是IBM在欧洲经营中所表现的垄断性。这家公司在才进入欧洲市场的时候，每当上市一种新型产品时，必先公布对接信息，使欧洲生产计算机边缘产品的公司能与之配套。但当IBM在欧洲已经根深叶茂的时候，它就不再这样做了，不仅不公布对接信息，还搞搭配销售，这就把欧洲公司摆在无法与之竞争的地位。为此，欧共体竞争理事会对 IBM 展开了反垄断调查。美国政府则出来干预，说什么美国自己对 IBM 的反垄断调查已经终止，欧共体不应再揪住不放。可欧共体不买账，官司一直打到 IBM 做出让步，重新承诺发布对接信息和取消搭配销售为止。不过，欧共体同 IBM 的斗争是有理、有利、有节的，它并没有因为 IBM 所表现的垄断性而放弃同它的合作。欧共体为发展信息技术制订了一个信息技术欧洲战略计划，向欧洲公司提供 15 亿埃居开展联合研究。尽管几家欧洲公司反对让 IBM 参加，欧共体执行委员会还是坚持把 IBM 吸收到研究计划中来，理由是：IBM 对帮助欧洲缩小同美国的差距是必要的。这个案例说明，同跨国公司合作确实还有残酷竞争的一面，这在高新技术领域尤为突出。合作与斗争缺一不可，没有正确的政策就不能达到双赢的目的。

中国改革开放 20 年，到 1998 年底已建立了 23 万多家合资合作企业和近 9 万家外国独资企业，签订了 5700 多亿美元的合同，实际使用了 2600 多亿美元的资金，外资企业上缴的工商税收是全国增长最快的税源，外资企业的进出口占全国进出口总值的近 59%，成绩是辉煌的。因为同跨国公司有良好的合作关系，我们的企业确实获得了资金、缩小了技术差距、改善了经营管理、加速了向市场经济的过渡。20 年来我国经济的持续高速发展，应当承认也有与跨国公司合作的一份功劳。事实证明，利用跨国公司的直接投资有利于我国社会主义建设。亚洲金融危机的教训更凸显了利用外商直接投资的优点。现在在中国企业和老百姓的心目中，把外资企业看做"异类"的人已不多了。不过，这并不是说我们已经改变了跨国公司的一些特性，而只是因为我们懂得了它们的特性，知道在与它们的合作中如何趋利避害，坚持以我为主，积极、合理、有效地加以利用，才取得了双赢的结果。结论是：比翼双飞是我们的愿望，也是可能做到的，但要有清醒的头脑，实行正确的政策，才能达到目的。

（原载《世界知识》1999 年第 22 期）

美国经济的现状、问题及其世界影响

现 状

到 1999 年底美国经济已连续增长 105 个月，而且通货膨胀率和失业率仍然保持低水平。这是第二次世界大战结束以来少见的局面，夺得第二次世界大战后最长扩张期这顶桂冠，已经指日可待。

根据美国商务部经济分析局 1999 年 11 月 24 日公布的调整后数字，1999 年前三个季度的经济增长率分别为 3.7%、1.9% 和 5.5%。三季度不仅高于前两个季度，而且高于 1991 年经济复苏以来历年的增长幅度。与此同时通货膨胀率继续走低，国内采购总值价格指数增长幅度从二季度的 1.9% 降为三季度的 1.7%，如果去除汽油和食品，核心价格指数三季度为 1.2% 与二季度持平。10 月生产者价格指数比 9 月更下降了 0.1%。三季度的失业率为 4.2%，10 月更下降到 4.1%，这是 30 年来的最低水平。

从三季度公布的国内生产总值的数字构成，可以看出美国经济目前的强点和弱点。

第一，个人消费支出增长放慢。三季度增长 4.6%，低于二季度的 5.1%。其中耐用消费品增长 7.7%，低于二季度的 9.1%；服务开支增长 4.5%，低于二季度的 5.2%。只有非耐用消费品的增长率从二季度的 3.3% 上升到 3.5%。

第二，私人国内投资强劲增长，但住房投资下降。私人国内总投资三季度猛增 14%，而二季度曾下降 2.1%。其中非住宅固定投资增长 13.3%，高于二季度 7% 的增幅。在非住宅固定投资中，建筑物下降 1.5%，而二季度曾下降 5.3%；设备和软件投资跃升 18.2%，而二季度为 11.2%。住宅投资下降 4.8%，而二季度则增长 5.5%。在私人国内总投资中库存变化较大，GDP 由二季度减少 1.46 个百分点，变为三季度增加 0.92 个百分点。

第三，政府支出上升，国防开支大涨。联邦政府消费开支和总投资三季度增长 3.9%，高于二季度的 2.1%。其中，国防开支增长 11.4%，高于二季度的 2.6%；非国防开支下降 8.1%，而二季度曾增长 10.9%。

第四，进口增长快于出口增长，净出口仍是负数。三季度出口商品和服务实际增长 11.4%，二季度则仅为 4%；进口商品和服务实际增长 14.6%，略高于二季度的 14.4%。

又据美国联邦储备系统 11 月 3 日在白皮书中发布的截至 10 月 25 日全国 12 个地区的经济信息：多数地区的经济继续强劲增长，但也有若干放慢迹象。制造业活动继续在所有地区和所有行业增强。在消费方面，虽然有 4 个地区的支出有所放慢，总的说消费仍然坚挺。全国劳工市场仍然紧张，不少地区已经很难找到并留住合格工人。许多地区报告说工资在加速上涨，但总体价格水平依然保持稳定。

以上数据说明：

第一，美联储 1999 年两次提高利率企图缓解经济过热给劳工市场和物价所带来的压力。现在看经济增长的总体趋势依然强劲，但在某些方面确有一些放慢迹象。如：1. 消费者花钱开始谨慎，三季度个人消费开支增幅已低于一季度和二季度；2. 由于抵押贷款利率的上升，住宅市场的投资下降十分引人注目，住房投资额的下降是两年来的第一次。此外，消费者信心指数自 9 月以来已连续四个月呈下降趋势。

第二，仍有一些迹象使美联储担心通货膨胀的复燃。如：10 月失业率下降到 4.1%，这是自 1970 年以来的最低水平，同时经济增长率高达 4.8%，温度显然已升高到可观的程度。私人投资中非住宅固定投资和设备、软件投资均加速到两位数字，增长速度明显过快。不过这主要是为防治计算机千年虫更新大量计算机软硬件所致，随着这个问题的解决，企业投资速度可能放慢；虽然雇佣成本指数没有增长，福利开支指数则以 2.7% 的年率上升，打破了原来比较温和的增速。如果工薪也被迫上调，两者的合力就会引发雇佣成本的上升。在汽车和航空两个行业的劳资谈判结束之后，就可能引起工资的上涨；失业保险新申请已下降到很低的水平，劳动后备日趋紧张，而自 8 月以来失业申请仍在下降，成为工薪加速增长的潜在动力。美国股市在经过几个月的回调以后，到 11 月重返 11000 点的高位，斯坦达·普尔和纳斯达克指数连创新高。说明美国经济依然强劲。

美国经济在低失业、低通货膨胀条件下的长期持续增长是一种少见的现象。如何认识这种现象是一个新问题，因而引起各界的普遍关注和激烈争论。对美国是否已进入新经济时期，国内外都有不同看法。概括地说有三派。一派是新经济论者，如《新财富时代》一书的作者布赖恩·韦斯伯里说："美国已经进入一个刚刚开始的新财富时代。通货膨胀不会上升，衰退不可能出现，股市也不是泡沫，我们怎么能这么肯定？因为我们目前创纪录的经济复苏所赖以存在的基础——技术、全球化、财政政策和低通货膨胀——都表明，将来利润、收入、就业机会和股票价格会继续增加和上升。""大多数悲观主义者遵循的是托马斯·马尔萨斯的错误传统"，"艾伦·格林斯潘更加悲观的警告造成了这次（股票）的下跌——仿佛证明了这些自寻烦恼的人是正确的。但他们错了"。另一派是传统经济学家，他们认为美国不存在什么"新经济"，相反现在出现的是泡沫经济。例如诺贝尔奖获得者弗里德曼就说："美国经济没有出现新东西，美国伟大的经济学家之一费希尔 1929 年，即在股市崩溃前夕，在一份报告中描述了如今被称为'新经济'的每一个因素：技术革新、企业合并和全球化。所有这些在 20 年代就已经出现了。我真的不信我们是生活在'新经济'中。"他还认为："美国的股市显示出一些泡沫的特性。如果这证明是对的，那么美国将经历股市行情暴跌。这将是继续保持过去 9 年不寻常的经济繁荣的真正危险。"

以格林斯潘为代表的美国联邦储备系统的观点与上述两派都有不同。他们一方面承认信息化、全球化所带来的进步，另一方面又看到美国经济存在明显的过热现象。在 1999 年第三季度经济数字发表之后，格林斯潘发表评论说：三季度经济的高速扩张而并没有引发通货膨胀，说明由互联网所促进的技术进步正在使生产率加速提高。此外由于企业能更快地获得信息，作出决策，所以起安全阀作用的一大批库存和多余的职工已可取消，其结果是一种"良性循环"。他不同意某些人关于劳动生产率增长只是暂时现象的看法，认为："很可能我们将继续体验应用新技术所带来的巨大进步以及它们同小时产量增长的联系。"他还透露，商务部的修正数字表明，过去 5 年平均生产率年增长幅度为 2.25%，而不是原来的1.7%，过去两年的增长率则是 2.75%，显然它们已大大高于 20 世纪 80年代的 1.4%。另外格林斯潘又警告说，生产率的改善并不能保障经济的持续增长，有一天消费需求的增长可能会超过生产率的改善，这时只有靠进口来满足需求或者通过扩大使用劳工后备来增加产量，这些最后都将导致通货膨胀。因此美联储正在密切关注各项经济指标的走向。其结果就是在 11 月 16 日的公开市场委员会上决定把联邦基金利率和贴现率分别提高25 个基点。美联储的紧缩政策正在对美国 2000 年的经济产生影响。

对美国经济未来产生影响的另一方面是美国经济结构仍在进行的战略重组。表现为企业并购热火朝天，金融体制加速变革。

美国企业间的并购潮已达到炽热程度，具有大规模、加速度、全方位、跨国界的诸多特点：1. 大规模。从 1993 年掀起新的并购潮以来，并购规模越来越大。在 1998 年以前并购额在 295 亿美元以上的有 14 起，发生在 1998 年的就有 8 起。而 1999 年 10 月 5 日，美国第二大长话公司国际微波通信公司以 1290 亿美元并购第三大长话公司斯普林特公司，则创造了有史以来最大的并购交易。10 月 6 日，美国联邦电信委员会又批准 SBC通信公司（短途电话公司）以 811 亿美元并购美国技术公司，数额之大，再次令人瞠目。2. 加速度。1993 年一年美国全国的并购额为 4202 亿美元，1994 年为 5249 亿美元，1995 年为 8958 亿美元，1996 年上升到 10593亿美元，1998 年又飙升到 2.5 万亿美元，1999 年预计将超过 3 万亿美元。3. 全方位。不仅通信业的并购如火如荼，其他行业也不例外。如 1999 年8 月 4 日道氏化学公司宣布以 93 亿美元的价格收购联合碳化物公司；福特汽车公司于 1999 年 1 月 31 日正式宣布与沃尔沃（富豪）轿车公司达成协议，以 64.5 亿美元收购沃尔沃的轿车业务。在大众传媒方面，1999 年 9月 7 日，美国娱乐传播业巨擘维亚通信公司以 350 亿美元收购美国哥伦比亚广播公司（CBS）。4. 跨国界。除美国克莱斯勒与德国奔驰公司的合并、英国石油公司与美国的 AMOCO 公司合并、美国三道氏化学公司与瑞士契巴切基公司合并都是跨国界并购之外，1999 年又发生英国石油 AMOCO 收购美国的大西洋富田公司。咨询服务业则有克利福德——钱伯斯律师事务所和普恩德尔律师事务所的合并（英、美、德）等。

学者们正在关注这次并购潮所形成的"新寡头经济"。十多年来疯狂并购的结果是，目前美国的铁路、汽车、电话、百货商店、烟草、会计、广告、饮料、音乐等行业的市场均被集中在各有关行业不到五个寡头公司的手里。人们认为以反托拉斯著称的美国政府之所以容忍这种"新寡头经济"是因为国际竞争日趋激烈，要保证美国企业在竞争中取胜必须依靠更大的规模优势。而由于全球化的结果，这种垄断并不妨碍在世界范围的竞争和技术进步。此外，这种垄断的特点主要是以占领市场而不是以垄断价格为目的，对消费者没有大的危害。而信息技术则解决了船大难掉头的难题。再者 20 世纪 90 年代投资过热，导致生产过剩和产品滞销，大规模并购有利于在资产重组中缩编机构，减少冗员，提高效益。存在的弊端是：部分雇员在并购中肯定会被裁减，造成失业。另外不排除出现少数寡头公司垄断价格的可能。从长远看，美国市场特别是世界市场越是集中在一两个寡头公司手里，价格被垄断的危险就越大。

美国的金融改革酝酿已有 20 多年，由于各方面的利害冲突，久议不决。这次金融各界力求形成统一战线，进行了大量游说活动，据传对关键性的议员支付了 3000 万美元的政治捐款，才有了效果。1999 年 11 月 4 日一个《金融服务现代化法》终于在两院获得通过，并经总统签署生效。这个新法案将废除大危机后国会制定的《1933 年银行法》（又称《格拉斯·斯蒂格尔法》）以及 1956 年的《银行控股公司法》中许多不合时宜的部分，允许银行、保险公司、证券经纪商相互兼并。但仍禁止非金融公司经营储蓄贷款业务。这个法案的通过势必引起金融界新的一轮并购潮，形成若干金融超市，推出许多金融创新。人们预计银行、保险、证券业合并的结果，顾客在一所金融机构中将可以同时办好各种业务，包括储蓄存款和活期存款，向银行借入房屋抵押贷款、消费信贷、办信用卡，为购买人寿保险、汽车和房屋付款，并投资于股票、债券和共同基金。与此同时，一位顾客在银行的自动取款机前可以一次办好对自己共同基金账户的查询，为几个账单付款，并提取为进晚餐所需的现金。财政部长萨默斯在写给参众两院的信中说：这个法案将刺激竞争，增加顾客的选择余地，降低顾客、社区、企业支付的费用。美国人现在每年为银行、经纪人和保险服务支付的费用和佣金高达 3500 亿美元，在加强竞争后如能节省 5%，一年就是 180 亿美元。

分析家认为这一立法的通过同未来美国能否获得世界金融中心的统治地位利害攸关。在改革前，美国的金融机构分散重叠，成为外国金融业并购的对象。这次金融改革将为在信息时代加强美国金融业的国际竞争地位创造良好条件。

问　　题

前美国财政部长罗伯特·鲁宾 1999 年 11 月 11 日在奥马哈谈到美国经济问题时有一段很精彩的评论，他说："自满和过头是美国经济健康最大的潜在敌人"，"持续的好时光几乎永远会导致真正的过头，而过头几乎总是要带来麻烦。"他说："在经受住 1997 年直到 1998 年为止亚洲经济危机的滑坡之后，现在全球经济的面貌看来不错，但是繁荣和萧条是市场经济历史的一部分，谁也不能担保另一次萧条不会随好时光而到来。作为所有市场经济最后基础的人类本性和人类心理在好的时候总是倾向于低估风险和高估希望。"鲁宾的这段话用于说明美国当前的问题相当中肯。美国经济现在仍然处于晴空少云的繁荣时期，但是市场经济的趋利性、盲目性、自发性已驱使美国市场走向沸腾。潜在的通货膨胀危险正在积聚力量，股市过热有目共睹，债务负担日趋沉重，贸易逆差不断扩大，两极分化有增无减。所有这些都对美国经济的长期持续增长带来潜在威胁。几年来格林斯潘不断给美国经济吹冷风，不失为明智之举。然而政府的宏观调控能否恰如其分地疏导市场的自发力量，使经济不致出轨仍然有待观察。

（一）潜在的通货膨胀危险

迄今为止，美国通货膨胀没有复燃，主要受三个因素的制约：第一，全球化和国际竞争压抑了职工提高工资的要求；第二，廉价进口商品抑制了国内物价的上涨；第三，劳动生产率提高，抵消了工资上涨对物价的压力。

1999 年 10 月 28 日美国大公司在佛罗里达举行商务委员会年会。会上大公司如 AT&T、强生、花旗集团的经理们发表的看法与上述论点相似。经理们普遍对经济增长进入第 9 个年头的美国经济表示乐观。他们说，市场上的劳工供应十分紧张，而且会越来越紧。但是他们中的多数人相信 2000 年的美国经济不会比 1998 年和 1999 年有多大变化，对通货膨胀不必担心。因为"没有任何人感到自己有定价的权力"。由于竞争激烈，公司被迫自己消化较高的进货价格而不能把它转嫁给消费者。要想盈利就必须不断开发新产品，并重视提高生产率。经理们还说，紧张的劳工市场促使他们采取提高工资或者向职工提供选股权和灵活的工作时间表等办法来留住工人。

但是这种局面能维持多久取决于劳工市场、工资、劳动生产率、利润几大因素的互动关系。当前劳工市场已经十分紧张。不仅失业率已下降到历史上的低水平，而且不充分就业率（包括失业者、求职受挫的工人以及临时工）也已到达历史的低点。1997 年是 − 1，1999 年降到 − 0.5 以下，说明劳工蓄水池业已接近枯竭。在此情况下名义工资虽然保持稳定，但各种暗补事实上是在增长。根据劳工统计局的资料，工人每小时报酬（包括选股权和奖金）的增长率近年来已经从 20 世纪 90 年代中低于 2%，到 1999 年逐步上升到超过 5%。此外，只根据小时报酬考察劳工成本的上升仍然不够准确，企业界正在花费更多的钱用于新工人以及技术欠佳新手的培训，为了留住工人，企业还不得不向老工人提供各种非货币福利如灵活工作和灵活的时间安排。这些都势必使利润率受到挤压。

表面上看，1999 年企业的利润水平是不错的。因为 1998 年利润不好，标准普尔 500 家公司利润下降 5%。全部公司的税后利润率也不过只增长了 0.8%。令人吃惊的是，在非金融公司的实际销售额 1998 年增长 6% 的情况下销售利润率是下降的。用国内生产总值同利润相比的利润率在 1997 年第三季度达到高峰，略低于 14%。自此之后，它们已下降到超过 1 个百分点。之所以如此，就是因为前面所说的在激烈竞争中公司不能涨价，而有形和无形的劳工成本则在上升。

在利润率受到挤压的情况下，要保障较高的回报率，就必须提高劳动生产率，同时注意技术创新，并制造新产品，采用新工艺。迄今为止美国公司在这方面的表现是不错的，1999 年三季度劳动生产率提高 4.2%，同二季度的 0.6% 比是一大进步。但人们有理由怀疑在劳工蓄水池日益枯竭，熟练工人奇缺的状况下，这种好形势还能维持多久？

（二）股市泡沫问题

股市过热是一个明显的事实。然而美国股市过热既是一个问题，又同日本泡沫经济有所区别。这是因为：第一，日本股市过热是在日元升值、利率极低条件下投机狂热所造成的。美国目前的股市过热所反映的则是技术创新和对公司未来发展的良好预期。现在支撑美国股市的是方兴未艾的互联网和信息技术业。据 H&Q 互联网股指的数据，到 1999 年 1 月在 60 家互联网公司中只有两家公司是盈利的，其市值已达 10360 亿美元，是 1995 年 920 亿美元的 11 倍。另外 6 家最大的信息业公司包括微软、IBM、朗讯、英特尔、西斯科和戴尔的市值为 1.5 万亿美元，为 1995 年 1760 亿美元的 8.5 倍。上面 66 家公司加在一起，其市值已超过 2.5 万亿美元，相当美国全部股票市值的 1/5 以上，而在 1995 年所占份额不超过 1/20。再看上述 66 家公司以外的普通股票，其全部市值 1995 年为 43630 亿美元，1999 年 1 月上升到 91890 亿美元，只增长了 1.1 倍，所占份额由 1995 年的 94.2% 下降到 1999 年的 78.1%。这些数字说明了美国股市过热的客观基础。

网络股的发展趋势可以把美国在线（AOL）做一个典型窥其一斑。AOL 股票市值在格林斯潘吹冷风之后，1999 年 6 月曾从最高点 167 美元下降到 109 美元。现在又回升到 162 美元，市盈率 233 倍。主要原因是它的业务发展非常之快，这家公司在从 1998 年 6 月到 1999 年 6 月的 12 个月中上网户数从 1200 万上升到 1700 万，股票价格随之上升了 4 倍。目前该公司正在进行两项重要的技术革新，预计到 2002 年上网户数将达 3000 万。因此股民对它仍然看好。现在互联网公司的竞争异常激烈，在 60 家中总会有输家、有赢家，因此不是所有网络股都能长盛不衰，但成功者的市值在近期显然仍有上调空间。这是在观察美国股市时需要考虑的因素。

第二，美国已有一个比较稳定的股民群体，并把股票作为长期投资的对象。根据美国投资公司研究所和证券业联合会 1999 年 1 月和 2 月对 4842 个家庭的调查（调查误差正负 2%）发现，股票市场已经成为美国人的主要养老金存放处和储蓄所，吸引了 48.2% 美国家庭的资金，而 1983 年，持有股票或共同基金股票的美国家庭只占 19%。调查还发现美国人对股票的长期潜力坚信不疑。将近 9/10 的投资者说，他们将长期持股，其中多数人说，他们并不在乎短期的浮动。

　　但是，牛市的持久不衰同股民对利润的预期有密切关系。1998 年以前大公司的利润每年以两位数字增长，支撑了股市的兴旺，网络股和蓝筹股今后的走势将决定股市的盛衰。如果这些公司的技术进步停滞或利润滑坡则将预示熊市的到来。股市将会向下调整，否则将仍有发展余地，但无论股市如何变化，出现日本泡沫经济破灭的类似后果，或重演 1929 年危机的可能性都很小。因为美国经济在信息化、全球化的带动下，加上宏观经济的良好态势，实体经济是健康的。

（三）贸易逆差扩大

　　根据 1999 年 11 月 22 日公布的数字，美国 1999 年 9 月的贸易逆差比 8 月上升 3.7%，达到 244.1 亿美元。全年预计为 2554.6 亿美元，占 GDP 的 2.8%。而 1998 年的贸易逆差为 1643 亿美元，占 GDP 的 1.9%。20 世纪 90 年代美国贸易逆差的性质与 20 世纪 80 年代不同，它不是竞争力削弱的结果，而是经济强劲，进口增长超过出口增长的结果。只要美国经济继续兴旺，贸易逆差将不会消失。把这种贸易逆差转化为国内投资对美国并不是坏事，只是对美元保持坚挺有不利影响。

　　1999 年美元对日元疲软，由 1998 年 1 美元兑 146 日元，降到现在 105 日元左右，这主要是日本经济复苏和股市反弹引发美元回流所致，目前状况已经回稳。汇率的变化不仅取决于贸易，而且还受利率、通胀率、国内生产的影响。所以单是贸易逆差还不足以断言美元会大贬值。此外贸易逆差扩大对汇市的影响会因外国直接投资的增加而抵消。1999 年头 9 个月，外国投资者收购美国公司的交易金额达到 2560 亿美元，超过 1998 年创下的历史最高纪录，比 1997 年增加了 3 倍。显示欧洲国家对美国投资环境有特殊的钟爱。这对平衡美国的贸易逆差是有利的。而且这种投资与证券投资不同，有更大的稳定性。大批直接投资流入美国对美国的国际收支平衡和美元汇价的稳定是一个有利因素。

（四）债务包袱加重

由于美国经济好，个人和企业都热衷于借债以扩大消费和投资。过去四个季度国内债务（不包括政府公债和金融机构债务）以 8% 的速度增长，只有 20 世纪 80 年代中期储蓄与贷款协会危机时可与之相比拟。1999 年美国家庭债务已占当年可支配收入的 98% ，而 20 世纪 80 年代只占 80% 。公司借债用于回购股票和兼并收购数字也十分庞大，金融机构债务由 1989 年的 2.4 万亿美元上升到今天的 7 万亿美元。1999 年上半年债务拖欠达到 170 亿美元，是 1991 年以来最坏的一年。

旧金山联邦储备银行 1999 年 10 月 22 日发表一份研究报告，从财务报表、银行放款标准和条件，以及银行债券利差三个方面考察了银行的风险。其结论是：第一，大型控股银行未履约贷款对全部贷款的比率从 90 年代早期衰退的高位逐步下降，到 1998 年第三季度达到最低点，此后即略有回升，同时为萧条时期贷款损失设置的准备金对全部贷款的比率偏低。而提高比率将会减少银行盈利；第二，在美联储高级贷款官员对银行放款行为的一项调查中，试图了解美国最大的 50 家银行在最近三个月的放款条件和贷款标准，结果说明虽然对家庭放款的条件很少变化，但对商业贷款已经更为谨慎，说明风险在加大；第三，不少银行和银行控股公司发行附属银行债券以筹集资本，这种债券同国库券的利差能反映银行拖欠风险有多大。数据表明，这种利差在 1998 年俄罗斯金融危机时最高，然后在 1999 年春天下降到 110 个基点，现在又有所上升。这个调查也说明债务问题确实不容忽视。

上面四个问题都是长期经济繁荣必然带来的负面效应，如果听之任之，过速的列车必会出轨，美联储三次提息无疑是为了应变而采取的防范措施。由于金融行为的滞后效应，1999 年 6 月开始的加息，目前只看到一些初步效果，半年至一年以后可能看到较为明显的效应。美国国会预算局 1999 年 7 月预计，1999 年经济增长率为 3.6% ，2000 年为 2.1% ；国际货币基金组织 1999 年 9 月预计 1999 年增长 3.7% ，2000 年为 2.6% 。各方预测虽有不同，但对经济将逐步放慢的看法基本一致，这种估计是符合实际的。

影　　响

美国经济占世界 GDP 的 1/4，美国经济的兴衰、美国经济结构的调整对全球的影响极大。根据美国经济的现状和问题，可以看到它将对全球产生下面的影响：

第一，美国经济速度放慢而又能持续增长将对全球经济产生正面影响。1998 年美国经济对全球起了明显的带动作用。在亚洲、俄罗斯和巴西的金融风暴中，美联储实行适应性的金融政策，缓解了美国和全球金融市场的紧张，缩小了各国的利率差距，有利于各国的经济复苏；美国国内消费和投资市场的兴旺，尽管扩大了美国的贸易逆差，却有助于扩大世界各国的出口。现在看美国经济近期尚无发生经济衰退的迹象，这对全球是好事。问题在于如果美国经济增长放慢，全球经济将会受何种影响。在几个月前，人们对此是不乐观的。不过最近国际经济机构纷纷调高对 1999 年和 2000 年两年的预期。经济合作与发展组织所传达的信息是：美国 1999 年的经济增长率将达到 3.8%，2000 年将下降至 3.1%。欧盟的走势则与此相反，15 国经济 1999 年的增长率将为 2.1%，2000 年预计将上升到 2.8%，足以弥补美国的缺口而有余。日本已走出衰退，1999 年和 2000 年将分别实现 1.4% 的增长率。加之东南亚也处于复苏过程。因此全球经济增长率将不会下降，而可能由 1999 年的 2.8% 上升到 2000 年的 2.9%。果真如此将有助于美国经济的稳步前进，对全球是有利的。

第二，美国为提高自己的竞争力将继续对经济结构进行调整，国际竞争将进一步加剧。如前所述，美国第五次并购潮正在紧锣密鼓地进行中。2000 年的重点势将扩展到金融业。这是因为《金融服务现代化法》业已成为法律，给跨行业兼并开了绿灯。1998 年美国花旗银行与旅行者集团合并，建立了全球最大的金融与服务业相结合的新型金融机构，总资产达到 6686 亿美元。但是 1999 年日本兴业银行、第一劝业银行和富士银行的合并，使总资产达到 12410 亿美元，迅速超过花旗集团，夺得了头号金融寡头的桂冠。目前花旗集团已经退居第四位。金融业在美国经济中举足轻重，也是它用来争霸全球的重要工具。美国绝不甘心自己的落后状态，它必将乘金融改革的东风，建立多功能金融超市，在金融领域创造更大的竞争优势，以求领寻全球金融业的新潮流。因此可以预见，全球金融业必将在美国并购潮的影响下，上演一出又一出资产重组的精彩剧目。

第三，美国贸易逆差的不断扩大，预示着全球的贸易摩擦将有增无减。斗争首先将集中在世贸组织新一轮谈判上。由于各国各有自己的打算，谈判必将十分困难和旷日持久。美国政府的想法是把制定农业领域的贸易规则作为首要课题。这是因为美国农产品的 1/3 要出口，与其他产业相比，农业对出口的依赖性很大。而美国农业经济状况欠佳，与加拿大、澳大利亚和欧洲的竞争日趋激化。在新的一轮谈判中，美国将要求降低关税和确定允许转基因作物进口等规则，以扩大出口；与此同时，美国将把重点放在改善竞争条件上，要求取消欧盟的出口补贴，对加拿大和澳大利亚的国家贸易加以限制等。欧盟则将打出保护消费者利益的旗号，就使用激素养牛和转基因作物等问题同美国抗争。农业问题也是日本最担心的方面，因而不主张集中讨论农业，而主张"不拘泥于狭小的领域"。希望世贸组织承认农业具有多种作用。意思是说农业除生产食品以外还具有环保、作为景观和防灾等多重作用，这个观点显然是为反对农业贸易自由化而提出的。发展中国家则对发达国家提出的贸易、环境和劳动条件等新领域不感兴趣。认为这是发达国家为限制进口而制造的借口。在这种情况下世贸组织能否协调各方利益，推进世界贸易的进一步发展，将面临严峻考验。

（原载《世界经济与政治》2000 年第 1 期）

新世纪跨国公司的走势及其全球影响

1999 年末，中央经济会议提出要关注世界经济发展的三大动向，其中之一就是跨国公司对全球经济影响的日益增大。20 世纪 90 年代世界经济的特征之一是"经济全球化"，而经济全球化的动力之一，则是跨国公司以全球为舞台配置资源，由此又导致国际劳动分工的深化和世界经济格局的演变，并对全球经济的发展产生巨大影响。

自我国实行改革开放政策以来，跨国公司对中国老百姓来说已经逐渐由陌生变为熟悉，统计数字告诉我们：到 2000 年 1 月底为止，各国和各地区跨国公司在我国已经实际投资 3096 亿美元，在我国建立了 34 万多家企业。① 外资企业在我国的固定资产投资、产量和出口中都占有举足轻重的地位。今后跨国公司来我国进行直接投资的动向如何？我国能否更加积极、合理、有效地加以利用？这些问题的答案无疑会对我国经济的发展产生不同影响。因此，我们对新世纪跨国公司发展的大趋势不能不加以密切关注。本文将根据现有数据和资料对这个问题进行初步探索。

跨国公司对外直接投资将获得更大发展

20 世纪 90 年代全球跨国公司已有很大发展。1993 年全球有跨国公司 1.7 万家，附属企业 17 万家，1998 年跨国公司增加到 6 万家，附属企业上升到 50 万家。② 6 年中分别增长了约 2 倍。1993 年跨国公司及其附属企业在全球销售的商品和服务为 5.5 万亿美元，1998 年上升到 11 万亿美元，

---

① 《人民日报》，2000 年 3 月 1 日，记者龚雯引外经贸部公布数字。
② 联合国贸发会议：《1999 年世界投资报告》（英文版），联合国 1999 年版，第 XVII 页。

6 年翻了一番。目前跨国公司的母公司和附属企业的生产占全球的 1/4，其中有 1/3 是附属企业在外国生产的。跨国公司的内部贸易和外部贸易占世界贸易总量的 2/3，单是跨国公司的内部贸易就占世界贸易总量的 1/3。可见，跨国公司在世界经济中的重要地位。

展望新世纪，跨国公司向全球的扩张不会减速，而可能有更快的发展。其原因如下：

第一，各国大公司已经尝到了向外扩张的甜头。像汽车业和计算机业都按成本最小化、效益最大化的原则在全球配置资源，把增值最多的核心设计和生产留在母国，而把边缘产品分散到全球各地，大大提高了利润率。与此同时，它们还通过对外扩张而力求占领更大的市场份额。美国通用电气公司总裁小韦尔奇就曾这样表白过他向全球进军的决策动机，在《1998 年通用公司年度报告》中，他说："我们之所以要强化我们为全球化所作的努力是因为这样的事实，过去 10 年，通用公司在美国的销售收入一年增长 6%，而在全球是 17%。"因此，该公司已决定到 2000 年，通过提高对外直接投资使国外的销售收入占到总收入的 50%。西雅图会议之后，发达国家中有一股反"全球化"的潮流，但全球化拥有利润规律驱动下的强大势能，妄想阻挡它的进展是不可能的。

第二，东道国有引进跨国公司投资的积极性，不仅发展中国家为了引进资金技术和管理经验需要跨国公司的投资，发达国家也有这种需要。当 20 世纪 60—70 年代美国跨国公司向西欧大举进军时，西欧曾出现过一片惊慌，呼号美国公司对西欧的"入侵"；当 80 年代日本、欧洲的跨国公司向美国进军时，美国人也曾叫嚷过日本"买走了美国"，但事后证明这些不过是虚惊一场。引进外资只要政策对头，还是给东道国带来了不少好处，所以对外资采取欢迎态度已是多数国家和多数人的共识。

第三，信息化的快速发展和市场化之风吹遍全球，为跨国公司向全球扩张提供了技术支撑和体制支撑，这两个重要条件在新世纪都会有更广阔的发展，并继续成为促使跨国公司扩大对外投资的强大动力。

发达国家跨国公司相互间的投资仍将是主体

1998 年发达国家跨国公司的对外直接投资达 5947 亿美元，比 1997 年增长 46%，在世界对外直接投资中的比重由 1997 年的 86% 上升到 1998 年的 92%。① 同期，发达国家吸引对外直接投资达到 4604 亿美元，比 1997 年增长 68%，占全球引进外资的比重由 1997 年的 59% 上升到 1998 年的 72%。② 从对外直接投资的存量看，1998 年发达国家输出资本达 37149 亿美元，占总体的 90.2%，同年引进外资达 27854 亿美元，占总体的 68.1%，说明无论是输出或引进资本，发达国家都是大头。而在发达国家中，美国、欧盟、日本三家的相互投资又是重中之重。它们要占发达国家之间资本输入的 93% 和资本输出的 91%。这种格局预计在新世纪的相当长时期里还将持续下去。

90 年代美、欧、日三角关系的特点在于彼此都是对方的最大投资伙伴。现在，欧洲跨国公司继续热衷于对美国投资，而日本则因经济衰退和金融部门的结构性问题而力不从心。1998 年，欧盟对美国的直接投资上升到 1550 亿美元，而日本对美国的投资则下降到不足 90 亿美元。欧盟跨国公司大举向美国进军显然是想从美国经济持续繁荣中获得好处。在欧盟中，英国一马当先，对美国投资增长超过 8 倍，德国增长 4 倍，这两国的投资要占 1998 年美国引进外资的 60%，融资方式主要是在购并中进行股票交换，金额要占总投资的 80%，公司内部融资和利润再投资各占 10%。另外，美国跨国公司也是对欧洲的最大投资者，要占美国对外直接投资总额的 54%。融资方式主要是利润再投资，股票交换也占有重要地位，公司内部融资较少。日本对美国投资的下降是暂时的，随着日本的经济复苏，它对美国的投资会重新增长。

在欧洲，为了利用建立统一大市场的有利条件，欧盟各国内部相互投资是一个重要特征。就产业部门而言，目前服务业的内部投资要高于制造

---

① 联合国贸发会议：《1999 年世界投资报告》（英文版），1999 年，第 483 页。

② 同上书，第 477 页。

业，原因在于服务业如通信、交通过去是由欧洲各国政府管制的，统一大
市场建立后，为了提高效率需要拆除壁垒实行一体化。同时，服务业的民
营化和放松管制也鼓励了欧盟各国之间的相互投资。在制造业，有迹象表
明，欧盟内部跨国投资在劳动密集的行业有增强趋势，主要是为了实行技
术改造和产业升级。因此，在纺织、木材加工、运输工具等方面欧盟内部
的相互投资都占有很大比例。此外，对标准化生产线的投资也是欧盟内部
投资的重点，其目的是实行大量生产，降低交易成本，以适应统一大市场
扩大了的需求。

日本历来是美国和欧洲引进外资的重要来源，但日本对从美国和欧洲
引进直接投资则不感兴趣。这种情况在这次经济衰退后有所改变。尽管引
资水平同日本的经济规模仍然很不相称，但的确有所提高，据日本大藏省
公布的资料，从1998年4月到1999年3月的11个月中，外国投资者在日
本的直接投资金额达到了1.12万亿日元，创下了历史最高纪录，这个数
字是前一个财政年度同期的2.15倍，在外资中，美欧大公司是主力。美
国公司兼并的特点是以原价10%—20%的低价，收购日本的不动产。据有
关方面透露，美资企业1999年计划在日本收购价格达4万亿日元的用做
抵押的不动产。美国通用财团的GMAC公司和专门从事商业用房地产经营
的GMACCM公司已经购买了日本长期信用银行系统的两栋办公楼，还计
划购买其他金融机构的不动产或以不动产作担保的其他债权。另据大藏省
公布的材料，1999年上半年欧洲对日投资激增。受法国雷诺公司收购日产
汽车公司的影响，欧洲投资已占日本引进外资总数的79%，而1998年同
期为33%。

近年来，在日本发生的日益增多的跨国兼并收购，可能预示着日本公
司文化、结构和战略的一种根本性转变。兼并收购逐渐变为日本公司所能
够接受的交易方式。在此以前，日本公司把兼并收购看做掠夺，同时由系
列化组织在公司间造成的盘根错节，也使兼并收购很不方便。但在这次经
济衰退中，有许多教训使日本公司对系列化结构作了重新评估。例如，
1998年当日本山一证券公司宣告破产时，它所隶属的芙蓉财团中竟然没有
一家相关公司愿意伸出援救之手。结果这家公司的主要部分被美国美林证
券公司买断。这种变化预示着，在新世纪，日本对外投资和引进外资之间

的不平衡关系可能会有所纠正。

美国跨国公司的投资和引资将继续领先世界

美国跨国公司的对外直接投资在发达国家中的比重近年来是上升的。在 1987—1992 年间，美国每年平均输出资本 298 亿美元，占发达国家资本输出的 16%。[①] 1998 年美国当年输出资本 1328 亿美元，占发达国家资本输出的 22%。[②] 就对外直接投资的规模而言，美国始终以极大的优势领先于其他发达国家，只有英国与美国接近。但在 90 年代其规模通常相当于美国的 30%--50% 之间，只有 1998 年达到美国对外投资的 85%。美国引进外资在发达国家中的比重也是上升的。在 1987—1992 年间每年平均引进外资 462 亿美元，占发达国家总额的 33.8%，1998 年引进外资 1933 亿美元，占发达国家总额的 42%。[③]

美国对外直接投资至少在新世纪初期仍将处于世界领先地位。这是因为：第一，美国跨国公司把占领世界市场视为发展壮大自己的生命线，而直接投资能绕过有形的和无形的贸易壁垒，最有效地实现这个目标。同时美国政府也从各方面为美国跨国公司向全球扩张鸣锣开道。第二，美国跨国公司正在以良好的业绩显示它们的国际竞争力。1999 年是美国跨国公司竞争力继续上升的一年。美国《商业周刊》根据上市公司股票的市值排列出 1999 年全球 1000 家市场价值最高的公司，其中美国为 494 家，比 1998 年增加 19 家，比 1990 年增加 170 家。就利润额而言，1998 年世界盈利最多的 10 家大跨国公司中，美国占了 8 家，说明美国跨国公司的经济效益处于世界前列，因此不愁在海外不能扎下根来。第三，越来越多的国家实行对外开放政策，对外国直接投资表示欢迎，并力求改善投资环境，吸引跨国公司的投资。据联合国贸发会议统计，1998 年有 60 个国家对引进外资的规章进行了修改，总共有 145 条，其中 136 条是有利于对外直接投资

---

① 联合国贸发会议：《1999 年世界投资报告》（英文版），1999 年，第 483 页。
② 同上。
③ 同上书，第 477 页。

的，只有9条是不利的。这是自1991年以来吸引外国直接投资的总趋势，这对美国跨国公司对外扩张无疑也是一个好形势。第四，服务部门是美国的长项，1998年非银行金融业和保险业的对外直接投资增长很快，要占美国对外投资总额的60%，而制造业只占28%。随着各国对电信业、金融业的放松管制以及民营化的发展，美国在这些领域将获得更多的投资机会。

在新世纪美国吸引外国投资的能力仍将居各国之首。这是因为：第一，美国有良好的投资环境，在美国开办企业很容易，融资方式十分灵活，此外它还有良好的基础设施、先进的技术资源。许多国家到硅谷投资，目的就是在信息技术的前沿获取技术信息。第二，美国已从引进外资中受益，各州都在提供各种优惠，吸引外资。设在华盛顿的美国"国际投资组织"在一份研究报告中说：近年来，设在美国的外国公司在推动美国经济增长方面的作用越来越大。该报告称，1997年，外国跨国公司在美国的子公司所创造的产值占美国国内生产总值的6.3%，比10年前提高了1.3个百分点。这些子公司的商品出口额达1410亿美元，占美国出口总额的20%，它们雇用的美国工人达520万人，占美国私营行业劳动力的5%。这些子公司用于研究与开发的投入达197亿美元，比1996年增加了9.4%，占美国企业研究与开发投资的14%，它们掌握的美国资产到1997年底已达3万亿美元，比上一年增加了3500亿美元。它们已经成为美国经济的重要组成部分。预计在新世纪这些外国公司在美国还要发展，并对引进更多外资起带动作用。

跨国公司对发展中国家的投资会稳步上升

在经过70—80年代的国有化浪潮之后，90年代发达国家对发展中国家的资本输出已稳步上升。1998年发展中国家吸引外资1659亿美元，为1993年的1倍多，为1981—1986年平均增长率的10倍多。发展中国家引资在世界对外直接投资总额中所占的比重也有所上升，1987—1992年约占总额的20%，1998年上升到25%。同时，发展中国家近年来引进外资的增长速度要比发达国家快。1980年发达国家引进外资的存量约5000亿美元，1998年上升到3.7万亿美元，增长6倍多。1980年发展中国家引进外资的存量约133亿美元，1998年上升到3900亿美元，增长约28倍。

在新世纪，这一趋势会得到进一步发展。这是因为：第一，发展中国家有自己的区位优势和资源优势，对发达国家有吸引力。此外，据调查，在发展中国家进行投资的回报率常常要高于发达国家。第二，80年代拉丁美洲债务危机使发展中国家意识到以进口替代为导向的发展战略是不成功的，实行对外开放政策，引进外资有利于经济的加速发展。有鉴于此，发展中国家纷纷调整自己的政策，改善投资环境，建立自由贸易区、经济开发区、保税区，为外资的引进铺平道路。而这些做法正在为其他发展中国家和过渡型经济所借鉴。第三，墨西哥金融危机和亚洲金融危机使发展中国家进一步认识到在引进外资的方式中，直接投资有比证券投资更稳定的优点。联合国贸发会议的研究证明，各种投资的波动系数如下：对外直接投资是0.35，证券投资是0.43，商业贷款是0.71。

据分析，直接投资在东道国相对稳定有三个原因：第一，直接投资着眼于市场的长期增长潜力以及东道国的结构性特点，因此在形势逆转时不会轻易改弦更张。第二，直接投资有各种既定目标，如寻求市场、资源、技术或提高效率，这些既定目标能够抵消随大流的羊群效应。第三，直接投资涉及在东道国建立生产设施或收购已有设备，这些东西沉淀成本很高，是不能在经济逆转时一走了之的。由于以上原因，未来发展中国家将更愿意引进跨国公司的直接投资。

然而，跨国公司对发展中国家的投资发展是不平衡的，据联合国贸发会议的资料，48个最不发达国家（32个在非洲的撒哈拉以南地区）在整个90年代从外资的增长中所获极少。尽管它们的对外直接投资年平均增长率在1986—1990年和1991—1996年这个时段，增长了几近两倍，但它们在发展中国家流入的外资中所占的份额却从2.1%下降到1.8%。与之相比，在1986—1990年和1991—1995年这个时段，最不发达国家进口商品的价值上升了27%，但其进口在发展中国家的比重却由3.4%下降到2.3%。跨国公司对最不发达国家缺少兴趣，是造成全球两极分化加剧的原因之一。

将有越来越多的跨国公司从发展中国家崛起

随着发展中国家经济实力的增强，将有越来越多的公司走上跨国经营之路。联合国贸发会议从 1995 年开始，按国外资产额排列出发展中国家 50 个最大的跨国公司，并且跟踪其发展。由于受亚洲金融危机的冲击，1997 年这些公司的增长陷于停顿。不过按 1993—1997 年 5 年计算，50 家跨国公司的跨国程度还是上升的。尤其是在 1993—1996 年，作为衡量企业跨国经营程度的国外资产占总资产的比率，国外销售额占总销售额的比率，国外雇员占雇员总数的比率都明显上升，只是从 1997 年开始放慢。

发展中国家的大型跨国公司目前还只限于少数国家，如中国（包括香港特区）、韩国、委内瑞拉、墨西哥和巴西。这些国家和地区的公司资产要占 50 家的 80%。到目前为止处于领先地位的公司来自亚洲，其中中国香港的跨国公司资产共计 260 亿美元。其次为韩国，共计 190 亿美元。1997 年沙特阿拉伯有 1 家，非洲有 3 家跨国公司在 50 家中出现。就 50 家的行业结构来说，1996 年和 1997 年相对稳定。多种经营的跨国公司，食品、饮料、石油以及建筑业居于统治地位。1997 年 50 家跨公司中跨国经营程度最高的是运输、食品、饮料以及多种经营的公司。

发展中国家跨国公司的崛起有其必然性。对此约翰·邓宁在总结经验的基础上提出了他的阶段性"发展周期理论"。他认为：第一阶段，发展中国家在很低的收入水平下，很少甚至没有外向直接投资，本地公司也不具备外向投资所必要的竞争优势。第二阶段，经济虽有所发展，但由于本地企业没有创造出自己充分的所有权优势，用于克服国外生产最初的障碍，因而不大可能有很多外向投资。然而，为了利用邻近地区的资源禀赋，或为了进入外国市场，可能进行有限度的跨国经营活动。第三阶段，也是大多数发展中国家目前正在经历的阶段，在它们的经济有了相当发展之后，它们可能采取一种以出口为导向、参与国际分工的方针，如新加坡那样。这种分工只要能在创新活动中创造出有本国特色的所有权优势，就可能从贸易迈向生产。这样随着一些国家的发展，它们最终将进入第四阶段，这时它们将变为净外向投资者。20 世纪下半叶，英国和美国在 50 年代和 60 年代是这个阶段的典型，70 年代和 80 年代的日本、西德和瑞典处于这个阶段。由于在 70 年代和 80 年代大多数发达国家在收入水平上和资源结构上的趋同，净外向投资者的数目从 1969—1975 年的 7 个增长到 1975—1983 年的 12 个。邓宁的理论已经为实践证明是站得住脚的。

扩大规模和建立伙伴关系将是跨国
公司实行垄断的两种不同形式

跨国公司为获取规模效益，必然要通过扩建、兼并、收购等方式不断扩大经营规模，以求占领更广阔的市场。近 10 年来，跨国公司拥有的资产迅速膨胀。例如，美国通用电气公司 1990 年的资产总额为 1283 亿美元，到 1999 年上升到 3559 亿美元，增长了近 2 倍。花旗银行 1990 年资产总额为 2306 亿美元，在同旅行者集团合并后，于 1999 年一跃而达到 6686 亿美元，也增长了近 2 倍。波音公司和麦道公司合并前，1990 年波音公司的资产只有 126 亿美元，合并后 1999 年达到 366 亿美元。英国石油公司 1990 年的总资产是 530 亿美元，在同阿莫科石油公司合并后 1999 年达到 845 亿美元。随着企业规模的扩大，市场占有率更加集中，调查显示，从 1988 年到 1998 年，美国五大铁路公司的市场占有率从 59% 上升到 76%，五大百货公司从 46% 上升到 75%；飞机制造业在波音公司兼并麦道公司后在美国已无竞争对手。人们认为美国正在出现"新垄断经济"。

市场集中率上升对多数传统产业来说是事实，然而对高新技术产业却不完全如此。例如，信息业的 4 家最大公司，其市场集中率从 1985 年的 43% 下降到 1997 年的 31%，同期汽车行业也从 47% 下降到 44%。有两种原因可以对此作出解释。第一，战略伙伴关系正在同兼并收购一起为大公司跨越国界增强市场统治力量提供条件，而传统的分析方法并未考虑战略伙伴关系同市场集中度的关系。第二，通过战略伙伴关系和兼并收购，模糊了行业界限，因而很难分辨在一个既定行业里，市场集中度和竞争状况的变化。在高新技术产业中几乎都有这个问题。然而，这种战略伙伴关系也能造成事实上的集中和垄断。据统计，在 1985 年到 1995 年间在美国正式登记注册的联合研究机构有 575 家，其中信息通信占 23%，居第一位，汽车业居第二位，其研究范围涉及环境保护、新材料、新能源和运输技术等方面。大公司如通用汽车公司、IBM 和 AT&T 公司是多个研究项目的参与者，由于它们的业务是多元化的，并参与许多产品的联合研究与开发，这就为它们在许多领域垄断技术市场提供了机会。这种垄断不仅发生在国内各公司之间，也发生在国际大公司之间。产生这种现象的原因之一是高新技术研究与开发的高昂成本，联合研究既便于集中资源，又有进退自如的灵活性。

　　这种战略伙伴关系是以知识为基础的，其目标是合作控制新知识的来源。首先，这种以知识为基础的垄断有很强的能动性，它力求打破现状。其次，它不重视为市场进入设立死门槛而更着重于形成一种在它们起支配作用的那个产业中的未来疆界、标准和竞争规则。再次，它们是许多公司之间的网络，联盟则是形成全球垄断的基本架构和基石。最后，就组织形式而言，新垄断可以在一个行业内形成，也可能在行业间形成，有时则同时发生。它们在前进中不断重组，把对它们有用的新角色吸收进来，又把对它们无用的合作者排除出去。这些特征在信息产业中表现得特别明显。人们担心这种伙伴关系会给合谋垄断创造机会，从长期看，如果任其发展可能会阻碍竞争，损害消费者的利益。

随着合作研究以及海外研发机构的加速发展，技术扩散将加快

　　跨国公司是靠技术创新制胜的，并且是靠技术优势在东道国扎根的。在此过程，它们已自觉或不自觉地成为先进技术扩散的驱动力。扩散的渠道之一是公司间的技术协议。据联合国贸发会议的统计，1980—1996 年，公司间的技术协议达 8354 件，其中 80 年代初每年增长不到 300 件，90 年代每年平均增长超过 600 件。这种增长势头是生产和竞争模式一系列变化的结果。在 80—90 年代间，各个产业在生产中的知识密集度上升，由此导致研究与开发支出的增长以及产品开发和上市速度的加快。随产品生命周期的缩短，成本、风险以及为维持和赶超前沿地位而产生的不确定性在

上升。为了应对这种竞争形势，跨国公司采取公司间签订技术协议的方法来增加灵活性并借助其他公司的研究开发力量。这就为技术加速扩散提供了条件。

技术协议又分两种：一种是单向流动的，即由许可证发放者到许可证接受者；另一种是双向的，即联合研究开发，或创立具体项目的联合研发公司。从 90 年代的资料看，第一种方式在下降，第二种方式在上升。1996 年单向流动协议只有 109 件，而双向流动协议上升到 541 件。这种技术协议主要是在发达国家公司之间签订的，同发展中国家签订的是少数，然而却是上升的，即从 80 年代占全部协议的 4.9%，上升到 90 年代的 6.2%。

90 年代跨国公司在本土以外独立地或合作地建立研究与开发机构也有很大发展。这样做有三个目的：一是"开辟信息窗口"，以便及时捕捉世界范围的新信息，经过对技术信息的收集、整理、加工和运用，开发出符合母公司战略要求的新技术、新产品，再将开发出来的科技成果传输到母国。二是"实现技术本地化"，用以解决母国同东道国在用户需求、技术基础以及材料性能方面存在的差异，或者对原有技术进行必要的改良和革新。三是"利用人才"，随着国际竞争的白热化，对高质量研究开发人才的需求日益增长。为了在国际范围内网罗争夺研究开发人才资源，跨国公司纷纷着手建立全球性的开发网络，利用其投资所在地区的人才优势直接从事研究开发，为跨国公司的全球发展战略服务。

随着科技进步的加速，在新世纪，上述做法必将更为流行。这种走势既有上面讲的造成寡头垄断的风险，也会成为加速技术在全球传播的动力。

新世纪跨国公司走势与中国面临的机遇和挑战

新世纪跨国公司的走势对我国既有机遇，也有挑战。跨国公司对外扩张的加速，为我国吸引外资创造了很好的机会。1990 年全球的对外直接投资存量为 17141 亿美元，1998 年上升到 41171 亿美元，年平均增速为

11.6%，为世界 GDP 增长的近 4 倍，世界贸易量的 2 倍。[①] 今后只要保持这个增长速度，到 2006 年，全球对外直接投资总量将达到近 10 万亿美元，比现在再增加 6 万亿美元。我国至 1998 年实际吸引外资 2423 亿美元，占全球直接投资总量的 5.8%。[②] 今后如能保持这个水平，到 2006 年可能再引进外资 3000 亿美元左右。这将对促进我国经济发展起重要作用。随着我国加入世贸组织的进程加快、西部大开发的全面展开，实现这样的目标具有现实的可能性。

然而，又必须看到，吸引外资的国际竞争正在日趋激烈，我国虽然拥有广阔市场和丰富资源的优势，其他国家也在努力改善投资环境。如果我们自满自足，停滞不前，现在享有的第二大引资国的地位就会发生变化。特别应当注意到亚洲各国在金融危机后为了加快经济复苏，相继采取了有较大力度的引资措施，日本、韩国、泰国、马来西亚都是如此。在其他地区许多国家也各有自己的优势，如印度的信息业、软件业就比我们强。就市场而言，墨西哥、巴西等国都拥有毗邻美国的区位优势，条件并不比我们差。而我国自 1994 年以来，有效合同外资存量下降、实际吸引外资后劲不足的问题已日益明显。为了迎接新世纪的挑战，我们必须加倍努力，针对跨国公司发展的大趋势，抓住机遇，进一步深化改革，扩大开放，完善全方位、多层次、宽领域的对外开放格局，使我国引进外资的工作登上一个新的台阶。

（原载《世界经济与政治》2000 年第 8 期）

---

① 联合国贸发会议：《1999 年世界投资报告》（英文版），1999 年，第 495 页。
② 《中国对外经济贸易年鉴》（1984—1998 年），《中华人民共和国 1998 年国民经济和社会发展统计公报》。

"软着陆"?"硬着陆"?

扩张进入了第十个年头的美国经济似乎已到强弩之末。连"新经济"的最初倡导者《商业周刊》经济编辑迈克尔·曼德尔也在疾呼"正在到来的互联网萧条"。他认为,如果 2000 年初股市已到巅峰的话,再有两年或略多一点时间美国经济就会出现急剧滑坡。在美国,更多的议论是,经济能否出现像美联储所希望的既能抑制通货膨胀又能避免衰退的"软着陆"。有人断言"硬着陆"的可能增大。也有人说这将是一场比"软着陆"略逊一筹的"颠簸着陆"。总之,与此前相当普遍的乐观情绪相比,心理预期正在发生变化。

的确,美国经济正在经受内外部的各种冲击,不确定因素似乎增加了,美联储宏观调控的难度加大。但这是否说明经济增长已到强弩之末,大萧条或经济衰退即将到来呢?对此还需从微观和宏观层面作一些客观分析。

在微观层面,美国经济的基础依然是健康的。网络公司的倒闭对整个信息产业来说还不是致命伤。

1990 年代由信息革命带动的经济结构大调整还在向纵深发展,技术创新正在不断突破瓶颈,为经济增长添加新的动力。电子商务的确受到了挫折,网络公司已经倒闭了 130 多家,但这对整个信息产业来说不过是伤风咳嗽,而不是心肌梗塞。

目前,信息通信业的瓶颈有两个。一是网上数据每三个月翻一番,但传输速度跟不上。为解决这个问题,技术创新正在光纤上取得突破,为加快信息传输速度开辟了广阔前景。这是一种叫做"密集光波多重分解"的技术创新,它结合激光和光纤技术,把光谱上表现为不同颜色的波长分为 160 种光波,在比头发丝还细的一根光导纤维上同时传输,一下子就可以把数据传输速度提高 160 倍，而不再需要在马路上"开膛破肚"铺设新光缆。这种技术使信息传输速度每 9 个月翻一番，比半导体运算速度每 18 个月翻一番要快一倍。现在，这种技术以 JDS Uniphase 公司为最先进，它在过去 12 个月中，收入上升 133%，达到 18 亿美元，2003 年市场将达到 230 亿美元。它的股票市值在纳斯达克严重受挫的时候，仍然上涨 434%。信息通信技术需要突破的另一个瓶颈是无线网络通信问题，打破这个瓶颈，就将以无线通信网取代有线网，依靠增加带宽来实现的"信息高速公路"已显过时。现在有无数小公司正在致力于这方面的研究开发。已经取得的成就是由瑞典爱立信公司实验室发明的"蓝牙"（Blue Tooth）装置。爱立信公司三年前向英特尔公司建议，共同建立一种低压电力的无线电标准，自此以后，一个有 2000 多家公司参加、包括所有大公司的"蓝牙联盟"已经成立。日欧正在围绕这种技术同美国竞争，日本暂居领先地位。移动商务（m‑Commerce）正在取代电子商务（e‑Commerce）。美国当然不甘示弱，微软公司已经放话说，2001 年将是关键的一年，届时"蓝牙"将在视窗上出现。预计安装"蓝牙"后就可以取消电缆，早期的应用将提供膝上电脑、移动电话和家用电器之间的无线联系。

在信息技术的帮助下，生物工程领域破解了遗传基因，绘制了基因图谱，给美国的制药业开辟了广阔的前景。原来各种新药只能消除症状而不知病源，现在在基因理论的指导下，从根本上解决问题，新药的出品会大大加快。据美洲银行的专家分析，在生物技术引导下研制的新药将从 500 种上升到 10000 种，增加 20 倍。"所有这些公司在过去 5 至 10 年正在开发的令人振奋的新药将会开始成功上市，并且赢得市场，驱动盈利。"

在新能源方面，最有希望的是燃料电池（fuel cell）。美国国际燃料电池公司和巴拉德电力系统公司初步拥有这种技术，它的基本原理是在一种装置中让氢（可以从甲烷、天然气或石油中产生）同氧聚合，不通过燃烧直接产生电能，而其残留部分是水，不产生污染。在加州，大公司正同政府合作，准备再花三年时间，使实验成功。完全过关后，将开辟新的广阔市场。

有利于经济增长的另一种进展是：信息通信技术正在向所有传统行业，包括制造业、服务业、批发零售业、金融保险业以及政府部门渗透，从而提高效率。例如，波音公司过去最头疼的问题是每年要向它的 600 多家客户航空公司发送大量技术手册、零部件表和其他用于维修的文件，其厚度达 13 万英尺，单是邮寄费一年就要几百万美元，航空公司也要花同样的成本用于存放和调用这些资料。现在，波音公司已经通过建立互联网站解决了这个问题，并获得了为客户服务优秀样板的美誉。

有一种担心是，随着纳指的暴跌和电子商务遭受打击，风险资本的供应将面临枯竭的前景，它可能导致技术创新的停滞。然而，根据硅谷《荷塞信使报》的调查，至少在硅谷这个美国和世界技术创新的源头，目前还没有这种迹象。据该报称，1999 年第一季度硅谷风险资本投资为 17.2 亿美元，投入 211 家公司；2000 年二季度上升到 69.9 亿美元，资助 412 家公司；2000 年第三季度虽有所下降，但幅度很小，数额也达到 69.5 亿美元，资助 379 家公司，仍为 1999 年第三季度的两倍以上。对网络公司的投资的确减少了一半，但对成功的电子商务公司的再投资增加了，同时找到了新的投资机会，如对湾区的网络设备公司以及软件公司的投资都有所增长。

在宏观层面，美联储的宏观调控现在还只是初见成效，实现"软着陆"仍有一定难度。

联储于 1999 年 6 月开始实行紧缩金融政策，原因是美国经济出现求大于供的失衡现象，具体表现在劳工市场过于紧张、贸易逆差不断扩大两方面。六次提高利率后，2000 年三季度的经济增长是慢了下来。但能否既恢复供求平衡、防止通货膨胀，又不使经济陷入衰退，前景仍不明朗。在此，紧缩力度适当是"软着陆"成功的关键，过度或不及都会带来风险。目前这两种风险都显露出一些苗头。

首先，供求平衡尚未臻理想。一方面，劳工市场继续紧张、失业率下降到 30 年来最低的 3.9%，就业成本指数显著上升到 4.6%。个人消费需求 2000 年第三季度继续上扬到 4.9%。另一方面，进口增长速度虽然有所放慢，但贸易逆差仍在扩大，2000 年全年可能超过 4000 亿美元，再创历史纪录。这就是说，求大于供所导致的两个缺口依然存在，带来通货膨胀复燃的压力。

其次，生产率增长已有放慢迹象。美国全国企业经济联合会说，它的成员公司正在面临九年来最厉害的挤压利润现象，原因是生产率不能与能源、劳工、贷款的成本同步上升。美国国家经济分析局2000年三季度报告说资本投资支出放慢。美国国家统计局的资料也说，7—9月，用于提高效率的资本设备订单已连续三个月下降，这些都会影响生产率的增长。

联储宏观调控的难度就在于，上述两种苗头要求实施截然不同的政策，至于哪种苗头居于主导地位则靠决策者的正确判断。美联储11月公开市场委员会公报的说法是：目前需求压力的减轻，还不足以改变联储早先对经济形势不利于物价长期稳定和经济持续增长的判断。当前的风险主要仍偏向于在可预见的未来通货膨胀压力会增强方面。这一结论是以联储掌握的第一手资料为依据的，是可信的。

最后，美国的财政金融环境目前处于历史上最好的状态。降息、减税都有较大余地，增强了联储对局势的控制力。联储目前对"软着陆"有信心。联储认为，信息技术所带来的较高生产率不会退回到80年代。格林斯潘说："知识基本上是不可逆转的，近来在生产率上所取得的成绩中很多——如果不是大部分的话，都将成为永久的。"联储七理事之一的劳伦斯·迈尔列举了对"软着陆"乐观的五条理由：现在是经济高增长期，即使把速度放慢，仍然会高于过去25年的平均水平；供应的力量和石油价格走低将有利于顺利过渡；人们对反通胀的金融政策有信心，反映为长期通货膨胀预期仍然钉住不动；紧缩的货币政策行动及时，紧缩是在通胀压力还不明显时动手的；现行金融政策已经创造了紧缩的金融环境，包括较高的长短期利率、低股价、坚挺的美元和更严格的银行贷款条件，为较慢的增长率打下了坚实的基础。

概括以上几点，可以这样说：美国经济仍有健康的基础，但受市场供求规律的制约。技术创新对经济的推动力是强大的，但市场经济的自发性和狂热性则把它推进到供求失衡的地步，因此要靠宏观调控恢复平衡。在这里，金融紧缩的力度适当与否，是决定能否"软着陆"的关键。目前经济放慢是好事，符合联储目标，不能认为是经济失控所导致的下滑。当然，如果紧缩过度，经济是可能发生衰退的，但目前宏观决策部门仍然掌握着主动权和多种手段，"软着陆"仍然可能。2001 年，即使经济增长速度很低，也不至于发生衰退。

（原载《世界知识》2001 年第 1 期）

心碎 2000

——美国网络公司大盘整

2000 年是令美国网络公司心碎的一年。这个昨天还几乎是点石成金的新兴行业，转眼间辉煌不再，丢盔弃甲，损兵折将，在美国信息业发展史上留下了令人难忘的一大败笔，经验教训十分深刻。

据美国研究机构"网络兼并公司"的调研，2000 年美国有 210 家互联网公司停止了营业，约占互联网公司总数的 60%。全年因公司倒闭或裁员而失业的职工达 15000 人，仅 12 月的伤亡就使 15 亿美元的资本化为乌有，其中一部分是风险资本的泡汤，另一部分是公司股票的缩水。倒闭公司中至少有 1/4 正在设法卖掉它们的资产或者已宣布破产之后进行资产重组。在互联网公司中，从事对消费者零售（B2C）的占 75%，从事企业对企业购销（B2B）的占 21%，其余大部分由网上服务公司和基础设施公司构成。从另一个角度看，停业的公司中，电子商务公司约占 55%，内容供应商（Internet Content Provider，雅虎就属此类）约占 30%。就地区看，30% 发生在加利福尼亚州，纽约州和马萨诸塞州约占 10%，在西欧的分公司约占 11%。第四季度网络公司倒闭的速度加快，一方面是因节日即将来临引起不安，另一方面则是担心难逃年终结算的大限。然而，尽管停业者如此众多，被购并者还是占多数。大约每有一家公司送葬，就要有五家公司庆婚。

互联网公司的大溃败有许多教训值得总结

一是投资者的盲目性和狂热性。这是因为在资本主义市场中，有一种

"羊群效应"在起作用。当某个行业看好的时候，大家一涌而上，唯恐跑慢了分不到一杯羹。这种弊端已经变为无法医治的顽症。然而市场的供求规律决定，需求量只有那么大，公司办多了僧多粥少，最后必然有许多要垮台。实际上，在竞争中能站得住脚的公司只有两种：一种是资本雄厚、规模庞大，能够在低利的情况下，靠薄利多销保持盈利而继续生存；另一种情况是产品或服务有某种特色，是别人学不到的，因而在竞争中不容易被打倒。狂热的投资者不考虑投资对象有没有这些优势，以为只要是电子商务就必能赚钱，其结果难免遭殃。

从电子商务的行业特征看，教训是没有充分认识其竞争的特点。尤其是在 B2C 领域，把最初一种别人没有想到的创意付诸实施，的确能带来一种所谓的"先行者"优势，但它的技术含量一般较低，市场进入没有很高的门坎，别的竞争者很容易打进来，所以它的先行者优势难以长久维持。如，一度红得发紫的普赖斯林公司（Priceline）起初是靠廉价销售飞机票起家的。它的诀窍就是与各大航空公司联网，把它们空余的座位在网上公布，使乘客获得信息，买到低价票，这对乘客、航空公司以及网络公司都有好处，可谓一举三得。这个主意在别人没有想到时，它是先行者，因而可以猛捞一把。但是只要别人知道了这个小窍门，设计出软件，任何一家航空公司自己都可以做这个生意。普赖斯林商品零售业那里也同样有许多竞争者，终于被挤得难以生存。

股市泡沫促使某些网络公司头脑发昏，迅速垮台。在股市十分红火的时候，电子商务公司只要上市，就能大把大把地获得经营资本。一些公司被这种形势冲昏头脑，以为只要有了资本就可以不考虑盈利，而着重于讲排场，铺摊子，扩大市场份额。于是不计成本，浪费资金，当然也就谈不上赚钱。加上某些经济学家推波助澜，说一家公司的股票价值是否高估可以不考虑现实的盈利率而只看收入多少和对利润的预期等，从而把股民引入误区，吹起了股市泡沫。但资本的本性是要利润的，一家公司长期不盈利，投资者终有失去耐心的时候。只讲发展不讲盈利的公司最后必定要被投资者所抛弃。

2000 年在波士顿举行的一次有 150 名风险资本家参加的研讨会上，与会者还总结出一条教训，即投资于电子商务公司，希望在一两年内就赚大钱的理念是错误的，而投资于长线、要许多年才见效的项目，也不是风险资本的本分。只有四五年内能见效的、确实能带来高效益的技术创新才是他们投资的主要对象。在此思想引导下，2000 年第三季度，硅谷的风险资本对电子商务公司的投资即比二季度减少了 50%。同期对新成立的电子商务公司的投资也只有一家，使电子商务公司真正感受到了资金枯竭的威胁。不过，这并不意味着电子商务已经日薄西山，一些已站住脚的公司，如美国在线（AOL）、电子海湾（eBay）等公司则继续得到风险资本的支持。这个行业提供的产品与服务每年仍高达 2500 亿美元，并在继续增长。因此，在这次"大地震"中虽有大量公司消失，但并不意味着这个行业本身的垮台，震荡之后存活下来的公司将获得更好的发展空间。

特别是 B2B 的网络公司，将有更广阔的发展前途。继美国大汽车公司、大钢铁公司和大金属冶炼公司与外国同行共同建立起全球供销的电子网站之后，现在又有报道说，美国的电信业、美国和世界的大化学公司都将建立中心网站。它们将使各公司能更有效地在网络设计、购并以及资源配售上合作，促进各公司在全球的销售，并且在供应商和销售商之间架起桥梁，还将通过建立统一的信息分享平台，使各个公司工作得更有效率。据专家分析，第一代在线电子商务侧重点是消费者采购，今后这类活动仍将是消费市场的重要内容。但通过网络在企业与企业间建立贸易伙伴的合作关系，将是电子商务成功的标志。同时，企业间对产品的设计和制造的适时合作也将是今后电子商务的重点。总之，经过 2000 年全行业的盘整，它将昂首阔步，继续前进。

（原载《世界知识》2001 年第 3 期）

美国经济的走向及其对中国的影响

　　已经持续扩张 10 年的美国经济，从 2000 年下半年起进入慢车道。继第 3 季度经济增长率下降到 2.2% 以后，第 4 季度只增长 1%。其走向的特点是：第一，增幅下降极大。在此以前 2000 年第 1 季度增长 4.8%，第 2 季度增长 5.6%，而 1999 年第 4 季度的增长率则曾到达过 8.3%。第二，增速下降极快。2000 年第 4 季度比第 3 季度减速一倍，2001 年 1 季度数字虽然还没有出来，但格林斯潘 1 月 25 日在参议院预算委员会作证时承认：美国经济在急剧放慢，"确实大概接近于零增长"。第三，衰退和反衰退的力量在激烈较量，前景如何，尚不明朗。鉴于美国经济在世界经济中举足轻重的地位，美国经济今后的走向为全球所瞩目，也值得我们关注。

美国经济进入了调整期

　　从走出第 9 次经济衰退的 1991 年 4 月算起，美国经济已持续扩张了 10 个年头，成为西方国家商业周期史上最长的经济扩张期，而且在此期间始终保持了较低的通货膨胀率和失业率。出现这种情况是同美国在信息化和全球化方面走在世界前列相关的。信息化和全球化促进了美国经济结构的调整，提高了各行各业的劳动生产率，导致产业界与金融界相互促进的良性循环，因而给美国经济带来了空前的繁荣。劳动生产率的提高是这次经济扩张中的突出特征。根据历史资料，美国 1973—1995 年生产率年增长率大约为 1.43%，1995—1999 年约为 2.9% 翻了一番多。结果为企业带来高额利润，丰厚的利润促进了人们的乐观预期，推动着股市的高涨，牛市的"财富效应"又鼓励着人们大胆消费，并为科技创新积累起充沛的资金，形成消费和投资的双高涨，同时也促进了技术创新的加速发展。这种情况反过来又为进一步提高劳动生产率创造了条件。而且，生产率的提高也为在高就业状况下抑制通货膨胀构筑了防波堤。然而，这种良性循环是与企业和投资者的非理性市场行为夹杂在一起运行的，因而不可避免地使经济由合理增长逐渐走向过热，导致需求超过供应，并把股市炒到炙手可热的程度。

供求失衡具体表现为：一方面，劳动力市场的过分紧张，特别是在高科技领域，出现了高达几十万的人才缺口，使劳动力成本呈明显上升趋势，从而造成通货膨胀压力；另一方面则表现为需要靠进口来弥补国内的过度需求，使贸易逆差日益扩大。2000 年美国的商品贸易逆差上升到 4354 亿美元，创造了历史新高，为美元的大幅贬值埋下了隐患。股市泡沫尤为明显，道·琼斯 30 种工业股票指数自 1896 年开始公布，从 1000 点爬升到 2000 点用了 15 年，由 2000 点到 4000 点用了 8 年，1995 年起扶摇直上，每年跃增 1000 多点，而从 1999 年 1 月到 2000 年 1 月则猛涨 2300 多点，最高达到 11722 点；纳斯达克综合股票指数从 1971 年开始公布，到 1995 年 1 月只涨到 743 点，以后即直线上升，2000 年 3 月比 1999 年初增长 1.28 倍，一度到达 5048 点的顶峰。有些信息技术公司的市盈率高得出奇，如网络公司雅虎的市盈率 1999 年为 779 倍，同年从事网络拍卖的电子海湾公司市盈率竟高达 1161 倍。这种经济过热的形势，显然是难以为继的。问题在于扭转这种局面是靠主动调整，还是放任自流，任凭市场机制自发地起作用，让通货膨胀旧病复发，并最终使美国经济脱轨，付出比主动调整大得多的代价。

承担反通货膨胀和维持经济增长重任的联邦储备系统当然选择了前者。从 1999 年 6 月起，开始实施紧缩的金融政策，到 2000 年 5 月共提息 6 次，把联邦基金利率从 4.75% 提高到 6.5%，5 月提息幅度最大，一次调高 0.5%，目的是下猛药使消费需求和投资需求降温，实现经济的"软着陆"。此项政策实行将近一年终于见到效果。由此可见，美国经济由强劲到疲软最直接的原因来自于联储的宏观调控。6 次提息 1.75 个百分点加大了企业的融资成本，挤压了利润，同时也对股市上涨形成强大压力。当然，2000 年下半年能源价格的高涨也对企业盈利产生着负面效应。而投资者对利润预期转向悲观则是股市跳水的直接原因。应当说，经济的放慢和股市泡沫的破裂使联储达到了既定目标。

　　然而，在联储实现上述战略目标的同时，矛盾却急剧转化，经济由过热转为迅速冷却，使联储放慢经济但避免衰退的软着陆目标受到威胁。根据已解密的 2000 年 12 月 19 日公开市场委员会记录，联储在会上已经发现制造业生产和就业疲软，汽车业普遍减产，这些都是由销售不振和库存积压所引起的。但是委员会多数成员认为经济放慢的信息只是初步的，根据近年的经验，几次宏观调控后经济的放慢都紧跟着更强的经济膨胀，他们认为需要谨慎地等待更多的信息来确证经济的降温，再实行放松金融的政策，但一致同意发表一项声明，表示委员会认为在可预见的未来，风险的重心业已转到经济的疲软。不过这个谨慎的等待是短暂的，在 3 月公开市场委员会例会之前，联储为应对急转直下的经济局面，先后于 1 月 3 日和 5 日将联邦基金利率各降低 0.5 个百分点，表明了联储对经济急剧滑坡的担心和防止经济衰退的决心。

　　但是，联储闪电行动的结果并不理想，在第一次降息时，由于出其不意，股市强劲反弹，到第二次降息时股市不升反降。主要原因是各大公司业绩普遍恶化并纷纷调低销售收入和利润预期，随着纳斯达克股指跌进 2000 点大关，股民财富缩水在 4 万亿美元以上，消费者信心大减，企业投资热情猛降，前期的良性循环正在向相反的方向转化。因此，联储 3 月 20 日第三次降息 0.5 个百分点也没有立即使股市振作起来。相反，由于没有达到华尔街股票炒家降息 0.75% 的预期，道指和纳指反而急剧下跌，使美国经济的前景更加扑朔迷离。

"新经济"没有解决生产过剩问题

　　目前，华尔街和企业界把当前经济衰退部分归罪于联储前期提息力度过大，而后期降息不够及时，等等。但是，必须看到，美国经济急剧滑坡更深刻的内在原因，是"新经济"并没有解决生产过剩问题。这是人们在积极评价美国 10 年经济繁荣，并冠之以"新经济"称号时往往强调不够的一点，此次美国经济的急剧逆转使这一内在矛盾充分显现出来。事实说明，在美国经济的繁荣时期已经为经济的逆转播下了种子，这就是投资和生产迅速膨胀导致的最终需求与生产、投资脱节和生产过剩问题。这种弊端是西方市场经济的痼疾，并不是高科技和互联网所能解决的。"新经济"消除不了经济周期。网络公司大批倒闭和库存严重积压，就是最好的说明。

网络公司的大溃败是这次美国经济滑坡的先声。据美国研究机构——网络兼并公司的调查，截至 2000 年底，美国约有 210 家上市的网络公司停止了营业，约占上市网络公司总数的 60%。仅 12 月一个月就使 15 亿美元的资本化为乌有，其中一部分是风险资本泡汤，另一部分是公司股票缩水。在倒闭的公司中，从事网上零售的占 75%，从事企业对企业购销的占 21%。这些公司的倒闭并不是因为技术问题，而是由于市场过度饱和，以及经营管理不善。市场过度饱和有两个原因，在投资者方面是对新兴网络经济的痴迷，以为只要对网络公司投资就能得到高额回报，因此不管阿猫阿狗，只要是网络公司就肯投资，促成网络公司的遍地开花。在创业者方面，一种别人没有想到的创意，如网上销售廉价飞机票，一旦出台，的确能给创新者带来丰厚的利润，但由于这类行业的特点是市场进入的门槛较低，利润的诱惑会引来大批竞争者，共同争夺一个有限的市场，那些经营不善者自然就会被大量淘汰。这种投资者与最终需求脱节的事情在市场被炒得热火朝天时是难于防范的，因为谁也没有权威去阻止人们向他所痴迷的产业进行投资。

生产与最终需求脱节的问题，则是这次市场销售不畅，库存大量积压的主要原因。格林斯潘说未来美国的经济回升取决于库存调整，指的就是这个问题。原来有一种说法，企业可以利用互联网解决零库存问题，事实证明，零库存在一家公司内部是能够做到的，但在一个行业中却是难以做到的。因为相互竞争的公司之间彼此要保守商业秘密，在繁荣时期为抢占市场每个公司都热衷于大量生产，大批订货，从而会使生产超过最终需求。《商业周刊》3 月 19 日在一篇题名为《供应链为什么会断裂》的报道中说，世界最大的电子产品承包商索莱克特朗公司为思科系统、爱立信、朗迅等所有电信设备大公司供货。它发现这些公司每一家都希望无线电话和网络设备能有爆炸性的增长，可是当把订单数字加在一起时却发现即使在最好的经济前景下也已经过剩。但在 2000 年秋天，没有人相信这家公司的话，所有电信设备大公司都要求它和其他承包商拼命生产，并保证它们将为过剩的材料付款。等到事情发展到水清见底，大型电信设备公司命令它削减生产时，该公司要使 4000 家向它供货的企业减产已经太迟了，现在这家公司的积压库存已达 47 亿美元。

如上所说，现代通信技术虽然不能在事前解决生产过剩问题，但一旦生产过剩却会立即在互联网上把消息传递到各个角落，使所有供应商马上减产。这就是美国制造业首先进入衰退，以及经济放慢为什么如此快速的原因。格林斯潘在解释联储为什么在 1 月审时度势，快速应变，连续降息 0.5 个百分点时也讲了这个道理。

"新经济"并不能解决生产过剩这个根本性问题，通过政府的宏观调控能否实现经济"软着陆"还是未知数。这不仅要看宏观调控的力度是否得当，行动是否及时，还要看供求矛盾积累的深度和当时的国内外环境。例如，在石油价格攀涨的势头没有受到遏制时，实行宽松货币政策就会受到约束，并使"软着陆"失控，最后只好听任自发经济势力走完一个痛苦的周期收缩过程。这是 1990 年经济衰退中曾经出现过的情景。

防止经济衰退仍有成功机会

然而，目前的美国经济情况使人们有理由相信，这一次避免经济衰退仍有成功的可能。

首先，美国经济各部门并没有全面走低，制造业虽然滑坡，建筑业和服务业形势仍然较好。住房开工率 1 月增长 4.8%，2 月比 1 月略微下降 0.4%，但仍保持在年 164.7 万栋的较高水平。这种情况主要得益于抵押贷款利率的下降，使买房较为便宜。从投资和消费两大领域看，投资下降明显，消费还有若干亮点。1 月零售业销售额上升 1.3%，其中汽车销售额也增长 1.3%，2 月零售额下降 0.2%，但汽车销售额仍有 0.2% 的增长。住房和汽车是支撑美国经济的两大传统产业，目前它们对美国经济仍然起着重要的作用。

其次，就业状况仍较乐观。虽然大公司裁员的消息纷至沓来，但 1 月、2 月两月失业率都维持在 4.2% 的低水平上，2 月整个非农业就业增加

135000 人，失业最多的是制造业，减少 94000 人，但服务业增加 95000 人，其中保健服务增长最快，社会服务、计算机服务、私人教育也都有增长。在政府就业方面，增加最多的是公共教育。零售业则增长 37000 人。2 月平均小时工资上升 7 美分，同比增长 4.1％。由于就业状况良好，居民收入和消费支出有可能不降低，这是美国经济避免衰退的保证。

最后，通货膨胀仍然处于低水平。1 月城市消费者物价指数上升 0.6％，其中一半是能源价格上涨带来的。2 月该指数只上升 0.4％，增势趋缓，其中能源价格下降 0.2％。生产者价格指数 1 月上涨 1.1％，2 月增幅降到 0.1％。物价的受控状态有利于联储继续实行放松银根政策。目前，联储经过 3 次降息，使短期利率由 6.5％降低到 5％，仍高于欧洲，并且大大高于日本，因此联储也不必担心因降低利率而使美国资本外流。另外，美国的财政状况也处于历史最佳时期，联邦预算实现当年平衡并有结余已达 3 年之久。预计 10 年内财政结余可能达到 6.5 万亿美元，这就给联邦政府通过减税刺激经济创造了条件。

防止经济衰退的机遇是存在的，使之变为现实主要取决于能否采取及时有力的各种刺激政策，巩固住消费者的信心，使消费支出不滑坡，同时使大量积压库存得到较快消化，改善企业的盈利状况，从根本上扭转股市的继续下挫，使整个经济重新活跃起来。鉴于联储降息行动至少要 6 个月才能生效，因此 2001 年上半年美国经济可能是起伏不定，不排除个别季度负增长，但下半年或者较迟时间，经济会有所回升，格林斯潘关于全年增长 2％—2.5％的预测可能实现。目前，由于股市的动荡，经济界特别是华尔街对经济的悲观看法占上风，但有材料表明：消费者信心指数在连续 5 个月下降后，由 2 月的 109.2 跃增至 117，这是一个积极的迹象。布什阵营对经济的评价用语不太相同，财政部长奥尼尔 3 月 27 日说：美国经济基本上是牢固的，美国经济的力量不反映在任何一种资产的价值或数量上而是在整个经济应对新挑战的灵活性和适应能力上。布什在密执安州向公众宣传减税的迫切性时则说：美国经济像一个伟大的运动员在经过长跑的第一段路程后有点喘不过气来，但基本上是健壮的。

美国经济走向对中国的影响

美国经济虽有"软着陆"的机会，但存在不确定因素，不可不作最坏的准备。美国经济如果发生衰退，对我国的影响如何？这要从贸易、投资和金融三个方面来考察。

贸易方面，2000 年我国对美出口按我方统计已达 521 亿美元，比上年增长 24.2%。2001 年 1 月对美出口 35 亿美元，同比上升 3.3 %。这就是说，迄今为止，美国经济放慢并没有对我国出口造成太大影响。从历史上看，自中美恢复经贸关系以来，美国共发生过 3 次经济衰退。1980 年经济衰退由于时间只有 6 个月，GDP 下降只有 0.3%，我国同年对美出口上升高达 57.2%。1981—1982 年的经济衰退长达 16 个月，经济下降达 2.1%，使中国对美出口的增幅由 1982 年的 7.3 % 缩减为 1983 年的 5.5%，直到 1984 年出口才又大幅度增长。1990—1991 年的经济衰退只有 8 个月，GDP 只下降 1%，我国对美出口是继续增长的，即由 17.9% 上升到 19.4%。20 世纪 80—90 年代的经验说明，在当时的条件下，即使美国发生经济衰退，中国对美出口并没有下降，最多只是增幅缩小。原因之一是，中国对美出口以中低档的大众消费品为主，如鞋、服装、箱包、小五金、玩具等。这些都是必需品，即使在经济不景气时，美国普通老百姓还有需要。然而，近年来中国对美出口的产品构成有变化，2000 年 1—9 月，中国对美商品出口中机电、音像及机械运输设备已占第一位，预计其中微电子产品在美国经济发生衰退时会受很大冲击。另外，美国目前对我国贸易逆差较大，按美方统计为 838 亿美元（我方统计数为 297 亿美元），可能超过日本，因此在经济衰退中，贸易摩擦可能加剧，需要有应对措施。

投资方面，到 2000 年底，就存量说，美国对华直接投资的实际投入已达 300 亿美元，超过日本。在引进资本中仅次于香港，占第二位。2000 年 1—12 月，双方合同金额为 78.69 亿美元，比上年增长 28.67%，美方实际投入资本 43.72 亿美元，比上年下降 0.34%。这个下降是否同美国经济放慢有关尚难判断。因为在一国经济逆转时可能出现两种相反的趋向：一种是加速资本输出，以求在国外寻找更有利可图的项目；另一种是因资金匮乏而减少资本输出。对美国来说，在衰退中究竟哪一种趋向可能占优势还看不清楚。但换一个角度看，美国来华投资的大跨国公司一般都有长远打算，中国即将加入世贸组织的前景，正在鼓舞着它们特别是其中的服务业大公司急于抢占中国市场，因此美国公司来华投资的势头将主要受我国对外资开放程度的影响。如果美国发生严重经济衰退则另当别论。

金融方面，我国在金融领域也已经同美国发生密切关系。我国已有若干家公司在美国纽约股票交易所上市，纳斯达克进入熊市已使我国在美国上市的网络公司受到严重冲击，也将减缓我国其他公司进入美国股市的速度。另一个问题是，中国政府和中国百姓持有大量美元资产，如果美国因发生经济衰退而引发美元危机，则将给我国带来巨大损失。问题是这种可能性有多大。目前美元坚挺，一般认为美元汇价高估25％—30％，主要原因是欧洲和日本以及一些亚洲国家都有大量资本流入美国，或用于投资，或用于持有美元资产，以获取较高的回报，因而抬高了美元汇价。这种趋势在美国发生经济衰退时可能逆转，但一般估计美元贬值可能是渐进的，而不是急剧的。第一，即使美国发生经济衰退，美国仍然被人们认为是一个能够赚钱并能够获得先进技术的投资场所，着眼于长期回报的外国投资者不会轻易撤资；第二，与其他国家相比，相对日本、欧洲而言，美国仍然被认为是一个比较安全的投资场所；第三，欧洲、日本并不想把自己货币的汇率抬得太高，以致影响对美出口。因此，在出现美元急剧下跌的局面时，七国集团很可能进行联手干预。

总之，我国在经济发展和实行对外开放的过程中，必须随时准备应对国际风浪的挑战，根本的一条是立足于搞好本国经济，继续坚持不懈地扩大内需，努力实现出口多元化，以使自己立于不败之地。

（原载《求是》2001 年第 9 期）

对美国"新经济"的再认识

自 20 世纪 90 年代中期美国各界展开对"新经济"的热烈争论以来，跟踪其发展、介绍其梗概是我们曾经做过的事情，但难免流于肤浅。在这里，想根据前不久赴美的调研，谈一谈我对美国"新经济"的再认识。

第一，从美国学者对"新经济"的争论看，他们讲的"新经济"显然不是指一个具体的产业或具体的经济部门，比如说高科技产业或网络经济等，而是讲一种新经济增长方式（模式、范式）。这种方式与过去不同的地方在于它延长了经济的扩张期，而且是在低失业率、低通货膨胀和较高的经济增长率条件下出现的。要探究的问题在于，是哪些因素引发了这种变化。主张"新经济"的人较为一致的说法是信息化和全球化，认为在"两化"的条件下，使劳动生产率的长期增长趋势提高是关键。提高多少，按照哈佛大学教授戴尔·乔根森的计算，在 1995—1998 年平均劳动生产率每年上升 2.4%，比 1990—1995 年间增加 1%。仔细分析这个 1%，投资的增长占 0.49%，全要素生产率的增长占 0.63%（包括技术进步因素的生产率），但是劳动质量提高的放慢，使全要素生产率下降 0.12%，这样有增有减，加起来是 1%。这个数字与美国官方公布的数字是一致的。

劳动生产率长期增长趋势的提高之所以成为关键，是因为只有在这个条件下，才有可能做到在低失业、高增长的情况下不发生通货膨胀。因此把"新经济"定义为：在信息化、全球化条件下美国经济结构大调整所导致的劳动生产率长期走势的提高，可能是合适的。然而仔细琢磨，"新经济"的内涵似乎仍然没有得到充分的表述。因为劳动生产率长时期的较高增长在美国其他历史时期也是有的，比如在 20 世纪下半叶，1960—1970 年平均年增长率就曾达到过 3.2%，甚至略高于 90 年代后期，但它未能持续下去。比较这两个时期的不同之处，在于 90 年代后期劳动生产率提高是以知识经济所带来的技术创新周期缩短为依托的，这是保证劳动生产率结构性高增长的条件。但技术创新的加快又不能没有风险资本的支撑，风险资本属于制度创新范畴，这个条件看来也是不可或缺的。到此为止，还只涉及实体经济和微观层面，微观经济的健康运转要求有良好的财政、金融宏观环境和有效的宏观调控。美国20世纪60年代的好光景之所以难以为继，是同缺乏这样的条件有关的。

把所有这些条件包括进去，我们在对"新经济"下定义时就可以全面些，但也不可避免地要累赘些。它应当是：在知识经济技术创新和制度创新的基础上，由信息化和全球化带动的经济结构调整以及微观经济和宏观经济良性互动所导致的结构性劳动生产率的提高。这个定义包含了"新经济"的必要条件和充分条件。如果我们用这个定义去做世界各国的横向比较，或做美国自己的历史比较，就能说明20世纪90年代"新经济"在美国出现不是偶然的。"新经济"能否在美国长期持续下去，也取决于这些条件能否一直存在下去。

第二，我认为"信息革命"是不亚于蒸汽机带来的第一次产业革命和发电机、内燃机所带来的第二次产业革命的又一次产业革命，是一次比前两次影响更深、范围更广的产业革命。同时信息网络化还促进了各个学科技术创新的爆炸式发展，因为它给人类认知客观世界提供了极其强大的武器，这也是过去没有过的。

第三，知识经济是"新经济"的基础，也是技术创新和体制创新的温床。由信息革命推动的产业结构调整要求与之相适应的体制变革，包括生产体制、流通体制、分配体制、科研体制、企业管理体制，等等。在生产领域，小型创新企业的兴起，大公司与创业公司的结合；在流通领域各种金融创新，如二板市场、风险资本的出现；在分配领域，股票期权的盛行；在科研体制上科学园区和孵化器；在企业管理体制上层级制被水平型管理和对基层授权所取代，都是适应产业结构调整而进行的体制创新。其中，金融创新在"新经济"中拥有特别重要的地位。有人说技术是"新经济"的引擎，金融是"新经济"的燃料，我认为是有道理的。

第四，微观经济越好就越需要宏观调控。市场经济的优点是能够优化资源配置，缺点是有自发性、狂热性。对新兴产业的高利润预期，可以导致盲目投资，也可以导致股市的狂涨。如果没有宏观调控，放任自流，很快就会翻车。但是有效的宏观调控要以良好的财政、金融宏观环境作基础。美国在 20 世纪 80 年代整治了通货膨胀后，又于 90 年代整治了联邦大赤字，这种宏观环境在美国历史上是罕见的，近 10 年美联储之所以能多次进行成功的宏观调控是在这个基础上实现的。但是，宏观调控靠主观作用于客观，主观决策难免失误，所以宏观调控并不一定总是成功的。因此"新经济"并不能保证不发生经济衰退，更没有取消供求规律，经济周期之所以不会消失道理也在这里。我之所以要给新经济加引号也是考虑到这一点。

第五，要看到"新经济"的两面性。"新经济"促进了美国生产力的大发展，从总体上培育出一个更加富裕的社会，但是由于它是在原有生产关系的框架中发展出来的，它并没有解决资本主义的老大难问题，而且还孕育出一些新问题，如数字鸿沟问题、两极分化问题、新型垄断问题、劳动者工作与生活质量下降问题。在"新经济"中美国劳动者是付出了代价的。美国人已经意识到这些问题，认为他们还没有解决这些问题，我们对此也需要深入研究。

（原载《世界经济与政治》2001 年第 5 期）

美国面临新的能源危机吗?

在美国,有一种不愉快的感觉在游荡,人们担心 20 世纪 70 年代那些糟糕的日子可能又将来临。四大能源:电、汽油、天然气、煤炭的供应普遍紧张。汽油价格跃升到创纪录的水平,在遭受打击最大的芝加哥,仅在 4 月油价就上涨 25 美分。全国普通辛烷汽油平均价格已高达 1.63 美元;电力供应在许多地方告急,加州今年夏天将轮流停电,纽约地铁的运转也可能受阻;天然气的供应不足,2001 年冬天现货批发价涨了四倍,2002 年冬天价格会再次上扬;在美国,54% 的电力是用煤生产的。但随着天然气的涨价,煤炭价格自 2001 年以来也已上升 130%。

能源成本的上升使美国经济的整体盈利水平下降。据计算,2001 年第四季度标准普尔股指 500 家公司的利润下降 1.5%,而一年以前是上升 21.3%。该公司认为能源是利润滑坡的重大因素。能源问题也影响到消费,刚才过去的一个冬天,居民取暖用油的账单上涨了 40%,使用天然气的用户则要多开支 70%。结果削弱了居民对其他商品的购买力。

能源问题对某些产业和某些地区的影响特别严重。就产业说,那些能源消耗多的制造业首当其冲。化肥制造商所受冲击最大。天然气占其原料成本的 70%,当天然气每千立方英尺上升到 10 美元时,厂商只好关掉它们一半的生产设备。2001 年燃料价格上涨把杜邦公司的原料成本提高了 15 亿美元,作为对这种局面的反应,杜邦公司把产品品种更多地转移到附加值高的产品。用电炉冶炼废钢铁的纽克公司每吨成本上升 2—3 美元,形势迫使该公司不得不实行严格的节能措施。

就地区说,能源问题最尖锐的是加利福尼亚州和那些与加州电网捆在一起的西部各州。总部设在芝加哥的斯摩尔菲特斯通容器公司是美国最大的硬纸板箱的制造商。随着加州和整个西部能源价格的飞涨,这家公司在西部的纸箱厂用电成本大幅度提高，迫不得已，该公司关闭了西部大多数工厂。在加州范围内，电力的不稳定又同天然气的暴涨结合起来。这个州850 家纺织厂的天然气开支在某些情况下上升了 5 倍，增加了它们的运营困难。波音公司历来以节能著称，但它位于长滩的军用飞机工厂由于在加州电力缺乏时没有按规定减少能耗，已被多次罚款。英特尔公司原来打算在硅谷扩大生产，鉴于能源紧张，最近首席执行官巴雷特宣布取消了这个计划。

加州能源问题的严重性在近期没有缓解的可能。临时措施是有的，如把卖给消费者的电力价格提高 30%—40%，对两家公用公司近 100 亿美元的债务设法弥补，使它们免于破产，但即使这些措施到位以后，今年夏天用电紧张的时候还要轮流停电 34 天。州政府决定兴建 6 座新电站，但是远水解不了近渴。加州是美国的大州，其 GDP 占全国的 13%。如果加州的困境继续恶化，无疑将损害地方经济，而它的涟漪效应则可能影响整个美国经济。

谁之过？

当前的美国能源困境，同 70 年代能源危机时不同，与其说它是短缺问题，不如说是政策问题。无论联邦政府还是州政府都有不少经验、教训值得总结。自 1981 年以来，日益严格的环境控制和没有吸引力的投资回报迫使美国一半以上的炼油厂关门。而自 1976 年以来没有建立过一家新厂。为了赶上需求的增长，现有的炼油厂不得不全力以赴，设备利用率高达 98.8%，而 1991 年不过 84%。另外，1990 年通过了清洁空气法修正案，联邦政府要求在 9 个空气污染严重的城市中使用燃烧清洁的汽油。为此，就要炼油业生产三个等级的油料，每个等级又有 16 种不同配方。由于有这么多特别的配方，其中的某些添加物供应有限，在原料短缺时就迫使价格上涨。1999 年加州的司法部做过一个调查，发现自从该州于 1996 年实行新的配方标准以后，价格波动更为频繁。2000 年，美国汽油研究所等单位游说国会，提出取消联邦关于把清洁燃烧的氧气做汽油添加物的要求，建议由各家石油公司自己选择达到环境标准的方法，但该建议却遭到了冷遇。

首先，加州的能源困境也同决策的许多失误有密切关系。事情要追溯到 1996 年加州通过的《电力放松管制法》。当时加州的电力用户抱怨电费太高，主张把自由竞争带进电力供应市场。于是，加州的公用事业公司在州议会的积极推动下，把它们的发电厂大部分卖给了私营公司，又把批发价格放开，这样当经济快速增长，电力需求异常强劲时，公用公司对价格就失去了控制力；其次，公用事业公司和州政府在建立新电厂的决策上久拖不决，贻误时机，加剧了电力供应的短缺；再次是随着环境保护意识的增强，州政府要求多用天然气发电。但是对天然气需求的猛增以及石油价格的暴涨缺乏预见，导致天然气的价格上涨到比油价更高的局面；最后一个原因是州议会和公用公司对形势的错误判断。由于在卖掉电站时油价很低，他们估计油价会永远走低，所以一头把零售价定死，另一头把批发价放活，认为这种安排在批发价下降时有利于公用公司赚得较多利润，并用这种办法鼓励公用公司把发电厂卖给私营企业，他们完全没有想到后来能源价格会暴涨。这一错误估计，导致两家公用公司出现巨额亏损。

怎么办？

能源问题涉及美国不同权势集团的利益，也涉及美国两党不同的选民基础，是一个两党激烈争斗的领域。加州的能源问题一出来，就被小布什抓住作为攻击克林顿政府缺乏长期能源政策的靶子。他在竞选中提出在北极圈国家野生动物栖息地进行石油开发的倡议，受到环境保护者的攻击。布什就职后，警告说如果不采取行动，美国将越来越多地面临大范围停电的危险，并提出解决能源问题的系列主张，其中引起争论的主要措施是：放松对在公共土地开发石油和天然气的限制；开放部分北极圈国家野生动物栖息地用于石油勘探；放松清洁空气规则等管理障碍；改革规章、加速批准核反应堆的再许可证和新核电站的许可证。但这些措施都是环境保护主义者所坚决反对的。

民主党认为，在布什政府的能源倡仪中，过分着重增产而把节能放到了次要地位。他们批评切尼，因为他曾说过：节能本身并没有为一个全面的能源政策提供足够的基础。不仅如此，布什政府还走着一条阻碍节能的道路，他建议从现行联邦节能研究计划中砍掉30%的开支，包括能源部研究开发高效电器、节能供热和制冷系统以及节能建筑物等项目。布什政府阻碍在节能方面同产业界建立伙伴关系。民主党认为布什政府的能源政策特点，就是要利用目前的能源困境，让石油财团打破政府为保护环境对生产能源施加的必要限制，从而让石油大亨大发横财，布什拒绝批准《京都议定书》也是为此目的。

总之，正确的能源政策应当是增产与节约并重，能源开发与环境保护并重。90年代美国政府对环境保护强调得多，对能源开发强调得少；对节能强调得多，对增产强调得少，是导致能源供应困难的原因之一。国际石油价格的不稳定则增加了解决这个问题的复杂性。现在布什政府强调能源开发，忽视环境保护；强调增产，忽视节能，也将给美国带来新问题。这将是未来两党在国会中进行斗争的新焦点。但是，在两次石油危机之后，发达国家在节能方面已经取得相当效果，能源消费结构也发生了很大变化，所以国际石油价格的波动对美国经济的影响已经大为减弱。由能源困难引发能源危机并进而导致经济危机的可能性在减少。美国目前的能源困境，渴望能在两党斗争中找到一条得到缓解的折中道路。

（原载《世界知识》2002年第13期）

"9·11"事件对美国和
世界经济的影响

　　"9·11"事件对美国乃至全世界的影响是全方位的。本文旨在探讨这次恐怖袭击事件对美国经济、世界经济及我国经济构成的冲击和影响，并在此基础上，就美国经济、世界经济的发展前景谈些看法。

美国经济雪上加霜　前景并不悲观

　　恐怖袭击事件对美国经济的冲击是巨大的，其影响是深远的。但恐怖袭击对美国经济来说是外因，而弄清美国经济今后的走势只考虑外因是不够的，必须综合考虑各种因素。

　　"9·11"事件发生以前美国经济已经放慢。导致经济滑坡的原因有三个，第一是联储六次提息，使联邦基金利率上升了1.75个百分点，加大了企业的融资成本，影响了企业投资的积极性；第二是2000年能源价格暴涨，企业能源成本因此而上升了20%，2000年冬消费者汽油和燃料油的开支增加了1000亿美元，转移了购买力；第三是信息产业衰退。在2000年下半年，这三个原因中前两个是主要的，但自2001年初开始联储已从紧缩金融转到放松银根，石油价格也已大幅下降，但美国经济并未出现回升，这样就突现了信息产业衰退对美国经济整体放慢所起的作用。信息产业衰退的原因在于90年代后期信息产业投资过度，生产过剩，库存积压，利润下降，以及由此而来的削减生产。信息产业衰退有周期性，以前也发生过，而这次则比过去更加严重，教训也特别深刻。

　　这次恐怖袭击事件发生在美国经济严重滑坡，正在与衰退作斗争的关键时刻，因而无异对美国已经濒临负增长的经济雪上加霜。一是经济回升推迟，并且很有可能使美国经济整体陷于衰退；二是战争和恐怖袭击等外因增加了经济前景的不确定性。事件所造成的直接经济损失虽然还没有官方的正式统计，但据经济学家赞迪估算，受恐怖分子袭击受损失最大的下曼哈顿地区和有关行业的损失为 600 亿美元，和自然灾害作比较，它大大高于 1992 年迈阿密飓风所造成的损失 250 亿美元，也高于 1994 年洛杉矶大地震所造成的损失 245 亿美元。这 600 亿美元中有 200 亿美元是纽约世贸中心建筑设施的损失，400 亿美元是各行各业的营业损失。在各行业中，受打击最重的是航空业，大约损失 48 亿美元，第二是旅馆业损失约 40 亿美元，再次为证券业 39 亿美元，通信业 26 亿美元，餐饮业 19 亿美元，运输业及其他 9 亿美元。这个估算只能说是初步的，计算上可能偏于保守。最近官方声称仅恢复世贸中心的建筑，包括运走断壁残垣就要花 390 亿美元。加上美国公司生产经营上的损失，总数字就要超过 1000 亿美元。

这使原来已不景气的美国经济处境更加困难。其一，从原来只是信息业的衰退，现在已波及服务业，如航空公司关门，空运不景气，旅馆、主题公园、空港饭店也受牵连；其二，制造业内部生产的放慢已从信息产业扩散到其他部门，原来还不错的汽车工业、房屋建筑业也都走进慢车道；其三，原处于衰退的信息产业，回升被推迟。事件前，信息产业在 7 月销售额增加了 0.4%，复苏初露曙光，现在前景又趋于暗淡。

三季度美国官方的初步统计数字是 GDP 负增长 0.4%。其构成是，个人消费开支增长了 1.2%，而二季度是增长 2.5%；非住宅固定投资下降 11.9%，而二季度是下降 14.6%。其中，投资下降是负增长的主要原因，虽然其降幅有所缩小，但因消费增长放慢，所以仍然难以抵消投资的降幅，因而出现负数。三季度的经济收缩，使人们担心四季度可能继续下去，因为从企业盈利看，没有理由认为投资会比三季度上升，而消费者的信心正因失业率的急剧上升而受损。美国经济正在进入周期收缩的恶性循环。

现在，美国的许多经济学家认为恐怖袭击后，降低利率，减少纳税等经济措施对经济回升的影响远不及反恐前景对老百姓的信心的影响更起作用。据美国皮尤（PEW）研究中心对 1000 人的调查，70% 美国人情绪低沉，50% 不能集中精力工作，33% 睡眠不好。群众的消费正在萎缩，在夏威夷，旅店的租用率不到 50%，出租车和旅游大巴乘客很少，唯一热闹的地方是职业介绍所。在西雅图，旅馆占用率通常为 90%，现在下降到 30%，餐馆营业下降 20%—30%。在外就餐的人数下降 20%。从市场上看每一个经济部门，从汽车到住宅建筑到高技术公司和百货公司的销售额都在下降，范围早已超过航空业和旅游业，也有一些销售不错的日用品，如蜡烛的销售急剧上升，儿童服装、妇女内衣、包装食品、卫生纸、尿布也有增长。药品中的安眠药、治疗抑郁症的药，特别是治疗炭疽热的抗生素旺销。这种情况反映人们正在随时准备应对恐怖袭击。

　　因为消费萎缩，企业经理们都对开支持谨慎态度。他们要等消费者对危机的恐惧消失以后才敢投资。在恐怖袭击后第五天，87% 的公司还说对是否削减投资开支没有确定，到了 9 月 26 日，即恐怖袭击后的两星期，已有 53% 的公司说他们将减少投资开支，在某些情况下可能削减投资开支 15%—20%。目前他们对计算机，软件和其他生产工具的投资都在减少。据《财富》杂志对 1000 家公司的调查，发现对信息技术的投资将受到特别沉重的打击。抵押贷款利率降到 7% 以下，估计到年底住房销售仍将下降 6%。这一估计同凤凰城建筑商的经验一致，一位建筑师说，他接近完工的 15 栋住房中有 3 栋至今还没有买主，而在过去房屋还没有完工，早已销售一空。

　　美国 90 年代的繁荣和股票的牛市是建立在人们的信心上。对此，美国《商业周刊》最近的一篇文章很值得玩味。文章说：过去 10 年腾飞的股票市场建立在一个低风险、高确定性的乐观预期的基础之上，使两位数字的利润增长在可预见的未来成为可能。于是出现了一种良性循环，更多的投资，更高的生产率，更快的增长率，然后导致更高的股票价格，由此造成了美国、欧洲和亚洲乃至全球空前的经济繁荣，但是"9·11"事件改变了美国的安全港地位，美国人变得忧心忡忡。许多事情都不确定，只有一件事情是清楚的，那就是风险的性质和规模发生了变化，人们正在重新衡量所做的每一件事情。最重要的一点是，消费者信心和企业界的投资几十年来第一次在很大程度上取决于反恐前景。

该文预期有两种可能的前景。最好的是，反恐战争取得明显成效，美国不再受恐怖袭击威胁，人们的信心恢复，巨额政府开支和低利率刺激了经济，到2002年随商业周期自身的调整，经济恢复增长。最坏的前景是战争深陷泥泞，恐怖主义者袭击美国城市，挫伤消费者和企业界的信心，经济增长有所恢复，但若干年速度很慢，利润增长萎缩到一位数，股票价值滑坡，股市委靡不振。当然也不排除另外的可能。比如说英国和以色列这两个国家过去若干年曾经被笼罩在恐怖主义的阴云中，却有活跃的经济。人们能够把生活和恐怖主义分隔开，并且继续生活下去。甚至有一种可能即反恐怖主义实际上改善了世界的地缘政治，使美国得到一些意外收获，如把俄罗斯同美国捆得更紧密，把伊朗重新拉回到西方的市场民主，把埃及由国家主义变为向全球市场开放，最终外部的有利环境促进了美国的繁荣。这种可能性不能说不存在，但也是不确定的。

抛开美国在反恐斗争中可能出现的各种不确定因素，按照经济周期自然的发展过程，可以对美国经济的回升做以下的不同估计。一种可能是出现两个季度的负增长，其深度大体与1990—1991年的衰退类似，2002年早些时候进入复苏期。《商业周刊》经济编辑迈克·曼德尔认为美国经济滑坡快，回升也快。理由有四条。第一，美国短期利率已变为负数，因为核心通货膨胀率目前是2.6%，而短期利率以联储基金利率为代表已降到2.5%，这将促使人们愿意借债进行消费和投资；第二，高额军事开支和政府经济刺激将会发生乘数效应；第三，美国金融体系是健全的，除各商业银行保证有8%的资本充足率以外，单是十大金融机构可以放款的多余资本就有400亿美元；第四，美国消费者对利率敏感，只要利率低，就敢借钱，敢花钱。据美国《蓝筹经济指标》杂志10月19日的调查，经济学家们预计继2001年第三季度美国的实际GDP负增长之后，第四季度将再下降0.74%，2002年一季度经济将增长1.42%，二季度达到2.79%。

但是持谨慎乐观的经济学家则认为美国经济可能连续四个季度负增长，要到明年下半年才能进入复苏。我们认为复苏快慢仍然要同信息产业衰退联系起来进行观察，只有在信息产业能较快地消化库存，尽早恢复盈利，对美国经济继续起龙头作用，才有可能促使美国经济较早走出低迷状态。

从中长期看美国经济仍将是有活力的。估计不会出现类似日本泡沫经济破裂以后那样的长期萧条。因为成就90年代美国经济繁荣的创新机制依然存在。美国在信息技术方面仍然处于领先地位，而信息革命方兴未艾，仍有广阔的发展空间。美国的金融体系也比较健全。这些都是促使美国经济能够继续发展的有利因素。但是能不能恢复20世纪90年代那样的高速发展则有待进一步观察。这里有两点值得关注。一是风险资本滑坡会使技术创新的速度减缓，在三五年内难以有大的作为。二是"9·11"事件后企业生产成本的上升。这表现在几个方面，其一，普遍强化安全检查所增加的成本。其二，为防止供应脱节而增加库存。例如，原来从墨西哥边境入关只要花一两个小时，现在则要花七个小时，为此必须增加原材料和半成品的后备，它会加大流通费用。其三，是劳工成本可能上升，美国高级技术人才不足，原来是靠大量引进技术移民缓解紧张局势，现在政府将抽紧移民的审查程序，人才进口会受到影响，劳动力的供求失衡会对国内劳动成本产生负面影响；四是美国向全球的经济扩张会增加选择性，缩小活动范围，因而影响其对外直接投资，如果出现这种情况，对美国在全球配置资源，谋求成本的最小化也是不利的。考虑到这些因素，美国经济复苏以后，劳动生产率能否回升到90年代的高速度是不确定的。

有一种担心是"9·11"事件是否会影响外资流向美国，或者影响美国资本大量外流。从恐怖袭击发生后的情况看，在短时间内有把美元变为瑞士法郎的趋势，但在各国银行联合干预下美元重新趋稳。今后走势如何，美国本土反恐怖战斗的成效十分关键。从安全的角度看，很难说有别的发达国家胜于美国，在局势基本稳定后，估计美国仍然会是投资者的一种选择。因此资本大量转移，或美元大幅度贬值的可能性并不是很大。

世界经济深受拖累

"9·11"以前世界经济放慢已经加深。IMF曾预测今年全球的经济将增长4.2%，但到了5月，已下调到3.2%，接着又下调到2.6%，已经处于全球衰退的边缘。"9·11"事件将使全球经济进一步走低。根据联合国10月10日的"2001年经济和社会调查"，这次事件将使世界经济损失3500亿美元，因而预计2001年的经济增长仅为1.4%，比以前的2.4%低一个百分点，世界经济增速将下降到10年来的最低点。世界银行在最近发表的《2002年全球经济前景和发展中国家》中预测2001年全球经济增长1.3%，大大低于2000年的3.8%，其中发达国家从3.4%下降到0.9%，发展中国家从5.5%下跌到2.9%。2002年，如果发达国家在年中开始复苏，全球经济将微升1.6%，其中发达国家1.1%，发展中国家3.7%。

国际组织普遍认为当前的世界经济衰退是短暂的。由于世界经济基础更加健康（财政有盈余、货币政策可信度提高、发展中国家汇率机制较过去灵活、劳动生产率有所提高等）；各国在政策协调，联合干预上动作比较一致；全球通胀较为温和，90年代发达国家通胀率（消费者物价指数）从5%下降到2.5%，尤其是1995年以后，通胀率一直维持在2.5%甚至更低，发展中国家通胀也从10%大幅下降到5%甚至更低，使运用金融杠杆进行宏观调节有较大余地。因此，联合国预计世界经济有望在2002年上半年复苏。OECD则估计在2002年中到2003年复苏。

分地区看，首先是欧盟经济。"9·11"事件前，随全球和美国经济放慢，欧盟经济增长已从第一季度的0.5%下降到第二季度的0.1%，按年率算则从2.4%下降到1.7%。同时投资增长从0.1%下降到-0.8%、居民消费增长从0.8%下降到0.6%、出口增长从0.3%下降1.2%，欧元兑美元的汇率也几乎下跌到历史最低水平。由于经济全球化使相互依存度上升，欧盟经济放慢的特征和美国表现出一定程度的相似性，如金融资产大幅缩水，制造业，尤其是IT产业生产迅猛下降。消费者信心动荡对经济增长的影响也与美国相同。

虽然总体表现为经济增长放慢，但欧盟内各国放慢的程度情况并不一致。其中下降最大的是德国。由于投资和出口下降，德国从 2000 年下半年起企业固定投资和零售就开始放慢，2001 年第二季度 GDP 几乎没有增长，仅为 0.1%。为此柏林一家调查机构 DIW 已将德国经济增长的年预测从年初的 2.1% 调低至 1%，本周国际货币基金组织对德国经济年增长的预测也由 1.9% 调低至 1.25%。法国是 2001 年上半年欧盟内表现最好的国家，但随消费者信心下降，失业也开始增加，第二季度增长仅为 0.3%。

在 "9·11" 事件前，欧盟经济仍然存在一些有利因素。其一，由于对美国的出口值只占欧盟总出口的 14% 和 GDP 的 2.2%，经济全球化通过贸易往来对欧盟产生影响的程度较为有限；其二，由于一些国家采取的减税措施，6 月以后欧盟的经济走势出现了一些积极变化。商品零售增加了 0.6%，工业生产也比上月增加 0.6%（几乎所有国家都有增长）。8 月路透采购经理指数从 7 月的 47.3 上升到 47.6，消费者信心基本维持稳定。

但恐怖袭击对欧盟经济将产生不利影响，虽然严重程度还不确定。目前欧洲金融市场保持相对稳定，消费者和投资者的信心将成为影响经济走势的主要因素。9 月底的一项调查显示荷兰的消费者信心下降了 9 个百分点，法国的消费和投资者信心也下降到 5 年来的最低点。如果消费者和投资者信心进一步下降，则经济增长将受到更大影响。从短期来看，由于 "9·11" 后欧盟采取了积极的减息措施，9 月 17 日下调利率 0.5%（5 月和 8 月利率已经各下调 0.25%），加之石油价格保持稳定，通胀的压力不大，欧盟经济步伐虽有可能更加放慢，但出现衰退的可能性不大。根据 IMF 的预测，全年欧盟经济增长从原先的 2.7% 调低到 1.8%，2002 年为 2.2%，仍然是三大经济区中最高的。

再看日本经济。2000 年，在全球投资和贸易迅猛增长的背景下，日本经济全年增长 1.5%，保持了 90 年代的平均水平。但事实上，从 2000 年下半年起，由于全球 IT 业生产放慢的影响和国内需求下降，日本经济已经开始放慢。虽然 2001 年第一季度由于受外部因素影响（政府从 2001 年 4 月 1 日起实施环境管制，消费者提前购买家电设备），经济有小幅增长，但第二季度投资和出口的大幅下降使经济陷入衰退，这是 90 年代以来日本经济第 4 次出现衰退。同时失业率高达 5%。迄今为止，日本是受美国经济影响陷入衰退程度最深的国家。

受袭击事件影响，日本经济衰退还可能深化。据日本银行季刊 *TanKan* 报道，第三季度投资信心继续下降。其中大公司信心指数从二季度的－16下降到三季度的－33，第四季度为－31。同时预期利润下降可能高达9.2%。除袭击事件外，正进行结构改革也增加了经济增长的不确定性。90年代以来，日本经济一直被过度投资、金融泡沫以及不能及时适应全球化和技术革命等问题所困扰。由于没有解决经济结构调整问题，其增长多是靠外部环境拉动。尽管政府今年相继提出了金融和结构改革方案，从长期看有利于经济增长，但从近期看，在全球经济放慢的背景下，这些改革对经济增长的影响甚至可能是负面的。IMF 最新的预计显示，日本全年经济增长将下降0.5%，比5月预计的增长0.6%下降1.1%。

其他国家和地区的情况也不好。拉美和亚太与美国经济和国际贸易体系的依存度决定了它们受全球经济增长影响的程度将是最大的。对一些亚洲国家和地区如新加坡、马来西亚、泰国、中国台湾、韩国来说，出口占到它们 GDP 的1/3左右。2001年上半年由于国际市场对高技术产品需求下降，新加坡和中国台湾已经陷入衰退，马来西亚和泰国也濒临衰退。"9·11"袭击事件使亚洲经济出现大幅波动，股市普遍大幅下跌、外部需求下降，同时，由于安全的担心，旅游收入也将减少。IMF 对亚洲经济增长已从原先预计的4.1%下降到1.7%。拉美也相应从3.1%下降到0.8%。

再看"9·11"事件对国际贸易、国际金融和直接投资的影响。2000年国际贸易迅猛增长，增长率为12.5%，是90年代平均增长水平的两倍，贸易总额达到6.2万亿美元。但进入2001年后，国际贸易随世界经济放慢而下降。WTO 上半年公布的国际贸易预期中，预计2001年贸易将增长7%，但联合国的最新预测认为，2001年国际贸易总量没有增长。预计2002年增长4%—5%。世界银行估计2001年国际贸易增长为1%，世界贸易组织估计2001年国际贸易增长2%。贸易下降受信息产业贸易下降，以及由此引起的世界经济需求下降所影响。国际贸易下降在三大贸易区北美、欧盟、亚太都有明显体现。

国际金融领域，2001年全球股票市场在波动中下降。而且6月以后，随美日欧等国经济增长放慢和企业盈利下降，股市下降程度和影响面继续扩大。"9·11"事件后，全球股市曾出现大幅震荡，猜测和不安全心理使美国和欧洲股市下降了8%—10%，日本下降了5%。但美国实际军事行动开始以后，股市出现小幅回升，全球主要央行的联合行动和战争进展对稳定投资者信心起到重要作用。当前道·琼斯和纳斯达克指数分别在9000点和1700点左右震荡，股市已从9月17日开盘后的损失中挽回1.4万亿美元。与2000年股市大幅上涨相比，全球股市从2000年的最高峰29.2万亿美元下降到2001年9月底的19.2万亿美元，一年缩水10万亿美元，相当于2000年全球国内生产总值的1/3。其中美国缩水6.5万亿美元，欧洲2万亿美元，日本1.5万亿美元。此外，货币政策从近期看调节的余地已不太大，预计欧美股市将从对货币政策的反应转向更多关注企业盈利。如果战争进展顺利，未来两周的企业盈利报告将是决定股市走势的重要因素。估计虽然多数企业的盈利水平肯定为近些年的新低，从而对股市产生消极影响，但由于此前股市大幅缩水已经包括了对这一预期的调整，因此股市的走势可能不会出现太大波动。与欧美不同，货币和财政政策仍然对日本股市走势产生重要影响。例如7月2日有关经济衰退的报道导致TOPIX跌1.1%，8月14日，在日本银行宣布将增加货币供应的有关办法后，又大幅上扬2.7%。由于政府实施改革的原因，日本股市的变数相对较大。

在外汇市场方面，美国经济放慢使美元总体呈现下降趋势。此前，由于美国经济的强劲增长吸引了大量的外国投资，美元一直是最坚挺的国际货币。但是2001年随着经济放慢加深，美元对欧元、日元等主要货币都出现下降。从7月初到8月底，美元对欧元和日元分别下降了9.1%和4.6%。然而，尽管如此，美元汇率仍然比1999年初高22.7%和7.1%。恐怖袭击后美元一度面临抛售压力，但在各国中央银行联合注资2000亿美元的努力下，目前汇率基本稳定。预计，今后外汇市场将继续受宏观经济变化的影响。

各国联合干预美元反映大家都不希望美元贬值。原因之一是欧洲和日本都想保持现在的汇率水平，以利于出口。另一个原因是欧洲和日本都持有大量美元资产，不希望美元贬值使资产缩水。据统计，1996—2000年由于美国经济繁荣，股市红火，外国投资者对美元有信心，大量购置美元资产，所以外国人持有的美元资产已从1995年的3.5万亿美元，上升到7.8万亿美元。外国直接投资则翻了一番达到1.5万亿美元。此外，由于存在着美元安全的心理，外国人还往往以美元为票面发行债券。据统计，美元债券已从1995年占整体债券的34%上升到2000年的51%。

在对外直接投资领域，由于全球经济增长，2000年全球外国直接投资每个月以1000亿美元的速度增长，全年达到1.3万亿美元。但2001年的经济放慢使直接投资下跌近50%，是近30年来最严重的一次，预计全年将跌到7600亿美元，也是近10年来首次出现负成长。根据联合国的报告，企业并购案减少是外国直接投资金额锐减的主因，到2001年8月止，包括德意志通信以246亿美元并购语音（Voice Stream）无线通信公司等20大合并案，总计只有4000亿美元，约只有2000年的1/3。受恐怖攻击事件影响，世界各国对外直接投资金额将进一步减缩。从目前经济不振的情况来看，短期内直接投资金额难有增加的可能性。

对中国有利有弊

2002年国际经济环境对我国有不利因素，也存在有利条件。其中不利因素主要体现在以下四个方面：（1）美国经济减速和世界经济增速放缓使外贸出口形势严峻。受国际市场需求下降的影响，2001年我国外贸增长增速明显放慢。虽然与其他国家和地区相比，出口放慢的幅度相对较小，但与2000年相比，下降幅度却不小。2001年1—8月，中国进出口总值比上年同期增长9.6%，远低于上年同期的38%。

当前我国外贸进出口主要特点是：①出口增速回落，进口增势趋缓。自年初以来，外贸出口增长速度逐月减小，6月出口出现了2001年以来的第一次下降；②除美国外，对欧盟、亚太等主要贸易伙伴出口也下降较大，2001年1—6月我国出口总值增长下降幅度最大的国家是东盟，从增长41%下降到增长7.8%，增速为上年同期的1/5、中国台湾和韩国增速约为上年的1/4、欧盟为1/3、日本为1/2。我国对日本出口占GDP的4%，在亚洲仅次于印尼，占亚洲对日本出口的16%。根据IMF的估计，日本经济下降2个百分点将影响我国经济0.2个百分点①；③贸易多元化保持了出口下降幅度不至于太大，相比之下，资本品出口下降迅速，消费品受影响相对较小。

恐怖袭击事件发生后，我国外贸出口将面临进一步的压力，出口形势十分严峻。据测算，美国 GDP 每下降 1%，世界 GDP 将下降 0.4%，世界 GDP 每下降 1%，我国出口将下降 10%。出口结构上，由于我国出口生活必需品比例较大，受经济放慢的影响依然较小。但资本品、原材料和非必需消费品出口会有较大下降。

（2）一些重要原材料价格上升导致企业进口成本增加。虽然目前石油价格还维持稳定，但变数较大，这对中国进口成本造成压力。1999 年，中国从中东地区进口的石油数量约占进口石油总量的 46.2%，从亚太地区进口的石油数量约占总量的 18.7%，从非洲的进口量占 19.8%。值得注意的是，在整个进口中需经过马六甲海峡运送的石油数量约占进口总量的 64%，而马六甲海峡一直是个不稳定地段，不仅航路拥挤，而且海盗猖獗。恐怖袭击事件后，制订科学的能源战略成为中国亟待解决的问题。

（3）国际金融市场不稳定不利于我国利用国外资本市场进行间接融资。

（4）加入世贸组织使国内有关产业面临更加激烈的国际竞争。加入 WTO 后，市场准入条件与国际接轨将使国内有关产业面临激烈竞争。预计即使存在一段时间的过渡期，服务业如金融保险、电信服务、商品零售等依然将受较大冲击。

有利条件主要有两点。（1）利用外商直接投资面临新的机遇。2000 年我国协议利用外资增长 51.3%，2001 年 1—7 月，在全球投资下降的环境下，协议外资仍然保持了 45.8% 的高增长，保守的估计，2002 年我国利用外资的增长幅度仍将在 20% 左右。加入 WTO 和稳定的宏观经济增长形势使我国成为对外投资的良好选择。据英国《经济学家》的经济情报所研究报告，在今后 5 年的全球外国直接投资中，预计中国位居第四，居发展中国家首位，预计平均每年可吸引外国直接投资 576 亿美元，占全球的比重为 6.5%，高于 1999 年我国占全球外国直接投资比重（5%）。在恐

---

① IMF, "World Economic Outlook", Oct. 2001.

怖袭击后，由于中国远离事件旋涡中心，并且是为数不多既保持政治社会稳定，又保持强劲经济增长的国家，因此直接投资还有可能进一步扩大。

（2）加入世贸组织为增加出口、扩大对外经济技术合作与交流开辟了新的空间。加入 WTO 之后将为我国外贸出口建立良好的外部环境，减少国外对我国强势出口产品的限制，有利于我国扩大服装、纺织、轻工等传统工业品的出口。

总的看，2002 年的国际经济形势是严峻的，而且美国所进行的反恐怖战争变数很大，因而使经济前景也具有很大的不确定性，我们要充分认识到工作的难度，做最坏的准备，争取最好的结果，进一步扩大内需，深化改革，加速进行产业结构调整，以保证我国经济继续以 7% 的速度增长。

（原载《现代国际关系》2001 年第 11 期）

漏洞、黑洞

——安然公司破产与监督机制失灵

2001年12月2日，美国负债达397亿美元的能源贸易公司——安然公司（ENRON CORP），由于经营失败，走投无路，向法院申请破产保护，从而成为美国有史以来最大的破产案，在美国引起了不小的震动。由于案件涉及政治和经济丑闻，美国国会、司法部、劳工部、证监会、联邦证券交易委员会已经开始了民事和刑事调查。这一破产案之所以引起巨大轰动，不仅是因为安然作为美国迅速崛起、位居第七的大型跨国公司竟然在一夜之间轰然倒塌，而且还因为它牵扯到了美国社会的各个层面。

上层·中层·下层

在上层，安然事件涉及美国国会和布什政府同这家公司的特殊关系。公司为帮助两党头面人物竞选投入了约580万美元捐款，众参两院分别有一半和3/4的议员接受过安然的竞选捐赠。布什政府从总统依次到各部部长中的不少人都同安然总裁有过密切往来，安然在申请破产之前也曾频频同布什政府接触。这些都不能不引起人们的极大疑问。在下层，公司休斯敦总部4500名职工被解雇，更多职工由于购买了安然的股票，但又不能在股市上抛售，几乎全部泡汤，使这些人在经济上老无所靠，造成极大的心理恐慌。在中层，安然的股票和债务链延伸到全国股市、债市、机构投资者、商业银行、投资银行、供应商和建筑商，使它们普遍蒙受巨大损失。如股票市值从最高峰630亿美元缩水90%多；债券从35亿美元缩水3/4。银行贷款150亿美元，其中没有抵押品的为数不少；

衍生工具合同因没有抵押品而可能出现的潜在损失估计为 40 亿美元。所有这些表明，这个曾经受到美国《财富》杂志"最富创新能力"的赞誉，连续六年排名在微软、英特尔等大公司之前的明星企业，一夜之间竟变成了美国公司中的诈骗者和害人精，这对人们的心理又是一个极大冲击。

"黑洞"何其深

企业因经营不善申请破产，这在市场经济中本来是不足为怪的。安然破产之所以特别引人注目，不仅因为它在美国跨国公司 500 强中曾名列前茅，还因为这个破产案件在经济上涉及造假欺诈和内部交易等丑闻和严重违法事件，引起大量法律诉讼。现在成为人们关注焦点的是一些见不得人的内幕。如安然以合伙经营的方式把一部分资产和负债转到关联公司账上，隐藏亏损，经清理，股票持有人损失约 12 亿美元。又如，前首席执行官斯基林以及其他经理人员在 2001 年 6 月公司问题开始暴露、安然股价出现波动时，率先抛售了他们自己持有的公司股票，仅斯基林本人就获利 1750 万美元。相反，公司职工在 401 K 账户上持有的安然股票却因有 50 岁以前不得出售的规定而损失殆尽。还有，据传安然公司的前首席财务官法斯托在促成合伙公司中得到好处费达 3000 万美元，等等。至于政治上安然公司与美国当权者的密切关系有没有影响到政府的能源政策，政府中的头头脑脑有没有给安然出过主意或得到过好处，也为人们所关切。

漏洞何其多

安然事件暴露出美国对上市公司的监管制度有不少漏洞，必须改革。资本是贪婪的，所以必须强调法制和监督，防止不法之徒丧心病狂，铤而走险。美国的监管机制号称是严密的，但仍然有空子可钻。

就公司治理而言，董事会是对经理人员进行监管最靠近的一环。为使董事会发挥作用，它必须是独立的。一般来说，董事会中应有 2/3 的董事独立于经理阶层，董事会中的审计委员会更应完全由独立董事组成。但是，安然的董事们同经理人员却利益交织，形成一个相互照顾的关系网。2000 年安然召开过九次董事会，管理层提出的若干有问题的提案都被轻易通过。所以，安然的董事会形同虚设。

就监督职能而言，审计是重要的一环。但是，担任安然公司审计职务的安达信会计公司不仅没有发挥监督作用，还给安然公司的不法行为打了掩护。比如，安达信同意安然把一部分资产和负债拆分到合伙企业，掩盖了将近 6 亿美元的亏损。该公司的首席执行官在国会听证会上却用职业判断错误以及安然没有提供充分数据等理由推卸责任。实际上，发生这类事情在安达信公司已不是第一次。早在 1996 年，它就向证券交易委员会提供了对废品管理公司的错误审计报告，虚报了 10 亿美元以上的收入。安达信因此受到处罚，支付了 700 万美元罚金私下了结，但却没有承认错误。1997 年，证券交易委员会发现阳光公司虚报销售和利润额，安达信却对这一有问题的财务报告签了字。事后，安达信对进行集体诉讼的持股人支付了 1.1 亿美元赔偿金，也使案件得到私了，但却对指控既不承认也不否认。又据报道，在安然公司宣布 2001 年第三季度亏损 6.18 亿美元的前四天，安达信公司的一位律师向负责审计的员工发出一份异乎寻常的备忘录，下令除了最基本的会计核算底稿外，销毁所有对安然公司的审计资料。安达信公司最初否认存在那份备忘录，但承认销毁了上千份电子邮件、书面和电子文档。现在人们质疑，会计公司应不应当既担当审计任务，又给客户公司做业务咨询。例如，安达信公司2000 年从安然的审计工作中接受 2500 万美元的报酬，又从给安然做的咨询服务中获得 2700 万美元酬谢。这两重职能存在着利益冲突，显然是导致相互包庇的根子。

社会上的评估公司，如穆迪公司、标准普尔公司等，也通过它们对公司信誉的评级工作发挥着监督作用。2001 年 11 月 28 日，标准普尔公司将安然的债信评级连降六级，把它抛在"垃圾债券"行列，给安然公司致命的一击，这样做当然是对的。但事实上这已是"马后炮"了。据说早在2000 年 6 月，标准普尔公司的分析师就已注意到了安然公司的国际资产经营业绩不佳，对此表示关注。但由于安然公司做出愿意出售资产并采取其他步骤改善经营的姿态，这家评估公司就没有深究，而是保留了对它原来很高的评估等级。

舆论监督也处于举足轻重的地位。从这次安然事件中可以看到，代表机构投资者和对冲基金等利益集团做股票评估的分析师以及处于比较客观地位的报纸杂志等媒体，对揭露安然黑幕是起了积极作用的，他们从安然狡猾的财务手法中寻找漏洞，穷追不舍，迫使安然最后曝光。然而，代表投资银行的职业分析师却表现欠佳。当《财富》杂志于2001年3月对安然公司的"黑箱"财务操作提出质疑时，18位投资银行的分析师中有13位仍把安然推荐为"强力买进"的绩优股。2001年5月，当波士顿OWS证券分析公司发表了对安然业绩不佳的评估报告时，高盛、美林等投资公司的分析师仍强力推荐安然股票。事实上，这个问题在安然事件以前早已存在。据美国扎克斯投资研究公司的研究，华尔街行情分析师对6000家上市公司所作的推荐，在1999年下半年仅有1%的建议是"卖出"，而建议"买进"的占69.5%，建议"不动"的占29.9%。如与10年前相比，当时建议"卖出"的占9.1%，比1999年高9倍。

股市分析师不愿推荐"卖出"股票，原因之一是怕惹恼有关上市公司，而公司常用的报复手段，或是拒绝同那些提供消极报告的分析师交谈，或者把他们排除在信息交流会之外，并且在他们进行盈利预测时不让他们接触重要的行政人员。其实，这种做法是违背职业道德的。按传统，分析师给股民作的分析报告应当是客观、真实的。许多分析师不愿提供"卖出"建议的另一个原因是，越来越多的分析师受雇于那些对证券进行担保的投资银行，而这些银行不想要它们的分析师去做任何可能损害它们赚钱生意的评论。同不隶属于投资银行的分析师相比，隶属于投资银行的分析师会对那些由投资银行担保的公司进行对其有利的推荐，尽管事实上它们的盈利预期并不好。

安然事件暴露了资本主义市场经济的消极面。也说明美国法制经济仍存在种种漏洞。然而，"纸里包不住火"，用欺诈手段制造假象，是不可能维持长久的。美国的经济衰退是一次大调整，在这种凶险的环境中，泡沫极易崩破。安然公司就是泡沫破裂的又一个例子。安然案件还在深入揭发和调查之中，问题的根子在哪里、谁是罪魁祸首、问题如何定性还有待深挖。但无论结果如何，总不失为一个让监管机构总结经验教训的好机会，亡羊补牢犹未为晚。美国的法制经济过去是这样走过来的，今后还会这样走下去。

（原载《世界知识》2002 年第 4 期）

《上海公报》30 年与中美经贸关系

对世界和平与发展的重大贡献

　　1972 年 2 月 21 日，美国总统尼克松接受周恩来总理的邀请访华，并与毛泽东主席举行了会谈，使中美关系在正常化道路上取得了突破性进展。弹指一挥间，30 年过去了，世界格局发生了巨大变化，中美关系也经历了一些波折，但还是有了很大发展，并正在日益走向成熟。中美两国老一辈领导人高瞻远瞩，英明决策，使世界上两个最大的国家——最大的发达国家和最大的发展中国家——化敌为友，由对抗走向合作，其对世界和平与发展贡献之大是难以估量的。在此之后，尽管全球局势波涛汹涌，险象丛生，历届中国领导人和美国总统都能登高望远，以全局利益和长远利益为重，牢牢把握住航向，使中美关系继续保持发展势头，使两国人民受益，世界和平受益，这是值得赞颂的。因此，我们今天纪念公报发表 30 周年，预祝公报精神得到进一步发扬光大，有特别重要的意义。

　　中美关系正常化在 30 年前取得突破，这是在当时的历史背景下维护世界和平的需要，对此，公报有明确的表达。同时，从推进两国经济发展的需要出发，公报是这样说的："双方把双边贸易看做是另一个可以带来互利的领域，并一致认为平等互利的经济关系是符合两国人民利益的。他们同意为逐步发展两国的贸易提供便利。"30 年来这项协议得到了很好的履行，取得了令人瞩目的成就。

　　数字是最有服力的。例如，在中美正式建交前的 1978 年，中美贸易总额只有 9.91 亿美元，到 2000 年增长到 745 亿美元，增长了 74 倍。如果按美方的统计则是增长 97 倍。而同期美国对外贸易总额只不过增长了 5

倍。在美国对华直接投资方面，1979 年至 1982 年的 3 年中只有 23 个项目，实际投资金额为 11868 万美元，到 2001 年已有 2 万多个项目，实际投资金额 355.48 亿美元，增长了 298 倍。表明中美贸易和投资活动正在以跃进的速度前进。而且这还只是一个开端，拿中美双方现在的贸易和投资规模同美国的总贸易额和投资额以及中国的广阔市场相比，都只不过是一个零头，今后仍有很大的发展潜力。这些事实说明，《上海公报》中关于经贸关系的协议是极其富有远见的。

发展经贸关系的必由之路——磨合

回顾中美经贸关系 30 年的发展，我们不仅看到了发展的一贯性，也看到了发展的阶段性。粗线条划分，从中美建交开始到 1992 年可算是一个阶段。这里说的阶段性，本质上是由量变到质变的磨合过程。

从数字看，1992 年前后无论贸易和投资在增长势头上都有明显变化。在贸易方面，从 1978 年到 1992 年，中国对美出口每年平均递增 8.6%，到 1992 年出口总额达到 85.9 亿美元，1993 年中国出口跃增到 196.64 亿美元，比上年陡增 1.28 倍，出口从此由 2 位数字上升到 3 位数字，到达一个新的平台，原来中国对美的贸易逆差也从此变为贸易顺差。在投资方面，从 1979 年到 1992 年，美方的对华直接投资每年大体在 3 亿美元到 6 亿美元之间，1993 年猛增至 20.6 亿美元，比上年跃增 3.16 倍，也由 1 位数跳跃到 2 位数的平台。

这些数字的背后，在中国方面是改革开放的深入发展，经济实力的不断增强，投资环境的逐步改善，以及各项政策的更加透明。在美国方面是对中国市场潜力的认同，对中国政府政策的理解，以及美国企业在中国投资的成功实践。而这当中的一个重要触媒则是邓小平同志 1992 年发表的南巡讲话，他召告全世界，中国实行改革开放不可逆转，市场经济的取向绝不动摇。邓小平讲话极大地增强了美国企业同中国发展经贸关系的信心和决心、这从美国大跨国公司对华投资的态度上看得最为明显。80 年代，美国三大汽车公司、美国电话电报公司都对来华投资犹豫不定，被日、欧公司夺得了先机。1992 年以后他们的态度 180 度转变，首席执行官纷纷来华寻求合作，用巨额投资建立起未来大发展的桥头堡，表达了他们后来居上的决心。

　　1992 年以后，中美经贸关系继续磨合，双方进行了紧张的知识产权谈判、纺织品贸易谈判、恢复关贸总协定席位的谈判，直到 1999 年中美双方达成关于中国加入世贸组织的协议。经过进一步的磨合，中美经贸关系终于上升到一个新的平台。

入世——中美经贸关系的新里程碑

　　中国入世对中美经贸关系的巩固和发展将产生深远影响。美国《财富》杂志在评论中国入世的意义时这样说："现在中国在许多方面是全球化的一种向心力——它以越来越快的速度吸引着资本和外国公司；在这个进程中，鉴于其永不枯竭的廉价劳动力供应，以及在技术食物链上令人吃惊的迅速上升，它将重写许多产业的经济纪录。简单地说，让中国在世界正规贸易体系中做这件事，比在此之外，毫无疑问是件好事。它把中国包容在全球贸易规则的网络之中——从降低关税到反倾销规则到完全取消在批发和零售领域的限制，直至对知识产权的严格惩罚。这样一来，入世将触及这个国家经济生活的每个角落。对于想同中国做生意的外国人说，加入世界贸易组织意味着'更多的透明度和更遵守规则'。"《财富》杂志是美国大公司的喉舌，上述评论代表着美国企业界对中国入世的欣喜和期待。

　　中国入世对中美经贸关系的发展有多方面的好处。中国入世标志着美方一年一度审议中美正常贸易关系这个歧视性的法律程序被取消，使中美经贸关系进入一个健康稳定发展的新时期。中方承诺入世后拆除不少贸易、投资樊篱，允许美方进入中国的广阔市场。同时入世后，中国将按照世贸组织的规则运作，以增强外商对中国法律、政策一致性与连贯性的预期，增加美商的贸易和投资信心。而美方则承诺给中国进口商品平等的关税待遇。这些无疑将促进中美之间贸易、投资的更大发展。中国入世还找到一个有利于解决中美贸易争端的途径，这就是世贸组织的贸易争端解决机制。它要比无成规可循，而以各自实力为后盾的双边谈判更有利于缓解贸易摩擦。

预计在中国入世后，经过中美双方企业界和政府之间的共同努力，中美双方贸易额将突破 90 年代下半期的水平。美国对华出口会大幅增加，特别是农产品以及美国具有优势的工业品，如汽车和汽车零部件、纸和纸浆、化工原料等美国 21 世纪的拳头产品将增长很快。中国对美出口也会有所增长，但增长速度可能不会比 90 年代更快，原因是我们承诺了在若干年内，对过快出口的约束机制，如反进口激增特别保障条款，反倾销措施和纺织品配额措施等。在此情况下，中美之间的现存的美国贸易逆差将会逐步缩小，这将有利于中美双边贸易的平衡。如果美国能够改变对高技术产品出口的不合理限制，将使双边贸易关系更加合理并更为平衡。这样经过几年的时间，美国将一跃而超过日本成为我国最大的贸易伙伴国。在投资方面，中国入世后，美国对华直接投资将会有较快增长，特别是服务业，因为中国已经承诺有步骤地开放电信、金融、保险、批发、咨询等领域，而这些恰好是美国跨国公司最有优势的领域。在一般制造业，由于入世后我国降低关税在贸易与投资之间所起的替代效应，直接投资可能会有升有降，不是普遍增长的趋势。但由于我国劳动力的优势，加工贸易仍将会有蓬勃发展。总之，直接投资将是一个有巨大潜力的市场，美国对华直接投资将稳坐各国对华直接投资的第一把交椅。随着我国企业国际竞争力的加强，中国也将有不少公司到美国开展业务，或者在美国证券市场上市，筹集资金。无论贸易和投资，中美两国市场的潜力都是极其巨大的。2000 年，美国进出口贸易总额近 2 万亿美元，中美双方贸易额按美方统计为 1000 亿美元（按中方统计为 744 亿美元），不过占 5%，同年美国对华投资累计不过 300 亿美元，在美国对外直接投资 12300 亿美元中不过是个零头。这些足以说明双方经贸关系潜力之巨大。

然而，要使中美经贸关系得到健康发展，让潜力充分发挥出来，还需要双方政府和企业界的精心呵护。中美双方经贸关系的基础是两国在经济上的互补关系以及两大经济体的迅速发展。这个基础是稳固的，是抗击政治风浪的稳定器。但是磨合还会进行下去，摩擦不可避免，关键是要通过正常渠道用谈判方式解决问题。过去中美之间在贸易逆差问题、反倾销问题、知识产权问题、纺织品服装贸易问题、出口管制问题都有过纠纷，今后还会发生。特别是又有一个加入世贸组织后的权利和义务的实施问题，也可能引起新的麻烦。关键是双方在维护中美经贸关系大局的前提下，作出各自的最大努力。美方要注意防止少数人干扰中美正常经贸关系的各种噪音，把经贸问题政治化，同时双方都应以诚信为本，认真履行自己的各项承诺。这样，中美经贸关系的前景将是十分光明的。

（原载《世界经济研究》2002 年第 2 期）

东亚:走向区域经济金融合作

由于历史原因，东亚的经济金融合作远远落后于欧洲和北美。1997 年亚洲金融危机是一个转折点，亚洲国家开始感到单纯依靠国际经济组织或大区域经济合作组织来抗御经济、金融危机是不够的，应当挖掘次区域经济合作的潜力，以达到联合自强的目的。

合作势在必行

在亚洲金融危机之前，最早认为东亚国家应当联合起来，建立区域经济合作组织的是马来西亚总理马哈蒂尔，他提议建立东亚经济决策委员会（EAEC）。当时，美国政府公开反对他的这个提议。在美国的反对下，EAEC 终于流产。

在亚洲金融危机中，日本政府提议由亚洲国家建立一个亚洲货币基金组织（AMF）来补充国际货币基金组织（IMF），以更好地抗御金融危机。这个提议同样遭到美国政府的反对。

然而，近年来东亚区域经济、金融合作又以新的势头得到有力的推动。促成这种变化的有以下几个因素：一是在亚洲经济复苏以后，对再次发生金融危机的高度警惕；二是美国经济的放慢和随后的经济衰退使亚洲许多国家和地区的经济安全再次受到威胁；三是中国经济的持续高速增长，以及中国同东亚各国、各地区经济依存性的加强。随着亚太经济形势的上述变化，亚洲国家已经越来越感到加速东亚区域经济合作的必要性和迫切性。

东亚各国为此而采取的行动首先是在 1999 年 11 月成立了东盟 10＋3 机制。接着于 2000 年 5 月，在亚行年会之后召开了第一次同行意见会议，讨论的主题是加强东亚的金融合作。为了促进持续的增长,与会者一致同意加强政策对话和区域合作,包括对资本流动的监管、建立自助和支持机制、促进国际金融改革。2000 年 5 月,东盟 10 + 3 财政部长在泰国清迈达成了清迈协议。涉及金融合作的协议有:一、充分利用东盟 10 + 3 的组织框架,加强有关资本流动的数据及信息的交换。二、扩大东盟的货币互换协议,同时在东盟与其他三国(中国、日本和韩国)之间构筑双边货币互换交易网和债券交易网。三、研究如何将东盟 10 + 3 各国超过 7000 亿美元的外汇储备用于相互之间的金融合作,以稳定亚洲区域内的货币市场。此后 2001 年 5 月,又在夏威夷举行了东盟 10 + 3 财长会议。宣告建立东盟 10 + 3 的早期预警系统,以求及早发现新兴工业化国家宏观经济、金融和公司企业的弱点,防范潜在的金融危机。

东亚经济合作的最新进展是,2001 年 11 月朱镕基总理在第五届东盟 10 + 3 首脑会议上提出的十年内建立中国—东盟自由贸易区的倡议。这个倡议获得东盟十国的一致同意,并将很快进入磋商和正式谈判的阶段。建立中国—东盟自由贸易区,目标之一是促进东亚地区的金融稳定。在朱总理提出的五条原则中,第三条强调的就是继续推进金融领域的合作,落实清迈倡议。

合作有利于加强 APEC

东亚经济合作的发展是令人鼓舞的,几乎所有东亚国家都对这一发展表示支持。然而,我们也听到了一些不同的声音。比如美国就有一些人对于这种势头表示担心。美国布鲁金斯学会的高级研究员林肯在他的研究报告中对亚太经济合作组织以外的所有次区域经济、金融合作几乎都抱怀疑态度。对于东盟 10 + 3 和最近中国—东盟自由贸易区的倡议,林肯的评论是:所有狭义的自由贸易协定都涉及贸易转向——这提高了参与国公司的机会,然而对未参与国的公司却是不利的。如果亚洲一些国家在他们自己之间形成了优惠协定,那么美国企业将面临贸易转向的不利影响。

林肯的主张作为一种观点是值得商榷的。首先,我们认为强调亚太经济合作组织(APEC)的重要性是完全正确的。但把 APEC 与次区域经济合作对立起来则是不正确的。必须强调的是，任何次区域经济合作只要是开放型的就将是 APEC 的有力补充，而不是对 APEC 的削弱。区域经济合作本来并没有一种固定的模式。但从小到大似乎是常规，欧洲和美洲都是这样发展起来的。欧洲区域合作的萌芽是 20 世纪 50 年代德、法、意、荷、比、卢六国的钢煤联盟，到 60 年代发展为有 10 国参加的欧共体，到 70 年代它进一步发展为 12 个国家的欧洲货币联盟和有 15 个国家参加的欧洲联盟。美洲区域合作在北美先有美加自由贸易区，然后发展为北美自由贸易区。在南美则有巴西、阿根廷、巴拉圭、乌拉圭四国组织的南方共同市场和南美洲的安第斯集团，在这些组织的基础上现在进一步酝酿建立美洲自由贸易区。亚洲的情况则有所不同，亚洲虽有南亚区域合作联盟和东南亚国家联盟的区域经济组织，但是东亚有重要影响的日本、韩国和中国却没有参与任何区域经济组织。在这种情况下，亚太经济合作组织的率先建立，在东亚这个重要区域就缺乏其下面的基础。从这个意义上讲，无论是东盟 10 + 3，还是东盟—中国的经济合作都将是亚太经济合作的最好铺垫。亚太经济合作在贸易自由化上之所以进展缓慢，缺乏具体措施，次区域经济合作不成熟是重要原因。

其次，对次区域经济合作不能只强调"贸易转向"这一个方面，次区域经济合作至少还有"创造贸易"、"扩大市场"和"促进竞争"等积极作用。而其总体效果则是推动区域经济的迅速繁荣。这是因为区域经济合作能够发挥特有的地缘优势，挖掘出为区域经济在无组织状态下所不可能产生的特殊经济效果。比如在中国—东盟自由贸易区建立以后，有许多与地缘经济相关的重大问题就会迅速提到议事日程并加以解决，如湄公河流域的开发，昆明—曼谷公路的建设，泛亚铁路的修建，以及为南海地区确定行为准则等。这些问题的解决无疑可以使这个地区的经济迅速繁荣起来。但在亚太地区的大范围中它们未必是所有成员普遍关切的问题。

贸易的扩大，归根到底取决于经济的发展。次区域经济的繁荣不仅可以扩大区域内部的贸易，而且区域外的贸易肯定也会得到扩大。因此它不仅对区域一体化的国家和地区有利，而且从长远看，对一体化范围以外的国家和地区也有利。欧盟的发展过程就是一个最有力的证明。欧盟的建立明显地扩大了欧盟的内部贸易，但是随着欧盟经济实力的壮大，它同区外的贸易也大大增长了。如果欧洲仍然处于第二次世界大战前的分散状态，它的世界贸易份额能得到如此扩大是不可想象的。

清迈协议表现出东亚国家携起手来共同抗御金融危机的决心，这在历史上是第一次。在此基础上，日本已经同韩国、泰国、菲律宾、马来西亚缔结了货币互换协定。中国也同泰国缔结了协定。2002 年 3 月 29 日，中国又同日本缔结了在必要时向对方提供最高约合 30 亿美元的货币互换协议。它以日元和人民币为提供货币的对象。人们认为日元与人民币的互换虽然同在发生货币危机时用美元同本币交换的机制不同，但是外汇储备额居世界第一位的日本同外汇储备居第二位的中国之间构筑了外汇通融的安全保障体系，是一个巨大进步。

它的积极意义在于，第一，它在 IMF 之外构筑了防范金融风险的另一条防波堤，在东亚第一线的各个国家依靠自己的内部资源，互助互利，在发生危机时可以更迅速地作出反应。而且以亚洲各国各地区的外汇储备而言，它们的实力是强大的，IMF 完全可以放手让东亚各国联手打头阵，使自己真正成为最后靠山；第二，东亚国家通过金融合作机制在成员间进行资本流动的数据和信息交换，为 IMF 增添了耳目，强化了危机的预警系统，同时各国之间加强金融合作之后就可以避免在发生危机时各自为政，甚至实行竞相贬值的汇率政策；第三，东亚国家通过金融合作抗御金融危机并没有否定 IMF 的指导地位。IMF 仍然有权对东亚金融合作机制提出建议，进行监督，因而处于更加超脱、更为主动的地位。

合作面临诸多障碍

东亚经济、金融合作虽然取得了积极进展，但只是刚刚起步，面对金融风险时能有多大的战斗力尚待实践检验。

谈到客观形势，有两点特别值得关注，一是亚洲金融风暴虽然已经成为历史，但产生亚洲金融危机的根源并没有消除。二是东亚各国关系错综复杂，进行金融合作仍然面临诸多障碍。

消除亚洲金融危机的根源并非轻而易举。首先，不良资产问题依然严重。虽然经过一系列的债务重组，亚洲各国的银行不良资产比率有大幅度下降，但仍然处于相对较高的水平。例如印度尼西亚仍高达 58.8%，泰国 26.5%，菲律宾 18%，马来西亚 23.2%，韩国 17.9%，中国在 26% 左右，日本虽然在剥离之后为 6.4%，但由于银行与企业交叉持股的问题短期内不会得到圆满解决，所以不良资产比率要高得多。数字表明亚洲各国的银行不良资产比率离国际要求的 3%—5% 安全标准关差距甚大。

其次，亚洲各国的不少银行仍在继续亏损。例如 1999 年，韩国银行平均资产收益率约为 10.5%，平均资本收益率约为 -16%，泰国银行平均资产收益率约为 -9%，平均资本收益率约为 -9.5%。2000 年泰国最大银行曼谷银行亏损 186.87 亿泰铢，资本收益率约为 -47.3%。

最后，亚洲企业仍然债务负担过重。韩国 16 家大财团的负债总额为 2870 亿美元，资产负债率平均达 225.5%，若包括金融事业公司则高达 332%。马来西亚和泰国仅有 35%—50% 的公司债务纠纷得到了部分解决。印度尼西亚对公司债务的处理刚刚起步，企业债务问题未能解决，影响极坏：一是债权银行的不良资产无法处理；二是继续损害投资者的信心。

欧洲联盟成功的经验是有德法两个大国发挥核心作用，在遇到各种风浪时起中流砥柱的作用。东亚经济与金融合作取决于东盟、中国、日本、韩国的精诚合作。其中，日本的作用尤为举足轻重。但是由于对历史的认识问题日本和中韩、东盟之间仍然难以建立充分的信任关系，同时日本受日美安全保障条约的影响，能否全心全意在东亚的经济合作中发挥核心作用，以实际行动取信于东亚各国，仍有不确定因素。

（原载《经济日报》2002 年 6 月 13 日）

美国经济:年终盘点和前景展望

　　世纪之交,美国经济上演了一出为世人瞩目的悲喜剧。20 世纪 90 年代,特别是最后几年,美国经济高度繁荣,实现了创纪录的 117 个月的经济扩张,可以说是大喜。然而,进入新世纪,经济逆转,网络泡沫、股市泡沫相继破裂,美国经济随之陷入衰退;2002 年四季度停止负增长,但形势忽好忽坏,复苏前景难测。

　　这场悲喜剧是经济周期的产物,是周期扩张和收缩的共同特点,但也有一些背景给此次周期复苏勾勒出自己的特殊运动轨迹。90 年代末在信息化、全球化推动下进行的经济结构大调整带来了高度繁荣,却由于对经济前景的过分乐观以及由此引发的大规模非理性投资行为,使供给大大超过需求,因而导致一场严重衰退。美国联邦政府及时的宏观调控,以及产业结构调整及其所带来的生产率提高,又使这次衰退比较短暂而温和。但是,要使供求恢复平衡,仍然需要较长时间进行调整。所以,复苏难以强劲有力,加上外部因素的冲击,就使当前的美国经济走势表现出两个突出特点:一是经济增长时起时伏,复苏乏力;二是非周期因素增加了前景的不确定性。

　　关于第一个特点。2002 年前三个季度,美国 GDP 增长率分别是 5%、1.3% 和 4%,呈马鞍型。三季度虽然看似不错,但后劲不足,10 月和 11 月两个月各项关键指标忽高忽低,预期四季度增长将低于三季度。原因主要是企业固定投资没有充分发动起来,经济增长全靠消费以及库存变化的支撑。在投资中属于非住宅的建筑物固定投资连续三个季度两位数字负增长(14.2%、-17.6%、-20.6%),对经济是极大的拖累。企业投资中,设备和软件支出二、三两季摆脱了连续 6 个季度的负增长,分别上升了 3.3% 和 6.6%,略显复苏迹象。然而增长幅度同 90 年代相比仍然有限,不足以扭转企业投资的总体弱势。另外，消费虽然还能支撑经济增长，但主要是靠政策刺激。不过，政府的刺激措施是外因，如果内在动力跟不上，终难持久。10月汽车销售下降30%，11月住房开工率下降11.4%，就是一种警告。

前景的不确定性是另一个特点。2002年六七月美国经济受华尔街公司丑闻的严重冲击，八九月又受布什政府威胁要打伊拉克的影响，股市笼罩在风声鹤唳、草木皆兵的气氛之中。由于公司丑闻的大暴露，加上二季度国内生产总值增长率大幅下挫，7月31日道指跌破8000点。9月17日，美联储宣布工业生产指数下降0.3%，又引起一次暴跌。在此情况下，美国消费者信心不断下降。美国会议委员会的信心指数，自6月到10月的5个月中已下降了31个点。预报未来3—6个月经济走势的先行指数自4月以来有4个月是下降的，只是到10月才开始回稳。目前，对伊战争的打与不打仍然是牵动股市走向的重要因素之一。11月8日当安理会一致批准对伊核查的强硬决定时，美股随之下挫；而萨达姆宣布无条件接受核查，又成为促使股市重新走强的利好消息。

基于上述情况，美国经济学家都对经济预测持谨慎态度。负责确定经济周期起始点的美国全国经济研究局的专门委员会迄今没有宣布美国战后第十次经济衰退的终止时间，主要是担心在复苏期再次发生衰退。在美国经济学家中，意见继续分歧：摩根斯坦利的首席经济学家斯蒂芬·罗奇曾认为美国经济2002年底会发生另一次衰退，美联储认为不会发生衰退，2002年美国经济会有3.5%—3.75%的增长；多数经济学家则从原来比较乐观转而认为美国经济将经历一个增长停滞期，在此期间，既不会发生衰退也不会有明显增长；《商业周刊》预期第四季度经济增长约为1%。

展望2003年美国经济前景，既存在一些令人担心的问题，也有若干有利条件。

经济复苏的最大障碍是，消化吸收过剩的生产能力还需要相当时间，因而很难期望企业投资会很快回升。生产能力过剩问题存在于所有部门。汽车业的过剩被暂时的旺销所掩盖，它是靠零利率购车贷款等刺激手段勉强维持的。原因是三大汽车公司曾同工会达成了一个三年不裁员不减工资的协议。在此情况下，即使略有亏损销售汽车也比停产的损失要小一些。

但是，该协议将在 2003 年 9 月到期，届时裁员、关厂在所难免，专家估计三大汽车公司至少要关闭相当于雇用 1.5 万人的 7 个总装厂。服务业也存在过剩问题。比如，旅馆业在繁荣时期搞了太多的新建项目，2002 年 8 月，最大的旅馆业特许商森丹特宣布将出售有 4 万间客房的 300 家业绩不佳的旅馆。零售业也为发展过快所苦，激烈竞争的结果是高效率的公司如沃尔玛、塔基特等把老牌公司如 Kmart、卡尔多等挤垮。其他在 90 年代繁荣中的最大受益者如金融业、律师事务所、广告公司、咨询公司和设计公司等都在静悄悄地裁员和压缩办公室。

生产能力过剩以高技术部门中的电信业最为严重。投资过度正在形成一种恶性循环，即由价格战引起破产，而破产又引起更大的价格战，一些电信巨子如朗讯、北方电讯、AT&T 都已是遍体鳞伤。从该产业的高峰期至今，已经裁减了将近 50 万个就业岗位，而利润仍然在下滑，几乎每个星期都有新的解雇通知张贴出来。在信息产业中，计算机软硬件和网络设备最近有转机，似乎已到达谷底，但价格仍然低迷，专家估计这个全球化产业的生产能力仍然超过需求的 15%—20%。预期在美国经济整体好转的条件下，要使电信设备得到充分利用并开始扩张，要等到 2004 年。在此期间的创新，如线上交互电视服务、无线网络冲浪的创新推广，还需等待一段时间，因为大的设备公司如朗讯、北方电讯都缺乏能力支撑研究与开发。这对于依靠创新走在竞争前列的美国来说是一个坏消息。

影响美国经济复苏的另一个障碍是利润疲软和为了提高利润给裁员带来的压力。美国公司的税后资本利润率在 1997 年达到顶峰，但现在只有 5.2%，并不比 10 年前高多少，而且低于历史的平均水平 6.5%。利润率低有许多原因。首先是全球性的生产过剩使世界市场竞争加剧，出口疲软，产品价格下滑，企业被剥夺了定价权。其次，尽管经济衰退，但公司的劳工成本仍然比 1997 年高出 30%，几乎多出了 1 万亿美元。90 年代前半期，工资增长不多，企业利润可观。然而，从 1996 年开始，随着失业率下降到 5.5% 左右，工资的增长开始加快；由于劳动市场紧张，股票期权的发放成为时尚，并成为经理人员和技术工人报酬的一部分。以思科系统公司为例，1997 年，该公司税前的营业利润是 21 亿美元，职工兑现股票期权得到的收益在 7 亿—10 亿美元之间；到 2000 年，营业利润上升到

46 亿美元，工人和经理人员从兑现股票期权中获得的好处达 50 亿美元。职工拿走的超过了企业所赚得的。思科是一个极端的例子，但是这样的公司为数不少。通用电气、戴尔、微软、辉瑞制药、英特尔、雅虎和朗迅等公司，其股票期权的兑现额都在 10 亿美元以上。在劳工成本上升、企业无定价权的条件下，要想提高利润率，裁员不失为一种办法。但是失业率上升，最终将损害住房和汽车市场，消费者贷款的拖欠率会直线上升。

但是，美国也存在若干克服上述障碍的有利条件。第一个是通货膨胀率保持低水平，有利于联邦储备系统运用利率杠杆进行宏观调控。从全年物价指数看，近期不存在通货膨胀的威胁。生产者物价指数 2002 年前 9 个月在 −0.4%—1.1% 之间浮动，10 月是 1.1%；消费者物价指数前 9 个月在 0—0.5% 之间浮动，10 月是 0.2%。在这个条件下，美联储于 11 月 6 日决定将联邦基金利率大幅度降低到 1.25%，以促进经济复苏。联邦基金利率是美国的基准利率，它的变动影响到其他各种利率的升降。经过这次利率调整，联邦基金利率已经达到了 40 年来的最低水平。受其影响，房屋抵押贷款利率也跟着下降。这一点对美国经济复苏是重要的支撑，因为它促进了消费者购买住房的积极性，而住房需求的旺盛又推动房价的上升。在这种背景下，消费者通过再融资就能大大改善自己的则务状况：一方面，随着房屋抵押贷款利率下降到 30 多年来的低点，即 6% 上下，用可调整利率方式贷款的房主，通过对债务的重新安排，可以减少利息支出，增强购买力；另一方面，在房价上涨后，房主自有产权部分升值，可以用这部分产权进行再抵押，把它变为现金。据统计，房屋价格从 2000 年开始到 2002 年二季度上升了 23%，美国人拥有的房产价值已上升到 7.5 万亿美元，这是一笔很大的则富。联邦储备系统做过一个调查，发现住户通过再抵押获得的资金中大约有 33% 用于房屋装修，18% 用于其他消费开支，28% 用于还债，21% 用于各种再投资，包括购买房地产、金融工具，从事风险投资等。所以再融资的高涨可以增加消费开支，改善家庭财务状况。据估计，2002 年有 1380 亿美元的现金通过再融资流入消费者的钱包，大大高于 2001 年的 1000 亿美元。

现在人们有一种疑虑，即房价如此攀升可能会同股市一样存在泡沫并最终破裂。日本曾有过这样的教训。但是美联储认为，日本在 80 年代后期的房地产泡沫主要发生在商业房地产市场，而不是住房领域。在美国，住房价格从历史上看增长速度总是快于通货膨胀。另外，房价居高不下有供求方面的原因：一是移民家庭对住房的需求坚挺，占房屋需求的 46%，而这些人是有购买力的；二是由于土地的限制，新上市的住房还是不能满足需求；三是房地产同股市不同，带有地区性，一个地区价格的变动不会在全国引起连锁反应。人们估计，房价上涨既有实际需求旺盛的原因，也是由于在发生公司丑闻后，因信心问题而出现的投资转移。在股市回稳后，房价将会逐渐下降，但它可能不会来得太快。

第二个有利条件是劳动生产率的高涨，这是此次经济复苏中的鲜明特征。根据劳工部最新统计数据，非农企业人/时产量，三季度以 4% 的年率增长。如按全年计算，从 2001 年二季度到 2002 年二季度，生产率已上升 5.3%，步子迈得比 90 年代繁荣期的任何一年都大。强劲的生产率增长为美国经济创造了良好的基本面。较高的效益能够提升利润和工人收入，并可保持低通货膨胀和低利贷款。近期的意义尤其在于可以使急需提高利润率的各部门获得可靠的财源，也使企业有钱投资于购置新设备。当然，劳动生产率有周期性。在衰退中受挫的企业一般在需求回升时不愿雇用新工人，这是在复苏期生产率上升的原因。但在此次复苏中，生产率对产量的贡献要比一般复苏期高出一倍以上，它说明这一进步是产业结构调整的结果。较高的生产率减少了对消费者花钱的约束，因为生产率的增长可以使企业不必用压低工资的办法来降低成本。它解决了提高工人收入和降低单位劳工成本之间的矛盾。

第三个有利因素是美国的银行系统较为健全，顶住了 2002 年揭露的金融丑闻和阿根廷债务危机风浪的冲击。2001 年四季度以来，由于破产案激增，美国银行已经冲销了 100 多亿美元的坏账。但在前 7 个月中，只有 8 家小银行倒闭，最大的花旗、摩根大通、美洲以及一些地区银行，虽然都有较大的信用风险，但并没有因为这些突发事件而受到太大的实际损失。主要有以下原因：一是从 90 年代实施《巴塞尔协议》以来，美国银行普遍加强了资本建设，资本充足率提高，银行抵御风险的能力加强；二是银行通过信用衍生工具，转移、规避了一些风险。大银行在世通、安然等公司的破产中，避免了灾难。具体采用的手法是将很多债权包装上市，在一级市场上卖给了养老金基金、共同基金、保险公司乃至于个人，分散了风险。因此，日本泡沫经济破裂后给银行体系造成的恶劣后果，并没有在美国出现。

此外，美国中期选举后，共和党在国会两院一统天下的政治局面对布什政府运用财政杠杆刺激经济，防止再次发生衰退也是有利的。

全面权衡各种不利因素和有利因素，预期 2003 年美国经济情况可能依然疲软，但是否再次陷入衰退则取决于非经济周期性因素影响的大小。电信业的萧条是一大拖累，但它在信息产业中的比重只占 40% 左右，而计算机微电子行业则已初露曙光。经济合作与发展组织（OECD）预测 2003 年美国经济增长率为 2.4%，2004 年为 3.6%；世界货币基金组织（IMF）认为 2003 年美国经济的增长率将为 2.6%；美联储则认为 2004 年增长率可能达到 4%。当然，这些预测都未考虑非周期因素的影响，如果美国再次发生重大的公司丑闻，或者对伊拉克战争终难避免，经济是否会严重逆转则将取决于当时的具体形势。

（原载《求是》2003 年第 2 期）

电信业萧条：拖累美国经济复苏

当前美国经济形势的特点是复苏乏力，道路坎坷。出现这种局面有多方面的原因，除了非周期性因素如公司丑闻、对伊战争风险等给投资者和消费者带来的消极影响外，信息产业复苏缓慢是重要原因，而在信息产业中电信业更是处于萧条状态。电信业曾是 20 世纪 90 年代繁荣时期的宠儿，在这个行业的引领下，固定投资飞速发展，带动了整个经济的腾飞。而如今它却身陷泥泞，很多公司垮台，尚存者也在苦苦挣扎。2002 年 10 月 7 日的美国《商业周刊》第一次用"萧条"这个字眼谈电信业的困境。电信业约占信息产业的 40%，它的萧条当然会给美国经济复苏带来很大拖累。

这种困境是过度竞争的结果，也是盲目投资的结果。过度竞争同 1990 年《电信法》有很大关系。在这个立法颁布之后，由于打破了 30 年代老电信法不允许混业经营的规矩，给电信业带来巨大商机，出现了大型电信公司加速扩张和小型新创公司大量涌现的红火局面，公司之间的竞争空前激烈。与此同时，通信技术有许多突破性进展，而很多公司只考虑技术进步，不考虑市场需求。人们津津乐道光纤技术的无穷威力，如，整个国会图书馆的藏书只要一瞬间就可以全部下载，等等。然而，有多少消费者需要下载国会图书馆的全部资料这个问题却被忽视了。这种盲目投资的一个例子就是，英国的有线无线通信公司和法国的阿尔卡特公司即将开通一个投资 4.43 亿美元、名为阿波罗（APOLLO）的跨大西洋电缆。它装有最新的光纤和互联网协议的通信设备，这个电缆中的四对像头发丝一样的纤维将能运载 3.2 太拉比特的数据，其传输能力比所有现在跨大西洋的线路加在一起还要多 30%。由此可见，随着已上马工程项目的陆续竣工，生产能力过剩的问题还在加剧。实际上，今天在北美和欧洲之间的长话的设备能力真正得到使用的不过百分之一二。

激烈的竞争引起残酷的价格战以及利润的减少。过去三年，纽约和伦敦之间的快速通话价格下降了90%，洛杉矶到纽约的高速通话的价格下降了50%。对普通消费者，无线服务每分钟从1996年的40多美分降到2001年的10多美分，长途电话从十几美分下降到不足10美分。降价必然要压缩利润。2001年AT&T的净利润（去除利息和税金）是13.5%。比一年前下降了3个百分点。主要是因为在激烈的竞争中，增长最快的业务，特别是数据处理业务不赚钱。AT&T的情况还是好的，因经营不善而陷于亏损的公司有之，因利润不好而弄虚作假的公司有之，世通公司就是后者最突出的一个例子。在此情况下，整个行业不得不削减原来的投资计划，收缩开支。它们的行动很快又影响到为其提供设备的供应商，新的电信设备订单随着电信公司推迟甚至取消其扩张计划而突然下降。设备供应商并没有预见到如此快速的需求锐减，库存因而急剧上升。电信设备制造商长期以来已习惯于受投资驱动的需求，但在库存积压的压力下不得不对原来的计划进行巨大调整，削减生产，裁减职工，冲销呆账。2001年因光纤传输技术脱颖而出的Jusuniphase公司亏损506亿美元，是所有公司曾经宣布过的最大亏损额。至少有一打新创公司，从PSINet公司到360networks公司申请破产保护。自2001年1月到2002年12月中，现金枯竭的公司已经解雇了17万名职工，比任何其他部门都多。

电信公司为了摆脱困境而采取的提价措施又使消费需求萎缩，影响电信业的恢复增长。随着几家新创宽带电信公司，如NORTH - POINT的倒闭，提供高端技术服务的供应商已在拼命提高价格。鉴于许多新创公司的财务麻烦，它们已开始重视利润而不再是订户的增长，多数宽带公司已经在走这条新路，SBC、南方贝尔公司和EARTHLINK已提高了收费标准，维里宗公司虽然保持基本收费标准不变，但是把它的安装费提高了4倍。在有线电视方面，AT&T已经把它的有线电视宽带的月费提高15%，每月46美元。此外，大多数互联网服务供应商认识到免费服务的模式是没有生命力的，都在转为收费服务，采取这一措施后有250万左右原来享受免费服务的客户是否愿意付费上网还要等着瞧。而尚未实行收费的公司，它们的1000多万订户正面临不再享受免费的前景，他们是否愿意付费上网或者干脆放弃互联网服务则是一个难以预测的前景。据国际电信报告公司反映，免费上网的客户 2001 年一季度几乎已经下降了 20%。DSL（Digital Subscriber Line）客户的数量一季度也以缓慢的 2% 的速度前进。价格提高和付费上网虽然可以提高供应商的利润，但却影响了最终用户和需求曲线。

电信公司的困难又影响到金融市场。公司大量投资时已在债券市场上背上了沉重的包袱。在 1999 年和 2000 年两年中，电信公司在债市上筹集了 1600 亿美元，银行对这些公司发放了超过 3000 亿美元的联合贷款。现在这些贷款面临难以收回的风险。如果银行的风险过大，并且遭受大量放款损失，就会影响其流通性能，形成信贷紧缩局面。即使美国商业银行目前坏账准备充足，并有多余的资本，能够在电信业衰退中生存，但养老基金、共同基金和保险公司则面临巨大困境。同时，投资在新创电信公司的债券或股票投资者也将遭受损失。这件事本身将对投资者的信心产生压力，使投资者在未来几年不愿向电信公司提供资金。

电信业的调整将经过三个阶段。第一阶段是消化多余的生产能力。对 20 家主要长途电话和地方电话公司的调查表明，正常情况下，通话能力使用量达到 70%—75%，企业就会考虑扩张，但现在只用了 35%。有些公司将因无支付能力而申请破产。在美国，核心通信网络的业务量每年增长 85%，欧洲和亚洲的速度也大体相同。美国在两年内有可能把过剩的能力在运营中吸收掉。

第二阶段是合并阶段。现在北美和欧洲都在等待它的发生，但可能至少还要等待一年时间。美国最有实力的地方电话公司维里宗（Verizon）、德国电讯、英国的沃达丰、日本的 NTT DOCOMO 将有可能把失去竞争力的小鱼吃下去，降低成本，提高价格。在美国小贝尔族群中的维里宗最有可能把全国最大的长话公司，如世通公司或 AT&T 收购过来，朝着建立自己的统治地位跨进一大步。收购 AT&T 和 SPRINT 的开支大约只要 250 亿美元，这在 90 年代是小菜一碟，但维里宗自己有 45 亿美元的长期债务要偿还，为此每年要花掉它 27 亿美元的净收入，所以业内人士认为在一年内它没有力量搞兼并。

第三阶段是转轨阶段。要使多余的设备能力得到充分运用，办法只有从老式服务转变到新型增值服务，在网上为消费者提供新内容。走这条路，才能把闲置的设备能力充分运用起来，也才有可能增加新用户。在日本，DOCOMO 是增值服务的先锋，它已经向消费者提供从游戏到音乐的新内容，并从每一笔交易中收取一点费用。AT&T 无线公司已经计划把这种模式移植到美国，这方面有广阔的发展领域。另外，今后电信公司必须像 IBM 替客户管理计算机系统那样，为客户提供管理服务。

美国《商业周刊》预期，如果美国经济整体上好转，要使长短途电话、数据网络设备得到充分利用并开始扩张，须等到 2004 年。欧洲落后于美国，未来三年电信公司的收入不会有大的起色，预期要到 2006 年才会恢复增长。亚洲也是一样。在此期间创新将推迟出台。电话线上的交互电视服务、通过无线网络进行冲浪这些新东西还需等待一段时间，因为大的设备公司（如朗讯、北方电讯）都缺乏财力支撑研究与开发。这对于依靠创新走在竞争前列的美国说是一个坏消息。

（原载《世界知识》2003 年第 5 期）

从新型国际分工看美国贸易逆差

　　中美之间彼此在产品出口上是优势互补的分工合作，即使在高技术领域，中国出口日益上升，但同美国之间并不是在同一个水平上的竞争关系，而是优势互补的关系。是双赢而不是零和。

　　根据美国商务部的统计，2002 年美国进出口贸易逆差达到了 4352 亿美元，比 2001 年猛涨了 21.4%，这对于受一些不确定因素影响、艰难爬坡的美国经济来说不是一个好消息。

　　美国贸易逆差日益扩大的原因是复杂的，有周期性和结构性因素，也有竞争力、财政赤字、利率、汇率、贸易壁垒等诸多问题，近年来还同美国产业结构调整以及新型国际分工相关联。

　　周期性因素是指在经济衰退期，投资需求和消费需求特别是前者急剧下降，导致进口减少，贸易逆差相应收缩；相反在扩张期由于两大需求双双高涨，进口大幅上升，贸易逆差相应上扬，这个规律已为历史资料所证明。结构性因素主要是指国民收入分配结构的不合理，如美国人消费需求旺盛，求过于供。根据欧盟资料，1999 年美国人消费掉 GDP 中的 60%，而欧盟只有 51.7%。高消费的结果，一是减少了储蓄，如 1998 年欧盟的个人储蓄率是 11.8%，美国人只有 0.5%；二是减少投资；三是寅吃卯粮，从而出现贸易逆差。

　　周期性和结构性的因素是在美国长期贸易失衡中贯彻始终的东西，其他原因则常常在某个时期有突出显现。如 20 世纪 80 年代，美国贸易逆差的特点是同联邦财政赤字密切相关的，这就是所谓的"四高"，即高财政赤字、高利率、高汇率、高贸易逆差四者之间的特殊因果关系。同时 80年代美国制造业的竞争力也有问题，在钢铁、汽车、半导体三大领域都曾输给日本，这种情况在 80 年代后期才开始扭转。

全球化时代,贸易逆差已经不再是一个衡量美国全球销售额和企业竞争力的合适尺度

20 世纪 80 年代后期到 90 年代,在美国出现的贸易逆差又有新特点,它同信息化、全球化有密切关系。在此时期,信息产业大发展,并在全球布局,所谓 WINTEL 生产方式,就是由美国大公司控制高端生产,如微处理器、应用软件和关键网络设备,而把边缘产品按照比较优势分散到劳工成本低的世界各地制造,然后返销美国,由美国大公司加以组装,销往美国本土和世界各地。这种产业链的内部分工和全球布局,注定要使美国进口产品大量增加。许多其他产业,如汽车、运动鞋、玩具等也具有设计营销在美国、加工制造在国外的类似特点。全球化还使美国大公司把触角伸展到世界各地,但其子公司的生产并没有计算在美国的出口之内。据统计,1998 年美国子公司在国外的生产高达 2.4 万亿美元,而在美国本土,企业的出口只有 9330 亿美元,不足国外子公司销售额的 40%。美国跨国公司情愿通过在国外的子公司向全球销售其产品和服务,而不愿从美国本土出口。同时美国进口中也有相当一部分就是它们子公司的返销产品。所以有些美国学者认为,在全球化时代,贸易逆差已经不再是一个衡量美国全球销售额和企业竞争力的合适尺度。至于 2002 年贸易逆差之所以破纪录,还有一个美国经济相对好于日、欧的原因。这一年美国 GDP 的增长率达到 2.4%,日本只有 1.3% 左右,欧盟只有 1.6% 左右,美国从贸易伙伴国的进口增大,但对伙伴国的出口滑坡,导致逆差上升。

总之,从 20 世纪 90 年代贸易逆差的特点看,它更带有结构性。有鉴于此,其今后的发展趋势将不会是缩小,而是会继续扩大。

贸易逆差增大是好事还是坏事,利弊兼而有之

贸易逆差增大是好事还是坏事,也不是一句话能说清的问题。总体上看,是利弊兼而有之,就看从什么角度分析了。从利的方面看,贸易逆差

如果源于扩大投资，而且用之得当，是好事，它可以突破本土资源限制，加快本国的发展速度。另外，从跨国公司的角度看，来自产业内部国际分工而产生的贸易逆差能够发挥不同国家的比较优势，不仅可以提高公司的盈利率，也使东道国受益，是一种双赢游戏。但巨额贸易逆差也有明显的弊害，如果逆差主要源于增加消费，虽然暂时能提高生活水平，支撑经济增长，但数量越大，就越增加还债负担，成为日后经济增长的约束条件。巨额贸易逆差还会对就业和工资产生负面影响，这也是人们反对全球化的原因之一。然而，一个更令人担心的问题是，贸易逆差太大会带来美国国际收支的严重失衡，促使美元急剧贬值，导致金融危机。不过这种局面在布雷顿森林会议体系瓦解、浮动汇率当令后，尚未出现过，原因之一就在于美元目前仍是世界的主要储备货币，大约占总量的73%。许多国家和个人需要国际储备货币，而且手中已持有太多的美元资产，不愿看到美元贬值。日、欧出于促进出口的需要也不希望美元贬值。再者，美国经济的表现目前仍相对好于日、欧，人们对美元比较有信心。但谁也说不清这种信心在贸易逆差积累到什么程度时会发生雪崩，使美元危机变为现实。因此它成了一种悬念和担忧，萦绕在美国人心头，并很容易由此而直观地对主要贸易逆差国产生贸易保护主义情绪。

就性质而言，中国对美国的贸易顺差主要是因中美双方的国际分工，而不是因中国实行贸易保护主义政策所产生的

　　根据美国官方统计，截至2000年，日本一直是美国最大的贸易逆差国。中国则可谓"后来者居上"。由于中美贸易增长迅速，美方贸易逆差也有相应的快速增长。根据美方统计，中国对美国贸易顺差从2001年开始第一次超过日本，成为对美的第一顺差国。根据2002年美国商务部公布的资料，中国对美贸易顺差当年为1031亿美元，日本对美顺差为701亿美元，其次为加拿大498亿美元，墨西哥372亿美元。由于统计口径问题，中方公布的对美贸易顺差远较美国公布的数字为小，2002年只有近

300亿美元。但美国贸易逆差在迅速增长则是事实。这种情况在美国已经引起一些不明真相的人和某些利益集团的不满和抨击。说中国只讲多出口、不愿多进口，中国搞贸易保护主义，中国不履行加入世贸组织承诺，等等。但撇开统计口径不谈，中国对美国的贸易顺差就性质而言，主要是因中美双方的国际分工不同而不是因中国实行保护主义政策所产生的。证明这一点的依据是：

第一，中国自实行改革开放政策以来，开放度已有相当大的提高。根据世界银行的资料，中国的进口渗透率（import penetration）1986年是38%左右，同期美国的相应数字分别约为30%、38%、42%；日本相应数字分别约为10%、13%、20%。另据OECD的资料，就反映参与国际产业内部分工的产业内部贸易指数而言，1996年中国是55.5%，高于日本的42.1%和澳大利亚的41.2%。对实行开放政策不过十多年的一个发展中国家来说，应当承认其进展是快速的。

第二，从造成中国对美贸易顺差的主要商品看，基本上属于中国与美国之间合理的国际分工，并由中国发挥两个比较优势——产业之间的比较优势与产业（行业）内部的比较优势，所导致的结果。根据美国商务部的资料，1999年中国对美国出口最多的五项商品依次是玩具、游戏和运动器械，靴鞋，通信设备，计算机和自动数据处理机，办公机械和零件。同年美国对中国出口最多的五项商品依次是航天和航空设备，肥料，通信设备，计算机和计算机设备，半导体、晶体管和两极管。两相比较可以明显地看出，中国对美国大宗出口的前两类产品都是劳动密集型的，而美国对中国大宗出口的前两类产品则都是资本技术密集型的。中国对美国大宗出口的后几类产品表面上看也是高技术产品，与美国是重叠的，实则中国只是从事高技术产品的加工制造，而美国从事的则是高技术中的高端产品以及设计和营销。这种重叠，明显属于高技术产业内部的分工。这种分工是产业链的内部分工，在利益分配上高端产品和设计营销总是拿大头，而低端产品和加工制造则只能拿小头。所以，两国之间彼此在产品出口上是优势互补的分工合作，即使在高技术领域，中国出口日益上升，但同美国之间并不是在同一个水平上的竞争关系，而是优势互补的关系，是双赢而不是零和。

　　这里要强调指出的一点是，美国在产业内部的国际分工方面虽然得益很大，但它也是造成贸易逆差的重要根源。可以用计算机和办公机械为例来说明这一点。这个行当是美国的优势产业，但是由于进行国际分工，由1981年顺差62亿美元，到1990年变为逆差22亿美元，到1999年逆差再攀升为358亿美元，成为继汽车和服装之后的第三大逆差产品。美国贸易逆差审查委员会的艾伦·兰茨在《美国的经常账户——部门业绩和前景评估》一文中说：促成这种结构性变革的是新电子产品生命周期的加快，从提出创意到老化过时常常不过是几个月时间。这就使那些资本雄厚的大公司，如IBM和菲利浦斯，要想投资于全球并生产出所需要的数量，同时又能给股东提供体面的利润变得十分困难，于是他们就采取发包给制造商制作的办法。电子制造承包商的利润很薄，让它们去生产可以解决大公司建厂开支和学习曲线问题。由此可见，这种产业内部的分工确实使大公司获得更高的利润，而贸易逆差则是这件事情的反面。

　　在中国加入世贸组织之后，中美双方在贸易、投资、金融等领域的合作发展迅速。中国已作出自己的努力来履行承诺，在关税减让、市场开放、知识产权保护、农产品进口等方面取得了长足进展。当然这不是说中方已经不需要进一步改善自己的工作，并解决双方存在的不协调问题，但只要认清中美双方在贸易方面的优势互补和相互受益的根本性质，那么一切枝节问题都不难通过谈判协商获得解决，使双方经贸关系在健康的道路上继续前进。

（原载《世界知识》2003年第10期）

布什主义、战争与美国经济

　　以"9·11"恐怖袭击为契机，美国政府的国内外政策发生了重大变化。其标志就是"布什主义"的出台。2002 年 6 月 1 日美国总统乔治·W.布什在西点陆军军官学校毕业典礼上的演说是一个转折点。他在演说中引用了马歇尔 1942 年在西点军校对毕业班的一段讲话。马歇尔说："我们决心在这场可怕的斗争结束前，我们的国旗将被全世界公认为既是自由，也是压倒一切的力量的象征。"布什则拓宽了马歇尔的寓意，要求把这面象征"自由"和"压倒一切力量"的美国国旗，从美国插到全世界。他说"无论我们高举国旗到何处，它不仅代表我们的力量，也代表自由。我们国家的事业历来比保卫国家更为宏大"。"我们还决心鼓励在各大洲建立自由开放的社会以拓展和平。"在这篇演说中布什还明确提出要以反恐的名义发动先发制人的战争。他说，"反恐战争不能靠防御取胜，我们必须把仗打到敌人那儿，扰乱它的计划、在最严重的威胁出现之前就予以迎头痛击。在我们已经置身其中的世界里，通向安全的唯一道路就是行动。我们国家决心行动"。托德·林得伯格在"布什主义"这篇文章①中评论说"按布什先生的构想，美国将国力用于确保作为受自由之恩典范例的美国的生存和繁荣仍嫌不足。还有必要将美国的国力用于促进和保护他人的自由这一任务"。"布什的讲话不失为建立以美国国力为核心，以传播自由为目标的国际新秩序的奠基性文件。"正是在这个"奠基性文件"的思想指引下，发生了美国违反国际法，不顾联合国大多数国家反对，悍然侵犯另一个主权国家的先发制人战争的事件。

　　这场战争对国际关系的严重影响要由国际问题专家来评说。这里想就

---

　　①　Tod Lindberg：《布什主义》，《交流》2003 年第 1 期，第 51 页。

"布什主义"及其第一个"婴儿"——入侵伊拉克,对美国和世界经济的影响略抒己见。

近期前景

美国打伊拉克,犹如重磅拳击师与一名幼儿对垒,胜利谁属本在意料之中。关键在于是速战速决还是久拖不决。现在情况已明,在三个星期中,美国以 200 亿美元的代价,使用一切最新武器,击溃了萨达姆的全部精锐部队,做到了速战速决。布什及其鹰派人物为此而睥睨一切是可以理解的。然而布什主义和这场战争对美国经济的近期和长期影响,则值得深入分析。

从近期看,对伊战争速胜对美国经济的影响是积极的。它使美国避免了在短短两年多的间隔中,可能发生的第二次经济衰退。2003 年一季度的形势确实危险,看一看美国经济分析局最新公布的数据就很清楚。战争威胁所带来的不确定性,使投资者和消费者信心剧降,一季度国内生总值只增长 1.6%,低于人们预期。前三个季度已见回升的设备和软件投资再次下降 4.4%。一直是经济增长主要支柱的个人消费开支只增长了 1.4%,是 2001 年三季度以来的最小增幅。股市低迷,道指最低下降到 7700 多点,纳指下降到 1200 多点,石油价格猛涨,期货最高上升到 37 美元。这种动荡不定的局面如果再拖下去,前景堪忧。

战争打响并取得速胜后,原来阻碍经济复苏的不确定因素消失。股市和油价立即做出积极反应,经济回升的条件开始涌现。第一,持续下降的私人投资可望走强。这是因为劳动生产率的持续增长促使企业利润回升,据经济分析局说,公司利润按年度计算上升了 10% 以上,这就使企业投资有了资金来源。同时银行贷款也成为刺激投资的因素。据报道,目前银行对放款的热情已经超过企业的借款意愿。企业信心的增强加上容易取得银行贷款,将使两年来异常疲软的工商业投资出现转折。第二,对企业的成本和价格压力将得到缓解。原来石油价格中的战争贴水已由下降到消失,现在石油期货每桶价格已经下跌到 25 美元以下,据计算,石油价格每上下 10 美元,就会影响 GDP 增减 0.5%,现在石油价格比峰值已经下降 10

美元以上，它对 GDP 增长的效应是显而易见的。除石油价格以外，养老金和保健费用的上扬，也对企业成本形成压力。最近这种上升趋势也受到抑制。这些因素对企业利润的增长都有促进作用，因而会提高企业对利润的预期和投资。第三，另外一个促进复苏的因素，是库存投资的增长。2003 年一季度由于战争前夕的紧张不安，工业部门各行业的生产普遍走低，批发业和制造业的库存消耗大，补充少，急需进货，特别是批发部门的库存年初开始即不断下降。预期批发业、卡车业、铁路部门很快将大量进货。第四，高技术设备的折旧期较短，例如计算机通常只有三年时间，为解决计算机千年虫问题而新置的设备已经到了更新期，从企业竞争的角度说，为了保持在市场上的竞争优势也不得不尽快更新。实际上，计算机和软件的投资从 2002 年二季度开始本来已经回升，2003 年一季度因战争影响被迫停顿，它们的重新高走是指日可待的。第五，美元的不断走低有利于制造业的出口，美元汇率自 2001 年初到达高峰，目前已经贬值近10%。这对加强美国企业在国际市场上的竞争能力是有利的。美国政府一贯奉行强势美元政策，但是对最近美元的疲软并没有采取干预措施，而是强调美元走势没有超出合理界限，这也说明这种贬值对美国经济有有利的方面，因而为当局所容忍。

然而也必须看到 2003 年美国经济复苏不会十分强劲。有人曾经预言，在对伊战争胜利后，美国经济会迅速走强。这种估计未必是现实的。应当看到，尽管战争的不确定因素消失，仍然有若干因素制约着美国经济的扩张。一个因素是 20 世纪 90 年代投资过度的后遗症尚未完全消失，设备利用率仍然处于低水平，2003 年 3 月工业设备利用率只达到 74.8%，远低于正常时期的 82%，高技术部门的设备利用率则在 62% 左右，重灾区电信部门的设备利用率更处于 49% 的低水平上。在此情况下，除计算机和软件的投资外，其他方面不会有太大的进展。另一个因素是失业人口仍在增加，消费不可能有很大的高涨。这是因为在经济不景气的状况下企业要维持利润，就只有裁员之一法，所以 2003 年 2 月、3 月两月失业人口已接近50 万人，4 月继续裁员 4.8 万人。失业率已从 3 月的 5.8% 上升到 6%，因而影响到购买力。最后一个不利因素是联邦储备系统降低利率的刺激政策已到强弩之末，住房和汽车销售的势头将逐渐衰减。白宫的巨额减税计划在国会中受阻，最后通过的数额将大打折扣，它对经济的刺激作用也将相应减弱。总之，当前美国经济复苏的前景是好的，但仍有一个逐步上升的过程。

中、长期展望

从中、长期看，美伊战争结束后，从经济角度说对美国最有利的一条首先是，可以介入伊拉克的石油利益。美国政府最怕人说，美国入侵伊拉克目的在石油。然而布什政府所作所为又无法使自己撇清同石油的关系。在萨达姆政权下，美国对伊拉克石油基本无法染指，只是通过贸易途径每天进口 40 多万桶原油。反之，欧洲主要国家如法国、德国和俄罗斯则都同伊政府签订有大量商务合同并拥有对石油的开采权。美军占领伊拉克以后，这种利益格局必将重新洗牌。伊拉克石油全部为国有，战后最大的可能是逐步私有化，这就给美国石油公司进入伊拉克的一个绝好机会。此外，美国公司还将获得大部分战后重建的合同，并成为伊拉克经济舞台上的主角，这对美国经济无疑是十分有利的。然而，比第一条更重要的利益是在美国扶植起亲美政权以后，通过对伊拉克石油的控制，而影响世界石油市场的走向。伊拉克石油储量居世界第二，探明储量为 1100 亿桶。但还有广大地区没有勘探，只要有投资，其储量可以轻而易举地翻一番。第一次海湾战争前，伊拉克石油的最高产量是每天 350 万桶，打完仗，如有足够投资，几年后也可以翻番。现在海湾地区最大的产油国沙特一天的产量为 700 万—800 万桶，如果伊拉克的产量能提高到 700 万桶的水平，就可同沙特相匹敌，在 OPEC 成员国中取得举足轻重的发言权。这对美国经济也是至关重要的。众所周知，自 20 世纪 70—80 年代两次石油危机之后，石油价格成为影响美国经济的重要因素，是美国无法任意左右的软肋。美国是世界石油第一消耗大国，每天用量达 2000 万桶以上，其中一半自给，一半进口。为防止在地区政治经济危机中，石油供应中断，美国采取进口多元化战略。以 2002 年为例，每天从 OPEC 成员国进口约为 455 万桶，自非 OPEC 国家进口约为 680 万桶。即使如此，2003 年一季度仍然由于对伊战争的地缘政治因素，加上委内瑞拉和尼日利亚的政治风波而引起石油价格的大幅上扬，给美国经济蒙上了阴影。因此，如果美国能通过控制伊拉克新政府而直接或间接影响世界石油供应和石油价格，就可以大大减少因石油市场价格波动给美国经济带来的风险。

不过美国要想得到上述理想的回报有一个重要前提，这就是必须组建一个既亲美又由伊拉克人自主并得到国际社会承认的政权。这是一个有内在矛盾的艰巨任务，实现这个目标需要多长时间，依然是一个未知数。其困难来自伊拉克国内、周边国家和国际社会等许多方面。从国内看，2003年4月28日为组建新政府而召开的各民族各派别的大会，缺乏充分的代表性，主要派别的领袖人物并没有参加，与会人员没有计划，没有日程，各有主张，各说各话。达成的唯一协议是在5月召开另一次会议。代表占人口60％的什叶派伊斯兰革命最高会议抵制了4月15日的会议。为了显示合作姿态28日只派了一个低级代表团参加。同时，该组织的领袖巴亚提发表声明说美国退伍将军加纳所负责的只是伊拉克的重建和人道主义事务，该组织只限定在这个领域与其合作，政治安排只能是伊拉克人自己的权限范围。为此，巴亚提说他们即将召开一个没有美国人参加的各派别会议商讨政治权力问题。种种迹象表明，美国在伊拉克还没有找到像阿富汗那样的领袖人物。美国军事入侵伊拉克遭到阿拉伯世界的一致反对，按照美国味口扶植的新政权要想得到伊斯兰世界的认可是一个难题。为美国军方所垂青的伊拉克国民大会主席沙拉比是一个遭到阿拉伯国家反对的人物。约旦国王阿卜杜拉对 CNN 的记者说，要沙拉比领导这个国家不是最好的选择，因为他被约旦指控犯有侵吞公款的罪行，并且长期不在伊拉克。他认为战后的伊拉克应当由那些在萨达姆统治下生活和受苦的人管理，跑到国外的反对派只能在管理国家中起次要作用。约旦国王的表态在一定程度上反映了阿拉伯世界的普遍意见。美国占领当局扶植的政权要想得到国际社会的承认也非易事。美国曾邀请联合国秘书长安南派观察员参加4月28日由美国主持的各派会议，但遭到安南的拒绝，理由是联合国在战后伊拉克的作用尚未确定。这样美国在打伊拉克问题上与联合国多数国家的对立和斗争，现在已经转移到外交和政治领域。既然美国打伊拉克未经联合国批准，是违犯国际法的行为，那么要联合国承认美国所扶植政权的合法性也就失去了法理依据。所以，要让联合国给新政权盖上合法印章，必将有许多周折。而这个时间拖得越久对伊拉克的战后重建就越是不利。因为不经安理会批准，石油公司或建筑公司是不愿意同一个没有国际合法地位的实体签订合同的。在这个问题上，布什主义不会通行无阻，除非做出让步并与主要大国达成某种妥协。

另一个人们关心的问题是从中、长期看，美国经济能不能经过复苏再次走向90年代的辉煌。20世纪被称为美国"新经济"的10年经济扩张得益于信息化和全球化，以及宏观经济与微观经济的良性互动。尽管由于投资过度和生产过剩而导致经济衰退，但信息化所带来的劳动生产率的提高仍然保持着良好势头，从而为美国经济再度走强准备着条件。同时美国在信息技术方面仍然领先于世界，创新势头虽然暂时趋缓，潜力仍不可低估。但是从另一方面看，布什主义对美国经济的信息化和全球化进程也不能不带来若干阻碍，并给美国经济造成不利影响。

首先，布什主义加剧了世界各地的反美情绪，它是滋生恐怖主义的温床，为此美国不得不加大本土安全开支。最明显的例子是美国政府和企业不得不扩大保安、警察和救火人员的队伍。现在这支力量已增加到30万人，每年支出100亿美元，而增加过往运输车辆安全检查的时间和手续也是一个不小的开支。所有这些都将加大企业的生产成本和交易成本。

国土的不安全也影响到美国的全球扩张、技术创新和经济增长。美国跨国公司为了保障全球供应网的安全，往往不得不增设应急组织。例如汽车配件制造商德尔菲公司过去是通过海运把中间产品从亚洲运到美国，现在它却不得不增设航空运输队来应对突发事件。美国所采取的国土安全措施还影响到外来移民的下降，而这是美国经济增长的重要要素。到2002年为止的10年中，美国接收的合法移民超过1100万，占同期人口增长总额的三分之一以上。国际移民包括新的移民人口和非移民人口，后者包括H—1B工作移民和学生，目前这几种流入人口都出现了萎缩。申请移民的人数从2001年的730万下降到630万，严格的甄别又使批准数剧减和待批数剧增。与工作相关的H—1B暂时移民，受"9·11"事件的影响，在2001年10月至2002年6月间，申请人数下降60%，批准人数下降53%。过去两年H—1B最高限额高达19.5万人，现在减少到6.5万人。在外国学生的流入方面，据统计，有43%的学校报告说注册人数下降，有3%的学校报告说下降幅度超过 30%。代表 2000 家大学的美国教育委员会主席大卫·沃德说现在"拖延对学生和学者赴美签证的事情已经十分广泛"。这就意味着减少外国学者参加美国科技活动的机会。美国未来研究所所长保罗·萨佛说:"如果我们把欢迎的红地毯撤走,我们就将扼杀高技术产业。"美国《商业周刊》认为所有这些做法都将影响美国劳动生产率的增长。90 年代生产率每年上升 2.7% 的良好表现,今后恐怕难以持久。这对保持美国经济的全球竞争力是十分不利的。

潜在风险

美国经济的中、长期前景还面临双赤字的潜在威胁。双赤字是指高联邦预算赤字和高经常账户逆差。

关于预算赤字。

布什上台后,虔心奉行供应学派的经济理论,把减税看成是促进美国经济复苏和长期繁荣的有效手段。2001 年提出了大幅度减少个人所得税的改革方案,10 年累计减税 5000 亿美元,加上其他各种减税刺激,联邦税收 10 年累计减少 16447 亿美元①。这个计划虽然遭到民主党的反对,在几经修改之后还是获得了通过。如此大幅度的减税,加上经济衰退,使联邦财政收入急剧下降,从 2001 年起,原来联邦预算连年结余的形势迅速逆转,当年结余由 2000 年的 2364 亿美元下降到 1271 亿美元,2002 年联邦预算已经由结余变为出现赤字 1585 亿美元。2003 年预计将进一步攀升到 2870 亿美元,仅次于老布什执政最后一年的 2900 亿美元。目前,美国预算赤字前景系于 2003 年布什提出的新预算建议,其中最有争议的是布什所提出的取消红利税和加快削减所得税(把计划于 2004 年和 2006 年对中等和上等收入者的减税提前到 2003 年实行)的计划。前者将使税收减少 3640 亿美元,后者减收 640 亿美元,总额达到 7260 亿美元。目前,布什政府同民主党人的争论是,在布什看来这些减税将促进美国人的储蓄和投

---

① Department of Treasury, The 2001 Blue Book – General Explanation of the Administration's Fiscal Year 2002 Tax Relief Proposal, pp. 59 – 61.

资，特别是取消红利税可能把股市价格提高 10%。民主党人则认为这些措施主要得益者是有钱人。据城市布鲁金斯税收政策中心的估计 2003 年 60% 减税的好处将落在年收入 10 万美元以上的富人手里。到 2010 年这个比例将上升到 70%[①]。这一计划对联邦预算的意义是，如果全部实行，它将使联邦财政赤字大幅度上升。据国会预算局的估计，按此计划未来 10 年联邦预算赤字累计将增加 18200 亿美元。这样一种局面，将改变 90 年代后期，由于消灭当年联邦预算赤字而出现的宏观经济与微观经济良性互动的局面。其后果将是政府债务排挤私人借款，使长期利率上升，从而对私人投资起抑制作用。

关于贸易赤字和经常账户逆差。

根据美国商务部公布的资料，2002 年美国经常账户逆差为 5034.2 亿美元，占 GDP 的 4.81%，达到历史最高水平。比 2001 年的 3.90% 上升了近 1 个百分点。经常账户逆差剧增的主要原因是贸易逆差的猛涨，后者 2002 年达到 4352 亿美元，比 2001 年增加 769 亿美元，增幅达 21%。这个消息给美国社会带来不小震动。因为这种趋势可能成为促使美元急剧贬值的导火线，给美国经济带来严重冲击。

美元是美国这个超级大国的象征，坚挺的美元是美国经济的强大支柱。目前，美元在国际货币市场上处于支配地位，各国中央银行超过三分之二的国际储备货币是美元，世界出口的一半和外汇交易的 80% 用的是美元。这种地位给美国带来最大的好处是它可以用发行美元的办法从世界获得无息贷款，并用出售美元资产的办法，无限度地欠债。长期以来，美国每年的商品进口大于出口，反之其他许多国家对美国出口则大于进口。这些国家的顺差就用美元储存起来变为国际储备。本来为了进行国际贸易，只需要有几个月的国际货币储备已经足够，现在，各国的实际美元储备竟高达 1.7 万亿美元，而美国的全部出口不过 1 万亿美元。其原因是，第一，在布雷顿森林会议固定汇率体系崩溃之后，不少国家把自己的货币同美元挂起钩来，并用美元储备作为应对币值波动的手段。第二，非石油生产国或石油生产不足的国家需要在国际市场上购买原油，在多数情况下美

---

① "Is it Class War?", *Business Week*, January 20, 2003, pp. 27 – 28.

元是唯一被接受的货币。这是因为石油出口国，主要是 OPEC，用美元定价，并要求用美元付款。所以许多国家也要有足够的美元储备用于购买原油。

然而，美元这种优越地位目前正在受到欧元的挑战。自从 2002 年欧元进入流通领域之后，另一种具有充分流能性能和严格管理的强势货币出现在国际货币市场，并且具有不少超过美国的优点。首先，欧元区并不像美国那样有巨额贸易逆差和国际债务；其次，欧洲出口占世界的份额为36%，高于美国的15%；最后，目前欧元区的利率比美国高，这些优点无疑增强了欧元的吸引力。美元最初遇到的挑战是在 2000 年 11 月，伊拉克出于政治上的考虑，决定把价值100 亿美元的原油用欧元定价。接着俄罗斯、加拿大等国纷纷决定增加本国货币储备中的欧元比重，以后印尼和马来西亚也曾打算把本国货币钉住欧元。其结果是使欧元在国际储备中的比重上升，由 13% 逐步增加到了 15%。

一个难以预计的前景是 OPEC 的石油定价是否会从美元转为欧元。这种可能性有经济和政治两方面的原因。从经济上看，美国的联邦预算赤字正在急剧上升，经常账户逆差已达 GDP 的 4.8%，超过了 OECD 所规定的警戒线；从政治上看，布什主义正在使 OPEC 成员国同法国、德国靠拢，它们都反对美国对伊动武，而现在又都一致主张让联合国在战后伊拉克重建中发挥主导作用。三个 OPEC 成员国，伊朗、委内瑞拉和印尼正在提议把用美元定价改变为用欧元定价。如果这种前景变为现实，它对美国经济的打击将是沉重的。辛格在评论这个可能的前景时说，"从石油美元变为石油欧元对美国经济将有破坏性的影响。世界对美元的需求将会悲惨地下降。美元将贬值，美元资产的价格将崩溃。日本，这个美元资产最大的持有者将陷入深重的经济危机。美国将必须用欧元支付进口石油，它意味着在资产价格垮台的时候经常账户逆差必须急剧削减。美国经济将因此必须勒紧裤带"。[①] 这件事本身又说明布什主义给美国经济可能带来的不利影响。美国能不能抵挡住这种危险，就要看布什的单边主义推行到什么程度。

---

① Virendra Singh, *Dollar Versus Euro*. The Dismal Scientist from Economy. com. April 25, 2003.

关于贸易摩擦

美国的双赤字对美国经济的另一个负面影响是它将促使美国国内贸易保护主义的进一步抬头。

贸易逆差居高不下并持续增长是美国经济中的老问题。原因很复杂。有周期性和结构性因素，也有汇率、竞争力和贸易壁垒等问题。对此美国各界的看法并不一致，解决这个老大难问题的出路也众说纷纭。但是一个总趋势是美国国内贸易保护主义的抬头。现在已经看到的一种危险是布什主义与国会中的贸易保护主义合流而使世界贸易组织边缘化。世贸组织所推进的贸易自由化必须建立在多边原则和互信的基础上，布什政府上台后，已经因为美国单方面提高钢铁进口关税，增加对农场补贴等的利己行为而引起各国不满。最近，美国国会又在几个问题上对世贸组织进行抵制。例如，世贸组织 2003 年 3 月 26 日做出裁决，支持欧盟和日本要求美国撤销钢铁的紧急进口限制的请求，美国国会在败诉后仍然不修改相关法律。又如，3 月 28 日，欧盟提出美国实行的出口优惠税制违反自由贸易原则，要求世贸组织裁决。世贸组织判定美国败诉，并批准欧盟提高关税，欧盟正式决定把约 40 亿美元的美国农产品和钢铁制品等列为制裁商品。但是美国国会则拖延对其错误做法的修正。鉴于世贸组织不断做出超国家的裁决，致力于建立多边贸易原则，并越来越拥有摆脱美国单边控制的力量，美国对此感到担心，因此美国国会中反对世贸组织的气氛日益高涨。3 月 31 日，在世贸组织主持的新一轮农业谈判中，美欧双方在农产品补贴上各不相让，会议无果而终，美欧代表在记者招待会上自始至终相互攻击，不欢而散。这是世贸组织的作用将被边缘化的另一个不祥之兆。然而，对美国来说要想真正扭转贸易逆差，奉行多边原则，扩大自由贸易是必经之途。世贸组织主持多边谈判的失败，对美国并不是一个好消息。

另一种声音在响起

在对伊战争速胜后，布什主义在美国如日中天，但是并非所有美国政治家都认同布什所寻求建立的这种国际新秩序。4 月 16 日美国前任总统克林顿在由会议委员会举办的一个研讨会上说，"我们现在的范式似乎是：在 9 月 11 日某些可怕的事情在我们这里发生后，就给予了我们一种权利去用世界上每个人都必须同意我们的方式去解释未来的事件"①。他认为，美国或迟或早将必须找到一种同整个世界合作的途径。"如果你是在一个相互依存的世界，那么你就不能杀死、监禁或攻击你所有的敌人，或迟或早你必须同他们达成协议。"克林顿还认为小布什对德国、法国反对美国对伊拉克采取军事行动所做的反应是过度的。并认为现政府在处理国内外问题上遇到了麻烦。的确，在一个全球化的世界中，各国的相互依赖日益加深，尽管美国有强大的军事力量和经济实力，要想用美国模式重新塑造世界将会遇到国内外的强大阻力，并给美国经济带来诸多不利影响。在实践的考验下，美国人民和世界人民会允许布什主义走多远，人们将拭目以待。

（原载《现代国际关系》2003 年第 5 期）

---

①　Bill Clinton，"Clinton Blasts U S Foreign Policy"，truthout. *Issues*，April 16，2003.

美国"强势美元政策"变了吗

美元对欧元、日元等主要货币的贬值，大体上是从 2002 年 2 月开始的。从 2002 年 3 月到 2003 年 5 月，美元对欧元贬值在 30% 以上，对日元约贬值 12%。总体上，美元对主要贸易伙伴的货币比价约下跌 13%，为扭转美元下跌趋势，2002 年 6 月，美联储曾应日本央行的请求与欧洲央行联手进行过干预。但 2003 年以来，美国政府却听之任之，没有行动。美国财政部长斯诺在八国财长会议上回答记者提问时，对"强势美元"做了另外一番解释。他说，"强势"的意思是指美元使公众产生信心和它的防伪能力，美国政府已经不再根据美元与其他主要货币的市场价值衡量美元的强弱，此言一出，美元对欧元、日元的比价更加下跌。为了防止失控，财政部首席发言人出来告诉记者，"政策没有变化"，但却又表示他们对美元最近的跌势感到宽慰，不会反对美元的进一步下跌。如此反反复复，充分反映出美国政府对美元贬值的矛盾心理。

美国为何这个时期贬值

这里既有客观因素，也有政策因素。

就客观因素说，美元定值过高、需要调整是主要原因。20 世纪 90 年代后期是美国经济的好时光，各国金融界对美元和美元资产趋之若鹜，把美元汇率抬到高位。据美国亚特兰大联邦储备银行的计算，1995 年 7 月—2002 年 2 月，美元上涨了 35.8%。一般认为，此时美元汇率高估了 20%—25%。这种状况虽然对美国吸引外资有利，但却削弱了美国商品和服务的出口竞争力，加剧了美国国际收支的不平衡。所以，美元汇率的调整是迟早的问题。只要这种调整不是突然的、雪崩式的，就不是坏事。这个调整恰好发生在 2002 年，则是因为以下的原因。一是美国经济复苏乏力，有出现二次衰退的危险；二是美国贸易逆差和经常账户逆差上升到历史新高；三是美国联邦基金利率下降到 1.25%，仅及欧洲的一半，欧洲货币市场对资本的吸引力提高；四是公司丑闻和战争阴云增加了美元的不安全性。于是，人们对持有美元这种储备货币的偏好下降，对另一种储备货币欧元的偏好上升。加上投机者的炒作，就形成了欧元炙手可热的局面。

说有政策因素，是指布什政府审时度势，认为在这个时候贬值，对促进美国经济复苏有利，对布什 2006 年蝉联白宫宝座有利，所以采取不干预政策。为什么政府对强势美元政策又解释得含含糊糊、吞吞吐吐呢？主要是怕把话说白了，会影响吸引外资，这对美国也是一个性命攸关的问题。总之，在汇率问题上布什政府要找一种既有利于提高出口竞争力，又不影响外资继续流入的说辞。斯诺对"强势美元"的重新诠释和财政部发言人的事后修补无非是为了实现这个有内在矛盾的双重目的。

对美国经济和世界经济有何影响

美元贬值的影响就美国本身来说是利大于弊。美国当前经济复苏乏力的原因之一，是贸易逆差的扩大，而这一点同美元定值过高有直接关系。美元汇率的调整肯定有利于扩大美国商品和服务的出口，这从 2003 年 1 季度的表现已经略见端倪。据商务部的报告，2002 年 4 季度美国出口下降了 5.8%，2003 年 1 季度虽然仍是下降，但其幅度已缩小到 1.4%；在进口方面，2002 年 4 季度是上升 7.4%，2002 年年 1 季度是下降 7.1%，因此，贸易逆差将较前缩小，这当然同美元贬值有关系。另外，美国企业界对通货紧缩十分担心。美元贬值后，进口商品和服务价格上升，可能对通货紧缩起遏制作用。当然，风险也是有的，这就是美元贬值后，对外资进入美国吸引力减弱。但只要美国经济复苏有力，美国的投资环境仍然是有竞争力的。最近股市的回升，增强了美国政府对前景的信心。

美元贬值对欧洲来说利弊兼而有之，甚至弊大于利。这是因为，欧元升值恰值欧洲经济疲软时期。欧元出台后，由于信心问题，外国人对欧元的偏好并不强烈。现在,欧元趁美元之危,改善了自己的国际地位,在国际储备中的比重已由13%逐步上升到18%左右,这对增强欧洲的国际金融地位无疑大有好处。当然,风险也不小,主要是欧元升值对出口的影响。鉴于目前欧洲经济的低迷,这是一个最大的弊端。形势将迫使欧洲中央银行不得不采取降息等措施来试图抵消这种不利影响。

美元贬值对日本来说目前威胁不大,主要原因是"失之东隅收之桑榆"。日元对美元虽然升值,但对欧元则跌到其问世以来的最低点,所以,尽管日本对美国的出口下降了7.6%。但对欧洲的出口反而上升了12.6%,对亚洲的出口则增加了10.3%。

美元贬值对中国不会有什么负面影响。原因在于人民币同美元挂钩,因而对中国出口有利。至于吸引外资,则因入世后我国对外扩大开放而会对汇率下降的负面影响起抵消作用。总的来说,美国现在仍然是世界经济的火车头,如果美元能够有秩序地稳步下调,并对美国经济起促进作用,应当说对全世界也是有好处的。

会不会出现"一泻千里"的局面

目前看这种风险不大。

第一,美国经济复苏虽然不如人愿,但总体上说美国经济相对日、欧而言,依然处于强势。2002年,美、欧(欧元区)、日三大经济体的经济增长分别是2.4%、0.8%和0.3%,据IMF预测,2003年将分别为2.2%、1.1%和0.8%。从目前发展形势看,美国的复苏虽然缓慢,但正在逐步走强。从经济的基本面看,如技术创新、劳动生产率、产业结构调整等,美国都强于日、欧。欧元的强势并没有强劲的经济作为后盾,现在的高走不乏炒作因素。这就决定了美元贬值和欧元升值的有限性。

第二,美元过度贬值对美国和欧、日都会产生不利影响,各国政府不会袖手旁观。对美国来说,其底线在于美元贬值不过分损害净资本流入。美国政府尽管对强势美元做了不同的解释,但始终不敢轻言放弃,关键就在这里。2002年美元经常账户逆差已经上升到5034亿美元,这个债美国能背得起,全靠外国资本的流入,否则美国人就必须增加储蓄,减少消费，由此将导致经济的大滑坡。这是美国政府绝对不能容忍的。对欧洲来说，欧元过分强劲会使出口受到严重阻碍，现在欧洲 GDP 的 20% 靠出口，这也是一条绝对不能受损的经济命脉。所以，对欧洲来说，欧元升值也有一条底线，那就是升值对出口的损害不能影响经济复苏。各方都有自己的底线，这就决定汇率的调整不会完全失控。在经济全球化的今天，各国经济的相互依赖性大大增强，无论哪个国家都不会愚蠢到重踏 20 世纪 30 年代那种以邻为壑的汇率战的道路。但是又必须看到外汇市场有自己的运作规律，政府干预虽然对汇市能够产生影响，但必须掌握时机，否则即使政府拿出几百亿美元入市，也难敌千百万投资者巨额买盘、卖盘的冲击。政府必须审时度势，以足够的力度，引导投资者的走向。这是 1994 年墨西哥金融危机后美元对日元狂跌到 79 日元兑 1 美元时，美日政府干预市场的经验。

总之，美国既不会放弃美元强势政策，也不会拘泥于用维持高汇率唯一的解释来阻碍对过高汇率的适度调整。汇率政策毕竟只是美国经济政策的一个局部，它必然要服从于稳定经济和促进发展的总目标。从目前情况看，美元对主要贸易伙伴的汇率已经缩水不少，如果说美元定值高过 20%，它的合理调整仍然存在一定空间。但是，欧元的升值也有一定限度，欧元区不会容忍美国完全按自己的利益行事。如果说在军事上单边主义还行得通，那么在经济全球化的环境中，经济上的单边主义就很难通行无阻。汇率是把双刃剑，要想趋利避害，最终还要各国政府之间的互动和协作，找到共赢的途径，估计这将是今后国际外汇市场的总趋势。

（原载《世界知识》2003 年第 12 期）

中美贸易逆差的原因及中国企业的对策

中美贸易逆差和人民币汇率问题，不久前在美国被炒得火热，引起了人们对中美两国是否会打贸易战和汇率战的担心。最近布什政府主要发言人的讲话，显示出某些积极迹象。

近日，美国商务部长埃文斯来华访问，他在北京的记者招待会上说：布什政府反对国会某些议员主张把中国商品进口关税提高 27.5% 的建议。美国财政部长斯诺在国会作证时说，中国并没有违反美国有关禁止操控货币，并以此获得不公平的贸易优势的法律。这些表态说明，中美之间通过高层对话是能够加深理解，促进双方经贸关系健康发展的。但是也必须看到，美国的某些利益集团并不会就此罢休，还会继续制造麻烦，而随着中美双方在经贸领域相互依赖程度的提高有些摩擦也确实难以完全避免。

真实评价中美贸易逆差

中美贸易逆差不过是整个美国贸易逆差的一个派生物。其根源是美国国内的总需求大于总供应，寅吃卯粮的结果。美国总需求大于总供应大体上从 20 世纪 60 年代下半期开始，此后愈演愈烈，自 1966 年到 2002 年的 37 年中，35 年有亏空，而且越来越大。贸易逆差是为弥补需求缺口而发生的。因此，它是美国宏观经济失衡问题，不是双边贸易问题。

如果说美国因为对华贸易逆差太大而停止从中国进口，其结果将不是削减美国贸易逆差，而是增加从其他国家的进口，而继续保留逆差。这样做的代价则是增加进口成本，加大美国消费者和制造商的负担，原因是中国的出口商品物美价廉，最有竞争力。美国要真想消灭贸易逆差，必须努力使本国总供应与总需求保持基本平衡。最有效的办法是增加私人储蓄和政府财政结余，同时通过技术创新和强化经营管理解决美国某些产业竞争力下降的问题。做不到这些，就难以缩小逆差，更谈不上消灭逆差。

就中美双边贸易而言，中国同美国之间互补多于竞争。中国的比较优势是劳动力成本低廉，因此同美国之间形成两种国际分工，一个是劳动密集型产品同技术、资本密集型产品的分工；另一个是在高技术领域技术密集和高附加值的高端产品同劳动密集附加值低的低端产品之间的分工。这种分工虽然使美方有逆差，但有利于美国摆脱劳动密集型产业的约束，实行产业结构升级。有利于提高美国企业在国际上的竞争力，特别有利于美国的消费者，所以其性质是互补的、双赢的。越来越多的迹象说明，许多大跨国公司都看中了中国劳动力成本低的优势，把中国当做加工基地而扩大对美国出口，使中美贸易逆差加速上升。

中国开始调整外贸政策

中美贸易逆差从根本上说是美方的问题，中国对美出口很大一部分来自于在中国生产的美国公司，但不是说在中国方面没有通过改善进出口结构加以缓解的余地。目前中美贸易不平衡表现在美国对中国的出口小于美国从中国的进口。按照美方的统计大约是6:1，按照中方的统计大约是3:1。这同目前中国经济高速发展，对进口需求激增的现实是不相称的。对此，中美双方需要就解决这个问题做出各自努力。

对美方说，关键是改变对出口高技术产品的限制。因为国际贸易的根本原则是发挥各国的比较优势，美方的比较优势是产品技术含量高，如果美国以国家安全为借口，对不属于国家安全范围的高技术出口也横加干预，就使美国的比较优势难以发挥，这不符合美国公司的利益，也不利于美国的进出口平衡。

从中国方面说，必须把中国大量进口需求的信息让美国商界充分了解，以提高美国公司向中国出口的兴趣和信心。中国采购团近期赴美，盯住四大目标，电信、航空、航天、电子等高新技术产品。

在人民币汇率问题上，中国已经表明现阶段维持稳定的必要性，以及对中国、美国和世界都有利的道理。但是随着中国经济的快速发展，国力的增强，对外贸易的扩大和外国投资的大量涌入，人民币成为强势货币势不可挡，在经济规律的作用下，对人民币升值的压力必将日益增强。在此情况下如何调整汇率形成机制，如何在稳定汇率的前提下缓解升值压力也是需要解决的课题。中国政府对出口退税进行结构性的调整就是这种努力的一部分，今后在这方面还有更多的工作要做。

中国企业应摒弃低价策略
重视行业组织应对贸易争端

鉴于美国解决国内供求平衡问题并非易事，大量增加对中国出口也非一日之功。可以预计，中美贸易逆差仍将是上升趋势。因此贸易摩擦近期也不可能有大的缓解。美国企业要求政府实行对进口激增的安全保障条款，对中国企业实行反倾销法，在知识产权问题上发难等事端预期将会增加，中国企业对此应当有充分的应对准备。

为此中国企业必须加强对美国市场的了解，苦练内功，在提高产品的档次和附加值上下工夫。避免单纯追求数量，采用低价取胜的做法。

在应对美国反倾销诉讼上，要熟悉中国加入 WTO 同各国的协议，在这些协议中本来并没有关于中国不是市场经济国家的界定，只是要求在发生诉讼时界定个别企业的市场经济地位。为此中国企业应当积极应诉，用事实说话，争取司法部门的有利裁决。

同时中国企业应当通过行业组织加强相互间的协调，防止相互间为争夺国外市场而进行恶性竞争。维护知识产权是在贸易和投资中有关各方必须履行的义务，中国企业应当成为遵守 WTO 有关规则的模范，不给外国企业以侵犯知识产权的口实，使自己在国际竞争中立于不败之地。

（原载《中国经营报》2003 年 10 月 10 日）

《证券法》和《证券交易法》
是美国证券市场的两尊"守护神"

在美国，证券市场是金融体系的重要组成部分，这个直接融资的渠道是促进美国经济扩张的强大支柱，但也常常是企业见利忘义、投机取巧、弄虚作假的场所。美国的证券市场已有 210 余年的历史，第一个股票交易所——纽约股票交易所成立于 1792 年，它见证了美国证券市场的兴衰嬗变。在美国证券市场的发展初期，政府对证券市场采取自由放任的不干预政策，市场的自发势力导致投机盛行，欺诈丛生、内幕交易和大户操纵十分普遍。1929 年的股市崩溃被认为是引发经济大萧条的罪魁祸首。大危机之后，美国证券业进入法制时代，1933 年实行了《证券法》，1934 年制定了《证券交易法》。这两个立法可以说是维护美国证券市场秩序的守护神，对后来美国证券市场的健康发展起到了非常重要的作用。

1933 年《证券法》总结了 1929 年股票市场大崩溃的经验教训，从维护投资者的利益出发，确立了上市证券的信息披露制度。该法律开宗明义指出要上市公司"为州际，国外商务和通过信函出售的证券的性质，提供充分的和公平的披露，以阻止在销售中或为其他目的进行的欺骗"。1933年《证券法》第 11 节规定："当注册报告书的任何部分在生效时含有对重大事实的不真实陈述或漏报了规定应报的或漏报了为使该报告不致被误解所必要的重大事实时，任何获得这种证券的人（除非被证明在获取证券时，他已知这种不真实或漏报情况）都可以根据法律，或平衡法在任何具有合法管辖权的法院提起诉讼。"根据这个规定凡向公众出售的证券必须经证券交易委员会的审核，注册登记表（Registration Statement）要详述有关公司财务，经营管理情况，以及发行证券的目的。若提供的资料不正确或不完全，公司应负法律责任。

美国法律认为，投资作为一项经济活动，其存在的依据就是公司的基本财务状况，上市公司必须按照诚信原则，如实披露有关信息。如果上市公司没有按照法律的规定披露信息，就是违法，不管投资者是否看到了有关信息，在法律上都构成投资者遭受损失的原因。对投资者说，他们需要对上市公司的基本财务情况有充分的了解，如果信息虚假，投资者购买了股票，遭受损失，就被认为是公司的欺诈。这条法律，确立了诚信第一的原则，并用此原则取代了其他证明和争议，这种规定将上市公司置于一个必须讲求诚信，否则无路可走的地步，对规范上市公司的行为是一个很大的制约力量。

该法律还规定下列人员都可以成为被告，对持股受害人承担连带责任：（1）任何签署了报告的人；（2）公司全体董事；（3）已经同意成为公司成员的人；（4）会计师、评估人员、工程师、其他编制和确认报告的专业人士；（5）证券承销商。也就是说对持股人的索赔要求上述相关人员都有责任给予赔偿。尤其是连带责任的规定加大了相关者的风险，持股人可以不起诉上市公司，直接起诉相关者并要求赔偿，而不必等上市公司破产倒闭无力赔付时，才要求相关者尽赔偿之义务。

损失额是索赔的核心，是控辩双方必争之地。美国法律规定投资者买入价与卖出价之间的差额就是损失额。第11节第（a）小节赋予的诉讼权利，可用于补偿那种能反映以下差额的损失，即：为证券而支付的金额与（1）在提出诉讼的时候该证券价值之差，或与（2）在诉讼前该证券被在市场上出手的价格之差，或与（3）该证券在起诉后但在判决前被处理所定的价格之差。美国法律计算的基本原则是买卖之间的差价，考虑到有些投资者长期持有该股票，购买时可能股价较低，在审理时，还会将该股票的相对高价作为买入价进行计算，借此来保护投资者的利益。由此可见，美国法律首先保护的是投资者的利益，而不是上市公司。这是针对法人损害自然人的利益，但不受惩罚的现象，而采取的措施。

1933年《证券法》所确立的信息披露制度在实行之前曾有极大的争

议。许多人担心这种做法会挫伤上市公司的积极性，因而使证券市场萎缩。实践的结果，与这种担心相反，由于披露制度增强了透明度和投资者的信心，股市的成交额大幅上涨，股票的发行也成倍增长，促进了股票市场的繁荣。

1934 年《证券交易法》的核心是建立联邦证券交易委员会（Securities And Exchange Commission，SEC）专司证券管理，它是一个独立的统一管理全国证券活动的最高管理机构。其宗旨是：为投资者提供最大的保护及最小的证券市场干预，设法建立一个投资信息系统，一方面促成投资者作出正确的投资选择，引导投资方向；另一方面利用市场投资，选择把发行量低的证券排斥于市场之外。

该法律在论述对证券交易不能由各州自行管理，而必须由联邦一级跨越各州，进行集中管理时，从宏观的高度历数了四大理由。

第一，这类交易是由公众大量进行的，并且大部分是在交易所和场外交易所在地的那个州之外，受到邮递和州际商务手段的影响；它因而构成了当前州际贸易的一个重要部分并且涉及证券发行者所从事的当前州际贸易的大部分。此外它还直接影响州际商务中为贸易、工业和运输进行融资的信贷运用，直接影响州际商务的数量，并且影响国家信用。

第二，这类交易中所报出的价格通常要在美国全国和外国散布和引用，它涉及证券所有者和买方卖方对美国和几个州应交的一定数量税款，以及银行贷款抵押品的价值所赖以决定和定价的基础。

第三，交易所和市场上的证券价格常常容易受到操纵和控制，而这类价格的传播则会导致过度投机并造成突然的不合理的证券价格波动，它因而会造成州际贸易、运输和工业信贷轮番的不合理扩张和收缩；阻碍对证券价值的合理评估，并影响由证券所有者、买方卖方应向美国和各州交纳的税款；阻碍银行贷款抵押品的公平定价，或者阻碍全国银行系统和联邦储备系统的有效运作。

第四，通过操纵，以及在证券交易所和市场过度投机所造成的证券价格的不合理波动将加剧、增强、延长全国因州际商务而发生的沉重负担，造成给公众福利带来负面影响的广泛失业，以及贸易运输和工业混乱的紧急状况。而为了应对这种紧急状态，联邦政府将付出重大代价，并使国家的信誉受到损失。这四条理由，可以说是对此前联邦政府对证券市场实行自由放任政策不良后果的总结。

根据 1934 年证券交易法所建立的美国的证券市场管理体制有以下特点：第一，实行高度的集权管理。证券交易委员会管理和控制着联邦级证券交易所（即可以进行全国性以及世界性证券交易的证券市场），这些交易所在管理和组织证券交易、制定各自的规章制度等方面，必须无条件地服从证券交易委员会管理。证券交易委员会还通过对全国证券商协会的控制，监督和管理场外证券市场；第二，美国证券管理机关享有极大的权限和极高的权威。证券交易委员会集立法、执法和准司法权于一身，权限广泛，可以独立行使职权，同时，证券交易委员会直属总统，直接对国会负责。证券交易委员会使职权不受其他政府部门的干涉，只需在其预算、立法等事项上应同有关部门协调。

1933 年和 1934 年两个证券法，在随后的几十年中经过一些法律上的补充，一直沿用下来，被认为是世界上比较完善的规范证券活动的法律。然而，21 世纪初所暴露的安然、世通等公司丑闻，向世人揭示，美国公司治理中仍然有许多漏洞。公司治理的核心是要通过一系列制衡机制，保障投资者和经营者协调一致的利益，防止经理人员把一己的私利凌驾于投资者和企业职工的利益之上。因此，企业所有者不仅要向经理阶层授权，也要实行对经理人员的监督。这种监督包括董事会监督、会计审计监督、评级机构监督、媒体监督，等等。安然、世通等企业的经理人员之所以胆大妄为，监督机制失灵是重要原因。这同 20 世纪 90 年代繁荣时期，人们陶醉于成功的欢乐之中，放松对经理人员的监督有密切关系。90 年代在管理理念上是放松、放松、再放松，让经理人员放开手脚，大干快上，这就给贪婪者钻了空子。

针对会计造假和金融诈骗的蔓延，由参议员奥克斯莱提出了对 1933 年《证券法》和 1934 年《证券交易法》进行补充的《萨班斯—奥克斯雷法案》。2002 年 7 月 30 日经布什签署正式成为法律。该法案的要点是：

第一，在证券交易委员会下创建一个上市公司会计监督局，以强化会计职业的专业标准和道德规范，并加强监督机构的执法权威。由过去强调会计审计人员自律转变为强化监督。

第二，强化对上市公司进行审计者的独立性。担任审计的会计公司将不再允许同时承担咨询活动。此前，美国会计界曾大量拓宽业务范围，把会计业务延伸到签证服务、咨询服务、规划服务、技术服务和国际化服务。但跨专业的发展给审计的独立性带来损害。安然事件后多元化的方向更受到了质疑。法案强调了"审计师的独立性"。内容包括：执业范围之外业务的限制、事前许可、合伙人轮换、向审计委员会报告等内容。其中最能体现独立性限制的是审计师执业范围之外业务的限制，包括"禁止性规定"和"许可性规定"两类。

第三，强化公司主要负责人对财务信息披露的责任。实行首席执行官和财务官对财务报告的认证制。

第四，加重对白领犯罪的惩处。处罚的范围扩展到事务所未能合理督导的人员。法案在《1934年证券交易法》第4节B后加入了证券交易委员会的谴责权，即存在特定事项，并经证券交易委员会调查确认以及给予当事人听证机会后，证券交易委员会可以谴责当事人，并根据情况暂时或永久停止当事人执行同证券交易委员会有关业务的资格。其中就注册会计师而言是指缺乏诚信基础，或者参与不道德和不适当的职业行为。此外还加重了刑事责任的处罚，对故意进行证券欺诈的犯罪最高可判处25年的有期徒刑。对犯有欺诈罪的个人和公司的罚金最高可达500万美元和2500万美元。对揭发造假行为的雇员给以保护。将故意破坏文件或捏造文件，阻止或影响联邦调查的行为视为犯罪，并处以罚款或判处10年有期徒刑。

第五，保护证券分析家进行股评的客观性和独立性，以提高投资者对证券研究成果的信任度。

布什在签署该法案后说，"本届政府要求公司更加诚实，一个团结的国会已经把它写成法律，今天由我来签署这个自罗斯福以来意义最为深远的美国企业管理改革。新法律向所有有关人员传递一个必须注意的、十分清楚的信息。这个法律对每一个不诚实的公司领导人说：你将被揭露并被惩罚；低标准和假利润的时代已经过去；在美国没有一个董事会能超越这个法律"。法案通过后舆论界褒贬不一，证券法是证券市场的守护神，但如果执法者不认真执行，那么它只能是贴在大门上的偶像，美国两大党同大公司的利益关系千丝万缕，布什政府能否真正做到秉公执法，仍然是公众关注的焦点。

（原载《法人杂志》2004 年第 1 期）

中美关系的稳定器

经贸关系是中美关系中的一个重要因素，它有多重要？对此，双方都有一个逐步认识的过程。1972 年尼克松访华时，双方的着眼点是同当时的苏联相抗衡，是大三角战略关系。虽然经贸问题也提出来了，但处于次要地位。1992 年是个重要的转折点。由于中国在改革开放上大踏步前进，美国跨国公司的先行者在中国市场上尝到了甜头。在它们的影响下，特别是在邓小平同志南巡讲话之后，美国大公司普遍开始对中国市场感兴趣。我的一位美国朋友（原美国驻华大使馆经济参赞，1993 年被美国电话电报公司委任为该公司驻华机构的首席执行官）曾对我说，"过去我们犯了错误，轻视了中国市场，现在要急起直追"。后来，美国跨国公司对中国的投资由每年的几亿美元提高到每年几十亿美元。现在美国跨国公司 500 强中已有 400 家左右来中国，经贸关系这个因素在中美关系中大大加重了。

中国入世后，中美经贸关系进入新阶段

首先，贸易和投资增长加快，相互依赖程度增强。

从贸易数字上看，2002 年美国从中国进口由上年的 543 亿美元增长到 700 亿美元，增长幅度为 28.9%。2003 年前 10 个月美国从中国进口达到 749 亿美元，比上年同期增长 32.7%。而前 22 年（1979—2001 年）的年均增长率为 22.8%。2002 年美国对中国的出口由上年的 262 亿美元上升到 272 亿美元，增长 3.8%。2003 年前 10 个月美国对中国出口达到 275 亿美元，比上年同期增长 25.7%。而前 22 年（1979—2001 年）年均增长率为 12.8%。

从投资数字看，美对华投资的实际金额，2002 年为 54.2 亿美元，比上年的 44.3 亿美元增长 22.3%，大大超过前八年平均 10.1% 的增长率。

入世效应在中国纺织品出口方面表现尤为突出。由于中国入世，美国取消了对十几种纺织品的配额，所以中国对美纺织品出口增长迅速，并且再一次超过了墨西哥。

在此背景下，双方各自在对方对外贸易中的地位上升，相互依赖程度增强。

其次，贸易摩擦加剧。

由于中国对美出口增长速度快于进口，所以美中贸易逆差有不断扩大趋势，成为贸易摩擦的主要焦点。由此又引发人民币汇率之争、反倾销以及特保条款启动等。如不久前美国对中国三类纺织品启动特殊保障条款，对我国彩电、家具搞反倾销。2003 年，中美双方在贸易舞台上唇枪舌剑，火药味很浓。虽然磕磕碰碰，但还是谁也离不开谁。

最后，贸易纠纷纳入 WTO 争端解决机制，这对发展中美经贸关系是有利的。

现在，中美贸易摩擦已经由原来的双方单打独斗，转变为可以利用 WTO 争端解决机制。美国政府对钢铁进口加征关税，我国与欧盟等八家成员状告于 WTO 迫使美国认输。今后如果美国再搞不公平贸易，并做出错误裁决，我们也可以状告于 WTO 寻求公道。实际上，我们的应诉能力在增强，如挡风玻璃案例。

全球化、区域化对中美经贸关系的影响

经济全球化给中美贸易带来的影响总体上是积极的。

经济全球化使美国公司内部贸易、产业内部贸易大量增加。中间产品贸易或称加工贸易是中美贸易的新特点。传统贸易模式是两国之间的产品贸易或原料贸易，我国出口纺织品、鞋、箱包属于这一类。这些东西现在的增长速度已经放慢。现在增长最快的是高技术产品，这是全球化时代的特点，由国际间的产业分工、产品分工发展到产业链和生产链各环节之间的分工。新型贸易模式对美国的好处是利用中国的廉价劳动力降低成本，

增强国际竞争力；对中国的好处是解决就业问题和技术培训问题。缺点是表现为美国的巨额贸易逆差。2002 年中国对美贸易顺差 427 亿美元，其中400 亿美元来自加工贸易。

经济全球化不仅使美国公司看中了中国大陆，其他经济体也仿效美国，把中国大陆当做制造平台，向美国出口产品。这对我们有好处，也有坏处。例如，台湾的源兴科技公司，向戴尔和惠普提供纯平显视器和打印扫描机等产品。它在台湾有 3000 名员工，在大陆则有 18 家工厂、30 万员工。该公司 40 亿美元的年收入中 90% 来自祖国大陆，但产品全部出口。这样就形成了这样一个链条：以中国大陆为加工制造平台，从日本、韩国、中国台湾、东南亚等地进口元器件，在中国大陆加工再出口到美国。在贸易平衡方面则表现为中国大陆对中国台湾、韩国、日本、东南亚有贸易逆差，而对美国则有巨额贸易顺差。据美国学者估计，中国大陆在出口产品的增加值中只占 20%。换句话说，中国大陆对美顺差如果是 100，其中我们得到的只不过是 20%，别人得了 80%。而算贸易逆差时则都算到了中国大陆的头上。

随着经济全球化的发展，服务贸易也在加快增长。因为随着 FDI 的进入，服务性功能的项目外包增加，同时中国对美国服务业本身的市场准入也在扩大，这应当说是好事。美国对服务业投资（如批发和零售业），增大了服务贸易。像沃尔玛、TARGET 这些大型超市，不仅为中国提供服务、赢得收入，而且还在中国大规模采购，单是沃尔玛一家 2002 年就达到 120 亿美元。它们采购的产品主要是销往美国。这部分出口也在迅速增长，这应当说也是好事情。

与经济全球化齐头并进的是区域经济一体化。美国在贸易全球化的进程中是多边谈判与区域谈判并举。多边谈判难度大，走不通时就先搞区域谈判。

近年来区域经济一体化的进程加快。美国尝到了北美自由贸易区的甜头，又在积极推进美洲自由贸易区。从北美自由贸易区的经验看，在墨西哥加入北美自由贸易区后，美国与墨西哥的纺织品贸易超过了与中国的。中国入世后这种情况有所扭转。区域经济一体化肯定会发生贸易转移，从一定意义上讲，这种贸易转移是不经济的，是有害于生产要素最佳配置的。现在要研究的是，如果美洲自由贸易区成立，对中美贸易将有什么影响。美国有些人对中国与东南亚国家的经济一体化怀有戒心，担心贸易转移。但我的看法是，区域经济一体化总体来讲是经济全球化的阶段性发展，其积极意义超过消极面。如果亚洲共同体能够建立，就可以大大增强这个地区抗御风险的能力，加强这个地区对其他贸易集团的谈判力量和竞争能力，最终又会促进全球化的发展。

经贸因素在中美关系中处于什么位置

我的看法是，它已经成为中美关系中的一个稳定器。由于经贸关系的日益密切，除非美国人在台湾问题上犯错误，否则，其他一些政治上、文化上的分歧都不足以撕裂中美关系。这是因为，中美经贸关系从本质上说，是互补性大于竞争性，是互利双赢的。举两个例子来看中美贸易、投资对美国的好处。以消费物价而论。1999—2002 年的美国消费物价指数，商品服务上升 8%，其中商品上升 3.6%。在商品中只有两项是下降的，一个是服装——降 5.6%；另一个是鞋——降 3.4%。由此可见，中国消费品出口到美国对美国抑制通货膨胀所起的作用。美国消费者和宏观经济由此得到的好处是不言而喻的。再举一个例子。美国把中国当作加工基地，美国企业也由此得到很大好处。据麦肯锡全球研究所的资料，美国公司到国外搞加工，每 1 美元成本可以产生 1.12—1.14 美元的效益。更根本地说，美国现在已经懂得中国这个大市场是不可替代的。如果去掉中国这个大市场，美国在全世界的竞争地位就要受到威胁。但这不是说中美相互之间没有经贸摩擦，但对摩擦要以平常心对待。美国同所有贸易伙伴都有摩擦，与日本的贸易逆差最高时占美国贸易逆差的 40%，摩擦的程度比现在的中美摩擦更厉害。

中方的三个"无能为力"

中美经贸关系中目前突出的问题是贸易逆差。这个问题能否很快解决？对此我不太乐观。因为解决这个问题的主动权不在中国手里。中方有三个"无能为力"。

第一，美国的贸易逆差从根本上说是一个结构性问题，是美国人储蓄不足、寅吃卯粮造成的，对此我们无能为力。由于美国在供应上存在缺口，美国不从中国进口也要从其他国家或地区进口。中国的产品质优价廉，如果美国不从中国进口，就要加重美国老百姓的负担。第二，中美两国贸易建立在各自发挥比较优势的基础上，中国出口到美国的东西多，是因为中国充分发挥了自己劳动力成本低廉的比较优势；美国出口到中国的东西少，是因为美国没有充分发挥自己的比较优势。美国的比较优势是高技术产品，对这些产品中国是需要的，但美国人不卖给我们。对此我们无能为力。其实，美国只要卖给中国几座核电站设施、若干台超大型计算机就是几百亿美元，贸易逆差可以很快缩小，可美国人不干。其他如卫星、数控机床，都是我们需要的，都很值钱，美国人也不给。是不是怕影响美国的国家安全？中国自己把原子弹、氢弹都造出来了，你还怕什么核扩散？第三，现在许多经济体的公司都把中国大陆当加工制造基地，向美国出口。我们不能不让人家来投资，人家是市场行为，对此我们也无能为力。这样，中美贸易逆差问题就尖锐化起来。其实我们从中得到的好处很有限，但却背了一个大顺差的名声。

三个"无能为力"，使我对近期美国贸易逆差问题的解决不乐观。因为它不是靠中国派几个采购团就能解决的，主动权不在我们手里。

总体上乐观

然而，我对整个中美经贸关系的前景又是乐观的。因为就两国产业结构、资源状况来说，互补性非常强，合作起来是最好的黄金搭档，符合两国利益。随着中国经济的持续快速发展，给美国带来的利益也会越来越大。这是客观现实，它不是某些短视的贸易保护主义者或反华分子所能完全改变的。现在，在美国认识到这一点的人已经越来越多。在这次贸易摩擦中，美国的许多媒体都说不能把中国当替罪羊，就是一个证明。

但是，我们又不能对今后双方发生贸易摩擦掉以轻心。美国正在进行产业结构调整，制造业界处境很困难，他们会对美国政府施加压力，把经济问题政治化。另外，美国一些企业也会借助政府的力量，在反倾销、反补贴、特殊保障条款上做文章，敲打中国。对此，我们应当做好充分的应对准备。

（原载《世界知识》2004 年第 3 期）

变革中的美国制造业

制造业是美国物质文明的基石，它在美国经济中的重要性不言而喻。然而近二十年来美国制造业在剧烈的国际竞争中历经风雨，并处于变革之中。这一变革从根本上说是由信息网络化和经济全球化推进的，美国制造业正在这场变革中浴火新生。

制造业的变革和服务社会的出现

从 20 世纪 80 年代到 21 世纪初，美国制造业在全国就业人口中的比重有明显下降。见表1。

表1　　　　1980—2000 年美国全国各个产业就业人数和百分比　　　单位：千人

	1980 年	%	2000 年	%
总就业人数	99303	100	136208	100
1 农业	3364	3.38	3305	2.42
2 矿业	979	0.98	521	0.38
3 建筑业	6215	6.25	9433	6.92
4 制造业	21942	22.09	19940	14.60
5 运输通信和公共事业	6525	6.57	9740	7.15
6 批发零售业	20191	20.33	27832	20.43
7 金融保险房地产业	5993	6.03	8727	6.40
8 服务业（狭义）	28752	28.95	49695	36.48
9 公共管理	5342	5.37	6015	4.41
广义服务业（5+6+7+8+9）	66803	67.20	102009	74.8

资料来源：《2001 年美国统计摘要》，第 384 页。

表 1 说明，从 1980 年到 2000 年，美国制造业就业人数减少了 200 万人；制造业就业人数占总就业人数的比重由 1980 年的 22.09%，下降到 2000 年的 14.6%，减少了 7.49 个百分点。相反，广义服务业的就业人数则增加了 3500 万人，比重由 1980 年的 67.2% 上升到 2000 年的 74.8%。

制造业就业在整个国民经济中的比重下降是劳动生产率提高的结果，在 1980 年至 2000 年这 20 年中，美国制造业劳动生产率以高于总体水平的速度上升，见表 2。

表 2　　　　　1980—2000 年美国劳动生产率增长幅度、速度（小时/产量）

	1980 年	2000 年	年增长速度（%）
企业	100	147.5	2
非农企业	100	144.0	1.9
制造业	100	197.6	3.5

资料来源：根据《2001 年美国统计摘要》第 399 页表 613 数据换算。

数字说明，在 1980—2000 年间，企业生产率以每年平均 2% 的速度增长，非农企业以每年平均 1.9% 的速度增长，而制造业则以年平均 3.5% 的速度增长。后者的增长速度明显快于一般企业和非农企业的平均增长速度。这是制造业人员减少的根本原因。

但是制造业就业人员的减少并没有以牺牲制造业产量为代价，见表 3。

表 3　　　　　　　　1980—2000 年美国制造业产量增长幅度　　　　　单位：%

	1980 年	2000 年
企业	100	204.0
非农企业	100	203.4
制造业	100	189.7

资料来源：根据《2001 年美国统计摘要》第 399 页表 613 数据换算。

可以明显地看出，在 1980—2000 年间，企业产量增长了 104%，非农企业增长了 103.4%，制造业增长了 89.7%，后者的增长速度虽低于企业的平均数，但还是有不小的增长。在制造业中耐用品的增长速度又快于非耐用品，见表 4。

表 4	1990—1999 年美国制造业产量增长（按 1996 年不变价）		单位：十亿美元
	1990 年	1999 年	增长幅度（%）
国内生产总值	5803. 2	9299. 2	160. 2
制造业	1102. 3	1529. 4	138. 7
耐用品	585. 1	970. 5	165. 8
非耐用品	520. 2	566. 9	108. 9

资料来源：《2001 年美国统计摘要》第 617 页表 971。

表 4 说明在 1990—1999 年间，制造业产量增长幅度低于国内生产总值增长幅度，在制造业中耐用品增长幅度高于制造业平均增长幅度。非耐用品在九年的时间中几乎没有什么增长，这与其全球竞争态势有关。

制造业人员减少，产量并不下降，这是劳动生产率提高的结果。说明劳动生产率的提高导致制造业的积极变革，使从业人员的减少与物质福利的增加同时发生。

生产率提高是使制造业缩编的首要力量，使制造业人员减少的另一股力量则是经济全球化。这就是说，制造业通过外包（outsourcing – offshoring）把一部分生产转移到海外基地。外包对美国是好事还是坏事，这是当前激烈争论的问题。论争的焦点在 IT 服务业的外包，但在此之前，外包的第一个浪潮早已在制造业出现，汽车制造商把工厂设在墨西哥，服装公司把设计送到从多米尼加到斯里兰卡的各个地方进行加工，近来则是 IT 产业劳动密集低端产品的外包。据《投资家商务日报》的报道，从 1966 年到 2002 年美国制造业丧失的就业岗位占就业总数的 11.2%。主要原因是两个，一个是国内生产率的提高，另一个就是企业外迁及外包。至于两者各占多少，则没有统计数字。

一方面制造业多余的人员向服务业转移，另一方面物质福利的提高使人们要求更多更好的各种服务，因此在美国出现了由工业社会向服务社会的过渡。

美国制造业的国际竞争

美国制造业不是孤立存在的，随着国内市场的饱和，它需要向全球扩张，制造业跨国公司的这种意愿，是经济全球化的重要动力。与此同时，美国的贸易伙伴国经过战后复兴，也把美国这个大市场当作它们寻求发展的首选目标。由此，在美国同他的贸易伙伴之间就展开了激烈的竞争。正是这种竞争描绘出美国制造业兴衰嬗变的壮丽画卷，也正是这种竞争成为推进美国制造业不断升级的重要动力。

第二次世界大战后美国制造业雄踞全球，处于绝对优势地位。然而，不到 20 年，形势就起了变化。日本和欧洲作为冷战前沿，在美国的大力扶植下，迅速崛起，竞争力明显提高，对美国形成威胁。标志之一是贸易平衡的逆转。1965 年以前，美国对日、欧的贸易都是顺差。1965 年日本对美国出口超过了美国的进口，1966 年，西德对美贸易也发生了同样的变化。1971 年真正的历史性转折发生了，美国的整个对外贸易出现了逆差。自此之后逆差连年不断，引起了全国的震动。1986 年麻省理工学院组织的工业生产率委员会以及民间智囊团体——竞争力委员会等组织先后发表了调查报告，确认美国制造业的竞争力已大为削弱。美国制造业中不少部门的生产率和产品质量退步了，国内市场受到日、欧的侵蚀。例如，80 年代初美国一个工人生产一吨钢需要 10 小时，日本和欧洲则在 5 小时以下；1980 年美国的汽车市场被日本占领了 25% 以上，日本的本田汽车成为美国人最喜爱的款式。在高科技领域，80 年代美国在全球半导体市场上所占份额由 1981 年的 53%，下降到 1988 年的 43%，而同期日本则从 34% 上升到 46%。美国半导体设备制造商的情形更惨，1983 年，在前 10 名制造商中美国占了前 7 家，日本只占 3 家，到 1990 年美国还剩下 1 家。同时美国公司所占市场份额也由 74% 下降到 45%，而日本的市场份额则从 20% 上升到 48%。

美国制造业在国际竞争中遭受的挫折，使美国企业家深发猛省，痛感自己再也不能以老大自居，而要认真总结教训，向自己的学生学习。他们发现曾使美国制造业走在世界前列的一套企业管理模式，如标准设计、批量生产、金字塔式的层级管理已经不能适应市场需求瞬息万变，技术进步突飞猛进的新形势。而第二次世界大战后，日本企业在学习美国的基础上所进行的创新，如质量控制，恰值其时，库存管理、团队精神等则要比美国高上一筹。于是在 20 世纪 80 年代末 90 年代初，美国制造业雷厉风行地开展了一场组织管理的大变革，实行缩编，放权，开展再造工程，鼓励团队精神，发展横向公司，并且取得了实效。例如，在钢铁业，1995 年美国工人生产一吨钢已经由 10 小时降到 4.42 小时，效率超过了日、德、法、英；三大汽车公司在 1992 年已把成本降到日本的丰田公司和本田公司之下，国内市场占有率大体恢复到 20 世纪 20 年代的水平。在高技术领域，美国的成绩尤为骄人，1994 年在全球 1020 亿美元的半导体市场上，美国已夺回 43% 的占有率，日本是 40%。同时日本占领的是低档的记忆芯片，美国则牢牢地控制住尖端的微处理器市场。美国半导体设备制造商的市场占有率则从 1990 年的谷底上升到 54%。而执牛耳的则是美国的应用原料公司。

但是使美国制造业在全球的领先地位真正得到巩固，则是美国的信息革命——信息网络化。网络化是美国技术创新的杰作，是继晶体管、个人计算机之后信息技术发展的第三个里程碑。互联网本来是由美国国防部高级计划研究署于 1969 年率先推出的，其目的是确保在核战争爆发时，全国性计算机网络仍能生存。1995 年 4 月，互联网开始商业化。由美国第二大通信公司 MCI 负责建立四个网络接入点，各政府部门的网络，以及网络通信公司建立的商业网经过这四个接入点互联，各地区又通过上述网络接入骨干网。这样原来只为国防、科研和政府部门服务的互联网，开始向社会公众提供服务。商业化使网络的规模出现了爆炸性的增长，互联网的应用迅速渗透到社会生活的各个方面，使美国进入了信息时代。在这个基础上美国的信息产业快速发展，成为带动整个国民经济的龙头产业。而信息技术在制造业其他部门的应用又使它们实现了信息化，从而大大地提高了效率。这样美国的制造业就在信息产业大发展的带动下重新巩固了自己在全球的领先地位。美国的这一成就得益于创新，就在美国网络技术在全球出足风头的同时，长于模仿的日本，却仍在为赶超美国超大型计算机而驻足不前，从而使日本在这一轮竞争中甘拜下风。

　　但是，美国制造业各部门的发展是不平衡的，一些部门在实现信息化之后，在全球的竞争力加强了，另一些部门则由于种种原因，又在竞争中落后了。钢铁业和汽车业属于这一类。

引领美国制造业的高新技术产业

　　高新技术是现今美国制造业的皇冠，其中信息技术已经成为带动整个产业的龙头，生物技术正在崛起，也有广阔前景。

　　据2003年12月美国商务部发表的《数字经济》一书说，2003年信息技术产业创造的产值约占GDP的8%，对经济增长的贡献率约为30%。近年来制造业在信息网络技术方面的投资对劳动生产率的提高起着主要作用。据统计，从1989年到2001年信息技术密集型制造业的劳动生产率，年平均增长3%，而一般非农经济的劳动生产率年平均增长率只有1.6%，此外，约占50%的使用计算机网络的制造业企业，其劳动生产率比不使用计算机网络的制造业企业也要高出不少。微电子业是信息技术的核心。它的品种繁多，需求巨大。从几分钱的电器接插件，到一个芯片上嵌入几百万个晶体管，价值几千美元的集成电路，到更复杂的制造半导体的价值几百万美元的机械设备都由这个产业来供应。它们属于卖给计算机、电话、消费电子、汽车、航天、医药和其他工业部门的中间产品。对这类产品的需求有日益上升趋势。以汽车为例，20年前，平均每部汽车中的电子部件其价值只占汽车价值的百分之一，今天已经达到8%—15%，视车型和构造而异，预计未来10年汽车中的微电子产品含量将上升到25%。

　　美国信息产业在2001年发生衰退后，引起人们对其前景的担心。实际上它仍然是一个有广阔发展前途的新兴产业，技术创新将推动它继续大步前进。现在，信息产业在技术上要突破的是如何做到完全无绳化。让计算机摆脱大量电缆对空间的约束，无限增加其可移动性。因此在计算机和手机之间展开了较量。实现移动互联融合有两条路可走。一条是WiFi（Wireless Fidelity 高传真无线）互联网接入，另一条是手机互联网接入。从目前的情况看，这两条路肯定要并存，问题的关键是哪一条将成为主流。这对许多厂商来说可能是生死问题。这两种不同的接入方法实际上就是新进入的 IT 公司同传统的电信公司之间的一场战争。在这种背景下，对于移动计算领域主导地位的争夺，实际上已经成为两个阵营的较量：一方面是以英特尔、微软、思科为代表的计算机互联势力，而另一方是以得州仪器、高通、诺基亚、摩托罗拉等为代表的移动电话互联力量。这两大阵营，无论鹿死谁手，都将迎来无限商机。

　　在信息产业的进出口贸易中，美国是有贸易逆差的。2002 年的统计数字显示，美国信息产品的贸易逆差为 214 亿美元。但是逆差的主要来源是计算机边缘产品，逆差高达 367 亿美元，而芯片则有顺差 162 亿美元。可以明显地看出，这是英特尔等美国大公司垄断了技术密集的微处理器和高端芯片的生产，而把低端的边缘产品如键盘、鼠标、显示器、主板等扩散到发展中国家生产的结果。这是在全球配置资源，以实现成本最小化和利润最大化的典型案例。它不是美国信息产业竞争力削弱的表现，而是利用全球化强化美国信息产业国际竞争力的表现。

　　在高新技术领域，生物技术和基因工程在医药领域的应用，正在使医药产业面临新的腾飞。美国的制药业是一个高度创新和技术先进的产业，在国际市场上一直保持着竞争优势。目前，北美在全球制药市场上占有约三分之一的份额，远比日本、欧洲高。新药的不断上市，是美国制药业保持增长势头及其竞争力的主要手段。美国在新药研究与开发开支方面领先于世界。以科学研究为基础的制药公司在 1998 年的研发支出为 180 亿美元，1999 年达到 240 亿美元。制药商对研究与开发的投入占销售额的比重要比其他产业为高。随着全世界生活水平的提高并且越来越趋向于使用新药来降低保健费用，美国制药业的出口将保持良好势头。但是美国在药品的进出口上是有贸易逆差的。原因也同美国的全球化战略有关。比如把研究与开发机构设在国外，跨国兼并。另外两个因素是美国公司利用子公司搞价格转移，以及利用国外自由贸易区生产免税药品。

发展不平衡的传统制造业

　　在美国的传统制造业中，有许多部门已经实现信息网络化，因此，不仅保持了原有的竞争力，而且焕发了青春。属于这一类的有为各部门提供设备的制造业、数控机床制造业、飞机制造业、石油化工业、造纸业等。

美国的化学工业仍然处于世界领先地位，它的生产约占世界的四分之一。这个产业有几百家公司，有12000多个工厂，生产7000余种产品，从中间产品到范围广阔的消费品。增强美国化学工业竞争力的关键趋势除信息化外，还包括专业化、全球化，以及兼并收购。为了提高利润并增加对股东的回报，某些化工公司还对企业进行了拆分，把低利润业务剥离出去，转而集中到高利润业务。世界化工企业1998年兼并收购金额达到373亿美元，1999年更上升到450亿美元。信息网络化对化学工业的帮助很大，许多大公司已经利用互联网实现了零库存管理。电子商务也对化工企业有重要影响，多数化工企业现在都有了自己的网址，有些公司更提供了全面的网络服务，如网上销售、发货和发布库存信息及技术支援。互联网向这些公司提供低成本的快速及时的信息，与现有的和潜在的客户进行产品信息交流。而网上信息的及时性又有助于加速顾客的决策时间。化工产业各行业的产值是逐年增长的。但从事化工工业生产的雇员人数则停滞或减少。说明这个产业的劳动生产率也有明显提高。

美国的造纸业在世界也拥有优势地位，并且是多种纸制消费品的制造基地。这个产业同全世界125个国家进行纸品贸易。尽管国内市场消费了这个产业产品的90%，它仍然是向世界供应纸张和相关产品的重要角色，在纸浆、纸张和纸板等方面尤其如此。美国的造纸业被认为是世界范围高质量、高产量和低成本的生产商。它得益于一系列关键性的经营优势，包括一个庞大的国内消费市场，世界最高的人均消费水平，现代化制造业的基础设施，充足的原料、水和能源的供应，高技术的劳工队伍，以及高效率的运输和配送体系。美国的这个产业始终保持其先进性是因为它不断进行大量的资本投入，开支主要用于现有机器设备的升级，更新和安装新设备，此外对环境保护以及产品的回收和循环应用也很注意。这个产业也已经采用了电子商务程序以及通信网络，并大大提高了效率，降低了成本。信息技术正在供应链上发挥日益重要的作用，并且通过最终用户和供应商之间的数据交换而提高了生产率。这个产业应用电子商务创造了一个在互联网上进行纸张和纸板以及其他产品的贸易通道。尽管有人说互联网和电子商务将导致纸张的减少，并最终实现"无纸办公"，但有证据说明使用电子媒体将导致纸张、纸板等产品消费的增长。实际的情况是，虽然某些用纸行业如新闻部门的用纸有所减少，但整个产业将因办公打印纸、包装材料、容器消耗的增长而受益。

在美国的传统产业中也有几个部门由于各种原因，在国际竞争中表现欠佳，最典型的是汽车产业和钢铁产业。

汽车行业在20世纪90年代初曾有过短暂的振兴，但好景不长，现在又重新陷入困境之中。底特律这个汽车城曾经是美国的骄傲。但是自1995年以来这个城市的三大汽车公司已经丧失了10%的市场份额。取而代之的是在美国南方兴起的日本、欧洲和韩国的汽车厂，进口的汽车和零部件也随之而来。现在，为美国人欣赏的小轿车已经不是雪佛兰，而是价格便宜到12500美元的韩国ELANTRA；豪华车已经不是凯迪拉克和林肯而是德国的宝马；轻型卡车已经不是福特的皮卡，而是日本丰田的TUNDRA。问题出在产品质量、生产效率和经济效益上。简单的几个数字就能说明问题。例如，在2000年出产的每一百辆小轿车中，在丰田车中能找出的缺陷是196个，在通用车中是264个，在福特车中是287个；丰田公司每生产一辆车消耗的时间是21.83小时，通用公司是24.44小时，福特公司是26.14小时；营业利润丰田公司是127亿美元，通用公司是38亿美元，福特公司是36亿美元。使美国人震惊的是丰田车在美国正在超过戴姆勒—克莱斯勒和福特而成为第二大市场占有者。使美国汽车公司处于劣势的根源有经营管理问题，也有福利开支问题。

在传统产业中钢铁业的问题也很突出。布什政府于2002年以钢铁进口激增为借口，使用201条款对进口钢铁征收高额关税，明目张胆地搞贸易保护主义，凸显了美国钢铁行业的困难处境。美国钢铁业20世纪90年代初虽然有过进步，但昙花一现，在亚洲金融危机后重新陷入困境。高工资高福利的历史包袱是重要原因。目前美国大钢铁厂每吨钢材的劳动成本在135美元左右，而小钢铁企业的只有45美元左右。大钢铁厂为退休人员所负担的医疗保险费用，如果平均分摊到每吨钢材中，要高达26.4美元，而小企业只有27美分。国际上欧盟、日本和韩国的生产成本都比美国低，所以美国钢铁行业整体上在竞争中已处于劣势地位，大型钢铁厂纷纷倒闭，美国大钢厂只有进一步进行收购兼并，调整结构，更新设备才有可能翻身。但大厂的养老金负债累累，成为阻挠企业整合的拦路虎。要消除钢铁的贸易逆差，仍然任重道远。

在调整中的劳动密集型制造业

劳动密集型制造业在美国属于劣势产业。由于美国劳动成本高，不具备比较优势，使这类企业逐步退出国际市场和国内市场，国内需求主要依靠进口。在进行产业结构调整时，这些产业所走的道路是一个向技术含量高、附加值高的行业转移。另一个是实行全球化资源配置，利用加工贸易等方式创造竞争优势。近年来还出现个别企业应用高新技术，进行脱胎换骨的改造，重新夺回优势的现象。属于这一类的有纺织、服装和针织品、鞋类和皮革以及皮革制品、造船和维修等。

纺织业面对全球竞争加剧所做出的反应有三种。第一，也是最重要的方面，把纺织业搬迁到离本国市场较近的低成本国家、与邻国公司进行合作生产。同墨西哥建立伙伴关系并进行区域扩张就是一例。亚洲金融危机加速了美、墨垂直一体化趋势，这个趋势加上低制造成本的优势，正在驱使美国纺织品制造商向墨西哥转移。第二，产业品种结构在各国之间进行调整，在本国不再生产那些无法同外国竞争的劣势产品，而更重视其他产品，如家庭装饰、工业纺织品等。现在美国纺织业为运动服装使用的技术性纤维制品有巨大增长。还有一些企业瞄准非服装类纤维品市场，包括汽车、医药、防火和通信所需布料。第三，公司继续投资于新的生产效率更高的工厂设备，经过技术升级使之成为更有效率的产业。现在，有一些美国纺织企业已经是一种技术先进的制造商，通过对机械的改良和现代化进行投资，而有了很大进步，许多公司的纺、织和编结过程已经高度现代化。因此他们能减少生产中劳动成本所占份额，并提高了质量和生产速度。从劳动就业看，美国纺织业就业大量流失是近30年来的总趋势。这种流失部分地是由于进口，更主要的是通过采用新技术提高劳动生产率而减少就业人员。但与10年前相比纺织品总产量并没有减少，而是增加了20%。特别是生产高级纺织品的资本密集的行业，它们的产量大幅增长，对这类产品的需求也在迅速上升。

制鞋业是一个劳动密集型产业的典型。制鞋过程是高度劳动密集的，需要大量的切、缝、纳等手工劳动。因此，制造活动已经被转移到能够提供廉价劳动的国家。品牌或非品牌的批发商、零售商不断寻求进口低成本国家的产品。由于制鞋业所用的机器设备并不要求很大投资，加工业务能够毫不费力地迅速从一个国家转移到另一个国家，所以亚洲包括中国已经成为世界上最大的制鞋区。不过就在制鞋业也有通过技术改造，实行生产自动化而站住脚的个别企业。有一家名叫纽百兰斯的运动鞋制作公司，它引进了大量先进的数字控制设备，使制鞋过程全自动化，这家公司把工人组成5—6个人的团队，把他们培养成多面手，发挥团队精神，在生产过程互相协作。经过这样的安排，每双运动鞋的生产时间降低到24分钟，而中国工人生产一双同样的鞋要3小时。生产率的提高降低了成本，由于这家公司的小时工资是14美元，中国工人的工资是每小时40美分，所以现在这家公司生产一双鞋要4美元，而中国工人生产同样的鞋是1.3美元。不过这个差距已经不影响它的竞争力。原因是这家公司有地理上的优势，就地生产运费低，同时因靠近市场可以随时根据市场需要改变品种。而每双鞋的价格是70美元，所以2.7美元的差距已不在话下。不过迄今为止这还是个别的例子。这是由于此类工厂需要大量投资和技术创新，要做到普及并非易事。

综上所述可以看到，美国的制造业经过产业结构大调整，已经成为一个由高新技术引领的新型产业，但这是一个新生过程，也是一个痛苦过程，这个过程尚未完结，而首当其冲的是美国的广大劳动者。他们要在工作不断动荡中适应新的产业结构。因此，在这个大变革中，社会上不少弱势群体啧有烦言也就不足为怪了。

（原载《世界经济与政治论坛》2004年第2期）

让朗讯跌倒的反腐败"坑"

2004 年 4 月，媒体报道的两件事颇为引人注目，一是美国朗讯公司宣布，因涉嫌腐败解雇了中国区四名高管人员；二是美国联邦执法机关在北京首都机场，将逃往美国的贪污嫌疑人余振东移交给中国警方。这两个案件都同国际反腐败的立法有关，前者涉及美国的《反海外腐败法》，后者受《联合国反腐败公约》的重要影响。因此弄清这两个立法的来龙去脉，以及它们对中国反腐败斗争的影响是人们所关注的。

美国反海外腐败法

美国《反海外腐败法》是在 1977 年诞生的，它是"水门事件"给非法政治捐献和洗钱活动进行调查所带来的一个副产品。在这个调查中，发现不少美国公司为了获取有利于自己的待遇，曾经对某些外国政府，特别是第三世界国家的官员大量行贿。

随后美国证券交易委员会和国会所做的调查更引起了轰动效应。证券交易委员会 1976 年 5 月 12 日报告给参议院银行委员会的案例揭示，埃克森公司在 1963 年至 1972 年行贿的金额高达 7800 万美元；洛克希德公司为了获得并保持在海外的业务，秘密向客户支付过数百万美元巨款。更能说明问题的是，在通用电气公司和西屋公司之间为夺取菲律宾核电站合同所进行的激烈斗争中，尽管西屋的技术较差，但它为了获得两座价值 500 万美元的核反应堆合同，竟然付给伊梅尔达·马科斯的亲戚 1730 万美元。这笔贿赂的效果是使以后签订合同的价值在两年内飙升到 10 亿美元。到 1980 年代初，有 450 家以上的美国公司最终向证券交易委员会承认它们在国外有对外国政府官员非法的付款，总额超过 10 亿美元。

后来以参议员弗兰克·切奇为首的参议院银行委员会进行了长达几天的听证会，福特总统批准建立了一个内阁级的工作组，由商务部部长任主席。其结果就是通过了1977年的《联邦反腐败法》。制定这项法律并不单纯着眼于伦理道德，而是因为腐败破坏了市场经济公平竞争的原则。如果说有腐败行为的美国跨国公司在几千家中占20％，那么80％的公司的利益就要受损。另外，行贿还破坏了美国在国际上的形象，使美国的对外政策陷于危险之中。

《反海外腐败法》的实施情况如何呢？联邦反腐败法有两组主要条款：它包含该法的第102条，以及反腐败条款，它体现在该法的第103条和104条中。实施这些条款的责任是在证券交易委员会和司法部之间分工的。司法部执行联邦反腐败法的刑事案件，有绝对权威实施刑事的或民事的诉讼。证券交易委员会则根据民法执行第103条。实施反海外腐败法的成效取决于对条款的解释，以及两个执行部门的实施力度。历届政府的政治理念也起着重要作用。在福特政府期间，国内会计核算和信息披露是为了起震慑作用，随后卡特总统则对国会施压要求对跨国腐败行为判刑。里根政府削减了有关部门处理公司错误行为的执行经费。此后，在里根和布什政府时期，执法部门对腐败案件通常采取不插手和自由放任的态度。对此，《华尔街日报》把它归因于这些部门被市场上的"坏人"所盘踞。参议员威廉·普罗克迈尔攻击说："里根政府对执法有双重标准，对它的朋友和亲昵的公司董事会成员是一种，对无权无势的罪犯处理时要远为严厉。"1993年克林顿总统上台后政策又有变化，对法案的实施加强了力度。1999年，洛克希德·马丁公司、波音公司和IBM公司或者承认犯罪，或者在反海外腐败法的控诉下接受调查。根据这个法律起诉的一个最大案件是洛克希德·马丁公司为赢得埃及政府的飞机合同而行贿。

朗讯公司解雇的中国区四名高管人员，包括朗讯（中国）首席运营官、市场部主管以及一名财务经理。公布的理由是，他们在企业运营中存在内部管理控制不力，可能违反了美国的《反海外腐败法》。朗讯总部还声称他们已向美国司法部以及证券交易委员会递交了报告，对企业内部控制不力的问题作出了说明。这件事在中国业界引起了不小的震动。随着中国对外开放的快速发展，来华投资的美国跨国公司越来越多，粗略统计美国《财富》500 家大公司中已有 400 多家在中国有项目。美国跨国公司在华子公司一般享有管理严密，遵纪守法的较好声誉，朗讯丑闻是在中国爆出的一个冷门，引起各种议论是很自然的。

朗讯公司为什么要自报家门揭露丑闻呢？应当说有这样几个背景，第一，自 2002 年美国公司丑闻大曝光之后，布什政府为了挽救岌岌可危的金融市场开始对公司丑闻采取了严厉态度，通过了《萨班斯—奥克斯雷法》。自此以后，大公司的不法行为受到了更严格的监督，而且一旦违规暴露，就要受到很严厉的惩罚。第二，2003 年 12 月联合国通过了反腐败公约，营造了一个国际上围剿腐败行为的氛围，给有不法行为的大公司增加了压力。第三，2003 年夏天，美国司法部和证券交易委员会已经对朗讯公司在沙特阿拉伯的业务做了调查，并进行了处罚。这是前车之鉴。

联合国反腐败公约

腐败和反腐败不只是个别国家的问题，而是世界性的问题。据世界银行全球治理研究所所长丹尼尔·考夫曼的计算，腐败每年给各国经济所造成的损失达 1.5 万亿美元，占世界 GDP 的 5%。考夫曼说这个数字只能说是近似的，因为腐败通常都是暗箱操作，很难精确统计。然而，这个数字比较接近实际。随着经济全球化的发展，反腐败斗争也从国家范围扩大到世界范围，反腐斗争如果没有国际协作，就会使腐败分子越界潜逃，逍遥法外。因此，加强国际间的反腐合作早已是世界各国的热切期望。

在这一背景下，制定联合国反腐败公约就在 2001 年 1 月的联合国大会上提上了议事日程。经过三年的不懈努力，公约于 2003 年 12 月 9—11 日正式签署，有 87 个国家的代表在公约上签了字。按照协议，公约将在至少 30 个签约国的立法机构或国会批准后正式生效。公约的签署使全球反腐败斗争进入了一个国际合作的崭新阶段。这样的国际条约是历史上前所未有的，它的出台受到了国际社会的普遍重视。

公约致力于纠正私营部门的腐败。这是因为腐败现在已不限于政府。少数跨国公司的腐败行为令人触目惊心。世界级的案例如安然公司丑闻不过是冰山一角。这类案件是政治经济监督失败的典型例子，它因审计公司、银行和媒体的相互勾结而得手。结果使许多投资者被欺骗，工人们辛苦挣得的养老金被剥夺，他们的家庭和子女受牵累。

公约的第五章致力于追回资产，这一章被发展中国家确认为公约的关键部分。追回资产成为独立的一章有重要意义。事实上在这个问题上，发达国家和发展中国家长期以来有截然相反的观点。现在终于找到了一个使所有签约国都能接受的解决办法。腐败分子的非法所得给受害国的资源造成巨大损失。资产的流失在受害国家中造成很大的政治不稳定并破坏经济和社会的发展。用整个一章要求成员国把腐败分子的非法所得，从逃逸的去处追回，归还给受害国，这是三年谈判的重要成果。在这个国际公约中，这一章可以说是反腐倡廉的利刃，它已成为新型国际条约的一条基本准则。

在公约制定过程中，联合国反腐败公约谈判特别委员会广泛征求过各成员国对公约草稿的意见。中国积极参与了这一进程。在给委员会的建议中我国特别强调：第一，鉴于各国社会的、经济的以及政治制度的多样性，每一个国家必须根据自己的情况和法律体系采取预防和惩治措施，这样做将增强各国反对腐败的效果；第二，在国际层面上，反腐斗争遇到的主要问题是对携款潜逃的腐败分子难以引渡；同时，受害国还难以追回贪污受贿的款项。这就使腐败分子得以逃脱法网，并在外国享受优裕的生活，其影响不仅是消极的而且是对腐败的鼓励。显然，追还资产一章包含了中方的意见。

联合国反腐公约的出台，对一切腐败分子将起到震慑作用。2004 年 4月 17 日，美国将案犯余振东移交给中国是联合国反腐败公约生效前的先声。余振东原为中国银行广东开平支行行长，1993 年至 2001 年间贪污挪用赃款达 4.7 亿美元之多，后携款逃往美国。经中美两国执法机关密切合作，2001 年 12 月，美方没收了余振东转往美国的部分赃款，并于 2002 年12 月将余振东拘押。2003 年 9 月美方将所没收的赃款全部返还中方。2004 年 4 月 16 日，美方将余振东驱逐出境，并押送至中国。美方的这一做法是完全符合联合国反对腐败公约精神的。

（原载《法人》2004 年第 6 期）

石油安全是这样构筑起来的

　　很久以来，在美国能源领域，联邦政府并没有扮演积极角色。大萧条和第二次世界大战时期，联邦政府开始建立比较分散的管理框架，有许多部门参加。此外开发核武器的曼哈顿计划，开创了核能的管理。然而，20世纪70年代的能源危机迫使联邦政府把过去几十年分散管理的框架加以整合。1977年创立了能源部，一个全国的能源计划第一次浮出水面。联邦能源法律及其管理制度的目的是让市场提供负担得起的能源，同时保护环境和美国的国家安全。

　　1975年国会通过的《能源政策和保护资源法》（Energy Policy and Conservation Act）授权建立战略石油储备（Strategic Petroleum Reserve），以保护国家安全，防止由1973—1974年因阿拉伯国家石油禁运所造成的接连不断的经济混乱。战略石油储备由5个地下仓库设施组成，都是位于得克萨斯州和路易斯安那州地下的岩石洞穴。由于在90年代中发现在威克斯岛的一座石油库，其洞穴结构的完整性有问题，曾不得不把那里的储备加以转移。

　　一般相信，只要有大量可以使用的原油储备，就可以应对未来的石油断档，并且就有能力挫败把石油当作武器的企图。同时，在出现石油供应中断时，从战略储备中把石油推向市场，将有助于稳定局势，缓解价格暴涨，并将使伴随1973年的经济混乱不再发生。这样，靠石油储备将能赢得时间，进行外交斡旋，并在必须大规模干预之前找到解决办法。战略石油储备将储存足够的石油，取代90天的进口，初期目标是储存5亿桶。在1978年5月一个储存7.5亿桶的计划付诸实行。然而，执行情况越来越落后于计划。到1978年末，战略石油储备原来设想储存2.5亿桶，实际只储存了6900万桶。当伊朗革命在1979年春天切断供应时，采购被终

止，为的是缓解对世界石油价格上升的压力。随着 1980 年《能源安全法》
（P. I. 96—294）的问世，规定每天至少增加 10 万桶石油储备，于是向储
备仓库注油重新开始。1981 财政年度对能源部的拨款法修正案要求政府加
快注油的速度，使之达到每天 30 万桶，并视成本和其他市场因素进行调
整。注入速度在 1981 财政年度每天是 292000 桶，但是在 1990 财政年度
又逐步下降到每天 34000 桶的低水平。总之，国会和政府对战略石油储备
的关注在 90 年代有所下降，这有几个原因：第一，联邦支出需要削减；
第二，持久和破坏性的石油短缺可能性下降；第三，不受管理的石油市场
在资源配置和定价方面似乎运行得相当有效；第四，有一种共识认为石油
战略储备大概已经达到足够的水平，没有必要进一步补充。1994 年初政府
和国会同意停止进一步加大战略石油储备，但要求保持石油战略储备的准
备程度并且把改进老旧的基础设施摆在首位。

　　《能源政策和保护资源法》授权总统在发现"存在严重能源供应中
断"时，动用石油储备。这要具备三个条件：第一，存在紧急状况，供应
严重下降，时间长、范围大；第二，石油产品价格急剧上升局势严重；第
三，这种价格的上涨可能对全国经济造成负面影响。国会在《1990 年能
源政策和资源保护法修正案》中通过了动用储备的追加授权，那是因为埃
克森石油公司的石油泄漏中止了从阿拉斯加的石油运送，引起现货短缺和
价格上升。其意图是放松战略石油储备的动用条件，使之不像过去那么严
格。根据这个修正案，总统可以在短期内动用战略石油储备，不需要宣布
存在"严重的石油供应中断"或者符合国际能源计划对美国所规定的义
务。按照这个条款，如果一种情况"构成或者可能变为国内或国际长期的
和大范围的能源供应短缺"时以及"采取行动……将帮助直接并且大大阻
止或减少这种短缺的负面影响"时，这个授权允许对战略石油储备的有限
使用。但在 60 天的最高时限内，销售数量不得超过 3000 万桶。如果战略
石油储备低于 5 亿桶时就绝不允许行使这个有限授权。虽然这个授权从来
没有正式使用过，但克林顿总统在 2000 年 9 月 22 日的换货命令可能是以
这个模式为样板的。

　　关于石油的采购问题，20 世纪 80 年代末美国同墨西哥石油公司的协
议终止之后，改为由国防燃料供应中心代表能源部在现货市场采购，这个

做法延续到 1994 财政年度第二次暂停注入储备为止。这个停顿的主要原因是联邦高涨的财政赤字，同时根据海湾战争时在消费国和生产国之间建立的共识，认为这样水平的储备量已经相当充足。在 80 年代曾经研究并辩论过为储备购买石油的各种选择。多数方法都有各自的缺陷或风险。仔细研究过的选择中包括销售以石油命名的债券，并把收入用于购买石油；对汽油或进口石油课征专门为战略石油储备使用的收费；出售海军石油储备或指定以海军石油储备收入用于战略石油储备的购买。认为同直接采购有相同优点的选择是石油租借。不过实际上从 1995 年到 1998 年，是战略石油储备的销售而不是战略石油的采购曾经是辩论的中心。到 1999 年初，当年财政赤字的减少和消失以及原油价格的猛降又引起了增加储备的新兴趣，其目的一方面是保证能源安全，另一方面是给国内因高成本和低产出而处于困境的石油生产商以政府援助。能源部长比尔·理查森提出了一个援助国内生产商的倡议，要求行政和预算办公室在 2000 财政年度的预算中为石油采购列入 1 亿美元，这个提议被拒绝。但第 106 届国会通过的对战略石油储备再授权却包括一个修正案，授权在原油价格跌到每桶 15 美元或其以下时，从那些日产 15 桶或更少的石油生产商那里采购石油。

不过政府和国会真正重新重视战略石油储备的油料购买是在"9·11"恐怖袭击之后。人们担心，随美国对此事件的反应和可能的报复，运往美国沿岸的石油会发生受政治目标驱动的供应中断，海上油轮的安全可能受到威胁，国内石油设施可能遭到破坏。与此同时，经济衰退正笼罩着全球，引起油价暴跌。人们说，是对能源安全的关切和价格的下跌两者相结合，使增加战略石油储备赶上了最佳时期。2001 年 11 月 13 日美国总统命令增加战略石油储备能力，使之达到 7 亿桶，来源主要依靠通过征收实物形态的矿区使用费所获得的石油。2001 年 12 月初参议院提出综合能源立法，《能源政策法》（Energy Policy Act）对战略石油储备永久授权，并且下达命令把储备能力提高到 7 亿桶。

关于课征实物形态的矿区使用费用于战略石油储备，这件事是在 1999 年推出的。当时美国行政管理和预算办公室拒绝了能源部为战备石油储备采购石油的要求，能源部开始建议把政府从墨西哥湾租赁油田所得的一部分使用费以实物形式收取。1999 年 2 月 11 日正式宣布了这个安排。与此同时，第106届国会也推出立法 H. R. 498，指示矿业管理服务局接受实物形态的使用费。石油生产商赞成这种做法，因为他们说井口定价的制度太复杂而且容易出错。用实物使用费为战略石油储备补充石油，使国会不必直接花钱买油。当然，不用现金而用实物也意味着政府收入将有所损失。最后的细节是在1999年冬天敲定的。就是要补充近年来已经销售的2800万桶石油，预期每天大约补充10万桶，需要10个月才能补齐。一开始，这个实物使用费计划被看做一个有助益的步骤而受到欢迎。在2000年克林顿政府用这个计划给战略石油储备增加了4700万桶。布什总统又增添了1.08亿桶。这样，战备石油储备就达到了要求的水平。

在1999年冬季石油价格开始迅速回升，从年初10多美元到初秋上升至每桶22美元，2000年2月中跨过了30美元大关。2000年夏末，尽管石油输出国组织增加生产，但石油价格仍然不断攀升。家庭取暖用油的库存达到历史低点。人们对不断上升的原油价格、寒冷的天气，以及冬季家庭供暖用油的价格上涨日益担心。2000年9月22日，克林顿宣布了一个3000万桶战略石油储备掉期交易计划，10月4日签订合同。有兴趣的竞标者将被允许借用不少于100万桶的石油。签订合同的条件是石油竞标者必须在2001年8月1日和11月30日间将借取的石油交还。实际上，竞标者所考虑的是他们将以什么成本获得未来偿还的石油，用它来同他们在冬季开始时得到的追加油源所获利益相比较。尽管有报告说掉期交易获利很少，实际情况并非如此。能源部签订的掉期原油合同一共是3000万桶，2001年将偿还3150万桶。最后实际偿还了3354万桶。从宣布掉期交易到签订合同，原油价格从每桶37美元一桶下降到每桶31美元。尽管这个办法不是石油价格下降的唯一原因，但应当承认它还是起了一定的作用。

这一时期另一个引人注目的事件是通过立法建立地区储备。在1999—2000年的寒冬，东北地区的某些地方的家庭取暖用油的价格实际上翻了一番，引起立法者特别关注，取暖用油的库存已经降到极低的水平。它重新引起人们关于建立取暖用油地区储备的兴趣。《能源政策和资源保护法》本来包括建立地区储备的授权，它是广阔的战略石油储备的一部分。然而，1977年向国会提交的实际战略石油储备计划中并没有特别提出建立地区储备的问题。所以众参两院又重新提出了建立地区储备的议案。2000年

4 月 12 日，众议院在战略石油储备重新授权的立法中提出了包括在东北地区建立 200 万桶家庭取暖用油储备的提议。在进行立法的 45 天中，能源部长将向国会送达一个如何建立储备的详细计划。立法给予能源部长以通过采购、发包、交换或租借方式获得存储能力的权力。储备中的家庭取暖用油可以在发生严重供应短缺，"严重"价格上涨，或"导致东北地区紧急状况"时加以动用。同样的话在众议院 2001 财政年度能源和水拨款法的文本中也被包括进去。克林顿总统于 2000 年 4 月 18 日批准建立地区储备，特别要求国会授权在东北建立这种储备。政府还向国会递交了一个对战略石油储备的修正案，要求给地区储备以永久地位。

2000 年 7 月 18 日，参议院修正案批准在 2001 年财年拨款 400 万美元为地区储备提供资金。能源部为提供储备和提炼石油招标，并用战略石油储备中的原油交换产品和设施。8 月 20 日，能源部宣布地区储备将设在三个地点。Equiva 贸易公司将提供 50 万桶，储存在康涅狄格州的纽黑文终点，摩根斯坦利资本集团公司将在自己的纽黑文仓库提供另外 50 万桶储备，还有 100 万桶将储存在新泽西州乌德布里奇终点，由阿默拉达·海斯公司管理。在纽黑文的终点可以用油船、驳船、油罐车或用连接到伯克艾的油管加以配送。在新泽西的仓库可以用驳船配送取暖用油。

管理战略石油储备的立法授权到 2000 年 3 月 31 日到期。地区石油储备在参众两院是有争议的问题。反对建立地区储备的一派认为建立储备的时机不合适，而储备的存在可能挫伤私营部门保持较多库存的积极性。然而，主张地区储备的一派认为 1999—2000 年的经验证明东北地区遇到的问题会很快影响到其他石油燃料的价格上涨。所以阻止家庭取暖用油价格上涨的好处，也为柴油和汽油消费者所分享。为解决这一分歧，由参议员墨考斯基建议的方法被纳入参议院 H. R2884 文本之中，并于 2000 年 10 月 19 日一致通过。它要求动用储备的条件，必须是在地区供应短缺到"很大范围和很长时间"或者——连续 7 天——原油和取暖用油的差价超过 5 年滚动平均数的 60%。他的意图是抬高动用地区储备的门槛，使之高到不会挫伤石油商人和批发商建立库存的积极性。众议院于 2000 年 10 月 24 日批准了参议院的文本，克林顿于 11 月 9 日签署为法律。地区储备正式的名称是东北地区取暖用油储备。能源部用一个表，每周公布新数据，它显示出决定差价的各种投入。到 2001—2002 年冬季，人们预期不会出现供应短缺和价格上涨，因为全球经济衰退导致石油价格下降和库存积压。

2003 财年对战略石油储备的要求是 1.888 亿美元。与 2002 财年相比，增加了 980 万美元。这个总额中包括 1.698 亿美元为战略石油储备营运和管理的费用。另外 1100 万美元是用于支持把实物运往战略石油储备场所的运输费用。如果简单地回顾一下过去几年，1998 年末，能源部长要求为 2000 财年拨款以购买石油补充战略石油储备，结果这个请求被行政管理和预算办公室否定。说明"9·11"以后美国对战略石油储备的重视程度已经被大大提高了。

从上述美国石油储备的建立和立法过程，我们可以看到美国石油战略后备思想的发展有一个由不自觉到自觉的过程，两次危机——20 世纪 70 年代的石油危机和"9·11"恐怖袭击事件成为从思想到行动上加强石油战略储备的触媒。从目前的情况看，美国的石油战略储备已经达到了比较安全的程度。同时，从美国的经验看建立全国储备和地区储备的体制也有需要考虑的各种政策问题，这是值得我们借鉴的。

（原载《法人》2004 年第 7 期）

当前美国经济形势及走向

作为当今世界的唯一超级大国，美国的经济走势始终是人们关注的热点话题。其意义不仅在于它是影响美国大选的一个重要因素，还在于它对世界经济的整体走势具有重要的指标性意义。本文在对目前美国经济形势进行简要评估的基础上，重在从周期角度分析其有利和不利因素，进而通过几个关键问题的把握对美国经济的基本走势作一基本判断。

一

2004 年入夏以来，因美国经济增长速度明显放慢，引起人们对其经济前景的担忧。2004 年一二季度美国的 GDP 增长率分别为 4.5% 和 3.3%。第二季度增长放慢的主要原因是个人消费开支由一季度的增长 4.1%，降至二季度只增长 1.6%，其中耐用消费品的增长变为负数，主要是受汽车滞销的影响。在进出口贸易方面，出口增长幅度与上季度持平，均为 7.3%，但进口增长幅度则由一季度的 10.8% 上升为二季度的 12.6%，成为经济增长放慢的又一个因素。但是，住宅固定投资、设备和软件投资以及非住宅建筑投资在第二季度都有良好表现，使私人固定投资由一季度的上升 12.3% 变为二季度的上升 19%，这对经济放慢起到了一定的缓冲作用。第三季度 GDP 数字尚未出台，从 9 月生产和就业以及汽车销售比较强劲的表现看，预计 2004 年下半年的经济增长可能会略好于二季度。

二

美国经济目前处于周期扩张阶段。从周期的特点说，新周期首先是在信息产业泡沫崩破后，经过政府强大的宏观调控，包括低利率和减税两大杠杆的作用，走出衰退和进入复苏的；其次是复苏受到战争和公司丑闻的严重干扰，国际政治因素对美国经济周期的影响增大。

　　关于第一个特点，表1说明从2001年到2003年，货币和财政政策对GDP增长所起的作用是决定性的，没有这两个杠杆的支撑，美国经济在这三年都将处于衰退之中，只是到2004年经济才恢复了自己的造血功能。在政策刺激中，40多年所未见的低联邦基金利率所带动的汽车零贷款利率以及低抵押贷款利率对汽车制造业和房地产业所起的支撑作用特别明显。

表1　　　　　　联邦货币、财政政策对实际 GDP 增长的贡献 （%）

	2001 年	2002 年	2003 年	2004 年（一季度）
实际 GDP 增长	0.8	1.9	3.0	4.5
政策刺激	1.1	3.3	3.5	2.1
货币政策	0.9	1.9	2.2	1.1
财政政策	0.2	1.3	1.3	0.9
减税	0.0	0.9	0.8	0.5
政府开支	0.2	0.4	0.5	0.4
国防	0.1	0.3	0.4	0.4
非国防	0.1	0.1	0.1	0.0
其他	−0.3	−1.4	−0.5	2.4

资料来源：ECONOMY. COM 宏观模型，并根据总统经济顾问委员会最新资料调整。

　　关于第二个特点，美国经济从2001年11月走出衰退，并在强大的政策刺激下开始复苏。但2002年4月向伊拉克开战使形势逆转，GDP从2002年第一季度的增长3.4%下滑到2002年第二季度的增长2.4%。5月伊战结束，经济的走势增强，但7月因公司丑闻大曝光，经济再次逆转，由第三季度的增长2.6%下降到四季度的只增长0.7%。2003年和2004年一季度形势较好，但伊拉克政局不稳以及石油价格的猛涨又使2004年二季度的增长有所下降。

　　新周期是在信息网络化和经济全球化的大背景下运行的。"两化"给本次经济复苏中的劳工市场、商品市场也带来了若干新变化。就劳动市场而言，变化之一是企业的劳动生产率大幅提高。劳动生产率不仅始终保持较高水平，而且在衰退时期也未下降。劳工市场的第二个新变化是在经济复苏中就业增长的步伐缓慢。第二次世界大战后，美国经济经历了五次周期，前四次在走出衰退后，就业很快恢复了增长。如 20 世纪 50 年代，1954 年非农业就业为负增长 2.4%，1955 年、1956 年转升为 3.3% 和 3.4%。在 70 年代的石油危机时期，美国的非农业就业增长变化是：1935 年为 -1.7%，1976 年和 1977 年分别为 3.2% 和 3.9%。然而，在本次周期复苏阶段，就业增长回升很慢，2002 年和 2003 年仍分别为负增长 1.12% 和 0.3%，2004 年预计可实现 1.1% 的增长。

　　非农业就业恢复增长特别疲软的原因，除信息网络化提高管理水平所导致的劳动力节省因素外，也受经济全球化过程中，加速外包（outsonrc-ing）的影响。外包是指美国大公司为降低成本，把非核心业务发包给低工资的发展中国家或转型国家的一种行为。主要是把靠信息技术变为可能的业务流程，如软件设计、呼叫业务、人力资源管理、保险理赔、会计核算等转包出去。据美国劳工部和佛莱斯特研究公司的调查和预测，美国 2004 年因外包而输出的就业为 10 万人，2005 年 58 万人，2010 年 160 万人，2015 年可能达到 330 万人，大体上每年以 21 万人的速度增长。外包对跨国公司来说是在激烈的国际竞争中维持生存和发展的必由之路，它对美国企业，特别是大企业，利大于弊，但国内就业市场的竞争因此而加剧了，知识和技能更新赶不上趟的职工会因此而被市场淘汰，使失业成为结构性问题。

　　"经济全球化"对美国商品市场的影响反映在两个方面，一方面美国公司获得了从国外进口廉价商品、加速产业升级的机会；另一方面由于进口猛增，美国贸易逆差和经常账户逆差迅速扩大。据统计，贸易逆差在 1990 年占 GDP 的 1.4%，2000 年增长到 3.8%，2003 年为 4.5%，合 5000 亿美元；经常账户逆差在 1990 年占 GDP 的 1.5%，2000 年扩大至 4.2%，2003 年为 4.8%，超过 5300 亿美元。进口大量廉价商品导致了对外账户的失衡，但在一定程度上起到了抑制国内通货膨胀的作用。从消费者物价指数看，自 2001 年底走出衰退以来，2002 年的消费物价指数只上涨了

2.4%，2003 年上涨了 1.9%，其中食品这两年分别上涨 1.5% 和 3.6%，服装分别下跌 1.8% 和 2.1%，新汽车分别下降 2.0% 和 2.1%，后两者都有大量进口货。

新周期的特点决定了这次经济扩张的有利条件和不利条件。有利的方面是：（1）劳动生产率保持高水平。这是本周期的一个突出特点。即使是 2001 年的衰退也没有影响劳动生产率的提高，2002 年、2003 年和 2004 年一、二季度的非农业劳动生产率增长分别是 5%、4.4% 和 3.7%、2.5%，平均数高于 20 世纪 90 年代后期经济高涨时的 2.6%，更高于 1995 年以前 20 年的 1.4%。主要原因一是信息革命的效应正在向纵深发展，二是企业为降低成本而进行的减员增效取得实质性的进展。（2）企业利润攀升。在生产率大幅度提高和工资不变的条件下，尽管企业在激烈的国际国内竞争中难以提高价格，但仍然保证了利润的大幅增长。2003 年，美国企业税前利润额比 2002 年上升 15.3%，税后利润上升 11.3%；2004 年第二季度，按年率计算，美国企业税前利润比上年再上升 12.1%，税后利润上升 11.1%。随着利润的增长，加上政府的加速折旧政策，企业手中留存有大量现金，其数额超过了企业投资。所以，企业的扩张能力很强，投资的实际状况将取决于企业的信心和意愿。（3）工业生产进入扩张阶段。经过两年的库存调整，产品积压已经得到消化，库存/销售比降到历史的低水平，为工业生产的回升创造了条件。自工业生产指数于 2000 年达到 115.4 的高峰后到 2001 年 7 月开始复苏，到 2004 年 5 月已经达到 116.3，超过了上一个高峰，这是促使企业投资增长的一个重要条件。（4）国内通货膨胀处于受控状态，这种状态有利于联邦储备系统实行稳步前进的紧缩货币政策，尽可能缓解刺激政策淡出给经济增长带来的拖累。

不利的方面是：（1）设备闲置。因为衰退前生产过剩，库存积压，所以工业生产，特别是制造业开工不足，导致生产能力大量闲置。截至 2004 年 7 月，整个工业企业的设备利用率仍然只有 77.1%，其中制造业仅为 76.3%，低于一般经济扩张期。例如，1980—1981 年经济衰退后，到 1994 年这两个数字已分别回升到 83.1% 和 82.5%。当前的设备闲置状况是对投资的阻碍。因此，2002 年和 2003 年企业投资增长，着重表现在更新周期短的计算机设备和软件上，而厂房建筑和工业设备的投资只是在最近才有所好转。（2）伊拉克战争的后遗症，表现在中东地区的动荡不安和由此引发的石油价格暴涨上，目前油价已经几起几落，并仍然存在风险。（3）超强的财政金融刺激等于服用激素，它促进了房地产和汽车的旺销，支撑了美国经济，然而一旦刺激政策淡出，如果就业和投资的增长又不够有力时，经济就有可能滑坡。（4）就业形势不佳影响职工收入和居民信心，对保持旺盛的消费势头不利。

三

在上述有利和不利的条件下，判断未来美国经济走势还需要回答下面几个问题：

第一，关于能源价格的影响。2004年六七月经济增长放慢主要是受国际局势动荡，油价暴涨的影响。因此，今后石油价格的走势将是判断下半年美国经济走势的重要因素之一。

石油价格在10月4日前已经两次猛涨，8月20日前纽约轻质原油价格最高达到每桶49.4美元；10月初则突破了50美元大关。导致油价暴涨的原因是多方面的，比如随着世界经济的复苏，石油需求增加。据美国能源部的预测，2003年世界石油需求年增长为1.8%，2004—2005年增幅可能超过2%。而国际能源署则预计2004年全球石油消费将增长3.2%，高于过去十年的2%平均增长率。但是需求的增长并不是油价暴涨的唯一原因，从世界石油市场的总体平衡状态看，供应仍略大于需求。所以，在油价剧烈波动中经常起作用的因素更应该是国际政治经济形势和市场投机行为，如伊拉克动荡的政局、国际恐怖主义的威胁、俄罗斯尤科斯事件、委内瑞拉罢免总统全民公决事件等，以及近日发生的尼日利亚反政府武装意欲袭击主要炼油设备问题、伊万飓风造成的美国石油产量下降问题等。在此背景下，国际炒家乘机兴风作浪，把油价抬到不合理的高水平。随着上述问题的逐步解决，石油价格近期已经两次回调。据欧佩克主席尤斯吉安托罗的估计，目前市场上的原油供应量比需求量高150万桶左右。地缘政治危机带来的"政治溢价"应在每桶10—15美元之间，而投机因素带来的价格泡沫也有每桶5美元之多。尤斯吉安托罗预计，在石油供应不确定因素逐渐减弱的情况下，国际原油期货价格在年内有望降至每桶 40 美元以下。欧佩克考虑到通货膨胀和美元贬值的因素，准备把油价的调控范围由原来的每桶 22—28 美元，提高到每桶 26—34 美元。当然，难以预见的政治经济危机依然可能随时发生，因而也不排除油价的再次暴涨。9 月 9 日格林斯潘在众议院预算委员会作证时说："春季以来能源价格的暴涨对美国经济的打击，超过分析家们的预期"，"油价的不确定性继续使经济蒙上阴影"。据国际货币基金组织预计，油价每上涨 5 美元，GDP 增长率将下降 0.3%。

不过，因油价上涨而导致 20 世纪 70—80 年代的石油危机的可能性已经很小。以美国为例，与 20 世纪相比，产业结构已经发生了巨大变化，耗油少的第三产业迅猛发展。创造一个单位的国内生产总值现在只需要 0.7 个单位的石油，而 1973 年则需要 1 个单位。同时耗油多的制造业在国内生产总值中的比重已经由 1977 年的 22% 减少到现在的 15%。此外，造成石油危机的油价如折成现价要高达 80 美元，因此即使油价上涨到 50 美元，同导致危机的石油价格仍有相当大的距离。尽管如此，油价如果徘徊在 40 美元左右一桶的高水平，美国经济的增长速度还是要受到影响。

第二，关于就业情势的影响。油价问题是外部因素，制约美国经济扩张的内部因素主要是就业。美国非农就业人口从 2003 年 8 月陷入谷底后开始回升，2004 年头五个月平均月度增长 152000 人，但 6 月只增加 96000 人，7 月增加 73000 人，到 8 月才恢复到增加 144000 人。在这次经济扩张中，新增就业回升缓慢有多方面的原因。上面讲到的因经济全球化导致外包的扩大只是一方面的原因；从国内方面看，资本设备比人工便宜，企业主情愿用高新技术设备取代人工；工资以外的福利开支成本高昂，雇主宁可雇用临时工，而不愿雇用新工人，等等，也是其中的主要原因。当然六七月就业表现不佳则同油价暴涨和伊拉克局势动荡，企业对经济前景信心不足有关。总之，目前美国就业形势虽有好转，但由于上述种种原因，近期难有突破性的增长，目前就业增长所增加的工资收入，还不足以使消费开支上升到可以推进经济高涨的程度。这是一个在信息网络化和经济全球化背景下出现的结构性问题，成为此轮经济扩张中美国经济的软肋。

　　第三，关于刺激政策的影响。在近期就业增长并不乐观的情况下，财政金融杠杆的刺激作用对保持经济的扩张是必不可少的，问题是这种刺激政策还能持续多久。从财政方面看，减税和加速折旧措施 2004 年就要到期。10 月 4 日布什签署了一项新的减税法案，这是布什执政以来的第四次减税。法案把即将到期的三项减税措施延长数年，具体内容是：有儿童的家庭每年每个儿童减税 1000 美元的规定延长五年，10% 的最低个人所得税税率继续维持，关于已婚夫妇的有关减税规定继续有效。这三项减税延续，预计将可使 9400 万美国人在不同程度上受益。当然，新的减税法案所涉及的减税总额到 2009 年的五年中仅为 1460 亿美元，它对经济的刺激作用比较有限。

　　从金融方面看，联储的利率政策视通货膨胀的走势而有一定的灵活性。一些新数据表明，通货膨胀目前还未对美国经济构成威胁：生产价格指数变化比较平稳，继 6 月下降 0.3%，7 月上升 0.1% 之后，8 月再下降 0.1%；消费物价指数也相当平稳，8 月上升 0.1%。除食品和能源外的消费物价指数 8 月下降了 0.1%；食品价格在 7 月下降 1.6%，8 月又下降 0.2%；能源价格 7 月猛涨 2.3%，8 月只上升了 0.2%。通货膨胀的受控状态，使联储升息政策可以按部就班地进行，预计年底可能达到 2%。受其影响，抵押贷款利率的上调也将是有限的。全国 30 年固定抵押贷款利率 2004 年 3 月是 5.42%，7 月底上升到 5.96%，预计年底不会高于 7.5%。根据历史经验，抵押贷款利率要高达 8% 才会对个人住房投资起抑制作用。不过从长远看，联储今后的金融政策是把联邦基金利率逐步提高到 4% 左右的正常水平，在此情况下房地产业会不会出现大滑坡？一种乐观估计认为这种可能性不大。理由是：房屋价格上涨主要是因为有大量新移民要购房，需求旺盛。房屋供应不足则是因为受城市规划的限制，土地短缺，所以现在并没有出现住房大量积压现象。因此，即使抵押贷款利率上升，房地产大滑坡的可能性也不大。但从住房出租空闲率看，2004 年 6 月已经由 1994 年的 7.4% 攀升到 10.2%，这是否说明美国房地产业已经出现泡沫，还有待观察。

　　第四，关于双赤字和经常账户逆差的影响。财政赤字过大是布什政府经济政策的一个弱点。国会预算局对未来十年预算赤字的展望已经出台。

假定现行财政政策没有变化，斟酌决定的开支随通货膨胀增长，预算赤字预计将在十年后消失。然而，财政状况的最大好转发生在 2010 财年以后，那时布什的减税将按法律规定到期，现行低个人所得、红利和资本利得税率将回到减税以前的水平，遗产税将重新实行。在国会预算局的展望中，十年累积的赤字在 2 万亿美元以下，约合 GDP 的 1.5%。鉴于布什已经建议把现今的减税政策变为永久的，并以此作为争取他连任的经济主题，由国会预算局做出的另一个较为悲观的预测是，如果布什重新当选，未来十年的预算赤字将增加 1.5 万亿美元，再考虑到其他追加开支的因素，十年累积预算赤字将达到 5 万亿美元，接近 GDP 的 4%。许多美国经济学家认为：大赤字在国内储蓄率很低的条件下，在较长的时间中将引起长期利率的上升，对私人投资起排挤效应，不利于经济增长。

对外贸易逆差和经常账户逆差以及由此导致的外债积累，这个问题在美国始终存在两种对立的观点，一种认为外债过大会因资本大量外流而导致美元危机，并且从金融危机蔓延到经济危机。另一种意见认为外债高，反映的是外国人对美国投资的信心，以及对美国较高投资回报率的兴趣。实际上债务经济本身并不能说明一国经济是好是坏，关键要看把借来的钱用在什么地方。如果用于投资，而且是有效的投资，那将增加生产，对一国经济有利；如果完全用于消费则对经济不利，成为子孙后代的负担。至于因外债增加而导致美元贬值问题，这虽是一种难以避免的趋势，但只要不出现美元的狂跌，而是一种逐步和有序的调整，对美国经济并不一定是坏事。事实上自布雷顿森林会议体系瓦解以后，美元对日本和欧洲的货币贬值已经有过多次，其结果并未给美国经济带来负面影响。美国政府甚至在美元贬值的同时，迫使贸易伙伴的货币升值，使美国获得战略上的主动，使其贸易伙伴陷于被动。

综上所述，自 2003 年下半年起，美国经济已经从缓慢复苏进入扩张期。2004 年下半年和明年的经济增长率可能达到 3.5%—4% 的水平。美国蓝筹公司对 50 位经济学家进行调查所达成的共识是：今年的增长率为 4%—4.5%，2005 年是 3.6%。这个结果应该是考虑到了政府刺激政策淡出的因素。

总之，美国经济目前是处于经济周期的扩张阶段，其标志是消费和投资两个最重要的增长引擎都已启动，经济初步恢复了造血功能，这是整个经济得以持续扩张的根本条件。然而，这个周期的特点是就业已成为结构性问题，难以企望在短期内有迅猛的增长。政府的刺激政策必将逐步淡出，它们可能成为经济扩张中的拖累。此外，国际政治形势的动荡，也会不断给美国经济带来冲击，但除非出现特别重大事件，它们将不会使扩张的势头中断。至于美国经济增长幅度，考虑到信息网络化和经济全球化正在向深度和广度方面扩张，美国劳动生产率仍有可能保持在2%左右的高水平，加上劳动队伍1%左右的增长，因此从长期看，年度经济的趋势增长率仍然可能保持在3%—4%之间。

（原载《现代国际关系》2004年第10期）

美国经济沿周期扩张轨迹前进

盘点 2004 年全年，美国经济的表现是不错的：一季度 GDP 增长 4.5%，二季度增长 3.3%，三季度增长 4%，全年 GDP 增长预计在 3.5%—4% 之间，好于 2003 年的 3.0%。

这些数字表明，尽管面临 2004 年石油价格暴涨和其他一些因素，美国经济增长受到过负面的影响，但扩张的力量仍然处于优势地位，因此，美国经济能继续沿着周期扩张的轨迹前进。展望 2005 年美国经济前景，不能不考虑布什在竞选中胜出这个因素。这件事对美国，甚至对世界都有重要影响。布什连任，共和党在参众两院获得优势，加上布什新班子的组成，它所发出的信号是：未来四年，无论在政治领域、经济领域还是意识形态领域，布什都将按照自己的理念，信心十足地大步前进，保守主义倾向在美国将进一步加强。

在经济领域可以肯定的是：第一，布什将要把他的减税政策坚持到底；第二，他将按照保守主义的理念对税制和社会保障制度进行重大改革。

为此，在观察 2005 年的经济走向时，就必须回答两个问题：一是布什政策对美国经济近期的走势会有什么影响；二是布什将如何按照他的理念打造美国经济模式，并能走出多远。

对于第一个问题的回答是，在近期，布什政策对经济的影响将是有限的。美国经济将继续沿着周期扩张的态势前进，如果没有大的外部冲击，经济业绩不会太糟。2005 年 GDP 的增长可能略低于 2004 年，主要是受联储将继续加息的影响。但如果没有大的外部冲击，美国经济将不会出现大的滑坡。

在这次竞选中民主党攻击布什说：在布什的第一任期，美国经济表现欠佳，这是事实。但全怪布什也不公允。因为网络泡沫是克林顿时期所遗留下来的，布什恰好赶上了经济衰退。现在，经过艰难跋涉，经济上已经渡过了难关。目前的基本状况是消费、投资两旺，工业生产、居民收入、就业和销售额等同步指标都已超过衰退前的水平，因此经济扩张是主导面。

存在的问题：第一，非农就业（主要是制造业）仍然疲软；第二，石油价格大幅波动；第三，财政金融刺激政策将逐步淡出；第四，住房建筑的繁荣，可能面临泡沫崩破的危险；第五，存在财政、贸易、经常账户三大赤字的威胁。

前四个问题的影响是眼前的。其中非农就业疲软是结构性问题，一时不易解决，但随着经济的继续扩张会有所缓解；石油价格最近不是上升而是下滑，如果没有导致趋势逆转的重大因素，就不会对经济增长构成威胁；财政金融刺激减弱，特别是联储的加息，是使经济会略有放慢的主要原因。但只要加息是渐进的，也不会产生太大的负面影响。第四个问题，住房建筑繁荣还能持续多久，一直是人们所担心的。2004 年 11 月住房开工率下降 12%，是一个不祥的信号。但危险有多大看法并不一致，格林斯潘对住房泡沫的说法一直是否定的，所以究竟如何发展还要观察，不能以一个月的数据做定论。第五个问题，即三大赤字，其近期影响有两个方面：积极的方面是可以刺激需求和抑制通胀，消极的方面是对美元贬值形成巨大压力。从长远看，如果三大赤字得不到解决会给美国经济带来巨大风险。前景如何还要看布什政府究竟采取什么对策。从 2004 年 12 月 16 日布什对意大利总理贝卢斯科尼的表态看，他似乎有决心削减赤字，但承诺是一回事，做不做得到是另一回事。假定布什坚持减税、税制改革和社会保障改革并举的方针，则削减联邦财政赤字多半是做不到的。其结果不仅将有导致美元危机的风险，而且会因财政赤字对资本市场的排挤效应而使长期利率提高，从而挫伤投资并影响美国经济的增长。

关于布什将如何按照自己的理念打造美国经济，布什在获胜后的记者招待会上已经做了宣示。按照他的说法就是：第一，"我们必须采取实际步骤去帮助我们的就业创造者，企业家和小业主"；第二，"我们必须对那些把保健成本抬上去，使医生和病人都受到伤害的烦琐法律诉讼进行抗争"；第三，"我们必须改革我们复杂和过时的税法"。

对此，美国经济界的评论是：这些的确是美国必须解决的问题，也被民主党人列入他们的议事日程，但在多数情况下，解决的方针政策则完全不同。

布什的根本理念同里根一脉相承，认为只要减税，资本家就乐意投资，工人就乐意工作，老百姓就乐意储蓄。近年他又提出打造"业主社会"的主张，认为业主社会所能做的最好的事情，就是使更多的美国人有机会以股票、债券和共同基金的形式投资，使他们都成为资产者。

布什的这种理念是同罗斯福"新政"以来，用累进所得税调节收入以及以雇主和政府为基础的集体社会安全网模式根本冲突的。反对者已经就新税制和新的社会保险模式在市场经济中如何能防止两极分化、如何能保障弱势群体的经济安全以及这样做的财政后果提出种种质疑。

由此，布什与民主党方面必然要进行一场严重较量。布什能把自己的理念推行到什么程度，将不仅取决于他能否说服议会多数成员支持他的主张，还取决于由此带来的财政问题如何解决。

在能源政策方面，布什主张勘探开发全国剩余的石油和天然气资源，特别是开发北冰洋国家野生保护地，这是石油企业主所欢迎的，但环境保护主义者坚决反对，看来在这个问题上也要引起一场恶战。

总之，尽管布什在 2004 年的竞选胜出后已成为一位强势总统，拥有两院的优势和大企业大资本的鼎力支持，但要使他的全部主张付诸实现，仍然面临来自多方面的困难和障碍。结局如何，大家将拭目以待。

（原载《中华工商时报》2005 年 1 月 10 日）

布什的经济政策和财政困境

　　2004 年美国总统大选，布什胜出，这对美国、对世界都有重要影响。布什连任，共和党在参、众两院同时获得优势，由此发出的信号是：未来四年，无论在政治军事领域、经济财政领域，还是意识形态领域，布什将按照自己的理念，信心十足地大步前进，保守主义倾向在美国将进一步加强。

　　布什前四年任期的经济成绩欠佳，美国经济复苏乏力，实际 GDP 虽在增长，但速度较慢，年均增长率为 2.5%。同布什上台时相比，非农就业人员（主要是制造业）最多时减少了 150 万人。这是美国历届总统任期所未曾出现过的。失业者平均失业期接近 5 个月，赶上了 20 世纪 80 年初经济衰退最严重时的状况。就业疲软影响家庭财务收支，家庭实际平均收入基本上没有变化，中位家庭收入在布什任期是下降的，劳工报酬总额在国民收入中的份额同 20 世纪 60 年代一样低。好的方面是通货膨胀率不高，消费物价指数年均增长略高于 2%，是自肯尼迪以来最低的。

政策宣言

　　就经济政策而言，布什奉行的是亲资本的、新保守主义政策。对这种政策美国国内的争议很大，也是受民主党攻击的重点。但是在布什胜选、共和党在两院都取得更大优势之后，大大增加了布什获得选民授权的使命感，因而必然更加我行我素。布什曾勾画出他在经济领域的初步规划：第一，实行有利于资本的政策以创造就业；第二，实行医疗制度改革；第三，实行税制改革。对此，美国经济学界的评论是，这些的确是美国必须解决的问题，也被民主党人列入他们的议事日程，但在多数情况下，解决的方针政策和结果则完全不同。这里值得一提的是布什主张的，使美国成为"业主社会"的新理念。按照美国保守主义智库凯托研究所经济学家戴维·博阿兹的诠释，业主社会是一种"珍视责任、自由和财产的社会。在业主社会里，个人有权不依赖政府的施舍而成为自己的业主，控制自己的生活和命运；病人有权控制自己的医疗保健；父母有权控制子女的教育；劳动者有权控制自己的退休金"。另据增长俱乐部主席、保守主义活动分子斯蒂芬·莫尔的解释，"业主社会的目的是在美国经济中创造一个股本持有者的国家"，"我们所有的人都将成为资本家投资者"。

在国际方面，外交政策的"布什革命"，其精髓是在国外推广美国式的民主、自由，其中当然也包括布什的自由主义对外经济政策。这就是说，要求各国实行自由市场经济政策，对美国全面开放。但是，当面临国内利益集团压力时，布什将奉行双重标准，毫不迟疑地对国内产业实行贸易保护主义政策。

税制改革

布什的连任将使年收入在 20 万美元以上的人继续获得较大的税收优惠。这就是（1）使个人所得税边际税率削减永久化。即自 2005 年起，对年收入在 20 万美元以上的个人仍将按 33% 和 35% 计征所得税，永远不再恢复到 36% 和 39%；（2）分红收入和资本利得自 2005 年起仍将按 15% 计征税款，而不再按 5%、15%、36%、39.6%（红利税）和 5%、15%、20%（资本利得税）征税；（3）从 2009 年起，遗产税的门槛提高到 350 万美元，税率为 45%。自 2011 年起将取消遗产税。布什的主张是在对所有收入，不论是工资、红利、资本所得和利息等，都只征一次税。因此在公司的税后利润中，必须取消红利税和资本利得税。布什政策所依据的理论，与里根时期的供应学派所主张的"利益逐层渗透"，基本上是一致的。这种理论认为对大公司和大资本实行低税率是促进经济增长的关键所在。只有这样做，资本家才愿意投资，工人才愿意工作，老百姓才愿意储蓄。

布什的助手们说，一个税收改革的轮廓已经成型，即更低的个人和公司所得税税率，扩大所得税税基，并且通过减少对投资的课税，使企业在决策时，不必再考虑税收因素。

另一个两党较有共识的改革是"可替代的最低纳税额"。它是税法中的一个条款，原来的设想是促使有钱的公民公平纳税。但这条税法的缺点是没有实行收入的指数化。随着通货膨胀的发展，将会有越来越多的中等收入公民进入条款所规定的范围，并被迫多纳税款。据城市—布鲁金斯税收政策研究中心的估计，受这个条款影响的人，将从2004年的300万人上升到2010年的2900万人。布什在竞选中曾说过，他将要求两党共同对这条税法进行改革。

社会保障

鉴于婴儿潮年代出生的人正在老龄化，不断上升的保健费用使联邦医疗照顾和医疗救助计划难以为继。因此布什把医疗保险制度改革，列为他的重要施政方针。根据他过去的主张，倾向于把现在以顾主和政府为基础的集团保险模式，改变为个人购买健康保险的新模式，就像人们平常自己做主，去购买商品和服务一样。布什还提出用税收刺激引导人们去购买享有高额课税扣除的保险单，并且把节省下来的钱存放在健康保险储蓄账户上，用这笔钱支付保险公司不赔付的开支。其目的是要人们直接了解他们所花费的保健成本，促使人们精打细算，达到控制保健支出不断上扬的目的。出于对私人企业的自由主义政策，布什反对利用政府影响同医药界进行谈判以降低药品价格的主张。他也不同意让消费者到加拿大去购买比较便宜的药品。

在医疗保健方面，美国的一大问题是还有4400万人没有健康保险。同克里在竞选时许诺要解决全部问题的庞大计划不同，布什只有一个为240万美国人提供健康保险的计划，大约要花费900亿美元。在养老保险方面，布什曾发誓在他的第二任期，要把部分养老保险私有化。他曾提出，要把支离破碎的，为鼓励储蓄而实施的各种刺激措施，整理成两个私人账户：一个是退休储蓄账户，另一个是终身储蓄账户。退休储蓄账户要同现有的各种退休账户合并而且要加以扩大；终身储蓄账户将允许人们按照自己的需要开支，包括就业培训，大学学费，购买住房等费用，而且不纳税。

布什的改革建议引起人们对两个问题的关切。第一是把医疗保险全部或部分私有化，允许人们把钱转到私人账户，用于个人投资。这样做虽然能够促使人们对医疗费用精打细算，但如果个人投资失败，并且失去支付能力时怎么办？这种事情随时都可能发生，或者是由于个人决策失误，选择了错误的投资方向，或者只是个人的运气不好，比如经济陷入衰退，股市陷入崩盘。如果发生了这种事态，政府管还是不管？第二是按照布什的政策，将鼓励年轻人建立私人账户，但是美国目前社会保障制度的特点，是靠在职职工支付社会保险开支。如果很大一部分在职职工转入私人账户，那么在过渡时期，社会保障中所发生的资金缺口由谁来弥补？

能源方针

布什在胜选后的演说中没有提到能源政策，这是一个在美国国内有很大争议的问题，在能源价格飙升，对美国经济增长形成威胁的现阶段，尤为舆论所关切。对立的观点一种是把节能和获得再生能源作为主要政策选择，另一种方针是把侧重点放在开发国内能源上，布什属于后者。布什的政策集中在促进勘探和开发全国剩余的石油和天然气资源上。现在摆在国会面前的许多议案，都要求为此目的而向开发商提供广泛的刺激和补贴。对环境保护主义者坚决反对的开发北冰洋国家野生保护地，布什坚决支持。在更大的范围，布什对在公共土地上进行积极的石油和天然气钻探也是支持的。布什还主张在墨西哥湾增加天然气钻探，并且支持把天然气从加拿大和阿拉斯加输送到美国的 48 州。对布什能源政策的第一个评论是，它反映了美国石油垄断资本的要求，也反映了布什政府与资本千丝万缕的联系；第二，布什的以开发国内资源为主的能源政策，并不能从根本上解决美国对国外能源的依赖。此外，美国的能源问题，在很大程度上和美国人对能源的过度消费有关，要改变这种习惯，征收高能源税是一种最有效的、可持续的、减少消费并且能达到美国加强能源独立性的办法，但是鉴于布什政府的供应学派理念，任何增加税收的办法显然都不可能为布什政府所采纳。

美元政策

布什在会见意大利总理贝卢斯科尼时曾强调："本政府实行强势美元政策"，"我们将同国会一起对待这个问题"。这是在美国政府宣布 10 月美国贸易逆差达到创纪录的 5550 亿美元，而意大利总理则对美元不断贬值表示担心时所说的话。舆论界担心布什公开表示支持强势美元，实际上却情愿美元对其他货币贬值，并把它看做应对巨额贸易逆差的有效方法。布什在他前四年的任期内没有一次对货币市场进行过干预，也没有做过任何事情阻止美元下滑。他说"我们相信应由市场决定美元同欧元的关系"。在谈到美国的巨额贸易逆差时，他还说，"这件事好解决，如果担心贸易逆差，他们可以多买国货"。

美元贬值的根本原因在于巨额的财政赤字和贸易逆差。这两个问题不解决，要想执行强势美元政策是没有基础的。而赤字和逆差产生的原因在于美国人花钱多、储蓄少，连年寅吃卯粮。但是对这个问题是否有危害，在美国直到目前仍在争论之中。一派的观点是，美国不必担心贸易逆差，美国的资产如债券足以支付进口，而且美元资产比它出售的部分增长更快。另一派认为，如果贸易逆差和外资的流入是用在能够创造未来财富的项目上去，它是健康的，对经济增长有益的。可是近年来美国投资疲软，流入的资本已被消费者尽情挥霍，2004 年三季度，个人可支配收入的储蓄率已经下降。

布什曾发誓，要同国会一起减少美国的巨额财政赤字。布什对量入为出的解释只适用于增加开支，而不适用减税。而美国的巨额赤字的主要根源是布什的三次大减税。因此布什声称要治理财政赤字的认真程度，仍然为美国舆论界所质疑。

前景预期

　　布什未来的经济政策会给美国经济带来什么结果？就近期而言，美国经济正处于周期扩张阶段，从客观条件说，布什的机遇要比头四年好。尽管受伊拉克局势混乱以及国际政治经济冲击的影响，能源价格剧烈波动给美国经济带来负面影响，但经济的上升势头不会因此而中断。在布什第一任期成为软肋的就业问题随着企业投资信心的增长有可能逐步缓解，失业率会继续下降。布什将利用共和党在两院的新优势通过若干减税的新立法，并给经济带来推动力。

　　从长期看，布什经济政策中的主要问题是联邦预算赤字会给美国经济带来负面影响。大选前，国会预算局曾经对未来10年所累积的美国联邦财政赤字作过预测，他们估量了三种可能的前景。第一种前景是在2005年以后不再出台新的减税措施，已通过各种减税措施在有效期满后，恢复到克林顿时代的水平，那么到2010年当年预算赤字会消失，10年累积的预算赤字在2万亿美元以下，约合GDP的1.5%。第二种前景，布什连任并使各项减税措施永久化，其结果联邦预算赤字将追加1.5万亿美元，使累积的10年预算赤字达到3.5万亿美元，接近GDP的2.5%。第三种前景，把打得过紧的预算支出进行实事求是的调整，例如原来国防开支就减少了，特别考虑到这个国家履行海外和国土安全义务的不断增长的需要，只要把国防开支保持在第二次世界大战后占GDP的4%这样的低标准，就要使联邦赤字再增加1万亿美元。非国防斟酌决定的开支也打得过紧，如果经常开支按照每年2%的通货膨胀率增长，就要再增加赤字5000亿美元。这样加在一起联邦赤字就要达到5万亿美元，相当于GDP的4%。与平衡的预算相比，将可能把长期利率提高1个百分点。这对企业投资将产生不利影响。布什也强调要实行量入为出的原则，但他认为这个原则只适用于增加支出，而不适用于减税。他认为，减税本身不会影响预算的收支平衡，因为它可以刺激经济增长，从而增加财政收入，使两者自动平衡。这是以前里根政府也曾经宣传过的主张，但没有经得起实践的检验。联邦巨额预算赤字另一方面的负面影响是，与其相联系的美国贸易逆差和经常账户逆差将继续扩大，它将促使美元汇率进一步贬值，从而加剧美国与欧洲及亚洲国家在贸易和汇率问题上的摩擦。总之布什又要减税，又要平衡预算，这种左右开弓的政策如果不做实质性的修改是不可能不使联邦财政陷于困境的。

（原载《决策与信息》（财经观察）2005 年总第 1 期）

美元贬值还要走多远

2004 年是美元对西方主要货币持续贬值的第三年。进入 2005 年，美元汇率一度有所回升，但仍不稳定。2004 年 12 月 30 日，欧元兑美元为 1：1. 3623，是美元对欧元汇率的历史最低点。2005 年 1 月后 20 天平均回升至 1：1. 3122，2 月前 15 天平均再回升到 1：1. 2957。但 22 日美元又急剧贬值，1 欧元可兑换 1. 3260 美元，为 2004 年 8 月以来的最低点。据报道，此次美元贬值的主要原因一是石油价格涨到每桶 51 美元，二是韩国开始实行储备货币多元化，人们担心抛售美元会对其他大国引起连锁反应。

对今后美元的走势，各方估计很不相同。美国美林公司的专家预期，2005 年将是美元疲软的第四年，理由一是美元仍然定值过高；二是美联储奉行的紧缩政策将导致经济增长放慢。另有专家认为，许多驱使美元贬值的暗流可能正在扭转。美元不可能进一步下跌。如果全球经济增长放慢，美元可能回升。

诸多原因影响美元走势

影响美元汇率起伏的因素很多。主要而言，一是美国经济的健康状况和投资回报率；二是美国国际收支平衡；三是美国相对其他国家的利率水平；四是通货膨胀率，其他则有各种临时的外部冲击因素，如战争、石油价格、大公司丑闻、心理因素，等等，后者同前面几个因素也是有联系的。

从以上各方对美元走势的预测中，明显看出不少经济学家把国际收支平衡状况看做美元走势的决定性因素。这种看法虽然不无道理，但并不全面。如果从历史上考察，人们会发现从 20 世纪 70 年代开始，表现为贸易逆差和经常账户逆差的国际收支失衡，就已经是美国经济的常态，但是美元的运动轨迹并不是直线下降的。自美国实行浮动汇率以来，有两个时期美元汇率曾居高不下。一次发生在里根时期，另一次发生在克林顿时期。就里根时期而言，当时美国的联邦预算赤字、贸易逆差和经常账户逆差都很高，而美元汇率却也居高不下。之所以如此，是因为高赤字引起了高利率，高利率又引起了高汇率，贸易逆差并不是汇率变化的原因而是它的结果。就克林顿时期而言，联邦预算出现了结余，但因私人储蓄率太低，国际收支状况并无多少改善，但美元汇率仍然坚挺。主要原因是美国经济增长强劲，回报率高，利率也高，外国对美元资产需求旺盛所致。所以，如果长期存在国际收支失衡，无疑是使美元贬值的经常起作用因素，但在不同时期其他因素有可能抵消它的作用而使美元向升值方向发展。至少从中短期看这种趋势是可能的。

最近三年美元不断贬值，除国际收支严重失衡以外，还有美国经济衰退和复苏乏力，美国短期利率低于欧洲，以及战争、石油价格、公司丑闻等外部不确定因素的影响。因此在判断中短期美元汇率走势时，不应当只看到贸易逆差和经常账户逆差的因素，还应当看到其他各种因素的变化。当前，特别值得注意的，第一是美国经济正处于周期上升阶段，这两年经济表现会比较好；第二为防止通胀，美国联邦基金利率将继续上调；第三是外资和美国海外子公司的资本回流。在这些因素的支撑下，不排除美元在中近期趋稳，甚至回升的可能性。

美元汇率暴跌可能不大

2003 年美国经常账户逆差为 5306 亿美元，占 GDP 的比重为 4.8%，2004 年逆差可能上升到 6000 亿美元，占 GDP 的比重将接近 6%。这是一个创纪录的数字。多数人认为这样高的水平早晚会出事。但是，发生金融危机的底线究竟在哪里，谁也说不清楚。

一般认为，美元汇率急剧下降的可能性不会太大。出现这种危机的唯一可能是全世界的美元资产持有者同时大量抛售美元资产。就像银行信用发生危机，储户挤提存款一样。这种风险不大的理由，一是因为美国经济增长率在主要发达国家仍然是最高的，竞争力是最强的，外国对美国经济仍然抱有一定信心；第二，美元作为国际储备货币的角色成为防止美元急剧贬值的自然屏障；第三，外国人持有的美元资产数额巨大，大量抛售首先要使自己遭受严重损失，而且不容易找到其他合适的替代。欧元、日元、黄金的安全性和流通性都不见得好于美元。

美元汇率暴跌的可能性虽然不大，但美元继续缓慢贬值的可能性并不能排除。主要原因是在布什政府看来，美元有秩序地贬值有促进出口、缩小贸易逆差的好处，而对美国经济的增长也并没有多大的坏处，在通货膨胀基本处于受控状态时尤其如此。美国经济网站的计量研究得出的结论是，如果让美元的贸易加权值再下降10%，经常账户逆差可能由6%下降到3%。这个结论是否正确还要由实践检验。但布什政府的经济、财政政策将对能否实现这个设想有重要影响。这就是说，如果美国财政赤字继续扩大，即使居民储蓄有所回升，也未必能使经常账户缩小。因此，从长期看，美元仍将是贬值的趋势。从中短期看，美元汇率有可能趋于稳定或有所回升。至于经常账户逆差，其最好的结果是不再上升或略有减少，恢复到3%难度很大，布什政府削减财政赤字的决心和措施对此将有很大影响。

（原载《人民日报》2005年2月24日）

以邻为壑的美元汇率政策

露骨的利己主义本色左右美国的汇率政策，以邻为壑的政策是否在中国上演，或许可从美国的"历史记录"中略见端倪。

在中国官方断然否认人民币即将升值的传言，并强调汇率改革决不屈从于外来压力之后，关于人民币升值的讨论消停了不少。2005 年 6 月 7 日，美联储主席格林斯潘通过卫星连线向在北京举行的国际货币会议论坛发表讲话，称容许人民币汇率机制更具弹性，对中国非常有利，措词上温和了很多。但美国的汇率政策本质上是以邻为壑的，布什政府的下一个举动，仍待观察。

美国利益至上的汇率政策

第二次世界大战后，美国依仗其经济上的绝对优势，建立了布雷顿森林体系，确立了美元在国际金融领域的霸主地位。在这个体系存在的 28 年中，美国的汇率政策是尽可能维护美元与黄金固定比价。然而，事与愿违，布雷顿森林体系由于"特里芬难题"终于瓦解。1976 年，在美国的主导下，参与国又签订了牙买加协议，确立了浮动汇率体系。这以后，美国的汇率政策，在不同时期有强势美元和弱势美元的不同说法，实际上都只不过是策略的运用，是美国与它的贸易伙伴国在国际金融领域的博弈，为维护美国最高利益服务。

综观第二次世界大战后的历史，美国的汇率政策常常露骨地表现出美国利益至上，甚至以邻为壑的利己主义本色。

以邻为壑的第一个例子发生在 1969 年尼克松执政时期，那是美元危机日趋频繁的时刻。具体表现是：美国国际收支平衡日益恶化，西方国家对美元失去信心，大量抛售美元，致使黄金价格猛涨，黑市美元汇价下跌。尼克松上台后，以劳伦斯·克劳斯为代表的一种观点受到尼克松的垂青。克劳斯认为，美国已经没有力量直接管理国际金融体系，但是美国可以采取一种消极的国际收支政策来维护自己的利益。这就是说，美国只需要把国内经济维持在最佳水平上，不必在控制贸易逆差和经常账户逆差上费很大力气。这样外国就必须调整它们的利率和汇率，以避免不必要的美元流入。克劳斯还认为美国不必担心其他国家的反对，如果它们反对美国的政策，就会使国际经济崩溃。尼克松听从了克劳斯的建议。

1971年春季，由于德国马克当时在欧洲最为坚挺，遭投机者用美元大规模收购，导致巨额美元流入西德。当西德向美国诉苦时，美国官方说，这是你们自己的问题，美国不想采取缩小逆差的行动。其意图就是要迫使德国人提高他们的币值，以提高美国的外贸地位。德国人开始想尽可能延长抵抗时间，但是他们不愿意继续购买美元以维护当时的比价。最后，他们决定允许马克上浮，使自己摆脱掉继续吸收美元的负担。接着，尼克松政府又玩了第二个手法，即迫使其他国家接受新的、固定的由美国做主的汇率。美国宣布关闭官方黄金窗口，把世界置于美元本位之上。同时还宣布课征10%的进口附加税，并把取消进口附加税作为交换条件，迫使盟国接受美国满意的新汇率。当时西欧和日本人心里很明白，要么他们有胆量以关税战为手段对美国展开全面经济冲突，要么在既定的不利条件下，试图谈判出较好的处置办法。他们最终选择了后一方针。

第二个例子发生在1985年里根时期，这就是著名的"广场协议"。里根上台后，厉行减税和扩大军事开支并举的政策，致使美国联邦预算出现创纪录的大赤字。大赤字引起高利率，高利率引起高汇率，高汇率导致高贸易逆差和经常账户逆差，后者在1985年达到接近GDP的3%。很明显，消除逆差的根本途径是减少财政赤字，此外也必须加强美国产品竞争能力，这些都是美国自身的问题。

但是美国却把高汇率的问题主要归咎于其他国家的汇率过低。1985年9月22日，美国、日本、联邦德国、法国以及英国的财政部长和中央银行行长在纽约广场饭店举行会议，在美国的压力下，达成五国政府联合干预外汇市场，诱导美元对主要货币的汇率有秩序地贬值，以解决美国巨额贸易逆差问题。"广场协议"签订后，五国开始联合干预外汇市场，在国际外汇市场上大量抛售美元。

日元是升值最多的一个国家，日本也因此成了"广场协议"最大的"受害国"。当时美元兑日元汇率在1美元兑250日元上下波动。但在协议签订后不到3个月的时间里，美元迅速下跌到1美元兑200日元左右。在这以后，美国政府和学术界继续不断地对美元进行口头干预，在美国政府强硬态度的暗示下，美元兑日元汇率继续大幅度下跌，最低曾跌到1美元兑120日元。不到3年，日元对美元升值一倍。日本一部分企业的出口因此造成困难。其结果，在1986年到1987年西方国家经济普遍由复苏走向高涨的阶段，日本经济却出现了萧条，被称为"高日元萧条"。日本政府在出口部门的压力下，实行了膨胀性的货币政策，降低利率，以促进出口和经济景气。然而，由于在原有的产业结构下，日本经济的增长已经饱和，增大的货币发行量无法被吸收，大量资金流向了股市和房地产市场，又导致了日本的泡沫经济。在泡沫崩破以后日本经济陷入了10年困境，日本经济由强转弱。

"汇率报复案"的来龙去脉

现在人们担心的是，美国以邻为壑的汇率政策是否会在中国重演？

2005年4月6日，美国参议院通过了一项"汇率报复案"。这个议案是由美国纽约州民主党参议员舒默和佛罗里达州的共和党参议员格雷厄姆在美国联邦参议院辩论国务院两年支出法案期间提出的修正案。该议案要求美国政府承诺，如果中国在未来半年内未能使人民币升值，将对中国输出美国的所有产品课征27.5%的惩罚性关税。4月7日，美国联邦众议院立法委员会提出2005年的中国货币法案，目的也是要求中国调整人民币汇率，并要求美国政府对中国汇率制度采取更为强硬的行动。这样就在美国国会掀起了一轮新的压人民币升值的浪潮。美国国会部分议员这样做的理由是，他们认为中国政府人为地把人民币汇率与美元直接挂钩，在价格上给中国出口商品以15%—40%、平均值为27.5%的优惠，并认为这是美国对华贸易逆差不断扩大的主要原因。这种说法完全是颠倒是非。从根本上讲，美国对华贸易逆差是美方的问题。

自 2001 年美国陷入经济衰退以来，美国政府实行了财政大赤字和银行低利率的调控政策。其结果，使衰退变温和了，而且很快进入复苏。但代价是大大增加了政府债务和私人债务。布什上台以后减税和增加开支并举，使美国联邦预算由每年有结余变为连年赤字，2004 年是 4121 亿美元，2005 年将达到 4266 亿美元。另外由于低利率刺激了住房抵押贷款和汽车分期贷款，致使房屋和汽车旺销，居民储蓄则急剧下降。通常美国居民储蓄占个人可支配收入的 5% 左右，可在 2003 年下降为 1.4%，2004 年再降到 1.2%。概而言之，无论政府还是居民都在寅吃卯粮。这是发生亏空的主要原因，也是出现贸易逆差和经常账户逆差的主要原因。而汇率问题其实是极其次要的。

至于中国对美出口增长快，主要原因是中国的劳动力优势，使其成为世界加工平台。除劳动密集产品由中国出口以外，高技术产品和机械制造品也由各国送到中国来加工，再出口到美国。而在计算出口时，则把中国加工费以外的整个产品的价值都算在中国的账上，显然极其不合理，对中国也很不公平。

其实美国人并不是不知道这个实情。例如今年 3 月公布的 2005 年美国总统经济报告中就说："日益增长的双边贸易逆差，已经引起美国某些方面对中国在世界贸易中崛起的担忧。事实上，数据说明，中国进口的增长主要是以其他环太平洋国家（进口的减少）为代价的。这种变化主要是由于中国充当了亚洲制造业公司出口商品最终装配平台的角色。美国从环太平洋的进口份额，已经比 20 世纪 90 年代中期的高峰时期下降。这一点有助于说明为什么双边贸易逆差并没有很大的经济意义，以及为什么说它并不是一个衡量贸易关系所带来好处的很有用的尺度。这一类的双边量度可能是由贸易在伙伴国间重新配置所驱动的，而这种情形在世界成百个贸易国中是很常见的事情。"

可见美方对美国对华贸易逆差的真实原因是清楚的。另外，人民币汇率保持稳定，对中国乃至对全世界更为有利，这一点中国也一再向美国和世界说明，对此美国政府也很清楚，所以在参议院通过"汇率报复案"以后，首先同参议院展开辩论的是美国财政部长斯诺。斯诺尖锐地抨击参议院这个提案是一个"严重错误"。他说，我认为，你（指参议员舒默）推动这项法案是一个严重错误，它会产生适得其反的效果。美国前财政部长鲁宾也表示，假如中国真的重新调整人民币币值，中国很有可能减少购买美国政府债券。至于中国人民币问题，鲁宾告诫说，布什政府要小心造成适得其反的结果。

（原载《新闻周刊》2005 年 6 月 27 日第 26 期）

油价暴涨对美国经济影响有多大?

高油价曾经导致经济衰退

从历史上看，自 20 世纪 70 年代以来，石油价格暴涨同经济衰退的关系如影随形。1973 年第一次石油危机，石油输出国组织把油价从每桶 3.5 美元推进到 10 美元，6 个月扩大了 3 倍，加上其他政策上的失误，美国经济深陷"停滞膨胀"。1979 年的石油冲击，短短几年，油价从每桶 11 美元上升到 30 多美元（调整通货膨胀因素后，相当于今天的 80 美元），加上美联储的金融紧缩政策，美国经济再次衰退。1990 年，在 3 个月中，石油价格从每桶 20 美元上涨到 40 美元，通货膨胀加剧，美联储抽紧银根，美国经济最终陷入温和衰退。

经济衰退之所以紧跟油价暴涨而来，是因为它会通过 5 种渠道给经济带来损害。第一，能源价格上涨削弱了消费者的购买力，在美国这个"汽车王国"中，汽油和燃料油涨价对消费者的冲击至为明显；第二，高能源价格通过高能耗商品和服务抬高核心通货膨胀率（去除石油和食品以后的通货膨胀率）；第三，能源价格冲击会恶化金融环境，使债券收益率和利率上升，并使股票价格下降，由此而给投资、消费带来负面影响；第四，高能源价格会挤压高能耗企业的利润空间，在这方面航空公司最为典型；第五，能源价格冲击会对企业和消费者的信心形成压力，在一定程度上挫伤消费者的购物热情。

多因素弱化油价暴涨冲击

历史会重演吗？回答这个问题，要对石油价格暴涨所处的微观和宏观环境进行分析，探查此次油价暴涨同过去有哪些相同或不同之处，在此基础上做出判断。

第一，一个最大的不同之处是美国人接受了历次石油冲击的教训，节能措施加强，使保持经济增长所需能源减少。在美国，按照 1996 年美元计算，2002 年生产一个单位 GDP 所耗能源仅为 1970 年的 46%，节约了一半以上。因此尽管美国能源消耗的总量在上升，对经济的负面影响却相对减弱。

第二，虽然石油价格暴涨，但通货膨胀继续处于受控状态。2005 年 7 月份消费者物价指数上升了 0.5%，与上年同期比上升了 3.1%。能源价格上涨 3.8% 是主要原因，但食品价格只上涨了 0.2%，是自 2003 年 7 月以来最慢的增速。去除石油和食品后的核心消费者物价指数，7 月只上升了 0.1%，与前两个月基本相同，其中服装价格下降 0.9%，是抵消核心价格上涨的主要因素，进口国外廉价商品则是其主要原因。

第三，虽然美联储 10 次提高短期利率，但长期利率仍保持低水平。10 年期国债券收益率只有 4% 左右，抵押贷款利率保持在 6% 以下。据分析，这种不寻常的现象，主要是因为全球储蓄过多，外国对美国的资金供应充分，其背景则是亚洲国家为防范金融危机而增多外汇储备，日、德等发达国家为应对老龄化而增加国内储蓄。因此，美国能从国际金融市场上借到大量资金，促成美国房地产业和汽车业的兴旺。

第四，汽油涨价虽然对美国人的情绪有所挫伤，但消费热情未减。一个重要原因是股市和房地产价格上涨所带来的财富效应，以及在住房升值后，通过产权再融资而借到的低息贷款，其数额在 2005 年二季度达到了 550 亿美元之多。

上述因素弱化了油价暴涨对美国经济的冲击力，但油价升幅之高，相当于政府课征了大约 700 亿美元的税款，这必然要在经济上有所反映。格林斯潘 7 月在国会作证时说，2004 年油价的上涨使当年 GDP 减少了 0.5 个百分点，预计 2005 年会使 GDP 减少 0.75 个百分点，全年 GDP 的增幅将在 3.75%—4% 之间。不过，这种估计准确与否，最终取决于有无突发因素促成石油供求关系的变化，而这方面的不确定因素仍然很多。乐观的估计是 2005 年底油价将向每桶 50 美元靠拢，但也不排除重大突发事件加大供求失衡。据美国经济网站推算，如果石油每桶价格上涨到 75 美元，就会使美国经济逆转。

新能源政策旨在开源节流

8 月 8 日，随着油价一再破纪录地暴涨，布什总统签署了一个长达 1724 页的能源法案。该法案旨在鼓励美国本土的能源生产，并促进消费者节约能源。法案规定，由国家在 10 年中拨款 123 亿美元，用于对新型核能电站的免税和贷款担保，开发清洁煤炭技术，发展风能。对于消费者，政府将给予使用汽油—电力混合型汽车的人以及在新老住房中使用节能玻璃和节能电器的人减免课税。同时，从 2007 年开始，延长夏令时间一个月。布什在讲话中对法案的近期效果保持低调，他说，这一法案不会在一夜之间解决能源问题的挑战，多数严重问题是几十年积累起来的，需要花许多年的努力来减轻其危害。舆论对法案的出台褒贬不一，支持者说法案对解决能源问题有利，环保主义者则说，它不过是给能源公司的一件新礼品，对促进再生能源没有新举措。尽管众说纷纭，法案中提出的应对能源困难的各项措施，对其他国家也是有一定借鉴意义的。

（原载《人民日报》2005 年 8 月 30 日第 7 版）

储蓄多，制造麻烦？

　　由于自身经济发展与稳定等方面的需要，一些新兴市场经济体拥有较高水平的货币储备。然而，这却招来了一些人的责难。2005 年 6 月 13 日，英国《金融时报》发表了马丁·沃尔夫的文章《节俭悖论：过度储蓄正在为全球经济积累麻烦》。作者说，"我们得出的最重要结论是：应该减少过度储蓄，特别是新兴市场经济体的过度储蓄"，"过度储蓄正是造成今天的低实际利率、近乎疯狂地追求高额回报、持续的财政赤字和日益加剧的全球不平衡状况的罪魁祸首"。实际上，这种说法恰恰是倒果为因。

谁是此观点的发明人

　　其实，沃尔夫并不是这种观点的发明人。首先提出这种看法的是原美国联邦储备局理事、现任布什政府经济顾问委员会主席本·伯南克先生。伯南克在回答美国经常账户逆差为何日益增长这个问题时提出了一种反传统的观点，他说，许多经济学家把不断扩大的逆差归于美国的低储蓄率，或者是来自外国的日益激烈的贸易竞争，但一个更可能的解释是，国外的巨额储蓄被美国的高生产率和深厚而现代化的资本市场所吸引而转移到美国。

　　俗话说，一个巴掌拍不响。像伯南克这样水平的经济学家，当然不会不懂供应和需求必须相互对应才能达成交易这个简单的道理。即使有经常账户顺差的国家愿意低息向美国贷款，但美国自身没有需求，也没有刺激需求的手段，那么，这个交易也不会达成。要想说清楚美国为什么会出现经常账户逆差，只讲人家为什么会有钱借给你，而且愿意借给你，却不谈你为什么要向别人借钱，为什么必须向别人借钱，实际上只回答了问题的一半。美国老百姓的低储蓄、联邦政府的大赤字，都是美国政府实行刺激政策的结果，其集中表现就是过度需求。即使克林顿时期美国三年没有联邦赤字，但也不等于说美国的社会需求是适度的。其实，过度需求才是导致美国经常账户逆差的根本原因。

谁在制造麻烦

不过，伯南克并没有说"全球储蓄太多是制造麻烦"这样的话，这是沃尔夫的发明。跟着，就有更多的人对新兴市场经济体的储蓄问题大加挞伐。

在这一点上，伯南克先生倒是说出了实情：亚洲国家重视外汇储备，不是偶然的，它是 1997 年亚洲金融危机后出现的特殊现象。亚洲新兴市场经济体在危机中吃尽了苦头，它们在危机中受到了美国投机资本的无情冲击，在极端困难之时，又没有得到受美国支配的国际金融机构的有力援助，由此它们得出结论，要充实自己的后备力量。如果说出现这种局面是麻烦的话，那么，这个麻烦恰恰是美国投机资本和美国在危机中的国际金融政策所造成的。拿中国来说，在亚洲金融危机前就已不断增加国际货币储备，当时在国内是有争论的。有人认为，按照国际惯例，一个国家的外汇储备相当于三个月的进口量就够了，不必太多，太多会加大金融成本。这种说法并不是没有道理，但却忽视了国际金融市场斗争的凶险性。亚洲金融危机爆发后，国际投机资本大举偷袭香港，中国内地以自己雄厚的外汇储备做香港的后盾，使香港能放开手脚，打退了美国金融大鳄的进攻，这时，人们的看法才趋于一致。现在又发生了新问题，美国参议院一些人压人民币升值，于是在升值的预期下，国际投机资本又通过各种渠道把热钱输入中国，企图大捞一把。其结果是迫使中国的外汇储备增长过多。试问，出现这种局面，又是谁在制造麻烦呢？

谁帮助了谁

2000 年以后美国的过度需求在很大程度上是由美国政府的政策造成

的。这也可以说是美国政府宏观调控的成功之举。在2001年美国发生经济衰退以后,美国政府采取了大减税和大降息两大措施,以促进居民消费。及时的减税和降息所起的作用是巨大的,其结果是在萧条中促进了房地产业和汽车制造业的繁荣,使汽车和住房市场从超常的低利率中得到了最大的好处。可以说,美国是靠促进消费才把本来即将沉到水底的经济托出水面的。如果没有这两大措施,美国经济从2001年到2003年都会是负增长。

这就是说,美国经济之所以能很快进入复苏,靠的是政府的赤字和居民的借债。然而,钱是从哪里来的呢?表面上看是政府的减税和联邦储备系统的货币投放,实质上则是亚洲国家以及其他国家用购买美国债券的形式给美国的贷款。亚洲和其他国家对美国的经常账户顺差就是为满足美国过度需求而发生的。这些国家源源不断的商品供应保障了美国的需求,使其利率和通货膨胀率都保持低水平,使美国经济由缓慢复苏进入到较快的扩张阶段。请问,究竟是谁帮了谁的忙?有人说:美国给亚洲及其他国家过多的储蓄找到了出路,是美国帮了它们的忙,这是片面之词。在美国经济不景气的时候,这些国家冒着风险,向美国提供了为其经济复苏所必需的资源,使美国渡过了难关,所以,说这些国家帮了美国的大忙更为公道。

药不对症治不好病

沃尔夫用凯恩斯的"节俭悖论"劝导新兴经济体要少储蓄、多消费。这种说法只有部分道理。任何国家要使其经济能够持续发展,促进内需是主要的,不能把宝全都押在出口上。对此,新兴经济体是懂得的,并且也在朝这个方向努力。但是,它们能大量减少自己的外汇储备吗?这就涉及在现行国际金融秩序下面,谁来保障新兴经济体的经济安全问题。美国能够吗?美国支配的国际金融机构能够吗?答案都是不确定的。新兴经济体深感保持大量外汇储备的成本巨大,但它们明白,这总比让美国投机资本随意宰割而又求助无门好得多。所以,与其呼吁新兴经济体减少储备,不如致力于重新构建一种真正能维护这些国家经济安全的、新的国际金融秩序。当然，这不是一件容易的事情。

接下来，还有如何抑制美国国内过度需求的另一面。过度需求在很大程度上是美国政府的政策促成的。为了摆脱经济衰退，刺激也是需要的，否则老百姓会遭受经济衰退的更大折磨。但在经济已经走上正轨以后，是否还要继续刺激呢？是不是可以找到一些政策手段，有效地抑制过度需求呢？这些当然要美国人自己给出答案，别人是无法越俎代庖的。但有一点是肯定的：如果美国找不到抑制自己过度需求的途径，而只是一味地要求别人减少出口，要求别人的货币升值，那都是药不对症，不会治好美国经常账户巨额逆差这一痼疾。

（原载《世界知识》2005 年第 17 期）

中美不会打贸易战

最近 15 年，中美贸易在美国贸易总量中的地位已经从第六位上升到第三位，只有加拿大和墨西哥排在中国之前。从投资上看，根据我国统计，到 2005 年上半年，美国对华实际投资额已经达到 495 亿美元，在发达国家中位居第一，仅略低于日本的 501 亿美元。

然而，中美经贸关系的发展历经坎坷，在快速发展中麻烦不断，而今年的摩擦更是白热化。冲突集中在美方压我人民币升值、对我纺织品出口设限以及知识产权保护等方面。

相互依存度高，谁都经不起贸易战

中美贸易摩擦为何加剧？美方强调的原因是，中国对美出口增长太快，美国对华贸易逆差不断扩大，存在不公平贸易。其实，这些理由是站不住脚的，根本原因在于美国把经贸问题政治化了。之所以如此，又是因为美国在执行其全球化战略时出现了三大矛盾：一是全球化战略同国内就业发生了矛盾，它本质上是美国内部利益集团之间的矛盾；二是美国奉行的出口管制政策同其贸易平衡发生了矛盾；三是美国某些决策者的冷战思维同吸引外资发生了矛盾（如中海油收购美国尤尼科公司在美国国会引起轩然大波）。后面的这两个矛盾尤其存在于中美经贸关系中，反映出美国实行全球化战略的双重标准：全球化只能对我有利，不能对你有利。这三个矛盾是当前中美贸易摩擦的主要根源，都是美方的问题。

虽然中美经贸关系凸显紧张，但对此也不必过于担心。在小布什治下，中美经贸关系不会破裂，反而还有进一步发展的空间。双方不会打贸易战，经贸关系仍将是整个中美关系的重要基础。之所以这样说，是因为有以下三方面理由。

第一，布什政府基本上代表美国跨国公司的利益，而实行经济全球化战略则是美国公司在全球谋取生存和发展、强化自身竞争力的唯一选择。美国跨国公司已经从中国的部署中尝到了极大的甜头，中美贸易逆差等问题不过是美国实行全球化战略和国际分工的副产品。如果美国国内的保护主义势力得逞，中美打起了贸易战，全球化战略在中国这个环节断裂，那么，美国就会满盘皆输。这是美国跨国公司决不允许的。布什政府为了维护跨国公司的利益，最终将不会允许国内某些利益集团打乱其全球化部署。

第二，美国老百姓和美国公司已从对华贸易和投资中获得了在其他任何国家都得不到的高回报。众所周知，中国商品的价格低得无人可比（参阅"阅读背景"）；美国在中国投资的公司，也已从中国广阔的市场中赚得钵盈罐满。

美国的金融市场也受惠于中国的支撑。据美方统计，到2005年1月，中国持有美国国债1945亿美元，中国成为继日本之后的第二大美国债券持有者。中国大量购买美国债券，保持了美国长期债券的低利率，支撑了美国房地产业和汽车业的繁荣。

所以，从上述情况看，真打起贸易战来，美国的损失太大，应当是美国政府和公司力求避免的。

第三，贸易战对中国更不利，因此也是中国所力求避免的。只要我们政策对头，进行有理、有利、有节的斗争，争取斗而不破；在不损害我们根本利益的前提下做必要的让步与妥协，就有可能使中美经贸关系继续保持发展势头。

总体上看，中美经贸关系的相互依存度已很高，而依存度越高，破裂的成本就越大，谁都经不起打贸易战，对此双方心知肚明。因此，保持双边经贸关系的稳定和持续发展是可能的。经贸关系仍将是整个中美关系的基础。

注定要颠簸，但还是会前进

　　美国不想打贸易战，但又不可能改变其对中国的遏制政策，所以，中美经贸关系注定要在颠簸中前进，而颠簸程度将随美国内部的政治需要时高时低。因此，我们必须把摩擦视为常态，要以平常心来灵活应对，力争做到在颠簸中使双边经贸关系得到进一步发展。

　　从当前中美贸易摩擦的几个热点看，虽然都很棘手，但分量并不一样。纺织品问题虽然迫切，但分量不是最重的，是局部问题；人民币升值涉及国家经济安全，分量很重，是全局问题，但美国国内也不是铁板一块，我们有较大的回旋余地；知识产权保护问题，就美国方面说，政府和大小公司利益一致，是普遍的诉求，但对中国来说，也是中国自己的诉求，乘势强化知识产权保护度对我们自己也有好处。

　　在纺织品问题上，要美国不设限不可能，采取欧盟模式也不太可能，因为有着不同的政治背景。布什政府希望通过在纺织品问题上对中国施压，来平息国会及一些制造商组织对其政策的不满，推动"中美洲自由贸易协定"在国会通过。这个自由贸易区是美国在拉美仅次于墨西哥的第二大出口市场，如果协议付诸实施，美国向这些国家出口的80%将被免收关税，这将有利于增加美国对中美洲地区的出口并促进美国的就业。7月28日，美国众议院批准了"中美洲自由贸易协定"，这说明布什对纺织业保护主义让步的策略已经奏效。这是以牺牲中国为代价的，而且布什政府为讨好众议院议员还有附加承诺：要扩大对中国进口服装的限制。

　　有一个新动向是值得我们关注的：原来积极鼓吹对中国纺织品设限的纺织业大老板约翰·巴肯现在已经改变策略，试图与中国合作以谋求自己的生存和发展。约翰·巴肯是美国最大的纺织集团美国国际纺织集团 ITC 的老板，他决定拿出 9500 万美元与香港永新公司合作，在中国浙江的嘉兴建立康龙纺织公司。该公司将以美国的棉花为原料，生产牛仔布中的顶尖产品，年生产能力达到 2800 万码，2007 年第一季度投产。美国纺织业的传统商业模式是设计、生产、销售都在国内完成，而未来将是在全球范围内的整合。

关于人民币升值问题，7月21日，中国宣布人民币同美元脱钩，实行新的汇率机制，使人民币升值2%。这是中国的主动行为。虽然美国政府的初步反应是积极的，但同国会中鼓吹人民币升值那些人的要求仍然有很大差距，他们决不会就此善罢甘休，还会继续鼓动各方对我国施加压力。但我认为，布什政府不大可能满足他们的要求。这是因为，布什政府非常清楚：第一，人民币升值解决不了美国的贸易逆差问题；第二，人民币大幅升值可能给中国乃至世界带来金融风险，这既不是中国所能承受的，也不是美国所能承受的。这些意思从美财长斯诺和美联储主席格林斯潘的发言中都可以看出来。中国决定人民币同美元脱钩，实行更有弹性的汇率制度，会给布什政府一个台阶下，借此说服国会议员放弃损人不利己的行为。

在知识产权问题上，美国明知中国在立法和执法方面都有进步，也知道彻底解决并不容易，就连美国自己也做不到，但还要在这个问题上发难，显然是想把它当作一个筹码对我国施加压力。从不久前举行的中美商贸联委会的情况看，在这方面似乎是取得了进展，双方共达成11项协议。双方在保护知识产权方面的合作可望再上一层楼，这对双方都是有益的。

虽然中美贸易摩擦有加剧的趋势，但从根本上说，中美经贸关系是互利的，是可以做到双赢的。两国经贸关系与两国政治关系也是相互为用的：经贸关系可以成为政治关系的稳定器；政治关系也对巩固、发展经贸关系起促进作用。我们有理由对中美经贸关系的前景持乐观态度，相信它将继续成为整个中美关系的稳定力量。

（原载《世界知识》2005年第15期）

美国经济中长期前景与中美经贸关系展望

一　美国经济现状

　　美国经济自 2001 年 11 月走出谷底以来，经济持续增长至今已经是第六个年头。本周期的特点是经济复苏缓慢，经济扩张只是从 2003 年下半年才开始。最近 3 年经济的实际增长率分别为 2003 年 2.7%、2004 年 4.2% 和 2005 年 3.5%。

　　进入 2006 年经济继续呈强劲增长势头并表现出以下特点：

　　第一，劳工市场出现紧张。最近几个月就业增长都在 20 万人左右，超过了失业队伍，因此失业率已经下降到 4.8%。

　　第二，制造业快速扩张。制造业设备利用率已超过 80%（2 月底为 81.2%，衰退前的 1997 年是 83%，2001 年下降至 74.1%，2004 年为 77.1%）。制造业的扩张已经持续两年半，增长率达到少有的 5%，与欧洲和加拿大相比竞争力相当强。在制造业中，高新技术、飞机、农业和建筑业设备，以及先进的机床设备都有强劲增长，不太景气的是国内的汽车制造业以及同中国竞争的纺织品、服装、化学品和家具。

　　第三，企业利润水平丰厚。据人口统计局的资料，制造业税后利润高达 7.4%，处于周期的最高峰。这是两种力量作用的结果，一是制造业的劳动生产率过去四年平均增长率在 5% 以上；二是制造业工资增长很慢，过去四年平均增长率仅为 0.5%。

　　第四，通货膨胀压力增大。核心通货膨胀和通货膨胀预期都在小步上移，虽然仍在政策目标范围内，但已经处于边缘。能源价格和原材料价格的猛涨尚未成为通货膨胀的严重威胁，主要原因是利润的缓冲作用，同时制造商也不愿意用提价的办法减少用户。

面对日趋绷紧的经济形势，预期联邦储备系统将继续奉行紧缩政策。估计将继续提高联邦基金利率使之达到 5%。其前提是长期利率的相应提高。财政部 10 年债券目前的利率是 4.75%，至少要提高到 5%。否则，联储可能会采取进一步的紧缩政策，促使长期利率上升，以抑制房地产业泡沫。

联储的政策目标显然是为了避免经济过热导致通货膨胀失控，以保证经济的持续增长。如果联储的宏观调控奏效，又没有外部的重大冲击，2006 年美国的 GDP 增长率仍可能在 3% 以上。

二　中期前景

根据以上分析，美国经济已经处于高度繁荣期。工资、利率面临上升压力，劳动生产率、利润面临收窄压力。随着企业的利润预期转向消极，企业投资会下降，经济会逆转。从经济周期的规律看，美国在两三年内发生一次衰退的可能性相当大。但是这种前景何时出现仍取决于几个关键因素，一是房地产，二是能源价格，三是联储的宏观调控能力。

近年来房地产业给美国经济作出了巨大贡献。房地产业在 2005 年 GDP 实际增长中接近 1 个百分点，即在 2005 年 GDP 3.5% 的增长率中占近三分之一。房地产业对经济增长的直接贡献，第一是创纪录的新建房屋，2005 年一年新建的住房超过 200 万栋，比历史上最好的 1970 年下半年还要多（当时是受婴儿潮的刺激）。第二是房地产涨价的财富效应，给消费者开支以强大支持。第三，对不很富裕的住户而言，抵押贷款和产权贷款的增加也是刺激消费的强大力量。住房抵押贷款通过三个渠道影响购买力：一是资本收益（房屋涨价）；二是再融资（因可调整利率 ARM 下降而获得的收益）；三是产权贷款。三者的总和，2000 年是 3500 亿美元，2001 年 4000 亿美元，2002 年近 5000 亿美元，2003—2004 年 7000 亿美元左右，2005 年 9000 亿美元，接近可支配收入的 10%。

然而，住房和抵押贷款市场将很快从经济增长的驱动力变为经济拖累。逐渐上升的利率将给高估的全国住房市场以相当打击。根据穆迪经济网站的估计，全国住房市场高估了 15%。目前抵押贷款利率平均是 6.25%，预期 2006 年三季度的抵押贷款利率将从 2003 年的 5.2%上升到 7%，其中可调整利率将从谷底上升到 7.7%。房地产泡沫的严重程度各地不一，估计有 60%的地区房地产价格是适当的，有 40%的地区高估。

目前住房市场的涨价风已经到达顶峰。销售额已经从 2005 年夏天的最高点下降，抵押贷款申请减少，销售额未来还将下降。全国房屋建筑商协会报告表示订单减少，取消的订单增加，许多地方开始用降价刺激销售。卖不掉的老房屋和新建房屋在上升，房价上升的势头在削弱。

但在失业率保持 5%以下、家庭收入保持 4%的增长速度背景下，房价暴跌的可能性较小。历史上，房屋价格的崩溃通常发生在利率上升、就业下降的时候。

经济网站对住房和抵押贷款市场的前景预测是，有秩序地逐步疲软，市场能够从容地适应一个较慢但是可持续的经济增长步伐。由于金融监管的加强，20 世纪 80 年代末由储贷协会危机导致的房地产大滑坡是有可能避免的。

关于石油价格冲击，市场上对石油储量枯竭的说法并不可信。全球仍然拥有丰富的石油储备，"已证明"的储量超过 1.1 万亿桶。按现在的消费水平，可以满足世界经济 38 年的需求。这个数字还低估了潜在的生产能力，因为"已证明"（proven reserve）的储量只包括用现在的技术和按保守的价格能够开采的数量，估计还有 2.8 亿桶能够开采的储量没有列入"已证明"储量，技术进步、对地下知识的增加，以及更高的油价（或降低的开采成本）将刺激它们变成"已证明"储量。

石油价格上涨的根本原因之一是需求变化，主要是美国和中、印石油需求的增长；二是生产能力不足，前几年的低油价影响了对原油生产和炼油能力的投资，使之成为瓶颈；三是投机因素，把供求失衡扩大多倍。

预计美国 2006 年的原油需求将增长 1.7%。不管阿拉斯加野生动物保护地是否开发，国内原油生产将继续下降，美国将更加依赖于进口。由于 45%的石油进口来自于 OPEC 成员国，地缘政治紧张将使美国更加暴露在风险之中。但是预期在无重大外部冲击的条件下，过去两年的油价攀升会减缓，原因是：第一，卡特里娜飓风后遭受破坏的工厂业已恢复生产；第二，两年来石油价格的高涨鼓励了对新产能的投资，特别是在非洲、俄罗斯、中亚和加拿大。但大部分增产部分进入美国市场要在 2007 年，所以 2006 年油价将只有缓慢下降；第三，2006 年下半年随着美国经济的放慢，石油需求趋缓。

总体来看，过去两年石油价格的大幅波动没有捍动美国经济，今后石油价格也不大可能对美国经济产生根本性的破坏作用。

总之，美国经济在中期是否会出现大滑坡，房地产压力将比外部冲击（石油）更大。联储的利率政策至关重要。

三　长期趋势

根据弗雷斯特公司的资料，美国对 IT 设备、软件和服务等方面的投资仍然强劲。2005 年是 7550 亿美元，比上年增长 6.6%，2006 年增长 6.8%，但 2007 年增幅将下降到 2.3%，以后将继续逐步攀升直到 2010 年，年度增长将达到 9.5%，金额将达到 10240 亿美元。这相当于中国 GDP 的一半，其推动力是可想而知的。从长期看，美国经济能否在国际上继续保持领先地位，取决于美国企业的竞争力，归根到底取决于科学技术的发展。美国在 IT、生物工程等方面将继续走在世界的前列。

长期、巨额、不断增长的美国贸易逆差和经常账户逆差是影响美国经济和世界经济的老问题。美国的经常账户逆差占世界经常账户顺差的 70%，这种现象被称为全球金融失衡。它能否持续及其对美国经济的长期影响，迄今为止仍然是一个激烈争论而没有统一认识的问题。

悲观论者认为，如此大的双逆差是美国劳动生产率下降、竞争力削弱、工人工资停滞并阻碍长期经济增长的重要根源。贸易逆差将使美国减少对新工艺、新产品和技术工人的投资。如果把逆差减少一半，美国的 GDP 一年将多增长 25%。

乐观论者认为"美国经常项目逆差可能会持续若干年，这是世界其他地方过度储蓄、在美国有可供选择的具备吸引力的金融资产菜单、金融市场日益全球化的自然结果"。

显然，前一种观点是诞生贸易保护主义的温床。后一种观点更代表贸易自由化人士的主张。不过乐观主义有两个前提，第一是要把超支的钱花在生产性投资上，第二是要设法避免美元急剧贬值的金融危机。满足了这两个条件，经常项目逆差对美国经济未必是坏事，相反应当说这是在金融全球化中美国金融霸权所特有的优势。

根据联邦储备系统对消费者财务状况三年一次的最新调查，低收入和高收入者之间的差距日趋扩大。这是美国垄断资本更加集中、美国政府长期以来奉行有利于富人的财政金融政策，以及在 IT 时代数字鸿沟扩大的必然结果。但是，这种结果被贸易保护主义者利用，作为反对贸易自由化的口实，从而给跨国公司造成实行全球化和外包政策的重大障碍。经济全球化大大提高了美国垄断资本的竞争力，但分配不公引起反弹，使经济全球化战略受到了阻击。

四　中美经贸关系

当前美国贸易保护主义的抬头是中美经贸关系顺利发展的主要威胁。在向双边贸易平衡过渡期间，防止 20 世纪 30 年代《斯穆特—霍利法》的重演应当是中美双方的共同目标。

1. 不平衡的互利双赢经贸关系

中美贸易存在着不平衡，自 1993 年中国对美首次出现贸易顺差以来（按照美方统计是 1983 年），差额不断扩大。2005 年底美国对华贸易逆差达 1018.8 亿美元（按美方统计为 2016 亿美元，比上年增长 24.5%）。按美方统计，对华贸易逆差占美国贸易逆差总额的 27%，接近于美国对欧洲和日本贸易逆差的总和。

中美贸易失衡是全球经济金融失衡的一个缩影。全球贸易顺差的 70% 被用于支持美国这个超级大国的过度投资和消费。全球储蓄过多是近年来的一种特殊现象。有几个重要原因，除发达国家（G6）的公司储蓄过多之外[①]，近年来石油价格猛涨，使石油输出国积累的美元储备增多；发达

[①] 摩根斯坦利：《公司驱动全球储蓄过剩》，2005 年 6 月 4 日。该文说 1996—2000 年公司的储蓄是负 7300 亿美元，而 2000—2004 年是正 10910 亿美元。这个数字远比新兴发展中经济体高得多。

国家为应对人口老龄化的储蓄增长；以及亚洲各国在金融危机后，为保障金融安全，各国政府实行的多留外汇储备的政策。中国的外汇储备迅速增长与后者是有密切关系的。

中美经贸关系是不平衡的互利双赢关系，不仅是指中国用自己的外汇储备支撑美国的过度开支，更重要的是中国作为美国全球生产链中的加工平台，所创造的贸易逆差对美国公司，同时也对美国整个经济有巨大好处，它完全符合美国全球化战略的诉求。

最近几年中国对美国贸易顺差剧增的主要原因是中国的电子消费类产品、信息与通信产品对美国出口迅猛增长。而这是美国公司有意安排的（所谓 Wintel 生产方式）。2006 年的美国总统经济报告表示："最成功的美国 IT 公司是最全球化的公司。IT 业的进出口是这个产业产出总量的 70%。美国的 IT 公司对需要多个生产阶段、跨越多个国家生产的产品，用增加国际投资和贸易，扩大它们全球生产网络的办法，而变得更为强大。"① 正是这种安排增强了美国跨国公司的全球竞争力，同时也扩大了美国的贸易逆差，这是美国自己也承认的。"美国公司从进口中国货物中受益，超过50% 的中国出口价值流入了美国公司。"② （美国科特勒营销集团总裁语）现代贸易理论对产业链中充当加工平台的国家为最终使用者创造逆差的效应及其积极经济意义缺乏研究和阐述，使强调负面影响的传统贸易逆差理论仍然深深地印刻在人们的头脑当中，中国学者对这种误导有责任用自己的理论重新加以澄清。

美国对华贸易逆差中包含大量中国劳动密集型产品和轻工产品如纺织、服装、家电、玩具等。然而，它们也是对美国宏观经济产生积极意义的因素，即抑制通货膨胀，降低美国老百姓的开支水平。

2005 年的美国总统经济报告还认为因贸易和外包而减少的就业数量有限，它说，"强有力的美国经济每年创造并消灭成百万个就业岗位。美国劳工市场的巨大周转量是不断变化的经济中，公司（职工）进入、退出和重组的川流不息的反映。过去 10 年，每年平均净创造的就业接近 200 万

---

① 《2006 年美国总统经济报告》，第 159 页。
② 米尔顿·科特勒：《美国还能卖什么？》，《21 世纪经济报道》2006 年 3 月 13 日第 28 版。

个。这个净增长是创造的 1700 万个就业和消失的 1500 万个就业的结果。此外研究还表明全球化公司创造的就业速度比一般私人部门要快，同时，与贸易相关的失业的持续时间并不更长，重新就业后的收入不比其他原因的就业更低"。①

2．中美经贸关系应建立在平衡的基础上

对美国而言，必须适度压缩需求的膨胀，近期目标是防止双逆差进一步扩大，切入点包括削减联邦财政赤字和避免引发房地产泡沫的低利政策。布什总统原计划至 2008 年削减一半财政赤字，但是却面临伊拉克战争等一系列障碍。随着联储提高短期利率，美国政府期待 10 年期财政债券的利率有所提高，使房地产过热的状态冷却，但能否防止经济的大滑坡则有待观察。

在减少中美贸易逆差方面，美国应当以增加对华出口为切入点。办法是增加出口美国有优势又不影响国家安全的高新技术产品。美国有识之士建议②，美国政府应把两类高科技产品加以区别。除此之外，美国应当鼓励中国到美国投资、到美国旅游以缩小经常项目逆差。

中国也要作出自己的努力，根本性措施是转变经济增长方式，即改变以出口和投资为主导的经济增长方式，转向扩大内需。"十一五"规划纲要已勾画出具体的蓝图。其中建设社会主义新农村、解决"三农"问题、提高 9 亿农民的购买力，将为扩大内需奠定坚实基础。与此同时，要改变过去鼓励出口为导向的税收政策和宽进严出的外汇政策。

3．防止新《斯穆特—霍利法》出现

短期内解决美国对华贸易逆差问题并不乐观。虽然这种不平衡并不对美国造成实质性损害，但在选举年，议员们就会抓住美国对华贸易逆差剧增的机会，捞取政治资本。比如参议员舒默和格雷厄姆的保护关税提案就是突出的例子。

其实，美国经济学家、公司，甚至美国政府对中美贸易不平衡的原因和人民币汇率问题非常清楚：美国贸易逆差的根源在美国而不是中国搞不

---

① 《2006 年美国总统经济报告》，第 161 页。

② 米尔顿·科特勒：《美国还能卖什么?》，《21 世纪经济报道》2006 年 3 月 13 日第 28 版。

公平贸易，人民币汇率同贸易逆差没有直接关系，人民币升值并不能解决美国的贸易逆差问题。

　　尽管如此，对中美经贸关系中出现的噪音不能掉以轻心。为此，笔者认为，第一，在涉及中国根本利益的问题上要坚持原则，但是在知识产权保护问题上，则应当加大力度改变现状，这不仅是美国的要求，也是中国建立创新型国家的需要。第二，应对策略要灵活，特别是在人民币汇率问题上，布什政府及主要职能部门对利害关系是清楚的。但在选举年为了政治上的需要，态度上的动摇和模棱两可在所难免，要通过谈判和沟通稳定其摇摆性。第三，即使对舒默之流也要讲清楚中国的方针并晓以利害，尽可能化解他们的偏激和非理性行为。

（原载《新金融》2006 年第 8 期）

美国纺织服装业浴火新生

——兼论中美经贸关系的互利双赢

　　19 世纪，纺织服装业曾是美国工业化中的排头兵，但是此后它却在不断嬗变。从中小企业垮台，劳动队伍缩减，进口增加，以及不断寻求政府保护的一些现象看，它衰落了。但是从美国纺织服装跨国公司的崛起，产业链的全球布局，产品的升级，盈利能力的空前提高等现象看，它不是衰落而是浴火新生了。在此过程，纺织服装业实行经济全球化，其功至伟。

　　纺织品服装业属于劳动密集型产业，美国这个行业由于工资福利、医疗等方面的高昂开支，使企业对劳工成本不堪重负，在国际竞争中处于劣势。但是这个行业队伍相当庞大（第二次世界大战后最多时 250 万人），力量非常密集（集中在南北卡罗来纳和乔治亚、阿拉巴马等地）是一个有很强政治影响力的利益集团，在国会里得到强有力的支持。为了保护这个产业，议员们同总统做交易，国会支持政府在肯尼迪回合、东京回合，以及乌拉圭回合的自由贸易谈判，纺织业利益集团承诺在大选中投票给现任总统，总统则保证把纺织服装业排除在降低关税的自由贸易谈判之外。从艾森豪威尔总统开始，历经肯尼迪、约翰逊、尼克松、卡特到里根，纺织服装业利益集团几乎无一例外地都同总统做过政治交易。

　　最早是艾森豪威尔，针对当时纺织服装出口最多的国家日本，要日本实行自动限额。当日本受到限制之后，给中国香港、台湾以大发展的机会，1956—1961 年从香港进口的纺织品服装上升了 700%。于是从肯尼迪起到约翰逊，又搞了限制纺织品进口的短期安排和长期安排。1967—1973 年的长期安排，限制了 10 多个国家或地区上百种棉织品的进口。但是并没有解救美国纺织服装业中小企业的倒闭，因为对棉织品的限制等于对人造纤维、尼龙、化纤进口的鼓励，1964—1970年人造纤维制品的进口增长了2500%。于是尼克松向参议员们承诺，如果他当选，将把限制棉纺织品的进口的长期安排扩大到多种纤维，这就是该协定（MFA）产生的背景。这个协定有签约国五十多个，涵盖美国75%的纺织品。1974年开始生效。1976年卡特竞选时答应把MFA延长到1981年，叫做第二阶段MFA，交换条件是在东京回合谈判中把纺织服装排除在外，其他制造品关税平均降到6.5%，而服装的关税仍高达22.5%。

里根竞选时对参议员瑟蒙德的承诺是把MFA再延长到1986年，为第三阶段MFA。但是它仍然无法解救美国纺织服装业的困境。于是又由乔治亚州议员詹金斯提出一个全球限额议案，它不仅限制一个国家对美国的出口，而且要设定一个纺织品和服装出口的全球限额。这项议案，如果实行，将使亚洲最大供应国的限额大大下降，同时还将推翻30个以上美国同其他国家签订的协议。这使里根政府十分尴尬。这个议案顺利通过参众两院的表决，众议院有230位支持者。里根无奈，决定实行总统否决，众议院则针锋相对实行反否决，结果获得276票，差8票未能达到三分之二多数，里根险胜。

MFA对发展中国家规定进口限额的做法，是以美国为首的发达国家靠自己在关贸总协定中的优势地位强加给发展中国家的，它不符合WTO精神。发展中国家包括中国为此遭受巨大损失。所以WTO成立后，1995年通过了纺织品服装协议（ATC），决定从2005年1月1日起终止MFA，特别是取消配额制。这为发展中国家向美国扩大出口服装纺织品开辟了道路。

在美国纺织服装行业的中小企业不断萎缩的同时，大公司乘势崛起，使整个行业逐步得到了改造。重大措施包括：（1）兼并收购。美国纺织服装业很分散，1967年单服装业就有26393家，经过兼并收购现已淘汰了1万多家中小企业，有竞争力的大公司日趋壮大；（2）全球布局。有些公司把它们的一部分生产转到海外，有些纺织公司改产服装，在海外建立缝纫、精纺、编织厂，以降低成本，加强对市场的反应能力；（3）产品创新。加强研究与开发，生产防火织物、运动服装，试制能够自动调节温度的新面料；（4）实行信息化，推行"供应链管理"。

经过这样的调整，美国纺织服装业已经成为以跨国公司为龙头的，在全球具有相当竞争力的行业。据《财富》杂志公布，2005 年，美国财富1000 强中的 12 家服装集团营业收入合计达到 481.41 亿美元，比上年增长11.7%；超过了当年 500 强营业收入的平均增长率（10.2%）。除克尔伍德公司减少 8% 外，其余 11 家的收入全部增长。其中占 12 家巨头收入总额四分之一强的耐克公司实现收入 137.40 亿美元，增长 12.0%。增长最快的是水银公司，增幅达到 41%。波罗公司和菲立普凡豪森公司分别增长25% 和 16%。

利润增长更加显著。2005 年 12 家公司利润合计 30.88 亿美元，比上年的 26.43 亿美元增长 16.8%。超过了当年全美所有公司税前利润总和的增长率（16.4%）。最惊人的是利外斯特劳斯公司，增长 413%，为历史上罕见。菲立普凡豪森公司增长 91%，水银公司增长 32%，耐克公司增长 28%，瓦纳科公司增长 22%。

美国纺织服装跨国公司很强的竞争力同奉行全球化方针是分不开的。以利外斯特劳斯公司为例，它在中国开了十几家工厂，因此利润竟然猛增了 413%，《财富》杂志确认这是"多少年代以来最好的年景"。由此可见，在 1995 年协议付诸实行以后，尽管发展中国家特别是中国在纺织服装出口方面仍然受到若干不公平待遇，尽管美国纺织服装业有更多的中小企业被淘汰，美国的纺织服装进出口大增，怨声载道，实际上一种新的互利双赢的贸易格局已经形成。

据美国商务部统计，2005 年美国从中国进口服装金额增长了 69.6%，绝对额增加 62 亿美元。与此相伴随的是，美国 12 家服装巨头销售收入也增长了大约 50 亿美元。

另据美国商务部统计，2005 年中国服装输美平均单价比上年下降14.2%。与此相伴随的是，美国 12 家服装巨头利润率从上年的 6.13% 上升到 6.41%。

我国经济学家何伟文先生认为，从上面的数据"至少可以得出两点结论：第一，中美双方在服装贸易上，尽管有极大不平衡，最终利益却达到某种平衡。因为美国居民节省了开支，美国服装巨头赚了可观的利润。第二，我国服装对美出口，在经销渠道上仍然处于弱势地位，仍然在相当程度上受到美国服装巨头的控制"。如果再引申一步，应当说美国的纺织服装业就整个行业来说并没有衰落。相反，以跨国公司为代表的纺织服装业的国际竞争力更强了。

如果说美国纺织服装业巨头的振兴是整个行业的缩影，那么纺织服装业的状况就是整个美国制造业的缩影。从美国制造业占 GDP 的比重说，制造业的确缩小了（从 1980 年占 GDP 的 22.09% 到 2004 年下降到占 GDP 的 11.83%）；但是从该行业跨国公司的发展和竞争力来说它依然强大。重要原因之一就在于通过全球化和国际分工，它们把高成本低利润的产品或产业链条转移到海外，而把资本技术密集、附加值高的产品和产业链条保留给了美国公司自己。

这样做的结果，就使贸易流向和贸易平衡关系出现了若干假象。首先，虽然同是一个跨国公司的产品，由于是跨国经营，它在海外子公司和附属企业返销给母国的产品却变成了母国的进口，而它们在海外的销售则不算母国的出口；其次，高技术产品如计算机，它的各种组件和产业链已经全球布局了，于是就出现了以零部件生产为主的国家，以装配为主的国家和以最终使用为主的国家的大致分工。第二类国家对第一类国家说肯定是逆差国，第三类国家对第二类国家也肯定是逆差国，所以单从双边贸易看所谓的"逆差"就有假象；最后，在上述案例中，尽管最终产品的装配国所获得的利益只是总装配的加工费，而在统计上则把产品零部件的产值也算作装配国的产值。实际上最终用户国不仅从核心零部件的高附加值获益，而且还从设计、营销、服务等获得巨大收益。上面讲的三种情况就存在于中美贸易之中。这是在经济全球化和新的国际分工下，贸易理论和统计方法仍然停留在旧窠臼而产生的认识误区。

这些认识误区在美国贸易保护主义者的手中，就被编造为中国对美贸易不公平的无端指控。这种说法很能欺骗美国产业结构调整中失业的或遭受损失的一部分弱势群体，以及一些不明真相的老百姓，怂恿他们直觉地把矛头指向经济全球化、自由贸易和贸易伙伴国。

其实历届美国政府对中美经贸关系互利双赢的本质是很清楚的。所以他们并不总是跟着国会议员的节拍走。但是正如本文开始时介绍的情况，由于某些政治原因，他们也可能做出违心之事，从而给双边关系造成伤害。为了维护中美经贸关系的大好形势，这是应当力求避免的。

（原载《世界知识》2006 年第 19 期）

源自"世代"的考虑

——中美启动战略经济对话机制

启动中美战略经济对话的重要意义

美国总统布什派财政部长汉克·保尔森以特使身份访华，并于 2006 年 9 月 20 日同吴仪副总理共同宣布启动新的战略经济对话机制，这是中美建交以来，以经济为主题的最高交流机制，它无疑对中美经贸关系乃至整个中美关系的未来发展具有重要意义。

美国贸易保护主义的挫折

这一倡议的现实意义，首先在于它使美国的贸易保护主义者遭受了一次不小的挫折。

中美建交 27 年来，经贸关系快速发展，从 1979 年到 2005 年按照我方统计，中美进出口贸易额从 24.5 亿美元跃升至 2116.3 亿美元，增长了 85 倍，年均增长率为 20％。到 2005 年美国已经成为中国最大的单一国别贸易伙伴，第一大出口市场和第六大进口来源地。中国已成为美国第三大贸易伙伴，第四大出口市场和第二大进口来源地。美国对华直接投资也已达到 519 亿美元。经贸关系如此快速发展可谓世所罕见。它说明中美经贸关系互利共赢的本质，也说明美国的经济全球化战略和中国的改革开放政策完全合拍。美国跨国公司利用中国的人力、自然资源增强了国际竞争力，提高了盈利水平；美国进口中国的廉价商品平抑了美国的物价，提高了消费者的购买力；中国对美国的债券投资，强化了美元，支撑了美国的债务经济。反过来美国的对华投资和加工贸易，有利于中国的经济结构调整和外贸的繁荣，成为中国经济持续快速发展的一个重要因素。

然而，中美经贸关系的发展并不是一帆风顺的。美国贸易保护主义者的干扰从未停息。中美经贸关系每前进一步都要同贸易保护主义进行斗争。而美国政府对贸易保护主义的态度对结果是举足轻重的。中美之间建立正常贸易关系，中国加入 WTO，都是美国政府采取明智政策，抵制了贸易保护主义的结果。

自 20 世纪 90 年代开始，随着中美贸易的飞速发展，本非中国之过的美国对华贸易逆差成为美国贸易保护主义者诟病中国的一大目标。早在 1998 年美国国会就通过了建立"贸易逆差审查委员会"的法案，为保护主义者及自由主义者提供了开展"是谁之过，如何解决"论争的平台。经过了近两年的调查、听证和激辩，双方各执一词，无果而终。

到 2003 年，由于美国对华贸易逆差打破了 1000 亿美元的心理大关（按美方统计），美国制造商协会首先发起了对人民币汇率定值过低导致逆差的攻击。此后，到 2004 年，参议院议员舒默和格雷厄姆提出惩罚性关税提案，中美在人民币汇率问题上的争执达到了顶峰。保尔森的前任约翰·斯诺采取的是骑墙态度，直到布什起用保尔森，方针才趋向明朗。布什政府决心维护中美经贸关系的大局，不让保护关税的提案破坏中美经贸关系的基础。布什政府走的这步棋相当策略，就是把人民币汇率降为战术问题，要它从属于中美经济战略的大局求得解决办法。为此，一方面由保尔森以"中国通"，前金融业巨擘和财政部长的身份向国会议员做说服工作；另一方面由布什亲自打电话给格雷厄姆等动员他们放弃提案，给这场危机画了一个句号。

贸易保护主义所受挫折是他们的议案违背跨国公司和广大消费者利益的必然结果。在这场博弈过程大公司发挥了强有力的作用，花旗银行、通用电气公司、卡特彼勒公司都对议员们施加了影响，美国商会、贸易委员会、美国消费电子协会，包括原来在人民币汇率问题上发难的美国制造商协会都出来反对"舒默议案"，终于防止了美国倒退到 20 世纪 30 年代大搞关税战的斯穆特—霍利法案时代，这对中美双方都是一件幸事。当然贸易保护主义者未必会就此善罢甘休，必须时刻准备应对新的挑战。

中美经贸关系更加成熟的标志

启动双边战略经济对话也是中美经贸关系更加成熟的标志。

中国和美国，一个是最大的发达国家，一个是最大的发展中国家，两国国情不同，经济结构和发展阶段各异，这样两个大国要在平等的基础上建立合作共赢的经贸关系，史无前例，没有经验可以遵循，因此摩擦在所难免。

在处理经贸摩擦中，我国政府一贯坚持互利共赢的方针兼顾双方利益；坚持平等协商，求大同存小异；坚持发挥协调机制的作用避免矛盾激化；坚持把发展放在首位，通过扩大经贸合作来化解分歧；坚持不把经贸问题政治化。

在人民币汇率问题的争端中，中方就是这样做的。鉴于汇率属于主权范围，涉及国家的经济安全，我国政府坚持自主决策，顶住压力，不受干扰；与此同时积极进行汇率制度改革，使人民币与美元脱钩，建立与货币篮子相联系的，在供求平衡的基础上有管理的浮动汇率制度，为走向货币自由兑换的终极目标创造条件，以满足国际社会对中国的期望。在此过程，鉴于美方一些人期望人民币迅速大幅升值的急躁情绪，中方不断地做耐心沟通的工作。美方一些重量级人物如舒默、格雷厄姆都曾受到邀请来华实地考察，我方详尽地向他们说明自己的方针政策，使对方增进理解，取得了很好的效果。事实上在美国议员放弃惩罚性关税议案之前，他们的立场已经有所松动。中方也重视舆论工作，以求增加美国老百姓对中国实际情况的了解，并争取到不少美国有识之士、金融专家、学者从理论到实践做了大量阐释工作，非常有助于端正舆论导向。

在中美经贸摩擦中，惯常模式是哪里出现矛盾，就突出某个问题，美方主攻，中方防守，头疼医头，脚疼医脚，这种化解矛盾的办法难以触及全局和根本，而且副作用极大。以人民币汇率为例。表面上看中国外汇储备雄厚，又有贸易顺差，相对于美元有升值的理由，让人民币自由浮动并大幅度升值似乎是解决美国贸易逆差最简单易行的办法，这就是参议员舒默等人的看法。而保尔森的看法则有所不同。在参议院举行听证会批准对保尔森的任命时，舒默特意提出人民币升值问题要保尔森表态。保尔森明确回答说：让人民币汇率机制更灵活是对的。但中期目标应当是使人民币在国际市场上可兑换。"而这一点直到他们有一个现代化的，开放的，运行良好的资本市场和银行系统是不可能做到的。"双方的差别就在于一方是从表象，局部看问题，另一方是从长远和战略角度看问题。后者显然高上一筹，并有更大的说服力和可行性。汇率问题如此，其他中美经贸问题也是一样，只有从战略的高度处理双方的矛盾，对问题的解决才能做到高屋建瓴，势如破竹。由此可见，战略经济对话机制，是中美双方在处理经贸摩擦中更加成熟的表现。

把中美建设性合作关系提升到新水平

启动中美战略经济对话机制还反映出布什政府把中美建设性合作关系提升到新水平的明显意图。保尔森来华前在财政部的讲演中说："一个繁荣稳定的中国——一个能够而且愿意在全球经济中发挥带头作用的中国，与美国利益息息相关。"他还赞扬了中国的经济改革成就，说中国被视为领导者已是"当之无愧"。这些话虽不免有溢美之意，但并非毫无道理。它在一定程度上可以被认为是布什政府经过七年来与中国打交道的历练，对中国的战略评估。它涉及以下几方面的问题。

第一，关于中国未来的政治经济走向。有迹象表明，美方可能认为中美在政治上的分歧虽然难以调和，对中国不能不加以防范和遏制，但中国在经济上走市场经济改革的道路是坚定的，中国要乘经济全球化的东风融入国际社会，参与国际分工，借以求得自身的发展也是认真的。美国一方面希望中国的经济变革会带来美国期望的政治结果；另一方面，退而求其次，即使达不到理想的结果，以务实的态度同中国进行经济合作，也可以在市场经济的道路上，在若干"世代"中携手同行，美国大公司和美国人可以从这种建设性合作中谋得实实在在的利益。如果关系处理得当，未来完全可能开辟出更加广阔的合作空间。

第二，关于美国如何施加对中国的影响。中国以市场为导向的改革开放已经取得巨大成绩，但中国距离成熟的市场经济还有很长的路要走。中美贸易摩擦有许多就是从两国市场成熟度的不同而产生的。中国正在全力以赴地按照市场经济的规律对经济结构，财政、经济、金融体制进行改革。这些改革工程浩大，需要时间。美国应当有耐心乐观其成，而不是吹毛求疵，打乱中国的部署。美国人担心的应当是中国市场改革的失败，美国影响中国的着力点应当是帮助中国改革的成功，这种姿态当然是受中国人欢迎的。

第三，关于如何对待中国经济快速发展中出现的环境、能源等问题。在这方面，中美之间可以有两种选择，一种是继续保持冷战思维，相互猜疑，激烈争夺，恶意指责；另一种是进行建设性合作，重新审视 1979 年 1 月已经达成，但在美国国会受阻，未能执行的能源合作协议。四分之一世纪过去了，中国已经成为仅次于美国的第二大能源消费国。双方理应共同努力，确保世界石油供应和价格的稳定，同时在节约能耗，提高能效，寻找替代能源，防止环境污染方面进行认真的合作。从目前的走势看，第二种选择的呼声在美国正在逐步取得优势。

第四，关于如何运用中国的影响力问题。随着中国经济实力的增强，中国对世界的影响力正在加大。当前，建立在国际货币基金组织、世界银行和世界贸易组织基础上的国际经济秩序在发展中面临不少问题和困难，布什政府要求中国成为负责任的利益相关者，承担起大国应当承担的义务，其潜台词就是要中国在这些组织中发挥更大作用，当然最好是发挥符合美国利益的作用。增加中国在 IMF 中的投票权也包含这种意图。

上面从布什政府以及佐利克、保尔森等近来的言行中所观察到的对中国和中美关系的重新评估，可以看到尽管他们的说法仍带有美国价值观的色彩，但比起布什政府早期对中国的认识已有很大进步，总体上是积极的、务实的，更切合实际的。在这种认识的基础上展开战略经济对话，会使中美经贸关系得到比较平稳的发展，至少在布什任期内这是可以预期的，因此，中美建设性的合作关系也将有可能上升到一个新的水平。

（原载《世界知识》2006 年第 21 期）

美国的消费信贷和金融工具创新

——简介美国的支付卡^①行业

自第二次世界大战结束后进入服务型社会以来，美国已经变为以消费为主的经济体。消费在国内生产总值中所占的比重由 1945 年占 48%，上升到 2004 年的 70%。居民的高消费是当代美国经济的突出特征。

这种经济结构的出现是由多种因素促成的，其中之一是金融机构对居民消费的大力促进。这就是说美国居民消费需求的满足，其中一部分是靠借债实现的。金融机构对居民消费起到了调剂余缺的作用。分期付款负债和信用卡负债两者是消费信贷的主要组成部分。消费信贷发展很快，在1980—2000 年间，由 3494 亿美元上升到 15315 亿美元，平均每年递增 7%。

消费信贷的迅速发展反映出美国人在消费观念上的巨大变化。而观念的转变没有制度创新和技术进步是不会变为现实的。消费信贷和支付卡行业是在几十年中，经过若干制度创新和技术进步才日趋成熟的。从时间序列看，支付卡中最早出现的是签账卡，不久信用卡应运而生，最近以来借记卡也开始流行。目前这三种卡在美国都有自己的市场，不过占统治地位的是信用卡（在支付卡中要占 70%）。支付卡行业的发展完善和创新不仅标志着美国金融工具的现代化，而且对美国的消费者、金融部门、工商企业，乃至美国的宏观经济都产生着深远的影响，并带来若干新的矛盾和问题。

---

① 支付卡(payment card)是信用卡(credit card)、签账卡(charge card)和借记卡(debit card)的统称。

为扩大消费服务的金融工具创新

在支付卡行业出现之前，消费者利用商家的商业信用满足消费曾是美国的长期历史传统。1812 年一家纽约家具店用分期付款的办法出售家具。第二次世界大战后，近郊居民区的出现，孕育出商业购物中心，以及连锁店和折扣店，它们扩大了商务活动的空间，因此有必要用正规的分期付款取代小商人和他们非正式的、个人间的零售信用。

在支付卡的发展史上重要的转折点有两个，第一个是晚餐俱乐部支付卡，第二个是经营信用卡的合作—竞争组织（Co‑opetition）① 出现。它们都是金融工具的创新，是支付卡经济发展史上的重要里程碑。

1. 晚餐俱乐部支付卡

1949 年纽约信贷公司总裁佛兰克·麦克纳马拉在曼哈顿吃午饭时忘了带钱包，于是一个"晚餐俱乐部"的创意产生了。麦克纳马拉筹措了 150 万美元，与 14 家餐馆签约，并把名为"晚餐俱乐部"的支付卡发给有选择的对象。这个创意付诸实施以后，非常成功。到发卡一周年的时候，已经有了 4.2 亿个持卡人，每人每年付 18 美元的会员费。有 330 家餐馆、饭店和俱乐部签约接受这种支付卡。1956 年它的年度交易量已超过 2.9 亿美元，有 9000 个商家接受这种支付卡。参加的商号已经不仅是餐馆，而是扩大到了汽车出租以及礼品商店，几乎包括了旅游和娱乐的各个方面。两年后，"晚餐俱乐部"一年的收费已经超过 4.65 亿美元，从商人的折扣和持卡人会费中所赚利润高达 4000 万美元。"晚餐俱乐部"为现代支付卡树立了最初的收费标准，并为它的竞争者们所遵循。

1966 年美国运通公司在支付卡营业额总量上超过"晚餐俱乐部"而成为这个行业的领袖。"晚餐俱乐部"在竞争中虽然不是最终的胜利者，但是它所创建的支付卡平台的创新意义是不能抹杀的。这种支付卡是签账卡而不是信用卡，它有专门的业务范围，如旅游、娱乐、加油站，等等。

① David S. Evans, *Richard Schmalensee Paying with Plastic – The Digital Revolution in Buying and Borrowing the MIT Press*, 2005：61.

它的优点是在信用额度上较有弹性，是开支大笔金额的持卡人的最好工具，但也有一定限度。这种卡在通知偿还时没有宽限期，收到账单后必须立即付清款项，不能赊欠，不能累计余额。在美国，一般把签账卡看做地位的象征。对持卡人的审批比较严格。所以它的普及范围也就受到了限制，直到 1970 年美国只有 9.2% 的家庭有这种支付卡。

2. 维萨（Visa）和万事达（Master Card）公司的创新

在支付卡的发展史上，维萨、万事达等公司合作—竞争组织的出现是又一个重要的转折点和里程碑。它们的发展史就是银行系统进入支付卡行业的历史。

在银行中首先介入支付卡业务的是位于加利福尼亚州的美洲银行。1958 年 9 月，美洲银行开始发行信用卡。允许某些持卡人使用循环信贷，是信用卡与签账卡的不同之处。信用卡的另一个特点是通用性。这个特点使它与专门用于旅游娱乐的签账卡不同，因而有广泛的应用范围，从而给消费者带来方便，并且增加了它的使用价值。

由于当时美国的法律不允许银行跨州经营，1966 年美洲银行决定实行信用卡的特许权经营。在全国各地建立特许权联营店。这种特许经营不限于美国，一些国家如加拿大、哥伦比亚、意大利、日本、墨西哥、葡萄牙、西班牙、英国和委内瑞拉的大银行也加盟成为特许联营店。

许多银行从 20 世纪 60 年代起纷纷举办信用卡业务，由此产生了一种建立合作—竞争组织的创意。在伊利诺伊州的五家银行最先举办了中西部银行卡。到 1967 年 1 月印地安那州、伊利诺伊州和密执安州的 600 家银行都已加入了这个组织，全美国其他各州的银行也纷起效仿。

到 1968 年美国全国已经有了两个相互竞争的全国银行网络：美洲银行卡特许权经营系统和行际合作系统。所有大小银行都同二者之一进行联盟。一般说，较大的银行都倾向于行际卡协会，首先是因为它是各家银行联合拥有的品牌而不是哪一家的品牌，其次因为它只收少量准入费和小额年费用于支付合作组织的运营成本。1969 年行际卡协会改名为 Master Charge，到 1979 年又改为万事达（Master Card）。

1970 年，美洲银行改名为全国美洲银行卡公司（National Bank Americard, Inc., NBI）。这个组织不是通常的股份公司，它的会员有投票权，但是不能收购或出让股份。NBI 有包括美洲银行在内的 243 位特许会员。这一变革标志着特许权经营的退出历史舞台，以及合作—竞争组织在信用卡行业地位的确立。1976 年 NBI 改名为维萨（Visa）卡。

维萨和万事达所发行的信用卡是一种小额无抵押的私人贷款，属于支付卡中的另一类。它要求在特定期限内分期偿还，因系银行担保无抵押贷款，所以贷款利率较一般银行贷款利率高出许多。同时还限制信用额度以及最低应偿还金额，目的在避免消费者积欠过度。

维萨和万事达是奉行合作—竞争原则的两大系统。它们的银行会员作为信用卡发行者（issuer）在争取持卡人时是相互竞争的；它们的银行会员作为招商者（acquirer）在招揽商家上也是相互竞争的。在合作的方面，首先，它们共同商定处理交易清算的规则，包括如何分摊交易费用以及交易费用占交易额的百分数；其次，它们共同使用同一个品牌，把美国各州和世界二十几个国家在不同名称下发行的蓝—白—金色卡，用同一个品牌加以标准化，有利于提高人们对信用卡的接受程度。合作—竞争组织还为会员提供一个账务清算系统的平台，使每一个会员能够更加方便地参加到广泛连接的信用卡网络中来。

竞争者之间的合作已经被证明对支付卡的健康发展至关重要。所以不仅同一个系统的会员进行合作，就是维萨与美国运通公司这两个劲敌之间也进行合作。1968 年它们坚持由美国全国标准研究所开发支付卡的共同标准。包括卡的大小、签字所在方格的位置、雕花字体的样式，以及协调一致的账户数字系统，等等。这种合作在网络经济中是很普遍的，因为大家都由此受益。

合作—竞争组织是一种开放的、竞争的网络结构。协会是开放的，它们的会员可以无限增加，协会是竞争的。会员通过激烈竞争，广泛招揽持卡人和商家，这样就可以不断扩大信用卡的运营规模。运营规模越大持卡人和商家双方都获得更大的利益，这就是网络效应。

促进支付卡经济发展的外部条件

在 20 世纪 70 年代，支付卡在美国已经十分流行。不过它的发展是不平衡的。运通公司的签账卡发展较快，到 1977 年，它已有 800 万持卡人，年费收入达 3.39 亿美元。当时它决定不搞信用卡发行。这是因为外部条件对信用卡的扩展不利。

70 年代，维萨和万事达这两个以发行信用卡为主的合作—竞争组织的处境很困难。在各种条件的约束下，利润来得并不容易。70 年代初是以巨额亏损为标志的。尽管银行卡的发行商到 1972 年已经不再亏损，但仍然难于从信用卡上赚钱。

除了发卡银行自己的问题以外，政府规章的约束、利率的动荡以及宏观经济的停滞膨胀也增加了它们的经营困难。它们的大发展有待政府扫清这些障碍，同时也要等待技术的进步，给信用卡的运作创造更加方便、快捷和安全的条件。这些条件是在 20 世纪 70 年代末和 80 年代初逐步完备的。

1. 扫除反高利贷法的障碍

在 1982 年有 36 个州有反高利贷法。银行的办法是量体裁衣。在高上限的州可以多发行信用卡；在低上限的州则少发信用卡，或者提高会员费。在此情况下信用卡业务就很难开展。

反高利贷法对全国信用卡行业的发展是一种障碍。因为它限制了银行向全国或地区销售信用卡的能力。利率在一个州是合法的到另一个州就变为非法。一家银行因而就不能在全国或本地区以外销售它们的信用卡，从而实现规模经营。

最高法院的一个裁决在 1978 年改变了这种游戏规则，并且帮助创造了支付卡的全国竞争。奥马哈第一银行服务公司是奥马哈第一国民银行的一家子公司，这家公司开始应用在内布拉斯加是合法的利率，它比明尼苏达信用卡客户的利率上限要高些。于是明尼苏达马奎特国民银行就出来挑战这种做法。这时最高法院站到了奥马哈第一银行一边。在马奎特国民银行诉讼奥马哈第一银行服务公司一案中，法院裁决说作为一个国民银行，奥马哈第一国民银行"对任何贷款可以按照银行所在的那个州的法律所允许的利率收取利率"。法庭所说的银行的"所在的州"指的就是银行获得特许权的那个州，而不是它招募客户所在的那个州。

马奎特（Marquette）裁决导致三个重要发展：第一，全国特许银行开始在反高利贷法较少限制的州发行信用卡；第二，有些州为了吸引或留住那些可移动的信用卡业务开始修改它们的反高利贷法；第三，各州改变对利率的限制，为在全国范围销售支付卡搭好了舞台。

2. 扫除双重身份障碍

联邦反托拉斯法也对 20 世纪 70 年代支付卡行业的演变产生重大影响。维萨的规则最初禁止用万事达品牌发行它的信用卡。1971 年 7 月维萨的一个特许会员阿肯色州小石城沃尔森银行信托公司，提出了一个反托拉斯控诉，声称维萨的禁令等于是一种非法的集体抵制。虽然这件案子最终在庭外调解，维萨在别的地方仍然深陷在相似的官司之中。1974 年它要求美国司法部反托拉斯局禁止由发卡者和招商者银行搞双重会员。经过一年的考虑，反托拉斯局拒绝了这个要求，理由是信息不充分。由于没有反托拉斯局的支持，维萨不得不于 1976 年中取消了对双重会员的所有限制。"双重会员"的时代从此开始。

随着新会员急于发行第二张信用卡并与消费者签约，发行商之间的竞争急剧上升。自 1976 年中到 1977 年中，万事达持卡人的数目增长了113.7%，维萨增长了 13.1%，增幅都高过上年。招商者也同样为争取商号而竞争。从 1976 年中到 1977 年中，接受信用卡的商号也急剧上升，万事达的增幅是 24.3%，维萨是 17.3%，都高于上年。

在限制取消一年以后，这个国家发卡的 20 家最大银行都变为双重身份，即同时可以发行两家的信用卡。随着系统重叠的增加，在 20 世纪 80 年代，维萨和万事达两度讨论合并，但未达成协议。

3. 技术创新

80 年代外部条件的改善还表现在高新技术的应用上。尽管银行卡在 70 年代处于挣扎状态，它们所属的协会为现代电子支付卡系统打下了基础。这两个协会建立的品牌——万事达和维萨已经牢固地镌刻在消费者和商号的心目之中。两家协会在 70 年代都对高新技术进行了大量投资。

维萨还利用数据设备公司的计算机建立了 BASE－I 系统。这个系统允许一个商家授权请求通过电话线从商号传输到持卡人银行，当持卡人银行不营业时由维萨提供后勤支持。这个系统于 1973 年开通。BASE－I 把授权交易的等待时间从 4 分钟减少到平均 40 秒。建立这个系统花了 3000 万美元，但是估计它在运行的第一年，在防止造假上为会员节省了 1 亿美元以上。不久维萨又开始建设 BASE－II，它把整个交易过程计算机化了，并且解决了另一个重大的在会员中进行实物文件交换的头痛问题。BASE－II 于 1974 年联机。万事达进行了同样的投资使它的系统摆脱了纸张的束缚，用它自己的 BankNet 和 I－Net 系统实现计算机联网。

支付卡行业的网络效应与信息技术的网络效应相结合，相得益彰，促使支付卡行业获得了更快的发展。

支付卡行业的成就

1983 年标志着美国经济滞胀的结束和一个长期经济扩张的开始，支付卡行业有了长足的发展。至少有 1500 家公司在美国开办签账卡业务。美国运通公司是主要签账卡的发行者，占有 87％旅游和娱乐卡。信用卡的发展更快，从 1982 年到 1990 年接受维萨卡的商家已有 250 万家。万事达的情况大致相仿。

信用卡已经成为银行业热情拥抱的金融工具，它能够从多方面为银行谋利。发卡的银行向会员收费。它们也从商家那里赚得收入，通过互换费得到每次交易量的一个百分数。还可以从持卡人周转贷款的未偿还余额中获得融资费。招商者银行也可以从商家那里赚得收入，费用通常也是交易量的一个百分数。

2002 年，美国消费者拥有 8.65 亿张签账卡、信用卡和借记卡，为购买 1.7 万亿美元的商品和服务付了款。就增长速度说，信用卡要比签账卡快一倍以上。这种发展态势说明支付卡，特别是信用卡，深受广大消费者的欢迎，这是因为他们不仅从这种经济行为中得到了方便、快速和安全的支付手段，而且获得了简便、宽松、应急的融资手段。合理地使用支付卡可以提高消费者的生活质量和生活水平。

根据研究信用卡行业盈利的权威人士奥苏贝尔的说法，在 1983—1988 年间，信用卡发行者比普通银行回报率要多赚三到五倍，成为金融中心的最大银行赚的是最高的利润。花旗银行是这个行业新发现的盈利源泉的主要受益者。1997 年花旗银行信用卡和签账卡的收入总额达到 69 亿美元；

在同旅行者集团合并之后，1998 年新账户增加了 1600 万，全世界总数达到 9900 万户。2001 年初，花旗银行有 4400 万国内账户（仅次于 MBNA 的 4790 万户），未偿还的信用卡债务超过 877 亿美元（位居第一）。此外，花旗银行客户收费使它的主要竞争者相形见绌，1999 年总额 1875 亿美元。总地说，花旗银行的信用/签账/借记卡组合包括 5300 万账户并且在 57 个国家有超过 1 亿的信用卡。

上述情况表明在美国，支付卡行业已经创造了一个消费者、银行、商家共赢的经济模式。

不仅如此支付卡还为小企业和创新企业找到了新的融资靠山，这是支付卡创新者始料不及的。现在信用卡向自营户（self – employed）提供着一种方便的支付手段以及一个宽松的筹款渠道。到 2001 年，差不多有 1070 万自营户有信用卡，占自营户的 86%。它们占信用卡贷款总额的 20%，占未偿还的贷款余额的 16%。在 1970—2001 年间，自营户的未偿还的信用卡贷款增长了 2 200%，从 1970 年到 1989 年增长了 12 倍，1989—2001 年又增长了一倍。对自营户的平均信贷额度在 1989—2001 年间增长了 60%。

自营户除使用个人信用卡外，还可以使用一种专门为小企业提供的企业信用卡，它是由美国运通公司、维萨和万事达推出的。

信用卡自 20 世纪 90 年代起，已经代替了银行借款成为小企业首要的融资源泉。今天多数新创企业对它们的早期存活要感谢信用卡。1998 年，一项对 504 家企业的调查报告说，47% 小的和中型企业主使用信用卡，这个数字接近两年前的一倍。这个融资来源超过商业银行借款（45%）、私人贷款（14%）、库存抵押贷款（13%）、个人住房产权贷款（12%），小企业管理局贷款（2%）和风险资本（1%）。大多数信用卡用户（62%）并不付清他们的欠款。43% 的被调查者指出他们在未来几年想使用信用卡来促进自己的业务。

支付卡业务对社会的某些负面影响

1. 消费者储蓄率下降破产率上升。在支付卡交易量上升的同时，支付卡债务也在迅速增长，1980 年循环贷款的未偿还部分不过 551 亿美元，占未偿还消费债务的 15.8%，到 1990 年飞涨到 2386 亿美元，占未偿还消费债务的 30.2%。1995 年又翻了一番，上升到 4430 亿美元，占 40.4%，2000 年为 1.4 万亿美元，占未偿还债务的 43%。

美国零售商和银行部门不遗余力地放款赊卖，以及公司精巧的营销策略，反映在消费者方面就是由于承担了高水平的分期付款贷款（汽车、家具、电器用品）和循环贷款（银行和零售信用卡）而使家庭储蓄不断萎缩。与此同时私人破产上升。50 年代每千户家庭破产者保持在 4 户以下，60 年代破产率翻了一番，70 年代每 1000 家破产户达到 9 家。破产率的急剧的增长发生在 90 年代。在 1990—1995 年每 1000 个家庭的破产户上升到 35 家。以后的五年每 1000 个家庭申请破产的超过 52 户，1998 年达到顶峰，1999 年才有所下降。

值得注意的是，与大萧条时期不同，这种超乎寻常的个人破产率恰好发生在这个国家的经济繁荣时期。90 年代标志着美国历史上最长的扩张期，失业率最低到 4%。这种不相匹配的关系：下降的失业率和不断攀升的破产率，原因是多方面的（如私人破产法的缺陷、经济衰退等），但至少部分地要归之于银行业降低条件向低收入工人提供过于宽松的消费信贷。

在 90 年代，银行卡的功能发生了急剧变化，它从向人们提供免带现金的方便，转变到在财务困境和社会危机中提供"救急贷款"。家庭开始实行把工资和信贷结合起来的预算方针。结果是美国个人储蓄率到 1998 年末下降到零。这种情况又反映为 1981—1982 年衰退中，高利息的信用卡债务的急剧增长；循环性消费信贷从 1982 年的 600 亿美元增加到 2001 年中的大约 6000 亿美元。

2. 大学生陷入债务泥潭

20 世纪 80 年代银行业发动了两个大胆的攻势：①为公司兼并收购筹款，②扩大消费金融服务。第二个攻势是 1981—1982 年衰退后发动的，导致大规模销售银行信用卡给挣扎中的中等家庭和工人阶级家庭。同时许多银行把注意力转移到有高度可塑性的和对时尚敏感的大学生身上。

今天，对银行说，大学生成为一个比他们婴儿潮父母一代更有利可图的、战略上重要的市场。这是因为在大学校园对他们进行大规模销售的成本相对较低（约为向他们的父母销售成本的一半），学生们对公司的忠诚的时间会更长（对信用卡说平均至少15年），他们提供有利可图的许多大公司（通用汽车、美国航空公司、《时代》杂志、沃尔玛）的市场机遇，同时他们需要范围很广的眼前的和未来的金融服务（私人学生贷款、债务合并贷款、活期账户、储蓄账户、汽车贷款、住房抵押贷款）。最后，在四年制的大学中每年至少有1/3的新学生会补充进来（一年级生和转学者）。

在1989—1991年的衰退中，银行为了扭转亏损状态，采取了一个新的行动，通知它们的信用卡分部，让它们可以忽略同学生签约必须有父母同意的规定。这个大胆的销售战略使四年制大学中有3/4的学生拥有信用卡。学生们的负债状况，据调查，1990—1995年，平均上升了134%，从900美元上升到2100美元。另一个调查发现在大学生中信用卡平均的负债在1996—1997年间从1879美元上升到2226美元。此外，在3000—7000美元的持卡人中信用卡债务从7%上升到14%，超过7000美元的从5%上升到10%。

信用卡债务对大学生个人当前的和未来职业前景都产生着负面影响。对某些人说，需要做额外工作会导致成绩下降或丧失奖学金以及其他财政援助，这会迫使中等收入家庭的学生从私立学校退学，而去上不太出名的公立大学。在州立大学的学生也许会掉队而转入专科学校。其他学生会发现他们的债务难以负担，在没有家庭帮助的情况下，在继续留校时被迫申请破产。对另外一些人，这种影响可能被推迟到毕业以后。这种学生在毕业后会因得不到好工作和足够的收入用于还债而陷于困境。最后，最新和最令人不安的趋向是内部的个人信用报告会被雇主拿去利用。在录用一个新雇员时，学生信用卡债务情况越来越被严格审查，以致成为评估雇员前景的重要依据。

3. 边缘化老年人债务缠身

由于传统观念的影响，老年美国人长期以来不是信用卡行业的主要争取对象。但是随着越来越多在经济上处于边缘的一部分老年人因家庭不幸、大病或其他不可抗拒的原因而陷于困境，他们正在被迫转变观念而向信用卡求援。而信用卡行业也正好趁势向他们积极渗透。根据美国退休人员协会（AARP）的资料，2000 年持卡人增长最多的是最年轻的和最年老的两极。65—74 岁的老年人持卡比例达到了 62%。与此相应，在经济上处于边缘的老年人很快开始积累高利率消费债务。

未来 20 年，老年人使用信用卡的趋势在增长。这有两个原因：

第一，经济环境的变化将迫使财务上绝望的老年人改变他们对消费信贷的态度，并且积累越来越多的个人债务。对边缘化的穷人说信用卡成为他们社会安全网的最后靠山。

第二，最老的和最不喜欢负债的年龄段的人正在被较年轻的婴儿潮一代所取代，这些人已经习惯于方便的银行卡或者已把贷款当作维持其生活方式的主要手段。

消费信贷和支付卡行业在中国崭露头角

消费信贷和支付卡行业对我国消费者还是比较新鲜的事物。尽管如此，随着市场经济的发展，自 20 世纪 90 年代以来，消费信贷和信用卡也已经在我国崭露头角。据调查目前在我国约有 2% 的家庭拥有信用卡，多集中于大城市。银行推行支付卡一般都从借记卡起步，然后发展为小额、短期贷款的信用卡，个别银行发行了人民币—美元或其他币种的双币种信用卡。

我国的文化传统是主张节俭储蓄，反对寅吃卯粮，人们对消费信贷和信用卡等新鲜事物难免有些格格不入。但是随着市场经济的扎根，在我国发展消费信贷并推行支付卡和信用卡也已成为客观需要。我们认为合理地发展消费信贷并推行支付卡和信用卡对促进经济增长，改善人民生活，提高支付手段的方便、快捷和安全性是有好处的，这是金融现代化的必经之路。美国在发展消费信贷和支付卡经济方面成绩很大。对它们的一些教训和负面影响应当引以为戒，但不能因噎废食，而是应当采取有效措施加以防范。为此，我们认为对发展消费信贷和信用卡应当采取积极的循序渐进的步骤。

所以有必要采取积极的步骤是因为：

（1）随着我国市场经济的迅速发展和商务往来的日益频繁，需要信用卡这种支付手段用于发展经济，提高人们的生活质量，而在企业界和工薪阶层中也有较大的发展空间。

（2）在市场经济中，收入的不均衡，要求用金融杠杆调剂余缺，除住房投资外，汽车、教育等大额家庭开支也需要融资手段。

（3）国内金融机构有发展新型金融产品以扩大盈利的需要，特别是随着金融市场对外开放的扩大，必须应对国外金融资本在新型产品方面的激烈竞争。

循序渐进之所以必要是因为：

（1）当前我国居民具有高储蓄、低负债的特征。为提高居民的消费水平，首先要消除人们对教育、保健、养老等方面的后顾之忧才能把大量储蓄释放出来，在此之后消费信贷才会有更大的发展。

（2）由于我国市场经济不成熟，许多发展消费信贷和支付卡的条件还有待完善。比如我国金融机构在掌握贷款人信用方面还缺乏可靠手段，在防范违规拖欠方面也缺少必要的防护机制。汽车贷款市场在2003—2004年曾经有过短暂的繁荣，但高达50%的拖欠率迫使银行取消了这项业务。再比如在商家方面，支付系统的建设还远为滞后。这是因为对许多零售商说安装一套电子通信系统的开支很大，它们负担不起。也有些商店则出于避税的目的而宁愿收取现金。

（3）我国也需要培养成熟的市场经济的消费者，让大家熟悉债务经济的特点和作为负责任的金融市场参与者的道德准则。还应擅长处理信用风险，掌握应对利率波动的手段。

千里之行始于足下，我们的消费信贷和支付卡经济已经有了一个开端，应当在积极发展、循序渐进中不断积累经验，在支付卡行业的发展上开辟出一条有中国特色的道路。

（原载《世界经济与政治论坛》2006年第6期）

美元波动影响内外有别

2006 年 11 月下旬以来，美元汇率指数（以 1973 年为 100）持续下跌，并突破了 85 的支撑线，到 12 月初跌到了 82。同 2001 年 7 月的 121 相比，跌幅近 32%。美国金融界一种意见认为，下一个支撑线是 80，那将是 30 年来的最低线，突破此线，美元就可能全线崩溃。但也有意见认为：美国的双赤字不解决，美元下跌就难以遏制，但贬值将是有序、起伏的，陷入危机的可能性不大。

美元波动对经济的影响可以从静态和动态两方面考察。静态地看，美元汇率的强弱对美国经济本身和世界经济有着不同的意义。强势美元为美国超级大国的地位增光，它有利于吸引国外投资，有利于美国公司的国外并购，增强美国人的海外购买力。同时，它也不利于美国的出口，是其贸易逆差扩大的根源之一。此外，美国公司的国外收益在汇回国内时缩水。对外而言，强势美元对外国投资者是强大的磁石，人们愿意以美元作为结算货币，并持有美元资产用于保值、增值。外国的商品和服务在美国市场具有价格优势，人们也愿意到美国兴业、求职而赚取美元。

动态地看，美元汇率的巨幅波动对世界经济的稳定有很大影响。它给投资前景增加了不确定性，影响投资决策。国际贸易会因汇率波动而提高交易成本。对外国的债务人和美元资产持有者而言，影响是严重的。此外，美元汇率波动会给国际投机资本以可乘之机，导致各国金融市场的动荡。

当前，人们普遍关注美国经常账户逆差持续扩大对美元走势的影响。20 世纪 90 年代，全球爆发过 6 次金融危机，且都同国际收支失衡有关。从经验看，一国经常账户逆差占其 GDP 的比重到 5% 时，即有触发金融危机的危险。2005 年美国经常账户逆差达 7914 亿美元，约合当年 GDP 的

6.4%，超过了经验主义的安全线。到目前为止，除美元呈疲软之势外，并没有美元暴跌和金融失控的迹象。这可能同以下原因有关：

第一，美国经济基数大，2005 年的 GDP 高达 12.5 万亿美元，而当年对外总债务约为 2.5 万亿美元，负债率 20.4%。按国际警戒指标，视国情不同，负债率应当在 20%—30% 之间。因此，尽管美国的当年经常账户逆差突破新高，却仍处安全空间。第二，贸易失衡同经济增长快有关，增长越快逆差越大，此时美联储利率政策趋紧，较高的利率则使美元得到支撑。第三，美国的贸易伙伴国为了防止对美出口滑坡，出手干预以保持汇率相对稳定。第四，美元贬值会给持有大量美元资产的国家或经济体造成巨额损失，所以一般说，它们不会在美元疲软时抛售美元。第五，有实力的国际金融炒家大部分在美国，搞垮美元于己不利，他们也没有同美联储对决的力量。

基于上述原因，当美国外债越来越大时，美元自然疲软，但突然崩溃的可能性则不大。鉴于美元汇率波动对国际经济的重要影响，关注它的走势，防范美元的汇率风险是一项十分重要的课题。

（原载《人民日报》2006 年 12 月 25 日第 3 版）

不可能人人当房主

　　奉行市场经济的美国，在 20 世纪 30 年代大萧条以前，基本上是不过问居民住房的。罗斯福"新政"是一个分水岭。为了挽救垂危的经济，解决居民流离失所和就业问题，保持社会安定，政府开始走到台前。于是，兴建公共住房，帮助社区扫除贫民窟；援助特殊群体如退役军人、中低收入者、老年人等，让他们获得合乎卫生条件的、体面的住房等政策，逐渐提上了政府的议事日程。

民主党总统的实践

　　从政治上说，扩大住宅计划和强化政府作用的呼声主要来自民主党人，而限制住宅领域的联邦政府活动基本上是共和党人的主张。但是也有一些例外。

　　战后美国国会通过的住房立法很多，而真正具有里程碑性质的，1949 年的住房法是一个。早在 1945 年杜鲁门总统就已经认识到："战后迅速扩大私人投资和就业最大和唯一的机会存在于住宅领域。"他要求重新启动公共住房计划，并且帮助社区清除贫民窟。这一倡议经过四年的激烈辩论，到 1949 年才成为立法。该法案把"使每一个美国家庭都有一个体面的家和一个合适的居住环境"作为政策目标。此后，有深远意义的立法是肯尼迪政府于 1961 年推进的住房法案，它有三大目标：一是治理都市病和交通拥塞，二是为中低收入家庭改善住房条件，三是刺激建筑业以抗击经济衰退。在肯尼迪之后，约翰逊总统把政府解决住房问题同他的"伟大社会"、"向贫穷开战"等宏伟蓝图结合起来，从 1964 年到 1968 年共通过了四个住房立法，并建立了内阁级的住宅和城市发展部。他在签署 1964

年法案时说："这个议案把消除我们城市的贫民窟和疫病的努力继续推向前进，保证那些最少能力的人——穷人、老年人、严重伤残者以及那些在农村的人找到体面的住房；帮助我们的社区向有序的方向发展，避免未来的疫病，并保证持久的美景。"这样，约翰逊就把政府解决美国人住房问题的作用推进到了极致。然而，他的"伟大社会"试验的失败，也使后来政府在住房领域的活动受到了约束。

美国政府解决居民住房问题的特点

第一，以居民的住房拥有率为衡量标准，虽然美国在人口增长的同时，居民的住房拥有率总体上是上升的，但因各届政府的政策理念不同，进展时快时慢。从 20 世纪初到 30 年代的 30 年间，美国拥有所有权的房主在全部住房中的比例只增长了一个多百分点；而从 30 年代到 90 年代则增长了 16 个百分点。30 年代大危机以后到 40 年代，房主的比重曾经是下降的，但五六十年代拥有住房的人则在快速增加。以后转为稳定增长，到 1995 年以后又开始了较快的增长，到 2004 年达到了 69%。

第二，从买房的承受能力看，完全不需要贷款的购房者是少数，多数购房者需要民间金融机构的支持。政府的援助虽然有重要作用，但处于辅助地位，由联邦政府通过保险或补贴帮助的住宅单位从来没有超过建筑单位的一半。从 1945 年到 1964 年，即政府对住房干预的高峰期，非农业住宅建筑总数为 2786 万个单位，其中由私营机构保险的常规抵押贷款占 52%，由联邦住宅管理局保险的抵押贷款占 18%，由复员军人管理局担保的抵押贷款占 9.8%。

第三，政府对弱势居民的不同群体采取了有针对性的援助措施。从方式上看主要是运用财政金融杠杆，依靠公信用对抵押贷款进行保险或担保，结合使用补助、补贴和直接贷款等方式。此外，政府充分发挥抵押二级市场的作用把抵押贷款的资金来源扩大，把市场搞活也是带有美国特色的一种创新。

给中国的启示

中美两国经济发展水平不同，社会制度不同，国情不同，但现在都是市场经济，所以两国政府都有运用政府和市场两手实行住房资源最佳配置以促进住房业发展、让居民安居乐业、稳定国民经济的任务。在这方面美国的经验和教训都对我们有一定的借鉴意义。以下几点值得特别关注。

第一，政府的着力点应当是解决中低收入居民的住房问题。

在市场经济条件下，政府对居民住房的干预重点除总体规划和引导外，应着重于解决中低收入者的居住问题。中美两国住房问题产生的历史背景是完全不同的。在改革开放之前，中国实行的是公房制，改革开放后由公房制向住房商品化过渡。而在美国，1776 年以来的一个半世纪实行的是私房制，20 世纪 30 年代大危机后由政府对弱势群体提供公房，同时由政府对中低收入者的住房抵押贷款进行保险或担保。这种历史背景的差别决定了美国政府对住房市场的介入一开始就是针对弱势群体的。而我国政府解决居民住房问题，一开始注意力就都集中在商品化上了。商品化第一阶段比较容易，用优惠价把干部和企业职工的公房变为商品房卖掉就行了；但是第二阶段就复杂得多。改革开放以来职工收入虽然有很大提高，但在经济结构调整中下岗的职工很多，生活很困难，新就业的年轻人收入也不高而且没有积累，真正有能力买房的人是少数。实际需求与有购买力的需求不匹配，购房承受能力不足，成为居民住房困难的重要根源。在此背景下，政府必须在推行住房商品化的同时，把侧重点转到保障中低收入者的购房和对极低收入者提供公房上。这并不是走回头路，而是在市场经济条件下对政府职能认识的深化。

第二，解决住房问题的目标应当是人人有房住，而不是人人当房主。

从美国的经验看，人人当房主是一个很长的过程。在美国，住房是个人资产中最大的一项，在资产中所占的比率平均为 44%，而汽车只占 8.3%。买房对美国人来说是一件大事。1940 年，美国人均 GDP 为 1300 美元（1947 年美元），居民住房拥有率只有 43.6%；到 2000 年居民人均 GDP 达到 35000 美元时，住房拥有率只上升到 67.4%。60 年中每年平均增长不到 0.4%。可见，要做到家家"拥有"住房是多么不容易，何况这还是在经济最发达的美国。所以，处于社会主义初级阶段的中国，应当从实际出发，不要把人人"拥有"住房当作眼前目标，而是要力争做到人人有房住。但这里说的有房住，不是住在棚户区，而是要有适宜居住的条件。这就是说，收入极低者将有可能住在政府提供的宜居的公房当中，或者租住宜居的私房。美国有一条规定，房租大体不超过家庭收入30%，超过部分由政府补贴，这也是我们应当做到的。要解决这个问题，政府和无房户都应当转变观念：在政府方面，必须把提供宜居的公房看做自己的职责；在个人方面，当承受能力不强的时候，不要不顾一切地买房，欠一身债，变为所谓的"房奴"。在政府财力不足、难以提供足够的宜居住房时，可以鼓励私人资本进行这方面的投资。只要建房或买房出租的目的确实是为提供公房者，就给予税收上的优惠。美国允许居住公房五年以上、符合一定条件的住户可以按优惠价将公房变为自有房的办法也值得我们借鉴。

第三，运用财政金融杠杆，撬动国内外资源，加速住房建设。

美国政府帮助弱势群体解决住房问题的手段，主要是利用公信用拓宽解决住房资金来源问题的渠道，而不是财政拨款。拨款只限于少数领域。这样做成本较低，效果较好。主要是由政府对中低收入者的抵押贷款给以保险和担保，这样就使贷款机构愿意对高风险人群即弱势群体发放贷款，使他们能够获得购买房屋的资金来源，而政府则可以收到一笔来自贷款机构的保险费，用来应对可能出现的风险。构建二级抵押贷款市场是美国另外一个比较成功的经验。两个机构——房利美和房地美都是准政府机构，有足够的公信用和财力来调动国内外资源为解决美国住房问题服务。它们的功能第一是通过买卖抵押贷款权证，为一级市场的贷款机构纾缓资金套死或过剩的困境；第二是以抵押贷款权证为后盾在国内外发行证券用于扩大资金来源。为此，美国政府允许财政部收购房利美和房地美所发行的优先股，然后又允许财政部按它们自有资本1∶10的比例向它们发放贷款。这样就使财政部门发挥了财政信用的功能，这种做法打破了惯例，显示了财政运作的灵活性。

当前，在我国的房地产市场上似乎还没有由政府对抵押贷款保险以及构建二级市场的迫切要求。这同我国住房抵押贷款业务起步较晚、覆盖面

较小有关。随着这方面业务的不断拓宽，抵押贷款保险和二级市场的需求
会趋于迫切，应当借鉴美国经验早做准备。

第四，加强宏观调控，防止住房业周期性大起大落。

当前中美两国都面临住房产业增长过快、经济过热的问题。两国都采
取了宏观调控措施。美国的办法是由联邦储备系统从 2004 年中开始 13 次
提高联邦基金利率，由此带动抵押贷款利率上升到 6% 以上。紧缩银根后，
住房价格开始下降，经济增长速度相应放慢。美国的宏观调控效果之所以
比较明显，是因为美国的法制比较健全，金融体系运行效率较高。

我国的金融体系尚不健全，房地产业的运作不够规范，单纯用金融杠
杆调控难以收到理想效果，因此必须综合运用经济的、法律的乃至行政的
手段对房地产市场进行整治。

（原载《世界知识》2007 年第 9 期）

美国的债务经济和全球经济失衡

美国的债务经济

从国民经济账户看，美国的债务经济的形成源于总投资大于总储蓄。第二次世界大战以后，美国的年度总储蓄（或称国民储蓄）占国内生产总值的比重20世纪60年代最高达到22%，以后逐步走低，到21世纪初从16%猛降到13%。相反美国国内总投资占国内生产总值的比重则一直盘旋在17%—22%之间。美国自1969年以来即出现总投资大于总储蓄的差额，这个差额用它们占国内生产总值的比重来表达，在1969—1976年之间不足1%，此后在2000年以前在1%—3%之间起伏，个别年度曾达到过4%。而进入21世纪之后，在2002年、2003年和2004年这三年，已分别达到4%、5%和6%以上。

每年国内总投资大于国民储蓄的差额是由净进口来平衡的，这就形成了美国的贸易逆差。贸易逆差经过国际投资的收支，以及国际单方转移支付的调整而形成经常账户逆差。这个逆差再经过资本账户的调整就是美国当年的净债务。它大体上与总储蓄与总投资的差额相一致（有统计误差）。美国从20世纪70年代起变为净债务国，到2004年已累积净负债24842亿美元（现值）。它是美国债务经济的集中表现。

要深刻理解债务经济的发生、发展及其今后的走势就必须对总储蓄和总投资的构成及其变化趋势以及时代特征和政策影响加以较细致的分析。

就总储蓄的构成说，它由三个部分组成，即个人储蓄、企业储蓄和政府储蓄。根据实证材料分析，美国二战后总储蓄三大组成部分的变化可以分作四个时段和四种不同模式。

1951—1980 年这 30 年为第一个时段，这个时段三种储蓄的比例大体上是 32∶64∶4，数据表明企业储蓄占大头，个人储蓄占企业储蓄的一半，其中个人储蓄占个人可支配收入的比例较高，在 5 %—8%①之间起伏波动，政府储蓄则只是个零头。这个时段历经杜鲁门、艾森豪威尔、肯尼迪、约翰逊、尼克松、福特、卡特七位总统。其间，凯恩斯主义赤字财政理论曾经盛行一时，财政赤字经常出现，不过由于政府储蓄中有固定资本折旧的抵消，政府储蓄仍然保持正数。即使如此由于约翰逊总统"大炮与黄油并举"的政策，总投资从 1969 年起即超过总储蓄，已经开了二战后债务经济的先河。

1981—1992 年为第二个时段。这个时段三种储蓄的比例大体上是 35∶71∶−6。其中企业储蓄继续保持优势，个人储蓄仍占企业储蓄的一半，其中个人储蓄占个人可支配收入的比例有所下降，起伏于 4%—6% 之间，这可能同美国融资工具的创新得到发展有关。政府储蓄在三种储蓄中的比例则降为负数。这个时段历经里根、老布什两位总统，他们奉行供应学派经济理论。特别是里根强调减税对刺激经济的作用，1981 年实行的经济复兴税法，通过减免个人所得税、企业所得税、能源税和加速固定资产折旧等，在 1981—1986 年的 6 年间共削减税收 7488 亿美元（约合现在的 1.5 万亿美元）。这样的巨额减税在美国历史上是罕见的。它对美国经济的影响可以从以下几方面来分析。认为减税可以刺激消费者增加储蓄的说法并未实现，认为减税不会减少财政收入而只会增加财政收入从而减少财政赤字的说法也没有得到验证。相反，里根的减税在 8 年中所造成的财政赤字高达 1.3 万多亿美元，超过历届总统累积赤字之和。其结果就是把政府储蓄降为负数。但减免企业税收对增加企业储蓄的固定资产折旧部分，特别是在刺激投资方面的作用则很明显。如果说 1969—1950 年这 12 年中，美国的总投资与总储蓄之差占国内生产总值的比率为年平均 0.87%，那么 1981—1992 年这 12 年中这个比率就变为年均 2.14%。美国的债务经济深化了。

1993—2000 年为第三个时段这个时段。三种蓄的比例大体上是

---

① 只有 1960 年个人储蓄占可支配收入的 4.9%。

18：67：15，其中企业储蓄继大大领先，个人储蓄与企业储蓄的比例从原来的一半降为 1/3 强，其中个人储蓄占个人可支配收入的比例则由 1993—1994 年的 5%、6%，逐渐降到 1999 年和 2000 年的 2%。个人储蓄之所以急剧下降，同股市繁荣所产生的财富效应有一定关系。这就是说当人们感到自己已经富裕到有充分保障的时候，就会把储蓄化为消费。在这个时段，政府储蓄也出现了新面貌，其占国内生产总值的比例一举跃升到 15%，这在二战后是空前的，其主要原因是克林顿政府奉行了紧缩的财政政策，从 1996 年开始变年年有联邦财政赤字为当年收支平衡，并有结余，其幅度之大也是二战后其他总统任内所没有做到的。不过联邦财政的这种形势并没有扭转总投资大于总储蓄所导致的债务经济。这是因为 20 世纪 90 年代是美国空前繁荣的时期，连续 120 个月的经济扩张带动了投资热潮，也鼓励了外资的大量流入。再加上个人储蓄的下降，就使投资大于储蓄所占国内生产总值的年均比率上升到 2.65%。克林顿卸任之前他曾主张把财政结余专门用于充实社会保障和减少债务，如果长期坚持这种政策，美国的债务经济会在一定程度上有所改观，问题在于不久白宫易帜，他的宿愿未能实现，美国的债务经济继续下沉。

2001—2004 年是第四个时段。这个时段三种储蓄的比例大体上是 10：93：-3。其中企业储蓄升到相当于个人储蓄的 9 倍多。个人储蓄急剧滑坡，其占个人可支配收入的比例从 2001 年占 1.8% 到 2004 年降为 1.2%，这在美国历史一也是空前的。2001 年股市泡沫已经崩破，取而代之的是房地产市场的空前繁荣。房地产涨价的财富效应使美国人进一步扩大消费，因此个人储蓄继续下降，与此同时美国人也更热衷于投资房产，抵押贷款负债更加扩大。这个时段，在白宫小布什的政策当令小布什对减税大刀阔斧，坚定不移。在他上台不到五个月的时候就提出了一个 10 年减少个人所得税 1.4 万亿美元的议案并获得通过。这是自 1981 年里根减税以来的最大减税。接着 2003 年，小布什又提出了一个 10 年减税 4760 亿美元的议案，在国会中被通过。这样就使美国联邦财政预算由克林顿时期的连续四年有结余变为从 2002 年出现赤字，到 2004 年达到 4127 亿美元的创纪录水平，与此相应政府储蓄在总储蓄中的份额也变为 -3 个人储蓄和政府储蓄的大滑坡，加上从 2001 年 1 月以后美国的经济复苏导致的投资上扬，使投资大于储蓄所占国内生产总值的比率上升到 2002 年的 4%、2003 年的 5% 和 2004 年的 6%。美国债务经济达到了新的高峰。

　　美国的债务经济从短期看得大于失。在家庭债务方面，大头是占家庭债务 80% 以上的住房抵押贷款，它对居民拥有住房起到了重要作用，同时也使居民有可能大幅度提高消费水平。政府债务对两党执政者有不同的效用。民主党举债促进社会保障和居民福利，使弱势群体受益，巩固了其选民基础；共和党用举债实现其减少富人和大企业税收负担的目的，调动他们生产和投资的积极性，由此获得更高的政治支持率。正是由于有这么多好处，所以居民和政府对改变这种状况并没有做过前后一贯的努力。

债务经济和美元危机

　　美国由债务经济获得了很多好处，却并没有付出什么代价。不过代价总会有的，其中最令人关切的就是美元的贬值和美元危机的潜在风险。在这方面历史教训很多，20 世纪 80 年代的拉美债务危机，90 年代发生在世界各国的六次金融危机都是由债务过大，国际收支严重失衡而引发的。美国会不会重蹈覆辙，这是一个有很大争议的问题。

　　债务庞大收支失衡已使美元汇率趋向疲软是不争的事实。根据联邦储备系统大口径实际汇率指数的记载，美元汇率指数 2002 年 2 月为 112.9（以 1973 年 3 月实行浮动汇率时起为 100），到 2007 年 2 月下降到 95.1，照此计算美元贬值了 18.7%。其中美元兑欧元贬值幅度最大，2002 年 2 月，1 美元兑 1.14848 欧元，2007 年 2 月，1 美元兑 0.769 欧元，美元贬值 30%。同期美元兑日元贬值 10.5%。不过从欧元交易开始上市的 1993 年算起则是另一幅画面。1993 年 1 月美元汇率指数为 90.74，与之相比 2007 年 2 月的美元汇率指数上升了 4.9%，同期美元兑欧元为 1:0.82402，奖元只贬值 6.6%，美元兑日元为 1:125，美元贬值 3.4%。数字说明美元贬值并不像有些人想的那么严重。原因在于国际收支平衡只是影响汇率的因素之一，而不是全部。

　　自从 1973 年布雷顿森林体系解体，国际货币制度由固定汇率制变为由市场供求关系决定的浮动汇率制以来，各国汇率不断地起伏波动就成为国际货币市场的主要特征。不过这种看似无序的汇率动荡实际上还是由几个基本经济因素决定的，它们是：一是该国的经济表现；二是通货膨胀率；三是利率；四是国际收支平衡。这几个基本因素的变化导致货币供求的变化，从而对汇率产生影响。当然地缘政治因素以及投机炒作因素也会影响汇率，但它们通常是经过基本因素而起放大效应的。

美元汇率波动的规律同样可以用这几个基本因素及其相互作用来解释。从历史资料看，美元汇率在美国经济衰退的 2001 年 7 月达到顶峰，以后即随联邦储备系统的降息而走向疲软，直到联储从 2005 年开始提高利率才转而走强，这个势头保持到 2006 年 7 月，此后由于联储停止加息而再次走低。这一趋势说明汇率变动周期同利率变动周期大体是同步的。这是因为在各国通货膨胀率基本相同的条件下，提息是在经济强劲的时候，而降息则是在经济疲软的时候，经济强劲和提息都会刺激国外对美元资产的需求，使美元走强，反之则趋弱。美国不断扩大的经常账户逆差则是决定美元汇率在波动中缓缓下行这个总趋势的因素。

当前引起人们普遍关注的一个问题是美国经常账户逆差持续扩大对于美元走势的影响。从以往各国的经验看，如果一国的经常账户逆差占国内生产总值的比重上升到 5% 就有可能爆发金融危机，而金融危机一旦发生，本国货币就会严重贬值，并导致银行倒闭，股市崩盘，甚至发生经济危机。2005 年美国经常账户逆差上升到 7914 亿美元，约合当年国内生产总值的 6.4%，已经超过了经验主义的安全线。这是美国国内一部分人惊呼"狼来了"的原因。不过到目前为止，除一直存在美元疲软的趋势外，并没有出现美元暴跌和金融失控的迹象。这可能同以下原因有关。第一，美国经济的基数大，2005 年国内生产总值达到 124558 亿美元，而当年美国对外总债务为 25461 亿美元，负债率为 20.4%。按国际警戒指标，负债率的国际标准安全线，视国情的不同，应当在 20%—30% 之间，这就是说尽管美国的当年经常账户逆差打破历史纪录，却仍有安全空间。第二，通常贸易平衡同经济增长方向相反，经济增长越快逆差越大，此时联储利率政策趋紧，较高的利率则使美元得到支撑。第三，美国的贸易伙伴国为了防止对美出口滑坡，在美元疲软时往往要进行市场干预，以保持本国汇率的相对稳定，为此就必须抛售本币购买美元，给美元以支撑。第四，美元贬值会给持有大量美元资产的国家或经济体造成巨额损失，所以一般说，它们不会在美元疲软时成为美元资产的抛售者而对美元施加进一步贬值压力。第五，强势的美国经济，较高的生产率，较好的回报率，美元资产较大的流通性能，对海外的投资者有巨大吸引力，美国政府和企业并不愁借不到钱。基于上述原因，当美国外债越来越大时，美元自然要疲软，但突然崩溃的可能性则不大，这同其他国家以及实行布雷顿森林体系固定汇率制时，因美元的黄金储备告罄而触发美元危机的历史条件完全不同。

　　不过从更深层次分析，美元之所以不会轻易垮台，是同美元在国际货币体系中的绝对优势地位分不开的。在布雷顿森林体系瓦解之后，从表面上看美元的统治地位似乎是被削弱了，实际上在与黄金脱钩之后，美元仍然在全球发挥着国际储备货币、价值尺度、交换手段的功能。从统计数据看，2005 年美国的国内生产总值占世界的份额不到 30%，但是美元在世界储备货币中所占比重却从 1997 年的 56% 上升到 65%；美元在全球外汇交易中的比重从 54% 上升到 62%；美元在全球的贸易结算中的比重也从58% 上升到 65%，这种支配地位，说明全球已经从战后的黄金—美元本位变为准"美元本位"。这种地位的优势在于，不论美元是强是弱，都很少能挫伤美国经济。强势美元姑且不说，在美元不断贬值时，美元资产的国外持有者即使想抛掉美元也很少更多的选择，因为各国央行持有的美元储备高达 2.07 万亿美元①之多，但可供转换的资产由黄金到石油和有色金属，都不足以同如此巨额的美元储备相置换。把美元储备大规模变为其他币种也是不可能的，2005 年底欧元在国际储备中只占 28%，日元更少，只有 4%。它们的吸纳能力都很有限。所以预防美元贬值，除可能做有限的置换外，美元资产持有者在很大程度上只能坐看美元价值的缩水，这就同在一个封闭的国家发生通货膨胀时老百姓只能甘受损失的情形大同小异，而坐收铸币税好处的则是美元的发行者。从另一方面看，美元贬值对美国本身说只要国内不发生大的通货膨胀对经济就无大碍，反而有促进出口的好处。另外美国持有的国外资产是以外币计价的，美元贬值时，其国外资

---

　　① 根据 IMF 2006 年 12 月底发布的全球外汇储备报告，总计 4.75 万亿美国的外汇储备中，有 3.151 万亿美国的货币构成是已知的，其中 2.07 万亿是以美元讨价的资产。

产升值，反而有利于改善美国的国际收支平衡。

美元这种左右逢源的优势地位，是美国虽然背负沉重的债务包袱却很少可能发生美元危机的重要条件。这是其他任何国家所难以企及的。所以，其结果就是美国获得了债务经济给美国带来的一切好处，却没有为此而付出多少代价，这是金融霸权对美国的真正含义。

从美国金融失衡到全球经济失衡

在国际经济领域，美国金融失衡是传统的看法，是老命题，全球经济失衡是一个新命题。从老命题到新命题，创始者是美国现任联邦储备系统主席伯南克。

伯南克在 2005 年 3 月发表演讲，强调他的反传统观点，他说："我的答案在某种意义上说是反传统的，我将质疑一种普通的观点，认为美国经常项目逆差最近的恶化，主要反映了美国国内本身的经济政策和其他经济发展。我认为尽管国内发展肯定起着作用，但对最近美国经常项目逆差向上攀升令人满意的解释，需要一种充分考虑美国以外事件的全球眼光。更具体地说，我认为在过去十年几种不同的力量相结合创造出一种全球储蓄供应的极大增长———一种全球储蓄过度———有助于解释美国经常项目逆差的上升以及现今世界相对低水平的长期实际利率。"[①] 伯南克的观点发表以后，很快被媒体炒做成对新兴市场国家重视储蓄的批判。英国《金融时报》发表了《节俭悖论：过度储蓄正在为全球经济积累麻烦》的文章。该文把凯恩斯主义的"节俭悖论"应用于当前的国际金融领域，认为"如果私人领域的储蓄需求未能得到货币和财政政策的补充，一些国家就会出现经常项目盈余。为了维持这种状况，这些国家必须努力压低货币汇率，它们的贸易伙伴将出现经常项目赤字"。作者说："我们得出的最重要的结论是：应该减少过度储蓄，特别是新兴市场经济体的过度储蓄。"后者"正是造成今天的低实际利率、近乎疯狂的对高额回报的追求、持续的财政赤字和日益增长的全球不平衡状况的罪魁祸首"。

---

① 伯南克 2005 年 3 月 10 日在密苏里州圣路易市荷马琼斯的演讲。

　　更有甚者，美国的贸易保护主义者也就此问题大做文章。把美国的经常账户逆差归罪于中国的贸易顺差、外汇储备和人民币汇率。

　　美国国会下属的美中经济和安全审查委员会在其 2006 年 11 月向国会提交的报告中对美国的经常账户逆差的风险大加渲染。报告说："2006 年美国的经常账户逆差将超过 8000 亿美元或接近 GDP 的 7% 。这是历史上的极高水平，没有国家能够对此支持很长时间。其风险是：如果美国的借款能力突然停止，美国经济可能遭受急转直下的衰落。利率和通货膨胀率会随美元的下跌骤然飞升，股票市场行将崩溃。"

　　接着报告就指控中国操纵汇率，说：" 中国的贸易和投资政策直接依赖于政府对人民币价值的严格控制"，"操纵货币的后果是其巨大而不断增长的中国对其余世界的贸易顺差"。而这一顺差正在帮助推进中国的外汇储备突破 1 万亿美元。在历数了这些现象如何对美国不利以后，报告要求国会：①向世界贸易组织和国际货币基金组织控告中国操纵人民币；②要美国财政部明确：凡人为实行货币钉住政策以谋取贸易优势的国家就是操纵货币，为此要取消过去关于只有在全球都有顺差的国家才算操纵货币的规定；③建议国会通过立法把操纵货币界定为非法的出口补贴，对违规国家的出口要课征抵消关税；④建议国会通过立法允许美国商务部对非市场经济国家的补贴也可以课征抵消关税；等等。

　　伯南克的反传统观点引发了这样多的谬论，并导致美国贸易保护主义者把全球经济失衡的矛头不公正地指向中国，因此有必要对全球经济失衡的根源、危害、解决办法进行认真的剖析和厘清。

　　首先要探讨美国近年来庞大的经常账户逆差根源在哪里。伯南克认为全球储蓄过剩是主要根源，联邦预算赤字不是主要根源。理由是在 1996—2000 年间美国联邦预算年年有结余，但还是背负了 3000 亿美元的外债。伯南克的这种辩解并不能令人信服。大家都知道，1996—2000 年是美国经济最红火的时代，信息革命给美国带来了高生产率和高回报率，趋利的外国资本大量流入美国，特别是亚洲金融危机后，这些外资在美国的国际支付平衡上则表现为美国对外国的欠债。如果美国的联邦预算不是有结余而是有赤字，那么外债只能更多，而得不出预算赤字不表现为外债的结论。不仅赤字财政政策是外债的主要原因，联邦政府的金融政策也是主要原因，拿本世纪初个人债务的大头抵押贷款说，如果联储不把联邦基金利率降到 1%，如果美国金融机构没有在政府支持下的一套方便居民贷款和购房的机制，就不会出现 2000 年以来美国的房地产热。的确，在金融全球化的时代，全球的储蓄过多，也帮了美国的忙，但联邦储备系统的低利率和放松银根政策仍然是对房市红火起主要作用的因素。否则就难以解释为什么在联储 2004 年 7 月开始提高联邦基金利率之后，美国的抵押贷款利率不久就开始上扬，并对冷却房地产热发挥了作用。而此刻的全球金融市场，储蓄过多的现象并未消失。

其次，要承认如果没有全球储蓄过剩，美国实行其赤字财政政策和宽松的货币政策就会遇到困难，但是要问这种储蓄过剩是在什么条件下发生的呢？拿东亚国家贸易顺差较多这个问题说，人们认为这是东亚国家实行出口导向政策的结果，但东亚国家为什么能够奉行这种政策呢？这又同美国实行经济全球化战略分不开。这个过程可以追溯到战后 50 年代，当时美国实行产业升级，把劳动密集型产品分散到日本、韩国、中国香港、中国台湾等国家和地区，这种国际分工格局给日本提供了起飞的动力，造就了亚洲的"四小龙"。80 年代美国更发展到信息技术产业链的全球分工，进一步推进了东亚经济和贸易的发展。中国实行改革开放政策后则承接了东亚劳动密集型产业的梯度转移，并充当了信息产品的装配平台，从而使中美贸易有了快速发展，并从美国获得贸易顺差。中国从高技术产品获得顺差全因美国是信息产品的最终用户，中国是进口零部件的加工厂，中国的贸易顺差虽然很大，大部分是进口零部件的价值，中国实际所得只是不多的一点加工费，却承袭了获得巨额顺差的虚名。中国外贸发展神速，外汇储备增长超出预料，这并不是因为中国搞什么"重商主义"，而是由于世界各国，包括美国为了降低劳动力成本，都跑到中国来投资办厂，搞加工贸易的结果。至于整个东亚外汇储备多，原因还必须追溯到亚洲金融危机，亚洲国家并不是天生的储蓄狂，而是在金融危机中吃了苦头，使它们认识到现在以美国为主导的国际金融机构靠不住，在性命攸关的时刻得不到援助，因此只有增加本国的外汇储备才能自保。这一点伯南克也是承认的。

第三，对美国巨额经常账户逆差不从内部找原因而从外部找原因，不仅不能解决问题，而且会导致十分危险的结果。这就是给美国贸易保护主义者找到实行错误政策的借口。我们相信伯南克本人是主张自由贸易的，但从上面美中经济与安全审查委员会的报告就可以看出，美国的贸易保护主义者正在把美国巨额的经常账户归罪于中国的不公平贸易和操纵人民币汇率，而要对中国进行惩罚。如果他们的企图得逞，将不仅给中美贸易造成严重祸害，而且会给美国经济带来不可估量的损失。中美贸易当前的格局，给中美双方都带来巨大利益，美国大公司通过对华投资和加工贸易利润高涨，美国的老百姓通过进口质优价廉商品节省了开支，美国的通货膨胀受到抑制，美国政府通过低利借债使各项政策得以实施。如果美国贸易保护主义者搞所谓的惩罚性关税，当然会减少中国的对美出口，减少中国的贸易顺差，却减少不了美国的贸易逆差，因为美国的各项政策决定了美国的过度需求，美国不从中国进口还是要从其他地方进口，但是价格可能高得多，质量也未必有所保证。更为严重的是美国经济全球化战略最成功的一项杰作将毁于一旦。美国贸易保护主义反映的是美国大公司在实行经济全球化和产业升级的过程中大公司和中小企业的矛盾，强势集团和弱势群体的矛盾。在全球配置资源和产业升级过程中，一部分弱势群体受到失业、换岗、降低收入一类的伤害，中小企业在全球化中相对于大公司也处于不利地位，要求保护是他们的诉求，因此也成了某些国会议员的政治资本。但是总体而论这种主张是逆历史潮流的，不是解决问题的正确途径，并且不利于美国经济的发展。美国政府应当首先努力解决好国内的诸多矛盾，排除国内对经济全球化战略的干扰。

　　其实，美国的巨额经常账户逆差和全球储蓄过剩与其说是全球经济失衡，不如说是在现今国际金融秩序下的一种不稳定的平衡关系，它反映了当前世界各国的力量对比。美国背负相当 GDP 6%—7% 的重债而能稳坐江山，美元虽然贬值却没有发生乱象，这是其他任何国家所做不到的。归根到底这是靠准"美元本位"的金融霸权支撑的。这种状态从长远看虽有隐忧，但迄今为止并没有给美国经济和世界经济带来实质性伤害。相反对世界经济的增长还起到了一定的促进作用。现在惊呼全球经济失衡并把其根源归因于全球储蓄过剩的不是发展中国家而是某些美国人。

关键是防止以失衡为借口搞贸易保护

在美国国内，对巨额逆差和外债看法并非只有一种声音，并不是所有的人都忧心忡忡。格林斯潘对这个问题曾经评论说："美国巨额经常账户逆差并没有对美元汇率产生持续性的压力。原因在于这种逆差是美国国内外更长远的、更广阔的金融发展之反映。"① 他又说：随着专业化和劳动分工的越发全球化，逆差在全球 GDP 所占份额有所上升也许是合理的。即使它继续增长，美国的经常账户逆差也会恢复平衡。现任联储主席伯南克则认为巨额逆差产生的根源是全球储蓄过多，而过度储蓄的下降会随着时间的进展而自然发生。美国哈佛大学教授理查德·库珀更进一步认为："美国巨额经常项目逆差可能会持续若干年，这是世界其他地方过度储蓄、在美国有可供选择的具备吸引力的金融资产菜单、金融市场日益全球化的自然结果。美国显示了在创造具有高度吸引力的金融债券方面的相对优势，只要美国人把收益投资于生产性资产，这对外国人和美国人来说都有好处。这并不是说像一些分析家所担心的那样围绕美元急剧贬值的金融危机不会发生，而在于指出这样的危机远不是无法避免的。并且，的确它将不是从巨大逆差本身发生的。""在近期试图消灭这个经常项目逆差，或者，像某些人所倡议的把它减少到 2000—3000 亿美元，将是一个错误。"② 显然这类观点同把美国巨额贸易逆差归罪于外国人搞贸易保护主义，主张实行贸易惩罚的贸易保护主义者是根本不同的。

我们认为美国的巨额贸易逆差的根源是政府的大赤字和居民的低储蓄。要减少或消灭这种债务包袱也只有从改变赤字财政政策和增加居民储蓄入手。但是要想从这两方面下手解决问题绝非易事。就财政赤字而言，这是两党的政策使然，已经有 30 多年的历史，因此已经不是特例而变为常态，因为它后面有着不同利益集团的支撑和政治需要。反而，像克林顿时期的连年预算结余倒是特例，而不是常态。按照已经通过的预算法案，联

---

① 格林斯潘 2005 年 12 月 2 日在英国伦敦推进企业大会上的发言。

② 理查德·库珀：《与全球失衡共处》，哈佛大学国际经济研究所文章，2005 年 10 月。

邦政府要消灭当年赤字要到 2011 年以后。其结果还要看两党的政治较量。至于从个人方面解决国民储蓄问题难度也相当之大。个人的储蓄多少取决于流动偏好，美国的金融体制使居民投资能够有很大的流动性，投资于债券、股票甚至房地产都能保持较好的流动性而又能获得更高的回报率。除非通过实行极为优惠的税收政策，使储蓄的回报率高于投资，很难使居民改变目前低储蓄的现状。反过来美国人现在靠负债来促进经济增长的办法却使政党和老百姓都得到很多好处。这是在全球金融体系中准"美元本位"对美国的恩赐，天真到不利用这种优势倒反而令人难以置信。所以相信美国人会认真提高国民储蓄率并不现实。美国人采取措施，使双赤字变为可控已经是上上大吉。另一方面，从目前情况看，不要说消灭逆差，即便立即减少逆差几千亿美元，它所带来的冲击，恐怕也非美国经济和世界经济所能承受。

　　关于中国贸易顺差和外汇储备很高并因此而遭西方诟病的问题，我们认为这绝不是中国有意实行"重商主义"政策，追求高顺差的结果。中国的低劳工成本，使中国成为世界加工厂是主要原因。中国政府已经宣布要加大进口并力求进出口平衡，这种意愿是真诚的，并且已经采取措施，调整政策，朝这个目标前进。但是政策效应有滞后期，需要一段时间才能看到实效。如果美国人没有耐心，而错判或采取错误措施，那将是令人遗憾的。同时中国宣布要转变经济增长方式，由着重出口转变为着重满足内需，也是真诚的，是中国建设和谐社会这个战略目标的组成部分。无论从减少贸易摩擦，还是从保证经济的持续增长以及维护社会安定的角度看都是必须做的。但是实现这个目标需要时间，在社会方面，它同老年保险、医疗照顾以及教育体制改革，在企业方面，它同技术进步、产品升级、提高竞争力都有密切关系，而这些都不是一蹴而就的事情。就拿汇率机制改革说，一些美国人希望人民币能大幅度上下浮动。他们没有考虑中国还是发展中国家，人民币还不能像美元那样自由兑换。国际经验说明，一国货币在国际上的自由兑换必须是在国内金融体系健全、科技竞争能力较强时才有可能。在我国实行改革开放政策以来人民币保持了不可兑换的防火墙，长期钉住美元并保持稳定，这对于抑制通胀和抵御亚洲金融危机起到了很好的作用，此时美国人并没有提出过人民币定值是高是低的问题。但是在 2003 年前后，由于美国对华贸易逆差不断扩大，而美元又持续贬值，美国人开始把中国出口的强劲归因于人民币定值不合理，并提出人民币升值的要求。其依据则是对所谓市场供求均衡价格的测算，其实这种均衡价格只有在货币自由兑换的条件下才能在市场交易中发现，既然人民币是不能自由兑换的，那么任何用杜撰公式所测算出来的均衡价格只能是主观臆测的。

人民币的完全可兑换，是中国政府汇率改革的终极目标。在此之前，汇率改革并不是停止不前，而是积极地、循序渐进地实行了一切可能的改革，到 1996 年 11 月中国政府接受国际货币基金组织协定第八项条款的义务，实现了人民币经常项目下的可自由兑换。更在 2005 年 7 月把钉住美元的做法改为钉住一揽子货币，使在供求关系基础上有管理的浮动汇率制更加完善，这是一个很大的进步。中国渐进式的汇率制度改革常常不为一些美国人所理解，他们希望一步到位，既要大幅升值又要自由浮动。这是不了解中国国情的一厢情愿。中国人不是不知道人民币升值的好处，但同时看到急于求成所带来的金融风险和对企业以及劳工可能的冲击。这样就不仅会损伤中国经济，也会贻害全球，所以盲目燥动是不可取的。令人欣慰的是 2006 年底中美经济战略对话取得了丰硕成果，布什政府理解解决全球金融不平衡问题在美国方面是应当增加国民储蓄，在中国方面重要的是促进内需。在此基础上，中方承诺要增加进口减少贸易顺差，深入改革汇率制度，美方则承诺在增加国民储蓄改善国际收支平衡上下功夫。但是美国国会在中期选举后贸易保护主义又甚嚣尘上，事态的发展值得密切关注。

结　　论

第一，由美国巨额外债所导致的全球经济失衡，根源在于美国的投资大于储蓄。在多数情况下是由个人和政府开支过度所引起的，繁荣时期外资的大量流入也是一个原因。政府和个人开支过度是美国政府财政金融政策所促成的，它扎根于两党政治和不同利益集团的诉求之中，也同宪法对赤字没有约束以及美国的政党和选民都由此受益有关，要想改变这种格局难度很大。

第二，美国的经常账户逆差如此巨大却并没有酿成金融危机是全球金融市场上的准"美元本位"所造成的。这种金融霸权地位使它同其他债务国不同，有大得多的债务扩张空间。美元因重债而垮台的可能性很小，美国之所以能做到这一点，最终是靠它的经济实力和金融实力。要想改变这种格局也只有靠其他国家经济实力和金融实力的不断壮大，国际储备多元化则是可以期待的目标。

第三，美国在国际金融市场上融资，迄今为止没有任何困难，除美国的财富和经济实力以外，也同全球储蓄丰沛有关，但它是外部条件。所谓"全球储蓄过度"对亚洲国家来说同美国实行经济全球化战略改变了传统的贸易格局，以及亚洲金融危机的教训有很大关系。

第四，当前的美国巨额外债和全球储蓄过度形成一种互补关系，近几年来世界经济的繁荣正好建立在这种不平衡上，所以也可以说它是在不平衡中的平衡关系。目前保持这种不平衡对各方并没有太大的坏处。如果迅速改变这种不平衡反而会给世界经济带来严重问题。

第五，为了经济的持续稳定发展，美国应当提高国民储蓄率，中国应当促进内需，但受各种因素的制约，不能企盼双方的目标能很快实现，如果美国能够通过改变政策使经常账户逆差不再扩大，中国能够通过政策调整更多地增加进口，减少贸易顺差就是很大的进步。人民币汇率要增加弹性，但不能不考虑承受能力，完全浮动和可兑换是长远目标，但应积极创造条件。在此调整过程中重要的是谨防贸易保护主义对中美贸易大好形势的干扰。

（原载《世界经济与政治论坛》2007 年第 2 期）

美国竞争力领先的秘密

—— 读《2007 年美国总统经济报告》有感

2007 年 5 月，瑞士国际管理与发展学院（IMD）发表《世界竞争力年鉴》，对 55 个经济体的竞争力做了排名，美国蝉联第一。IMD 把竞争力标准分为四大类和 323 个具体指标，涵盖面很广。其实，竞争力最集中的表现是劳动生产率。也就是一个普通工人在一个工作小时内所能生产出来的产品和服务。如果其他条件相同，一个经济体的劳动生产率越高，他的产品和服务就会越便宜，工人的工资就可以更高，企业家的利润就可以更丰厚，在竞争中就可以把其他经济体甩到后头。碰巧，《2007 年美国总统经济报告》（以下称《报告》）的第二章专门谈到美国劳动生产率为什么能领先于其他发达国家。这恰好给 IMD 赠予美国的桂冠加上了一个注解。研究一下这个注解对我们认识美国为什么在世界上竞争力最强，其他经济体要努力赶上美国需要做什么样的努力是很有好处的。

劳动生产率增长的三个来源

一个经济体的劳动生产率靠什么增长？报告谈到了三个来源，即资本的深化、技能的提高和效率的增进。

关于资本的深化。当一个企业增加资本投资，用更好的机器、设备、建筑物装备一名工人的时候，他每小时生产的产品或服务就会增加，这是劳动生产率增长的第一个来源。举例说，1830 年美国农场主使用锄头和镰刀时，要用 250—300 个小时生产 100 蒲什尔小麦。到 1890 年，美国农场主增加投资，买来了马拉拖拉机，生产同样多的小麦只需要 40—50 个小时。再往后到 1975 年美国农场主进一步增加投资，买来了大型拖拉机和康拜因，生产同样多的小麦只需要 3—4 个小时。由 300 个小时生产 100 蒲什尔到 3 小时生产 100 蒲什尔，劳动生产率提高了 100 倍，显而易见这是增加资本投资而取得的效果。不过要注意的是，这不等于所有资本的增加都导致劳动生产率的提高。假定一个企业增加新工人，并为给新工人配备与原有工人所使用的一样装备而增加投资，则并不增加该企业的劳动生产率。

关于技能的提高。原来技术不熟练的工人要三天才能修理好一台机器，后来经过技术培训一天就能修理好一台机器，这就是技能提高所带来的劳动生产率提高。又比如说一个打字员在没有学会很好使用计算机时一小时只能打 2000 个字，经过培训一小时能够打 1 万字。这也是劳动生产率的提高。总之，工人通过更多的教育，培训，经验积累，提高了技能，因而能够有更多的产出，这是劳动生产率增长的第二个来源。

关于效率的增进。通常，当企业能够更好地组织和使用它们所拥有的设备和工人时，就能增进生产的效率。增进效率的途径，一个是生产流程的创新。例如，美国福特汽车公司的 T 型汽车本身是创新的产品，当亨利·福特大规模生产 T 型汽车时，他使用了流动的装配线，这就是生产流程的创新，新产品和改进的生产流程相结合，使福特汽车公司大大降低了成本，有效地提高了竞争力。一个改进生产流程最新的例子是美国 3M 磁带制造厂，他们通过部分地改进生产流程，提高了生产率。办法是把上胶机和磁带切割机的位置移动到靠近包装设备和运输机的地方，这种流程的重组减少了在全厂运输产品的距离，缩短了生产周期，因而增进了效率，但是并没有增加资本或劳工，这是劳动生产率提高的第三个来源。增进效率的另一个途径，来自于企业家的创业精神。比如企业家想出了做生意的新方法，或者进行风险投资，试制新产品，成功后产品升级，实现了更高的价值，同时体现为利润的提高，效益的增进和劳动生产率的提高。

由于衡量效率的增进不像衡量资本和劳工投入那样有明确的尺度，所以要知道它的数量，必须计算出一个经济体的人/时产量，然后减去资本投入和劳动投入，所得的余额就是效率的增进，又称全要素生产率。

十五年来美国劳动生产率提高的状况

报告把近 15 年劳动生产率增长的情况分为三个时段。1990—1995 年为第一时段。期间年平均劳动生产率增长为 1.5%，其中资本的深化为 0.5%，技能的提高为 0.4%，效率的增进为 0.6%；1995—2000 年为第二时段，期间年平均劳动生产率增长为 2.7%，其中资本的深化为 1.1%，技能的提高为 0.3%，效率的增进为 1.3%；2000—2005 年为第三个时段，期间年平均劳动生产率增长为 3.4%，其中资本的深化为 1.1%，技能的提高为 0.4%，效率的增进为 1.9%。

研究发现其他条件相同，有较高教育水平和较高数学和科学考试成绩水平的经济体会获得较快的经济增长。对 1950—1993 年美国经济增长的研究显示，这个时期三分之一的生产率增长来自于教育水平的增长。半个世纪以来美国的教育水平一直在上升。2004 年 25 岁的成年人中有 85% 报告说他们完成了高中的学业；28% 的成年人报告说他们获得了学士或高于学士的学位。而在 20 世纪中叶，完成高中学业的美国成年人只占 36%，获得学士或高于学士学位的仅占 6%。值得注意的是，尽管美国的年轻人的教育水平有了很大提高，但整个劳工队伍技能水平的进步是一个渐进的过程，在 15 年中年平均增长在 0.3%—0.4% 之间，因此它并不是近 10 年劳动生产率增长加速的主要来源。

数据表明，资本在数量上和质量上的增长则是生产率提高的关键因素，在 1995—2005 年间，在美国年均生产率增长中要占到 1.1%，与 1990—1995 年相比，其贡献率翻了一番还多。这种进步在很大程度上来自于信息技术革命所导致的软硬件投资。

但是资本的深化也还不是劳动生产率加速增长的全部原因。从其加速的过程看，有两个浪潮，第一个浪潮发生在 1995—2000 年间，这期间生产率加速主要是靠资本的深化。第二个浪潮发生在 2000—2005 年间，这期间生产率加速则主要是企业对这些新技术的使用越来越熟练的结果。其中也包括把信息技术同生产流程更好地结合，如运用信息技术降低库存，缩短交货时间，等等。

　　生产率增长的平均速度在美国各个产业部门之间有很大差异。不过从20世纪90年代中期以后生产率的高涨可以看做IT软硬件投入的结果。由于价格的下降以及IT设备速度和功率的迅速提高，生产IT设备的产业不仅直接推动着自己生产率的提高，而且间接驱动着IT设备在其他产业中投资的高涨，随后就带来了生产率的迅速上升。能够证明这一点的是，大凡肯在IT软硬件上加大投入的产业，如IT产业本身，零售业、批发业、运输业、仓储业，以及金融业的生产率都有明显提高，而IT投入不足的制造业，其生产率的增长则明显滞后。

美国的劳动生产率为什么能够领先？

　　同七国集团其他国家比，美国劳动生产率的增长在1990—1995年以及1995—2000年这两个时段，相对落后。例如在1990—1995年，美国的年平均劳动生产率增长只有1%多一点，而加拿大、法国在1.5%以上，德国、意大利、日本、英国则在2%以上。在1995—2000年，美国为2.2%，仍然落后于英国、加拿大。到2000—2005年美国为3.4%，超过了所有七国集团其他国家。如果就获得IT技术说，其他国家同美国差不多是在同一起跑线上，那么除此之外美国还有什么优势呢？报告讲了三个方面。

　　第一是金融的国际开放。报告说在过去10年，美国的实际私人投资以每年5.1%的速度增长，几乎比其他七国集团国家平均高一倍，只有加拿大除外。美国公司为了从IT繁荣中受益，在计算机、软件和雇员培训上大量投资，在1995—1999年间，每年平均增长率在20%左右。快于七国集团中的其他任何国家。为了替投资找到来源，美国在此期间从国际金融市场获得了大量资本。报告认为，进入国际金融市场有利于降低借贷成本，使美国能够在不增加国内储蓄的条件下增加资本投入，如果美国企业只有进入国内金融市场的条件这一点是不可能做到的。国际开放的其他方面主要是推进自由贸易，如建立北美自由贸易区，给总统以贸易促进授权，降低贸易壁垒，促进国际竞争等。

　　第二是灵活的劳工市场。报告认为从更灵活和竞争更激烈的劳工市场获得效率的增进是美国能够从技术进步受益的另一个重要原因。在世界银行的就业僵化指数中，美国就业的灵活性在七国集团中位列第一。而日本位列第四，法国则叨陪末座。就业僵化指数有三项指标，即雇用新工人的难易度，对工作小时伸缩性的限制，以及解雇一个工人的花费。美国雇用新工人的成本比其他国家低。其他发达国家因雇用和解雇工人的成本高，为了避免在需要扩大工人队伍时花费巨资，他们常常把不需要的工人也加以保留，工人的积压降低了劳动生产率，并且不容易对创新的需要及时做出反应。美国则相反，它可以根据技术创新的需要及时雇用新人，调整业务的规模和范围。

第三是创办企业的低成本。报告认为，在美国开办企业的低成本以及较少行政障碍，也对提高效率作出了贡献。世界银行的一个研究显示，在美国开办一个新企业所需的天数是五天，仅次于加拿大和澳大利亚。而在美国开办一家新企业的行政成本较低，在许多国家中排在第四位。新企业带来新观念，它迫使老企业也必须时刻不忘创新，从而保持整个经济有竞争力，并且有助于无效率的公司退出市场。

几点启示

第一，把生产率、竞争力同国际金融市场联系起来是一个新视角。美国是最善于运用国内外两个金融市场来促进经济增长的国家。同担心美国贸易赤字和经常项目赤字会给美国带来灾难的人不同，报告对美国向国际金融市场大举借债中看到了它的积极方面。他们认为这是一种开放性，它带来的好处是使美国在不增加储蓄率（或者说在不降低消费）的条件下扩大投资。担心举债过多给美国经济带来风险的人显然没有考虑到这样几点：首先，通过融资来促进创新和提高生产率本身就是巩固美国金融稳定的重要保障；其次，美国的生产率和竞争力以及美元的世界储备货币地位是美国能够从国际金融市场大举借债的重要条件；最后，只要美国从国内外借来的资本是用于发展经济的，就不会因为缺乏偿还能力而发生金融危机。当然美国的巨额债务并不都能满足这个条件，所以不能断言美国政府的金融政策毫无风险。

　　美国经验给我们的启示是，利用国内外两个金融市场来促进我国的经济发展，提高我国的竞争力是我们的弱项，我们不仅不善于运用国际金融市场，连国内的金融资源也没有充分利用，因此我们必须深入改革。

　　第二，把生产率、竞争力同劳工市场的灵活性联系起来，反映出美国对其他发达国家的一大优势。但这一点对美国人说又是一把双刃剑。一方面这是美国能够顺应技术进步不断进行产业结构调整和产品升级的条件；另一方面又使一部分美国工人处于不断变换岗位，生活十分动荡，工资受到压抑的状态之中。这种状况同美国国内贸易保护主义抬头是有关系的。当前中美贸易摩擦就其实质而言就是美国跨国公司在产业结构上的调整和全球布局同一部分在结构调整中受到损害的劳工群体之矛盾，这种矛盾被一些政客所利用，把中国当成了替罪羊。

　　第三，提高竞争力和劳动生产率是我国赶超发达国家的必由之路。深化金融改革充分利用国内外金融市场是我们要努力的方向，在不损害劳工根本利益的前提下提高劳工市场的灵活性，以及降低企业进入市场的门槛，促进新老企业的新陈机能都有参考价值，但所有这些经验都必须紧密结合我国的实际加以应用才能体现其价值。

（原载《世界知识》2007 年第 12 期）

财政学基础理论应该以马克思主义为指导

在我国财政学界，有一点是共识的：要适应社会主义市场经济的现实，进行财政学的理论创新，为构建社会主义和谐社会作出贡献。这是一个相当艰巨的任务。因为我们的市场经济，尚处在完善过程中，适应市场经济的财政工作也在探索之中，理论来自实践，所以要马上拿出一本让各方满意的、创新的中国财政学并不是一件容易的事情。目前大家都在探索，就高等院校的财政学范本看，大概有这样几种模式：第一种是以马克思主义为指导的基础理论；第二种是完全介绍西方观点的基础理论；第三种是以西方理论为指导的基础理论。现在仅根据自己的理解谈一谈创新的财政学需要何种基础理论的问题。

一　我们需要能阐明客观规律的理论

首先是创新的财政学能不能以西方的理论为指导？我认为，对西方财政学中符合实际的观点要吸收，但不能用西方财政学的理论指导我们的财政学。指导中国财政学的理论基础只能是马克思主义，创新不能离开马克思主义的指导。为什么这样说？这是因为西方财政学是以西方经济学为基础的。而西方经济学在亚当·斯密和李嘉图之后，把古典经济学的科学部分阉割了，变成了具有阶级偏见的辩护性理论，而真正能够说明客观经济规律的是马克思主义的政治经济学。我们的财政学应当是能够说明社会发展规律和财经运行规律的科学，这个任务依靠照搬西方经济学和财政学是完不成的，更谈不上创新了。

马克思主义经济学与西方经济学在四个方面存在着根本分歧。

1. 经济学的核心理论——价值理论

西方经济学的价值理论不科学，本来亚当·斯密的劳动价值学说是科学的，但是后来被西方经济学家辩护性的理论扭曲了，把价值及其形成过程说成是物品满足人的欲望的能力，或人对物品的主观心理评价。后来的边际价值论，则从人对商品效用的主观心理估价，引出价值，并且认为价值取决于边际效用量，即满足人的最后的，亦即最小欲望的那一单位商品的效用。这种以主观唯心论为基础的理论完全脱离现实，即使在西方市场经济的实践中也派不上用场。举例说，在研究经济增长时使用的一个最重要的变量——劳动生产率，它就是以人时/产量为尺度的，而不是以主观的边际效用为尺度。一个国家的竞争能力大小，归根到底要看这个国家的劳动者在每个小时中能生产出多少产品，这一点西方经济学家并不否认。如果这一点是成立的，那么边际效用理论就失去了实用价值。现在的西方经济学也尊崇亚当·斯密，但是真正给亚当·斯密劳动价值学说以正确评价的是马克思，马克思继续了亚当·斯密和李嘉图的事业，严密地论证并且彻底地发展了这个理论，在此基础上创造了剩余价值学说，揭开了资本主义经济的秘密，为科学社会主义奠定了理论基础。不以劳动价值论和剩余价值理论为指导，就不能说明当今社会的许多经济现象，比如经济周期现象就是如此。研究经济周期的人都知道，利润预期，即企业家对利润率的大小的预期，是决定他们是否愿意投资的因素，而后者又是决定复苏还是衰退的因素。为什么经济周期不能避免，就是因为到了繁荣期，工资、原材料和利息都上涨了，特别是工资上涨，压缩了利润空间。这本身就是一个剩余价值分配的问题。这种市场经济的内在规律，用主观的边际效用理论是无法说明的。

2. 社会发展理论

西方经济学只对资本主义生产方式进行理论分析，研究它的生产、交换和分配的形式，并且认为资本主义制度是"千年王国"，是社会发展的顶点，这是不科学的。马克思主义政治经济学认为社会生产力的发展推动着社会基本矛盾的运动，这个矛盾的运动推动着社会的前进，推动着新旧社会的更替，推动社会由低级阶段向高级阶段的发展。马克思主义对资本主义制度不仅有"正面阐述"，更有"反面叙述"阐明它向更高级社会制度过渡的必然性。我们为什么要建设社会主义社会，就是因为资本主义制度不完美。温家宝同志最近发表的文章重温邓小平的教导：社会主义的本质，是解放生产力，发展生产力，消灭剥削，消除两极分化，最终达到共同富裕。温家宝同志在解读这段话时说：小平同志告诉我们，巩固和发展社会主义，必须认识和把握好两大任务，一是解放和发展生产力，极大地增加全社会的物质财富；一是逐步实现社会公平与正义，极大地激发全社会的创造活力和促进社会和谐。我们讲中国财政学，不能回避我国社会主义前途和方向这个大问题。不能不讲我们的财政学是社会主义财政学，如果我们有这个任务，又要用西方经济学"千年王国"的社会发展观点来讲经济学和财政学，就自相矛盾了。

3. 国家学说

国家学说同财政的关系最密切，对国家的本质不清楚，那么对财政的本质也难以清楚。西方经济学不谈经济同国家的关系，认为这是两个互不相关的范畴，但承认财政是国家或政府的财政。马克思主义认为，国家属于上层建筑，它是为经济基础服务的。马克思主义用大量的实证材料证明，原始社会没有国家，只有阶级社会才产生了国家。国家是从控制阶级对立的需要中产生的，同时又是在这些阶级的冲突中产生的，所以，它是最强大的、在经济上占统治地位的阶级的国家，这个阶级借助于国家而在政治上也成为占统治地位的阶级。所以一切国家，包括资产阶级的国家，都有两个任务：一个是为统治阶级服务；另一个是控制阶级对立，使国家不破裂。这两点对我们研究财政学很有用。（1）不能把国家、政府和市场对立起来，像西方自由主义者那样厌恶国家和政府，如里根说的那样：政府不解决问题，问题就在政府自己。他不理解美国在大危机后为什么要政府干预，要"看不见的手"和"看得见的手"共同起作用，就是因为要国家这个上层建筑缓解阶级矛盾。（2）不能把资本主义国家的让步政策看成是为了人民大众，而忘记了那是为了维护资产阶级的根本利益。当然政府这个上层建筑的所作所为必须符合经济规律，如果符合就能推动社会经济的发展，不符合就会使社会经济倒退，而最终将是经济规律压倒上层建筑。

4. 阶级分析方法

　　阶级分析方法是西方经济学最缺乏也是他们最反对的，然而，生产力的发展，促进了生产关系的变革以及阶级利益的变化。不采用阶级分析方法，你就难以理解经济学说所代表的阶级利益。比如说，大英帝国在资本原始积累时期，盛行的是重商主义，占上风的经济理论是国家干预和贸易保护主义，这符合商业资本的利益，是资本主义经济制度进行原始积累所必要的。等到工业资本家的翅膀长硬了，保护关税成了英国经济对外扩张的障碍，自由贸易的主张就占了上风，亚当·斯密的主张就是在这个时期产生的。但是英国的自由贸易理论对后起的德国就不适用，德国新兴资产阶级在幼稚时期还需要保护，所以就产生了李斯特这样的经济学家。李斯特是保护关税的积极倡导者。他严厉抨击亚当·斯密说，一个人当他已攀上了高峰后，就会把他逐步攀高时所使用的那个梯子一脚踢开，免得别人跟着他上来。他认为，亚当·斯密的世界主义学说的秘密就在这里。无独有偶，在美国资产阶级翅膀还不硬时，那里占上风的经济理论也是贸易保护主义，其代表人物就是亨利·查尔斯·凯里。

二　西方财政理论的重大缺陷

　　上面是讲西方经济学，具体到西方财政学，我认为也存在几个重大缺陷。

　　1. 市场失效论说明不了公共产品的产生

　　（1）市场失效论不符合历史事实。这种理论源于西方的经济人观点。认为社会上每个人都追求个人利益、努力改善自己的境况，结果就会增进整个社会的利益。把这个观点加以推演，既然每个人都只追求自己的利益，那么共同消费的产品则不能为个人带来利益，只好由政府通过征税的强制手段，集中一部分资源，并加以配置，用以满足公共需求。他们认为，这就是公共财政的起源。

　　历史事实是只要有社会化生活就必须有公共产品。科学家早就用丰富的考古资料和调查研究证明，人类从蒙昧时代、野蛮时代到文明时代，都过着社会化的生活。1846—1856 年在英国出版的，由乔·格罗特编写的《希腊史》，证明希腊在氏族社会时就有了共同的社会活动、共同的财产以及共同的首长和司库。这说明，在社会化的群体生活中必然存在个人和社会两方面的需求。一方面，为了维持个人的生存和发展，就产生了人类的个体需求，并要求相应的资源配置。另一方面，为了维持社会的生存和发展，同时产生了公共需求，也要有相应的资源配置。这两种资源在没有阶级出现的社会中是由原始公社配置的，在出现阶级之后公共需求的资源是由国家配置的，财政是主要的分配工具。这方面的需求之所以要政府配置，是因为这类资源的调动就其规模和性质而言只有政府能够做到，比如国防建设、公共卫生系统建设、大江大河的治理，等等，所以，这与私人提供公共产品无利可图并无关系。老百姓之所以能够接受由国家以强制手段征调资源——征税，是因为他们理解这些资源是保证社会的生存和发展所必需的，符合他们的整体利益，如果缺乏公共资源的保证，最终个体也不能生存和发展。多数人对此不会只用狭隘的观点从个人的和眼前的利益看问题（人类为维护公共利益所显示的自觉性有时是令人吃惊的，比如人类早就自觉地禁止了近缘结亲）。不过这种资源的征调必须有合理限度，如果过度，威胁到个体的生存和发展，老百姓就要造反了，而这种情况在阶级社会中，某些腐朽的统治者常常犯这种的错误。

马克思主义的公共产品理论出现在《哥达纲领批判》一文中。它们包含在六项扣除的四项之中，即：和生产没有关系的一般管理费用；用来满足共同需要的部分，如学校、保健设施等；为丧失劳动能力的人等设立的基金；用来应对不幸事故、自然灾害等的后备基金或保险金。这些应当就是人们所说的公共产品（国家行政费和国防费应当归在一般管理费之中）。在马克思主义经典作家看来，这些扣除是任何社会维系其生存和发展都不可少的，而不是资本主义社会所独有的，尽管在生产力发展的不同阶段，公共产品的需求和覆盖面会有很大不同。这些社会需求，有些同时也是个人需求，也使个人受益。但这种受益有些是直接的，有些是间接的，比如说兴办学校和公园能使当地老百姓直接受益。而兴办济贫院、老人院和麻风病院，当事人和家属是直接受益者，对一般人就是间接的了。然而从全局利益出发，老百姓也情愿为这些事业提供物质资源。另外，公共产品的供应说也有两类，一类是只有国家才能提供的，比如国防、防疫系统、防灾减灾系统；另一类是私人也能提供的，如医院、学校，但要使全民都能享有这些资源，公立医院和学校仍然是主要依托。

我认为，公共产品和一般商品供求决策过程不可能也不应当相同。在我国实行市场经济以后，一般商品的供求由个人或企业决策，公共产品供求的决策只能由关注并代表公众整体利益和长远利益的公权力做出。试想，如果不由公权力做决定（在我国是人民代表大会），三峡大坝修得起来吗？青藏铁路能这样快建成吗？邓小平说，社会主义的优越性在于能够集中起来办几件大事。我认为讲的就是这个道理。而这种集中力量办成的大事，最后仍然是为市场经济服务的，是有益于个人的。

这是不是集权？是的！是不是不民主？不是！应当说这是民主集中的过程，也就是民主集中制。是民主基础上的集中和集中指导下的民主，这是保障公共产品最佳供应和配置的最佳途径。如果没有这个过程，关系到全局利益、长远利益的大事将永远办不成。要正确贯彻执行民主集中制，既要做到民主，又要做到科学。民主就是要倾听有各种不同利益群体的呼声，要经过几上几下的过程，充分听取各方面的意见和观点，考虑整体上是利大还是弊大，然后作出抉择。科学要符合事物的规律，比如修建大坝和铁路都涉及许多科学问题，违背科学一定要犯错误。所以必须认真听取专家的意见，还要做许多调查研究。即使如此，受人类认识能力的局限，绝对真理只能孕育在相对真理的长河之中，因此并不能保证不犯错误，但是可以尽量少犯错误。

（2）用市场失效论来论证公共产品和财政的公共性，其结果就必然要否定新中国成立以后的财政的公共性，否认它是为人民大众服务的。因为当时我们还不是市场经济，照市场失效论者的说法，就没有公共产品。这就违背了历史事实。人们就会问，难道新中国成立以后我们的基础设施建设不是为人民大众的吗？我国的国防建设不是为人民大众的吗？我们的科教文卫开支不是为老百姓的吗？从新中国成立直到改革开放前，虽然经济政策上有失误，甚至重大失误，但没有人否认中国人民已经从政府的公共服务中获得了历史上前所未有的进步。即使同其他发展中国家比，人民得到的实惠也不比别国少。不容否认，由于计划体制的约束以及认识的某些偏差，那时我国的经济发展还不够快，在社会方面的公共开支覆盖面还比较小，还有许多缺陷，但是说新中国成立后财政没有公共性这个论断是不能令人信服的。

（3）用市场失效论来论证公共产品和财政的公共性，其结果就必须要承认现代资本主义国家的财政都是为人民大众的，因为公共产品和财政的公共性是有市场后产生的，这也不符合历史事实。对此人们会问，美国政府的财政真是代表人民大众的吗？如果说是，那么为什么要不顾美国多数人的反对，消耗那么多财政资源进行长达 4 年的伊拉克战争？美国的财政收入一年 2.4 万多亿美元，为什么却还有近 4000 万人没有医疗保险？为什么对拥有的大量财政结余不是用来巩固美国的社会保障制度却要着力为富人减税？对这些问题，市场失效论者该如何回应呢？

2. 关于在市场经济条件下的财政职能问题

我认为，我们现在用资源配置、收入分配和经济稳定三大职能的框架是可以的，我国财政还加上了监督职能。三大职能是马斯格雷夫一派在凯恩斯主义的基础上对西方财政学的重要发展，反映了西方市场经济发展到国家垄断资本主义阶段财政活动内容的重大变化。马斯格雷夫总结了实践的这种变化，丰富了西方财政学，是西方财政理论的进步。

但是我认为在这个问题上，更重要的是要人们弄清，为什么亚当·斯密主张政府不干预经济，而到了罗斯福和凯恩斯时代，却把财政当成了政府干预经济的重要杠杆？要回答这个问题，而又回避阶级的和历史的分析，就是一笔糊涂账。如果说亚当·斯密的《国富论》是"公共性质的财政学的奠基性巨著"，那么为什么亚当·斯密对财政的收入分配和稳定经济两大职能却只字不提呢？如果用阶级的和历史的分析就可以告诉人们，因为亚当·斯密所处的是自由资本主义时代，资本集中和两极分化的问题还不严重。可是，从西方国家在 19 世纪末进入垄断资本主义时代以后，阶级矛盾、城乡矛盾、工农矛盾都大大激化了。终于导致 20 世纪 30 年代的大危机，资本主义制度危如累卵。因此在美国，才出现了罗斯福新政，才有凯恩斯主义的流行，财政在资源配置职能之外的另外两大职能才有了大显身手的舞台。这样，西方国家也就进入了国家垄断资本主义阶段，财政在市场经济中的宏观调节作用被大大提高了。尽管西方的新自由主义理论仍然反对政府干预和宏观调节，但在实践上他们已经离不开这些工具了。在财政的基础理论中，这样进行阶级分析完全不是什么政治说教，而是摆事实，讲道理。对财政职能的认识是发展的，是阶级矛盾发展到一定阶段的产物。

3. 关于公共选择论

财政学中的公共选择论也是在美国走红的，其代表人物就是诺贝尔奖获得者布坎南。我认为，对布坎南的理论加以介绍是有益的，并不是因为它正确，而是因为它从极端民主的另一端，深刻揭示出资本主义国家议会民主和利益集团政治的尴尬。

引起布坎南愤怒的是 20 世纪 60 年代凯恩斯主义运用财政杠杆对国民经济的干预，以及 70 年代美国政府决策失误所导致的经济停滞膨胀局面。他说，民主政体抛弃财政谨慎的普通原理似乎是不负责任的财政最明显的原因。他的判断是，不论过去还是现在，之所以出现了财政不负责任的这段时期，最主要的原因就是，一段时期内凯恩斯的灵丹妙药占据了统治地位。他又说，在政治生活领域，各地的政府、社会主义者和非社会主义者总是不自量力地想干一些自己力所不及的事，他们许下的诺言都以失败而告终。民主制度好像无力控制本身被滥用，对宪法表面上的理解似乎突然间消失了。对此，他把原因归罪于利益集团政治，照我们的看法这就是指居于支配地位的统治阶级。他说：当政府机构必须行使职能时，这些机构最好的选择就是能代表支持自己的集团的利益，正是这些集团的支持把自己推上了权力的宝座。无论是由什么人组成了相关的占支配的集团，对于支配集团来说采取歧视性的行为将胜过采取非歧视性的行为。怎么办？布坎南的主张就是设计和构建有效的对政治权力的宪法约束，办法是：在某一最终阶段或层次上，个人必须以某种方式"选定"如何集体地和个人地使用其资源。总之，个人必须"决定"政府财政预算的适度规模，以及财政预算组成项目。但是，他的这种财政决策的极端民主模式的可行性，连他的研究生也不相信，所以最后他只好认输。他说：我的研究生们对我提出了中肯的批评。在他们的评论中，最经常出现的主题认为，作为分析基础的政治秩序的个人民主模式是不现实的。在现实中，个人本身似乎并不进行财政选择。

布坎南从他的极端个人主义观点揭了西方议会民主的短。议会民主是资产阶级的民主，例如美国，占支配地位的统治阶级是垄断大资产阶级。

无论共和党还是民主党，都必须维护垄断大资产阶级的利益。但是作为政府，它又必须防止国家的破裂，所以对底层大众也要实行让步政策，然而让步是有限度的，不能损害统治阶级的核心利益。在美国，通过一项对人民大众有利的立法是很困难的，而对垄断大资产阶级有利的、明显的错误政策，如过去的朝鲜战争、越南战争，现在打伊拉克，要纠正起来又是那么的艰难，并且要让老百姓付出巨大的代价。据估计，在伊拉克战争中致死致残的军人的抚恤费和赡养费将高达 5 万亿美元之巨。这是美国财政在未来若干年不能不提供的财政资源。为垄断大资产阶级的利益和错误政策埋单，这样的财政能说是人民大众的财政吗？

三　结语

实行社会主义市场经济，是不是就应当用西方市场经济的理论指导我们的经济学和财政学，而不再需要马克思主义了？我认为，这样想是不对的。中国实行社会主义市场经济不是马克思主义失灵，而是马克思主义的创造性发展。马克思主义用辩证唯物主义和历史唯物主义理论，科学地揭示了社会发展规律，使人类找到了改造社会的强大思想武器。但是马克思主义必须与时俱进才能久盛不衰。在马克思主义诞生后的 100 多年中，列宁用一国能够建成社会主义的理论取得了十月革命的胜利，毛泽东用农村包围城市的创新取得了中国革命的成功，他们的理论都是马克思没有讲过的。邓小平和中国共产党第二、第三代中央领导集体根据世界发展的新形势和中国处于社会主义初级阶段的客观现实，为中国找到了改革开放和社会主义市场经济的道路，并取得了有目共睹的成就。这也是马克思主义的创新。关于计划和市场，邓小平精辟地指出：计划多一点还是市场多一点，不是社会主义与资本主义的本质区别。计划经济不等于社会主义，资本主义也有计划；市场经济不等于资本主义，社会主义也有市场，计划和市场都是经济手段。邓小平理论解放了人们的思想，社会主义市场经济在中国开花结果。但社会主义市场经济在中国的成功，并不等于西方经济学对市场经济的理论描述是科学的。西方理论之所以不科学，是因为他们受到狭隘阶级利益的约束，戴着有色眼镜看问题。

　　说西方经济学和财政学的基础理论不能代替马克思主义指导我国的财政学，并不等于西方经济学无用论。这只是说在基础理论层面。在管理和技术层面，西方经济学的许多成就是非常有用的，而且非学不可。因为我们改革的方向是完善市场经济。而西方市场经济，尤其是美国的市场经济最为成熟，比如资本市场、金融市场、房地产市场、期货市场。对于跨国公司的经营管理、国际金融、国际投资、国际贸易的理论和实践，当然都要学，否则搞不好市场经济，也无法同国际接轨。即使是西方的财政管理经验也有许多可借鉴之处。关于西方经济学习惯用计量方法研究问题，我认为最重要的是，要把定量分析和定性分析的关系摆正，首先是搞好定性，弄清事物的本质，然后再搞定量分析，否则就会出现偏差。总之，正如温家宝同志说的：要承认世界文化的多样性，不同文化之间不应该互相歧视、敌视、排斥，而应该相互尊重、相互学习、取长补短，共同形成和谐多彩的人类文化。

　　财政学在理论基础上应当以马克思主义为指导，同时介绍西方财政学在基础理论方面的观点，让读者自己去鉴别。我相信，我们的读者是有足够的鉴别力去明辨是非的。

（原载《马克思主义研究》2007 年第 8 期）

美国住房贷款危机殃及全球

美国房屋抵押贷款是 2001 年全国经济陷入衰退后，使其经济迅速复苏的主要支撑力量。它为美国创造了持续的住房业繁荣，使美国人的住房拥有率从过去 10 年的 65% 上升到了 69%。做到这一点，靠的不仅是抵押贷款这个金融杠杆，也靠金融的全球化和对全球多余资本的充分利用。

然而，美国房地产市场繁荣带来的房地产业泡沫，在次级抵押贷款市场上出现了裂口。它不仅拖累了美国经济，也给全球资本市场造成猛烈冲击。受其影响，美国、欧洲、亚太地区股票市场连续大跌。截至 2007 年 8 月 16 日，道·琼斯指数终盘已连续第六个交易日收阴。美联储、欧洲中央银行、加拿大银行、日本银行等为此自 8 月 9 日以来已向市场注入了近 4000 亿美元资金。

问题的来龙去脉

次级抵押贷款是指由发起抵押贷款的金融机构（银行或投资公司），向信用较差的客户发放的购买房屋的抵押贷款。由于这种贷款风险较大，通常在房屋抵押贷款中比重较小。2001 年它在按揭总额中的比重不过 8.5%，到了 2006 年，其比重在 10.2 万亿美元的按揭总额中已经上升到 12.75%。在美国人住房拥有率增长的 4 个百分点中，它的贡献率达到了一半。

次级房屋抵押贷款近年来发展如此之快，一个主要原因是需求，在美国，经济状况不佳的人对房屋的需求是非常迫切的。另一个原因是供应，在全球普遍存在流动性过剩的情况下，许多寻找客户的贷款者对次级抵押贷款趋之若鹜，因为他们从这种贷款中可以得到的利息，比信用优良的客户要高出 4 个百分点甚至更多。为了争夺客户，贷款者愿意提供各种优惠条件，如零首付，在初始阶段只付利息，不需要文件证明个人收入的各种抵押贷款。经济欠佳的借款人对这些优惠自是求之不得。

但是在顺风中一往无前的次级抵押贷款，遇到金融紧缩和住房价格下跌就会暴露出其脆弱性。比如说，80% 的次级抵押贷款是属于可调节利率贷款，他们在头几年支付的是固定的低利率，但到了后期随着市场利率的上扬，就不得不接受市场上更高的利率。与此同时，随住房价格下降，作为抵押品的房屋贬值，他们被迫不得不补缴保证金。在房主力有不逮时就出现了拖欠和违约，最后则会被取消抵押品赎回权，丧失房屋的所有权。

据统计，2006 年美国有 120 万户房主被取消抵押品赎回权，比 2005 年上升 42%，相当于每 92 户美国居民中就有一户陷入这种困境。从地区看，这种取消抵押贷款赎回权的事在科罗拉多州、乔治亚州和内华达州比例最高。在城市中，底特律、亚特兰大和印第安纳波利斯处于前列。发生拖欠、违约或取消抵押品赎回权都会给贷款机构造成损失，首先是那些在美国专门从事次级抵押贷款的金融机构。这类机构集中程度不高，抵御风险的能力较弱。最大的一家公司全国金融公司发放了 385 亿美元抵押贷款，占总额的 8%。

危机始于美国第二大次级抵押贷款公司——新世纪金融公司。该公司因现金周转不灵，于 2007 年 3 月 31 日被纽约证券交易所停牌，半个月后因还不起 84 亿美元的流动性债务，被迫正式向联邦破产法院提出破产保护申请。多米诺骨牌效应瞬间带来了更多抵押贷款公司的破产。连日来，这股逆风更加强劲。8 月 6 日，经营另类 - A 级贷款（指借给信用有点小问题，不能像信用优良者那样用充分文件证明自己收入者的贷款）的美国住房抵押投资公司申请破产保护，因为它已不能满足经纪人补缴保证金的要求。8 月 7 日，另一家经营另类、A 级抵押贷款的公司——英派克抵押控股公司，宣布停止发放另类、A 级贷款，并开始裁员。这样，在几个月内已经有 30 多家次级抵押贷款机构出了问题。

与此同时，已上市的次级抵押贷款公司的股票价值几乎都是直线下降，即便是设有次级抵押贷款业务的银行，其股票价格也在不断走低。而且这股抛售风还波及向有良好信用购房者提供贷款的公司，美国住房抵押投资公司就是一例，前不久其股价下跌了88%，该公司承认，它正面临资金周转不灵的严峻局面，并且有可能宣布破产。

"疫病"向全球传播

美国抵押贷款的疫病正在向全球传播，二级抵押贷款市场是传播的主渠道。二级市场是收购原始贷款并进行销售的机构，在美国，经国会批准成立的这类机构有两个，即联邦国民抵押贷款协会（俗称房利美）和联邦住房抵押贷款公司（俗称房地美），它们以政府信用为后盾募集资本对原始抵押贷款进行购销，其作用第一是增加抵押贷款的流动性，第二是把风险分散化，第三是提高抵押贷款的信用等级。

私人银行或投资公司也是二级市场的参与者，它们为了既能赚钱，又能分散风险常常把当天做的抵押贷款生意出售给联邦住房抵押贷款公司取得一定利差，后者再把它卖给第三家公司，第三家公司则会把这些资产组成一个投资组合，分成若干股份，再把这些股份卖给证券公司、对冲基金或退休金公司。这种证券被称为债务抵押债券（CDO）。由于这种证券有美国政府的影子，信用度较高，所以不仅美国投资者对它有兴趣，外国投资者也把它看成是热门的牟利工具，这就为美国次级抵押贷款"疫病"的传播埋下了祸根。

欧洲首先发现传染了"疫病"。德国企业投资银行（IKB）传统上专为中小企业服务，只有1700位雇员，14亿欧元股权资本。在高收益的诱惑下，涉足美国次级抵押贷款市场，购买了高达127亿欧元的巨额美国抵押贷款证券，结果被套牢，损失达23亿—25亿欧元，陷入了无支付能力的边缘。德国政府在这家银行的母公司有股权，同时认为如果这家银行垮台，将影响到其他机构，并可能触发大的银行危机。于是德国政府批准由其母公司斥资81亿欧元，恢复其流动性。德国的许多地区银行也因为购买美国次级抵押贷款证券而陷入麻烦。而从法国到加拿大到日本和其他亚洲国家也都不同程度感染了这种"疫病。"

随着更多欧亚和美国的银行和投资公司公布了它们在住房抵押证券投资上的巨额损失，全球股票市场被震撼了，欧美股市连续大跌。全球货币市场也被震撼了，一些金融机构担心投资得不到偿还，决定不再把现金重新投入市场。银行隔夜拆借利率迅速上升，前不久还是口头禅的流动性过剩，突然烟消云散。为了防止金融紧缩，欧洲中央银行、加拿大银行、日本银行、美联储系统忙不迭地向市场廉价注入资金。截至 8 月 16 日，欧洲中央银行向市场注入的资金已高达 2800 多亿美元，美联储注入了 880 亿美元，日本则注入了 51 亿美元。其他亚洲国家也纷纷表态准备根据需要，会随时有所行动。

多国央行不约而同向市场注资，表明它们对金融市场动荡的高度警觉，也表明问题的严重程度。注资暂时稳定了局势，但局面是否就此得到控制仍然有待观察。

如此大的全球影响，说明金融全球化的深入程度，也说明全球债券市场、股票市场、房地产市场等的一体化程度。金融市场在任何一个环节上出了问题，在任何一个国家出了问题，其影响都是全球性的，其后果都会发生全球性的放大效应，并影响到全球经济。这就更增加了加强对全球金融市场监控的重要性。

中国在这场危局中也未能完全幸免，中国的大银行也曾购买过美国的次级抵押贷款证券，不过数字不大，虽然有所损失，还不足以给整个金融市场造成流动性问题。另外中国股市在全球性危局中仍然红火，主要是因为中国的股市目前还比较封闭。

危局并未见底

当前美国次级抵押贷款市场危机是否会深化下去，它会对美国经济乃至世界经济造成什么样的影响，是人们普遍关心的问题。

美国的房屋和抵押贷款市场在整个美国经济中虽然重要，但仍然是局部。2006 年以来美国经济受住房业滑坡的影响，增长速度放慢。2007 年 1 季度经济表现不好（增长 0.6%），但 2 季度有所回升（增长 3%）。这是因为住房业问题还没有完全影响到制造业，就业仍然维持在较高水平，居民收入仍在上升，消费未受影响。企业对经济前景较有信心，它们虽然没有大大增加库存，但至少不再削减库存。另外，通货膨胀的压力在减弱。

　　但必须看到次级抵押贷款危机并未见底。它对其他方面的扩散效应也还在延伸。抵押贷款证券化的好处是它在全球范围分散了风险，但是它的最大缺陷在于几乎无法弄清是谁承担着这些风险，大到什么程度，投资者也不知道，如果有问题，下个爆发点在哪里。实际上，次级抵押贷款的烂账将会达到什么程度，在很大程度上取决于房屋价格下降多少，下降越多问题越大。这种不确定性影响着投资者的信心。并进一步影响到资金供应和流动性，而自由流动的信用则是市场经济良好运行必不可少的母乳。目前就危机的扩散效应说，受到牵连的对冲基金至少已有五个。除此之外，人们还开始担心最近企业贷款和垃圾债务的滑坡将会继续，这将给各大公司的杠杆收购造成障碍，导致投资银行收益的下滑。

　　充分的资金流动性可以恢复投资者的信心，有利于股市和债市的稳定，减少金融市场动荡对实体经济的负面影响。但是央行对宏观调控措施和力度的掌握至关重要。目前有争议的问题是：中央银行放手注入资金是否会鼓励道德风险，使政府和纳税人要为那些给次级抵押贷款惹祸的人埋单。另外人们也对联邦储备系统迄今仍强调通胀是主要危险有看法，认为央行应当迅速调低联邦基金利率。

　　关于这场危局对整个美国经济和世界经济的负面影响究竟有多大，美国政府和民间的看法不尽一致。美联储认为局面是可控制的，不会影响美国和世界的经济大局，民间则认为如果调控不当也会使美国经济受到严重挫伤，增加发生衰退的可能性。

（原载《瞭望新闻周刊》2007 年第 34 期）

次贷危机阴云下的美国经济

　　进入经济扩张第七个年头的美国经济，在次贷危机的冲击下，显得有些风雨飘摇，步履蹒跚。目前，2007 年全年经济成绩的官方数字尚待揭晓，从 2007 年前三个季度经济增长情况看分别为 0.6%、3.8% 和 4.9%，似乎是在回暖，但实际上，在次贷危机继续肆虐下，2007 年的增长率预期不会超过 2.2%，经济衰退的几率在上升。

次贷危机继续深化

　　次贷危机还在向纵深发展，并开始影响到信用卡行业和社会稳定。

　　就信用卡行业来说，拖欠 60 天以上的，或者已经当作坏账冲销的信用卡账户，2007 年 11 月有所上升，信用质量下滑。随着节日的临近，消费者无法用他们的住宅借到现金，不得不把信用卡当作摇钱树。联邦储备系统报告说信用卡债务在 11 月比上年同期总体上升了 11.3%，《商业周刊》的记者在做过调查后说："这些感到受挤压的人，基本上是借款超过了还款能力。"

　　影响社会稳定的新情况是纵火案的发生率在上升，这就是说有人试图用"烧房子，赚保险"的恶招来摆脱取消抵押贷款赎回权的困扰。美国最大的一家保险公司在加州的分公司报告说，有问题的住房着火案件在 2007 年比上年增加了 76%。《财富》杂志还专门调查了发生在印第安那州罗斯维尔市的一个案例。

　　从宏观层面看，主要威胁还是来自由次贷危机引发的信用紧缩，它使整个美国金融市场陷于困境，打乱了原有的借贷关系，提高了融资成本。当前，三个月欧元利率和美国国库券的利差上升到 250 个基点，回到了

2007 年 8 月国际金融市场急剧动荡时的水平，而在正常条件下两者的利差应当不高于 50 个基点。许多金融机构继续在冲销与抵押贷款相关的坏账，同时对所有往来客户的信用状况重新进行评估，以防落入陷阱。根据保守的估计，金融机构与抵押贷款相联系的投资可能要损失 2750 亿—4000 亿美元。

　　银行系统的问题早已超出了住房抵押贷款债券的范围。消费信贷和普通商业银行抵押贷款组合的信用质量也在下降。建筑业和土地开发贷款受到了沉重的压力。全球金融中心的大银行正忙于处理有麻烦的资产，这些资产以前被放在资产负债表的附表上，被称为结构化投资工具，现在则不得不摆到明处并加以处理。最能表明商业银行和投资银行损失的是上市金融机构股票市值的缩水，自 2007 年 6 月以来，已经缩减达 5500 亿美元。

　　住房市场是金融困境的主要受害者，其恶果表现在各个方面：房屋价格正在滑坡，房屋抵押证券市场的崩溃已导致次级抵押贷款窗口的关闭，它反过来又影响到住房销售，推进了取消住房抵押贷款赎回权的浪潮。占抵押贷款一半以上的次优级房贷、“另类－A 级”房贷以及巨额房贷（41799 美元以上的房贷）实际上已经停顿。半官方机构房利美、房地美的贷款更难获得，而且利率也已经提高。住房销售一路滑坡，被取消抵押贷款赎回权的住户越来越多，这就使待售房屋的积压越来越大。到 2007 年三季度，有将近 210 万栋空房待售，相当于在用住房的 2.6%，它比正常年度通常的空闲率要多出 75 万栋，这还没有把新建和在建的住房包括在内。住房市场只有在库存确实下降以后才会转入正常，而要达到这个水平，开工的新房必须减少到 100 万个单位，价格必须从高峰下降 15%，但是现在建筑商推出的新住房高达 125 万个单位，住房价格下降不过 5%，这就说明，要恢复常态还要经过一段痛苦的历程。

　　房屋价格在很大范围持续下降，这削弱了消费者的购买力，估计有高达 25000 亿美元的财富在这次房价下滑中蒸发掉。此外，房主的重要现金来源——靠产权贷款获得的现金来源断绝，这对消费者的购买力是一大打击。零售商正在挖空心思吸引顾客，他们不顾美元的疲软、进口价格的上升和运输费用的高企，力图勒住零售价格，因此使去除车辆和汽油的核心零售价几乎保持不变。但即使如此，也阻挡不了消费者开支增长的放慢，

这是房价下跌负财富效应起作用的结果，预期这一变化会从 GDP 中削掉
1.5 个百分点。

个人和企业信心下滑

美国经济会不会发生衰退？这在很大程度上将取决于个人和企业界对
经济前景的信心。现有的调查资料显示，消费者和企业界信心都有明显的
下滑。密执安大学的双周消费者情绪调查提供了不祥的预兆，2007 年 12
月消费者信心下降到 20 世纪以来的最低水平，这种情况同卡特里娜飓风
时期的现象相似。企业界的情绪也不好。全国独立企业联合会说，15 年来
小企业的情绪还没有这样低过；会议委员会对首席执行官的调查所反映的
信心下滑是"9·11"事件以来最低的；对企业圆桌会议首席执行官的调
查所反映的情况也大体相似。穆迪经济网站每周对企业信心的调查表明，
自 2003 年 3 月美国入侵伊拉克时企业信心达到低点以来，现在又是一个
最低点。该网站的评判标准是：如果信心数字在 25%—30% 之间，表明经
济的扩张将与经济增长潜力相一致；数字在 10% 以下则同经济衰退相一
致，而现在的数字是 7%。当问卷涉及对现状和未来六个月前景的看法时，
反应特别消极，达到了负 20% 的前所未有的低点。

与这种信心下滑的态势不相协调之处在于，企业界的资产负债表普遍
处于良好状态。利润率从未像现在这样高，公司的流动性从未像现在这样
好。不论是上市或不上市的公司，利润占 GDP 的比重达到 12%，而 2001
年经济衰退时是 7%。公司的流动性比率，即公司流动资产与负债之比处
于高水平，几乎有一半短期负债是用公司自己的流动资产支付的，这也说
明公司的财务处于良好状态。显然，企业的资源足以经受眼前风暴的考
验，可是企业界的管理层却十分谨慎。除与住房相关的产业外，还没有谁
采取解雇工人或削减投资的行动。不过雇用的新工人已经减少，在信心急
剧下滑的状态下，情况也许很快会发生变化。

企业界之所以担心，主要是认为利润空间已经到顶，未来几个季度的
收益可能会下降。这有以下一些原因：失业率虽然有所上升，但劳工市场
仍然紧张，因而成本上升；劳动生产率趋于疲软；原材料和房租的价格在

上涨；利息率在升高；除能源部门外，企业的定价权受到了限制。如果没有全球经济的好形势以及因美元疲软而带来的海外收益的强劲上升，利润恐怕早已下降。由于这些原因，在固定投资继续增长的同时，企业已经开始冻结或抑制库存的增长。

宏观调控力度之争

在美国经济面临转折点的关键时刻，政府的调控措施是否及时、得力将起重要作用。2007 年 8 月以后，联储、白宫、国会都由冷眼旁观转为采取积极行动，各种救援措施纷纷出台，但迄今仍未能遏止形势的恶化，对前景的判断也存在争议。

自 2007 年 9 月以来，联储已经把联邦基金目标利率降低了 1 个百分点，使之由 5.25% 下降到 4.25%，贴现率降低了 150 个基点。为了给紧缩的金融市场注入更多的流动性，联储决策层最近实行了一种新的拍卖方法，叫做"定期拍卖设施"（Term Auction Facility），它允许合格的金融机构用比联邦基金利率高但低于贴现窗口的价格，通过竞价获得自己需要的资金，贷款期 1 个月，可以用住房抵押贷款证券做抵押品。据说这个办法颇受欢迎，原因是金融机构不太愿意在贴现窗口贷款，害怕因此泄露自己陷于金融困境的信息，用拍卖办法则可以较好地保持商业秘密。这样做也反映了联储对降低联邦基金利率的谨慎态度，他们担心联邦基金利率降低太多会不利于约束通货膨胀预期和控制通货膨胀的复燃。事实上在期货市场上联邦基金利率已经下降到了 3.5%。在这个问题上联储公开市场委员会内部在认识上是有分歧的。例如，波士顿联邦储备银行总裁埃利克·罗森格伦在 2007 年 12 月 11 日的公开市场委员会上对削减联邦基金利率 25 个基点就投了反对票。他强调 12 月的失业率比上月猛增 0.3% 使之达到了 5%，这是一个危险信号。他认为美国要想避免经济进一步逆转，必须以比 25 个基点更大的力度来刺激经济。从后来公布的会议记录看，还有其他与会者也持有相同观点。一直以来人们认为联储主席伯南克对降低联邦基金利率持有鸽派观点，担心削减过多会刺激通货膨胀，但从伯南克 1 月 10 日的最新讲话看，他似乎正在向鹰派的观点靠拢。他说，经济的风险已经"变得更加明显"，联储准备采取"更有力的追加行动"来保卫美国经济并支持经济的增长。这个讲话发表后，华尔街不少人认为在 1 月 29—30 日的公开市场委员会上联储可能做出再削减联邦基金利率 50 个基点的决定。这对美国经济也许是一个好消息。

美国和全球经济的前景

尽管美国经济陷于衰退的可能性在增大，但这也并不是板上钉钉，最终还要看政府和市场两只手共同作用的结果。穆迪经济网站认为美国经济有可能跟跄地走过 2008 年，GDP 增长 1.5%，失业率达到 5.75%，每月就业增长从 2007 年初的 12 万人减少到 7.5 万人。在此期间，与住房相关的产业将每月减少近 5 万个就业机会，而其他还在扩张的公司将每月增加 12.5 万人。该网站还认为石油价格 2008 年将稳定地下降，其依据是全球经济放慢和节约能源将使需求疲软，另外受高油价的刺激生产能力将扩大。

油价的下降加上疲软的经济和宽松的就业市场，通货膨胀将难以兴风作浪。消费物价的通货膨胀率目前将达到 4% 的高峰，到 2008 年末可能下降到 2%。核心通货膨胀预期将保持在 2%—2.5% 之间。同时银根将进一步放松，到 3 月联邦基金利率会降到 4% 以下。2008 年金融系统住房抵押贷款的损失将得到厘清，信用紧缩的状况将获得解决。这是最乐观的估计。但是他们也警告说，未来几个月是美国经济最脆弱的时刻，如果金融市场不能很快稳定下来，如果油价突破每桶 100 美元，如果决策者优柔寡断，则不排除会出现衰退的结果。

美国经济对世界经济的影响如何？世界银行最新发表的《2008 年全球经济展望》认为，美国经济衰退的阴影、疲软的美元和金融市场的持续动荡会影响全球经济的软着陆。这种风险会减少发展中国家的出口收入和资本的流入，同时阻碍它们在海外的投资。但是发展中国家在过去几年建立起来的货币储备以及其他缓冲器将足以应对可能出现的各种冲击。预期发展中国家在 2008 年的经济增长率将放慢到 7.1%，而高收入国家的经济增长率将降低到 2.2%。全球经济 2007 年的经济增长率将由上年的 3.9%

降低到 3.6%，主要是受高收入国家经济增长放慢的影响，预期 2008 年全球经济增长将降低到 3.3%。

不过，《2008 年全球经济展望》的作者尤里·达杜什警告说："总起来看，我们预期发展中国家的增长率在未来两年中将仅放慢一点点，但一个急剧得多的美国经济放缓将是削弱发展中国家中期前景的真正危险。"该报告对亚洲和太平洋地区经济增长率的预测是 10%，中国的增长会超过 11%。2008 年全地区的增长率将放慢到 9.7%，2009 年将进一步降到 9.6%。同时报告还认为，世界金融中心的乱象对亚太地区的大多数国家影响有限。

（原载《世界知识》2008 年第 3 期）

美国经济中的中国因素

——兼评中美经贸关系的问题和前景

在美国经济中，中美经济贸易的互动关系越来越重要。它是在中美建交后，经过双方近 30 年的努力，逐步培育起来的，现在它已成为美国经济生活中的重要的积极因素，对中国来说亦然。本文拟着重谈中美贸易和投资对美国经济的积极意义。

一　美国智库说中国的经济发展已给美国经济带来很大好处

尼克松访华的破冰之旅主要是政治谋略，是想建立联华反苏的"大三角"关系，为美国求得政治和军事方面的利益，对中美建交能给美国经济带来多大好处并没有太多悬念。1972 年发表的《中美联合公报》确实谈到了贸易，但没有谈投资，因为当时中国还没有对外开放，所以只是说："双方把双边贸易看做另一个可以带来互利的领域……他们同意为逐步发展两国间的贸易提供便利。"

中美双边经贸关系经过 30 年的发展，美国经济中的中国因素日益突出。美国著名智库布鲁金斯学会 2007 年底在向国会作证时，建议下届总统上台后不要重复过去的错误，先恶言相加，前倨后恭，而应当奉行由尼克松总统首倡，迄今为止历任总统都沿用的接触战略。各位总统候选人应当避免对中国提出抱有偏见的批评，应当表示有意在上台后迅速与中国国家主席建立相互信任的私人交往。

他们之所以做这种建议是因为"中国的国力迅速增强，经济每年增长约 10%。（全球）各大公司视中国成本效益高的制造基地和广阔的崭新消费者市场为生存秘诀。自然资源丰富的国家则视中国市场为其竞争力的关键。中国领导人和外交官正在把经济实力转换成全球政治影响力。他们的军队——人民解放军逐渐拥有了引人瞩目的力量"。

显然作者们的判断是把中国经济的快速发展看做政治军事实力的重要源泉。而他们认为中国经济的发展给美国经济带来的好处则是，到目前为止中国"是我们增长最快的大市场，美国对华出口自 2002 年以来增加了90%。这意味着给美国人带来就业机会。中国还供应便宜的日常用品。美国人为此每年的花费多达几百亿美元，这有助于遏制通货膨胀。中国是美国政府债券的大买家，这有助于降低利率。此外打入中国市场是许多美国公司全球战略的基础"。这段描述大体上概括了中国因素的经济方面对美国经济的积极意义。

二　中国制造，美国消费

说中国为美国人制造了便宜的日常用品并非言过其实。正是因为这种作用，所以中国对美国的出口增长飞快。1978 年在中美建交时中国对美国的出口只有 2.71 亿美元，10 年后，1988 年达到 33.8 亿美元，增长了 10多倍，再过 10 年到 1998 年达到了 379.8 亿美元，又增长了 10 多倍，就在这一年我国对美出口首次突破总出口额的 20%。次年，美国成为我国最大的出口市场。2007 年，加拿大对美国的出口增长了 3.5%，达到 3131 亿美元，中国对美出口增长 11.7%，达到 3215 亿美元，中国又成为美国第一大进口来源地。

在开展贸易初期，我国对美出口最多的是服装纺织和鞋帽类商品，进入新世纪，机电音像设备类商品急剧上升，到 2001 年后者占我国出口商品的比重上升至 33.1%。其中信息类产品增长尤为迅速，其主要部分是我国从境外进口原材料和原器件，加工后再出口到美国的。这样中国商品就覆盖了美国人生活所需的一切方面，成为美国人经济生活中不可或缺的因素。据美国投资银行摩根斯坦利的统计，美国人由于使用中国制造的商品，过去 10 年给美国节约了 6000 亿美元。

　　近两年中美贸易摩擦加剧。美国美泰公司召回玩具事件，给中国产品抹了黑。令某些美国人不敢再买中国货。这给美国老百姓的生活带来了什么呢？美国女作家邦焦尔尼在她出版的《没有中国制造的一年》一书中做了生动的描绘。书中说她想花一年时间试验一下不买中国货，看看怎么样，结果味道是苦涩的。拒绝购买来自中国 15 美元的童鞋，只得花 70 美元给 4 岁的孩子买意大利的鞋子。电灯不亮了，不买中国蜡烛，就找不到别国的产品。她的儿子非常想买中国玩具，因为丹麦玩具已经玩不出新花样。由于人性化的捕鼠器美国不生产，所以不买中国货就只好回头使用老式捕鼠器。邦焦尔尼在书中的结论是："抵制中国货让我反思中国与我之间的距离。通过将中国推出我们的生活之外，我非常吃惊地发现中国已经多么深入地进入我们的生活。"

三　跨国投资,财源滚滚

　　中国又为美国公司提供了良好的投资场所，使它们的财源滚滚而来。由于历史较短，中国并不是美国跨国公司投资最多的场所，但其重要性正在上升，发展速度则十分之快。1989 年美国实际对华直接投资只有 2.8 亿多美元，到 1999 年已经达到 42 亿多美元，增长了 14 倍，到 2007 年 7 月底已经达到 554 亿美元，又增长了 12 倍。

　　美资企业在华经营业绩良好。据中国美国商会的调查，73% 的美资企业认为在华赢利，60% 的企业在华利润增加，37% 的企业利润高于它们全球的利润率，美国企业通过投资不断扩大在中国市场的占有份额，2006 年，美资企业在中国国内市场销售额达到 800 亿美元。利润总额约 100 亿美元。由于利润丰厚，51% 的美资企业将中国列为未来 5 年投资的首选地。调查还显示，麦当劳在华开店 770 家，平均每天卖掉 110 万个汉堡包；肯德基在华开店 1800 家，占全球的 25%；可口可乐 2006 年在中国卖掉了 11 亿箱可乐，平均 4 个中国人喝 3 箱。

　　上述资料显示餐饮服务业是美资企业最早来华的部门，所以扎根很深，业绩良好。美国制造业来华较晚，如汽车业在 80 年代认为中国是穷国，购买力低，不肯来，到 90 年代才急起直追，现在也尝到了甜头。通用汽车公司在美国是亏损大户,不得不关闭部分工厂,大幅裁员,但是2005年头9个月在华净收益就达到了2.18亿美元。摩托罗拉公司在中国的销售额占全球的12%,已经是该公司在美国以外的最大市场。通用电气公司也说2005年在华的营业收入达到50亿美元,预计2010年将再翻一番。

正是由于在中国的业绩良好,许多美国跨国公司在中国区的总裁回国后都得到了重用。英特尔中国总裁回国后担任总部执行副总裁。柯达中国总裁最后做到总部总裁。美国跨国公司中流行一句话:"要想得提拔,先去中国。"

四　对华出口,增长飞速

美国对华出口实现了跳跃式增长,为疲软的美国经济提供了动力。据悉,将于2008年4月出版的《美国各选区2000—2007年对华出口报告》指出,美国几乎每个州自2000年以来对华出口都保持了三位数增长,远远超过对其他国家和地区的出口。整个美国对华出口从2000年到2007年增长了300%,而对其他国家和地区出口只增长了50%。目前中国已经成为仅次于加拿大和墨西哥的美国商品服务的第三大出口市场,2007年出口总额652亿美元,与2000年的160亿美元相比增长了3.6倍。

对华出口的快速增长对美国的许多产业有重要意义。例如美国农业历来依靠出口,出口形势决定美国农场主收入的丰歉。中国加入世贸组织以后,给美国农场主带来扩大出口的机遇。中国从美国进口的大宗农副产品依次是大豆、棉花、皮革、小麦和木材。美国对华贸易总体上有逆差,但是在农产品上却有顺差。某些农产品的对华出口要占美国农产品出口的很大份额,例如美国2006—2007年度对华出口的大豆为2875万吨,相当美国大豆出口量的一半。预计2007—2008年度的出口数量将达到创纪录的3350万吨。

中国也是美国大型民用客机出口的重要市场,在国际竞争中对美国飞机制造业有举足轻重的影响。截至2007年7月,在我国运营的波音飞机共有635架,占中国市场份额的59%。未来20年中国还需要2300架喷气式飞机，价值高达 1830 亿美元，中国民航仍将是美国的重要市场。根据美国商务部向美国企业提供的一项分析报告称，美国对中国的出口大有潜力的领域还包括：电信、半导体、水务和污水处理、汽车零件、医疗设备等。

在美国对华出口中的一股逆流是美国对向中国出口高新技术的严格限制。而且在 2005 年又出台了新规定，变本加厉地约束高新技术的对华出口。这是中美贸易持续失衡的一个重要原因，这件事引起了美国大公司对美国政府的不满，2006 年底美国 26 个企业团体联合致信美国商务部，要求政府"撤销或彻底更改"其对华出口新建议。迫于企业界的压力，美国政府不得不对新规定进行了一些修改，但仍然以国家安全为借口，对 20 个大类，31 个条款高科技产品包括：航空器及航空发动机、激光器、先进复合材料等的出口进行了限制。这一措施无助于中美贸易的平衡，也损害了美国企业的利益。使它们本来可以出口给中国的产品为其他发达国家的产品所取代。

五　美国市场，中国投资

随着中国经济实力的增强，中国企业"走出去"已经提到议事日程。不过到美国市场投资还只是开始。迄今为止中国累计在美国的直接投资近 30 亿美元，同美国对华直接投资近 5.4 万个项目，554 亿美元相比还不成比例。但是已经遍及美国的工业、科技、服装、农业、餐饮、食品加工、旅游、金融、保险、运输、工程承包等领域。

中国知名企业海尔、联想到美国投资并站住脚根已经家喻户晓，中国制造业企业在美国中西部 9 个州实行并购，为中美双方作出贡献还较少为公众所知。据世贸人才网站的资料，截至 2004 年底中国企业在美国中西部设立了 30 家公司，投资额约 1 亿美元。已经取得不错的业绩。

例如大连机床厂并购了美国知名企业英格索尔下属的两家公司，成立了大连机床集团英格索尔生产系统公司，主要从事组合机床（生产线设备）的生产和销售。这家具有中国"血统"的美国公司，既有英格索尔世界机床业的驰名品牌和销售渠道，又有中国的低成本后援和大连机床厂在国内的 25 个销售网点。产品既在美国市场销售，又可满足我国市场需求，解决了英格索尔原来的资金周转困难，该公司凭借在美机床业界的良好声誉，使得老客户如通用、福特等汽车公司和约翰迪尔、卡特彼勒等重型设备公司的订单接踵而至，最近两年的订单已经排满。并购后大连机床厂选择了由外方负责并雇用当地工人的政策，扩大了企业的就业，为当地经济带来了活力。

又如中国深圳集装箱北美公司投资收购了美国一家集装箱拖车生产企业，收购完成后，中集北美公司及时投入了部分设备和资金，完成了对原公司的技术和生产的改造，聘请了资深专业人员负责新公司的管理、销售和财务。同时，中集北美公司注重利用国内母公司的管理和技术优势，从国内采购部分原材料，降低生产成本。目前该公司已经达到了年产 8000台的设计要求，年销售额可达 1 亿美元以上。由于生意兴隆，深圳集装箱美国公司给印第安那州西北部带来了 300 多个就业并成为其所在的梦那镇雇用人数最多的企业，同时它还激活了小镇的餐饮业。

中国企业拥有到美国投资的实力和兴趣，中国投资在美国正在发挥着有益作用。问题在于美国政界有一种把中国对美投资政治化的势头，例如中海油收购尤尼科石油公司受阻，最近，中国华为公司与美国贝恩资本联合收购 3COM 的协议又因遭到美国议员的反对而告吹。这也是一种逆流，对美国经济绝非有利。

六　美国借债，中国提供

中国用自己的外汇储备投资于美国债券市场也是对美国经济的极大支持。据美国财政部的资料，截至 2007 年 6 月 30 日，中国持有的美元资产和债券总额达到 9220 亿美元，仅次于日本而居第二位。到 12 月中国持有的美国国债已达 4776 亿美元。中国购买美国国债是保持外汇储备的需要。但对美国说，却为美国的债务经济提供了重要的资金来源，对纾缓美国联邦政府所面临的大赤字和经常账户逆差起了很好的作用。

据报道，随着美元贬值，美元资产缩水，各国都在减持美国国债，以减少汇率损失，连日本在 2007 年都减持了 7％。但中国只在 2006 年下半年少量减持，2007 年反而增持 2 成。这是因为中国投资美元债券以一年期以上的长期债券为主，着眼于长期收益，而不是短期投机或控制美国资产。中国总理曾经郑重声明"中国外汇储备投资的任何变动都不会损及全球金融市场，特别是美元资产主导的市场"。体现了中国作为有世界影响的大国的负责任态度。

上面的种种事实，说明美国经济中的中国因素对美国是十分积极和有益的，中美经贸关系是互利双赢的。然而随着中美经贸关系的日益扩大，摩擦也在所难免。其中对美国经济和中国经济有同样巨大危害的是美国贸易保护主义的抬头，以及美国某些人把贸易投资政治化的倾向。对此中美双方的政、企、学界应当共同努力，客观地、理性地行动起来加以克服。为此：

第一，要破解认为人民币汇率定值过低导致美国对华贸易逆差不断扩大的伪命题。

美国的贸易保护主义者指责人民币汇率定值过低，是美国对华贸易逆差不断扩大的根本原因。因此要求中国将人民币汇率对美元大幅度上调，并威胁如果遭到中方拒绝，就要通过立法对中国进口商品施实惩罚性关税。这种指控完全不合事实，是典型不讲理的霸道行为。其实中美贸易失衡的根本原因在于美国自己投资大于储蓄。而中国对美贸易顺差近年来迅速增长的根本原因是外国公司利用中国的低劳动成本，把中国变成为它们的加工厂。对此美国政府心知肚明，并且做出过客观评论。2005 年的美国总统经济报告在谈到对华贸易逆差时说："日益增长的双边贸易逆差使得某些方面担心中国在世界贸易中的崛起。事实上，数据显示，从中国增加的进口大部分来自于从环太平洋其他国家进口的减少。这种变化在很大程度上是由于中国充当了亚洲制造业公司出口品最终装配平台的角色。美国从环太平洋的进口已经从 20 世纪 90 年代中期的最高峰下降。这有助于说明为什么双边贸易逆差没有什么经济意义，以及为什么它们并不是贸易关系带来利益的有用尺度。这种双边尺度可以是受伙伴间的贸易重新配置所驱使，而这是在世界几百个从事贸易的国家中很平常的事情。"[1] 如果上述

---

[1] 《2005 年美国总统经济报告》，第 182 页。

美国的贸易保护主义者的主张在国会得逞，受害的将不仅是中国，首先是美国的跨国公司，其次是美国的消费者，他们将得不到来自中国物美价廉的产品，而美国的贸易逆差却无法消灭。

第二，要从源头医治美国的贸易保护主义。

美国的贸易保护主义之所以有市场是因为经济全球化和自由贸易给美国大公司带来最大利润，但美国还有很大一部分弱势群体没有分享到经济全球化的好处，而一部分政客正好利用群众的不满情绪来为自己谋取政治资本。当前美国的政治生态是，大公司因为自己是利益相关者，面对贸易保护主义不敢挺身而出讲实话，怕给自己戴上不爱国的帽子，政治家面对失业群的不满，不敢坚持正确路线，怕丢掉选票。事实上，整个说来美国利用经济全球化，在世界范围进行资源配置，实行国内的产业升级，大大提高了竞争力，它使美国经济更强了而不是更弱了。问题出在全球化成果的分配上，没有做到强者和弱者的互利共赢。这是美式市场经济的痼疾，即长于生产而拙于分配。明智的美国政治家要做的是在经济全球化和产业结构升级中不仅致力于让大公司钵满盆满，而且要注意对弱势群体利益的保护，使他们感到不是经济全球化过程的弃儿。在贸易摩擦中，美国政治家不敢讲真理，对贸易保护主义委曲求全，把中国当替罪羊，是最愚蠢的下策。

第三，中国方面要认真落实互利互惠、合作共赢、共同发展的战略。

中美经贸往来是互利双赢的。中国也是受益者。尽管我们所得到的好处要比美国少得多，拿当前在世界畅销的苹果 iPad 为例最能说明问题。严格地说 iPad 并不是苹果公司的产品，因为该公司并没有 iPad 的生产线，而是将整个制造过程外包出去。那么它究竟是哪一国的产品呢？美国加州大学的三位研究人员花了大量精力，做了跟踪研究，结果发现，"iPad 299美元的零售价当中有 163 美元属于美国的企业和劳工，其中的 80 美元被苹果拿走，另外 75 美元属于销售和物流成本，剩下的 8 美元给不同的零部件制造商。日本为 iPad 创造的价值约为 26 美元，大部分归功于东芝的硬盘，而中国大陆工人贡献的价值则将近 3 美元"。"这个研究显示在高度全球化的时代，商品的制造商和产地其实已经不那么重要。制造过程早已打破了地理、政治和关税的樊篱，利用传统的贸易统计方式来解释如此复杂的流程，不但徒劳无功，还可能会产生偏差和误导。例如，尽管中国大陆的装配工人对 iPad 整体价值的贡献大约只占了 1%，但是中国每出口一台 iPad 成品到美国，美国对中国的贸易赤字就要增加 150 美元。"①

中国从加工贸易中所得不多，但加工贸易对解决中国的就业问题和"三农"问题居功至伟。同时也必须承认我国出口贸易发展过快，因此增加了和其他贸易伙伴的摩擦。从长远利益着眼必须处理好国内经济和对外开放的关系，使对外经贸活动既符合我国利益，又符合合作对象的利益，以促进世界经济共同繁荣。为此我国正在加快转变对外贸易增长方式，增加进口，保持出口稳定增长，抑制贸易顺差增长过快的局面。与此同时，积极扩大内需，使消费、投资、出口"三驾马车"齐头并进。

值得赞赏的是中美双方政府为解决中美之间的经贸问题，建立了各个层次的高层战略对话机制，进行了有效的谈判和沟通，我们有理由相信，两国政府、企业界、学界共同努力，抑制逆流，将使美国经济中的中国因素越来越向积极、健康的方向发展。

（此文是提交 2008 年 3 月第五届中美经贸关系国际研讨会的论文，后来文章收录在《金融危机与中美经济：中美经济年会论文集》，社会科学文献出版社 2010 年版）

---

① 见台湾《商业周刊》2007 年 7 月 29 日文章。

美国政府的农业政策与"多哈回合"谈判

　　农业是美国的经济基础，得天独厚的美国农业为美国工业化创造了前提条件。到 19 世纪末，美国已经由农业国变为工业国，工业的现代化也促进了农业的现代化。工农业的互相促进，为美国的产业升级提供了强大的动力，造就了今天超强的美国经济。

　　美国农业是在市场经济中发展壮大的，但是政府政策在农业的发展中也举足轻重。政府对农业的扶植体现在两个方面，一是巩固和提高农业的资本主义生产关系；二是助推农业生产力的发展。例如，18 世纪的《宅地法》为美国式资本主义农场的发展奠定了基础；又如 19 世纪的《大学赠地法》为培养农业的高素质人才创造了条件。由此形成了美国农业强大的核心生产力。这些都是脍炙人口、相当成功的政策。从 20 世纪 30 年代起，政府干预更深入到农业生产之中，为农业建立起安全网，力求把在工业垄断资本压力下举步维艰的农业经济撑持起来，使国民经济得到较为均衡的发展。但是这种政府干预常常不能与客观形势的变化相适应，因而在国内就产生了两种政策、两条路线的激烈争论。在国际上则形成了美国农业政策同发展中国家的矛盾，以及其同世界贸易组织基本原则的冲突。这是理解近 20 年来美国农业政策的嬗变以及美国"多哈回合"谈判中的立场和策略的重要视角。

美国农业的现代化和两极分化

　　从 19 世纪中到 20 世纪末，是美国农业现代化的过程，农业生产力大大提高。这是美国农场主致力于农业机械化、电气化、化肥化，并且应用生物技术改良作物品种的结果。以谷物为例，1830 年靠人力使用步犁、平耙、镰刀、连枷、手工播种，每生产100蒲式耳小麦需用250—300个劳工/小时。1890年用马为动力，使用多铧犁、平耙、割捆机、脱粒机和马车，相同产量所需时间下降到40—50个劳工/小时。1930年以后以拖拉机为动力，使用三底多铧犁、10尺串连园盘耙、12尺康拜因，用卡车运输，同样产量只需要15—20个劳工/小时。自此之后拖拉机的马力不断增大，使用的各种机具由窄幅变宽幅，由小型变大型，加上多施化肥，应用各种新农艺，生产同样多的小麦所需时间继续下降，到1987年只需要3个劳工/小时。生产效率提高90多倍。与此同时，玉米的生产效率提高近28倍、皮棉提高27倍。据估计，每个农场主供养的国内外人口20世纪30年代为9.8个人，到20世纪末已经达到100人以上。应用最新科学技术于农业始终是美国农场主十分关心的事情。90年代信息技术和精密技术在农业上得到了应用。1994年美国农场主开始使用卫星技术跟踪和计划其农田作业。同年联邦药品管理局批准应用生物技术生产番茄。1997年第一批用生物技术抗杂草和害虫的大豆和棉花进入市场。随着劳动生产率的提高，美国的产业结构发生变化，农业所使用的劳动力迅速下降（见表1）。

表1　　　　　　　　　　1950—2006年美国产业结构的变化

年度	总就业人数（万人）	农业(1)	矿业(2)	建筑业(3)	制造业(4)	运输业(5)	批发零售(6)	金融业(7)	服务业(8)	政府部门(9)	(5)+(6)+(7)+(8)	(5)+(6)+(7)+(8)+(9)
1950	5623	699	93	344	1457	437	1055	1915	1096	249	4503	4752
%		12.5	1.65	6.12	25.91	7.77	18.8	3.41	19.5	4.43	49.48	53.91
1980	9930	336	98	622	2194	652	2019	599	2875	534	6146	66807
%		3.38	0.98	6.25	22.1	6.57	22.1	6.03	29.0	5.37	61.89	67.27
1990	11879	322	72	776	2135	817	2462	805	3927	563	8011	8574
%		2.71	0.61	6.53	18.0	6.87	20.7	6.77	33.1	4.73	67.43	72.2
2000	13689	246	48	993	1964	738	1998	937	6153	611	9826	10437
%		1.80	0.04	7.25	14.3	5.39	14.6	6.84	44.9	4.46	71.8	76.2
2006	14443	221	69	1175	1638	746	2133	1049	6761	652	10689	113417
%		1.53	0.05	8.13	11.3	5.16	14.8	7.26	46.8	4.51	74.0	78.5

资料来源：根据1955年《美国统计摘要》，第207—208页；1998年《美国统计摘要》，第421页；2008年《美国统计摘要》，第394页重新计算。数据经四舍五入。

如果从美国建国后算起，在 1790 年人口为 392 万，从事农业劳动力占总劳动力的 90%。美国还是一个农业社会。到 100 年后的 1890 年人口达到 2940 万，农业劳动力占总劳动力的 43%，美国已经从农业社会过渡到工业社会。此后到 1950 年人口增加到 15227 万，服务业劳动力占到总劳动力的 50% 左右，美国又由工业社会进入到服务社会。在此过程中农业劳动力不断缩减，到 2006 年农业劳动力在总劳动力中已经降低到微不足道的 1.53%。21 世纪初虽然从事农业的劳动力已由 20 世纪 50 年代的近 700 万人下降到 200 万人左右，但农业产出并没有减少。到 2005 年，畜牧产品增加了 1.5 倍，谷物增加了 1.7 倍。充分显示劳动生产率增长的巨大成果。

在生产力发展的同时，美国农场的组织结构也比第二次世界大战前有了很大变化。美国农业部在 2007 年农业法案主题论文《强化美国农业未来增长的基础》① 中分析说，当前美国农场可以分为三类：

第一类是商业化的大农场。2004 年，美国有 20.5 万个商业化农场。它们由销售额在 25 万美元以上的大家庭农场和非家庭农场组成。这个略为低于农场总数的 10% 的一小部分，在总产量中的比重却高达 75%。这些农场以抑制成本、增加销售为自己的经营目标，它们通常是盈利的②。尽管它们的产量很大，所拥有的农田面积只占总面积的 29%。

第二类是以农村为居住场所的农场，总数近 140 万个，占全部农场的 2/3，但是在总产量中只占 8%。它们拥有的农田占总农田面积的 1/3。这些农业经营者把非农职业同农业结合起来。其中包括退休人员以及那些把农业看做一种投资，或是为了享受农村舒适生活的人。这些农场主的多数很少依靠农业经济作为他们的收入来源。他们中的多数并不像独立的农场企业那样盈利，不过农场主通常有同非农住户可比甚至是更高的收入。

第三类是中间类型的农场，总数达 52.8 万个。农场主的主业是务农，但目的既是为了商业，也是为了在农村居住。这种农场的产量在总产出中

① USDA · Strengthening the Foundation for Future Growth in U. S. Agriculture · 2007 Farm Bill Theme Paper, September 2006：4 – 5.

② 美国农场就销售额说 175000 美元是不赔不赚的分界线。2007 Farm Bid Theme Paper, September 2006。

大约占 16%，拥有的土地大约占整个农田的 31%。他们中间有些人注重经济的和财务的目的，多少有点像较大的更商业化的农场，并为生存而同他们商业化的竞争对手进行较量。其他人的目标则与较小的不那么商业化的农场近似。那些农场外收入不多的人常常利用农业资源进行其他用途来创造收入。如许多人利用农业设备提供专业服务，另一些人出租土地给其他农场主，还有一些人则提供狩猎以及其他户外休闲服务作为创造额外收入的来源。

这三类农场中，应当说第一类是真正意义上的农场，是农业的支柱，并在国内外有很强的竞争力；第二类已经不是真正意义上的农场，农业生产的作用已经十分微弱；第三类是过渡型的农场，它们在继续分化，有些会上升到第一类，有些则会逐渐退出农业领域。

就整体而言，美国农业已经高度现代化，生产力极其发达。但是与工业不同，在自然灾害和经济周期波动中，它仍然难以保证生产稳定以及农场收入的持续增长，第三类农场尤其如此。因此它们还离不开政府一定的援助与扶植，这有以下几方面的原因：

第一，农业抵御周期波动的能力弱于工业。从历史上看农业危机常常导源于工业危机，但往往比工业危机有更大的持久性和破坏性。这是因为，在农业中资本的集中程度远比工业逊色；第二，由于农业生产难于垄断，所以农产品价格的波动很大，使农场主很难抵御风险，在大风大浪中他们常常只能随波逐流，掌握不了自己的命运；第三，美国的主要农作物在国内早已供过于求，要靠国际市场来消化剩余农产品，因此美国农场主的命运不仅要受国内市场的左右，而且要受国际市场的严重影响。

上述这些因素决定美国农业的时而繁荣和时而萧条，第二次世界大战以后美国农业经历了 10 次经济衰退，农产品价格和农场主收入在 1949 年、1954 年、1974—1975 年、1980 年、1982 年、1991 年、1998—1999 年这些年份都有所下降，经过经济萧条的震荡，美国农场的两极分化更趋极端，大农场趁中小农场困难之际实行兼并，中小农场在挣扎中或者勉强存活下来，或者被大农场鲸吞。形成了上面所讲的美国农业生态三分天下的格局。

七十年来美国农业政策的反复

从 1933 年美国实行《农业调整法》，到 1996 年改行《农业市场过渡法》，再到 2002 年的《混合农业法》，近 70 年时间，美国农业政策走了一个"之"字路。由政府对农业生产的强制干预，到农业生产向自由市场过渡，再到政府恢复对农业的大量补贴，使人们对政府能否给农场断奶更加缺乏信心。这个"之"字路径可以大致描述如下：

美国农场主在 20 世纪 20—30 年代受到沉重打击。20 年代的农业萧条在 30 年代大危机中更加深化。1932 年农产品产量比 1929 年有所增加，但农产品价格指数却从 100 下降到 44。以 1910—1914 年为平价的工农产品比价，1932 年下降到 58，1929 年农场平均净收入为 962 美元，1932 年下降到 288 美元。1929—1933 年间，抵押农场被取消赎回权的比率增加了一倍。农民的不满日趋高涨。

自 20 世纪 20 年代农业萧条开始，政府采取刺激农业的政策都失败了。1932 年冬到 1933 年，几百万农场主濒于破产。全国各地纷纷要求政府采取行动援助农业。这不仅是由于农场主本人苦难深重，而且由于人们普遍认为，农业不振国家就不可能恢复景气。结果国会于 1933 年 5 月通过了《农业调整法》。

《农业调整法》的基本理念来自于农场主的朴素想法，即减少农产品的供应，抬高农产品的价格，相应地就可能提高农场主的收入。办法就是由政府出面，限产、限售，并给农场主以价格信贷支持。限产和闲置土地进行水土保持相结合，还具有环境保护意义。

这套政府干预农业的措施对中小农场主等于社会安全网，使他们能在逆境中生存下来，但对农业本身通过优胜劣汰向规模经济过渡又是有矛盾的，同时政府为保障农场主收入埋单，财政负担沉重，也为纳税人所诟病。此外从财政补贴的受益者看，大农场所得好处最多，也引起舆论界的批评。所以主张政府干预的一派和倡导市场自由的另一派形成两大营垒，一直争论不休，在 1996 年前基本上是政府干预派占上风，因而政策得以延续，实行 65 年，只做了一些无关宏旨的小修改。

　　1996 年美国农业政策发生了重大转折，共和党在国会两院占了优势。许多共和党人相信没有政府干预，让农场主自主决定种什么不种什么，反而可以活得更舒心。他们把批评直指政府要求农场主把一部分土地长期闲置或"撂在一边"的政策。一个强有力的联合体，包括大的谷物仓储商、加工商和出口商乘势开展进攻，他们批判政府的闲置土地计划（1995 年，按政府计划撂荒了 5300 万英亩耕地，占 4.35 亿英亩耕地中的 12%），以及不许为出口而增加生产的做法。许多农场主，包括玉米和大豆的种植者，要求取消为了得到补贴，年复一年种植同一种作物的政府规章。要求允许他们自由地为繁荣的海外市场种地，从而促进农业出口。在所有政府的农业计划中受压力最大的是对糖和花生种植者的价格支持。批评者说，尽管这些计划并没有花政府什么钱，却损害了企业和消费者的利益，因为它们限制了商品的供应并且提高了价格。由于共和党人要求克林顿政府平衡预算，所以在新的农业立法中也把削减政府的农业开支和减少政府对农业的补贴结合起来。

　　1996 年农业法的通过还有一个背景，即当时全球经济处于复苏阶段，玉米和小麦的价格与出口都达到了历史的最高水平，许多农场主希望在摆脱了政府限制后，能够更好地利用这个机会。然而克林顿在签署这个法案时是有所保留的，他认为新法"未能为小农场主提供充分的安全网"。

　　新法案确实改变了实行几十年的老政策，取而代之的是政府担保农场主固定的、与产量和市场价格不挂钩的，但逐年下降的联邦补贴（由 1996 年的 560 亿美元，下降到 2002 年的 400 亿美元），这种逐年下降的固定补贴有最终完全取消补贴的意图。新法案要求在 45 天以内，由农业部提出同过去与政府签过合同的小麦、玉米、棉花、大米、高粱、大麦、燕麦农场主重新签订为期 7 年的"生产灵活性合同"。取消政府种植限制，允许农场主自主选择作物以利用天气情况和市场价格。此外，根据新法，政府不再要求接受补贴的农场主闲置他们的一部分土地。

　　在新法实行初期，北部平原的种植者是主要的受益者。其他大多数地方，新法也给种植者带来了好处。与此同时，对亚洲国家的出口猛增，使得农产品的市场价格超过政府规定的目标价格。由于农场主可以不受限制地自由种植农作物，在价格上涨的刺激下，中西部和密西西比河三角洲的种植者迅猛地改种收益高的农作物，追求热销产品。南方则到处种植玉米。结果大豆种植面积猛增，其增加的面积相当于密执安州所有农场的种植面积。但是，好景不长，连续的旱涝灾害和飓风袭击，使生产受到打击，接着亚洲金融危机不期而至，美国农产品滞销，谷物库存猛增，农产品价格直线下降。大豆价格要比 1 年前降低 27%，玉米价格降低 16%。除此之外，联邦政府付给农场主的过渡时期补贴开始减少。农业的净营业收入由 1996 年的 567 亿美元的高峰，下降到 1997 年的 526 亿美元、1998年的 460 亿美元和 1999 年的 424 亿美元。

农场主因减少收入对新农业法进行了猛烈的批评。北部平原地区的小麦种植者纷纷到市政厅聆听同情他们的议员们发表演说。1998 年 4 月，农业部长丹·格利克曼在南达科他州阿伯丁作巡回演讲，支持建立农民"安全网"，并受到热烈欢迎，出席这次演讲会的人数比组织者的预期高出一倍。于是 1996 年向市场过渡的农业法成了"过街老鼠"。舆论对农场主不幸遭遇的同情，酝酿着回归政府救援的政治气氛，促成了 2002 年《混合农业法》的诞生。

混合农业法案不仅重新建立起 1996 年取消了的农业补贴，而且保留了 1996 年的固定付款。结果是一个更加庞大的对农业的政府援助计划，它预计在 10 年中政府的支出将高达 7500 亿美元。这样美国的农业政策向自由市场过渡的设想再次被束之高阁。

由于 2002 年《混合农业法》已经到期，美国自 2007 年起进入到农业法的立法过程。这一年的 7 月 28 日众议院通过了自己的农业法案，其基本精神是继续为农场主和牧场主提供政府补贴，同时增加对水土保持的投资并且由政府向特色作物，如水果和蔬菜等提供义务性的资金援助。这个法案最终结果将取决于参众两院对各方利益的协调。但是由于民主党在两院占优势，因此对大农场主和牧场主所得到的高额补贴将会有所抑制。但保留一个对中小农场的安全网这个基本取向估计不会有大的变化。

美国政策与国内外利益的冲突

美国农业政策同国内外的矛盾和冲突主要来源于对农产品的大量政府

补贴和关税政策。

今天美国主要农作物补贴在每年政府开支中占 100 亿—200 亿美元，主要集中在小麦、饲料谷物（主要是玉米但包括大麦等其他作物）、棉花、大米和油菜子（主要是大豆但包括花生等其他作物），这些计划包括销售贷款津贴、直接补贴以及反周期补贴。

销售贷款津贴是由政府规定每种补贴作物的"贷款率"，当市场价格降到"贷款率"以下时，政府按其差额给农场主以津贴；直接补贴付款是 1996 年农业法补贴的延续。与原来不同的是，这种补贴不再同市场价格和实际产量挂钩，而是按农场历史生产基数计算得出的，并且逐年减少，用这种补贴换取土地的休闲。如果农场主在这些土地上种植水果、蔬菜、瓜、坚果等将被取消补贴资格。反周期补贴是对价格波动给农场主带来的损失的补偿，补贴率与作物的市场价格变化相反，市场价格越低补贴越高，但它同产量是脱钩的。除此之外还有风险管理补贴，其中包括特别灾害和收入损失补贴。所有上述补贴构成了美国政府对农业的国内支持，它们是保障美国农场主收入的安全网，使他们无论年景的丰歉都能得到较高的收入水平。

补贴的多少在作物之间是不同的，一年与另一年也不同，这取决于市场情况。当市场价格较低时，补贴通常较高。对玉米来说，总补贴在 2004 年只有 28 亿美元左右，补贴占市场价格的比率约为 12.6%。2005 年补贴则是 64 亿美元，占市场价格的 28%，到 2006 年上升到 88 亿美元，占市场价格的 44.6%。2004 年和 2005 年小麦补贴超过市场价格的 20% 并且预期 2006 年将跃升到 51%。2004 年大米补贴约为市场价格的 78%，2005 年下降到 32%，2006 年约为 40%。补贴率对大豆来说比其他计划作物低，因为大豆价格几年来一直相对较高。

总体分析显示，相对于玉米、小麦和大米的巨额补贴而言，棉花补贴的比例最高，部分地是因为用户销售付款，以及第二步对出口的补贴，这类补贴是被世贸组织禁止的。棉花补贴从 2004 年低到约占市场价格的 23%，到 2005 年高达 80%。预期棉花补贴在 2006 年仍然高达 65%。

与作物计划不同，奶产品和糖在价格补贴之外还由高关税进行保护，严密的进口壁垒保证美国食糖价格通常是世界价格的两倍或三倍。多数美国牛奶产品价格在世界标准价格之上 20%—30%。牛奶业，特别是在饮料牛奶市场，其产品也通过一套销售规章，提高价格和限制竞争。最后，2005 年 9 月 30 日到期的牛奶收入损失合同计划还没有重定。当市场价格低迷的时候，牛奶业也得到直接付款。

美国对农产品和畜牧产品的高度保护，使少数农业和畜牧业经营者获利，但使纳税人、消费者和外国农业和畜牧业经营者的利益受到损害。

以大米为例。联邦政府的补贴计划以帮助 9000 个农场主为目标。他们在 2003—2005 年平均每年生产 650 万公吨大米。保护措施包括关税、国内价格支持和出口补贴。关税保持在每公斤 3%—24% 之间，质量越好的大米，关税越高。在关税之上，实行三项主要的国内补贴，即直接补贴、反周期补贴以及销售贷款津贴，从 1998 年到 2005 年，三项合起来，由政府通过商品信贷公司发放的补贴在 4.73 亿—17.74 亿美元之间，年度之间数目不同，全看世界市场价格的变化，市场价格越低政府补贴越高。据经济合作与发展组织的调查，美国大米补贴要占大米种植者收入的一半，使得大米成为美国补贴最多的唯一作物。但是纳税人付出的巨款是否为大米种植者所得呢？情况远非如此。由于直接补贴和反周期补贴已经同实际产量脱钩，补贴可以被早已脱离生产的地主所得。

由于高额补贴，美国农业生产对市场价格反应能力极差。20 世纪 90 年代后期由于亚洲金融危机，大米的全球价格狂泻。据美国农业部报告，1997—2001 年稻米价格下降一半，从每百重量单位 9.7 美元下降到 4.25 美元，然而同一时期美国大米生产却从 830 万公吨上升到 976 万公吨，增长了 18%。由于美国生产大米过多，美国大米补贴增加了全球的大米供应，并且因此给全球价格施加了下降的压力。

棉花的情况和大米属于一类。美国 2.5 万棉农也是补贴的对象，为的是使他们能够在全球范围内保持"竞争力"，这种政策迫使世界价格持续下降。美国政府对棉农的慷慨令人不可思议，2001 年，在美国生产的棉花价值是 38 亿美元，而支付给棉花种植者的补贴价值是 30.3 亿美元。布基纳法索、马里、贝宁和乍得是四个依靠棉花收入的非洲国家，它们的经济已经受到美国补贴的打击。据估计，这些国家在 1997—2001 年，损失了 2.5 亿美元的出口收入。这些国家历史上在棉花贸易上有优势，但是它们

的优势却部分地被美国的补贴摧毁了。在美国，棉农从每英亩棉花得到
230 美元补贴，是粮食作物补贴的 5 倍。萨姆纳计算过美国棉花补贴对世
界棉花价格和数量的影响，他发现取消美国棉花补贴将会减少美国出口
44%，提高世界价格 10.8%。奥克斯法姆（2002）估计 2001—2002 年美
国补贴给非洲带来的损失是 3.01 亿美元。

　　政府在国内补贴之外，结合关税和进口限额进行保护的农产品有牛奶
和糖。以糖为例，美国农业部运作着一个复杂的贷款计划，实行糖的保护
价格，并用关税壁垒和国内生产控制为国内补贴政策保驾护航。高关税限
制糖的进口，以防止舶来品压低国内价格。现行规则只允许糖的进口保持
在美国市场需求的 15%。然而 2.5 万糖农也不是都得到好处，真正的受益
者是大农场，根据政府会计局的数据，42% 的糖补贴为 1% 的糖农所拥有。

　　对牛奶价格的保护始于"新政"，直到今天仍然没有什么改变。其做
法是由联邦政府在全国 10 个地区规定牛奶加工厂必须支付给牛奶场的最
低价格，这被称为"销售命令"（marketing order）。迄今为止全国约有 2/3
的牛奶生产是根据这种"命令"交易的，其余则由各州制订计划。"销售
命令"限制竞争，为此禁止奶农以低于"命令"的价格供应牛奶。同时
禁止牛奶由低价地区向高价地区自由流动，例如 2006 年辛辛纳提的牛奶
每加仑为 2.68 美元，新奥尔良是每加仑 4.1 美元，但前者是不允许向后
者流通的。为了执行人为的高价格，政府对牛奶、奶酪和其他乳制品高筑
关税壁垒。进口奶酪、牛油和奶粉少于美国国内消费的 5%。这些做法导
致的结果就是牛奶的高价格，经合组织发现美国政策给美国消费者制造出
25% 的"隐蔽关税"，而且它是一种累退性税收，不利于低收入家庭。

　　为什么这种不合时宜的政策的改革会遇到很大阻力呢？这就要归因于
美国的利益集团政治。因为美国政府的决策通常是利益集团力量对比和相
互博弈的结果。

美国农业补贴政策同世贸规则也存在冲突

　　美国农业补贴政策对贸易伙伴国的损害，同世贸组织的精神是不相容
的。但是在 2004 年以前美国的农业补贴受到所谓"和平条款"的保护，

该条款是世界贸易组织农业协议的内容，它限制把农业补贴问题提交世贸组织的争端解决机构。但是美国政府对棉花的补贴使巴西深受其害，难以容忍，终于在 2002 年向世贸组织提出了诉讼。世贸组织受理了这一控告，认为此案已经不属于"和平条款"的保护范围。

2004 年 9 月，日内瓦世界贸易组织的一个争端解决小组裁决美国对高地棉花的补贴计划违反美国对世贸组织承担的义务，并且建议美国改变其政策使其同世贸组织的规则相一致。2005 年 3 月世贸组织的上诉机构支持争端解决小组的决定，裁决上诉方巴西有要求实行超过 10 亿美元贸易报复的权利。

棉花一案给美国长期以来存在的问题曝了光，这就是美国现行农业补贴计划同世贸组织规则存在冲突。而且说明美国政府对农产品的过度补贴，即使在"和平条款"下也难以不受攻击，在"和平条款"于 2004 年停止生效后，就更加经不起伙伴国的挑战。这个问题不仅限于棉花，其他得到补贴的美国农产品，在世贸组织规则面前也是软弱无力的。

世贸组织在农牧产品贸易方面的规则体现在"农业协议"和"补贴与反补贴措施协议"文件之中。农业协议禁止某些类型的补贴，并且对各种补贴的总数规定了总额限制，被称为"总支持限度"（Aggregate Measure of Support，AMS）。此外，补贴和反补贴措施协议（Subsidies and Countervail-ingMeasures，SCM）对个别补贴计划也实行限制。

农业协议区别出口补贴和国内补贴。出口补贴一般是禁止的，但允许列入逐步取消补贴名单上的出口补贴。国内补贴被分为三种类型或三种盒子政策，即"琥珀盒"、"绿盒"和"蓝盒"。

"琥珀盒"政策是指那些被认为影响产量和扭曲贸易的政策，如价格补贴、原材料补贴，以及与价格或产量挂钩的补贴等。对发达国家"琥珀盒"允许的最大限度是农业产值的 5%，对发展中国家是 10%。超过界限的要在总支持限度内承诺削减。"绿盒"政策是政府资助的国内支持措施，但同价格与产量没有关系，只会造成最小贸易扭曲的政策，包括研究、基础设施、疾病控制、环境保护、食品安全、对穷人的食品补贴，以及地区发展计划等一般政府服务。对生产商的直接收入补贴，与现时生产和价格无关的也在"绿盒"之中。"蓝盒"是指原来的"琥珀盒"政策，现在用于有条件地减少贸易扭曲。比如用于限制农场主产量的补贴，就被归于"蓝盒"一类。对"蓝盒"的补贴现行的协议中没有上限。

《补贴和反补贴措施协议》把补贴分为禁止的、可诉讼的、不可诉讼的。可诉讼的补贴是指本身虽不禁止，但会对其他世贸组织成员造成不利影响的补贴。所谓不利影响包括对国内产业的伤害，剥夺或损伤了已得到的贸易优惠，以及严重伤害另一个世贸组织成员的利益等情况。

巴西对美国高地棉花的诉讼就是以美国棉花补贴对巴西棉农造成伤害为理由的。世贸组织的仲裁小组和上诉机构裁决的结论认为美国对国内棉花种植者的某些补贴，确实造成对巴西利益的严重伤害，因为它把世界市场的棉花价格压了下去。根据计算，如果美国的补贴在1999—2000年间没有实行，美国的棉花生产会减少30%，棉花出口会低40%，同时世界棉花价格会高出约12%。但是美国并没有执行世贸组织所要求的改变，巴西则决定对美国挑战到底。

人们认为棉花一案对美国来说可能只是冰山的一角，其他农产品补贴也有存在同棉花相似的问题，只不过说不准哪个国家会接着向美国提出挑战。世贸组织规定"琥珀盒"补贴在发达国家不得超过农产品总价值的5%，美国的总支持限度是191亿美元。美国农业部的研究报告说1997年美国属于"琥珀盒"的补贴只有62亿美元①，远低于最高限，但是这里的关键是补贴定义和计算标准。根据美国凯托研究所的计算，美国属于"琥珀盒"的补贴2000年是291亿美元，2001年是253亿美元，2006年是263亿美元，远远超过191亿美元的限度。这就说明面对世贸组织的规则，美国如果坚持其现行补贴政策，其立场是十分虚弱的。

"多哈回合"谈判陷入困境的美国因素

2001年9月，世界贸易组织在卡塔尔的多哈城启动了第九轮多边贸易谈判。这是经过艰苦磋商，147个国家共同努力取得的成果。"多哈回合"

---

① C. Edwin Young etc. *Options for Reducing the Aggregate Measurement of Support in OECD Countries. USDA*, Agricultural Policy Reform – The Road Ahead, May 2001：72.

框架协议的主要内容是争取发达国家同意最终取消对农业出口产品数以百亿美元计的补贴，与此同时期望发展中国家承诺消除对进口工业产品实施的各种限制。谈判涉及的范围包括农业、非农产品市场准入，服务贸易，贸易便利化和发展等领域。

"多哈回合"被正式命名为"多哈发展议程"是有其特殊含义的。这是因为它高调提出以促进发展中国家的经济发展为目标。发达国家是否实践了它们的诺言呢？从6年多谈判看，美国、欧盟和日本等国家和地区，说的和做的完全是两码事，几次重要会议的失败都证明了这一点。

2003年9月10—14日世贸组织第五次部长级会议在墨西哥的坎昆城举行。这是"多哈回合"谈判的起点，但以失败告终，原因主要是以美国为首的发达国家并没有对削减农业补贴和降低农产品关税采取主动。双方的关切点完全是南辕北辙，结果自然不欢而散。当时谈判的场景是：以美国为首的富国坚持能够解决可以给它们自己带来最大好处的工业品市场准入这个新问题；穷国则要求结束影响它们最大的发达国家国内农业补贴和市场准入的老问题。这样谈判就进入了死胡同。不过在这次会议上的一个新现象是发展中国家表现出空前的团结，并且对大会起草的文件不考虑发展中国家的发展需要和议程的不民主进行了严厉的批评。

2005年12月世贸组织第六次部长级会议在香港举行。这次会议虽不算完全失败，但收效有限，只起到了使多哈回合谈判勉强继续下去的作用。美、欧有一些微小的让步，如到2013年终止早已决定的不足50亿美元的出口补贴，而不是终止全世界高达800亿美元的国内"琥珀盒"补贴；又如美国早已承诺对最不发达国家取消83%的进口关税，现在又提出到2008年把比率提高到97%，问题在于在剩余的3%中，恰好包括不发达国家最有竞争力的出口产品如糖、服装、皮革制品、陶瓷，等等，显然这也是美国开出的一张空头支票；再如美国答应2006年结束棉花出口补贴，2008年结束限制最不发达国家棉花出口的关税和限额，这是美国国会为满足世贸组织争端解决机制不利于自己的裁决而不得已进行的改革。

香港会议后世贸组织为挽救败局，推动了六国集团（澳大利亚、巴西、印度、美国、欧盟和日本）的磋商。但也毫无成果。

由于美国政府的"快速立法权"将在2007年7月1日过期，如果

2006 年底前不能完成谈判，就无法留出交付美国国会审议的时间，美国贸易代表将失去谈判资格。所以世贸组织再次努力促成了 2006 年 6 月 29 日的小型部长会议，谈判过程中美国因其僵硬立场而备受指责，但美国农业部长约翰斯则说："我们愿意表现出灵活立场，可是根本没有什么提议能吸引我们这样做。"欧盟负责贸易的委员曼德尔森则批评美国说："不幸的是，美国人不能或不愿做他们的那部分工作。他们宁愿停滞不前。"

圣彼得堡八国集团首脑会议期间（2006 年 7 月）首脑们表现出尽最大努力促成"多哈回合"的愿望，决定将"多哈回合"谈判再延长一个月，原该在 7 月底达成共识的谈判延期到 8 月中。7 月 17 日，六国集团贸易谈判代表在日内瓦举行紧急的小型部长级会议，试图打破僵局，然而这一努力也以失败告终。7 月 24 日，世贸组织总干事拉米正式宣布中止谈判。拉米在记者会上说，他建议谈判中止的原因是，尽管八国集团首脑慷慨地表示了对"多哈回合"的支持，但在 7 月 23 日的六国集团会议上，仍然是"分歧过大，无法弥合"，与其眼看谈判又一次错过 8 月中的最后期限，还不如暂时休会，等待更好的时机。

据说首脑会议期间，拉米为促进谈判的恢复举行了一轮美国官员所谓的"坦白式"会谈。在会谈中他让每一方私下里"坦白"，假定其他与会者更积极主动地做出让步的话，它会做出哪些让步。美国官员承认，布什政府处在进退两难境地，因为美国的农业利益集团对政府说，他们无法支持一项未显著改善其农产品在海外准入机遇的贸易协议。贸易协议历来都在美国国会引起激战，布什政府断定，如果美国农场主不能确信他们的产品会在欧洲、印度、中国以及其他国家得到更大的市场准入权，国会也不会批准这样的贸易协议。

国际舆论对"多哈回合"5 年谈判的这一结果深感失望，人们说原本指望这次八国集团首脑会议能达成一项协定，由此创造出 3000 亿美元的财富，并使几百万人摆脱贫困。但是这个希望随着会议陷入激烈争吵而破灭。专家们认为在最后关头，六大贸易体没有就削减农业补贴达成协议，是使谈判失败的原因。自 2001 年开始谈判以来就一直受到这个问题的威胁。

日内瓦会议后，挽救"多哈回合"的又一次新的尝试是 2007 年 6 月在波茨坦（德国）召开的四方（美、欧、巴西、印度）集团会议。但因在农业补贴和产品关税等问题上仍然存在重大分歧，谈判再次破裂。会后，各方相互指责。印度商工部长纳特指责富国傲慢且缺乏灵活性，他说："美国没有意识到，这个世界已经变了。"美欧则倒打一耙说，巴西和印度并没有真的拿出制造业产品市场的准入权来换取拟议的美国削减农业补贴和欧盟下调农产品关税的措施。

"多哈回合"谈判6年来所走过的艰难道路，从根本上说在于以美国为首的发达国家缺乏主动让步的诚意。其政治背景是因为经济全球化和贸易自由化的成果没有做到由各阶层分享，因而在跨国公司、大企业大量积聚财富的同时，处境困难的中小企业、中小农场和工农大众则积聚了埋怨情绪，从而为政客们乘势推进贸易保护主义提供了适宜的土壤。2006年美国民主党在国会两院同时获得优势之后，贸易保护主义更加抬头。布什政府推进"多哈回合"的举措进一步陷入困境。就美国的农业政策而言，应当说早在2002年布什政府批准《混合农业法》再一次对农业增加大量补贴时就已显示出向贸易保护主义的倒退。现在看布什本人未必不想在离任后为自己留下一笔所谓"自由贸易"的政治遗产，因而不能说他没有促成"多哈回合"谈判成功的愿望。八国集团首脑会议时，布什积极参与促成日内瓦会议的召开，以及2007年9月美国又提出在某些条件下同意把农产品补贴加以限制，等等，都说明了这种意向。然而布什政府已经是"跛脚鸭"，美国国会的多数派对"多哈回合"并不感兴趣，因此就美国来说，在布什政府任期届满之前，一切为"多哈回合"所做的努力不过是一种姿态而已，不会产生实质性结果。发达国家的另一个主角欧盟自然更不会跑到美国前面做出让步。这就为"多哈回合"谈判设置了难以逾越的障碍。当然"多哈回合"还没有死，但是要想成功达到宣言的目标，预期将是一条漫长而崎岖的道路。

（原载《世界经济与政治论坛》2008年第3期）

美国次贷危机的深化和中国的对策

尽管我国银行系统因美国次贷危机直接受损有限，但其对我国经济的综合影响不可低估，因此，应该采取进一步的应对措施，防止其对我国经济的发展造成更坏的影响。

一　次贷危机中美国经济发展的前景

美国局部地区陷入衰退已是不争的事实。整个经济是否已陷入衰退还有待观察。从对一季度的分析数据看，个人消费中商品销售变为负数以及住房和非住房投资都变为负数是经济疲软的主要原因，但经济整体仍在增长，这主要得益于新兴服务业如医疗保健和专业技术服务业，以及出口。

当前对美国经济的主要不利因素，一是住房市场周期性下滑，二是物价上涨。物价上涨同美元贬值有关。一季度消费物价指数上升 4.5％。肉类、奶类产品和加工食品几个月来一路高企，油价也是一路飙升，预期将至少有 1000 亿美元被汽油涨价吞噬。因此美国民众普遍希望联邦政府对消费者采取新的补贴政策。

此次经济滑坡可能比较和缓，失业者增加较少，投资者信心也开始有恢复的迹象。美国大型金融机构近来从资本市场上获得了大量融资；投资者对于金融市场的低迷观望态度似乎已近尾声，随房价的下跌，消费者购房能力提高有利于楼市的回暖。美国经济复苏的速度则取决于政府的调控力度。

我们认为美国经济陷入 20 世纪 70—80 年代的滞胀的可能性较小。这是因为，外国的廉价商品可以大量进入美国，美国的高技术产品可以大量出口。相对封闭的格局已经改变，国外市场的供应和需求对美国通货膨胀可以起调节和抑制作用；美国挟科技优势实行产业结构的调整，使制造业有比较强的竞争力和较强的增长潜力；此外，滞胀的发生同宏观经济政策有关，70 年代美国奉行财政金融双松政策，联储一度坚持低利率政策，这种僵化政策不会重复。尽管这次的经济滑坡有可能比较温和，出现"滞胀"的可能性较小，但由于住房业周期因素的拖累，经济增长速度在较长时间会处于潜在生产能力以下，同时物价也将随食品和能源价格的上涨而提升到一个新高度。

二　次贷危机对中国的挑战

次贷危机对我国的影响包括直接的和间接的两方面。直接影响是我国大银行购买美国抵押贷款证券所蒙受的损失，这种损失比较有限。然而，次贷危机对我国经济的间接影响要远大于直接影响。

一是宏观调控政策的冲突。当前中美两国经济形势的差异在于美国受次贷危机和金融困境的影响，经济放慢，防止经济衰退是美国当前的迫切任务；中国则因为经济增长偏快，有通货膨胀的苗头，因而是以防止经济过热和防止物价由结构性上涨变为明显通货膨胀为主。因此，两国宏观调控措施就发生了冲突：美国方面为刺激经济正在大踏步降息，增加流动性，我方为使经济降温必须提高利率，紧缩流动性。但是受美国降息的制约，难以提息。同时，美国降息所导致的美元贬值，正迫使人民币加速升值，而外界对人民币升值的单边预期，已使热钱加速涌入，增加了防止明显通货膨胀的难度。

二是热钱大量涌入，破坏金融市场稳定。热钱的成分极其复杂，既有投机资本也有非投机资本，其进入我国的通道五花八门，可以假借货物贸易、服务贸易、直接投资、间接投资之名进入，个人也可以通过关系，在内地开立人民币账户（对港澳居民是合法的），携入或汇入外汇，还可以非法地通过地下钱庄进入。非投机资本意在保值，而投机资本则热衷于获取利差和外汇价差。两者进入我国，增加了人民币发行，扩大了流动性，增大了通货膨胀压力。投机资本还通过资金的快进快出兴风作浪，严重干扰金融秩序。当前投机资本的大头是对冲基金，它利用各种金融衍生工具，以短线为主，专门在国际上寻找各种获利机会，几乎无孔不入。我国外汇储备 2008 年一季度新增 1539 亿美元，达到 16822 亿美元，扣除贸易顺差 414.2 亿美元以及实际使用外商直接投资 274.14 亿美元，一季度流入中国来源不明的热钱高达 851.1 亿美元。和过去相比，2007 年热钱大约平均每月流入 100 亿美元，而 2008 年单月的流入量是 2007 年的 3 倍。这同人民币加快升值，提高了对本币升值的单边预期有很大关系。

除投机资本之外，短期外债的猛增和港元的北上都同热钱有关，值得密切关注。截至 2007 年，我国外债余额为 3736.18 亿美元，短期外债余额为 2200.84 亿美元，占外债余额的 58.91%，再度刷新短期外债占比的新高。这是因为在人民币不断升值预期下，中国的出口企业为了缓解人民币成本的上升、美元利润下降的压力，用借短期外债的办法减少损失。预计这种自发行为还会有增无减。其结果就会造成系统性的信用风险。港元北上深圳，是香港人为避免美元贬值遭受损失，并获取港元与人民币之间的汇差和利差采取的行为。北上通道有凭回乡证在深圳开人民币户头的，有利用招商银行一卡通的。港元大规模北上会进一步增加内地货币供给的规模，增大内地通货膨胀的压力。

三是美国经济放慢，使我对美出口遇挫。据统计，我国对美出口增幅自 2007 年第四季度开始放慢，2008 年 2 月出现负增长，一季度总体上仅增长 5.4%。对美出口乏力使长三角和珠三角地区经济大受影响。2008 年一季度江苏出现了前所未见的“四降一升”：与 2007 年同期相比，GDP 下降 1.5%，出口下降 8.5%，工业经济总量下降 5.2%，而企业效益总体下降 40%—50%。浙江也面临着同样的困难。2008 年一季度与 2007 年同期相比，出口增幅下降 3.4%，进口增幅则下降 12.6%。对美国的出口更是出现了 11 年来的首次下滑。次贷危机对广东打击尤其严重，一季度广东对美国和香港的出口增幅只有 4% 和 8%。由于时滞效应目前的出口增速反映的是前几个月出口订单的完成情况，近期美国消费者信心的大幅下降尚未充分反映在当前的出口数据中。2008 年广交会一期的统计数据显示，与上届广交会相比，本年到会的美国客商数量下降了 13.5%，成交额下降了 9.9%。美商不仅订货少，而且多要小包装，反映消费者捂紧钱包的态势。此外 2008 年以来，美国客户大批出现拖欠货款情况。2008 年 1—3 月，在中国出口信用保险公司承包的业务项下，中国出口报损金额达到 4700 万美元，占全球贸易报损金额的 36% 以上，同比增长了 130%，增幅比全球贸易报损金额高出近 100 个百分点。这些都预示着今后对美出口难度还会增加。

三　相关对策建议

第一，正确应对美元贬值迫使人民币升值的被动局面，稳定金融和物价。因次贷危机而导致的美联储降息和美元贬值，对我国人民币升值形成压力。人民币应否快速升值是当前国内的一大争论。其实，我国政府早先确定的人民币汇率机制改革方针，即主动性、可控性和渐进性是完全正确的。但是年初以来央行执行渐进性的节奏有了变化。人民币 2007 年全年升值 6.9%，而从 2007 年底到 2008 年 4 月 30 日的 4 个月中已经升值 4.5%，这样快的升值速度显然刺激了外界对人民币单边升值的预期，加强了各方靠热钱赚取价差汇差的冲动。所以，目前能够看到的结果，不是通货膨胀受到抑制，而是热钱加速进入，增加了通货膨胀压力，沿海部分出口企业面临亏损或倒闭。本币加快升值有利于抑制通货膨胀的说法，需要根据情况具体分析。我国 2008 年一季度 CPI 同比增幅达 8%，其中食品占 6.8%，住房占 1%，两者已占 8% 中的 98%，结构性涨价明显，输入性因素极为有限，即使后者今后会增加，国内因素仍将是主要的，而人民币快速升值的副作用则已如上述。鉴于此，建议在人民币升值问题上加倍小心，给出口企业以喘息的机会，对美方的压力要坚决顶住，把保持国内稳定放在首位。如果美元继续贬值，人民币的升值也应小步走，慢速度，使国际热钱的交易成本大于所得回报，以打掉他们对人民币升值的预期，并给出口企业以调整结构提高竞争力的回旋余地。

第二，重新评估物价走势，采取稳定人心的有效措施。2008 年的政府工作报告中提出，要把今年物价上涨的幅度控制在 4.8% 的水平上，从一季度执行结果看，难度很大。以食品而论，我国虽然粮食供应充足，不会闹粮荒，但由于农村城市化，有两亿多农民弃农从工，原来的粮食生产者变为消费者，供求关系发生变化。在农业结构调整的过渡时期，粮食供求只能维持紧张的平衡，加上农业生产资料的涨价，要使粮价不上涨十分困难。同时整个物价水平也将受进口石油、原材料等输入型通胀越来越大的影响。政府限价的办法则只能短期有效，长期将难以为继。因此在整治物价上涨的过程中，除千方百计增加供应外，要高度重视稳定人心。为此建议：对 20 万元以下的居民银行定期存款实行保值储蓄；对职工实行粮价临时补贴。这些都是 90 年代我国反通货膨胀的成功经验。为了对付热钱的大量流入，如果继续发行央行票据并增加商业银行存款准备金难以为继时，可以考虑借鉴智利行之有效的对短期外债征收无偿准备金的办法。

第三，缓解出口企业面临困境，保持出口稳定增长。当前，我国沿海出口企业面临美国经济放慢，人民币快速升值，出口退税率变化，生产要素成本上升等多重压力。

纺织业、制鞋业等劳动密集型行业，受到的压力尤其巨大。据统计，2008 年前两个月纺织业亏损面为 24.46%，较上年上升 7.49 个百分点。政府对"两高一资"产业（高能耗、高污染、资源浪费型产业）实行减少或取消退税的政策是正确的，必须坚持；靠廉价劳力，价格战生存的企业也必须转型为靠科技创新，提高质量，降低成本生存的企业。不过这一切都需要时间和资本投入，绝非一蹴而就。如果一时间多管齐下，使劳动密集型产业大批倒闭，出口严重萎缩，是不合乎国家利益的。商务部曾经表示，外贸出口每波动 1%，会影响就业 18 万—20 万人。因此，建议地方政府应当针对非"两高一资"型企业所遇到的具体困难给以政策扶持，帮助企业尽快转变发展模式。宏观上则应当考虑放慢人民币升值速度。

第四，要求美国做一个负责任的金融大国。次贷危机暴露出：美国向全球输送不透明的结构性金融产品以及美元不负责任地贬值，是导致全球金融动荡、物价腾飞的祸首。美国一贯抱怨，人民币定值过低，使美国受到了伤害，要我们加快人民币升值，其实这种说法是伪命题。《2005 年美国总统经济报告》早已说明巨额逆差是东亚国家贸易转移造成的，根本不是中国的问题。现在美元大幅贬值，迫使人民币快速升值，确实已使中国出口下降，工人失业，热钱涌动。因此我们应理直气壮地要求美国在汇率问题上承担对等责任。同时应使美方理解如不改变这种政策，对于美国抑制通胀和维护美元的国际储备货币地位是极为不利的。

（原载《中国经贸导刊》2008 年第 16 期）

两种理念、两种结果的历史探究

——兼论正确处理市场和政府的关系

　　这次财政史专业会议的主题是总结中国财政六十年经验。我想讲的一点看法是中美两国在处理市场和政府关系上的经验比较。我国在实行社会主义市场经济后，对政府的定位是宏观调控、市场监督、公共服务、社会管理。其理论基础是上层建筑同经济基础的相互作用关系，认为二者是不可偏废的，而且应当是相互促进的。美国不是这样，他们没有这种理论指导，而在实践中则常常是厚此薄彼，左右摇摆。这是由他们的基本制度决定的。把美国在这点上的长期发展作为一个参照系，有益于我们更好地处理市场与政府间的关系。

　　人们普遍认为发生此次美国金融危机是同政府监管不力，对市场自发力量过度纵容的结果。在政府与市场关系的问题上，美国从来就有两派观点。一派主张弱势政府和市场自由，另一派主张强势政府和市场干预。这两派从美国建国起就已经存在。他们的代表人物是汉密尔顿和杰斐逊。他们都是美国开国元勋，但观点迥异。汉密尔顿是美国第一任财政部长。主张建立强有力的政府机构，实行保护关税，帮助美国企业迅速发展，这是同美国建国初期，需要摆脱殖民地状态，实现工业化，赶超英国这一历史任务相符合的。杰斐逊则反对政府干预主张自由放任。但由于工业化需要国家保护，所以汉密尔顿的主张一度占了上风。与汉密尔顿相呼应的，在理论界，是经济学家亨利·凯里，他是主张实行保护关税的先锋。他认为国家是经济和谐的保护神和最后的避难所。他的理论和德国经济学家李斯特是一致的，因为两者都有赶超先进的资本主义国家的诉求。他们和亚当·斯密唱反调，所反映的是资本主义发展不同阶段的不同历史任务。

在金融领域，美国第一个中央银行是汉密尔顿于 1791 年建立的。但是，后来由于同各州的利益冲突，在 20 年特许权期满后就关门大吉了。以后在 1816 年又建立了第二美国银行，也是 20 年的特许权，但提前 4 年在 1832 年就关门了。为什么一个国家必不可少的中央银行难以存在？州立银行等地方利益集团不愿意受中央银行约束是很重要的原因。这之后美国一直没有中央银行。直到 1913 年才建立了中央银行，即现在的联邦储备系统。建立中央银行是 1907 年银行危机所触发的。20 世纪初，美国金融界的信托公司投机盛行。第三大信托公司尼克伯克信托公司大量举债，在股市上收购联合铜业公司股票，但遭到失败，华尔街盛传该公司即将破产的消息，引起了恐慌。各家银行纷纷收回贷款，股市暴跌，几家大银行因为被挤兑而濒临倒闭。当时因为没有中央银行，不得不靠投资银行家 J. P. 摩根出面组织一个银行家联盟，向资金周转不灵的银行贷款，才使金融市场恢复正常。这个事件使人们认识到中央银行的必要性。

美国在 19 世纪末实现了工业化。经济迅猛发展，20 世纪初，通过集中兼并已经有了许多大财团，进入了垄断资本主义阶段。由于大财团的垄断损害了中小企业的利益，在社会舆论的压力下，1894 年美国通过了著名的《谢尔曼反托拉斯法》，但是执行不力，除了老罗斯福做了些事以外，哈丁、柯立芝、胡佛都对大公司宠爱有加，加快了垄断资本的发展。在财团中，最出名的是摩根财团和洛克菲勒财团。1912 年摩根财团在 120 家大公司中有 341 个董事，有 220 亿美元的财产，加上在小公司中的财产，摩根总共有 240 亿美元财产，而当时美国的国民生产总值也不过 394 亿美元。摩根一个家族的财产相当美国一年国民生产总值的 60%。摩根财团不仅拥有工业，还拥有商业银行和保险公司，所以能呼风唤雨，操纵垄断美国经济。垄断资本的发展激化了许多矛盾，如大公司与中小公司的矛盾，穷人与富人的矛盾（10% 最富的人收入占 39%，10% 最穷的人才占 2%），城市与乡村的矛盾（工农剪刀差扩大，工农产品购买力平价，即以 1914 年的农产品价格同工业品价格都为 100，到 1929 年农产品价格只相当工业品的 40%—50%）。美国资本主义两极分化严重起来。穷人购买力弱，经济繁荣期，工农业生产过剩，经济危机频繁发生。1929 年大危机是这些矛盾的集中反映。通常经济危机同金融危机是并发的。大危机以 1929 年 10

月纽约股市的崩盘为标志。股市在 1929 年 9 月 1 日是最高点，市值总计是 896 亿美元，到 1932 年 7 月 1 日跌到 156 亿美元，跌掉了 740 亿美元，跌幅是 82.5%。与此同时大危机也给实体经济造成灾难。综合国力下降了 30%，失业率达到 24.9%。

金融市场的崩溃是大危机的引子。事后据参议院银行货币委员会的调查，发现了金融机构的许多丑闻，如银行和证券交易所勾结，放款过度，有 38% 的股民付少量保证金，就可以从事股票投机，杠杆率高达 1∶10，还有大资本家弄虚作假，逃避所得税，此外投资银行还利用自己为上市公司担保的条件，把略高于成本但大大低于市值的股票卖给官员，报纸编辑、律师、政客以及利益相关者，为自己谋利益。为了制止金融市场上的这些弊端，限制过度竞争，国会通过了 1933 年银行法，又叫格拉斯·斯蒂格尔法。其要点是商业银行与投资银行职能严格分开，商业银行只管存贷，不管投资。投资银行则只管投资不管存贷。活期存款不付利息，设定利率的最高限。又称 Q 条例。建立联邦存款保险公司，保护存款者的利益。为此通过了《联邦存款保险法》。1935 年又通过了一个银行法，重点是加强联邦储备系统的权力，把原来由纽约联邦储备银行掌握的货币调控权收归中央银行。要该行服从联储公开市场委员会的指挥来调控经济。

总之 1929 年大危机是美国进入垄断资本主义阶段以后各种矛盾激化的产物，金融体系中的问题成了爆发危机的引信，一切情况说明在此阶段政府对市场不干预不行了。所以引出了罗斯福新政。在治国理论上来了一个 180 度的大转弯。凯恩斯主义又从理论上阐明政府干预的必要性，以及干预的办法。这样美国就进入了国家垄断资本主义阶段。建立了安全网，逐步掌握运用财政、信贷两个杠杆和所谓自动调节器来熨平经济周期波动的本领。在市场与政府的关系上非常强调政府监管。除了金融领域的几个立法以外，在铁路运输、空运、卡车运输等方面也都通过立法加强了政府监管，限制过度竞争。

然而这种理念在 20 世纪 70 年代美国陷入经济滞胀时受到了挑战。由于凯恩斯主义的刺激政策运用过度，财政和银行都实行宽松政策，通货膨胀率变得无法控制，这样一来，政府管制价格这一条就行不通了。所以从卡特时期开始就提出要"去管制"或"放松管制"。在卡特时期实现了航空的去管制，价格放开，开辟新航线放开，铁路、卡车的管制也做了类似调整。金融领域 1980 年通过了《存款机构放松管制和金融控制法》，该法的重要一条是解决金融机构的脱媒现象，即在 Q 条例的限制下，银行定期存款的利率不能随通货膨胀而抬高，以致没有人愿意向银行或储贷协会存钱。另外该法还批准在全国实行可转让提款单，为所有储蓄机构扩大了资金来源。批准储蓄与放款协会将其资金扩大到发放消费信贷，并允许储蓄与放款协会发放信用卡，开办信托业务。放松或取消各州实行的对抵押贷款以及其他类型信贷收取高利率的限制。"停滞膨胀"也为政府与市场关系在理念上回潮提供了契机。其标志就是美国新自由主义对凯恩斯主义的反攻倒算。凯恩斯主义对医治"滞胀"无能为力，因而衰落，供应学派、货币主义、合理预期学派都反对政府对市场的干预。里根就是在这个背景下上的台。他的名言是"政府不解决问题，问题就在政府自己"。所以卡特时期开始的放松管制，到了里根时代就变成国家政策和经济哲学的全面转轨。

但是 20 世纪 80 年代金融的放松管制不久就导致了 80 年代末的储贷协会危机，储贷协会是为购买住房贷款的机构。1981 年底住房贷款占储贷协会资产的 80%。说明它在解决美国人的住房问题和发展美国支柱产业上有举足轻重的地位。然而在 70 年代储贷协会的处境是十分困难的。利率的急剧波动，贪欲和政治交易使这个行业一蹶不振。尽管 1980 年取消了存款利率上限，1991 年获准开展多种经营，使储贷协会的困难有所缓解，但仍有 75% 的无利可图。

于是许多储贷协会开始利用取消利率上限和多种经营的条件铤而走险。他们拼命吸收存款，然后投资于高风险高收益的资产之中，对于那些不顾一切的冒险家来说这是不难做到的，他们只要做一个诱人的高利率广告，设置一个免费电话号码就可以坐等存款送上门来。同时经纪人商号也从全国各地源源不绝地把资金送给那些敢于孤注一掷的冒险家，高息揽存之所以如此容易，是因为人们相信，只要把存款限制在 9999.99 美元，那么即使把钱存到最漫不经心的储贷协会，即使联邦储贷保险公司准备金不足，在发生危机时美国财政部也不会不伸出援救之手。

有些储贷协会在取得大量现款之后就投入不熟悉的投资和放款领域。

坐落在加州桑塔安娜的巴塔飞储蓄协会在 1985 年把资产增加到了 5 倍，达到 4.92 亿美元。它买了两家快餐店的专利权，可是都赔了本。类似情况不胜枚举。

　　联邦住房放款银行局在 80 年代中期已经对隐约可见的灾难有所警觉，并设法纠正各种弊病，但它为里根政府、国会和储贷协会所挫败，政府热衷于放松管制，不批准银行局要求增加检察人员所需的费用。国会里与这个行业交往密切的议员埋怨银行局对储贷协会的经理们施加压力，同时，这个行业的院外集团又破坏了银行局限制其某些最有投机性行为的努力。联邦住房放款银行局前主席认为这种混乱局面是"该行业与国会"之间纽带关系的产物。

　　终于，在 1986 年，联邦储贷保险公司的保险基金告罄，财政部和某些国会立法者主张大量注入资本，但是为时已晚。在 1980—1986 年间美国 4000 家储贷协会中差不多有 600 家倒闭。在 1986 年底，拥有 1260 亿美元资产的 468 家储贷协会按照"普遍接受的会计准则"应当算作无支付能力，另外有 515 家持有 2550 亿美元资产的储贷协会资本不足 3%。最后美国政府组建了"清债信托公司"负责清理所有有问题的储贷协会的坏账，美国政府花了纳税人 1250 亿美元把储贷协会做了一次彻底清理，使储贷协会危机得以渡过。

　　储贷协会危机是新自由主义思想影响下，政府放松监管所造成的一次金融危机。但是在冷战结束后，新自由主义思想潮流不仅没有衰落，而且得到了变本加厉的推行。这就为这次更大规模的金融危机埋下了祸根。

　　本次金融危机的发生，美国政府有不可推卸的责任。它涉及美国的金融政策和货币政策。是政府实行自由放任方针，听凭金融资本自由发展的结果。也是美国政府包庇纵容金融资本的结果。但是从根本上说又是在政府与市场关系上新自由主义思潮泛滥的结果。

　　从上述历史过程我们可以得出以下的结论：

　　第一，从历史上看，美国从建国之初在政府和市场关系的问题上就存在两种不同的理念。他们代表着不同利益集团的不同诉求。大企业、大公司、大资本和地方利益集团通常是自由放任政策的拥护者，他们不愿接受中央政府监管的约束；中小企业、弱势群体则相反，他们希望得到政府的各种保护，而改善自己的不利地位。大资本中的开明派也有这种倾向，因为他们懂得不这样做会激化社会矛盾，不利于社会的稳定和经济的发展。

第二，在不同的历史阶段，不同的理论会得到社会多数的认同。比如在美国建国之初汉密尔顿主义占了上风，大危机之后凯恩斯主义占了上风。但是在美国国力已经强大，实现了工业化之后，杰弗逊主义就压倒了汉密尔顿主义。另外在20世纪70年代，美国发生了经济的"停滞膨胀"，凯恩斯主义失灵，新自由主义又趁机反扑，获得了压倒优势。这种形势一直保持到现在。

第三，这次金融危机的教训是深刻的。这是在经济全球化阶段，国际竞争空前激烈的背景下发生的，所以政府的作用又会得到强调。但是这绝不是自由放任思想的终结，他们仍然会保留自己的阵地，并且伺机夺回优势地位。这就是资本主义市场经济不可避免的左右摇摆，也是美国利益集团政治的必然走向。美国现在的条件下不可能在市场和政府定位问题上得到各方面一致同意的共识。

第四，我们从这次金融危机中所得到的启示就是社会主义市场经济，必须处理好市场和政府的关系。我国的基本方针是在国家宏观调控下，发挥市场配置资源的基础作用。既不否定市场的积极面，也不迷信市场万能。既主张政府对市场的调控和监督，又反对政府越位，进行不适当的干预。我们主张两手都要用，两手都要硬，两手要各得其所。这样的定位是中国特色社会主义的客观要求。我们过去这样做了，今后会进一步完善化。有了美国经验教训的对照，我们对自己的道路更加充满信心。

（原载《经济研究参考》2009年第6期）

前景广阔的中美经贸关系

　　中美经贸关系的 30 年是快速发展的 30 年，是由陌生到密切到比较成熟的 30 年，是为今后更大发展奠定基础的 30 年，展望未来，前景十分广阔，将为人民造福，值得双方倍加珍惜。在这里谈谈个人的切身感受。

　　作为一个观察美国经济的研究人员，我也算中美经贸关系 30 年发展的一个见证人。1982 年我从财政部调到中国社会科学院美国研究所工作，正好赶上中美建交伊始的这班车。1984 年底我接受密歇根大学中国研究所奥森伯格教授的邀请，作为访问学者来到了安阿伯。现在回忆，当时彼此对对方国情都很陌生，中美经贸关系会怎样发展，双方都没有底。1985 年春天，中国研究所邀请了一位中央情报局（CIA）的研究员作报告，他对中美经贸关系有一番畅想，认为如果中国沿海石油有重大发现，中美关系就会有很大发展，否则前景并不乐观。大家都知道，当时人们对中国沿海石油曾寄予厚望。另一件事是 20 世纪 80 年代末，李侃如教授带队对中美汽车合作的前景作调查，我参加过在香山召开的一次讨论会。当时正值"吉普风波"之后，中国的外汇存底很紧张，北京吉普合作遇到挫折，所以这次调查的结论是认为中美汽车合作还不是时候。

　　但是中美经贸关系是有生命力的，尽管当时大家对它的认识还很陌生，它本身却在依照自己的规律前进。贸易在快速发展，旅游、餐饮、化妆品业投资在中国获得成功。1992 年，邓小平同志南巡讲话更为中美经贸关系的发展创造了有利条件。应当说，经过 10 年的交往，彼此已经熟悉多了。记得有一次在宴会上看到了一位老朋友高伯乐，他原来是美国驻中国大使馆的经济参赞，后来他调到香港任总领事，而这次他是作为美国电话电报公司（AT&T）中国总裁来上任的。他告诉我说，美国电话电报公司在中国的投资落后了，现在要急起直追，因为他熟悉中国，所以被委以重任。也就在这个时期，美国福特公司、通用公司的总裁也都纷纷来华开展业务。因为他们已经得出结论，中国这个大市场大有可为，绝对不可忽视。

应当说，中美经贸关系进入到比较成熟的阶段是在解决了中国加入世贸组织的问题之后。这时中美建交已经 20 年。说比较成熟有几方面的表现：

第一，在这 20 年里，中美经贸关系风风雨雨有许多摩擦点，如知识产权问题、贸易逆差问题、反倾销问题、纺织品贸易问题、产品质量问题、高科技产品出口问题，等等。摩擦是坏事，但也是好事。从中方说，通过摩擦对国际标准、国际规则、国际惯例比较熟悉了，对自己方面的问题努力改善，尽可能使自己的行为与国际接轨。对对方的问题常常也能够通过谈判、沟通，获得对方的理解、支持和解决，虽然有时并不尽如人意，但总是取得了不少进展。

第二，加入世贸组织有利于通过争端解决机制，找到解决问题的正当渠道。这同过去双边谈判旷日持久，争执不下，形成明显对比。

第三，建立战略经济对话机制，把许多战术问题放到战略层面和长远利益的高度来解决。尤其是把能源、环境等事关全球利益的大事都提到议事日程，而且找到了不少协调与合作的途径，也为双边贸易投资开拓了新领域。

现在中美经贸关系已经发展成为彼此不可或缺的关系。中国成为美国第二大进口来源地和第三大出口对象国，美国则成为中国第四大进口来源地和第一大出口对象国，双边关系可以说是你中有我，我中有你，美国经济中的中国因素已经对美国人民生活产生了重大影响，例如，美国美泰公司召回玩具事件，影响到中国产品的声誉。这令某些美国人不敢再买中国货。这给美国老百姓的生活带来了什么呢？美国女作家邦焦尔尼在她出版的《离开"中国制造"的一年》[①] 一书中做了生动的描绘。书中说她想花一年时间试验一下不买中国货看看怎么样，结果味道是苦涩的。拒绝购买来自中国 15 美元的童鞋，只得花 70 美元给 4 岁的孩子买意大利的鞋子。

---

① 萨拉·邦焦尔尼：《离开"中国制造"的一年》，闻佳译，机械工业出版社 2008 年版。

电灯不亮了，不买中国蜡烛，就找不到别国的产品。她的儿子非常想买中国玩具，因为丹麦玩具已经玩不出新花样。邦焦尔尼在书中的结论是："抵制中国货让我反思中国与我之间的距离。通过将中国推出我们的生活之外，我非常吃惊地发现中国已经多么深入地进入了我们的生活。"

同样，中国经济中的美国因素也已经成为中国经济发展的重大支撑力量。以中美之间的加工贸易和劳动密集型产品贸易为例，它们不仅在中美贸易中占了大头，而且是中国解决就业问题必不可少的途径。诚然，加工贸易在全球产业链中属于低端，技术含量低，收益有限。但它更重要的意义在于解决了中国农村过多剩余劳动力的出路问题，而中国农村的过多劳力如果不能进城务工，中国的广大农村劳力仍然大量闲置，中国农村的现代化就是一句空话。解决"三农"问题也将遥遥无期。中国实行改革开放政策，搭上了经济全球化这班车，最大的收益就在于参与了全球产业链的分工，发挥了劳动力充沛这个独特的优势。而美国则是许多产品不可或缺的最终市场。诚然，中国需要转变经济发展方式，由过多发展外向型经济转变为合理发展外向型经济，但中国不能不参加经济全球化和国际分工，不能让如此众多的劳动者闲置，而不对世界经济的增长作出贡献。

孔夫子说，"三十而立"。30 年中美之间建立起来的比较成熟的经贸关系，已为进一步大发展奠定了基础。展望未来，我们对前景是乐观的，是充满希望的。30 年经贸关系的发展，已经使这种关系扩展到方方面面，贸易、投资、金融、环保、能源领域都充满着合作双赢的机会。而其基础则是两国雄厚的经济基础、庞大的市场容量和互补关系。

中国的经济规模现在不到美国的四分之一，根据世界银行的统计，美国 2007 年的国内生产总值（GDP）现价是 138112 亿美元，中国是 32801 亿美元，但是中国经济增长较快。假定今后 20 年中国经济增长速度仍然能保持每年 7%，那么到 2017 年它将是 6.4 万亿美元的规模，2027 年则是 12.6 万亿美元的规模。尽管仍然略小于现在的美国经济，但这个市场已经相当可观，可以为美国企业提供无限商机。从美国方面看，在未来 10—20 年美国仍将是全球最大的市场、全球科学技术的领头羊和创新的策源地，美国公司仍将是世界上最有竞争力的企业。美国现在陷于金融危机，但这是暂时的，经过国际社会的共同努力，相互协调与合作，危机终将成为过去，从危机中吸取经验教训，进行国际金融规则和秩序的必要改革，美国经济将恢复活力，并为中美经贸关系开拓更好的前景。

在布什总统任期，中美经贸关系得到良好的发展，我们希望这个势头能够继续保持下去。从候任总统奥巴马的竞选讲话看，他有通过对话、沟通，发展两国经贸关系的良好愿望。但是他对中美贸易不平衡和人民币汇率的言论是受到误导的，是与实际不符的，我们不希望它们成为两国经贸关系发展的障碍。相信只要两国加强交流对话，增进互信，扩大共识，促进合作，客观公正地看待对方的发展，中美经贸关系一定能够得到更好的发展。

（原载《美国研究》2009 年第 1 期）

美力压人民币升值是缘木求鱼

在奥巴马入主白宫后，曾经表示过要把中美关系摆在美国对外关系中最重要的地位，在他第一次访华时，又承诺共同建设 21 世纪积极合作全面的中美关系，仿佛确有重塑中美平等互利关系的打算。曾几何时，言犹在耳，奥巴马却因诸多改革方案在国会遇阻，支持率下跌，民主党在麻省选举失利等背景，调转船头，在贸易、人权以及汇率问题上重新祭起"敲打中国"的大棒，这是使中美关系的航向陷入迷途的危险信号。

以汇率问题而论，奥巴马想靠人民币升值来解决美国的出口倍增和贸易逆差问题，这将是缘木求鱼，药不对症。

美国对华贸易逆差的根本原因是美国国内供求失衡，寅吃卯粮的结果，不解决这个根本问题，强迫人民币升值，切断了中国的进口，美国肯定将会以更高的成本累积起对其他国家的贸易逆差。用这个办法也解决不了增加对华出口的目的。除非美国放松对华民用高新技术产品的出口限制，满足中国建设小康社会的需求，中国是不会花冤枉钱去进口中国人民不需要的美国产品的。

奥巴马说他要对中国采取较强硬措施。可以猜想在汇率问题上所谓强硬措施，无非就是由美国财政部宣布中国为汇率操纵国。如果这样做，纯属令人作呕的霸权行为。汇率制定是一个国家的主权，不满意中国的现行汇率可以不同中国做生意，但美国财政部没有权力对中国的汇率政策说三道四。如果问现今哪个国家操纵汇率，答案不是别国而恰好是美国自己。1985 年纽约广场协议，美国通过秘密外交，迫使日、德货币升值，实行美元贬值，难道不是操纵汇率吗？

近年来为了增加出口，实行弱势美元政策，难道不是操纵汇率吗？的确近年来美国政府已较少用公开买卖美元的办法干预外汇市场，这是因为美国所处的美元霸权地位，已经不需要他这样做。实际上只要美联储主席对其货币政策稍加暗示，就会调动国际投机资本和热钱的走向，进而影响汇率。

中国政府实行有管理的浮动汇率制度，力求保持汇率的合理、均衡和相对稳定，这是为了维护中国经济和世界经济的健康发展。在 1997 年亚洲金融危机时，为了这个目的，中国坚持人民币不贬值。今天为了保持国内经济企稳回升，也为与国际合作抗衡金融危机，在人民币升值20%多以后，保持相对稳定，所有这些都是从大局出发的理性行为。

给中国扣上操纵汇率的帽子是找错了对象。

这里想特别强调两点，第一，希拉里国务卿曾经对中国一句谚语"同舟共济"很欣赏，现在金融危机虽然已近尾声，但复苏仍很脆弱，如果在这个当口，一个船上的伙伴"同舟共斗"起来，那是非常危险的。弄不好船翻了，谁也逃不了溺水的厄运。我们希望美国政府用理性行为应对国内的政治困境，而不要到国外找替罪羊。短视行为是会得不偿失的。第二，中国是一个讲信义，顾大局的国家，自从此次金融危机爆发以来，始终以国际合作为重，对责任国给予极大的包容，从来不做落井下石的事。然而中国人民对于霸权主义行为是深恶痛绝的，谁如果认为只要对中国施加压力就可以达到其不合理的目的，那就打错了算盘，而只会搬起石头砸自己的脚。

（原载《国际商报》2010 年 2 月 26 日）

美国新自由主义发展模式及其未来走势

一　美国模式和美国新自由主义模式

什么是美国新自由主义发展模式？要回答这个问题，必须对美国发展模式同新自由主义发展模式之间既有联系又有区别的复杂关系加以剖析。美国是一个市场经济高度发达的国家，求实和革新是美国国民性格精粹的一面。在这种精神下，美国在实现工业化和现代化进程中，逐步形成了一种发展速度较快，劳动生产率较高，有美国特色的发展模式。没有这个前提，美国就不可能在短短一百多年间实现工业化和现代化，进而踏进知识经济的门槛，并成为今天的超级大国，这一发展模式包括以下一些基本要素：

第一，有现代企业制度作基础。美国领先于其他国家，使家族企业过渡到经理制度，实现了公司制企业的经营权和所有权分离，对企业进行了科学的分工和管理。2005 年，美国有 2100 多万家业主制企业，276 万多家合伙制企业，567 万多家公司制企业，即现代企业。数字表明，业主制的数量占绝对优势，然而从它们所创造的财富看却截然相反。就总收入而言，公司制企业是合伙制的 7 倍，是业主制的 18 倍，就净收入而言，公司制是合伙制的 2.5 倍，是业主制的 6.2 倍。现代企业制度对美国的发展模式起到了基础作用。

第二，有科技、制度创新引领产业升级。美国的创新体制最初是从欧洲移植过来的，不过有许多新发展。例如由斯坦福大学特曼教授推进的以硅谷为平台的产、学、研相结合的体制，它对美国信息革命起到了强大的推进作用，并且在科技前沿继续起着领先作用。美国 700 多家国家实验室，同顶尖的高等院校，以及实力雄厚的跨国公司相结合所建成的国家创新体系，则是不断提高美国各行各业竞争能力的重要保证。

第三，有以内需为主体的，防止外部冲击的防波堤。以 2006 年为例，美国个人消费占 GDP（实际）总额的 71%，私人投资占 16.6%，说明国内私人需求占了 GDP 的绝大比重。从外贸占 GDP 的比重看，美国进出口总量占当年 GDP（现价）27.8%，其中出口只占 10.9%，对外依存度比其他国家低很多。例如，同年德国进出口总量占当年 GDP 的 82.9%，其中出口占 44.1%。我国进出口总量占当年 GDP 的 73.8%，其中出口占 40.1%。显然美国抗击外部冲击的能力也相对较强。

第四，有一套有效的物质刺激机制，充当经济发展的驱动力。美国公司制企业对普通职工有按技能分等级的薪酬制度和按业绩进行奖励的制度。对公司高管则除薪金外还有根据业绩给予各种奖励和股票的办法。在创新型企业中盛行选股权的做法，对调动白领职工的积极性也有很强的推动力。

第五，有高度发达的金融业，支撑实体经济的发展。金融业为企业的上市、兼并、收购以及融资服务，使成功企业迅速壮大。金融业随实体经济的发展而发展。美国金融业的大发展第一次是在 1880—1900 年间，为铁路和早期的重工业的发展筹集了资本；第二次大发展是在 1918—1933 年间，为电气革命和汽车、医药业融资。他们帮助一些公司上市，通用电气公司是 1913 年，通用汽车公司是 1920 年，宝洁公司是 1932 年。第二次世界大战后，风险资本兴起，现在高科技公司如得克萨斯仪器公司、微软公司、思科系统公司都是在风投公司的培育下崛起的。

第六，把握经济全球化的大方向，为美国企业扩大生存和发展空间。跨国经营可以在全球配置资源，把产业链按照要素成本撒向全球，实现成本的最小化和利润的最大化。虽然就跨国经营而言英国是先驱，其他发达国家紧随其后，但是美国早已在竞争力上超越所有发达国家而执全球之牛耳。

上述基本要素体现了美国模式的长处。然而，在这一百多年的历程中，美国经济所走的道路并不平坦。除市场经济不可避免的周期波动以外，还出现了两次大危机和一次"滞胀"。这就是 1929—1933 年的大危机，2008 年扩展到全球的美国金融危机，以及 20 世纪 70 年代的"停滞膨胀"，它们给美国经济带来麻烦，停滞、倒退几年到十几年。是什么原因导致这种间断的呢？是因为美国经济并非在真空中，而是在不同的政治环境中运行的。美国的政治是大资产阶级主导的利益集团政治。不同的利益集团有不同的诉求。而当前美国轮流坐庄的共和党和民主党都是不同利益集团的政治代表。共和党的多数代表大资产阶级保守派，民主党的多数则代表大资产阶级改良派。他们虽然都维护大资产阶级的统治地位，但路线则有所不同，因此对美国经济发展模式的各种基本要素会用自己的政策加以诠释和影响，并造成不同的政治经济后果。

二　从老自由主义模式到新自由主义模式

新老自由主义都是一种保守主义思潮，是在美国已经进入垄断资本主义阶段仍然主张实行自由资本主义政策的一种理念。19 世纪末 20 世纪初，由于企业生产力的高度集中，美国已经进入垄断资本主义阶段。这一发展使贫富差距拉大，劳资纠纷增多，同时也激化了工农矛盾和大、中、小资本的矛盾，使经济周期波动日趋激烈。这些矛盾用市场"看不见的手"已经难以解决，它呼唤政府发挥调节和监控作用。然而，大资产阶级保守派的政治代表仍然坚持自由资本主义时代的政策，主张对市场放任自由。这样他们就把美国发展模式的基本要素扭曲了。

我们说，在有美国特色的经济发展模式中，现代企业制度是好东西，但新老自由主义者对企业的垄断行为却不想加以干预；创新是好东西，但他们对制度创新所带来的风险却不加监督；以内需为主体具有不怕外部冲击的优点，但用借债刺激内需却带来经济的失衡；物质刺激对经济活动有激励作用，但是向大资本和企业高管过度倾斜，就要丧失社会公正；金融业发达是好事，但是放纵金融投机，不为实体经济服务，让金融资本自我膨胀，就将导致经济灾难；把握经济全球化的大方向，有利于提高竞争力，但是靠穷兵黩武，满足大资本的扩张要求，就会劳民伤财，丧尽人心。这样新老自由主义者就把美国发展模式塑造成了与时代背离的自由主义发展模式。但是这种发展模式在美国却有很大的市场，因为它符合强大垄断资本反对政府干预，放手让他们发财致富的诉求。老自由主义盛行于20 世纪 20 年代，历经哈丁、柯立芝、胡佛三位共和党总统。其结果就导致 1929—1933 年的大危机，使美国经济的发展倒退了 10 多年。

罗斯福上台标志着老自由主义的退潮。罗斯福被大危机推上了历史舞台。他是大资产阶级政治代表，但是他有灵敏的政治嗅觉，知道如果不采取改良主义政策，美国社会就会内爆。他与老自由主义者的差别就在于他主张要发挥政府的作用，约束垄断资本，援助弱势群体，编织社会安全网，缓和阶级冲突，并且试图运用政府的宏观调控，熨平经济周期波动。他用这一套办法使美国发展模式的基本要素获得较好的发挥，支持了广大弱势群体的诉求，挽救了美国的基本制度。同时，因为他领导了反法西斯的正义战争而成为唯一蝉联三任的美国总统。罗斯福搞"赤字财政"先于凯恩斯，他从一个"预算平衡论"者，不自觉地走上了用"赤字财政"调控经济的道路，避免了"罗斯福自己的经济危机"，为凯恩斯革命提供了实证经验。在此基础上凯恩斯主义在美国和全世界走红了 30 年，并在肯尼迪和约翰逊时代发展到顶峰，包括保守主义的尼克松都称自己是凯恩斯主义者。这样就形成了以"赤字财政"为标志的凯恩斯主义发展模式，也可以说是罗斯福"新政"的理论版。然而好景不长，由于约翰逊悍然扩大不得人心的越南战争，实行了大炮和黄油并举的错误政策，美国经济在20 世纪 70 年代陷入了"停滞膨胀"，而凯恩斯主义的理论宝库又没有对付滞胀的对策，因而走进了死胡同，为新自由主义的登场和老自由主义的回归开辟了道路。

新自由主义经济理论在 20 世纪 70 年代是同凯恩斯主义反复交锋后，逐步在美国取得主导地位的。它是反对凯恩斯主义各派经济学说的统称，包括货币学派、供应学派、合理预期学派，等等，又因"华盛顿共识"而名噪一时。新自由主义经济政策在美国真正付诸实践是 1981 年里根入主白宫以后。里根笃信供应学派理论，他的名言是"政府不解决问题，问题就在政府自己"。里根在竞选中的胜利，被保守主义者看做 20 年代柯立芝老自由主义的复兴。他们在自由主义理念上确实是一脉相承的。许多美国人认为里根的杰作是大搞军备竞赛而搞垮了苏联。但是他的经济遗产则有：第一，因为搞亲大资本大企业的税收革命，使联邦预算背上了 1.3 万亿美元的财政赤字，相当于历届总统赤字之总和。第二，由于奉行对外汇市场的不干预政策，美元急剧升值，在他的第一任期，严重削弱了美国出口的竞争力。第三，对金融市场放任自流，制造了一次不小的储蓄与贷款协会危机，使楼市和储贷协会受到沉重打击。这次危机的爆发虽然是在老布什的治下，但其根源却在里根时期。

新自由主义发展模式在小布什任内走得更远，最突出的就是为石油财团的利益而悍然发动了伊拉克战争，同时实行有利于大企业大资本的巨额减税政策，并对金融投机资本放纵，使衍生品泛滥成灾，对于后者前联储主席格林斯潘负有不可推卸的责任。新自由主义模式历经里根、老布什、小布什三位总统20年的精心培育，其间虽有克林顿嵌入8年的插曲，出现了一些不同的政策，却没有从根本上动摇它的统治地位。最后以小布什卸任前的严重金融危机告终。这次危机对新自由主义模式的冲击是巨大的。美国"金融帝国"的皇冠和华尔街无往不胜的神话破灭了。三大投资银行在一夜间垮台，老百姓的财富严重缩水。超级大国的吸引力、公信力和影响力受到严重削弱。美国经济需要好几年才能缓过气来。这就说明新老自由主义在垄断资本当道的今天都只能对美国经济发展模式的可持续性造成严重伤害。这还只是肉眼看得到的一面，实际上新自由主义亲大资本的政策还把美国社会的不平等发展到了新的高度。根据美国无党派天主教慈善团体的调查，进入21世纪，美国有占人口总数12.6%的3700万人生活在官方贫困线之下，在2000—2004年，贫困线下的人口增加了530万。同时穷人和富人之间的鸿沟在扩大。例如，在1998年（有数据可查的最近一年）人口中的20%拥有全国总净财富的83%，而处于底层的80%人口仅拥有净财富的17%。这是自1920年以来尚未见到过的极端不平等现象。近年来，尽管人口在增加，美国联邦政府和许多州政府却对给穷人的社会开支实行了削减。在9个发达国家中，芬兰、法国、德国、荷兰、挪威、瑞典6国在政府援助之前，贫困率都在20%—30%以上，在实行政府援助之后降到10%以下（其中瑞典降到3%，芬兰、挪威降到4%，加拿大和英国分别降到10%和13%），而美国则叨陪末座，从29%降到18%。在这几个发达国家中美国的贫困率最高，公共社会支出最少。这是新自由主义政策的后果，是对新自由主义发展模式的尖锐批判。

三　政治钟摆的回归和发展模式的重塑

奥巴马在竞选中打着"变革"的旗帜入主白宫，标志着美国政治钟摆自右向左的回归和美国发展模式脱离新自由主义的重塑，是美国两党政治三十年河东，三十年河西的又一个新的轮回。奥巴马的改良主义政策能走多远，新自由主义模式是否从此偃旗息鼓，这是人们普遍关注的问题。

奥巴马的治国理念继承了民主党的传统，明显的是要重塑一条发展道路。奥巴马没有给自己的政策纲领贴上"主义"的标签，但是在他的智囊班子里包揽了从后凯恩斯主义到新增长理论的所有顶尖人物。他们正为打造奥巴马新政发展模式殚思竭虑。

新总统上任后，首要任务是克服金融危机和经济衰退。在这方面奥巴马把政府的作用发挥到了极致。他在运用赤字财政拯救市场，刺激经济，促进复苏上已经为罗斯福所望尘莫及。这可以说是奥巴马"新政"的序曲。接下来他做的事就是收拾华尔街的烂摊子，进行金融改革。其实质是对华尔街金融垄断资本的过度投机行为进行约束。他在 2009 年 6 月 4 日向国会递交了《金融管理改革的新基础》白皮书。其核心是大大加强美联储的权力，由这个机构负责监督对整个美国金融业形成威胁的系统性风险，并以大型金融机构和金融市场为主要对象，兼及规模与复杂性与之相当的所有非银行金融机构，此外他还要负责对这些公司高管薪酬以及金融市场交易系统的监管。白皮书还提出了保护消费者及严格规范衍生品市场的建议。

在社会问题上，奥巴马的"新政"将直击全民医疗保险。对奥巴马来说，这是只许成功不许失败的一件大事。据美国人口普查局最新公布的数字，美国目前有将近 4600 万人没有医疗保险，其比例在发达国家居首位。美国的医疗改革势在必行，美国医疗开支占 GDP 的 16%，人均全球第一，但包括人均寿命、婴儿死亡率在内的多项指标在发达国家中都排名在后。在共和党当政的时候这些问题解决不了，连国会已经通过的扩展州儿童保健的计划也被小布什以花费太大为由而否决。奥巴马显然希望在他手里解决这个老大难问题。

在促进美国产业结构升级，为美国经济创造可持续发展条件方面，奥巴马把宝押在开发新能源和削减碳排放量以及环境保护上。成为对比的是，在小布什治下，曾以减少碳排放量会提高成本，削弱美国企业竞争力为由，拒绝在《京都议定书》上签字，引起全世界对美国的不满。奥巴马决心化被动为主动，打算在 2009 年的哥本哈根会议上打一场漂亮仗。一项斥资 7870 亿美元的《美国经济复苏和再投资法案》已经在国会通过，并由奥巴马签署。一场开发新能源的战役正蓄势待发。

所有这些奥巴马政府已经实行，并正在实行的政策措施，能否获得预想的成功尚在未定之中，美国大资产阶级保守派的抵抗力量仍然不可忽视。但一个奥巴马新政的路线图已经清晰地勾画出来。

四 谁将主导美国发展模式?哪种模式 将是竞争中的优胜者?

奥巴马新政的发展模式正在形成当中，它能不能长期在美国占主导地位取决于许多内外因素。从国内说，奥巴马虽以压倒优势登上总统宝座，表明美国多数选民对新自由主义的厌弃和对实施新政的渴望，但是保守派大资本的力量依然强大，奥巴马的新政有多少能在国会过关并顺利实施，还很难说。像全民医疗保险这种在西方发达国家已经相当普及的做法，10多年前，当克林顿向国会倡议时，就碰了大钉子，以致胎死腹中。从国外环境说，尽管奥巴马摒弃了小布什的单边主义，但是美国要在世界当头，要用美国价值观改造其他国家，这使美国领导人很难在国际关系上实行真正的民主，也很难抛弃为垄断资本的利益而实行的双重标准。因此，也将很难为实施新政营造出有利的国际环境。此外，不犯错误的政治家是罕见的，罗斯福挽救大危机和反法西斯的胜利，肯尼迪用登月创举为民主党赢得的光环，到了约翰逊后期就黯然失色了。约翰逊在社会福利方面给美国人做的事不可谓不多，但是他要为美国垄断资本的对外扩张效劳，坚持大炮和黄油并举，就铸成了大错，并宣告了凯恩斯主义发展模式的终结。利益集团政治限制了政治家对长远利益和全局利益的考虑，因此也很难为长远的持续发展找到各方都认可的战略路线。于是，从 20 世纪 30 年代大危机到 70 年代的"停滞膨胀"再到 21 世纪的这次金融危机，似乎让我们看到一种规律性的运动，即经济麻烦导致了政治上的轮回，而政治轮回又会埋下新的经济麻烦的种子。美国模式就这样展现为一种有间断性的发展模式。

在美国金融危机爆发后，美国发展模式的身价暴跌。谁将是未来经济发展模式的优胜者，是欧洲还是新兴经济体？看法迥异。

在 20 国集团伦敦峰会前夕，欧洲的某些政治家把美国的经济称为"贪婪的资本主义"，而德国的资本主义则被称为"社会市场经济"，认为后者比前者优越。还认为在克服危机后，社会市场经济能够产生有约束力的国际规范。应当承认，欧洲资本主义发展模式有自己的优点，特别是在社会福利和安全网方面，但是欧洲国家也深为难以为继的高福利所苦，而被戏称为患了血管硬化症。同时国际竞争的胜负既取决于财富分配的公平，也取决于财富创造的能力，而后者归根到底还要看发展速度和劳动生产率，就此而言，欧洲显然还略逊于美国。所以欧美孰优孰劣的较量暂时仍然难分伯仲，还需要经过更长时期的实践检验。至于新兴经济体，如金砖四国，虽然朝气蓬勃，发展速度很快，但都还没有完成工业化和现代化的历史进程，都还面临着政治、经济、社会种种问题的挑战。它们的前景，将取决于能否从各自的国情出发，提高对客观规律的认知能力，与时俱进，正确决策。与此同时勤于学习国际经验，博采各国之长，为己所用。做到这些，才有可能在激烈的国际竞争中找到适合自己国情的可持续发展道路，迈向世界的前列。

（原载《政治经济学评论》2010 年第 2 期）

为什么后金融危机时期仍然危机不断

按照美国官方口径，2007 年金融危机结束的时间，应当从美国经济止跌回升的 2009 年 6 月算起，此后进入后金融危机时期。事实证明，危机后，资本主义各国经济和财政所走过的道路都很坎坷。欧洲爆发了主权债务危机，美国白宫同国会之间发生内讧，造成财政僵局，险些导致债务违约，现在经济虽然还在增长，却不排除二次探底的可能性。

当今资本主义各国出现的危机原因各不相同，但基本矛盾是一致的。资本主义国家通过市场机制创造财富有很强的能力，但分配财富不公，两极分化，这是问题的根子。现代资本主义找到了一个缓和矛盾的途径，就是一方面通过抓科学技术，搞发明创新，开拓市场，提高生产效率；另一方面发展社会福利，建立安全网，用这套办法来缓和社会矛盾。但是重大技术突破并非唾手可得，科技革命有自己的规律性。所以单凭这一套办法还不能解决问题。于是资本主义精英们又设计出一系列调节手段。其中影响大的有：第一，经济全球化、区域化；第二，金融自由化和高杠杆化；第三，国家财政债务化、赤字化。这"三化"是自 20 世纪后半叶以来西方国家为实行对外扩张、谋求利润最大化、提升竞争力、缓和国内矛盾而采取的新战略和策略，并且取得一定成效，但它们都是双刃剑，金融自由化和高杠杆化是金融危机的渊薮，在 2007 年的金融危机中遭到初步清算。另外两化也逐步暴露出不少新的矛盾和问题，甚至导致新危机。因此，围绕这些问题展开研究是有现实意义的。

经济全球化和区域化问题

经济全球化和区域化都是美欧国家创始的。其目的是实行全球扩张，扬长避短，在全球市场化的条件下，通过生产要素在全球的配置，提高企业的竞争力，使成本最小化和利润最大化。经济全球化与区域化异曲同工，在全世界流行而以欧盟最为成功，其目的是通过实行区域经济一体化，包括资本、劳力、货币在区域的自由流动，获得可与霸权国家相抗衡的政治经济区域优势。然而，经济全球化和区域化都是双刃剑，解决了一种矛盾又暴露出新的矛盾，甚至成为导致危机的种子。

美欧老牌资本主义国家都是全球化和区域化的最大受益者。拿美国说，自20世纪90年代加紧推行经济全球化以来，通过跨国投资、加工贸易、服务外包等一系列全球化措施大大提高了企业的竞争力，使企业赚得盆满钵满，美国一些最成功的大公司，如苹果、沃尔玛、谷歌等，无不因实行全球化而获得巨大成功。美国的商品市场也因获得来自发展中国家价廉物美的产品而使消费者大受其益。

但是经济全球化和区域化也导致了新的矛盾和冲突，并导致反全球化运动的勃兴。最突出的一个主题就是这些国家失业工人所抱怨的"就业流失"。应当说，尽管这些国家所发生的就业困难并非完全由全球化所导致，却也不能不说全球化是其中的重要原因之一。这是因为在全球化过程中，世界最重要的生产因素——劳动力在全世界的重新组合，在此过程中实行改革开放政策的发展中大国有若干亿劳动力参与了全球生产，引发了发达国家的产业结构调整和生产区位的转移，由此带来两个明显的结果：第一，在发展中国家一旦与发达国家的资本、技术相结合就生产出巨大的生产效率，使其经济得以腾飞。其结果就是新兴经济体的勃兴和实力增强。第二，西方资本主义国家的劳动力市场受到了巨大压力，他们的就业发生困难。由于西方在全球化过程中总是占领着高端产品市场，需要的是高素质的劳动力，因此就业困难更多地落在低技能的劳动者身上。

美国后金融危机经济复苏阶段出现的所谓"无就业复苏"就是这种困难的具体表现。其实这种现象在20世纪90年代以来的历次经济复苏中已经出现，不过这次更加突出而已。我们用民间有劳动能力的人口同就业人口的比率，研究了20世纪50年代以来十次经济衰退中的就业状况，发现如果把长期找不到工作自愿放弃就业的受挫者包括在内①，就可以看到在复苏过程中，就业缺失的问题越来越严重。直到 90 年代出现所谓的"无就业复苏"，具体的数字是：50 年代两次衰退，从高峰到谷底平均 9 个月，就业从高峰到谷底为 5.5 个月，说明就业的回升比经济复苏快；60、80 年代五次衰退，经济从高峰到谷底平均 11.8 个月，就业从高峰到谷底平均 16.6 个月，说明就业回升已经滞后于经济复苏；90 年代到 2007 年两次衰退，经济从高峰到谷底平均 8 个月，而就业从高峰到谷底则平均为 36 个月，说明就业回升已大大滞后于经济复苏；这次大衰退，经济从高峰到谷底 18 个月，而就业从高峰到现在已是 51 个月，还没有见底。我们认为这种"无就业复苏"与国际劳工就业的结构性变化有重要关系。美国这种无就业复苏中受害最深的是最弱势的群体。比如，美国的失业统计告诉我们，2010 年劳动者平均失业率按小口径算（不包括自愿放弃就业的受挫者）是 9.6%，其中白种人是 8.7%，而 16—19 岁低技能的年轻人失业率竟高达 25.9%。同时，在 1982 年这类年轻人的失业率还只占 23.2%，2010 年又多了几个百分点，这是同 90 年代以后的全球化相关的一个证据。

　　这种带有结构性的无就业复苏是此次美国经济复苏乏力的重要根源。复苏开始至今已两年多了，美国至今失业人口仍有 1400 万（按大口径计算则近 2000 万），失业率高达 9.1%，这使消费疲软，楼市继续下滑，对外部冲击抵抗力低下。最近股市狂泻，二次衰退的可能性增加，这是重要根源。

　　奥巴马注意到就业问题，出台了一些措施，但效果甚微，说明药不对症和力度不足。如果不采取更加有力的措施，这次无就业复苏可能会持续若干年，在此过程中美国经济即使不二次探底，也会增长乏力，并成为奥巴马争取连任的绊脚石。

　　至于欧洲的问题，挪威的惨剧说明极右势力对经济区域化、一体化所造成的外来移民蜂拥而至的现象深恶痛绝。这种右倾思潮对欧洲进一步一

---

　　① 　到目前为止美国的失业人口按统计口径约为 1400 万人，失业率为 9.1%。其实这是一个不准确的数字。因为它没有包括那些因长期失业而不想再找工作的受挫者（discouraged）。如果加上后者，2010 年的失业人口应当不是 1400 万而是 1946.3 万。

体化是很大的障碍。无论是美国的无就业复苏还是挪威的反移民倾向都说明全球化和区域化有使阶级利益冲突加剧的一面，如果解决不好就会导致全球化和区域化的倒退。这对世界经济的发展是不利的。

财政赤字化和债务化的问题

尽管宪法允许赤字，但在 20 世纪 30 年代以前美国当权者并不主张财政赤字化和债务化，除非是在战争等非常时期。这是亚当·斯密小政府低税收的指导思想。赤字财政由小罗斯福开其先河。接着就是凯恩斯主义的财政理论革命，把赤字财政理论化。但严格地说，凯恩斯搞赤字财政是有条件的，就是要使经济平衡发展，弥补需求不足的缺口，而并不是无条件地一味借债，造成经济失衡。

美国借债成瘾是在 20 世纪 70 年代以后。这有几个条件：其一，随着经济现代化的发展和大批弱势群体的出现，需要由政府提供公共服务，建立社会安全网，否则社会就会内爆，而美国的资本家力量强大，反对增税。既不增税，又要建立安全网，还要扩大军事开支，只有搞赤字财政，这个办法阻力最小。其二，布雷顿森林体系解体后，牙买加协议把美元定为国际储备货币，但与黄金脱了钩。这样一来，美国搞赤字财政就利多弊少。利多是因为：第一，美元的储备货币地位，加上美国债券没有发生过违约，使它赢得了国际信誉，美国政府发债总会有买家；第二，债发多了，不必担心发生债务危机，因为美国自己可以发行美元，购买债券，其最坏的结果无非是美元贬值，不需要美国拿出真金白银；第三，美元贬值的结果是使美国的负债缩水，而使美国持有的外国资产升值，其结果可以把美国的外债总额冲销掉很大一部分。这样一来，从 20 世纪 70 年代迄今，除了克林顿时期出现过当年财政结余，其他年度的预算都有赤字。但大小不等，而以共和党的里根和小布什为最。

在里根、小布什手里，因减税而导致的财政赤字变成了把社会财富转移给大资本的有效工具。美国的贫富悬殊和两极分化的不断加剧，造成赤字财政的减税是原因之一，当然更重要的原因是初次分配导致的资本的日益集中。赤字财政扭曲了公正的分配，这种扭曲新自由主义者是不承认的，然而却让亿万富翁巴菲特揭了底牌。巴菲特在要不要给大资本继续减税的辩论中说得非常有理有据。他说，因前总统布什在任时期实施的减税措施，他（指巴菲特自己）所享受的税率是办公室所有人中最低的，甚至比"电话接线员"和清洁女工都要低（在 2011 年的另一次讲话中他说根据 2010 年的报税单，他的所得税率是 17.6%，而他的 20 个雇员平均税率是 31%），巴菲特认为"税收制度不应当这样运作"。他认为美国应当加大对富人的征税力度。理由是"我们需要相当于国内生产总值 20% 的资金做一些我们认为这个国家应当做的事情。这笔钱必须有人来出"。"如果你不向我这样的人要钱，又怎么能向那些餐馆侍者要呢。"巴菲特的话对要求为富人继续减税的人真是当头一棒。巴菲特是富豪中的开明分子，显然富豪中同情巴菲特的人并不多，连国会里的人都说他是在"哗众取宠"。

美国的财政赤字债务化从理论上说似乎是可以取之不尽的。美国有的经济学家就说美国的国债券也是一种产品，这种产品可以同愿意买它的人平等交换，因此发债可以是无限的，美国不必担心债务危机。但是这次标普为美债降级一事说明：虽然美国国债从未违过约，也有不违约的手段，但是美国两党的政治内讧可以导致违约，从而引发债务危机，并由债务危机再次引发经济危机。美国大资本和人民大众的矛盾在激化。

民主、共和两党代表不同的利益集团。实质上两党斗争折射出来的是大资本和人民大众的矛盾和斗争。当然，民主党也是美国资本主义制度的维护者，但是他们比较明智，懂得过分得罪弱势群体，人们会造反，所以主张实行改良主义政策，打出"公平"、"公正"、"民主"的旗帜。

奥巴马上台是罗斯福以来资产阶级改良派的暂时胜利。他做了一点推进人民大众利益的事情，如医疗改革、金融改革，虽然尚未落实，但已经触动了大资本和与之相关利益集团的痛处，引起了他们的愤怒和反扑。这次国会的赤字僵局，突现了这种矛盾的激化。焦点异常明确，共和党反对向大资本增税，民主党反对削减福利开支。前者是大资本的利益所在，后者是弱势群体的利益所在。现在有人说美国的财政问题是福利太高所导致的，对这种说法要加以分析。诚然，美国的福利制度有不合理的因素，美国政府现在社会福利和安全网的支出要占财政支出的一半以上，但是美国的福利并不是发达国家中最高的。现代资本主义社会由于经济的高度集中

垄断，造成社会问题，出现 20 世纪 30 年代大萧条和 21 世纪大衰退这样
的社会灾难，必须由政府通过办好公共服务来稳定社会，发展经济，过度
削减公共服务开支是与现代社会发展的需求背道而驰的。巴非特说得对，
美国现在需要拿出 GDP 的 20% 来办一些必须办的事，但整顿基础设施以
及应对上面讲的无就业复苏问题都是要政府办的事情，靠市场是靠不住
的。因为私人资本企业必须盈利，如果劳动成本太高，就要少雇人，多用
机器，就要搞服务外包和加工贸易，这对资本来说天经地义，谈不上什么
爱国不爱国。奥巴马说解决美国失业要靠振兴美国制造业，让跨国公司回
到本土来生产，以便增加就业，也确有几家大公司做了点表面文章，但这
条路从长远看是走不通的。现在也有人用封建社会时期的小政府和资本主
义初期的小政府同现在的政府开支做对比，用以说明现在的财政支出不合
理，这是不考虑社会发展阶段特征的陈旧观点，是不足取的。

从 2010 年中期选举以后美国国内利益集团的博弈形势看，目前大资
本略占优势。奥巴马已经有点像跛脚鸭，如果不能连任，金融危机后的各
种改革有可能大打折扣或流产，由资本贪欲而引起的各种危机在美国仍然
会不断重演。虽然美国的超强地位还不会很快衰落，但是它的软硬实力会
在不断的危机中逐步削弱。在中美的合作竞争中，我们必须时刻警惕各种
危机的发生，立足于办好自己的事情。利用好战略机遇期，实现建设有中
国特色社会主义的宏伟目标。

（原载《当代世界与社会主义》2011 年第 5 期）

美国经济实力仍然超强

四年前美国发生次贷危机，并演变为仅次于 1929—1933 年大萧条的严重金融危机。就美国而言，这次经济衰退是第二次世界大战以来损失最为严重的一次，因此又被人们称为"大衰退"。展望未来，后金融危机的美国能否重振雄风，抑或就此走向衰落，各方的看法很不一致。

考察美国经济的兴衰，一个重要参照系是当前美国经济的实力地位。下面十个方面都与经济实力相关：国内生产总值及人均值；劳动生产率；科学技术；教育水平；财政实力；金融实力；主权货币；跨国经营；人力资源；自然禀赋。具体看来：

1. 国内生产总值及人均值反映一国创造财富的能力和国家富裕程度。依据世界银行的世界发展指标，就单一国家看，2008 年美国的 GDP 占世界总值的 23.4%，其他发达国家，日本占 8.1%，德国占 6%；就 GDP 增长速度看，从 1980 年到 2008 年的 28 年中，美国的年均增长速度略高于其他主要发达国家；就人均国民总收入看，2008 年美国是 46360 美元，日本相当于其 83%，德法均为 92%。可见，美国对其他主要发达国家的优势在于占世界 GDP 比重大，GDP 增长速度较快，富裕程度较高。

同新兴市场国家比，美国的劣势是 GDP 增速慢。但新兴市场国家在经济规模和富裕程度上同美国存在极大差距。因此，要在规模上赶超美国需要几代人的努力，要在富裕程度上赶超美国则需要更长时间。

2. 劳动生产率。劳动生产率决定一个企业的竞争力，也决定一个国家的竞争力。美国的劳动生产率在主要发达国家中处于领先地位。纽约联储的研究报告曾认为：20 世纪 60 年代日本和欧洲曾有一段劳动生产率飞涨的时期，当时日本劳动生产率年均增长 8%，欧盟 15 国是 5%。但此后却放慢了；同时，原来技术进步靠模仿，现在要靠创新，而在创新上日欧赶不上美国。在新兴经济体中，中国的劳动生产率增长每年是 6.4%，印度是 4.4%。美国人认为现在中国的劳动生产率只占美国的 15%，中国要想赶上美国，还有很长的路要走。

3. 科学技术。美国兰德公司国防研究所曾发表《美国的科学技术竞争力》报告，认为其他国家的研究与开发支出、科技队伍并没有显著超越美国，同时欧盟 15 国和日本在创新专利的增长上慢于美国，在经合组织工业化国家获得技术发明专利中，美国占 38%，在被引用的出版物中，美国占 49%，在引用最多的出版物中，美国占 63%。

4. 教育水平。美国是世界上第一个实施义务教育的国家，建立了支撑创新国家最重要的基础设施。美国的大学有很强的竞争力。尤其是大学的研究院和实验室，它们培养出了大量杰出的科技人才。以诺贝尔奖获得者作为一个指标衡量，从各奖项设立开始到 2010 年，美国诺贝尔奖得主占世界总数的 39%，占世界科学、医学和经济学领域的 47%。一共有 315 位获奖者，获得 317 个奖项。据统计，美国用于大学的经费占国内生产总值的 2.4%，而其他经合组织国家平均为 1.5%。联邦政府承担了大学开支的 32%，但是只承担了中小学开支的 7%。这个事实也可以解释为什么美国的大学办得比中小学好。

5. 财政实力。财政实力决定一国维护国家机器，提供公共服务，调节收入分配，应对突然事件的能力。尽管美国的财政收入占 GDP 较低，但美国每年创造的总产值居世界之冠，财力仍然是世界上最雄厚的。

6. 金融实力。金融杠杆的强弱决定经济体的扩张能力。美国的金融实力表现在它有丰沛的资金来源，强大而多样化的金融中介，以及规模庞大、交易活跃的金融市场等方面。危机使美国金融遭受重创，但也为把金融业引向为实体经济服务的正轨提供了机会。美国金融业的实力地位因金融危机而受到削弱，但还没有从根本上改变美国金融在全世界的优势地位。

7. 主权货币。美元作为全球主要的储备货币、交易手段和计价工具对全球金融活动拥有强大的支配力量。根据国际货币基金组织和欧洲中央银行的统计，危机发生后的 2009 年 9 月，美元在国际储备中的比重约为 61.6%，欧元为 27.7%，日元为 3.2%，英镑为 4.3%，其他货币为 3% 左右。美元在国际结算中的地位也很高，约占总额的 62%。美国外交关系协会 2010 年发表的一份报告说：美元作为世界储备货币的地位短时间内不会受到威胁。

8. 跨国经营。跨国经营是美国企业全球化战略的组成部分，它极大提高了美国在全球的竞争能力。美国跨国公司的对外直接投资，在世界总量中占有突出地位。1990 年在世界对外直接投资总量中美国占 35%，居于发达国家首位，为居第二位的英国 3 倍多。到 2009 年由于受金融危机重创，其比重下降到 22.7%，不过比起居第二位的法国，美国仍然是它的两倍多。美国跨国公司不仅在对外直接投资方面居于世界首位而且在全世界有很强的竞争力。2010 年美国《财富》杂志评选的世界跨国公司 500 强中，美国占了 139 家，而且经营情况也比较好，139 家跨国公司的年收入达到 69772 亿美元，占 500 强总收入的 30.8%。

9. 人力资源。美国属于人丁兴旺、人口增长呈上升趋势的国家，这是美国经济能够继续向好的因素之一，2010 年美国人口上升到 3.07 亿。其人口增长主要来源是移民和移民较高的出生率。同时，美国 65 岁以上的老年人占总人口的比重是 12%，全美人口平均年龄为 36 岁，老龄化问题并不严重，在发达国家中是少见的，这种年龄结构为美国经济社会的持续繁荣发展创造了有利条件。

10. 自然禀赋。美国在气候、水源、土地、矿藏等方面都得天独厚。美国的地理位置大部分属于温带和亚热带地区，气温适宜，水资源量排在巴西、俄罗斯、加拿大之后居世界第四位，可耕地面积世界第一，农耕条件十分优越。美国矿产资源丰富，是世界上探明储量最多的国家之一。自然资源丰富是经济发展的客观条件，如果人们躺在金矿上睡大觉，就要沾染所谓的"荷兰病"。这种情况迄今没有在美国发生，因而使自然资源的优势得到较充分地发挥。

以上十个方面基本上反映了当前美国的经济实力地位，其他主要发达国家或新兴市场经济国家要想赶超美国，需要做长期努力。在此之前谈美国衰落为时尚早。综合起来看，这次金融危机对美国经济的打击不能说小，但特点是对虚拟经济的打击比实体经济大；对华尔街的打击比主街大；对美国软实力的打击比硬实力大。华尔街的神话被戳穿，美国财大气粗指手画脚的气焰下降。然而与历次经济危机比，它只能算是一次严重挫折，如果说比它更严重的危机美国都渡过了，那么这次危机经过调整，使美国经济重回衰退前的正常轨道仍然是可能的。

（原载《理论参考》2011 年第 12 期）